KB240866

新選明文東洋古典大系

新完譯

春秋左氏傳(下)

文璇奎 譯

明文堂

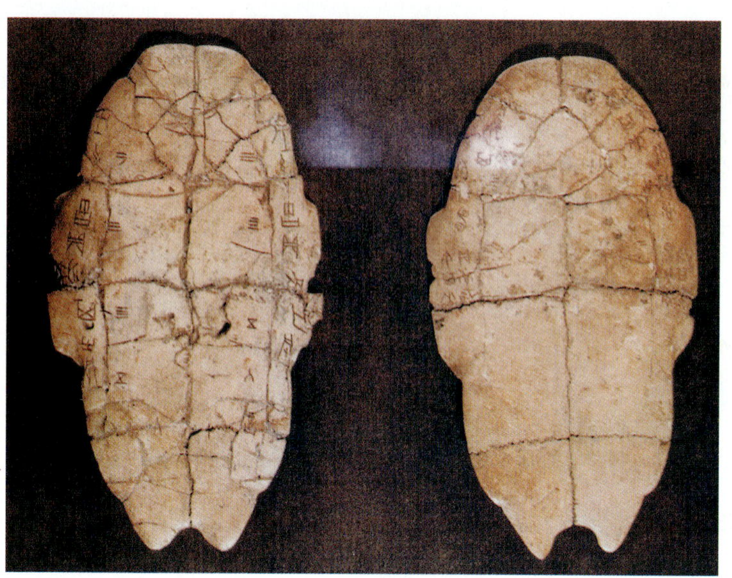

▲ 갑골문자대판(甲骨文字大版) 거북의 등딱지를 불에 태워 점을 친 다음 점괘를 문자로 새겨 놓은 귀갑(龜甲)

▼ 공자입상(孔子立像)

▼ 백옥(白玉)으로 만든 벽(璧)
전국시대 후기. 중앙에 원형의 구멍을 뚫은 원판상 옥기(玉器)를 벽이라고 한다.

▲ 서경(書經)

▶ 관중(管仲) 관중은 부국강병에 힘을 써 제환공(齊桓公)을 패자(霸者)의 자리에 올려놓았다. 고대 중국에서부터 당나라 때까지의 성인·현인·명신을 그린 현성도(賢聖圖)로, 오른쪽이 관중이고, 왼쪽은 당나라 시인 유우석(劉禹錫)이다.

▼ 오왕(吳王) 합려(闔閭)의 묘(墓) 소주시(蘇州市) 호구(虎丘)에 있다.

▲ 청동(靑銅) 거마구(車馬具) 춘추시대의 것으로 하남성(河南省) 출토. 수레나 말의 장신구로 사용되었던 것으로 추정된다.

▲ 오자서(伍子胥) 초(楚)나라 사람으로 아버지와 형이 평왕(平王)에게 죽임을 당하자 오나라를 도와 초나라를 쳐서 원수를 갚았다.

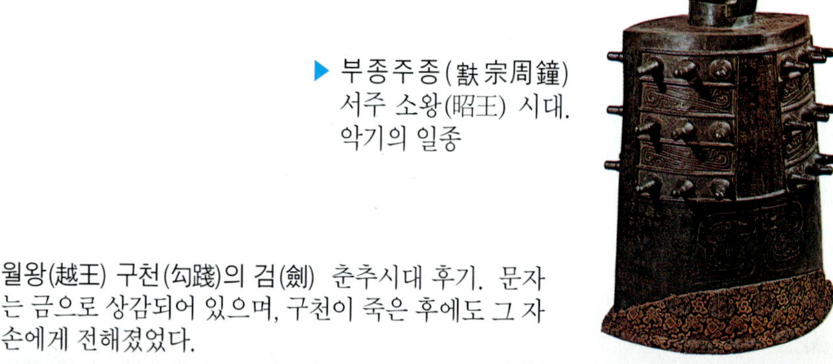

▶ 부종주종(猷宗周鐘)
서주 소왕(昭王) 시대.
악기의 일종

▼ 월왕(越王) 구천(勾踐)의 검(劍) 춘추시대 후기. 문자는 금으로 상감되어 있으며, 구천이 죽은 후에도 그 자손에게 전해졌었다.

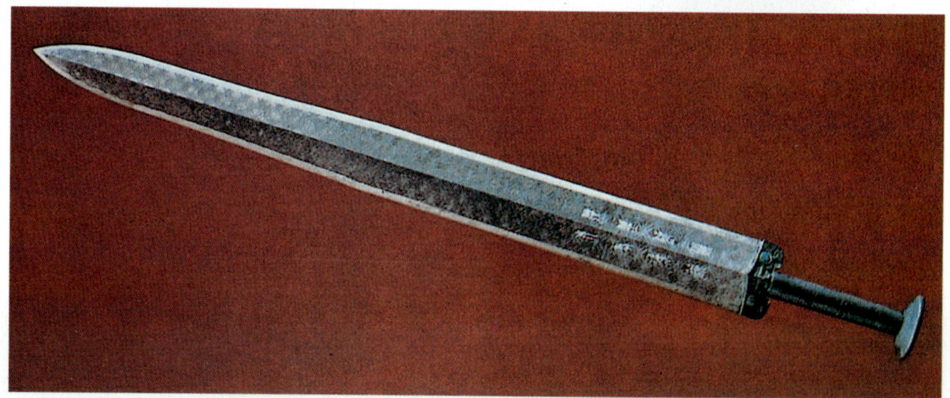

개정 증보판 동양고전을 발간하면서

오늘의 인류사회는 크게 변하고 있다. 외형적으로 눈부시게 발달한 과학 기술 및 공업 생산은 마침내 시간과 공간의 격차를 좁혔으며, 이에 인류는 하나가 되어야 한다는 정신적·도덕적 의식이 높아졌으며, 아울러 인류 대동의 하나의 평화세계 창건을 희구하는 방향으로 나아가고 있다.

그동안 우리의 정신적 문화유산인 동양고전(東洋古典)이 현대를 사는 우리에게 새로이 인식되어 적어도 그 정신세계의 바탕을 터잡아 오늘날의 방황하는 현대인들에게 가치관과 학문연구의 새로운 도약의 기회로 삼아 널리 연구 발전시켜야 할 것이다. 이는 사회 전 분야와 국가의 경영까지도 책임지는 학문의 도약을 깨우쳐 주고 가르쳐 줄 것이다.

이에 우리 지식인들도 보다 적극적으로 동양의 한문 경전을 읽고 심성을 함양하고 인격을 도야해야 한다. 아울러 국가 및 세계적인 차원에서도 모든 사람이 '충효(忠孝)'를 실천하고 '예의염치(禮義廉恥)'를 가리어야만이 '수신(修身) 제가(齊家) 치국(治國) 평천하(平天下)'의 일관된 도덕세계를 창건할 수 있을 것이다.

동양의 고전과 성현들의 가르침이나 사상은 심오하고 어렵다. 그러므로 좋은 참고서를 바탕으로 공부해야 한다.

본사 명문당은 「한문고전 출판」에서는 가장 오래되고 또 권위를 자랑하는 출판사이다. 오래 전 명문동양고전대계(明文東洋古典大系)를 출판하였는데 세월이 흘러 이제 개정판을 내게 되었다.

새 개정판은 예전의 세로 편집을 현대 감각에 맞게 가로 편집을 하였으며, 어렵게 느껴졌던 번역문을 알기 쉬운 말로 풀어 번역하였다.

아울러 오자(誤字)와 오역(誤譯)되고 누락된 부분을 바로잡았으며, 주해(註解) 부분도 보다 상세히 풀었다. 또한 한글 세대를 위하여 원문에 음을 달아 손쉽게 동양고전에 다가갈 수 있는 기회를 마련하였다.

아무쪼록 동양고전을 읽고 공부하는 독자층이 널리 확대되어 도덕적 지식인들이 양산되고, 평화세계가 이룩되기를 바란다. 더불어 명문당은 더욱 노력하여 갈고 닦고 심혈을 기울여 양서 출판에 힘쓸 것을 다짐한다.

2008년 3월

명문당 김 동 구 삼가 씀

차 례

제17

소공 상
昭公 上

양공(襄公)의 아들. 어머니는 제귀(齊歸).
재위 기원전 541~510년

經   ○元年春王正月,에 公卽位.라

○叔孫豹會晉趙武·楚公子圍·齊國弱·宋向戌·衛齊惡·
陳公子招·蔡公孫歸生·鄭罕虎·許人·曹人于虢.이라

○三月取鄆.이라

○夏,에 秦伯之弟鍼出奔晉.이라

○六月丁巳,에 邾子華卒.이라

○晉荀吳帥師,하여 敗狄于大鹵.라

○秋,에 莒去疾自齊入于莒,하고 莒展輿出奔吳.라

○叔弓帥師,하여 疆鄆田.이라

○葬邾悼公.이라

○冬十有一月己酉,에 楚子麇卒.이라

^{초 공 자 비 출 분 진}
ㅇ楚公子比出奔晉.이라

원년 봄 천자가 쓰는 역으로 정월에, 노나라 소공이 즉위했다.

노나라 숙손표가 진(晉)나라 조무(趙武)·초나라 공자 위(圍)·제나라 국약(國弱)·송나라 상술(向戌)·위나라 제악(齊惡)·진(陳)나라 공자 초(招)·채나라 공손귀생(公孫歸生)·정나라 한호(罕虎)·허나라 사람·조나라 사람들과 괵(虢)나라에서 회합을 가졌다.

3월에 운(鄆) 땅을 차지했다.

여름에, 진(秦)나라 군주인 백작의 동생 겸(鍼)이 진(晉)나라로 도망갔다.

6월 정사(丁巳)일에 주(邾)나라 자작 화(華)가 세상을 떠났다.

진(晉)나라 순오(荀吳)가 군사를 이끌고 적(狄) 오랑캐를 대로(大鹵)에서 패배시켰다.

가을에, 거나라 공자 거질(去疾)이 제나라로부터 거나라로 들어갔고, 거나라 전여(展興)는 오나라로 도망갔다.

노나라 숙궁(叔弓)이 군사를 이끌고 나가 운 땅의 경계선을 정했다.

주나라 도공을 장사 지냈다.

겨울 11월 기유날에, 초나라 군주인 자작 균(麇)이 세상을 떠났다.

초나라 공자 비(比)가 진(晉)나라로 도망갔다.

주해 ㅇ楚公子比出奔晉(초공자비출분진) ─ 이 부분이 없는 판본도 있다.

^{원 년 춘}　　　　^{초 공 자 위 빙 우 정}　　　　　^{차 취 어 공 손 단 씨}　　　^{오 거}
傳 元年春,에 楚公子圍聘于鄭,하고 且娶於公孫段氏.라 伍擧

^{위 개}　　　^{장 입 관}　　^{정 인 오 지}　　　　^{사 행 인 자 우 여 지 언}　　^내
爲介,하여 將入館,에 鄭人惡之,하여 使行人子羽與之言,하여 乃

^{관 어 외}　　^{기 빙}　　　^{장 이 중 역}　　^{자 산 환 지}　　　^{사 자 우 사 왈}
館於外.라 旣聘,하고 將以衆逆,하니 子産患之,하여 使子羽辭曰,

以敝邑褊小不足以容從者,하니 請墠聽命.이라 令尹命太宰伯州

犁,하여 對曰, 君辱貺寡大夫圍,하사 謂圍,하시되 將使豐氏撫有

而室.이라 圍布几筵,하여 告於莊·共之廟而來.라 若野賜之,면 是

委君貺於草莽也,요 是寡大夫不得列於諸卿也,며 不寧唯是.라

又使圍蒙其先君,하고 將不得爲寡君老.라 其蔑以復矣,니 唯大

夫圖之.하라 子羽曰, 小國無罪,에 恃實其罪.라 將恃大國之安

靖己,나 而無乃包藏禍心以圖之.아 小國失恃,하고 而懲諸侯,하

여 使莫不憾者,하고 距違君命而有所壅塞不行是懼.라 不然,이면

敝邑館人之屬也,에 其敢愛豐氏之祧.아 伍擧知其有備也,하여

請垂櫜而入,하니 許之.라 正月乙未,에 入逆而出,하여 遂會於虢,

하니 尋宋之盟也.라

원년(元年) 봄에, 초나라 공자 위(圍)가 정나라를 예방하고, 공손단 (公孫段)의 딸을 아내로 맞이하기로 했다. 그때, 오거(伍擧)가 초나라 부사(副使)가 되어 가, 도읍 안의 숙소로 들어가야 할 때, 정나라 사 람들은 초나라 사절 일행을 싫어하여 행인(行人)인 자우(子羽)에게 가 잘 말하게 하여서, 도읍 밖에서 유숙하게 했다. 예방 일을 마치고, 장차 초나라의 많은 사람들을 데리고 들어가 공손단의 딸을 맞이하려 하니, 정나라 자산(子産)이 그 일을 염려하여, 자우에게 그렇게 하지 않게끔 말하게 했다. "저희 나라 도읍은 성안이 협소하므로, 따라온 사람들을 다 수용할 수가 없으니 도읍 성밖에 단(壇)을 모아 거기서 결혼식을 거행하는 일에 대한 명을 받게 해주기를 요망합니다." 이에

대해서, 초나라 영윤(令尹)인 공자 위는 태재(太宰)인 백주리(伯州犁)에게 명하여 대답하게 했다. "귀국의 군주께서는 초나라 대부인 나에게 고마운 은혜를 베푸시어, 위(圍) 나에게 이르시기를, '풍씨(豊氏)로 하여금 그대가 아내를 맞이하도록 하련다.'라고 하셨소이다. 그래서 위 나는 까는 자리와 제사상을 갖추어 초나라 장왕(莊王)과 공왕(共王)의 사당에 고하고 왔소이다. 만약 도읍 성밖의 들에서 결혼식을 거행하라는 명을 내리시어 그렇게 한다면, 그것은 귀국의 군주가 내리신 호의를 풀밭에 버리는 것이 되고, 대부인 내가 다른 경(卿)들과 어깨를 나란히 할 수밖에 없게 하는 것이며, 뿐만 아니라 이 위로 하여금 선대 군주를 속이게 하고, 장차 우리나라 군주를 돕는 대신이 못되게 하는 것입니다. 그리하면 나는 돌아가 선대의 사당에 복명(復命)할 수가 없으니 대부들께서는 살펴주시오." 이 말을 듣자, 자우는 말했다. "작은 나라에 죄가 없는 터에, 믿는 일이 실로 죄 지음이 있게 됩니다. 이번의 결혼은, 큰 나라인 초나라가 우리나라를 안정케 함을 믿는 일이나, 혹 화(禍)를 일으키려는 마음을 가져 화를 낼 사람이 없다고 단정하겠습니까? (그런 일이 있어) 작은 나라가 믿는 마음을 잃고, 다른 제후들이 큰 나라 믿는 일을 잘못이라 하여, 큰 나라를 미워하지 않는 이가 없게 하고, 큰 나라 군주의 명령을 어겨서 그 명령이 막히어 행해지지 못할 바가 있을 것을 두려워합니다. 그렇지 않다면야, 우리나라 도읍 전체가 초나라의 영빈관(迎賓館)을 관리하는 관리의 범위에 속할 것인데, 어찌 풍씨(豊氏)네 사당 쓰기를 아깝게 여기겠습니까?" 이 말에, 초나라 오거는 정나라에 대비책이 있음을 알고는, 초나라 사람들이 다 활을 전대에 넣어 어깨에 메고 도읍 안으로 들어간다는 조건으로 요청하니, 자우는 그제서야 허락했다. 그래서 정월 을미날에 도읍으로 들어가 결혼식을 거행하고 나서, 바로 괵(虢)에서의 회합에 참석했으니, 그것은 송나라에서 맺었던 맹약을 굳게 다지기 위해서였다.

주해 ㅇ鄭人惡之(정인오지)―초나라 사람들이 도읍 안으로 들어가, 불의에 무력을 사용할까 두려워서 싫어했던 것이다.

ㅇ墠(선)―땅을 정하게 하고 단(壇)을 모음.

ㅇ豊氏(풍씨)―공손단의 성(姓).

ㅇ恃實其罪(시실기죄)―믿고 있다가 불의에 배신을 당해 대항이나 하게 되면, 그 일이 실로 죄가 된다는 것.

ㅇ懲諸侯(징제후)―제후들이 큰 나라를 믿는 것이 잘못이라고 징계함.

ㅇ垂橐而入(수탁이입)―활을 전대에 넣어 메고 들어감. 이것은 무력을 행사하는 일이 없다는 것을 표시함을 보임이다.

祁午謂趙文子曰, 宋之盟,에 楚人得志於晉.이라 今, 令尹之 不信,은 諸侯之所聞也.라 子弗戒,면 懼又如宋.이라 子木之信,은 稱於諸侯,였거늘 猶詐晉而駕焉.이라 況不信之尤者乎.아 楚重得 志於晉,이면 晉之恥也.라 子相晉國,하여 以爲盟主,하여 於今七 年矣.라 再合諸侯,하고 三合大夫,하며 服齊狄,하고 寧東夏,하며 平秦亂,하고 城淳于,였거늘 師徒不頓,하고 國家不罷,하여 民無謗 讟,하고 諸侯無怨,하여 天無大災,하니 子之力也.라 有令名矣,하 여 而終之以恥,를 午也是懼.라 吾子其不可以不戒.라 文子曰, 武受賜矣.라 然이나 宋之盟,에 子木有禍人之心,이나 武有仁人 之心.이라 是楚所以駕於晉也.라 今, 武猶是心也.라 楚又行僭, 이라도 非所害也.라 武將信以爲本,하여 循而行之.리라 譬如農 夫,면 是穮是蓘,엔 雖有饑饉,이라도 必有豊年.이라 且吾聞之,하

되 能信,이면 不爲人下也.라 吾未能也.라 詩曰, 不僭不賊,이면

鮮不爲則.이라 信也.라 能爲人則者,는 不爲人下矣.라 吾不能是

難,이오 楚不爲患.이라

楚令尹圍請用牲讀舊書,하여 加于牲上而已,에 晉人許之.라

三月甲辰盟.이라

진(晉)나라 기오(祁午)가 조문자(趙文子)에게 말하기를, "송나라에서의 맹약에서, 초나라 사람은 우리 진나라에 대한 요구를 관철시켰습니다. 지금 초나라 영윤의 신의 없음은, 제후들 간에 잘 알려진 일입니다. 님이 이번에 그를 경계하시지 않으면, 송나라에서의 맹약 때와 같이 될까 염려됩니다. 전에, 초나라 자목(子木)이 신의가 있었음은, 제후들 간에서 칭찬이 자자했었는데도, 그는 우리 진나라를 속여 위에 올라서려 했습니다. 그런데 하물며 신의가 아주 없는 자야 다시 말할 것이 있겠습니까? 초나라가 이번에도 다시 우리 진나라보다 우위(優位)에 서게 된다면, 그것은 우리 진나라의 수치가 됩니다. 님은 진나라의 재상이 되어, 맹주(盟主) 자리를 지킨 지 이제 7년이 되었습니다. 그간에 두 번 제후들을 회합시켰고, 세 번 각국의 대부들을 회합케 했으며, 제(齊)나라와 적(狄) 오랑캐를 복종케 했고, 동방(東方) 지대를 평정했으며, 진(秦)과의 불화를 화평으로 돌렸고, 기(杞)나라를 위하여 순우(淳于)에 성을 쌓았지만 군사나 일꾼들의 손실이 없었고, 국가가 곤핍(困乏)되지 않았으며 국민들 간에 비난이 없었고, 제후들이 원망함이 없었으며, 하늘이 큰 재해를 내리지 않았으니, 다 님의 힘 때문이었습니다. 지금 님은 좋은 평판을 얻고 있는데, 수치스러운 일로 끝을 맺을까 오(午) 저는 걱정하고 있습니다. 그러니 님은 이번 일을 경계하지 않을 수가 없습니다."라고 했다. 그러자 조문자는

말하였다. "무(武) 나는 해주신 말을 감사히 받아들이겠습니다. 그러나 송나라에서의 맹약에, 초나라 자목은 타인을 해칠 마음을 가지고 있었지만, 무 나는 어진 사람의 마음을 지녔었습니다. 그래서 초나라가 진나라를 능멸한 것이 되었습니다. 지금 무 나는 역시 그때의 어진 사람의 마음을 그대로 지니고 있습니다. 초나라가 분수에 넘는 짓을 할지라도, 우리의 해가 됨은 아닙니다. 무 나는 신의를 가지고 근본으로 삼아, 신의에 따라 행할 것입니다. 농부에 비유해서 말할 것 같으면, 경작지의 잡초를 잘 매어 농사가 잘되게 함에는, 비록 흉년이 있다 하더라도 반드시 풍년이 있게 됩니다. 그리고 나는 들었거니와, '신의를 잘 지키면, 다른 사람의 밑에 서지 않는다.'라 합니다. 나는 아직 신의를 잘 지키지 못합니다. 시에 이르기를, '분수에 넘는 짓 하지 않고 사람을 해치지 않으면, 남의 모범 되지 않음이 없다.'고 했는데, 이것은 다 신의를 두고 말한 것입니다. 남의 모범이 될 수 있는 자는, 남의 아래에 서지를 않습니다. 나는 이렇게 되기가 어렵다고 여길 뿐이며, 초나라는 걱정거리가 되지 않습니다."

초나라 영윤 위(圍)는 맹약 맺는 의식에 소를 희생물로 쓰고, 전번에 작성했던 맹약문(盟約文)을 수정할 것 없이 그대로 지키자고 읽고, 그것을 희생 위에다 놓기만 하자고 제의하니, 진나라 사람이 응낙했다. 3월 갑진날에, 그 맹약이 지어졌다.

주해 ○祁午(기오)—기해(祁奚)의 아들. 기해는 양공 3년조에 나왔다.

○子木(자목)—초나라 공자 굴건(屈建). 송나라에서 맹약을 맺을 때, 그는 초나라 영윤으로 대표로 참석했다.

○東夏(동하)—한족(漢族) 사회에서 동방의 땅을 말한다.

○禍(화)—다른 판본에는 해(害)로 되어 있다.

○詩曰(시왈)—《시경》 대아에 있는 억편(抑篇) 구절.

○用牲(용생)—정식 예(禮)로는, 이번의 맹약에서는 진(晉)나라 대표가 희생물인 소의 귀를 잡고 맹주(盟主) 역할을 해야 하였다. 그러나 초나

라 대표는 고의로 약식 의식을 주장하여, 맹주 역할하는 사람이 다만 맹약서(盟約書)를 읽기만 하자고 했다. 약식에 의하면, 희생물은 맹약 장소에 놓기만 하고, 피를 내어 서로 핥는 의식은 하지 않았다.

楚公子圍設服離衛.라 叔孫穆子曰, 楚公子美矣.라 君哉.라 鄭子皮曰, 二執戈者前矣.라 蔡子家曰, 蒲宮,이니 有前,이라도 不亦可乎.아 楚伯州犁曰, 此行也,에 辭而假之寡君.이라 鄭行人 揮曰, 假不反矣.리라 伯州犁曰, 子姑憂子皙之欲背誕也.하라 子羽曰, 當璧猶在,에 假而不反,이라도 子其無憂乎.아 齊國子曰, 吾代二子愍矣.리라 陳公子招曰, 不憂何成.가 二子樂矣.리라 衛 齊子曰, 苟或知之,면 雖憂何害.아 宋合左師曰, 大國令,하고 小 國共,에 吾知共而已.라 晉樂王鮒曰, 小旻之卒章善矣,니 吾從 之.하리라

退會,하여 子羽謂子皮曰, 叔孫絞而婉,하고 宋左師簡而禮,하 며 樂王鮒字而敬,하고 子與子家持之.라 皆保世之主也,로되 齊·衛·陳大夫其不免乎.인저 國子代人憂,하고 子招樂憂,하며 齊子雖憂弗害.라 夫弗及而憂,하고 與可憂而樂,하며 與憂而弗 害,는 皆取憂之道也,니 憂必及之.리라 大誓曰, 民之所欲,은 天 必從之.라 三大夫兆憂,에 憂能無至乎.아 言以知物,은 其是之謂

의
矣.라

 그 회합에, 초나라 공자 위(圍)는 복장을 아름답게 차려 입고 나갔고, 두 사람이 경호하고 있었다. 그래서 각국 대부들이 논평했다.
 노나라 숙손목자(叔孫穆子)―초나라 공자는 아름다운 복장을 했군요. 군주와 같습니다.
 정나라 자피(子皮)―두 사람이 창을 들고 앞에서 경호하고 있군요.
 채나라 자가(子家)―초왕(楚王)의 별궁인 포궁(蒲宮)에 거처하는 분이니, 경호인이 따라도 좋지 않습니까?
 초나라 백주리(伯州犁)―이번 행차에, 공자 위는 미리 군주께 말씀드려서 군주께서 취하시는 격식을 빌려 한 것입니다.
 정나라 행인 휘(揮)―군주한테 빌린 격식을 돌려주지 않을 것입니다.
 초나라 백주리―님은 님의 나라 자석(子晳)이 군주를 배반하는 짓을 하려는 것이나 걱정하십시오.
 정나라 자우(子羽)―귀중한 벽옥(璧玉)을 노리는 분이 또 있는데, 빌렸다가 돌려주지 않더라도, 님은 근심이 없다는 것입니까?
 제나라 국자(國子)―내가 두분 대신 걱정해 드리지요.
 진(陳)나라 공자 초(招)―걱정하지 않고 무슨 일이 되겠습니까? 두분은 곧 즐겁게 될 것입니다.
 위나라 제자(齊子)―만일 앞일을 알고 있다면, 근심할 일이 있은들 무슨 손해가 되겠습니까?
 송나라 합(合) 땅을 차지하고 있는 좌사(左師 : 向戌)―큰 나라는 명령을 내리고, 작은 나라는 그 명령에 공손히 복종하는 것이기에, 나야 공손히 복종만을 해야 한다는 것을 알고 있을 따름입니다.
 진(晉)나라 악왕부(樂王鮒)―소민편(小旻篇) 끝장(章) 시 내용이 좋으니, 나는 그 시의 말을 따를 것이오.

회합에서 물러나, 정나라 자우가 자피에게 말했다. "노나라 숙손씨(叔孫氏)는 남을 책하면서도 말이 아름답고, 송나라 좌사(左師)인 상술(向戌)의 말은 간결하면서도 예의에 맞으며, 진(晉)나라 악왕부의 말은 옹호하면서도 공경스럽고, 님과 채나라 자가의 말은 사실만 말하고 속마음은 나타내지 않았습니다. 다들 가문을 잘 지키는 분들이지만, 제나라·위나라·진(陳)나라 대부들은 화를 면하지 못할 것입니다. 제나라 국자(國子)는 남 대신 걱정하겠다고 말했고, 진(陳)나라 자초(子招)는 걱정거리를 가지고 즐거워한다 말했으며, 위나라 제자는 걱정거리가 있다 하더라도 해가 되지 않는다고 말했습니다. 자기에게 당하지 않는 일을 걱정함과, 걱정해야 할 것을 즐거워하는 것과, 걱정거리가 있는데도 해가 없다고 하는 것은 다 근심을 초래하는 길이니, 그들에게 근심이 반드시 닥쳐올 것입니다. 태서(大誓)에 이르기를, '백성들의 바라는 바는, 하늘이 반드시 따라 실현시킨다.'고 했습니다. 세 대부는 걱정거리의 징조를 보였는데, 걱정거리가 닥치지 않을 수 있겠습니까? 하는 말을 가지고 일을 안다는 것은, 이런 일을 두고 이르는 것입니다."

주해 ○設服(설복)―화려한 복장을 갖춤.

○離衛(이위)―두 사람이 호위함.

○蒲宮(포궁)―초나라 별궁의 이름.

○子晳(자석)―공손흑(公孫黑). 공손흑은 양공 30년에 백유(伯有)를 친 일이 있어서, 요주의 인물이었다.

○當璧(당벽)―보물인 벽옥(국왕 자리를 두고 비유했음)을 노리는 사람을 말한 것인데, 소공 13년조에 나오는 초나라 공자 기질(棄疾)을 가리킨 말이다.

○國子(국자)―국약(國弱).

○齊子(제자)―제악(齊惡).

○小旻之卒章(소민지졸장)―소민은 《시경》 소아에 든 시편 이름. 그 끝

장은, 위험을 느껴서 신중히 행동해야 한다는 것이 말해져 있다.

ㅇ大誓曰(태서왈)—전해지고 있는《서경(書經)》위태서(僞泰誓) 상편(上篇)에 있는 말이다.

季武子伐莒取鄆.이라 莒人告於會,하니 楚告於晉曰, 尋盟未退,이어늘 而魯伐莒,는 瀆齊盟也.라 請戮其使.라 樂桓子相趙文子,하여 欲求貨於叔孫而爲之請.이라 使請帶焉,에 弗與.라 梁其踁曰, 貨以藩身,이어늘 子何愛焉.가 叔孫曰, 諸侯之會,는 衛社稷也.라 我以貨免,이면 魯必受師.리라 是禍之也.라 何衛之爲.아 人之有牆,은 以蔽惡也.라 牆之隙壞,는 誰之咎也.리오 衛而惡之,면 吾又甚焉.이라 雖怨季孫,이라도 魯國何罪.아 叔出季處,에 有自來矣.라 吾又誰怨.가 然,이나 鮒也賄,에 弗與,라도 不已.리라 召使者,하여 裂裳帛而與之曰, 帶其褊矣.리라

노나라 계무자(季武子 : 季孫宿)가 거나라를 쳐 운(鄆) 땅을 차지했다. 거나라 사람이 회합에서 그 일을 호소하니, 초나라가 진(晉)나라에게 말하기를, "우리의 맹약을 굳게 하여, 아직 끝내지 않고 있는데도 노나라가 거나라를 친 것은, 신성한 맹약을 모독하는 일입니다. 그러니 그 나라의 사자(使者)를 잡아 벌 주기를 바랍니다."라고 했다. 그때, 악환자(樂桓子 : 樂王鮒)는 진(晉)나라 대표 조문자(趙文子)를 보필하고 있어, 노나라 숙손목자(叔孫穆子)에게 재회를 요구하여 그를 위하여 용서해 주기를 요청하려고 했다. 그래서 곧 사람을 시켜 숙손목자에게 띠를 요구케 했는데, 숙손목자는 주지 않았다. 그러자

양기경(梁其踁)이 말하기를, "재화라는 것을 써서 몸을 지키는 것인데, 님은 어찌 그것을 아끼십니까?"라고 했다. 그러자 숙손목자는 말했다. "제후의 회합은 각자 국가 사직을 위해서네. 그런데 내가 재화를 가지고 화를 면한다면, 우리 노나라는 반드시 제후국 연합군의 정벌을 받게 될 것일세. 그렇다면 회합에 나온 것은 나라에 화(禍)를 초래케 한 것이 되네. 어찌 나라를 지키자고 회합에 참가한 것이 되겠나? 사람들의 집에 담이 있는 것은 보기 싫은 것을 가리자는 것일세. 그런데 그 담을 틈나게 하고 파괴하는 것은, 그 누구의 허물이 될 것인가? 나라를 지키는 담 노릇을 하고 있으면서 오히려 나라의 처지를 나쁘게 한다면, 나는 집을 가리는 담을 훼손케 한 사람보다도 더 심한 짓을 한 사람이 되네. 비록 계손숙(季孫宿)을 원망한다 할지라도, 우리 노나라에 무슨 죄가 있단 말인가? 숙손목자 나는 국외로 나와 있고, 계손숙은 국내에 있는 처지가 된 원인이 되었던 걸세. 내 이제 누구를 원망할 것인가? 그러나 악왕부는 뇌물을 좋아하는 사람이니, 이번에 주지 않았다고 요구하는 것을 그만두지는 않을 걸세." 그리고 그는, 심부름꾼을 불러 아래에 입는 옷을 만드는 비단을 잘라주면서 말하기를, "허리띠 감으로는 폭이 좁을 걸세."라고 했다.

│주해│ ○鄆(운)—거나라의 읍 이름. 지금의 산동성 기수현(沂水縣)에 속한다. 계손숙은 자기의 채읍인 비(費)에서 가까운 운을 쳐 차지하여 자기의 영토를 넓혔는데, 이것은 회합에 참가한 숙손목자를 궁지에 빠뜨릴 계략이기도 했다.

○牆之隙壞(장지극괴), 誰之咎也(수지구야)—나라를 지키는 담 노릇을 하기 위하여 회합에 참가하고 있는데, 이 담을 훼손케 했음은 누구의 죄냐? 결국 계손숙의 죄라는 말이다.

○雖怨季孫(수원계손), 魯國何罪(노국하죄)—운을 쳐 차지한 것은 계손숙이 사리사욕을 위해서 한 짓이기에, 계손숙을 원망할 일이기는 하지만, 노나라에서 한 일이 아니기에 나라에 죄가 없다는 것.

ㅇ有自來矣(유자래의)—이런 처지는 자연히 생겨나는 것이다. 즉 계손숙
과 숙손목자간의 사정으로 말미암아 이런 일이 자연히 있게 되었다는
말이다.

　　　조맹문지왈　　임환불망국　　　충야　　　사난불월관　　　신야
　趙孟聞之曰, 臨患不忘國,은 忠也,요 思難不越官,은 信也,며

도국망사　　　정야　　모주삼자　　의야　　유시사자　　　우가
圖國忘死,는 貞也,요 謀主三者,는 義也.라 有是四者,어늘 又可

류호　　내청저초왈　노수유죄　　기집사불피난　　　외위이경
戮乎.아 乃請諸楚曰, 魯雖有罪,나 其執事不辟難,하고 畏威而敬

명의　　자약면지　　　이권좌우　　가야　　약자지군리처불피
命矣.라 子若免之,하여 以勸左右,면 可也.라 若子之群吏處不辟

오출부도난　　　기하환지유　　환지소생　　　오이불치　　　난
汚出不逃難,이면 其何患之有.아 患之所生,은 汚而不治,하고 難

이불수　　소유래야　　능시이자　　우하환언　　부정기능
而不守,로 所由來也.라 能是二者,면 又何患焉.가 不靖其能,이면

기수종지　　　노숙손표가위능의　　청면지이정능자　　자회
其誰從之.리오 魯叔孫豹可謂能矣,니 請免之以靖能者.라 子會

이사유죄　　　우상기현　　　제후기수불흔언　　망초이귀지
而赦有罪,하고 又賞其賢,이면 諸侯其誰不欣焉.가 望楚而歸之,

하여　시원여이　　　강역지읍　　일피일차　　　하상지유　　왕
하여 視遠如邇.리라 疆場之邑,은 一彼一此,하니 何常之有.아 王

백지령야　　　인기봉강　　　이수지관　　거지표기　　　이저
伯之令也,로 引其封疆,하여 而樹之官,하고 擧之表旗,하여 而著

지제령　　과즉유형　　　유불가일　　어시호　　우유삼묘
之制令,하고 過則有刑,이로되 猶不可壹.이라 於是乎, 虞有三苗,

하유관　호　　상유선　비　　주유서　엄　　자무령
하고 夏有觀·扈,하며 商有姺·邳,하고 周有徐·奄.이라 自無令

왕　　제후축진　　압주제맹　　　기우가일호　　흘대사
王,으론 諸侯逐進,하여 狎主齊盟,이었거늘 其又可壹乎.아 恤大舍

소　　족이위맹주　　우언용지　　봉강지삭　　하국멸유
小,라야 足以爲盟主,어늘 又焉用之.리오 封疆之削,은 何國蔑有.

주제맹자　　수능변언　　오　복유흔　　초지집사　기기
아 主齊盟者,가 誰能辯焉.고 吳·濮有釁,이면 楚之執事,가 豈其

顧盟.가 莒之疆事,는 楚勿與知,면 諸侯無煩,이리니 不亦可乎.아

莒·魯爭鄆,은 爲日久矣,니 苟無大害於其社稷,이면 可無亢也.

라 去煩宥善,이면 莫不競勸,이리니 子其圖之.하라 固請諸楚,에

楚人許之,하여 乃免叔孫.이라

　　조맹(趙孟 : 趙文子)은 숙손목자의 일을 듣고 말하기를, "자신의 환난을 당해서 나라를 잊지 않음은 충성스럽고, 자신의 재난을 생각하면서도 관직 지킴에서 벗어나지 않음은 신의이며, 국가를 위하여 도모해서 자신의 죽음을 잊음은 지조가 곧은 정(貞)이고, 일을 꾀함에 충성·신의·정 이 세가지를 근본으로 삼음은 의리가 있는 것이다. 이 네 가지를 지니고 있는데도, 벌을 줄 수가 있으랴?"라 했다. 그리고 초나라에게 요청해서 말했다. "노나라는 비록 죄가 있기는 하나, 그 나라를 대표해서 온 당사자가 자신에게 닥칠 재난을 피하지 않고 있어, 주맹자(主盟者)의 위력을 두려워하면서 내릴 명령을 공경스럽게 기다리고 있습니다. 님이 그에게 벌을 면하게 해서 좌우의 다른 사람들에게 그같이 할 것을 권장한다면 좋은 일입니다. 만일, 님이 거느리는 뭇 관리들이 국내에 있으면서 수고로운 일도 피하지 않고, 나랏일로 국외에 나가 자신의 몸에 닥치는 재난에서 도피하지 않는다면 무슨 걱정이 있겠습니까? 환난이 나게 되는 것은, 수고로운 일을 당하여 그 일을 처리하지 않고, 재난을 당하여 자기 직분을 지키지 않으므로 말미암아 나오는 것입니다. 수고로운 일을 잘함과, 재난을 당하여 직분을 잘 지키는 이 두 가지를 잘한다면, 무엇이 걱정이겠습니까? 그런데 이 두 가지를 잘하는 자를 편안케 하지 않는다면, 그 누가 따르겠습니까? 노나라 숙손표(叔孫豹)야말로 이 두 가지를 잘하는 사람이라고 이를 수 있으니, 그를 용서하여 이 두 가지를 잘하는 자

를 편안케 해주기를 바랍니다. 님이 회합을 가져 죄 있는 자를 용서하고, 어진 사람을 포상한다면, 제후로서 그 누가 기뻐하지 않겠습니까? 초나라를 높이 바라다보고 초나라에 환심을 보내, 먼 나라이면서도 가까운 나라같이 여길 것입니다. 국경에 있는 읍은, 한때는 저 나라에 붙고 한때는 이 나라에 붙게 되는 것이니, 어떻게 언제나 일정하게 어느 한 나라의 소유로만 있을 수가 있겠습니까? 천자(天子)나 제후 중의 패자의 명령으로, 그 국경을 바르게 하여, 지키는 관리를 두고, 푯말을 세워 서로 범하지 말라는 금령(禁令)을 내걸고, 과실을 범하면 벌을 주더라도, 확고부동하게는 할 수가 없는 것입니다. 그러기에 순(舜)임금 때는 세 묘족(苗族)나라나, 하(夏)나라 시대에는 관(觀)나라·호(扈)나라가, 상(商 : 殷)나라 시대에는 선(姺)나라·비(邳)나라가, 주(周)나라 시대에 들어서는 서(徐)나라·엄(奄)나라가 각기 국경의 일로 정벌되었습니다. 그러나 제후들에 대해서 엄한 명령을 내리는 천자가 없게 되어서는, 제후들이 제각기 멋대로 다투어 번갈아 맹주(盟主)가 되어 왔는데, 각 제후국의 국경을 일정케 할 수가 있겠습니까? 큰 일을 중요시하고 작은 일을 불고해야만, 맹주 노릇을 할 수 있는데, 어찌 사소한 일을 다스리는 일을 하겠습니까? 국경의 땅을 빼앗기는 일은 어느 나라엔들 없겠습니까? 그런데 제후국 간의 맹약을 주장하는 자가, 그 누가 그 일들을 하나하나 다 사리를 분별하여 처리할 수 있겠습니까? 남방(南方) 초나라 옆에 있는 오(吳)나라나 복(濮)나라에 틈이 있게 되면, 초나라의 당사자가 어찌 우리들의 맹약만을 생각하여 가만두겠습니까? 거나라 국경에 관한 일은, 초나라로서는 모르는 체하면, 제후국간에 귀찮은 일이 없게 될 것이니 그것이 좋지 않습니까? 거나라와 노나라가 운(鄆)읍을 두고 다툰 것은 오래된 일이니, 실로 그 나라들의 사직에 큰 해가 됨이 없다면, 관계하지 않는 것이 좋습니다. 귀찮은 일을 없애고 착한 사람을 용서한다면, 서로 착하자고 다투고 권장하지 않음이 없을 것이니, 님은 잘 헤아립시오." 조맹이 초나라에 굳이 요청하여, 초나라 사람이 허락하여 숙손목자를 용서했다.

주해 ○不辟汚(불피오)—수고로운 일을 당하여 싫다고 피하지 않음.

○王伯(왕백)—천자와 패자.

○三苗(삼묘)—묘는 남방의 이민족(異民族). 묘족이 세 나라를 구성해서, 지금의 호북성·호남성·강서성(江西省) 등을 차지했었다 한다.

○觀(관)—지금의 산동성 관성현(觀城縣) 일대를 차지했던 옛나라.

○扈(호)—지금의 섬서성 호현(鄠縣) 일대를 차지했던 옛나라.

○姺(선)—옛나라로 지금의 산동성 비현(費縣) 근방에 위치했었다 한다.

○邳(비)—지금의 강소성 비현(邳縣) 땅을 차지했던 옛나라.

○徐(서)—지금의 안휘성(安徽省) 근방에 있었던 옛나라.

○奄(엄)—옛나라로, 지금의 산동성 곡부현(曲阜縣) 근방에 있었다.

○濮(복)—지금의 호북성·호남성 일대에 거주했던 이민족의 이름.

○可無亢也(가무항야)—관계함이 없는 게 좋음.

令尹享趙孟,하여 賦大明之首章,하니 趙孟賦小宛之二章.이라 事畢,에 趙孟謂叔向曰, 令尹自以爲王矣,어늘 何如.오 對曰, 王弱,하고 令尹彊,하니 其可哉.라 雖可不終.이리라 趙孟曰, 何故.오 對曰, 彊以克弱,하여 而安之,는 彊不義也.라 不義而彊,이면 其斃必速.이라 詩曰, 赫赫宗周,를 褒姒滅之.라 彊不義也.라 令尹爲王,이면 必求諸侯.리라 晉少懦矣,에 諸侯將往.이리라 若獲諸侯,면 其虐滋甚,하여 民弗堪也,이리어늘 將何以終.가 夫以彊取,하고 不義而克,이면 必以爲道.리라 道以淫虐,이면 弗可久已

^의矣.리라

초나라 영윤(공자 위)이 진나라 조맹에게 향연을 베풀고 대명편(大明篇)의 맨 처음 장의 시를 노래부르니, 조맹은 소완편(小宛篇)의 제2장 시를 노래불렀다. 연회가 끝나고 나서, 조맹이 숙향(叔向)에게 말해서, 그들간에는 다음과 같은 말이 오고갔다.

조맹―초나라 영윤은 자신이 국왕인 체 했는데, 어찌 될 것이오?

숙향―초나라 왕은 약하고 영윤은 강하니, 그는 왕이 될 수 있을 것입니다. 그러나 비록 국왕이 될 수 있다 하더라도, 유종의 미를 거두지는 못할 것입니다.

조맹―어째서 그렇소?

숙향―강하다고 해서 약한 자를 이겨, 밀어내어 그 자리에 안정되어 있는 것은, 강하기는 하나 불의한 자입니다. 불의하면서 강하다면, 그가 거꾸러짐은 반드시 빠른 것입니다. 시에 이르기를, ‘빛나고 빛나는 주(周)나라를, 포사(褒姒)가 망쳤네.’라 했습니다. 강하면서 불의한 것을 말한 것입니다. 영윤인 공자 위가 초나라 왕이 된다면, 그는 반드시 제후들에게 복종을 요구할 것입니다. 진(晉)나라는 지금 초나라보다 다소 약하니, 제후들은 초나라를 따라갈 것입니다. 그가 만일 제후들을 손아귀에 넣을 것 같으면, 그의 포악은 심해서, 사방의 백성들은 견디지 못할 것인데, 그가 장차 어떻게 좋은 끝을 맺겠습니까? 그는 강한 힘으로 빼앗고, 불의로 남을 이겨내고서는, 반드시 자신이 한 짓을 정당한 길이라고 여길 것입니다. 그 불의를 정당한 길이라 여겨 포악스러우면, 오래갈 수 없을 뿐입니다.

┃**주해**┃ ○大明之首章(대명지수장)―대명은 《시경》 대아에 있는 시편 이름. 그 첫장에는 주(周)나라 문왕(文王)·무왕(武王)의 크고 밝은 덕을 칭송하고 있다. 당시 초나라 영윤 공자 위는 이 시를 노래불러, 자기를

문·무왕에 비유했다.

o 小宛之二章(소완지이장)—소완은 《시경》 소아에 있는 시편 이름. 제2장
  에는 술은 적당히 마시고, 언제나 거동을 신중히 하며, 하늘의 뜻을 두
  려워해야 한다는 것을 말하고 있다. 조맹은 이 시로 초나라 공자 위의
  방자한 생각을 풍자했다.

o 赫赫宗周(혁혁종주), 褒姒滅之(포사멸지)—《시경》 소아에 있는 정월편
  (正月篇)의 구절. 포사는 주나라 유왕(幽王)의 왕비였다. 유왕은 포사
  에게 빠져 나랏일을 돌보지 않다가 견융(犬戎)에게 죽고, 주나라는 망
  하다시피 되었다.

夏四月,에 趙孟·叔孫豹·曹大夫入于鄭,하니 鄭伯兼享之.라
子皮戒趙孟,하여 禮終,에 趙孟賦瓠葉.이라 子皮遂戒穆叔,하고
且告之,하니 穆叔曰, 趙孟欲一獻也,니 子其從之.하라 子皮曰,
敢乎.아 穆叔曰, 夫人之所欲也,어늘 又何不敢.가 及享,에 具五
獻之籩豆於幕下.라 趙孟辭,하고 私於子産曰, 武請於家宰矣.라
乃用一獻.이라 趙孟爲客,하여 禮終,하고 乃宴.이라 穆叔賦鵲巢,
하니 趙孟曰, 武不堪也.라 又賦采蘩,하고 曰, 小國爲蘩,에 大國
省穡而用之,면 其何實非命.가 子皮賦野有死麕之卒章.이라 趙
孟賦常棣,하고 且曰, 吾兄弟比以安,이면 尨也可使無吠.라 穆
叔·子皮及曹大夫興拜,하고 擧兕爵曰, 小國賴子知免於戾矣.
라 飮酒樂.이라 趙孟出曰, 吾不復此矣.리라

여름 4월에, 진나라 조맹·노나라 숙손표·조나라 대부가 정나라의

도읍으로 들어갔다. 그러자 정나라 군주가 그들을 한자리에 초대하여
향연을 베풀기로 했다. 정나라 자피(子皮)가 조맹에게로 가 향연을
베푼다는 뜻을 알려 그 일이 끝나자, 조맹은 호엽편(瓠葉篇)의 시를
노래불렀다. 자피는 곧이어 숙손목숙에게로 가 향연이 있음을 알리고,
조맹이 호엽편의 시를 노래불렀음을 말하니 숙손목숙이 말하기를,
"조맹은 일헌(一獻)의 예식을 취하는 향연을 원하고 있으니, 님은 그
의 뜻을 따르십시오."라고 하니 자피가, "어찌 그럴 수가 있겠습니
까?"라고 대답하였다. 숙손목숙은, "그 사람이 원하고 있는 것인데,
어째서 못한다는 말씀입니까?"라고 말했다. 향연 자리에 가 보니, 오
헌(五獻) 예식을 취하는 술상이 장막 밑에 차려져 있었다. 조맹은 그
오헌 예식의 향연을 사양하고, 정나라 자산(子産)에게 귀엣말로 이르
기를, "나는 재상(宰相)에게 (일헌 예식의 향연으로 해주기를) 부탁드
렸습니다."라고 했다. 그래서 일헌 예식의 향연으로 했다. 조맹이 주
빈(主賓)이 되어 서로들 인사를 마치고 연회에 들어갔다. 그 자리에
서 숙손목숙이 작소편(鵲巢篇)의 시를 노래부르니, 조맹이 말하기를,
"조무(趙武 : 趙孟) 나에게 그 시를 노래불러 주심은 당치 않소이다."
라 했다. 숙손목숙이 또 채번편(采蘩篇)의 시를 노래부르고 말하기를,
"작은 나라는 흰 쑥과 같은 존재인데도, 큰 나라가 살펴서 아끼어 써
주신다면, 어찌 진실로 명령대로 하지 않겠습니까?"라고 했다. 자피는
야유사균편(野有死麕篇)의 끝장 시를 노래불렀다. 조맹은 상체편(常
棣篇)의 시를 노래부르고 말하기를, "우리 형제 나라들이 협력하여
안정되어지면, 삽살개가 짖어대지 못하게 할 수가 있는 것이오."라고
했다. 그러자 숙손목자·자피·조나라 대부가 다 자리에서 일어나 조
맹에게 절하고, 쇠뿔잔을 들고 말하기를, "우리 작은 나라들은 님의
힘을 입어 죄에서 벗어남을 알고 있습니다."라고 했다. 그들은 술을
마시며 즐거워했다. 조맹은 그 술자리가 끝나고 나와 말하기를, "나는
다시 이런 즐거움을 맛보지 못할 것이다."라고 했다.

주해 ㅇ瓠葉(호엽)-《시경》 소아에 있는 시편 이름. 조맹은 이 시를 불러 간소한 향연을 요구했다.

ㅇ一獻(일헌)·五獻(오헌)-향연에서 주인이 빈객에게 술을 드리고, 빈객이 주인에게 반배(返杯)하는 것을 한 번으로만 그침을 일헌이라 했고, 다섯 번 함을 오헌이라 했다. 일헌에서 구헌(九獻)까지 있었는데, 구헌 예식은 주나라 조정의 상공(上公)에 대해서 취하는 주연예식(酒宴禮式)이고, 일헌은 보통의 사(士)에 대한 예식이었으며, 오헌은 자작(子爵)과 남작(男爵) 신분의 사람에 대한 예식이었다.

ㅇ冢宰(총재)-재상. 여기에서는 자피(子皮)를 말한다.

ㅇ鵲巢(작소)-《시경》 풍 소남(召南)에 있는 시편 이름. 이 편의 시는, 비둘기는 집을 잘 짓지 못하여 까치집을 빌려 산다는 것이 말해져 있다. 숙손목숙은 이 시를 빌어, 자기와 노나라가 조맹의 은혜를 입고 있다는 것을 나타냈다.

ㅇ采蘩(채번)-《시경》 풍 소남에 있는 시편 이름. 흰 쑥을 캐어 훌륭한 분에게 드린다는 뜻이 말해져 있다. 그는 이 시로 보잘것없는 작은 나라지만, 큰 나라를 위하여 힘을 내겠다는 뜻을 나타냈다.

ㅇ野有死麕(야유사균)-《시경》 풍 소남에 있는 시편 이름. 이 시편의 끝 장에는, 삽살개가 짖어대지 않게 하라는 말이 있다.

ㅇ常棣(상체)-《시경》 소아에 있는 시편 이름. 형제 나라가 서로 화목해야 한다는 것을 말하고 있다.

ㅇ吾不復此矣(오불부차의)-나는 다시 이런 재미를 맛보지 못할 것이다. 조맹은 이 해 겨울에 죽었다.

天王使劉定公勞趙孟於潁,하시고 館於雒汭.라 劉子曰, 美哉.라 禹功明德遠矣.라 微禹,면 吾其魚乎.인저 吾與子弁冕端委,하여 以治民臨諸侯,는 禹之力也.라 子盍亦遠績禹功而大庇民乎.아 對曰, 老夫罪戾是懼,이옵거늘 焉能恤遠.이리오 吾儕偷食,하여

朝不謀夕,에 何其長也.리오 劉子歸以語王曰, 諺所謂老將知而

耄及之者,는 其趙孟之謂乎.인저 爲晉正卿,하여 以主諸侯,이옵거

늘 而儕於隷人,하여 朝不謀夕,하고 棄神人矣.이오니다 神怒民叛,

이리니 何以能久.리오 趙孟不復年矣.리이다 神怒,면 不歆其祀,하

옵고 民叛,이면 不卽其事,이옵거늘 祀事不從,에 又何以年.이리오

叔孫歸,에 曾夭御季孫以勞之.라 旦及日中,이나 不出.이라 曾

夭謂曾阜曰, 旦及日中.이라 吾知罪矣.라 魯以相忍爲國也.라

忍其外,하여 不忍其内,는 焉用之.아 阜曰, 數月於外.라 一旦於

是,가 庸何傷.가 賈而欲贏,하여 而惡囂乎.아 阜謂叔孫曰, 可以

出矣.라 叔孫指楹曰, 雖惡是,나 其可去乎.인저 乃出見之.라

천자(天子)이신 주나라 왕께서 유(劉)나라 정공(定公)에게 영읍(潁邑)에서 진나라 조맹을 위로케 하셨고, 그들은 낙수(洛水)가 구부러져 흐르는 지대에서 머물렀다. 그때, 유나라 군주인 자작〔정공〕이 말하기를, "아름다운 곳이오. 우(禹)임금의 큰 공과 밝은 덕은 먼 세대에까지도 끼쳐질 것이오. 우임금이 없었더라면, 우리는 물고기와 같이 물속에서 지내는 신세일 것이오. 나나 님이나 다 예관(禮冠)을 쓰고 예복을 입고 백성들을 다스리고 제후들을 통솔하고 있는 것은, 우임금 덕택입니다. 그러나 님도 먼 옛날의 우임금의 공적을 계승하여 세상 백성들을 비호하는 큰 공을 세우시지 않으시려오?"라고 했다. 그러자 조맹은 대답하기를, "이 늙은 것은 죄에 빠질까만 두려워하고 있사온데, 어떻게 먼 앞날을 위하여 걱정할 수가 있겠습니까? 저 같

은 것이야 국록(國祿)을 거저 받아먹고 있어, 아침에 저녁때 일을 도모하지 못하는 형편이온데, 어떻게 장구한 앞날의 일을 도모하겠습니까?”라고 하였다. 이 말을 들은 유나라 군주인 자작은 돌아가 천자에게 말하였다. “속담에 ‘나이를 먹어 지혜롭게 되려 하자, 망령기가 든다.’고 하는 것은, 조맹을 두고 하는 말 같사옵니다. 그는 진나라 정경(正卿)이 되어 제후들을 지휘하옵는데도, 천한 종복과도 같이 아침에 저녁때 일을 도모하지 못하고, 신(神)과 백성들을 잊고 있사옵니다. 신이 노하고 백성들이 거역할 것이오니, 그가 어떻게 오래 살 수 있사오리까? 조맹은 더 살지 못할 것이옵니다. 신이 노하면 드리는 제사를 받아먹지 않삽고, 백성들이 거역하면 명(命)한 일을 그대로 하지 않사옵는데, 신이 지내는 제사를 받아먹지 않고, 백성들이 명령을 따르지 않는다면야 어떻게 더 살 수 있겠사옵니까?”

  숙손표(叔孫豹)가 노나라로 돌아오자, 증요(曾夭)가 계손숙(季孫宿：季武子)이 탄 수레를 조종하여 위로차 방문했다. 그런데 아침에가 한낮이 되었으나, 숙손표가 만나러 나오지 않았다. 그래서 증요가 숙손표의 가신(家臣)인 증부(曾阜)에게 말하기를, “우리는 (거나라를 쳐 운을 빼앗은 잘못을 저질러) 죄를 인식하고 있네. 우리 노나라 사람은 서로 참는 것으로 나라를 꾸려 가고 있네. 국외로 나가 있으면서 그렇게도 잘 참았으면서, 국내에 들어와 참지 않는 것은 어찌한단 말인가?”라고 했다. 그러자 증부는 말하기를, “여러 날 동안 외국에 가 있어 참아왔네. 그런데 자네들은 여기서 오전 시간을 참고 기다린 것이, 그 무엇이 괴롭단 말인가? 장사를 하여 이익을 얻자고 하면서, 상대방이 떠들어대는 것을 싫다고 할 것인가?”라고 했다. 그리고 숙손표에게로 가, “이제는 나가시는 것이 좋습니다.”라고 말하니, 숙손표는 집의 기둥을 가리키면서 말하기를, “비록 보기 싫다고 할지언정, 없앨 수가 있겠는가?”라고 했다. 그리고는 곧 나가 계손숙을 만났다.

주해   ○劉定公(유정공)−이름은 하(夏).

○潁(영)−영수(潁水) 가의 읍 이름. 지금의 하남성 북부의 등봉(登封) 부근.

○雒汭(낙예)−낙수(洛水)가 구부러져 흐르는 곳. 영읍(潁邑) 북방으로, 지금의 공현(鞏縣) 근처의 낙수의 굴곡부(屈曲部) 땅이었다.

○禹(우)−우임금은 홍수(洪水)를 막는 데 공이 컸었다 한다.

○弁冕(변면)−변이나 면은 예관(禮冠)의 이름.

○端委(단위)−단이나 위는 예복의 이름.

○指楹(지영)−기둥을 가리키어, 계손숙은 집을 받치는 기둥과 같이 국가의 동량이라는 뜻이다.

○雖惡是(수오시), 其可去乎(기가거호)−기둥이 보기 싫다고 해서 없앨 수 없는 것과 같이, 계손숙은 국가의 동량인데 보기 싫다고 하여 제거할 수가 없다는 것.

정서오범지매미　　　공손초빙지의　　　공손흑우사강위금언
鄭徐吾犯之妹美.라　公孫楚聘之矣,에　公孫黑又使强委禽焉.

범구　　　고자산　　　자산왈　시국무정　　　비자지환야
이라 犯懼,하여　告子産,하니　子産曰, 是國無政,이요　非子之患也,

유소욕여　　　범청어이자　　　청사녀택언　　　개허지
이니 唯所欲與.하라　犯請於二子,하여　請使女擇焉,하니　皆許之.라

자석성식입　　　포폐이출　　　자남융복입　　　좌우사
子晳盛飾入,하여　布幣而出.이라　子南戎服入,하여　左右射,하고

초승이출　　　여자방관지왈　자석신미의　　　억자남부야
超乘而出.이라　女自房觀之曰, 子晳信美矣,나　抑子南夫也.라

부부부부　　　소위순야　　　적자남씨　　　자석노　기이　　고
夫夫婦婦,는　所謂順也.라　適子南氏,하니　子晳怒.라　旣而,에　櫜

갑이견자남　　　욕살지이취기처　　　자남지지　　　집과축지
甲以見子南,하여　欲殺之而取其妻.라　子南知之,하고　執戈逐之,

급충　　　격지이과　　　자석상이귀　　　고대부왈　아호견
하여 及衝,하여　擊之以戈.라　子晳傷而歸,하여　告大夫曰, 我好見

지　　부지기유이지야　　고　　상
之,하여　不知其有異志也.라　故로　傷.이라

大夫皆謀之,에 子産曰, 直鈞,이면 幼賤有罪,이니 罪在楚也.라
乃執子南,하여 而數之曰, 國之大節有五,어늘 女皆奸之.라 畏君
之威,하고 聽其政,하며 尊其貴,하고 事其長,하며 養其親.이라 五
者所以爲國也.라 今君在國,에 女用兵焉,하니 不畏威也,요 奸國
之紀,하니 不聽政也,며 子晳上大夫,이고 女嬖大夫,이어늘 而弗
下之,하니 不尊貴也,요 幼而不忌,하니 不事長也,며 兵其從兄,하
니 不養親也.라 君曰, 余不女忍殺,하여 宥女以遠.이시라 勉速行
乎.인저 無重而罪.하라

五月庚辰,에 鄭放游楚於吳.라 將行子南,에 子産咨於大叔,하
니 大叔曰, 吉不能亢身,이어늘 焉能亢宗.가 彼國政也.요 非私難
也.라 子圖鄭國,하여 利則行之.하라 又何疑焉.가 周公殺管叔,하
고 而蔡蔡叔,에 夫豈不愛.아 王室故也.라 吉若獲戾,면 子將行
之.리라 何有於諸游也.리오

정나라 서오범(徐吾犯)의 여동생이 아름다웠다. 공손초(公孫楚)가
아내로 맞이하겠다고 나서자, 공손흑(公孫黑)이 또한 다른 사람에게
부탁하여 억지로 납채(納采)하게 했다. 그래서 서오범은 두 사람이
싸움에 말려들까 두려워, 자산(子産)에게 그 사정을 고하니, 자산이
말하기를, "(그 사람들이 그런 무리한 짓을 하는 것은) 나라에 올바른
정치가 행해지지 않은 탓일 뿐, 자네가 근심할 일은 아닐세. 그러니
시집보내고자 하는 곳으로 보내게."라고 했다. 그래서 서오범은 공손

초와 공손흑에게 여동생이 택하도록 하게 해달라고 요청하니, 그들은 승낙했다. 그러자 자석(子晳 : 공손흑)은 성장(盛裝)을 하고 서오범의 집으로 들어가, 가지고 간 폐백(幣帛)을 늘어놓고 나갔다. 그리고 자남(子南 : 공손초)은 군복을 입고 서오범의 집으로 들어가, 좌우로 활을 쏘아 보이고, 뛰어 수레에 올라타고 돌아갔다. 그때 서오범은 방안에서 그들을 보고 말하기를, "자석은 실로 아름답게 보이나, 자남이야말로 대장부이다. 남자는 남자다워야 하고, 여자는 여자다워야 하는 것이, 온당하다고 이를 것이다."라고 했다. 그리고 자남에게로 여동생을 시집보내니, 자석이 노했다. 그뒤 자석은 평복 속에다 갑옷을 입고 자남을 방문하여, 그를 죽이고 아내를 뺏으려 했다. 그런데 자남이 그 일을 미리 알아채고, 창을 들고 자석을 몰아, 도읍 내의 길의 교차점에 이르러, 창으로 쳤다. 자석은 상처를 입고 돌아가 대부들에게 말하기를, "나는 호의로 그를 방문하여, 그가 다른 뜻을 지니고 있었던 것을 알지 못했습니다. 그래서 부상을 입은 것입니다."라고 했다.

　대부들이 다 그 일을 가지고 상의를 함에 있어 자산은, "다같이 정당한 바라면, 어리고 촌수가 낮은 편에 죄가 있는 것이니, 이번 일의 죄는 초(楚)에게 있는 것이오."라고 말했다. 그리고는, 자남을 잡아다가 꾸짖어 말했다. "나라의 큰 범절(範節)에 다섯 가지가 있는데, 너는 그것들을 한꺼번에 다 범했다. 그 큰 범절이란 군주의 위력을 두려워하고, 나라의 정령(政令)에 복종하며, 신분이 높은 이를 존중하고, 연장자를 잘 모시며, 친척을 중히 여기는 것이다. 이 다섯 가지는 나라를 다스리는 근본이다. 지금 군주께서 도읍에 버젓이 계시는데도, 너는 함부로 무기를 썼으니 그것은 군주의 위력을 두려워하지 않은 것이고, 나라의 기강을 범했으니 정령에 복종하지 않은 것이며, 자석은 상대부(上大夫)이고 너는 하대부인데도 그에게 겸양(謙讓)하지 않았으니 윗사람을 존중하지 않은 것이고, 나이가 어리면서도 그를 공경스럽게 대하지 않았으니 연장자를 잘 모시지 못한 것이며, 사촌형인 그에게 무기를 썼으니 친척을 중히 여기지 않은 것이다. 군주께서는 '내 너를 차마 죽이지 못하여, 용서해서 멀리 떠나게 하노라.'고 하셨다. 그러니 속히 떠나도록 서둘러야 할 것이다. 죄를 더 짓도록 하지 말지어다.”

5월 경진날에 정나라는 유초(游楚 : 자남)를 오나라로 추방했다. 자남을 추방하려 함에 있어, 자산이 대숙(大叔)에게 그 일에 대해서 물으니, 대숙은 말하였다. “길(吉), 저야 저의 한몸도 비호하지 못하는데, 어찌 종족을 비호할 수 있겠습니까? 그 일은 나라 정치상의 일이고, 사사로운 시비의 일이 아닙니다. 그러니 님께서 우리 정나라의 이익을 헤아리어, 이로우면 그를 추방하십시오. 무얼 주저하십니까? 옛날 주나라 주공(周公)이 관숙(管叔)을 죽이고 채숙(蔡叔)을 추방함에 있어, 그 어찌 그분들을 아깝게 여기시지 않았겠습니까? 그 일은 왕실을 위한 때문이었습니다. 길, 제가 만일 죄를 지으면, 님은 저를 추방하게 되실 것입니다. 나랏일을 하는데 어찌 유씨(游氏)에게 특별히 마음 쓸 필요가 있겠습니까?”

주해 | ㅇ徐吾犯(서오범) — 서오는 성이고, 범은 이름.

ㅇ衝(충) — 길의 교차 지점.

ㅇ直鈞(직균) — 정당함이 다 같음.

ㅇ大叔(대숙) — 유길(游吉). 정나라 목공(穆公)의 아들 공자 언(偃)의 손자로, 정나라 경(卿)이었다. 자남은 유길의 작은아버지였다.

ㅇ亢(항) — 비호.

ㅇ蔡蔡叔(채채숙) — 채숙을 추방함. 앞의 '채(蔡)'는 추방함으로 풀이된다. 혹 오자(誤字)일런지도 모른다.

秦后子有寵於桓,하여 如二君於景.이라 其母曰, 弗去,면 懼
選.이리라 癸卯,에 鍼適晉,에 其車千乘.이라 書曰秦伯之弟鍼出

奔晉,은 罪秦伯也.라 后子享晉侯,에 造舟于河,하고 十里舍車,

하여 自雍及絳也,였거늘 歸取酬幣,하여 終事八反.이라 司馬侯問

焉曰, 子之車盡於此而已乎.아 對曰, 此之謂多矣.라 若能少此,

면 吾何以得見.가 女叔齊以告公,하고 且曰, 秦公子必歸.리이다

臣聞,하되 君子能知其過,면 必有令圖.라하오니다 令圖天所贊也.

이오니다

　　后子見趙孟,하니 趙孟曰, 吾子其曷歸.오 對曰, 鍼懼選於寡

君.이라 是以,로 在此.라 將待嗣君.하리라 趙孟曰, 秦君何如.오

對曰, 無道.라 趙孟曰, 亡乎.아 對曰, 何爲.오 一世無道,라도 國

未艾也.라 國於天地,에 有與立焉.이라 不數世淫,이면 弗能斃也.

라 趙孟曰, 天乎.아 對曰, 有焉.이라 趙孟曰, 其幾何.오 對曰,

鍼聞之,하되 國無道,나 而年穀和熟,은 天贊之也.라 鮮不五稔.

이라 趙孟視蔭曰, 朝夕不相及,이어늘 誰能待五.리오 后子出而

告人曰, 趙孟將死矣.리라 主民,에 翫歲而愒日,하니 其與幾何.오

　　진(秦)나라 후자(后子)는 아버지 환공(桓公)한테 총애를 받아, 군
주로 있는 경공(景公)과 어깨를 나란히 할 세력을 가져, 진나라에는
마치 두 군주가 있는 것 같았다. 그의 어머니가 말하기를, "네가 국외
로 떠나지 않는다면, 아마도 너의 죄가 무엇이네 무엇이네 하고 죽음
을 당하게 될 것이다."라고 했다. 그래서, (4월) 계묘날에 겸(鍼 : 후

자)이 진(晉)나라로 갔는데, 그가 거느린 수레가 천대나 되었다. 경문(經文)에 진나라 군주인 백작의 동생 겸이 진나라로 도망나갔다고 써 말한 것은, 진나라 군주에게 죄를 돌린 것이다. 후자가 진(晉)나라 군주를 대접함에 있어, 황하(黃河)에다 배로 다리를 놓고, 10리마다 수레를 배치하여, 진(秦)나라 도읍 옹(雍)에서 진(晉)나라 도읍 강(絳)까지 이어지게 했는데, 본국으로 돌아가 그 연회에 쓰고 선사할 물건을 가져가길 여덟 차례를 반복했다. 진(晉)나라 사마(司馬)인 후(侯 : 女叔齊)가 후자에게 묻기를, "님의 수레는 이것만으로 다입니까?"라고 하자 후자가 대답하기를, "이것도 많다고 합니다. 내 만일 이보다 적게 가졌더라면, 내가 어찌 국외로 나와 여러분을 만날 수 있었겠습니까?"라고 했다. 여숙제(女叔齊)가 진(晉)나라 군주에게 이 일을 고하고, 말했다. "진나라 공자는 반드시 본국으로 돌아갈 것이옵니다. 신이 들었사온데, '군자(君子)가 그의 잘못을 알 수 있게 되면, 반드시 좋은 꾀가 있게 된다.'고 하옵니다. 좋은 꾀에는 하늘도 돕는 것이옵니다."

후자가 진나라 조맹(趙孟)을 만나게 되어, 두 사람 사이에 다음과 같은 말이 오고갔다.

조맹―님은 언제 돌아가실 겁니까?

겸―겸, 나는 저희 군주한테 죄의 헤아림을 두려워했습니다. 그래서, 여기에 와 있는 것입니다. 앞으로 다음 군주가 설 때까지 기다릴 것입니다.

조맹―진(秦)나라 군주는 어떤 분인가요?

겸―무도(無道)합니다.

조맹―그럼, 망하게 될까요?

겸―어찌 망하겠습니까? 1대(一代)가 무도하더라도, 나라는 곧 절멸(絶滅)되지는 않습니다. 국가가 천지간에 있게 됨에는, 그 나라를 존립시켜 나갈 인물과 조건이 같이 있게 됩니다. 여러 대(代)의 군주가 무도하지 않는다면, 그 나라가 망하지는 않습니다.

조맹―그럼, 일찍 죽을까요?

겸―그런 일은 있을 것입니다.

조맹―그렇다면, 그것은 얼마 후의 일일까요?

겸―겸 제가 들으니 '나라가 무도하나 곡물이 잘 여무는 것은, 하늘이 도와서다.'라고 합니다. 그러니 다섯 해를 못 가는 일은 적습니다.

조맹―(그늘을 보며) 아침에 저녁때 일을 생각지 못하는데, 누가 다섯 해를 기다릴 수 있겠습니까?

대화를 마치고 후자는 그 자리에서 나가, 따르고 있는 사람에게 말했다. "조맹은 곧 죽을 것일세. 백성의 우두머리가 되어 다만 허송세월하고 있으니, 얼마나 갈 것인가?"

▌주해▏ ○后子(후자)―환공의 아들이며, 경공(景公)의 동생.

○令圖(영도)―좋은 꾀.

○夭乎(요호)―진(秦)나라 경공은 재위 40년, 소공 5년에 죽었다. 그러나 어려서 죽음을 말한 것이 아니라, 7,80세의 장수에 비하여 일찍 죽음을 말한 것이라고 풀이된다.

○翫歲而愒日(완세이개일)―해〔歲〕를 탐내고 날〔日〕을 탐냄. 시간을 아깝게 여기나, 아무런 의욕이 없어 허송세월함을 말한다.

鄭爲游楚亂故,로 六月丁巳,에 鄭伯及其大夫,가 盟于公孫段氏.라 罕虎·公孫僑·公孫段·印段·游吉·駟帶,가 私盟于閨門之外,어늘 實薰隧.라 公孫黑强與於盟,하여 使大史書其名,하고 且曰七子,나 子産弗討.라

晉中行穆子敗無終及群狄于大原,하니 崇卒也.라 將戰,에 魏

舒曰, 彼徒我車,나 所遇又阨.이라 以什兵車,면 必克,이오 困諸

阨,면 又克,이리니 請皆卒.이라 自我始.하리라 乃毀車以爲行,하되

五乘爲三伍.라 荀吳之嬖人,이 不肯卽卒,하니 斬以徇.이라 爲五

陳,하여 以相離,하고 兩於前,하고 伍於後,하며 專爲右角,하고 參

爲左角,하며 偏爲前拒,하여 以誘之.라 翟人笑之,나 未陳而薄之,

하여 大敗之.라

정나라는 유초(游楚 : 자남)의 난동을 이유로 6월 정사날에, 정나라 군주 및 대부들이 공손단(公孫段)의 집에서 맹약을 맺었다. 그리고 한호(罕虎 : 자피)·공손교(公孫僑 : 자산)·공손단·인단(印段)·유길(游吉 : 자대숙)·사대(駟帶) 등의 여섯 사람이 남몰래 궁전 입구의 대문 밖에서 맹약을 맺었는데, 그곳이 훈수(薰隧)이다. 그때 공손흑(公孫黑)이 억지로 그자리에 나와 맹약을 맺어, 태사(大史)에게 기록에 자기 이름을 올리게 하고, 또 일곱 사람이 맹약을 지었다고 기록케 했으나, 자산(子産)은 그를 벌하지 않았다.

진(晉)나라 중행목자(中行穆子 : 荀吳)가 무종족(無終族)과 여러 적(狄) 오랑캐를 대원(大原)에서 쳐부수었으니, 그것은 싸움에서 보병의 능력을 중요시하여 이용해서였다. 대전(對戰)하려 함에 있어, 위서(魏舒)가 말하기를, "저편은 보병인데 비하여 우리는 전차 부대니, 적과 만나 싸울 곳이 좁습니다. 보병 열 사람씩 분대를 지어 전차 대신 쓰면 반드시 승리할 것이고, 복병(伏兵)을 좁은 골목에다 두어 적을 곤경에 빠뜨리면 역시 이길 것이니, 다 보병 부대로 개편하기를 바랍니다. 그것은 저희 부대부터 시작하겠습니다."라고 했다. 그리고 그는 곧 자기가 거느리고 있는 전차 부대를 풀어서, 보병의 대열로

짓되, 전차 다섯 대에 붙은 군졸을 가지고 셋의 보병 분대로 했다. 그런데 총사령관인 원수(元帥) 순오(筍吳 : 중행목자)의 사랑을 받고 있는 자가, 보병 대열 짓기를 따르지 않으니, 위서는 그의 목을 베어 군중에 표본으로 삼았다. 진군은 보병을 다섯 진열로 지어, 서로 돕게 하고, 양(兩)의 부대는 앞에다 배치하고, 오(伍)의 부대는 뒤에다 배치하며, 전(專)의 부대는 오른쪽 모서리에 배치하고, 삼(參)의 부대는 왼쪽 모서리에 배치하며, 편(偏)의 부대는 맨 앞에서 적을 막도록 배치하여, 적을 유인하였다. 그러자 오랑캐들이 그 진형을 보고 웃었지만, 그들이 진나라 군을 무시하여 군진(軍陣)을 정비하지 않는 틈을 타, 쳐서 크게 패배시켰다.

주해 ○實薰隧(실훈수)―다음해에, 자산이 공손흑(公孫黑 : 자석)을 몰아붙일 때, 훈수의 맹약이라는 말을 썼다. 그 훈수라는 길은 실로 이 궁전 입구의 문밖을 말한 것이라는 뜻이다. 소공 2년조 참고.

○無終(무종)―북방 이민족(異民族)의 이름.

○大原(대원)―경문에는 대로(大鹵)라 되어 있다. 지금의 태원(太原).

○兩(양)·伍(오)·專(전)·參(삼)·偏(편)―당시의 부대 이름. 원래는 전차 50대의 부대를 양이라 했고, 125대의 부대를 오라 했으며, 81대의 부대를 전이라 했고, 9대의 부대를 참이라 했으며, 25대의 부대를 편이라 했으나, 여기에서의 보병 부대가 각기 어떻게 편성되었던가는 알 수 없다.

○翟人(적인)―오랑캐 적군.

莒展輿立,하여 而奪群公子秩,하니 公子召去疾于齊.라 秋,에 齊公子鉏納去疾,하니 展輿奔吳.라 叔弓帥師,하여 疆鄆田,하니 因莒亂也.라 於是,에 莒務婁·瞀胡及公子滅明以大厖與常儀

靡奔齊.라 君子曰, 莒展之不立,은 棄人也夫.인저 人可棄乎.아
詩曰, 無競惟人.이라 善矣.라

거나라 전여(展輿)가 군주가 되어 뭇 공자들의 녹(祿)을 박탈하니, 공자들이 공자 거질을 제나라에서 들어오게 했다. 가을에 제나라 공자 서(鉏)가 힘을 써 거질을 본국으로 들여보내니, 전여는 오나라로 도망갔다. 이 시기에 노나라 숙궁(叔弓)은 군사를 이끌고 나가, 운(鄆) 땅을 국토에 편입시켜 국경선을 정했으니, 그것은 거나라의 내란을 이용해서였다. 이때, 거나라 무루(務婁)·무호(瞀胡) 및 공자 멸명(滅明)이 대방(大厖)과 상의(常儀) 두 읍을 가지고 제나라로 도망갔다. 군자는 거나라 일을 평하여 말했다. "거나라 전여가 군주 노릇을 못한 것은, 그가 사람들을 버려서였도다. 사람을 버려서야 되겠는가? 시에 이르기를, '비길 데 없는 것은 좋은 사람이네.'라고 했다. 훌륭한 말이다."

주해 | ㅇ叔弓(숙궁) ─ 숙은 성이고, 궁은 이름. 시호는 경자(敬子)라 했다.
ㅇ詩曰(시왈) ─ 《시경》 송(頌) 주송(周頌)에 있는 열문편(烈文篇)의 구절. 또한 《시경》 대아 억편(抑篇)에도 들어 있다.

晉侯有疾,에 鄭伯使公孫僑如晉聘,하고 且問疾.이라 叔向問
焉曰, 寡君之疾病,에 卜人曰, 實沈·臺駘爲崇,이나 史莫之知.
라 敢問,하노니 此何神也.오 子産曰, 昔,에 高辛氏有二子,하니
伯曰閼伯,이고 季曰實沈.이라 居于曠林,하여 不相能也,하고 日
尋干戈,하여 以相征討.라 后帝不臧,하여 遷閼伯于商丘,하여 主

辰,이어늘 商人是因.이라 故로 辰爲商星.이라 遷實沈于大夏,하여

主參,이어늘 唐人是因,하여 以服事夏·商,이러니 其季世曰唐叔

虞.라 當武王邑姜方震大叔,에 夢帝謂己,하되 余命而子曰虞,하

고 將與之唐,하여 屬諸參,하여 而蕃育其子孫.하리라 及生,에 有

文在其手曰虞.라 遂以命之.라 及成王滅唐,하여 以封大叔焉.이

라 故로 參爲晉星.이라 由是觀之,면 則實沈參神也.라 昔,에 金

天氏有裔子,하여 曰昧.라 爲玄冥師,하여 生允格·臺駘.라 臺駘

能業其官,하여 宣汾·洮,하고 障大澤,하여 以處大原.이라 帝用

嘉之,하여 封諸汾川,하고 沈·姒·蓐·黃,이 實守其祀,러니 今,

晉主汾,하여 而滅之矣.라 由是觀之,면 則臺駘汾神也.라 抑此

二者,는 不及君身.이라 山川之神,은 則水旱癘疫之災,면 於是乎

榮之,하고 日月星辰之神,은 則雪霜風雨之不時,면 於是乎榮之.

라 若君身,은 則亦出入飮食哀樂之事也.라 山川星辰之神,이 又

何爲焉.가 僑聞之,하되 君子有四時,하여 朝以聽政,하고 晝以訪

問,하며 夕以脩令,하고 夜以安身.이라 於是乎,에 節宣其氣,하여

勿使有所壅閉湫底以露其體,하고 玆心不爽而昏亂百度,어늘 今

無乃壹之,가 則生疾矣.리라 僑又聞之,하되 內官不及同姓.이라

其生不殖,하고 美先盡矣,면 則相生疾.이라 君子是以惡之.라 故

로 志曰, 買妾,에 不知其姓,이면 則卜之.라 違此二者,는 古之
所愼也.라 男女辨姓,은 禮之大司也.라 今, 君內實有四姬焉.이
라 其無乃是也乎.아 若由是二者,면 弗可爲也已.라 四姬有省,이
면 猶可,로되 無則必生疾矣.리라 叔向曰, 善哉.라 肸未之聞也.
라 此皆然矣.라 叔向出,에 行人揮送之.라 叔向問鄭故焉,하고
且問子晳.이라 對曰, 其與幾何.리오 無禮而好陵人,하고 怙富而
卑其上,하니 弗能久矣.리라 晉侯聞子産之言曰, 博物君子也.라
重賄之.라

진나라 군주가 병이 나, 정나라 군주가 공손교(公孫僑 : 자산)에게
예방케 하고, 또 진나라 군주를 문병하게 했다. 진나라 숙향이 공손교
에게 묻기를, "우리 군주께서 병이 나 중하게 되어, 점을 치는 사람이
말하기를, '실침(實沈)과 대태(臺駘)의 신(神)이 붙었다.'고 하나, 사
관(史官)도 실침·대태에 대해서 알지 못합니다. 그래서 내 감히 님
에게 묻습니다만, 이것들은 대체 무슨 신입니까?"라고 했다. 그러자
자산은 대답하였다. "옛날에, 고신씨(高辛氏)가 아들 둘을 두었는데,
큰아들은 알백(閼伯)이라 했고, 작은아들은 실침이라 했습니다. 그들
두 사람은 광림(曠林)에 살았는데, 서로 사이가 좋지 않아, 날마다 무
기를 들고 싸워 서로 치는 것이었습니다. 그러자 요(堯)임금께서 그
들을 좋지 않게 여기시어, 알백을 상구(商丘)로 옮기어 진(辰 : 大火
星)의 별에게 제사 지내는 일을 맡게 했는데, 뒤에 상(商 : 殷)나라가
이곳을 근거로 삼았습니다. 그래서 진(辰)은 상나라를 상징하는 별이
되었습니다. 그리고 실침은 대하(大夏)로 옮겨 삼(參)의 별에 대한 제

사를 주관케 했는데, 뒤에 당(唐)나라가 이곳을 근거로 삼아, 하(夏)나라와 상나라에 복종하여 섬겼다가, 후세에 이르러는 당숙우(唐叔虞)가 이 땅의 군주가 되었습니다. 주나라 무왕(武王)의 왕후 읍강(邑姜)이 대숙(大叔)을 잉태하셨을 때에 꿈에 천제(天帝)가 이르되, ‘내 너의 아들을 우(虞)라 이름짓고, 장차 그에게 당(唐)나라 땅을 주어 삼성(參星)의 지배를 받게 하여, 그 자손이 번창케 하리라.’라고 했습니다. 왕후께서 아들을 낳으시니, 손바닥에 무늬가 있는데, 그것은 우(虞)자 형상이었습니다. 그래서 이름을 우라 했습니다. 성왕(成王)께서 당나라를 멸망시킴에 이르러는, 대숙을 당나라에 봉(封)하셨습니다. 그러므로 삼성은 진(晉)나라를 상징하는 별이 된 것입니다. 이것을 생각하면 실침은 삼성과 관계있는 신입니다. 옛날에, 금천씨(金天氏)의 막내아들이 있어 이름을 매(昧)라 했습니다. 그는 물에 관한 일을 맡는 관리의 장(長)이 되어, 윤격(允格)과 대태(臺駘)를 낳았습니다. 그 아들 중에서, 대태가 아버지의 벼슬 일을 잘하여, 분수(汾水)와 조수(洮水)의 물이 잘 흘러가게 하고 큰 못의 제방을 쌓아 잘 막고서는, 대원(大原)에 거처했습니다. 그러자 천자(天子)가 크게 좋아하여, 그를 분수 가의 땅에 봉했고, 그의 후손 나라인 심(沈)·사(姒)·욕(蓐)·황(黃)의 네 나라가 실로 조상의 제사를 잘 지켰는데, 지금 진나라가 분수 지대를 통치하게 되어, 그 네 나라는 멸망된 것입니다. 이로 보아건대, 대태는 분수의 신과 관련있는 신입니다. 실침·대태의 두 신은 군주께 붙지 않았습니다. 산천의 신이야 수해가 나고 한발이 들고 유행병이 돌아 재해가 있게 되면, 그 마당에 산천의 신에게 제사 드려 무사함을 빌고, 일월성신(日月星辰)의 신이야 눈·서리·바람·비 등이 제때가 아닌데도 내리면, 그 마당에 일월성신의 신에게 제사 드려 무사를 비는 것입니다. 군주의 신병은, 침방출입(寢房出入)·음식·애락(哀樂)의 일로 난 것입니다. 산천성신(山川星辰)의 신이 어찌 그렇게 했겠습니까? 교(僑), 저는 들었습니다만,

'군자에게는 하루에 네 때의 구분이 있어, 아침에는 정사를 살피고, 낮에는 사람들과 일에 대해서 상의하며, 저녁때에는 한 일을 반성하고 새로 낼 정령(政令)을 준비하고, 밤에는 몸을 편하게 한다.'고 합니다. 그렇게 함으로써 기운이 적당히 발산하여 체내에 막혀지고 처져서 그 몸을 피로케 하고, 또 마음이 불쾌하여 모든 일의 절도의 분간을 흐리게 함이 없는 것인데, 군주께서는 지금 이리 일정하게 함이 없었던 것이 곧 병이 나게 한 것일 겁니다. 교, 저는 또 들었거니와 '측근의 여관(女官)으로는 같은 성을 가진 자를 들여놓지 않는다. 동성끼리면 자손이 번창하지 못하고, 두 사람 사이에 친애함이 우선하여 극도에 도달하면, 서로 병을 낳는다. 군자는 그래서 동성끼리 짝이 됨을 미워한다.'고 합니다. 그러기에 옛 책에 이르기를, '첩을 구함에, 그 성을 알지 못하면, 그를 두고 점을 친다.'고 하였습니다. 네 때를 일정하게 지키는 것과, 동성의 여자를 취하지 않는다는 이 두 가지를 어김을, 예로부터 삼갔습니다. 부부가 성을 달리한다는 것은 예의상 큰 예절입니다. 그런데 지금, 군주의 내관에는 실로 네 분의 동성인 희씨(姬氏)가 있습니다. 군주의 병은 이로써가 아니겠습니까? 만일 이 두 가지 일로 말미암은 것이라면, 병을 다스릴 수는 없을 것입니다. 그 네 분의 희씨를 제거한다면 그래도 괜찮겠지만, 그렇지 않다면 중증이 생길 것입니다." 이 말을 들은 숙향은, "좋은 말씀입니다. 힐(肹), 저는 이제까지 그런 말을 듣지 못했습니다. 이 말씀은 다 옳습니다."라고 말했다. 숙향이 그자리를 떠나니, 정나라 행인(行人)인 휘(揮)가 배웅했다. 숙향은 휘에게 정나라 사정을 묻고, 자석(子晳)에 대해서 물으니 휘가 대답했다. "그가 얼마나 가겠습니까? 그는 무례하면서도 다른 사람을 능멸하기 좋아하고, 부유함을 믿고 그의 윗사람을 얕보니, 오래 살 수가 없을 것입니다." 진나라 군주는 정나라 자산이 한 말을 듣고 말하기를, "박식(博識)한 군자로구나!"라고 했다. 그리고 자산에게 많은 것을 선물로 주었다.

주해 ○高辛氏(고신씨)—오제(五帝) 중의 한 임금인 제곡(帝嚳).

○曠林(광림)—지명이라 하나 불명. 넓은 임야라고 해석한 이도 있다.

○后帝(후제)—요임금.

○大夏(대하)—춘추시대에는 진(晉)나라 땅으로, 지금의 산서성 서부의 분수(汾水) 하류지방을 가리켰다.

○大叔(대숙)—주나라 성왕(成王)의 동생 숙우(叔虞).

○金天氏(금천씨)—상고시대의 전설적인 임금 이름. 보통 소호(少昊)를 가리킨다.

○帝用嘉之(제용가지)—여기에서의 제(帝)는 어느 임금을 말하는 것인지 불분명하나, 전욱(顓頊)을 말한 것이라 한다.

○縈(영)—무사를 빎.

○訪問(방문)—여러 사람과 묻고 상의함.

○湫底(추저)—속에 쌓여 막힘.

○百度(백도)—모든 일의 절도(節度).

○美先盡矣(미선진의)—미는 친애함. 진은 극도에 이름.

○肹(힐)—숙향은 성이 양설(羊舌)이고 이름은 힐이었으며, 숙향은 그의 자(字).

晉侯求醫於秦,에 秦伯使醫和視之,하니 曰, 疾不可爲也.라소이다 是謂近女室疾如蠱.이오니다 非鬼非食,이오 惑以喪志.이오니다 良臣將死,에 天命不祐.이리이다 公曰, 女不可近乎.아 對曰, 節之.하소서 先王之樂,은 所以節百事也.라소이다 故로 有五節.이오니다 遲速本末以相及,하고 中聲以降,하며 五降之後,엔 不容彈矣.이오니다 於是有煩手淫聲,이면 慆堙心耳,하여 乃忘平和,이옵기 君子弗聽也.라소이다 物亦如之,하여 至於煩,이면 乃舍也已,하여

無以生疾.이오니다 君子之近琴瑟,은 以儀節也,요 非以慆心也.라소이다 天有六氣,에 降生五味,하옵고 發爲五色,하오며 徵爲五聲,이옵거늘 淫生六疾.이오니다 六氣曰陰陽風雨晦明也.라소이다 分爲四時,하고 序爲五節,이옵거늘 過則爲菑.이오니다 陰淫,이면 寒疾,하고 陽淫,이면 熱疾,하며 風淫,이면 末疾,하고 雨淫,이면 腹疾,하며 晦淫.이면 惑疾,하고 明淫,이면 心疾.이오니다 女陽物而晦時,로 淫,이면 則生內熱惑蠱之疾.이오니다 今,君不節不時,에 能無及此乎.인가

出告趙孟,하니 趙孟曰,誰當良臣.가 對曰,主是謂矣.라 主相晉國於今八年,에 晉國無亂,하고 諸侯無闕,하니 可謂良矣.라 和聞之,하되 國之大臣,이 榮其寵祿,하고 任其大節,하여 有菑禍興,이나 而無改焉,이면 必受其咎.라 今,君至於淫以生疾,하사 將不能圖恤社稷.이라 禍孰大焉.가 主不能禦.라 吾是以云也.라 趙孟曰,何謂蠱.아 對曰,淫溺惑亂之所生也.라 於文皿蟲爲蠱,하고 穀之飛亦爲蠱.라 在周易女惑男,하고 風落山,하니 謂之蠱☰☴.라 皆同物也.라 趙孟曰,良醫也.라 厚其禮而歸之.라

진(晉)나라 군주가 진(秦)나라에 대해서 의사를 보내 달라고 요청하자, 진(秦)나라 군주는 의사 화(和)에게 가 진나라 군주의 병을 보

게 했더니 진찰하고 말하기를, "군주의 병은 다스릴 수가 없사옵니다. 이 병은 여색(女色)을 가까이하셔서 생겨, 정신이 착란된 것 같사옵니다. 군주의 병은 귀신이 붙어서가 아니고, 또 음식을 잘못 드시어 생긴 것도 아니옵고, 정신이 혹란(惑亂)되어 마음을 옳게 갖지 못하고 있사옵니다. 그래서 좋은 신하가 곧 죽을 것인데도, 하늘이 돕지 않는 경우이옵니다."라고 했다. 진나라 군주가, "여색을 가까이할 수 없단 말인가?"라고 묻자, 대답하였다. "적절히 대하소서. 옛날의 어진 임금이 제정하신 음악은, 모든 것을 절도있게 한 것이옵니다. 그러므로 다섯 소리의 가락이 있게 된 것이옵니다. 지(遲)·속(速)·본(本)·말(末)로 한 소리 한 소리를 서로 어울리게 하고, 중(中)의 소리로 내려, 다섯 음계를 내리고 나면, 그 이상은 내려서 내지 못하옵니다. 그때, 억지로 기교를 부려 가락에서 벗어난 소리를 내면, 사람의 마음을 답답하게 하고 귀를 막게 하여, 온화한 기분을 잊게 하옵기에, 군자(君子)는 그런 음악 소리를 듣지 않사옵니다. 모든 것도 다 이와 같사와, 복잡함에 이르면 집어치워 그만두어서, 병폐가 나지 않게 하옵니다. 군자가 금슬(琴瑟)을 가까이함은, 그것을 다른 마음의 절도를 본따 갖추자는 것이옵고, 일시 마음을 기꺼웁게 하자는 것은 아니옵니다. 하늘에는 여섯 가지 기운, 즉 육기(六氣)가 있사온데, 이것이 땅으로 내려와 다섯 가지 맛, 즉 오미(五味)를 낳게 하고, 오색을 내오며, 다섯 가지 소리의 가락을 이루며 내옵는데, 도가 지나치면 여섯 가지 병이 생기옵니다.

육기는 음(陰)·양(陽)·풍(風)·우(雨)·회(晦 : 어둠)·명(明 : 밝음)이옵니다. 이것들은 춘·하·추·동의 사계절을 구분하옵고, 금(金)·목(木)·수(水)·화(火)·토(土), 오행(五行)의 차례를 이루게 하옵

관현악(管弦樂, 樂舞百戲圖)

는데, 그 도가 지나치면 재해가 생기옵니다. 즉 음(陰)이 지나치면 한질(寒疾)이 나고, 양(陽)이 지나치면 열병이 나며, 풍(風)이 지나치면 수족에 병이 나고, 우(雨)가 지나치면 뱃병〔腹病〕이 나며, 회(晦)가 지나치면 정신착란증이 생기며, 명(明)이 지나치면 가슴병이 나옵니다. 여자는 양(陽)인 남자에 속하는 것이어서 회(晦), 즉 어두운 때에 가까이하는 존재로, 지나치게 가까이하면 체내에 열이 나고 정신이 미혹되는 병이 생기옵니다. 지금, 군주께서는 여자를 가까이하심에 절도를 지키시지 않고 또 때를 가리지 않고 계셨으니, 이런 병세에 이르지 않은 것이옵니까?"

진나라 군주 앞에서 물러난 진(秦)나라 의사 화는, 조맹(趙孟)에게 결과를 고하게 되어, 그들간에 다음과 같은 말이 오고갔다.

조맹―당신이 말한 좋은 신하란 누구요?

화―님을 두고 말한 것입니다. 님은 진(晉)나라 재상이 되어 이제 8년이 되었는데, 이 진나라에 난리가 없었고, 제후(諸侯) 중에서 떨어져나간 분이 없었으니, 좋은 신하라고 이를 수 있는 것입니다. 화(和), 저는 들었으되 '나라의 대신(大臣)이, 특별대우의 국록을 받아 영화스럽고 나라의 큰 일을 맡고 있어 나라에 재해가 있고, 화가 일어나는데도 잘못된 것을 개선하지 않는다면, 반드시 벌을 받는다.'고 합니다. 지금, 이 나라의 군주는 (여색에 대하여) 과도하여 병이 나셔서, 앞으로 국가 사직을 위하여 도모하고 걱정할 수 없게 되었습니다. 어느 화가 이보다 더 클 것입니까? 그런데도 님은 그 화를 막아내지 못하고 계십니다. 저는 그래서 그렇게 말한 것입니다.

조맹―무엇을 고(蠱:정신이 착란됨)라고 이르는 게요?

화―어느 일에 지나치게 빠져 미혹(迷惑)되어 생긴 상태입니다. 문자상으로는 접시〔皿〕 위에 벌레〔蟲〕가 놓여진 것이고, 곡물 중에서 나는 벌레 또한 고라 합니다. 《주역(周易)》에서 여자가 남자를 홀리게 하고, 바람이 산(山)의 것을 떨어뜨리니, 그것을 비유해서 고괘(蠱卦☶

≡)를 두어 말했습니다. 이것들은 (이상에 든 네 가지) 다같이 고를 의
미하는 것입니다.

　조맹—훌륭한 의사시오.

　조맹은 화를 후하게 대우하여 돌려보냈다.

주해｜　○女室(여실)－아내.

　○良臣將死(양신장사), 天命不祐(천명불우)－병으로 신심(身心)이 정상기
　　능을 잃어 구할 수 없는 것은, 마치 군주가 좋은 신하를 잃어 정치를
　　제대로 할 수가 없는데 하늘이 돕지 않는 경우와 같다는 뜻.

　○天有六氣(천유륙기)－자연을 구성하는 여섯 가지 요소. 이 육기를 정
　　리하면 결국은 음(陰)과 양(陽)으로 집약된다.

　○任其大節(임기대절)－'대(大)'자가 '총(寵)'으로 된 판본도 있다.

楚公子圍使公子黑肱·伯州犂城犨·櫟·郟.이라　鄭人懼,하

니 子産曰, 不害.리라 令尹將行大事,하여 而先除二子也.라 禍不

及鄭,이리어늘 何患焉.가 冬,에 楚公子圍將聘于鄭,에 伍舉爲介.

라 未出竟,에 聞王有疾而還,하고 伍舉遂聘.이라 十一月己酉,에

公子圍至,하여 入問王疾,에 縊而弑之,하고 遂殺其二子幕及平

夏.라 右尹子干出奔晉,하고 宮廄尹子晳出奔鄭.이라 殺大宰伯

州犂于郟,하고 葬王於郟,하여 謂之郟敖.라 使赴于鄭,에 伍舉問

應爲後之辭焉,하니 對曰, 寡大夫圍.라 伍舉更之曰, 共王之子

圍爲長.이라

　子干奔晉,에 從車五乘.이라 叔向使與秦公子同食,하니 皆百人

之餼.라 趙文子曰, 秦公子富.라 叔向曰, 底祿以德.이라 德鈞,이

면 以年,하고 年同,이면 以尊.이라 公子以國,이요 不聞以富.라 且

夫以千乘去其國,은 彊禦已甚.이로되 詩曰, 不侮鰥寡,하고 不畏

彊禦.라 秦·楚匹也.라 使后子與子干齒,하니 辭曰, 鍼懼選,이요

楚公子不獲.이라 是以로 皆來.라 亦唯命,이나 且臣與羈齒,는 無

乃不可乎.아 史佚有言,하되 曰, 非羈何忌.오

　　楚靈王卽位,에 薳罷爲令尹,하고 薳啓彊爲大宰.라 鄭游吉如

楚,하여 葬郟敖,하고 且聘立君,하여 歸.라 謂子産曰, 具行器矣.

하라 楚王汰侈,하여 而自說其事.라 必合諸侯,리니 吾往無日矣.

리라 子産曰, 不數年未能也.리라

　　十二月,에 晉旣烝.이라 趙孟適南陽,하여 將會孟子餘.라 甲辰

朔,에 烝于溫,하고 庚戌卒.이라 鄭伯如晉,하여 弔,에 及雍,하여 乃

復.이라

　　초나라 공자 위(圍)가 공자 흑굉(黑肱 : 子晳)과 백주리(伯州犁)를
시켜 주(犨)·역(櫟)·겹(郟)에다 성을 쌓게 했다. (그 지방이 정나라
와 가까워) 정나라 사람이 두려워하니, 자산(子産)이 말했다. "우리나
라에는 아무 해가 없을 것이오. 초나라 영윤(令尹)인 공자 위는 장차
마음먹은 큰 일을 행하려 하여, 우선 두 사람을 조정에서 제거하고 있
소. 화가 우리 정나라에 끼치지 않을 텐데, 어찌 걱정한단 말이오?"
겨울에 초나라 공자 위가 정나라를 예방하려는데, 오거(伍擧)가 부사

(副使)가 되었다. 그들이 초나라 국경을 아직 넘지 못했을 때, 초왕이 병이 났다는 소식을 듣고는, 공자 위는 돌아가고 오거는 그길로 곧장 정나라로 가 예방했다. 11월 기유날에, 공자 위는 초나라 도읍에 당도하여 궁중으로 들어가 국왕을 문병한다고는 국왕의 목을 졸라 죽이고, 곧이어 국왕의 두 아들 막(幕)과 평하(平夏)를 죽였다. 그러자 우윤(右尹)으로 있던 자간(子干)은 진(晋)나라로 도망하고, 궁구윤(宮廐尹)인 자석(子晳 : 흑굉)은 정나라로 달아났다. 공자 위는 태재(大宰)인 백주리를 겹(郏)에서 죽이고, 국왕을 겹에다 장사 지내고, 겹오(郏敖)라 불렀다. 그리고는 정나라에 사람을 보내어 국왕이 죽었다는 것을 알렸는데, 정나라에 가 있던 오거가 국상의 일을 알리러 간 사자(使者)에게, 국왕 자리를 물려받을 이를 무어라고 말할 것인가를 물으니, 사자가 대답하기를, "'부족한 대부(大夫) 위가 후계자가 되옵니다.'라고 하랍니다."라고 하였다. 그런데 오거는, "공왕(共王)의 아들 위가 왕위 계승 후보자 중에서 연장자이옵니다."라 고치어 정나라에 일렀다.

초나라 자간(子干)이 진나라로 달아나니, 그의 뒤를 따르는 수레는 다섯 대였다. 진나라 숙향(叔向)은 진(晋)나라에 도망가 있는 진(秦)나라 공자 후자(后子)와 동등한 녹(祿)을 주게 했는데, 그것은 두 편이 다 백 사람을 부양할 녹이었다. 그러자 조문자(趙文子 : 조무)가 말하기를, "진나라 공자야 부자요."라고 하니, 숙향이 대답했다. "녹을 줌에는 그 사람의 덕을 가지고 헤아립니다. 덕이 같다면 연장자를 우대하고, 나이가 똑같다면 신분이 높은 이를 우대하는 것입니다. 그리고 다른 나라의 공자에게 녹을 줌에는, 그의 본국의 크고 작음에 의해서 주는 것이고, 그 본인이 부유한가 부유하지 못한가에 따라서 준다는 말은 듣지 못했습니다. 수레 천 대를 이끌고 그의 본국을 떠나온 이는, 위세가 당당하여 복종시키기가 매우 어려우나, 시에 이르기를, '홀아비 홀어미를 깔보지 말고, 위세 당당하여 복종시키기 어려운 자 두려워 말지어다.'라고 했습니다. 진(秦)과 초(楚)는 국세(國勢)

가 필적(匹敵)합니다." 진나라 공자 후자와 초나라 자간을 동등하게 대우케 했더니, 진나라 후자는 사양하여 말하였다. "겸(鍼), 저는 우리나라에서 나의 죄 조목을 헤아리어 벌 줄 것을 두려워했었고, 초나라 공자는 군주의 뜻에 맞지 않았던 것입니다. 그래서 둘 다 도망해 온 것입니다. 저희들이야 역시 명하시는 대로 따를 따름이나, 이미 진(晉)나라 신하가 된 저와 나그네로 온 초나라 공자를 동등하게 대우하여서는 안되지 않겠습니까? 사일(史佚)이 한 말이 있는데, 그는 '나그네말고는 그 누구를 공경하리오?'라고 말했습니다."

초나라 영왕(靈王 : 圍)이 왕위에 올라, 위피(蔿罷)가 영윤이 되고 위계강(蔿啓彊)이 태재가 되었다. 정나라 유길(游吉)이 초나라에 가 전왕인 겹오(郟敖)의 장사 지내는 일에 참석하고, 새로 즉위한 국왕을 찾아보고서 돌아갔다. 그리고 자산(子産)에게 말하기를, "어서 행장(行裝)을 갖추십시오. 새로 즉위한 초나라 왕은 아주 거만하여, 스스로 모든 일을 주재하기를 좋아합니다. 그는 반드시 제후들을 집합시킬 것이니, 우리가 가야 할 날이 머지 않을 것입니다."라고 했다. 그러자 자산은, "몇 해가 지나고서가 아니면 제후들을 집합시키지 못할 것이오."라고 말하였다.

12월에, 진(晉)나라는 조상의 사당에 지내는 겨울 제사 증제(烝祭)를 지냈다. 조맹은 남양(南陽)으로 가, 맹자여(孟子餘 : 조맹의 증조할아버지 趙衰)의 사당에서 조상들에게 같이 제사를 지내려 했다. 그래서 갑진날인 초하루에, 그는 온(溫)에 있는 사당에서 증제를 지내고, 경술날에 세상을 떠났다. 정나라 군주가 진나라에 가, 조맹의 사망에 대하여 조문하였으나, (조씨 가문의 사양으로) 옹(雍)까지 갔다가 곧 돌아갔다.

주해 ㅇ譸(주)·櫟(역)·郟(겹)—이 세 읍은 본래 정나라 영토였지만, 이때는 초나라의 소유였다. 그래서 정나라와는 가까웠다.

o 郟敖(겹오)—죽은 초왕은 4년이나 재위했지만, 그 존재를 무시하여 시호(諡號)를 지어 부르지 않고, 겹오라는 칭호를 붙였다. 일설에 의하면, 초나라에서는 정식 군주가 못되었던 군주를 오(敖)라 칭했었다 한다.

o 彊禦(강어)—위세가 당당하여 복종시키기가 어려움.

o 詩曰(시왈)—《시경》 대아에 있는 증민편(烝民篇)의 시 구절.

o 自說其事(자열기사)—스스로 일 주재하기를 좋아함.

o 南陽(남양)·溫(온)—남양은 지금의 하남성 제원(濟源) 지방이고, 온(溫)은 남양 지방에 있는 읍. 조씨 가문의 사당이 온에 있었던 것 같다.

o 雍(옹)—지금의 하남성 수무(修武) 부근.

經 o 二年春,에 晉侯使韓起來聘.이라

o 夏,에 叔弓如晉.이라

o 秋,에 鄭殺其大夫公孫黑.이라

o 冬,에 公如晉,에 至河,하여 乃復.이라

o 季孫宿如晉.이라

2년 봄에, 진나라 군주가 한기(韓起)로 하여금 노나라를 예방케 했다.

여름에, 노나라 숙궁(叔弓)이 진나라에 갔다.

가을에, 정나라가 그 나라의 대부 공손흑(公孫黑)을 죽였다.

겨울에, 노나라 군주인 소공이 진나라에 갔는데, 황하(黃河) 가에 이르렀다가 곧 되돌아왔다.

계손숙이 진나라에 갔다.

傳 二年春,에 晉侯使韓宣子來聘,하고 且告爲政而來見.이라 禮

也.라 觀書於大史氏,하여 見易象與魯春秋,하여 曰, 周禮盡在魯

矣.라 吾乃今知周公之德與周之所以王也.라 公享之,에 季武子

賦緜之卒章,하니 韓子賦角弓.이라 季武子拜曰, 敢拜子之彌縫

敝邑.이라 寡君有望矣.라 武子賦節之卒章.이라 旣享,에 宴于季

氏.라 有嘉樹焉,에 宣子譽之.라 武子曰, 宿敢不封殖此樹以無

忘角弓.가 遂賦甘棠,하니 宣子曰, 起不堪也.라 無以及召公.이라

宣子遂如齊,하여 納幣.라 見子雅,하니 子雅召子旗,하여 使見

宣子.라 宣子曰, 非保家之主也,요 不臣.이라 見子尾,하니 子尾

見子彊.이라 宣子謂之如子旗.라 大夫多笑之,나 唯晏子信之曰,

夫子君子也.라 君子有信,하니 其有以知之矣.라 自齊聘於衛,하

니 衛侯享之.라 北宮文子賦淇澳,하니 宣子賦木瓜.라

夏四月,에 韓須如齊,하여 逆女,하고 齊陳無宇送女,하여 致少

姜.이라 少姜有寵於晉侯,하고 晉侯謂之少齊.라 謂陳無宇非卿

也,라하여 執諸中都.라 少姜爲之請曰, 送從逆班,에 畏大國也,

에 猶有所易,이어늘 是以亂作.이었나이다

2년 봄에, 진나라 군주가 한선자(韓宣子 : 한기)에게 노나라를 예방
케 했고, 한기는 진나라 집정자(執政者)가 되었음을 고하기 위해서
노나라 군주를 찾아뵈었다. 그것은 예에 맞는 일이었다. 한기는 노나
라에 와, 태사(大史)한테서 책을 빌려, 《주역(周易)》의 괘(卦)·효

(爻)를 풀이한 것과 노나라의 역사, 즉 《춘추(春秋)》를 보고 말하기를, "주(周)나라 예법은 다 노나라에 전해져 보존되어 있습니다그려! 저는, 이제야 주공(周公)의 덕과 주나라가 천하를 통솔하는 천자의 나라가 되어진 바를 깨달았습니다."라고 했다. 소공께서 그에게 향연을 베풀어, 노나라 계무자(季武子 : 계손숙)가 면편(綿篇)의 시 끝장을 노래부르니, 한선자는 각궁편(角弓篇)의 시를 노래불렀다. 그러자 계무자가 절하고 말하기를, "님이 우리나라의 잘못된 것을 잘 보살펴 주심에 대하여 감사드립니다. 우리 군주께서는 님을 믿고 계십니다." 라고 했다. 그리고 계무자는 절편(節篇)의 시 끝장을 노래불렀다. 향 연이 끝나고 난 뒤, 계무자의 집에서 주연(酒宴)을 베풀었다. 계무자 의 집에 무성한 나무가 있어, 한선자는 그 나무를 보고 좋다고 칭찬 하였다. 그러자 계무자가 말하기를, "숙은 이 나무를 잘 길러서 님이 각궁편의 시를 읊어주신 정을 잊지 않도록 하겠습니다."라고 했다. 그 리고 이어 감당편(甘棠篇)의 시를 노래부르니, 한선자가 말하기를, "한기(韓起)는 그것을 감당하지 못합니다. 저는 도저히 소공(召公)에 미치지 못합니다."라고 하였다.

한선자는 곧 제나라로 가, 제나라 공실(公室)에 (제나라 군주가 제 나라 공녀를 맞이하기 위한) 납폐(納幣)했다. 그리고 제나라 자아(子 雅)를 방문하니, 자아는 아들 자기(子旗)를 불러 한선자를 뵙게 했다. 그러자 한선자는, "가문을 잘 지킬 분이 못되고, 불충한 신하이겠구 려."라고 평했다. 그가 또 자미(子尾)를 찾으니, 자미는 아들 자강(子 彊)을 뵙게 했다. 그러자 한선자는, 자아의 아들 자기에 대해서 한 것 같은 평을 하였다. 그래서 다른 대다수의 대부는 농담인 줄 알고 웃 었지만, 안자(晏子 : 晏嬰)만은 한선자의 말을 믿고 말하기를, "한선자 그 어른은 군자(君子)요. 군자에게는 신의가 있는 것이니, 그 어른은 아는 것이 있어서 그렇게 말한 것이오."라고 했다. 한선자가 제나라 로부터 위나라를 예방하니, 위나라 군주는 그에게 향연을 베풀었다.

그 자리에서, 위나라 북궁문자(北宮文子)가 기오편(淇澳篇)의 시를 노래부르니, 한선자는 모과편(木瓜篇)의 시를 노래불렀다.

여름 4월에, 진나라 한수(韓須 : 한기의 아들)가 제나라에 가, 진나라 군주를 위하여 제나라 공녀(公女)를 맞이했고, 제나라 진무우(陳無宇)가 공녀를 따라가, 공녀 소강(少姜)을 진나라 궁 안으로 들여보냈다. 소강은 진나라 군주의 총애를 받았고, 진나라 군주는 소강을 소제(少齊)라 불렀다. 그런데 진무우가 제나라의 경(卿)이 아닌데도 소강을 데리고 온 것은 무례한 일이라 하여, 그를 중도(中都)라는 읍(邑)에 잡아두었다. 그래서 소강이 진무우를 위하여 용서하기를 진나라 군주에게 요청해서 말했다. "시집가는 데 따라가는 사람은, 맞이하러 온 사람의 신분에 맞게 하는 것이기에, 큰 나라인 이 진나라에 대해서 예에 벗어날까 두려워하여, 경이 오기로 한 것을 바꿨던 것이옵는데, 그래서 예의를 어지럽힌 일이 되었나이다."

주해 ㅇ易象(역상)—《주역》의 괘와 효를 풀이한 상사(象辭).

ㅇ緜(면)—《시경》 대아에 있는 시편 이름. 이 시편의 끝장에는 주나라 문왕(文王)에게 네 사람의 어진 신하가 있어 잘 보좌했다는 것을 칭송하고 있다. 계무자는 이 시로 진나라 군주와 한선자가 어질다고 칭찬한 것이다.

ㅇ角弓(각궁)—《시경》 소아에 있는 시편 이름. 각궁은 뿔로 장식한 아름다운 활인데, 이 시에는 형제가 사이좋게 협력함을 말하고 있다.

ㅇ節(절)—《시경》 소아에 있는 시편 이름. 절남산(節南山)을 약칭한 것이다. 이 편의 끝장 시에는 어진 대부가 주왕(周王)을 잘 보필했음을 말했다. 계무자는 이 시에 의탁해서, 한선자가 진나라 군주를 잘 보필하여, 제후들을 이끌기를 빈다는 뜻을 나타냈다.

ㅇ甘棠(감당)—《시경》 풍 소남(召南)에 있는 시편 이름으로, 어질었던 소백(召伯)의 덕을 칭송하고 있다. 계무자가 이 시로 한선자를 소백과 같이 어진 사람이라고 칭찬하자, 한선자는 자기를 소백에 비유한다는 것

은 당치않다고 말했다.

ㅇ子雅(자아) — 공손조(公孫竈).

ㅇ子尾(자미) — 공손채(公孫蠆).

ㅇ子旗(자기)·子彊(자강) — 이 두 사람은 한선자의 말과 같이 소공 10년에 내란을 일으켜 불충한 신하가 되었다.

ㅇ淇澳(기오) — 《시경》 풍 위풍(衛風)에 있는 시편 이름. 이 편의 시는 위나라 무공(武公)을 찬미한 시라 하는데, 북궁문자는 이 시로 한선자의 사람됨을 칭찬한 것이다.

ㅇ木瓜(모과) — 《시경》 위풍에 있는 시편 이름. 이 편의 시에는 남녀가 서로 친한 것을 말하고 있는데, 한선자는 이 시로 진·위 두 나라가 서로 화목하자고 원하는 마음을 표시한 것이다.

ㅇ送從逆班(송종역반) — 시집가는 데 함께 보내는 사람의 신분을, 맞이하러 온 사람의 지위와 동등한 사람을 택한다는 말. 소강을 맞이하러 간 한수가 경이 아니기에, 제나라에서도 경이 아닌 진무우를 보냈던 것이다.

叔弓聘于晉,은 報宣子也.라 晉侯使郊勞,하니 辭曰, 寡君使弓

來繼舊好,에 固曰, 女無敢爲賓.이라 徹命於執事,면 敝邑弘矣.라

敢辱郊使.리오 請辭.라 致館,에 辭曰, 寡君命下臣,하여 來繼舊

好.이오니다 好合使成,이면 臣之祿也.라소이다 敢辱大館.이리오 叔

向曰, 子叔子知禮哉.여 吾聞之,하되 曰, 忠信禮之器也,요 卑讓

禮之宗也.라 辭不忘國,은 忠信也.요 先國後己,는 卑讓也.라 詩

曰, 敬愼威儀,하여 以近有德.이라 夫子近德矣.라

노나라 숙궁(叔弓)이 진나라를 예방한 것은, 한선자가 노나라를 예방했던 일에 대한 보답이었다. 진나라 군주가 사람을 시켜 교외(郊外)

에서 위로케 했더니, 숙궁은 위로받기를 사양하여 말하기를, "저희 군주께서 숙궁 저를 보내어 양국간의 예로부터의 우호관계를 이어지게 하심에, 단단히 단속해서 말씀하시기를, '네 진나라에 가거들랑 감히 손님 노릇을 말지어다.'라고 하셨습니다. 그러니 담당관에게 위로하라는 명을 거두어주시면, 저희 나라의 행복이 될 것입니다. 제가 어찌 감히 교외에 나오신 진나라 군주의 사자를 맞을 것입니까? 그만두시기를 요청합니다."라고 했다. 진나라 도읍으로 들어가 영빈관(迎賓館)으로 들게 하니, 숙궁은 사양하여 말하기를, "저희 군주께서 아래 신하인 저에게 명하시어, 진나라에 가 예로부터의 우호관계를 이어지게 하라 하셨나이다. 저희 군주의 뜻대로 잘 되어 사명(使命)이 달성된다면 신의 복이 되옵니다. 제가 어찌 감히 큰분들이 드는 영빈관으로 드는 영광을 입으오리까?"라고 했다. 그러자 진나라 숙향(叔向)은 말했다. "노나라 자숙자(子叔子)는 예의를 아는구나! 내 들었거니와, '성실은 예의를 행하는 그릇이 되고, 자신을 낮추고 겸손한 것은 예의의 기본이다.'라고 했다. 사양함에 있어 자기 나라를 잊지 않는다는 것은 성실함이고, 나라를 먼저 생각하고 자신을 뒤에 생각함은 자신을 낮추는 겸손함이다. 시에 이르기를, '자기의 몸가짐을 공손하게 삼가, 유덕한 사람에 가까워진다.'고 하였다. 그야말로 유덕한 사람에 가까운 인물이다."

주해 │ ○叔弓(숙궁)―숙은 성이고 궁은 이름. 숙로(叔老)의 아들로 시호는 경자(敬子)였다.
○詩曰(시왈)―《시경》 대아에 있는 민로편(民勞篇)의 구절.

秋,에 鄭公孫黑將作亂,하여 欲去游氏而代其位,나 傷疾作而
不果.라 駟氏與諸大夫欲殺之.라 子産在鄙,였거늘 聞之,하고 懼

弗及,하여 乘遽而至,하여 使吏數之曰, 伯有之亂,에 以大國之事

而未爾討也.라 爾有亂心無厭,에 國不女堪.이라 專伐伯有,하니

而罪一也,요 昆弟爭室,은 而罪二也,며 薰隧之盟,에 女矯君位,

는 而罪三也.라 有死罪三,에 何以堪之.아 不速死,면 大刑將至.

리라 再拜稽首辭曰, 死在朝夕,하니 無助天爲虐.하라 子産曰, 人

誰不死.아 凶人不終命也.라 作凶事,면 爲凶人.이라 不助天,하고

其助凶人乎.아 請以印爲褚師,하니 子産曰, 印也若才,면 君將任

之.하시리라 不才,면 將朝夕從女.리라 女罪之不恤,하고 而又何請

焉.고 不速死,면 司寇將至.리라

七月壬寅,에 縊.이라 尸諸周氏之衢,하고 加木焉.이라

晉少姜卒.이라 公如晉,하여 及河,에 晉侯使士文伯來辭曰, 非

伉儷也,이니 請君無辱.이라 公還,이나 季孫宿遂致服焉.이라

叔向言陳無宇於晉侯曰, 彼何罪.인가 君使公族逆之,에 齊使

上大夫送之,이었거늘 猶曰不共,은 君求以貪.이오니다 國則不共,

이라도 而執其使,는 君刑已頗,이옵거늘 何以爲盟主.리오 且少姜

有辭.이었나이다 冬十月,에 陳無宇歸.라

十一月,에 鄭印段如晉,하여 弔.라

가을에, 정나라 공손흑(公孫黑 : 자석)이 곧 내란을 일으켜, 유씨(游

氏)를 제거하고 자신이 대신 그 지위를 차지하려 했지만, 전에 부상한 상처의 통증으로 뜻대로 되지 못했다. 그러자 사씨(駟氏)와 뭇 대부들이 그를 죽이려 했다. 그때, 자산(子産)은 시골에 있었는데, 그 소식을 듣자 일이 나기 전에 도읍에 들지 못할까 걱정하여, 역마차를 타고 달려 도읍에 도착하여서는, 관리를 시켜 공손흑을 다음과 같이 책망케 했다. "백유(伯有)의 난동 때에는, (진과 초의) 큰 나라를 위하는 일로 너를 치죄(治罪)하지 않았다. 나라를 어지럽히는 자에게는 마음가짐이 한이 없으니, 국가는 더이상 참지를 못하겠다. 네 마음대로 백유를 쳤던 것이니, 그것은 네 첫째 죄이고, 형제끼리 여자를 뺏으려고 다툰 것은 네 죄의 둘째이며, 훈수에서 맹약을 지었을 때에 네가 군주께서 정하신 신분을 속였던 것은 네 죄의 셋째이다. 죽을 죄 세 가지가 있는데 나라가 어떻게 내버려두어 참겠느냐? 너는 빨리 죽지 않는다면 큰 형벌이 있게 될 것이니라." 이 책망을 받자, 공손흑은 재배(再拜)하고 머리를 조아리어 변명하기를, "저의 죽음이 조석간(朝夕間)에 걸려 있으니, 하늘이 저를 학대하고 있음을 도와 더 괴롭히지 말아 주십시오."라고 했다. 그러자 자산은, "인간이 그 누가 죽지 않을 건가? 흉한 사람은 제 명대로 못사는 것이니라. 흉한 짓을 하면 흉한 사람이 된다. 하늘을 돕지 않고, 흉한 사람을 돕는단 말인가?"라고 말하게 했다. 그러자 공손흑은 자기 아들 인(印)을 시장을 관리하는 관원으로 임명하여 줄 것을 요구하니, 자산은 말했다. "너의 아들 인이 만일 재능이 있을 것 같으면, 군주께서 장차 그를 임용하실 것이다. 그러나 그가 재능이 없다면, 조석간에 너의 뒤를 따를 것이다. 너의 죄는 반성하여 생각지 못하면서, 어찌 그런 청을 하는 것이냐? 빨리 죽지 않으면, 형벌을 관장하는 사구(司寇)가 너의 죄를 다스릴 것이다."

7월 임인날에, 공손흑은 목을 매어 죽었다. 그러자 그의 시체를 도읍 내의 주씨(周氏) 거리에 내놓아 사람들에게 보이고, 그의 죄목을 쓴 나무를 그 옆에 세웠다.

진나라 소강(少姜)이 세상을 떠났다. 노나라 공이 진나라에 가기로 하여 황하(黃河) 가에 이르렀는데, 진나라 군주가 사문백(士文伯)을 노나라 소공에게로 가, "정실(正室) 배우자가 아니니, 군주께서 내림(來臨)하지 마시기 바랍니다."라고 사절의 말을 하게 했다. 그래서 공은 노나라로 돌아왔으나, 같이 갔던 계손숙은 곧장 진나라로 가 수의를 바쳤다.

진나라 숙향(叔向)이 제나라 진무우에 대해서 진나라 군주에게 말했다. "그 사람이 무슨 죄이옵니까? 군주께서 공족대부(公族大夫)에게 소강(少姜)을 맞이하게 하셨기에 제나라는 상대부인 진무우에게 소강을 모시고 오게 했사온데, 그런데도 무례하다고 하신 것은, 군주의 요구가 지나침이 되옵니다. 제나라는 불경(不敬)스럽다 하더라도, 그 사자를 잡아둔다는 것은 군주의 형벌이 너무나 편파적이 되옵거늘, 그래서야 어떻게 맹주(盟主)가 되겠습니까? 그리고 소강께서도 용서하시라고 한 말이 있었나이다." 그래서 겨울 10월에, 진무우는 제나라로 돌아갔다.

11월에, 정나라 인단(印段)이 진나라에 가, 소강의 죽음에 대하여 조문했다.

주해 ○伯有之亂(백유지란)―양공 30년에 있었다.

○薰隧之盟(훈수지맹)―소공 원년 6월에 있었던 일.

○無助天爲虐(무조천위학)―자신은 그렇지 않아도 운이 나빠 상처의 통증이 심하여 곧 죽을 것인데, 하늘의 벌을 더해 더 괴롭게 하지 말라는 말.

○伉儷(항려)―배우자, 정실.

○公族(공족)―공족대부를 말한다. 당시 한수(韓須)는 공족대부로 있었다.

經 ○三年春王正月丁未,에 滕子原卒.이라

삼 년 춘 왕 정 월 정 미 등 자 원 졸

○ 夏,에 叔弓如滕.이라

○ 五月,에 葬滕成公.이라

○ 秋,에 小邾子來朝.라

○ 八月,에 大雩.라

○ 冬,에 大雨雹.이라

○ 北燕伯款出奔齊.라

3년 봄 천자가 쓰는 역으로 정월 정미날에, 등나라 군주인 자작 원(原)이 세상을 떠났다.

여름에, 노나라 숙궁이 등나라에 갔다.

5월에 등나라 성공(成公)을 장사 지냈다.

가을에, 소주나라 군주인 자작이 찾아왔다.

8월에 큰 기우제를 지냈다.

겨울에 우박이 많이 내렸다.

북연나라 군주인 백작 관(款)이 제나라로 달아났다.

傳| 三年春王正月,에 鄭游吉如晉,하여 送少姜之葬.이라 梁丙與 張趯見之,하고 梁丙曰, 甚矣哉,여 子之爲此來也.라 子大叔曰, 將得已乎.인저 昔,에 文·襄之霸也,엔 其務不煩諸侯,하여 令諸 侯三歲而聘,하고 五歲而朝,하며 有事而會,하고 不協而盟,하며 君 薨,이면 大夫弔,하고 卿共葬事,하며 夫人,이면 士弔,하고 大夫送

葬,하여 足以昭禮命事謀闕而已,요 無加命矣.라 今, 嬖寵之喪,

에도 不敢擇位,하고 而數於守適.이라 唯懼獲戾,에 豈敢憚煩.가

少姜有寵而死,에 齊必繼室,이리니 今茲,에 吾又將來賀,리니 不

唯此行也.라 張趯曰, 善哉.라 吾得聞此數也.라 然이나 自今,은

吾子其無事矣.리라 譬如火焉,이니 火中,이면 寒暑乃退.라 此其

極也,에 能無退乎.아 晉將失諸侯,어늘 諸侯求煩,이라도 不獲.이

리라 二大夫退,하니 子大叔告人曰, 張趯有知.라 其猶在君子之

後乎.인저

3년 봄 천자가 쓰는 역으로 정월에, 정나라 유길(游吉)이 진나라에
가, 소강의 장례식에 참석했다. 그때, 진나라 대부 양병(梁丙)과 장적
(張趯)이 유길을 만났는데 양병이 말하기를, "님이 이번 일에 오신
것은 예의 따지심이 좀 심한 것입니다."라고 했다. 그러자 정나라 자
대숙(子大叔 : 유길)은 말하였다. "할 수 없습니다. 옛날, 진나라 문공
(文公)과 양공(襄公)께서 제후들을 거느리는 패자로 계셨을 때야, 시
키는 일이 제후들을 번거롭게 하지 않아, 제후들에게 3년만에 사람을
시켜 진나라를 예방케 하라 했고, 5년만에 제후가 친히 찾아뵙게 하
며, 유사시에는 제후들을 회합시키고, 협력하지 않는다면 회합해서 맹
약을 맺으며, 군주가 훙거(薨去)하시면, 각국의 대부가 조문하고, 각
국의 경(卿)이 장례식 일에 참여했으며, 군주의 부인이 돌아가시면 각
국의 사(士)가 조문하고, 각국의 대부들이 그 장례식에 참가하여, 족
히 예의를 밝히고 필요한 일을 명하여 어긋난 일을 상의할 수 있었던
것이고, 따로 다른 명령함이 없었습니다. 그런데 지금은, 군주께서 총

애했던 애첩의 상에도, 조문하고 장례식에 참가하는 자의 신분을 제대로 따지지 않고, 정실 부인의 경우와 같이 예물을 바치고 있습니다. 우리나라의 경우야 다만 죄가 될까봐 두려워만 하고 있는데, 어찌 찾아옴을 번거롭다고 꺼려 하겠습니까? 소강은 군주의 총애를 받았다가 죽었으니, 제나라는 반드시 그 뒷자리의 분을 시집보낼 것이니, 금년에 저는 또 와 축하를 드리게 될 것이니, 이번에 온 것만으로는 끝나지 않는 것입니다." 이 말을 들은 장적은 말했다. "좋은 말씀입니다. 저는 이 몇 가지 일을 잘 보았습니다. 그러나 이후로는, 님은 일이 없게 될 것입니다. 마치 대화성(大火星)과 같다고 비유되니, 대화성이 미방(未方), 즉 남남서(南南西)의 한가운데에 나타나게 되면, 추위와 더위가 물러갑니다. 우리 진나라는 지금 극도로 국세를 떨치고 있는데, 앞으로 쇠퇴함이 없을 수 있겠습니까? 진나라는 장차 제후들한테 버림을 받을 것인데, 그때는 제후들이 번거롭게 되기를 원하더라도, 그렇게 되지 못할 것입니다." 두 대부가 자리에서 물러나가자, 자대숙은 그를 따르고 있던 사람에게 말하기를, "장적은 아는 것이 있다. 그는 역시 군자(君子)들 대열의 뒷자리를 차지할 사람이다."라고 했다.

┃주해┃ ○不敢擇位(불감택위)─죽은 사람의 신분 여하에 따라 조문하고, 그 장례식에 참석할 사람의 신분을 분별하는 것인데도, 패자의 경우라 해서, 관례적인 예의를 무시하여 따지지 않는다는 것.

○火中(화중)─화는 대화성. 대화성이 계하(季夏)의 저녁에 미방(未方 : 南南西)의 한가운데에 위치하면 더위가 물러가고, 또 계동(季冬)의 저녁에 미방의 한가운데에 위치하게 되면 추위가 물러간다는 말이다.

○猶在君子之後乎(유재군자지후호)─군자의 대열에 들어갈 수 있다고 칭찬한 말이다.

丁未，에 滕子原卒．이라 同盟．이라 故로 書名．이라

齊侯使晏嬰請繼室於晉曰, 寡君使嬰曰, 寡人願事君,하여 朝夕不倦.이라 將奉質幣以無失時,나 則國家多難.이라 是以,로 不獲.이라 不腆先君之適以備內官,하여 焜燿寡人之望,이러니 則又無祿,하여 早世隕命,에 寡人失望.이라 君若不忘先君之好,하여 惠顧齊國,하고 辱收寡人,하며 徼福於大公·丁公,하고 照臨敝邑,하며 鎭撫其社稷,이면 則猶有先君之適,과 及遺姑姊妹若而人,하니 君若不棄敝邑,하여 而辱使董振擇之,하여 以備嬪嬙,이면 寡人之望也.라

정미날에, 등나라 군주인 원(原)이 세상을 떠났다. 등나라는 노나라와 동맹국이다. 그래서 그의 이름을 기록했다.

제나라 군주가 안영(晏嬰)을 진나라에 보내어 진나라에 대하여 소강의 뒷자리를 받아줄 것을 요청하여 말하게 했다. "저희 군주께서 영(嬰) 저에게 말씀드리게 했사옵니다. '제나라 군주 나는, 군주를 잘 섬기길 원하여, 조석으로 정성을 게을리하지 않고 있습니다. 선사품을 받들어 가지고 찾아갈 시기를 잃지 않으려 했으나, 마침 국가에 어려운 일이 많이 있습니다. 그래서 뜻대로 하지 못합니다. 못난 저의 선군(先君)의 정실 딸이 군주의 내관이 되어, 저의 희망을 충족시켜 주더니만, 복이 없어 일찍 죽었기에, 저는 실망했습니다. 군주께서 만일 선대로부터의 우호관계를 잊지 않으시어, 저희 제나라를 돌아보시고 저를 포용(抱容)하시며, 저의 조상 태공(大公)과 정공(丁公)한테 복을 받게 하시고, 저희 나라를 살피시며, 저희 나라를 안정케 해주실 생각이시면, 저희 나라에는 아직도 선군의 정실 딸 및 선군의 자매로

이러이러한 사람이 있으니, 군주께서 만일 저희 나라를 버리시지 않고, 황송하게도 잘 알아보시어 그들 중에서 택하시어 내관(內官)으로 삼으시길 바랍니다. 그것은 제가 바라는 바입니다.'"

주해   ㅇ質幣(지폐)—선사물.

ㅇ大公(태공)·丁公(정공)—태공은 강태공(姜太公), 즉 여상(呂尙)으로 제 나라의 시조. 정공은 제나라의 제2대 군주.

韓宣子使叔向對曰, 寡君之願也.라 寡君不能獨任其社稷之
事,에 未有伉儷,나 在縗絰之中.이라 是以,로 未敢請,에 君有辱
命,하니 惠莫大焉.이라 若惠顧敝邑,하시고 撫有晉國,하사 賜之內
主,시면 豈唯寡君.가 擧群臣實受其貺.이라 其自唐叔以下,가 實
寵嘉之.하시리다 旣成昏,에 晏子受禮.라 叔向從之宴,하여 相與
語.라 叔向曰, 齊其何如.오 晏子曰, 此季世也.라 吾弗知,로되
齊其爲陳氏矣.리라 公棄其民,하여 而歸之陳氏.라 齊舊四量,으로
豆·區·釜·鍾.이라 四升爲豆,하고 各自其四,하여 以登於釜,하
고 釜十則鍾.이라 陳氏三量皆登一焉,에 鍾乃大矣.라 以家量貸,
하여 而以公量收之,하고 山木如市,라도 弗加於山,하며 魚鹽蜃
蛤,은 弗加於海.라 民參其力,하여 二入於公,하고 而衣食其一.이
라 公聚朽蠹,나 而三老凍餒.라 國之諸市,에 屨賤踊貴.라 民人痛
疾,하여 而或燠休之,면 其愛之如父母,하여 而歸之如流水.라 欲

無獲民,이나 將焉辟之.리오 箕伯·直柄·虞遂·伯戲,가 其相
胡公·大姬,하여 已在齊矣.라 叔向曰, 然.아 雖吾公室,이라도
今亦季世也.라 戎馬不駕,하고 卿無軍行,하며 公乘無人,하고 卒
列無長.이라 庶民罷敝,나 而宮室滋侈.라 道殣相望,이나 而女富
溢尤.라 民聞公命,이면 如逃寇讎,하고 欒·郤·胥·原·狐·
續·慶·伯,은 降在皁隸,하고 政在家門,하여 民無所依.라 君日
不悛,하여 以樂慆憂.라 公室之卑,가 其何日之有.리오 讒鼎之銘
曰, 昧旦丕顯,이라도 後世猶怠.라 況日不悛,에 其能久乎.아 晏
子曰, 子將若何.오 叔向曰, 晉之公族盡矣.라 肸聞之,하되 公室
將卑,에 其宗族枝葉先落,이면 則公從之.라 肸之宗十一族,이었거
늘 唯羊舌氏在而已,요 肸又無子.라 公室無度,에 幸而得死.라
豈其獲祀.리오

진나라 한선자는, 숙향(叔向)에게 대답케 했다. "그것은 우리 군주
께서 바라고 있는 일입니다. 우리 군주는 혼자서 사직(社稷)의 일을
감당할 수가 없는 터에, 배우자가 없는 형편이나, 거상(居喪)중이십니
다. 그래서 바라는 바이지만 감히 요청하지 못했는데, 이제 귀국 군주
께서 감사한 말씀을 주셨으니, 그 은혜보다 큰 것이 없습니다. 만약
저희 나라를 돌보시고, 이 진나라를 편안케 하사, 우리 국민의 안주인
을 보내주신다면, 그 어찌 우리 군주만 은혜를 받는 것이 되겠습니
까? 이 나라의 모든 신하가 실로 그 은혜를 받게 되는 것입니다. 그

렇게 하신다면, 우리 진나라 초대 군주셨던 당숙(唐叔) 이하의 대대 군주의 신령들도 실로 사랑하고 찬양하실 것입니다." 그리하여 진나라 군주와 제나라 공녀간의 혼인이 성립되어, 안영은 진나라 군주한 테서 빈객(賓客)을 대접하는 예를 받았다. 그뒤, 진나라 숙향은 제나라 안영과 같이 주연 자리에 가 서로 이야기를 주고받았다.

숙향—제나라 사정은 어떠합니까?

안영—제나라 사정은 말세(末世)입니다. 저는 모든 것을 잘 아는 사람은 아니지만, 제나라는 진씨(陳氏) 세상이 될 것입니다. 지금의 군주는 백성들을 자신에게서 떼어버려, 진씨에게로 돌리고 있습니다. 우리 제나라에는 예로부터 곡식을 되는 양(量)의 단위를 네 가지로, 두(豆)·구(區)·부(釜)·종(鍾)으로 했습니다. 네 되[升]가 두(豆)가 되고, 4두를 구(區)라 하며, 4구를 부(釜)라 하고, 10부를 종(鍾)이라 고 합니다. 그런데 진씨는 두·구·부의 세 가지 양의 단위에 각기 하 나씩을 더 붙여, 다섯 되를 두로 하고, 5두를 구로 하며, 5구를 부로 하여, 1종의 양은 자연 국가의 공식적인 양보다 많습니다. 그는 자기 집에서 쓰는 양의 단위대로 사람들에게 곡물을 꾸어 주었다가, 국가 에서 쓰는 공식적인 양의 단위대로 받아들이고, 자기 산에서 벌채한 나무를 시장으로 내가더라도, 산에서 받는 가격에다 운송비나 기타의 이익을 더 붙이지 않고 산에서의 가격대로 받으며, 바다에서 나는 고 기·소금·큰 조개·작은 조개 등은, 시장으로 가져다가 판들 해변에 서의 가격에다 더 붙이지 않습니다. 제나라 백성들은 각자가 힘을 써 생산하는 것을 세 등분해서, 그 두 몫은 군주에게 바치고, 그 한 몫으 로 의식(衣食)에 충당하고 있습니다. 그리하여 군주가 받아들여 쌓아 둔 것은 썩고 좀이 나고 하지만, 백성들은 빈곤하여 읍이나 마을에서 가장 존중받는 노인으로 뽑힌 세 노인들조차 못 입어 얼고, 못 먹어 굶주리고 있습니다. 그리고 나라 안의 시장에서 한 쌍의 신은 싸나, 한쪽 발목을 끊기는 형(刑)을 받는 자들이 신는 왼쪽 신은 비쌉니다.

일반 대중이 악정(惡政)에 시달리는데, 어느 누가 그 고통을 딱하게 여겨 위로하면, 그 사람을 부모와 같이 좋아하여, 그에게로 따르는 것이 마치 높은 데서 낮은 곳으로 물 흘러가듯 하는 것입니다. 그래서 그 사람이 백성들이 자기에게 따름이 없게 하려고 한들, 백성들 따름을 어떻게 피하겠습니까? 진씨의 먼 선조인 기백(箕伯)·직병(直柄)·우수(虞遂)·백희(伯戱) 등의 신령이, 그 뒤의 대(代)인 호공(胡公)과 호공의 부인이었던 태희(大姬)의 신령을 도와 이미 제나라에 와 진씨를 돕고 있는 것입니다.

숙향―그렇습니까? 저희 나라 공실(公室)도, 지금 역시 말세입니다. 전차를 끄는 말이 부족하여 전차마다에 말이 매어지지 못하고, 경(卿)들이 인솔할 군대가 정비되어 있지 않으며, 군주가 타는 전차에 탈 무사가 정해져 있지 않고, 군졸들에게는 통솔할 장(長)이 없는 형편입니다. 그리고 일반 대중은 기진맥진인데도, 군주의 궁실에서는 아주 사치스럽게 지냅니다. 길가에는 굶어 죽은 자의 시체가 너절하나, 딸이 권세 좋은 집으로 시집간 집은 부유함이 날이 갈수록 더합니다. 백성들이 군주의 명령이라는 말을 듣기만 하면 외적을 피하는 것과 같이 하고, 난(欒)·극(郤)·서(胥)·원(原)·호(狐)·속(續)·경(慶)·백(伯) 등의 씨족들은 다 몰락하여, 그들의 처지는 떨어져 종복(從僕)들과 같은 처지에 있고, 정권은 군주의 손에서 떨어져나가, 세력 있는 대부들의 가문에 쥐어져 있어, 백성들은 의지할 곳이 없습니다. 그런데도 군주는 날로 반성하지 않고 오락을 취하여 걱정거리를 잊고 계십니다. 공실의 위력이 떨어지니 과거 어느 때에 지금 같음이 있겠습니까? 참(讒) 땅에 있는 큰 솥〔鼎〕에 새겨진 명(銘)에 이르기를, '어둠침침한 새벽부터 힘써 덕을 크게 빛나게 할지라도, 후세의 자손에 가서는 역시 게을리하게 된다.'고 했습니다. 그런데 하물며 날로 잘못을 고치지 않는데서야, 오래갈 수 있겠습니까?

안영―님은 앞으로 어찌하시렵니까?

숙향―진나라 공족(公族)이 다하고 있습니다. 힐(肹) 저는 들었습니다만, '공실이 쇠약해지려 하여, 공실의 종족의 가닥들이 먼저 망하고 나면, 군주가 그 뒤를 따라 망한다.'고 합니다. 힐 저의 종족은 열하나의 씨족이었습니다만, 지금 다만 양설씨(羊舌氏)만이 남아 있을 뿐이고, 힐 저는 또한 아들이 없습니다. 공실이 무도한 마당에, 요행스러워야 제명대로 죽을 수가 있을 것입니다. 그나마, 제가 어찌 죽어 제사를 받아먹겠습니까?

주해 ○內主(내주)―안주인. 여기에서는 군주의 아내를 말한다.

○唐叔(당숙)―주나라 성왕(成王)의 동생으로, 당(唐)에 봉되었고, 뒤에 진(晉)나라 공실의 시조가 되었다.

○三老(삼로)―고대에서는, 읍이나 마을에서 80세 이상의 노인은 큰 우대를 받았는데, 특히 뽑힌 세 노인을 삼로라 일러 존경하였다.

○踊貴(용귀)―용(踊)은 왼쪽 신. 왼쪽 신이 비싸다는 말은, 당시 발목을 끊는 형(刑)이 남용되었음을 말한다.

○胡公(호공)·大姬(태희)―호공은 주나라 문왕(文王)의 딸 태희(大姬)의 남편으로, 진(陳) 땅에 봉되었다. 그래서 진씨(陳氏)의 선조가 되었는데, 뒤에 완(完)이라는 후손이 제나라로 가 제 환공(桓公)의 신하가 되어 성을 전(田)으로 고쳤다. 전씨는 후일 제나라를 차지했다.

○女富(여부)―딸이 권세 있는 집으로 시집가, 그 덕택으로 부유함.

初,에 景公欲更晏子之宅,하여 曰, 子之宅近市,하고 湫隘囂塵, 하여 不可以居,이리니 請更諸爽塏者.라 辭曰, 君之先臣容焉,이었거늘 臣不足以嗣之,라면 於臣侈矣.이오니다 且小人近市,하여 朝夕得所求,하니 小人之利也.라소이다 敢煩里旅.리오 公笑曰, 子近市,하여 識貴賤乎.아 對曰, 旣利之,에 敢不識乎.인가 公曰, 何

귀하천　　어시　　경공번어형　　유죽용자　고　대왈 용
貴何賤.가 於是,에 景公繁於刑,하여 有鬻踊者.라 故로 對曰, 踊

귀구천　　기이고어군　　고　여숙향어이칭지.　경공위
貴屨賤.이라 旣已告於君.이라 故로 與叔向語而稱之.라 景公爲

시생어형　　군자왈　인인지언　기리박재　안자일언
是省於刑.이라 君子曰, 仁人之言,은 其利博哉.라 晏子一言,하여

이제후생형　　시왈　군자여지　난서천이　기시지위호
而齊侯省刑.이라 詩曰, 君子如祉,면 亂庶遄已.리라 其是之謂乎.

인저

급안자여진　공경기택　반즉성의　기배　내훼지
及晏子如晉,에 公更其宅,하여 反則成矣.라 旣拜,에 乃毀之,하

이위리실　개여기구　즉사택인반지왈　언왈 비택
여 而爲里室,하여 皆如其舊,하고 則使宅人反之曰, 諺曰, 非宅

시복　유린시복　이삼자선복린의　위복불상　군
是卜,하고 唯鄰是卜.이라 二三子先卜鄰矣,에 違卜不祥.이라 君

자불범비례　소인불범불상　고지제야　오감위저호
子不犯非禮,하고 小人不犯不祥,이 古之制也.라 吾敢違諸乎.아

졸복기구택　공불허　인진환자이청　내허지
卒復其舊宅,에 公弗許,나 因陳桓子以請,에 乃許之.라

　전에, 제나라 경공(景公)이 안영의 집을 바꾸어 주려고 하여, "그대의 집은 시장과 가깝고, 대지(垈地)가 낮고 좁으며 시끄럽고 먼지가 많아 살 수가 없을 것이니, 높직한 대지에 기분 좋은 곳으로 바꾸게 해주리라."고 말했다. 그러자 안영은 사양하여 말하기를, "군주의 신하였던 저희 아버지가 살았사온데, 제가 이어 살 수가 없다고 한다면, 신이 사치스러움이 되옵니다. 그리고 소인은 시장 가까이 살아, 조석으로 필요한 것을 손쉽게 손에 넣으니, 그것은 소인의 이익이옵니다. 그러하온데 어찌 저희 집 문제 때문에, 그 일을 맡고 있는 관원을 괴롭히겠습니까?"라고 했다. 이에 경공이 웃고 말하기를, "그대는 시장 가까이 살고 있어, 물건값이 비싸고 싼 것을 아는가?"라고 했다. 안영이, "시장 가까이 살아 이미 이익이 있었사온데, 어찌 모르고 있겠사

옵니까?"하고 대답하니 경공은, "무엇이 비싸고, 무엇이 싼가?"라고 물었다. 이때, 경공은 형벌을 남용하여, 발목을 끊겨 왼발만 있는 사람이 신는 왼쪽 신을 파는 사람이 있게 되었다. 그러므로 그는, "왼쪽 신이 비싸고, 쌍으로 된 신이 싸옵니다."라고 대답했다. 그가 전에 이렇게 군주에게 고했었다. 그러므로 그는 진나라 숙향과 같이 말하면서 이 말을 했던 것이다. 경공은 안영의 이 말 때문에 형벌 주는 일을 감소시켰다. 군자는 그 일을 두고 말했다. "어진 사람의 말은, 그 이익됨이 광범(廣範)하기도 하다. 안영이 말하여, 제나라 군주가 형벌 주기를 적게 했던 것이다. 시에 이르기를, '군자가 사람들을 요행케 하려 한다면, 국가의 어지러움은 아마 곧 멈춰지리라.'고 하였음은, 이런 일을 두고 말한 것인가 한다."

안영이 진나라에 가자, 경공은 그의 집을 새로 지어, 그가 제나라로 돌아갔을 때에는, 그 집이 다 완성되었다. 그는 그 새집을 군주로부터 배수(拜受)하고 나서, 그 집을 헐어 마을 사람들의 집으로 하여, 다시 그 집을 짓기 전에 있었던 대로 복구시키고, 전에 살았던 집주인들을 돌아가게 하고 말했다. "속담에 말하기를, '집을 두고 좋은가 나쁜가를 점치는 것이 아니라, 이웃이 좋은가 나쁜가를 점친다.'고 하오. 여기서 살았던 몇분들은, 전에 이웃을 점쳐 집을 잡아 살았는데, 내가 살 집을 지어, 여러분이 점쳐 좋다고 했던 그 점괘와 어긋나게 한 것은, 좋지 못한 일입니다. 군자는 예의에 맞지 않는 일을 하지 않고, 소인은 불길한 일을 하지 않는다는 것이 예로부터의 법도요. 그런데 내 어찌 그것을 어길 것이오?" 그리고는 전의 집으로 다시 들려고 하여 군주가 허락하지 않았지만, 진환자(陳桓子)를 사이에 두고 요청하자, 군주는 허락하였다.

주해 ○里旅(이려)—마을 일을 담당하는 관리.
○詩曰(시왈)—《시경》 소아 교언편(巧言篇)의 구절.

ㅇ更其宅(경기택)—안영의 집을 다른 곳에다 옮기기로 하여, 그곳에 전부
터 살고 있던 사람들의 집을 헐어 퇴거시키고 새로 지었던 것이다.

夏四月,에 鄭伯如晉.이라 公孫段相,하여 甚敬而卑,하여 禮無
達者.라 晉侯嘉焉,하여 授之以策曰, 子豐有勞於晉國.이라 余聞
而弗忘.이라 賜女州田,하여 以胙乃舊勳.하노라 伯石再拜稽首,하
여 受策以出.이라 君子曰, 禮其人之急也乎.인저 伯石之汰也,로
一爲禮於晉,하여도 猶荷其祿,이어늘 況以禮終始乎.아 詩曰, 人
而無禮,에 胡不遄死.오 其是之謂乎.아
初,에 州縣欒豹之邑也.라 及欒氏亡,에 范宣子·趙文子·韓
宣子皆欲之.라 文子曰, 溫吾縣也.라 二宣子曰, 自郄稱以別,하
여 三傳矣.라 晉之別縣,은 不唯州,어늘 誰獲治之.리오 文子病
之,하여 乃舍之.라 二宣子曰, 吾不可以正議而自與也.라하고 皆
舍之.라 及文子爲政,하여 趙獲曰, 可以取州矣.라 文子曰, 退.하
라 二子之言義也,어늘 違義禍也.라 余不能治余縣,에 又焉用州,
하여 其以徼禍也.오 君子曰, 弗知實難,이나 知而弗從,이면 禍莫
大焉.이라 有言州,면 必死.리라
豊氏故主韓氏.라 伯石之獲州也,는 韓宣子爲之請之,니 爲其
復取之之故.라

여름 4월에, 정나라 군주가 진나라에 갔다. 그때, 공손단(公孫段)이 군주를 따라가 도와, 그는 아주 공경스러운 태도를 취하고 겸손하여, 행하는 예의에 어긋나는 점이 없었다. 그러자 진나라 군주가 그를 가상히 여겨, 그에게 공을 찬양하고 상을 주는 일을 기록한 글을 주었는데, 그 글에는, "자풍(子豐 : 공손단의 아버지)은 진나라에 공로가 있었다. 나는 그 일을 들어 잊지 않고 있도다. 너에게 주(州) 땅을 주어, 너의 가문의 옛 공훈(功勳)에 보답하노라."고 했다. 백석(伯石 : 공손단)은 재배하고 머리를 땅에 조아리어, 그 글을 받고 나왔다. 군자는 이 일을 두고 말했다. "예의는 사람에게 있어서 중요한 것이다. 백석의 교만으로 진나라에서 한차례 예의를 지켰음에도, 역시 상(賞)의 녹(祿)을 받았는데, 하물며 시종 예로써 지내는 사람이야 말할 나위가 있으랴? 시에 이르기를, '사람이면서 예가 없으니, 어찌 곧 죽지 않을 건가?'라 했는데, 예의의 중대함을 말한 것이다."

전에, 주(州) 고을은 난표(欒豹)의 채읍(采邑)이었다. 그후 난씨가 망하여 그 땅이 몰수되자, 범선자(范宣子 : 士匄)·조문자(趙文子 : 趙武)·한선자(韓宣子 : 韓起) 세 사람이 다 그 땅을 욕심냈다. 그리하여 조문자가 말하기를, "(주 땅은 온에 포함되었으니) 온(溫)은 내가 소유하는 고을이오."라고 하니, 범·한 두 선자(宣子)는, "극칭(郤稱)이 주 땅을 채읍으로 받아 온에서 분리된 이래, 주 땅은 세 가문의 손을 거쳤었소. 우리 진나라에서 한 고을의 땅이 따로 나누어진 것은 다만 주 땅만이 아니었는데, 그 일들을 누구와 일일이 원래대로 할 수가 있단 말이오?"라고 말했다. 그러자 조문자는 그 일로 화가 있을까 염려하여 포기했다. 그리고 두 선자는, "우리는 정당한 말을 하고서 우리 스스로가 차지할 수는 없소."라고 말하고는, 그들도 다 포기했다. 조문자가 집정자가 되자 아들 조획(趙獲)이, "이제는 우리가 주 땅을 차지할 수 있습니다."라고 말했다. 그러자 조문자는 말하였다. "물러가라. 범선자·한선자 두 분의 말이 옳은데, 옳은 것을 어기면 화가 있다. 나는 내가 차지하고 있는 고을도 제대로 잘 다스리지 못하고 있는데, 또 어찌 주 땅을 탐내어 그것으로 화를 초래하겠느냐? 군자가 이르기를, '옳고 그르고 되고 안되는 것을 알지 못하면 어찌할 수 없지만, 알고서도 따르지 않으면 당하는 화가 막대한 것이다.'라고 했다. 주 땅을 말함이 있으면, 반드시 죽게 될 것이다."

정나라 풍씨(豊氏 : 공손단) 집 사람이 진나라에 가서 의지하는 곳은 한씨(韓氏) 집이었다. 백석(공손단)이 주 땅을 상으로 받은 것은, 한선자가 백석을 위하여 그렇게 하도록 군주에게 요청했던 것이니, 그것은 백석이 후일 그 땅을 반납하게 되면, 한선자 자신이 차지하자는 생각 때문에서였다.

주해 ○子豊(자풍)—정나라 목공(穆公)의 아들. 그가 진나라에 공헌한 사실은 나타나 있지 않다.

○伯石之汰也(백석지태야)—백석은 원래 거만했다. 그에 대해서는 양공 30년조 참고.

○詩曰(시왈)—《시경》 풍 용풍(鄘風)에 있는 상서편(相鼠篇)의 구절.

○欒氏亡(난씨망)—난씨 가문이 멸망한 것은, 양공 23년의 일이다.

五月(오월)에, 叔弓如滕(숙궁여등)하여, 葬滕成公(장등성공)이라. 子服椒爲介(자복초위개)라. 及郊(급교)에, 遇懿伯之忌(우의백지기)라. 敬子不入(경자불입)하니, 惠伯曰(혜백왈), 公事有公利(공사유공리)요, 無私忌(무사기)하니, 椒請先入(초청선입)이라. 乃先受館(내선수관)에, 敬子從之(경자종지)라.

晉韓起如齊(진한기여제)하여, 逆女(역녀)라. 公孫蠆爲少姜之有寵也(공손채위소강지유총야)로, 以其子更公女(이기자경공녀)하고, 而嫁公子(이가공자)라. 人謂宣子(인위선자)하되, 子尾欺晉(자미기진)이라. 晉胡受之(진호수지)오. 宣子曰(선자왈), 我欲得齊(아욕득제)하여, 而遠其寵(이원기총)이면, 寵將來乎(총장래호)아.

5월에, 노나라 숙궁(叔弓)이 등나라에 가, 등나라 성공을 장사 지내는 일에 참석했다. 그때, 자복초(子服椒)가 부사(副使)가 되었다. 등나라 도읍의 교외에 도달하니, 그날이 복초의 아버지 의백(懿伯)의 제삿날이었다. 그래서 경자(敬子 : 숙궁)가 복초를 위하여 그날에 등나라 도읍으로 들어가지 않기로 하니, 혜백(惠伯 : 복초)이 말하기를, "공사(公事)에는 공적인 이익을 꾀함만 있고 개인의 기일(忌日)을 생각함은 없는 것이니, 초(椒) 제가 먼저 들어가게 해주십시오."라고 했다. 그리고 곧 먼저 들어가 유숙(留宿)할 곳을 할당받으니, 경자 또한 그 뒤를 따라 들어갔다.

진나라 한기(韓起)가 제나라에 가, 진나라 군주를 위하여 제나라 공녀를 맞이하게 되었다. 그런데, 제나라 공손채(公孫蠆 : 子尾)는 소강(少姜)이 진나라 군주의 총애를 받았던 것으로 미루어, 자기 딸을 공녀와 바꿔치고, 시집가기로 했던 공녀는 다른 데로 시집보냈다. 그러자 그 사실을 안 어느 진나라 사람이 한선자(韓宣子 : 韓起)에게 이르기를, "제나라 자미(子尾)는 우리 진나라를 속이고 있습니다. 그런데 우리 진나라가 그 바꿔친 사람을 어찌 맞이해야 합니까?"라고 하였다. 그러자 한선자는 말하기를, "우리가 제나라를 우리 편으로 잡아두려 하고 있으면서 제나라 총신(寵臣)을 멀리한다면, 그 총신이 장차 우리를 따라올 것인가?" 하였다.

주해 ○懿伯(의백)―두예(杜預)는 그의 주에다, 의백은 자복(子服 : 椒는 이름)의 작은아버지였다고 말했다. 그러나 아버지였을 것으로 여겨져 아버지라고 풀이했다.

○寵(총)―군주의 총애를 받는 신하. 여기에서는 제나라 공손채를 말한다.

秋七月,에 鄭罕虎如晉,하여 賀夫人,하고 且告曰, 楚人日徵敝邑以不朝立王之故.라 敝邑之往,이면 則畏執事其謂寡君而固有

外心,하고 其不往,이면 則宋之盟云,이니 進退罪也.라 寡君使虎

布之.라 宣子使叔向對曰, 君若辱有寡君,엔 在楚何害.리오 脩

宋盟也.하라 君苟思盟,이면 寡君乃知免於戾矣.라 君若不有寡

君,이면 雖朝夕辱於敝邑,이라도 寡君猜焉.이리라 君實有心,에 何

辱命焉.가 君其往也.하라 苟有寡君,이면 在楚猶在晉也.라

張趯使謂子大叔曰, 自子之歸也,로 小人糞除先人之敝廬,하

고 曰, 子其將來.하리라 今, 子皮實來,에 小人失望.이라 大叔曰,

吉賤,에 不獲來也.라 畏大國,하고 尊夫人也.라 且孟曰, 而將無

事.리라 吉庶幾焉.이라

가을 7월에, 정나라 한호(罕虎 : 子皮)가 진나라에 가 새 아내를 맞이한 일을 축하하고, 고해서 말하기를, "초나라 사람이 나날이 저희 나라에 대해서 자기 나라 군왕이 새로 즉위하였는데도 찾아뵙지 않는 까닭을 문책하고 있습니다. 저희 나라에서 초나라에 간다면, 진나라 당사자들께서 저희 군주만이 다른 마음을 지니고 있다고 말씀하심이 두렵고, 초나라에 가지 않으면, 송나라에의 맹약에는 찾아가야 한다고 일렀으니, 이러나 저러나 죄가 되는 것입니다. 그래서 저희 군주께서는 호(虎), 저에게 이 사정을 말하라 하셨습니다."라고 했다. 그러자 진나라 한선자는 숙향에게 대답하게 했다. "정나라 군주께서 감사히도 저희 군주를 받드는 마음을 가지고 계시는 마당에 초나라에 가 계신들 저희 나라에 무슨 해가 되겠습니까? 송나라에서 맺은 맹약을 지키도록 하십시오. 정나라 군주께서 진심으로 맹약 지킬 것을 생각하고 계신다면, 저희 군주는 허물에서 면하게 된다고 여기실 것입니다.

그러나 정나라 군주께서 저희 군주를 받드는 마음을 가지고 계시지 않는다면, 정나라가 비록 조석으로 저희 나라를 찾아온다 하더라도, 저희 군주께서는 믿지 않으실 것입니다. 정나라 군주께서 진실로 저희 군주를 받드는 마음을 가지고 계시는데, 어찌 저희 나라에 대해서 초나라를 찾는 일을 말씀하실 것이 있겠습니까? 군주께서는 아무 걱정 마시고 가시도록 하십시오. 정나라 군주께서 진실로 저희 군주를 받드는 마음을 가지고 계신다면, 정나라 군주께서 초나라에 가 계시는 것은 저희 진나라에 와 계시는 것과도 같습니다."

진나라 장적(張趯)이 사람을 정나라 자대숙(子大叔)에게 보내 말하게 하기를, "님이 전번에 저희 나라에 오셨다가 돌아가신 때부터, 소인은 선대부터 살아온 누추한 집을 청소하고 '님이 곧 오시리라.'고 말했습니다. 그런데 이제, 귀국의 자피(子皮 : 한호)께서 오시니, 소인은 실망하고 있습니다."라고 했다. 이에 대해서 대숙은 대답을 보냈다. "길(吉) 저는 신분이 낮아, 이번에 진나라를 찾아가지 못했습니다. (저보다 윗분인 자피께서 진나라에 간 것은) 큰 나라인 진나라에 대해서 두려워하고 있음을 나타냄이고, 새 부인을 존경함을 나타냄입니다. 그리고 님께서 요전에 말씀하시기를, '너는 앞으로 할 일이 없게 될 것이다.'라고 하셨습니다. 길 저는 그러기를 원하고 있습니다."

┃주해┃ ㅇ糞除(분제)─청소함.

　ㅇ孟(맹)─장적(張趯)을 가리켜 말한 것이다. 장적은 장씨 집의 장남이었던 것 같다. 역자는 다만 장적을 '님'으로 번역했다.

소주목공래조　　계무자욕비지　　　　목숙왈　불가　조
小邾穆公來朝.라　季武子欲卑之,하니　穆叔曰,　不可.라　曹·

등　이주　실불망아호　　경이역지　　　유구기이　우비일
滕·二邾,는　實不忘我好.라　敬以逆之,라도　猶懼其貳.라　又卑一

목언　　역군호야　　　기여구이가경언　　　지왈　능경
睦焉,이면　逆群好也,이리니　其如舊而加敬焉.하라　志曰,　能敬,이

면 無災.라 又曰, 敬逆來者,면 天所福也.라 季孫從之.라

八月,에 大雩,는 旱也.라

齊侯田於莒,에 盧蒲嫳見,하고 泣且請曰, 余髮如此種種.이오
니다 余奚能爲.리오 公曰, 諾.이라 吾告二子.하리라 歸而告之,에
子尾欲復之,나 子雅不可曰, 彼其髮短,이나 而心甚長.이오니다
其或寢處我矣.리이다 九月,에 子雅放盧蒲嫳于北燕.이라

燕簡公多嬖寵,하여 欲去諸大夫而立其寵人.이라 冬,에 燕大
夫比以殺公之外嬖,하니 公懼奔齊.라 書曰, 北燕伯款出奔齊,는
罪之也.라

十月,에 鄭伯如楚,에 子産相.이라 楚子享之,하여 賦吉日.이라
旣享,에 子産乃具田備.라 王以田江南之夢.이라

齊公孫竈卒.이라 司馬竈見晏子曰, 又喪子雅矣.라 晏子曰,
惜也.라 子旗不免,이리니 殆哉.라 姜族弱矣,나 而嬀將始昌.이라
二惠競爽,에 猶可,였거늘 又弱一个焉.이라 姜其危哉.라

　　소주나라 목공(穆公)이 노나라를 찾아왔다. 계무자(季武子 : 계손숙)
가 그를 낮은 격으로 대우하려 하니, 숙손목숙(叔孫穆叔)이 말했다.
"그래서는 안됩니다. 조나라·등나라·두 주나라(주나라·소주나라)는
실로 우리나라에 대한 우호관계를 잊지 않고 있습니다. 우리가 공경스
럽게 맞이하더라도, 또한 우리한테서 떨어져나갈까 두려워해야 합니

다. 그런데 이제 우리나라를 따르고 있는 나라들 중의 한 나라의 군주를 소홀히 한다면 그것은 다른 사이좋은 나라를 배반하는 것이 되니, 전과 같이 대우하는 데다가 더 공경스럽게 하십시오.. 옛 책에 이르기를, '공경스러운 태도를 잘 취하면 재앙이 없다.'고 했습니다. 그리고 또 이르기를, '찾아온 사람을 공경스럽게 맞이하면, 하늘이 복을 내려 주는 것이다.'라고 했습니다." 이에, 계손숙은 숙손목숙의 말대로 했다.

8월에 큰 기우제를 지낸 것은, 한발이 들어서였다.

제나라 군주가 거(莒) 땅에서 사냥했는데, 그때 (그 지방으로 추방되어 있던) 노포별(盧蒲嫳)이 군주를 뵙고 울면서 애원하여 말하기를, "저는 (늙어서) 머리털이 이와 같이 엉성하고 짧게 되었나이다. 제가 앞으로 무슨 일을 하겠사옵니까?"라고 했다. 그러자 제나라 군주는 말하기를, "그래라. 내 돌아가 두 사람에게(자아와 자미) 말하리라."라고 했다. 군주가 도읍으로 돌아가 두 사람에게 말하자, 자미(子尾)는 노포별을 복귀시키려 했으나, 자아(子雅)는 안된다며 말하기를, "그가 늙어서 머리털이 짧아졌다고는 하나, 그의 마음에는 복수심이 매우 커지고 있사옵니다. 돌아오게 하면, 그는 어쩌면 우리를 죽여 짓밟을 것이옵니다."라고 했다. 9월에 자아는 노포별을 북연(北燕)으로 추방했다.

연(燕)나라 간공(簡公)은 총애하는 신하가 많아, 여러 대부들을 제거해서는 그 총애하는 신하들을 대부로 삼으려 했다. 겨울에, 연나라 대부들이 서로 짜고 간공의 총애하는 신하들을 죽이니, 간공이 겁을 먹고 제나라로 도망갔다. 경문에 북연나라 군주인 백작 관(款)이 제나라로 달아났다고 써 말한 것은, 그에게 죄가 있음을 나타낸 것이다.

10월에 정나라 군주가 초나라에 갔는데, 자산(子産)이 도와 따라갔다. 그때, 초나라 군주가 정나라 군주에게 향연을 베풀고, 길일편(吉日篇)의 시를 노래불렀다. 향연이 끝나자, 자산은 곧 사냥에 쓸 기구를 갖추었다. 초나라 왕은 정나라 군주를 데리고 강남의 몽(夢)에서 사냥했다.

제나라 공손조가 세상을 떠났다. 사마조가 안자(晏子)를 만나 말하기를, "우리는 또 자아를 잃었군요."라고 하자, 안자는 말했다. "아까운 일이오. 그의 아들 자기(子旗)는 화를 면하지 못할 것이니, 위태롭소이다. 강성(姜姓)의 씨족은 약해졌으나, 규성(嬀姓)의 씨족은 한창 창성해지고 있소이다. 두 혜공(惠公)의 자손(자아와 자미)이 있어 서로 왕성함을 다투었을 때에는 그래도 좋았는데, 이제 또 한 사람이 죽어 약하게 되었소. 그러니 강성의 씨족은 위태로울 것이오."

▌주해▐ ○盧蒲嫳(노포별)―양공 28년에 제나라 동쪽 국경지대로 추방당했다.

○種種(종종)―머리카락이 엉성해지고 짧아짐.

○燕(연)―경문에는 북연(北燕)으로 되어 있다. 북연이 정식 명칭이다.

○吉日(길일)―《시경》 소아에 있는 시편 이름. 이 편의 시에는 사냥하자는 뜻의 말이 있다.

○江南之夢(강남지몽)―운몽(雲夢)의 택지(澤地). 그런데 운몽의 택지는 양자강(揚子江) 남북에 걸치는데, 그 광범위한 택지 중에서 남쪽의 택지를 말한 것 같다.

▌經▐ ○四年春王正月,에 大雨雹.이라

○夏,에 楚子·蔡侯·陳侯·鄭伯·許男·徐子·滕子·頓子·胡子·沈子·小邾子·宋世子佐·淮夷,가 會于申.이라

○楚人執徐子.라

○秋七月,에 楚子·蔡侯·陳侯·許男·頓子·胡子·沈子·淮夷,가 伐吳.라 執齊慶封,하여 殺之,하고 遂滅賴.라

○九月,에 取鄫.이라

○冬十有二月乙卯,에 叔孫豹卒.이라

4년 봄 천자가 쓰는 역으로 정월에 많은 우박이 내렸다.

여름에, 초나라 군주인 자작·채나라 군주인 후작·진(陳)나라 군주인 후작·정나라 군주인 백작·허나라 군주인 남작·서나라 군주인 자작·등나라 군주인 자작·돈나라 군주인 자작·호나라 군주인 자작·심나라 군주인 자작·소주나라 군주인 자작·송나라 세자 좌(佐)·회이(淮夷) 등이 신(申)에서 회합을 가졌다.

초나라 사람이 서나라 군주인 자작을 잡았다.

가을 7월에, 초나라 군주인 자작·채나라 군주인 후작·진(陳)나라 군주인 후작·허나라 군주인 남작·돈나라 군주인 자작·호나라 군주인 자작·심나라 군주인 자작·회이 등이 오나라를 정벌했다. 제나라의 경봉(慶封)을 잡아죽이고, 곧이어 뇌(賴)를 멸망시켰다.

9월에, 노나라가 증(鄫)나라 땅을 차지했다.

겨울 12월 을묘날에, 노나라 숙손표가 세상을 떠났다.

傳| 四年春王正月,에 許男如楚,하니 楚子止之,하고 遂止鄭伯,하여 復田江南,에 許男與焉.이라 使椒擧如晉求諸侯,에 二君待之.라 椒擧致命曰, 寡君使擧曰, 日,에 君有惠,하사 賜盟于宋曰, 晉楚之從,은 交相見也.라하였나이다 以歲之不易,로 寡人願結驩於二三君,하여 使擧請閒.이오니다 君若苟無四方之虞,이오면 則願假寵,하여 以請於諸侯.이오니다

　4년 봄 천자가 쓰는 역으로 정월에, 허나라 군주가 초나라에 가니 초나라 군주는 그를 초나라에 머물게 하고, 결국은 정나라 군주도 머물게 하여, 다시 양자강(揚子江) 남녘 땅에서 사냥하니, 허나라 군주도 참가했다. 그리고 초나라 군주는 초거(椒擧)에게 진나라에 가 제후들의 회합을 요구케 하니, 정·허나라의 두 군주는 초나라에서 기다리게 되었다. 초거는 진나라에 가 받은 명을 말했다. "저희 군주께서는 초거, 저로 하여금 말씀을 올리게 하였사온데, 전날에 군주께서는 초나라에 대하여 은혜를 베푸시어, 송나라에서 맹약을 지었을 때에, '진나라와 초나라를 따르는 제후는 각기 진나라 군주·초나라 군주를 번갈아 찾도록 하라'는 말씀을 내려주셨나이다. 근래에 여러 가지 곤란한 일이 있었으므로, 저희 군주께서는 각국 군주들과 만나 친분을 두텁게 맺고자 하여, 저로 하여금 군주의 형편을 물어 올리게 했사옵니다. 군주께서 사방(四方)에 대한 걱정이 없으시오면, 원하옵건대 군주의 총애하심에 의탁하여 제후들에게 집합할 것을 요청하려는 것이옵니다."

주해　o 以歲之不易(이세지불이) ― 근래, 여러 가지 일이 곤란하므로.
　o 請閒(청한) ― 틈이 있는가 없는가의 형편을 물음.
　o 假寵(가총) ― 총애함에 의탁하여.

　　진후욕물허　　　　사마후왈　불가　　　　　　초왕방치　　　　　천
　晉侯欲勿許.라 司馬侯曰, 不可.라소이다 楚王方侈.이오니다 天
　기 혹 자 욕 령 기 심 이 후 기 독　　　이 강 지 벌　　　미 가 지 야　　　　기
　其或者欲逞其心以厚其毒,하여 而降之罰,도 未可知也,옵고 其
　사 능 종　　역 미 가 지 야　　　　진 초 유 천 소 상　　　불 가 여 쟁
　使能終,도 亦未可知也.이오니다 晉楚唯天所相,이오 不可與爭.이
　　　　군 기 허 지　　　　이 수 덕 이 대 기 귀　　　약 귀 어 덕
　오니다 君其許之,하시고 以脩德以待其歸.하소서 若歸於德,이면
　오 유 장 사 지　　　황 제 후 호　　　약 적 음 학　　　초 장 기 지
　吾猶將事之,어늘 況諸侯乎.인가 若適淫虐,이면 楚將棄之.리어늘

吾又誰與爭.이리오 公曰, 晉有三不殆.라 其何敵之有.아 國險,하
고 而多馬,하며 齊楚多難.이라 有是三者,에 何鄕而不濟.아 對曰,
恃險與馬,하고 而虞鄰國之難,은 是三殆也.라소이다 四嶽·三
塗·陽城·大室·荊山·中南,은 九州之險也,이옵거늘 是不一
姓.이었나이다 冀之北土,는 馬之所生,이오나 無興國焉.이었나이다
恃險與馬,가 之不可以爲固也,는 從古以然.이오니다 是以,로 先
王務脩德音以享神人,하였삽고 不聞其務險與馬也.라소이다 鄰國
之難,은 不可虞也.이오니다 或多難以固其國,하고 啓其疆土,하며
或無難以喪其國,하고 失其守宇,이옵거늘 若何虞難.이리이까 齊有
仲孫之難,하여 而獲桓公,하여 至今賴之,옵고 晉有里丕之難,하여
而獲文公,하사 是以로 爲盟主.였나이다 衛邢無難,에 敵亦喪之.였
나이다 故로 人之難,은 不可虞也.이오니다 恃此三者,하여 以不脩
政德,이면 亡於不暇,이리옵거늘 又何能濟.리오 君其許之.하소서
紂作淫虐,에도 文王惠和.였나이다 殷是以隕,하였고 周是以興.이었
나이다 夫豈爭諸侯.이리오 乃許楚使,하여 使叔向對曰, 寡君有社
稷之事.라 是以,로 不獲春秋時見.이라 諸侯君實有之,어늘 何辱
命焉.고 椒擧遂請昏,에 晉侯許之.라

楚子問於子産曰, 晉其許我諸侯乎.아 對曰, 許君.이리이다 晉

　　　　군 소 안　　　　　　　부 재 제 후　　　　　　기 대 부 다 구　　　　　　막 광 기 군
君少安,하여 **不在諸侯,**하고 **其大夫多求,**하여 **莫匡其君.**이오니다
　재 송 지 맹 우 왈　　여 일　　　　　　　　　약 불 허 군　　　　　장 언 용 지　　　　　　왕
在宋之盟又曰, 如一.이었나이다 **若不許君,**이면 **將焉用之.**리오 **王**
　왈　　제 후 기 래 호　　　대 왈　　필 래　　　　　　종 송 지 맹　　　　　승 군 지
曰, 諸侯其來乎.아 **對曰, 必來.**리이다 **從宋之盟,**이옵고 **承君之**
　환　　　　　불 외 대 국　　　　　　하 고 불 래　　　　불 래 자　　　기 로
歡,이옵고 **不畏大國,**이옵거늘 **何故不來.**리오 **不來者,**는 **其魯 ·**
　위　　조　　주 호　　　　조 외 송　　　　　주 외 로　　　　　노　　위 핍 어 제
衛 · 曹 · 邾乎.인저 **曹畏宋,**하옵고 **邾畏魯,**하오며 **魯 · 衛偪於齊,**
　　　　이 친 어 진　　　　　　유 시 불 래　　　　　기 여 군 지 소 급 야
하여 **而親於晉.**이오니다 **唯是不來.**리이다 **其餘君之所及也,**이옵거
　　수 감 부 지　　　　　왕 왈　연 즉 오 소 구 자 무 불 가 호　　대 왈　　구 령
늘 **誰敢不至.**리오 **王曰, 然則吾所求者無不可乎.**아 **對曰, 求逞**
　어 인　　　　불 가　　　여 인 동 욕　　　진 제
於人,이면 **不可,**이오나 **與人同欲,**이면 **盡濟.**리이다

　　진나라 군주는 초왕의 요청을 허락하지 않으려 했다. 그러자 사마
후(司馬侯)가 말했다. "그래서는 아니되옵니다. 초나라 왕은 지금 한
창 교만을 떨고 있사옵니다. 하늘이 혹 그가 마음대로 하여 그의 허
물이 두터워지게 하였다가 벌을 내릴 것인지도 알 수 없삽고, 또 자
기 명대로 지내다가 죽게 할는지도 모를 일이옵니다. 우리 진나라와
초나라는 다만 하늘이 돕는 대로 해야 할 것이옵고, 서로 다투어서는
아니되옵니다. 군주께서는 그의 요청을 허락하시고, 덕을 닦으시사 그
귀추를 기다리소서. 만일 초왕이 덕을 갖추어 천운(天運)이 그에게로
돌아간다면, 우리 진나라도 그를 섬기게 될 것이온데, 하물며 다른 제
후들이야 더 말할 나위가 있사오리까? 그러나 만일, 초왕이 무도하게
포악한 데로 떨어진다면, 초나라 사람들도 그를 버릴 것이온데, 우리
가 그 누구와 다투어야 할 것이옵니까?" 이 말을 들은 진나라 군주가,
"우리 진나라에는 위태로운 데에 빠지지 않을 세가지 조건이 있소.
그런데 우리에게 덤벼들 무슨 적(敵)이 있겠소? 우리의 국토는 험악

하고, 우리에게는 싸움에 쓸 말[馬]이 많으며, 지금 제나라와 초나라
에는 어려운 일이 많소. 이 세가지 조건을 지니고 있는데, 어느 방향
에 대해서 일을 치른들 잘 되지 않을 것이오?"라고 했다. 그러자 사
마후는 대답하였다. "국토의 험악과 많은 말을 믿고 이웃 나라의 어
려운 일을 생각에 둔다는 것은 나라가 위태롭게 되어질 세가지 조건
이옵니다. 사악(四嶽)·삼도(三塗)·양성(陽城)·대실(大室)·형산(荊
山)·중남(中南) 등은, 다 천하의 험한 곳이오나, 그곳들의 소유자가
한 성(姓)으로 일관(一貫)되어지지 못하고, 소유자가 자주 바뀌어졌
었나이다. 그리고 기(冀)나라에서 북쪽의 땅은 말의 생산지이오나, 그
지역에서 흥성했던 나라는 없었사옵니다. 국토의 험악과 많은 말을
믿는다는 것이, 나라가 단단하다고 여길 수 없다는 것은 옛날부터이
옵니다. 그러므로 옛날의 어진 임금들은 덕을 닦아서 신(神)과 세상
사람들에게 용납되기를 힘썼삽고, 험한 곳을 차지하고 많은 말을 가
지려고 힘썼다는 것을 들어보지 못했나이다. 그리고 또 이웃 나라의
어려운 사정은 생각에 둘 수 없는 것이옵니다. 혹은 어려운 일이 많
아서 그 나라를 단단하게 하고 그 강토를 넓히며, 혹은 어려운 일이
없었다가 그 나라를 잃고 사방의 국경을 지키지 못했사온데, 어찌하
여 이웃 나라의 어려운 처지를 염두에 둘 것이옵니까? 제나라에서는
중손(仲孫)의 난리가 있어, 그 결과 환공(桓公)이 나타나 나라가 강
해져서, 오늘에 이르도록 그 힘을 입고 있삽고, 우리 진나라에서는 이
비(里조)의 난리가 있어, 그 결과로 문공(文公)이 나타나시었고, 그러
므로 진나라가 맹주(盟主)가 되었던 것이옵니다. 위나라와 형(邢)나
라는 아무런 국난이 없었을 때에, 적이 그 나라들을 망친 일이 있었
나이다. 그러니만치, 다른 이의 어려운 일은 염두에 둘 수가 없는 것
이옵니다. 이 세가지를 믿어 정치와 덕에 힘쓰지 않으면, 단시일 내에
망하게 될 것이온데, 어찌 하는 일이 잘 될 것이옵니까? 군주께서는
허락하옵소서. 은(殷)나라의 주왕(紂王)이 무도하고 포악했음에도 주

나라 문왕(文王)께서는 자혜롭고 온화하게 대했었나이다. 은나라는 주왕이 무도하고 포악했었기에 망했삽고, 주나라는 문왕께서 자혜롭고 온화했기에 흥했었나이다. 그런데 어찌 초나라를 상대로 제후들을 차지하려고 다투겠습니까?” 이 말에 진나라 군주는 초나라 사자에게 허락하기로 하여, 숙향(叔向)으로 하여금 회답하게 했다. “우리나라 군주께서는 국가 사직의 많은 일이 있습니다. 그래서 춘추(春秋)로 초나라 군주를 찾아뵙지 못했습니다. 제후들이야 초나라 군주께서 실지로 장악하고 계시는데, 제후들의 회합 일을 가지고 우리나라 군주에게 말씀하실 필요가 있겠습니까?” 이 회답을 받고 난 초나라 사자 초거가, 다시 양국이 혼인할 것을 요청하니, 진나라 군주는 그 요청도 받아들였다.

초나라 왕은 (초거를 진나라로 보내고서) 정나라 자산(子産)에게 물었다. 그래서 그들간에는 문답이 오고갔다.

초왕―진나라는 내가 제후들을 집합시킬 것을 허락할 것 같소?

자산―군주님의 요청을 들어줄 것이옵니다. 진나라 군주는 지금 안락을 취하여 제후들에 대해서 마음이 있지 않고, 그 나라 대부들은 많은 욕심만 부리어 그들의 군주를 선도(善導)하지 않습니다. 그리고 송나라에서의 맹약에서 ‘진·초는 하나같이 되자’고 했었사옵니다. 그랬는데 만일 군주께서 허락하지 않는다면, 그 송나라에서의 맹약을 어디에 쓰겠습니까?

초왕―그럼, 제후들은 소집에 응하여 올 것 같소?

자산―제후들은 반드시 올 것이옵니다. 온다는 것은 송나라에서의 맹약을 따름이옵고, 군주의 환심(歡心)을 받는 일이오며, (진나라가 허락한 일이니) 큰 나라, 즉 진나라가 두렵지 않사온데, 무엇 때문에 오지 않으오리까? 오지 않을 제후는, 노나라·위나라·조나라·주나라의 제후들일 것이옵니다. 지금, 조나라는 송나라를 두려워하옵고, 주나라는 노나라를 두려워하오며, 노나라와 위나라는 제나라한테 핍

박받고 있어서 진나라와 친하게 하오니, 이 나라의 제후들만은 오지 않을 것이옵니다. 그밖의 나라야 군주의 영향(影響)이 끼쳐지는 나라들이옵는데, 누가 감히 오지 않을 것이옵니까?

　초왕―그렇다면, 내가 요구하는 일이 안되는 게 없을 것이오?

　자산―생각나는 대로 함부로 타인에게 요구한대서야 아니되오나, 다른 이와 같은 욕구라면 다 잘 되어질 것이옵니다.

주해　○司馬侯(사마후)―사마는 관직 이름이고, 후는 자(字)였다. 그의 성은 여(女)이고, 이름은 제(齊)였으며, 자는 후, 또 숙후(叔侯)였다.

○何鄕而不濟(하향이부제)―어느 방향에서나 어느 일을 하여 잘 되지 않는 일이 있을까?

○四嶽(사악)―태산(泰山, 산동성에 있음)·화산(華山, 섬서성에 있음)·형산(衡山, 호남성에 있음)·항산(恒山, 하북성에 있음)의 네 산.

○三塗(삼도)―하남성에 있는 산지(山地) 이름.

○陽城(양성)―하남성의 산지(山地) 이름.

○大室(대실)―숭산(嵩山)이라고도 하며, 하남성에 있다.

○荊山(형산)―호북성에 있는 산 이름.

○中南(중남)―종남산(終南山)이라고도 하며 섬서성에 있다.

○冀之北土(기지북토)―기는 당시 나라의 이름. 기나라 북쪽 땅은 지금의 하북성·산서성의 북부·차하르(察哈爾) 일대 지방을 두고 말한다. 기나라는 지금의 산서성 하진(河津) 지방에 위치했었고, 뒤에 진(晉)나라 영토가 되었다.

○失其守宇(실기수우)―우는 집 지붕의 사방. 여기에서는 사방의 국경을 말했다.

○仲孫之難(중손지난)―장공 9년에 있었다.

○里丕之難(이비지난)―희공 9년에 있었다.

○衛(위)·邢(형)―민공 2년에 적(狄)이 위나라를 멸망시킨 일이 있었고, 희공 25년에 위나라가 형나라를 멸망시켰다.

○請昏(청혼)―두 나라가 혼인을 하게 되면, 예의상 자연히 진나라의 경

(卿)이 초나라에 가게 될 것이기에, 그 게제에, 회합에 진나라 대표를
참가시키자는 의도가 포함되었다.

大雨雹.이라 季武子問於申豊曰, 雹可禦乎.아 對曰, 聖人在
上,엔 無雹,하고 雖有,나 不爲災.라 古者,에 日在北陸而藏氷,하
여 西陸朝覿而出之.라 其藏氷也,엔 深山窮谷固陰沍寒,이면 於
是乎取之.라 其出之也,엔 朝之祿位賓食喪祭,에 於是乎用之.라
其藏之也,엔 黑牡·秬黍以享司寒,하고 其出之也,엔 桃弧·棘
矢以除其災.라 其出入也時,하고 食肉之祿,은 冰皆與焉.이라 大
夫·命婦,는 喪浴用冰.이라 祭寒而藏之,하고 獻羔而啓之.라 公
始用之,하고 火出,하여 而畢賦.라 自命夫·命婦至於老疾,가 無
不受冰.이라 山人取之,하고 縣人傳之,하며 輿人納之,하고 隷人
藏之.라 夫冰以風壯,하고 而以風出.이라 其藏之也周,하고 其用
之也徧,이면 則冬無愆陽,하고 夏無伏陰,하며 春無凄風,하고 秋無
苦雨,하며 雷出不震,하고 無菑霜雹,하며 癘疾不降,하고 民不夭
札.이라 今藏川池之冰,하여 棄而不用,하니 風不越而殺,하고 雷
不發而震.이라 雹之爲菑,를 誰能禦之.리오 七月之卒章,은 藏冰
之道也.라

많은 우박이 내렸다. 계무자(季武子 : 계손숙)가 신풍(申豊)에게 묻

기를, "우박 내리는 것을 막을 수가 있소?"라고 했다. 그러자 신풍은 대답했다. "성인(聖人)이 윗자리에 있어 다스리면 우박이 내리지 않고, 내린다 하더라도 재해가 되지는 않습니다. 옛날에는, 태양이 북륙(北陸) 성수(星宿)의 위치에 있을 때에 얼음을 저장하였다가, 서륙(西陸) 성수가 아침에 동방(東方)에 나타날 때에 꺼내어 썼습니다. 얼음을 저장함에는, 깊은 산, 깊은 골짜기의 물이 굳게 얼어붙는 극한(極寒) 시기가 되면, 이때에 얼음을 채취하는 것입니다. 그리고 얼음을 꺼내면 조정의 벼슬에 있는 분, 빈객이나 연회(宴會), 상제(喪祭) 때에 쓰이는 것입니다. 얼음을 저장함에는, 검은색 숫염소와 검은 수수를 가지고 추위를 장악하는 신에게 제사 지내고, 얼음을 꺼냄에는 복숭아나무 가지로 만든 활과 가시나무로 만든 화살로 재앙의 기운을 털어내는 것입니다. 얼음을 저장하고 꺼냄에는 때가 정해져 있고, 상류층의 귀한 분에겐 얼음이 다 돌아가는 것입니다. 그래서 대부와 대부의 부인은 그분들의 상이 나 몸을 씻을 때에도 얼음을 사용합니다. 얼음은 추위를 장악하는 신에게 제사 드리고서 저장하고, 염소로 제사를 지내고서 꺼내는 것입니다. 군주가 맨 먼저 사용하시고, 대화성(大火星)이 나타나는 시기에 꺼내어, 모든 사람에게 나누어줍니다. 그리하여 경대부(卿大夫)와 그분들의 부인들로부터 노인 병자들에 이르기까지 얼음을 받지 않는 이가 없습니다. 처음에 산림(山林)에 관한 일을 맡는 이가 저장소에서 꺼내고, 그 지방 고을 관리가 인수받으며, 여인(輿人)이 그것을 도읍으로 들여오고 예인(隷人)이 관리하는 곳에 받아 넣어두는 것입니다. 얼음은 찬바람에 의해서 단단히 굳어지고, 더운 바람이 불면 저장소에서 꺼내어집니다. 그것을 저장함에 용의주도(用意周到)하게 하고, 그것을 씀에 광범하게 하면, 겨울에 양기(陽氣)가 계절을 무시하고 나타나 갑자기 더운 일기의 현상이 나타나지 않고, 여름에 음기(陰氣)가 숨어 나타나 찬 일기가 되지 않으며, 봄에 찬바람이 불지 않고, 가을에 장맛비가 내리지 않으며, 우레가 치더라도 벼락이 떨어지지 않고, 해를 끼치는 서리나 우박이 내리지 않으며, 질병이 유행하지 않고, 백성이 요사(夭死)한다든가 한꺼번에 많이 죽는 일이 없는 것입니다. 그런데 지금은 개천이나 못의 얼음을 아무렇게 취하여 저장하였다가, 고르게 분배하지 않고 남으면 버려 쓰지 않으므로, 바람이 찬 도(度)를 넘지 않으면서도 초목을 죽이고, 우레소리가 나지 않고도 벼락이 떨어지고 합니다. 그러는데 우박이 해를 끼침을, 누구라 막을 수가 있겠습니까? 7월편(七月篇)의 끝장 시는 얼음을 저장하는 도(道)를 말한 것입니다.'

▌주해▐　○大雨雹(대우박) – 많은 우박이 내리다. 이것은 우박이 한꺼번에 많이 내렸다는 것이 아니라, 자주 많이 내렸다는 말이다.

○日在北陸(일재북륙) – 28수(宿)의 성수(星宿)가, 7성수씩 나누어져 동·서·남·북의 사륙(四陸)을 이루는데, 두(斗)·우(牛)·여(女)·허(虛)·위(危)·실(室)·벽(壁)의 7성수는 북륙(北陸)을 이룬다 했다. 태양이 북륙, 특히 허·위의 성수 위치에 가는 때는 하력(夏曆)으로 12월로, 이때가 가장 추운 시기라 했다.

○西陸朝覿(서륙조적) – 서륙의 성수가 아침에 동방에 나타나 보임.

○食肉之祿(식육지록) – 늘 고기를 먹을 수 있는 봉록(俸祿)을 받는 사람. 즉 상류층의 귀한 사람.

○火出(화출) – 대화성이 나타남. 대화성이 초저녁에 동방에 나타남은 4월 초경이다.

○輿人(여인)·隷人(예인) – 여인은 잡무를 맡는 하리(下吏)이고, 예인은 천한 사람.

○夭札(요찰) – 요는 어려서 죽는 일이고, 찰은 한꺼번에 많은 사람이 죽는 것.

○七月之卒章(칠월지졸장) – 《시경》 풍 빈풍(豳風)에 있는 7월편의 끝장 시. 이 시에는 얼음을 채취해서 저장소에다 저장하는 것이 말해져 있다.

夏,에 諸侯如楚,나 魯·衛·曹·邾不會.라 曹·邾辭以難,하

고 公辭以時祭,하며 衛侯辭以疾.이라 鄭伯先待于申.이라

六月丙午,에 楚子合諸侯于申.이라 椒擧言於楚子曰, 臣聞,하

되 諸侯無歸,에 禮以爲歸.라 하오니다 今, 君始得諸侯,이오니 其

愼禮矣.하소서 霸之濟否,는 在此會也.라소이다 夏啓有鈞臺之享,

하고 商湯有景毫之命,하며 周武有孟津之誓,하고 成有岐陽之蒐,

하며 康有酆宮之朝,하고 穆有塗山之會,하며 齊桓有召陵之師,하

고 晉文有踐土之盟,이었거늘 君其何用.인가 宋向戌·鄭公孫僑

在,이옵거늘 諸侯之良也.라소이다 君其選焉.하소서 王曰, 吾用齊

桓.이라

王使問禮於左師與子産.이라 左師曰, 小國習之,하여 大國用

之,에 敢不薦聞.이리오 獻公合諸侯之禮六.이라 子産曰, 小國共

職,에 敢不薦守.리오 獻伯子男會公之禮六.이라 君子謂,하되 合

左師善守先代,하고 子産善相小國.이라 王使椒擧侍於後以規過,

나 卒事不規.라 王問其故,하니 對曰, 禮吾所未見者有六焉,이었

거늘 又何以規.리오 宋太子佐後至.라 王田於武城,으로 久而弗

見.이라 椒擧請辭焉,하니 王使往曰, 屬有宗祧之事於武城.이라

寡君將墮幣焉,하여 敢謝後見.이리라 徐子吳出也.라 以爲貳焉.이

라 故로 執諸申.이라

楚子示諸侯侈,하니 椒擧曰, 夫六王二公之事,는 皆所以示諸
侯禮也,요 諸侯所由用命也.였나이다 夏桀爲仍之會,에 有緡叛
之,하고 商紂爲黎之蒐,에 東夷叛之,하며 周幽爲大室之盟,에 戎
狄叛之,하였거늘 皆所以示諸侯汰也,요 諸侯所由棄命也.였나이다
今, 君以汰,하시니 無乃不濟乎.인가 王弗聽.이라 子産見左師曰,
吾不患楚矣.라 汰而愎諫.이라 不過十年.이라 左師曰, 然.이라 不
十年侈,라면 其惡不遠.이라 遠惡而後棄.라 善亦如之,하여 德遠
而後興.이라

여름에, 제후들이 초나라에 갔으나, 노나라·위나라·조나라·주나
라의 군주는 회합에 참가하지 않았다. 조나라·주나라에서는 국내의
어려운 일이 있다고 구실을 붙이고, 노나라의 소공께서는 시제(時祭)
때문이라고 구실을 붙였으며, 위나라 군주는 병이라고 핑계를 대었다.
그때, 정나라 군주는 다른 나라 군주보다도 먼저 신(申)으로 가 회합
을 기다리고 있었다.

6월 병오날에, 초나라 군주는 제후들을 신에 집합시켰다. 초거(椒
擧)가 초나라 군주에게 말했다. "신이 들었사옵되, '제후들이 의지할
데가 없으니 예의를 잘 지키는 나라 군주를 따라 의지해야 한다.'고
하옵니다. 이제 군주께서는 비로소 제후들을 손에 넣으셨으니, 예의
지키기를 주의하옵소서. 패자(覇者)가 되느냐 못되느냐는 이번의 회
합에 달려 있사옵니다. 하(夏)나라의 계왕(啓王)은 균대(鈞臺)에서 제
후들을 모아 향연을 베풀었삽고, 상(商:殷)나라 탕왕(湯王)은 경박

(景亳)에서 제후들에게 명령을 내린 일이 있었사오며, 주나라 무왕 (武王)은 맹진(孟津)에서 맹약을 맺은 일이 있었삽고, 성왕(成王)은 기양(岐陽)에서 제후를 소집한 일이 있었사오며, 강왕(康王)은 풍궁 (酆宮)에서 제후들의 조견(朝見)을 받은 일이 있었삽고, 목왕(穆王) 은 도산(塗山)에서 제후들을 회합시킨 일이 있었사오며, 제나라 환공 (桓公)은 소릉(召陵)에서 제후들의 군사를 연합(連合)시킨 일이 있었 삽고, 진(晉)나라의 문공(文公)은 천토(踐土)에서 제후들과 맹약을 맺 은 일이 있었사온데, 군주께서는 이 여러 일의 의식(儀式) 중에서 어 느 의식을 취하시겠사옵니까? 송나라의 상술(向戌)과 정나라의 공손 교(公孫僑 : 자산)가 와 있사온데, 제후국들 중에서 가장 훌륭한 신하 이옵니다. 군주께서는 그들의 자문을 받아 회합을 치를 좋은 방법을 선택하옵소서." 이 말을 들은 초왕은 말하기를, "나는 제나라 환공이 취했던 방법을 택해 행하겠소."라고 했다.

초왕은 사람을 시켜 송나라의 좌사(左師)인 상술과 정나라 자산(子 産)에게 회합에서 지킬 예의를 묻게 했다. 그랬더니 송나라의 좌사는, "작은 나라에서 습득하여, 큰 나라에서 써먹게 되었는데, 제가 어찌 들어 알고 있는 대로 다 말씀드리지 않겠습니까?" 이렇게 말하고는 공작(公爵)의 신분에 있는 군주가 제후들을 집합시키고 취할 여섯 가 지의 예의를 말했다. 그리고 자산은, "작은 나라야 큰 나라에 대해서 명받은 일을 해 올려야 하는데, 어찌 작은 나라들이 지켜야 할 예의 를 다 말씀드리지 않겠습니까?"라고 말하고, 백작(伯爵)·자작·남작 의 나라가 공작의 신분인 군주와 회합에 취하는 예의 여섯 가지를 말 했다. 군자(君子)는 이 일을 두고 평하기를, "합(合) 땅을 소유하고 있는 송나라 좌사는 선대(先代)부터의 예의를 잘도 지켜 전했고, 정 나라 자산은 작은 나라의 군주를 잘도 보좌했다."라고 했다. 초왕은 초거에게 자신의 뒤에 있으면서, 제후들과 회합을 갖는 중에서 행동 함에 잘못이 있으면 바르게 고칠 것을 명했으나, 일이 끝날 때까지

한번도 그러한 일이 없었다. 그래서 초왕이 초거에게 그 이유를 물으니 초거는 대답하기를, "군주께서 취하신 예절에는, 제가 일찍이 보지 못한 것이 여섯 가지나 있었사온데, 모르는 제가 어떻게 고칠 것을 말씀드리겠습니까?"라고 했다. 그 회합에, 송나라의 태자 좌(佐)가 늦게야 도착했다. 당시 초왕은 무성(武城)에서 사냥을 하고 있었으므로, 송나라 태자가 도착한 지 오래되도록 만나지를 못했다. 그래서 초거가 국왕에게 송나라 태자에 대해서 못 만나고 있는 까닭을 말해 주라고 하니, 초왕은 사람을 시켜 말하게 했다. "마침 종묘(宗廟)에 제사가 있어 제물(祭物)을 잡기 위하여 무성에서 사냥을 하고 계십니다. 저의 군주께서는 앞으로 예물을 놓고서, 늦게 만나보게 된 것을 사과드릴 것입니다." 서(徐)나라 군주는 오나라 공녀의 소생이었다. 그가 두 마음을 가지고 있을 거라 여겼다. 그래서 초나라는 그를 신에 잡아두었다.

초나라 군주가 제후들에게 교만한 태도를 보이니, 초거가 말했다. "제가 말씀 올린 여섯 임금님과 두 군주의 일은, 다 천자와 패자(覇者)가 제후들에게 좋은 예의를 보인 일들이옵고, 제후들이 천자와 패자의 명을 잘 받아들인 예의 일이었나이다. 그와 반대로, 하(夏)나라의 걸왕(桀王)이 잉(仍)에서 제후들을 회합시킴에서는 민(緡)나라가 배반했었삽고, 상(商 : 殷)나라의 주왕(紂王)이 여(黎)에 제후들을 집합시킴에는 동방(東方)의 이(夷) 오랑캐가 배반하였사오며, 주(周)나라 유왕(幽王)이 대실(大室)에다 제후들을 모아 맹약을 맺음에는 융적(戎狄)이 배반하였사옵는데, 이 일들에서는 천자가 제후들에게 교만한 태도를 보인 것이옵고, 제후들이 천자의 명령을 저버린 예이었나이다. 이제 군주께서 교만한 태도를 취하고 계시니, 일이 잘 되지 않으오리까?" 이렇게 말했지만, 초왕은 이 말을 받아들여 태도를 고치지 않았다. 그러자 정나라의 자산이 송나라 좌사 상술을 만나 말하기를, "나는 초나라를 두려워하지 않습니다. 초왕은 거만을 떨어, 충간(忠諫)을 듣지 않고 있습니다. 그는 10년을 지탱하지 못할 것입니다.”라고 했다. 그러자 송나라 좌사 상술은 말했다. “그렇습니다. 그가 10년을 거만 떨지 않고서는, 그의 악덕(惡德)은 먼 곳까지 미치지 않지요. 그의 악덕이 먼 데까지 미친 뒤에는 백성들한테 버림을 받지요. 선(善)하다는 것 또한 이와 같아서, 그 선덕(善德)이 먼 데까지 미쳐야만 흥성(興成)하는 거지요.”

▌주해▏ ㅇ申(신)―초나라 지명으로, 지금의 하남성 남양(南陽) 부근.

ㅇ鈞臺(균대)―지금의 하남성 중부의 우현(禹縣) 땅.

ㅇ景亳(경박)―지금의 하남성 언사(偃師) 부근.

ㅇ孟津(맹진)―지금의 하남성 맹진(孟津) 부근. 맹진(盟津)이라고도 한다.

ㅇ岐陽(기양)―지금의 섬서성 기산현(岐山縣) 땅.

ㅇ酆宮(풍궁)―지금의 섬서성 호현(鄠縣) 땅.

ㅇ塗山(도산)―지금의 안휘성 회원(懷遠) 부근.

ㅇ召陵之師(소릉지사)―희공 4년의 일.

ㅇ踐土之盟(천토지맹)―희공 28년의 일.

ㅇ規過(규과)―과실을 지적하여 바르게 고침.

ㅇ禮吾所未見者有六焉(예오소미견자유륙언)―‘군주가 행하신 예절에는, 제가 일찍이 보지 못한 것이 여섯 가지나 있사옵니다.’ 초거는, 초왕이 송나라 상술과 정나라 자산이 말해 준 예절을 이용하여, 예절을 취함이 좋았음을 비꼬아 이렇게 말한 것이다.

ㅇ武城(무성)―초나라 지명으로, 지금의 하남성 남양(南陽) 부근.

ㅇ屬(속)―마침.

ㅇ仍(잉)―지금의 산동성 제녕(濟寧) 부근.

ㅇ有緡(유민)―유(有)는 무의미한 말. 민은 지금의 산동성 금향(金鄕) 부근에 있었던 작은 나라였다.

ㅇ黎(여)―지금의 하남성 여성(黎城) 부근.

ㅇ大室(대실)―앞에서 나왔다. 산 이름. 지금의 호남성에 있고, 숭산(嵩山)이라고도 한다.

秋七月,에 楚子以諸侯伐吳.라 宋太子·鄭伯先歸,하고 宋華

費遂·鄭大夫從.이라 使屈申圍朱方,하고 八月甲申,에 克之,하여

執齊慶封,하여 而盡滅其族.이라 將戮慶封,에 椒擧曰, 臣聞,하되

唯無瑕者,라야 可以戮人.이라 하오니다 慶封唯逆命.이었나이다 是

以로 在此,이옵거늘 其肯從於戮乎.인가 播於諸侯,이옵거늘 焉用

之.리오 王弗聽,하고 負之斧鉞,하여 以徇於諸侯,하고 使言曰, 無

或如齊慶封弑其君,하고 弱其孤,하여 以盟其大夫.하라 慶封曰,

無或如楚共王之庶子圍弑其君兄之子麋,하고 而代之,하여 以盟

諸侯.하라 王使速殺之,하고 遂以諸侯滅賴.라 賴子面縛銜璧,하고

士袒,하여 輿櫬從之,하여 造於中軍.이라 王問諸椒擧,하니 對曰,

成王克許,에 許僖公如是,하니 王親釋其縛,하사 受其璧,하시고 焚

其櫬.이었나이다 王從之,하여 遷賴於鄢.이라 楚子欲遷許於賴,하

여 使鬪韋龜與公子棄疾城之,하고 而還.이라 申無宇曰, 楚禍之

首,는 將在於此矣.라 召諸侯而來,하고 伐國而克,하여 城竟,에

莫校.라 王心不違,에 民其居乎.아 民之不處,에 其誰堪之.리오

不堪王命,엔 乃禍亂也.리라

　가을 7월에, 초나라 군주가 제후들을 이끌고 오나라를 쳤다. 송나라
태자와 정나라 군주는 먼저 본국으로 돌아가고, 송나라의 화비수(華費

遂)와 정나라의 대부(大夫)가 각기 자기 나라의 태자와 군주를 대신하여 오나라 정벌군을 따라갔다. 초나라 왕은 굴신(屈申)에게 주방(朱方)을 포위케 하고, 8월 갑신날에는, 주방을 함락시키어 제나라에서 도망가 있던 경봉(慶封)을 잡아, 그의 일족(一族)을 다 죽였다. 경봉을 죽이려고 했을 때 초거가 말하기를, "신은 들었으되, '자기에게 흠이 없는 자라야, 다른 사람을 죽일 수 있다.'고 하옵니다. 제나라의 경봉은 다만 군주의 명령을 어겼을 뿐이었나이다. 그래서 도망나와 이곳에 있었사온데, 그가 어찌 죽어야 하오리까? 그를 죽이는 일은, 우리의 흠을 제후들에게 퍼뜨리는 일이온데, 어찌 그런 짓을 하오리까?"라고 했다. 그러나 초왕은 듣지 않고, 경봉의 등에 도끼를 지게 하여, 제후들의 군사에게 조리 돌리고, 사람으로 하여, "혹시라도 제나라의 경봉이 그의 군주를 죽이고, 군주의 아들이 어리다 깔보아 대부들과 자기의 명을 따르게 하는 맹약을 맺은 일 같은 짓을 하지 말라."고 이르게 했다. 그러자 경봉은, "혹시라도 초나라 공왕(共王)의 서자 위(圍)가 그의 군주인 형의 아들 균(麇)을 죽이고, 그 대신 왕이 되어 제후들을 모아 맹약을 맺는 일 같은 짓을 하지 말라."고 말하였다. 그러자 초왕은 경봉을 빨리 죽이게 하고, 바로 제후들을 이끌고 뇌(賴)나라를 쳐 멸망시켰다. 뇌나라의 군주인 자작은, 두 팔을 뒤로 결박하고 입에는 죽어가는 자가 구슬을 물듯이 구슬을 물고, 그 나라의 사(士)가 저고리를 벗고서, 관(棺)을 메고 그 뒤를 따라 연합군의 중군(中軍)으로 나갔다. 그때 초왕이 뇌나라 군주를 어찌할 것인가를 초거에게 물으니, 초거가 대답하기를, "옛날, 우리의 성왕(成王)께서 허나라를 쳐 이겼을 때에, 허나라 군주 희공(僖公)이 이와 같이 하니, 성왕께서는 친히 그 결박을 풀으시사, 희공의 입에 물었던 구슬을 받아내시고, 그 관을 불에 태우셨나이다."라고 하자, 초왕은 그대로 하고, 뇌나라의 도읍을 언(鄢) 땅으로 옮겼다. 초왕은 허나라의 도읍을 뇌나라의 땅으로 옮기려 하여, 투위귀와 공자 기질에게 뇌나라 땅에 성을 쌓게 하고 돌아깠다. 그때 신무우(申無宇)는 말했다. "초나라 화(禍)의 시초는 여기에 있는 것이다. 제후들을 소집함에 다들 왔고, 다른 나라를 쳐 이겼으며, 국경에 성을 쌓음에 방해하는 자가 없었다. 초왕의 하고자 하는 마음이 제약(制約) 당하지 않으니 백성들이 살 수 있을 것인가? 백성들이 제자리에 살지 못하니, 그 누가 있어 왕명을 받아 견딜 것이리오? 왕명을 견디어내지 못함에는, 곧 환란이 생긴다."

주해 ○朱方(주방)─오나라의 읍으로, 지금의 강소성 단종(丹從) 부근. 제나라의 경봉이 오나라로 가 이곳에 정착했던 일은, 양공 28년조 참고. ○賴(뇌)─나라 이름으로, 지금의 호북성 수현(隨縣) 근방에 위치했었다. ○許(허)─원래 정나라의 남쪽에 있었고, 지금의 하남성 허창(許昌) 부근을 도읍으로 삼고 있었으나, 당시에는 초나라에 예속되어 있었다. 그래서 초왕은 허나라를 옛 뇌나라 땅으로 옮기려 했다.

九月取鄫,에 言易也.라 莒亂,하여 著丘公立而不撫鄫,하니 鄫叛而來.라 故로 曰取.라 凡克邑,에 不用師徒曰取.라

鄭子産作丘賦,하니 國人謗之曰, 其父死於路,러니 己爲蠆尾,하여 以令於國,하니 國將若之何.오 子寬以告子産,하니 子産曰, 何害.아 苟利社稷,이면 死生以之.하리라 且吾聞,하되 爲善者不改其度.라 故로 能有濟也.라 民不可逞,이요 度不可改.라 詩曰, 禮義不愆,이면 何恤於人言.가 吾不遷矣.리라 渾罕曰, 國氏其先亡乎.인저 君子作法於凉,이라도 其敝猶貪,이어늘 作法於貪,이니 敝將若之何.오 姬在列者,는 蔡及曹滕其先亡乎.인저 偪而無禮.

라 鄭先衛亡.하리라 偏而無法.이라 政不率法,하여 而制於心,이면
民各有心,이리니 何上之有.아

9월에 증나라 땅을 차지했다는 것은, 차지하기가 쉬웠음을 말한 것이다. 거나라의 정치가 문란하여, 저구공(著丘公)이 즉위하여 거나라에 복속(服屬)되었던 증나라를 제대로 다스리지 못하니, 증나라가 거나라를 배반하고 노나라를 섬겼다. 그래서 차지했다고 말한 것이다. 무릇, 외국의 읍을 취함에 있어 군사를 이용하지 않았을 때 취(取 : 차지함)했다고 한다.

정나라의 자산이, 행정구역 단위인 구(丘)마다에 일정한 군비를 부담케 하는 구부법(丘賦法)을 창설하여 시행하니, 나라 사람들이 그를 비방하여 말하기를, "그의 아버지는 길거리에서 죽더니, 자신은 전갈충(全蠍蟲)의 독침이 되어 국민에게 호령하는 자리에 있는데, 나라는 앞으로 어찌 될 건가?"라고 하였다. 자관(子寬)이 그 비방하는 말을 자산에게 전하니, 자산은 말했다. "그 비방이 무슨 방해가 될까요? 국가 사직을 이롭게 하는 것이라면, 사생(死生)을 불구하고 행하겠소. 그리고 나는 들었거니와, '선(善)을 행하는 자는 그의 방침을 고치지 않는다. 그러므로 일을 잘 해낼 수가 있다.'고 하오. 백성은 자기들 마음대로 할 수 있게 하면 안되고, 방침은 고칠 수가 없소. 시에 이르기를, '예의가 어긋남이 없다면, 어찌 타인의 말을 걱정하랴?'라고 했소. 나는 뜻을 바꾸지 않을 것이오." 이 말을 듣고 난 뒤에, 혼한(渾罕 : 자관)은 말했다. "(정나라의 경(卿)들 중에서) 국씨(國氏 : 자산)가 가장 먼저 망할 것이다. 윗사람이 백성들한테서 재화를 걷는 법을 가볍게 정하더라도 그 폐해(弊害)는 갈수록 무겁게 되는 것인데, 처음부터 무겁게 정하고 있으니, 그 폐해는 장차 어떠한 것일꼬? 희성(姬姓)의 제후국으로는, 채나라·조나라 및 등나라가 먼저 망할 것이

다. 이 나라들은 큰 나라한테 압박당하고 있으면서도 무례(無禮)한 것이다. 그리고 정나라는 위나라보다 먼저 망할 것이다. 정나라는 큰 나라한테 압박당하고 있으면서도 바른 법이 시행되고 있지 않다. 정치를 함이 법대로 하지 않고 위정자(爲政者)가 자기 마음대로 제도를 만들어 행하면, 백성들도 각기 사심(私心)을 갖게 될 것이니, 어찌 다스리는 사람의 존재가 있게 되랴?"

주해 ○郯(증)─읍 이름이기도 했고, 나라 이름이기도 했다. 증읍은 정나라의 읍으로, 지금의 하남성 수현(睢縣)에 속하는 땅이었다. 증나라는 군주의 성이 사(姒)였고, 지금의 산동성 역현(嶧縣)에 위치했었다. 여기에서는 증나라를 말한 것이다. 증나라는 양공 6년에 거나라에게 멸망당해 거나라에 복속되었으나, 이해에 거나라를 배반하고 노나라를 섬겼다.

○丘賦(구부)─군비(軍備)를 위한 세법이었다. 구(丘)는 고대 중국의 행정구역 단위로, 9부(夫)는 1정(井)이 되고, 4정이 1읍(邑)이 되었으며, 4읍이 1구(丘)가 되었다.

○其父死於路(기부사어로)─양공 10년의 위씨(尉氏)의 난(亂)에 자산의 아버지 자국(子國)이 조정에서 피살되었다. 길에서 죽지는 않았지만, 자산을 미워하여 길에서 죽었다고 말한 것이다.

○詩曰(시왈)─《시경》에 들지 않은 일시(逸詩)의 구절이다.

○涼(양)─가벼움.

冬,에 吳伐楚,하여 入棘·櫟·麻,하여 以報朱方之役.이라 楚
沈尹射奔命於夏汭,하고 葴尹宜咎城鍾離,하며 薳啓彊城巢,하고
然丹城州來.라 東國水,하여 不可以城.이라 彭生罷賴之師.라
初,에 穆子去叔孫氏,에 及庚宗,하여 遇婦人.이라 使私爲食而
宿焉.이라 問其行,에 告之故,하니 哭而送之.라 適齊,하여 娶於國

氏,하여 生孟丙·仲壬.이라 夢,에 天壓己,하여 弗勝.이라 顧而見
人,에 黑而上僂,하고 深目而豭喙.라 號之曰, 牛助余.하라 乃勝
之.라 旦而皆召其徒,에 無之.라 且曰, 志之.하라 及宣伯奔齊,하
여 饋之,하니 宣伯曰, 魯以先子之故,로 將存吾宗.하리라 必召女,
하리어늘 召女,면 何如.아 對曰, 願之久矣.라 魯人召之,에 不告
而歸.라 旣立,에 所宿庚宗之婦人獻以雉.라 問其姓,하니 對曰,
余子長矣,에 能奉雉,하여 而從我矣.라 召而見之,하니 則所夢
也.라 未問其名,하고 號之曰牛,하니 曰唯.라 皆召其徒,하여 使視
之,하고 遂使爲豎.라 有寵,하고 長,에 使爲政.이라

겨울에 오나라가 초나라를 쳐, 극(棘)·역(櫟)·마(麻) 등의 읍으로
쳐들어가, 주방(朱方)에서의 싸움에 대한 보복을 했다. 초나라의 심
(沈)고을 장관인 석(射)은 하예(夏汭)에서 방어에 분주했고, 침(箴)
고을의 장관인 의구(宜咎)는 종리(鍾離)에 성을 쌓았으며, 위계강(遠
啓彊)은 소(巢)에 성을 쌓았고, 연단(然丹)은 주래(州來)에 성을 쌓았
다. 동쪽 나라 땅은 강이나 호수가 많아, 성을 잘 쌓을 수가 없었다.
그래서 팽생(彭生 : 鬪韋龜)은 뇌(賴) 땅에서 군사를 이끌고 성 쌓는
일을 중지했다.

전에, 노나라의 숙손목자(叔孫穆子 : 叔孫豹)가 숙손씨 가문을 등지
고 떠남에 있어, 경종(庚宗)에 이르러 한 부인을 만났다. 그는 그 부
인에게 식사를 부탁하고, 그 집에서 유숙했다. 부인이 여행하는 까닭
을 묻기에, 그는 자신의 나그넷길의 사정을 말하니, 부인은 울면서 전

송하였다. 숙손목자가 제나라로 가, 제나라의 국씨(國氏) 집에서 아내를 맞이하여, 맹병(孟丙)과 중임(仲壬)의 두 아들을 낳았다. 하루는 꿈을 꾸었는데, 하늘이 그를 눌러 밀쳐낼 수가 없었다. 사방을 돌아다보니 한 사람을 발견했는데, 얼굴이 검은데다가 두 어깨가 위로 치어오르고, 눈이 쑥 들어간데다가 돼지와 같이 입이 쑥 나왔다. 그는 꿈결에 불러 말하기를, "우(牛 : 소)는 나를 도와라!"고 했다. 그랬더니, 곧 누르는 힘을 물리칠 수 있었다. 아침이 되어 그는 집안 사람들을 다 모으고 보았으나, 꿈에 나타났던 사람 같은 자는 없었다. 그는 꿈이야기를 하고, 그 사람의 모습을 기억하고 있으라고 했다. 숙손목자의 형인 숙손선백(叔孫宣伯 : 叔孫僑如)이 제나라로 도망감에 있어, 숙손목자가 먹을 것을 주니 선백이 말하기를, "노나라는 선고(先考)의 공을 생각하여, 장차 우리 가문의 후계자를 존속시킬 것이다. 앞으로 반드시 너를 부를 것인데, 노나라가 너를 부르면, 너는 어찌 하겠느냐?"라고 했다. 그러자 숙손목자는 대답하기를, "그것은 제가 원한 지가 오래입니다."라고 대답했다. 노나라가 과연 숙손목자를 부르자, 그는 형 선백에게 알리지도 않고 본국으로 돌아갔다. 본국으로 돌아가 숙손씨 가문의 후계자가 되고 난 뒤, 경종에서 유숙했던 집의 부인이 와 꿩을 바치는 것이었다. 그가 그 부인에게 성을 물으니 대답하기를, "저의 아들이 커서 꿩을 잡아 드릴 수 있게 되어, 저를 따라왔습니다."라고 하였다. 그가 그 부인의 아들을 불러 보니, 전날에 꿈에서 본 사람과 똑같았다. 그는 이름을 묻지도 않고, "우(牛)야."라고 소리내어 부르니, 부인의 아들은 "네!"라 하였다. 그래서 그는 집안 사람들을 다 불러 보게 하고, 즉시 사환으로 삼았다. 그는 부인의 아들을 사랑하고, 장성하게 되자 가문의 일을 맡아 다스리게 했다.

│주해│ ○棘(극)·櫟(역)·麻(마)—모두 초나라 국경의 지명으로, 지금의 하남성·호북성·안휘성이 서로 접하는 지역의 땅이었다.

o 夏汭(하예)—지금의 안휘성 봉대(鳳臺) 부근의 비수(肥水) 유역을 말한다.

o 葴尹(침윤)—침 고을 장관. '함윤(咸尹)'으로 되어 있는 판본도 있다.

o 宜咎(의구)—진(陳)나라의 대부였던 겸의구(鍼宜咎). 그는 양공 24년에 초나라로 도망갔었다.

o 鍾離(종리)—지금의 안휘성 봉양(鳳陽) 부근.

o 然丹(연단)—정나라 목공(穆公)의 손자인데, 양공 19년에 초나라로 도망갔었다.

o 州來(주래)—안휘성 봉대 부근.

o 東國(동국)—주로 지금의 안휘성과 강소성이 접하는 지역을 두고 말했다. 당시, 이 지역은 초나라와 오나라의 국경지대였다.

o 庚宗(경종)—지금의 산동성 사수현(泗水縣) 땅.

o 宣伯奔齊(선백분제)—숙손목자가 제나라로 간 것은 성공 16년의 일이었고, 그의 형 숙손선백이 제나라로 도망간 것도 같은 해 일이었다.

o 先子(선자)—선고(先考). 숙손 형제의 아버지는 장숙득신(莊叔得臣)으로 노나라 환공(桓公)의 아들이었다.

公孫明知叔孫於齊.라 歸,하여 未逆國姜,에 子明取之.라 故로

怒.라 其子長而後使逆之.라 田於丘猶,하여 遂遇疾焉,에 豎牛欲

亂其室而有之,하여 强與孟盟,이나 不可.라 叔孫爲孟鍾,하고 曰,

爾未際,니 饗大夫,하여 以落之.하라 旣具,에 使豎牛請曰.이라

入,하여 弗謁,하고 出,하여 命之曰.이라 及賓至,에 聞鍾聲.이라 牛

曰, 孟有北婦人之客.이라 怒,하고 將往,에 牛止之.라 賓出,에 使

拘而殺諸外.라 牛又强與仲盟,이나 不可.라 仲與公御萊書觀於

公,에 公與之環.이라 使牛入示之,하니 入,하여 不示,하고 出,하여

命佩之.라 牛謂叔孫,하되 見仲而何.오 叔孫曰, 何爲.아 曰, 不
見,이라도 旣自見矣.라 公與之環,하사 而佩之矣.라 遂逐之,하니
奔齊.라 疾急,에 命召仲,하니 牛許而不召.라 杜洩見,에 告之飢
渴,하고 授之戈.라 對曰, 求之而至,어늘 又何去焉.고 豎牛曰, 夫
子疾病,에 不欲見人.이라 使實饋于个而退.라 牛弗進,하고 則置
虛,하여 命徹.이라

　十二月癸丑,에 叔孫不食,하고 乙卯卒.이라 牛立昭子,하여 而相
之.라 公使杜洩葬叔孫.이라 豎牛賂叔仲昭子與南遺,하여 使惡
杜洩於季孫而去之.라 杜洩將以路葬,하고 且盡卿禮.라 南遺謂
季孫曰, 叔孫未乘路,이었거늘 葬焉用之.리오 且冢卿無路,이어늘
介卿以葬,은 不亦左乎.아 季孫曰, 然.이라 使杜洩舍路.라 不可
曰, 夫子受命於朝,하여 而聘于王,에 王思舊勳,하사 而賜之路.라
復命,하여 而致之君,하니 君不敢逆王命,하여 而復賜之,하고 使三
官書之.라 吾子爲司徒,하여 實書名,하고 夫子爲司馬,하여 與工
正書服,하며 孟孫爲司空,하여 以書勳.이라 今死而弗以,면 是棄
君命也,요 書在公府,어늘 而弗以,면 是廢三官也.라 若命服生弗
敢服,이었거늘 死又不以,라면 將焉用之.오 乃使以葬.이라 季孫謀
去中軍,하니 豎牛曰, 夫子固欲去之.라

제나라의 공손명(公孫明)은 노나라 숙손목숙(叔孫穆叔)을 제나라에 있을 때에 알게 되었다. 숙손목숙이 노나라로 돌아가 아직 아내 국강(國姜)을 데려가지 않았던 중, 자명(子明)은 국강을 차지해버렸다. 그랬으므로 숙손목숙은 노했다. 그후 숙손목숙은 제나라에 있는 아들들이 장성하게 되자 노나라로 맞이했다. 그는 구유(丘蕕)에서 사냥을 하였다가 곧 병이 나자, 사환이었던 우(牛)는 그 집안을 어지럽히었다가, 숙손 가문의 것을 전부 자신이 차지하려고, 목숙의 큰아들 맹병(孟丙)에게 자기에게 복종토록 맹서할 것을 강요했지만, 맹병은 거절했다. 숙손목숙은 아들 맹병을 위하여 종(鐘)을 주조(鑄造)하고 말하기를, "너는 아직 노나라 대부들과 교제한 일이 없었으니, 대부들에게 잔치를 베풀어 종이 다 되어졌음을 알려라."고 했다. 그 준비가 되어지자, 맹병은 우로 하여금 아버지에게 어느 날에 잔치를 베풀 것인가를 물어보게 했다. 그러자 우는 숙손목자에게로 들어가, 기일(期日)에 대해서는 아무 말도 하지 않고 나와, 제멋대로 날짜를 말했다. 그날이 되어, 손님들이 초청받아 갔는데 갑자기 종소리가 목숙에게 들렸다. 그러자 우가 거짓말 하기를, "큰아드님 맹병님은 북쪽에 계시는 부인 국강님이 보내신 손님을 맞고 있습니다."라고 했다. 이 말을 들은 목숙이 노하여, 병석에서 일어나 손님 있는 데로 가려고 하니, 우가 말렸다. 잔치가 끝나 손님들이 다 돌아가자, 우는 사람을 시켜 (목숙의 명령이라 하여) 맹병을 잡아 집밖에서 죽이게 했다. 그 뒤에, 우는 다시 중임(仲壬)에게 자기 말을 듣겠다는 맹서를 강요했지만, 중임은 거절했다. 중임은 군주 소공의 수레를 조종하는 내서(萊書)와 잘 알아 같이 궁안에서 놀았는데, 어느 날 소공이 중임에게 옥환(玉環)을 주었다. 옥환을 받은 중임은 우로 하여금 옥환을 아버지에게 보이도록 하였더니, 우는 목숙이 있는 데로 들어가 옥환을 보이지 않고 나와서는, 중임에게 차라 했다고 말했다. 그뒤 우는 숙손목숙에게 말하기를, "작은아드님인 중임을 군주께 뵙게 하심이 어떠할까요?"라고 했다. 그러자 목숙은, "아직 어린데 어찌 그럴 수가 있겠느냐?"라고 말했다. 이에 우가, "정식으로 뵙게 하지 않으시더라도 중임은 자신이 가 뵈었습니다. 그래서 군주께서는 옥환을 주시어,

전국시대 묘지에 장식된 목조(木彫)

중임이 지금 차고 있습니다."라고 말했다. 이 말을 들은 목숙은 곧 중임을 몰아내니, 중임은 제나라로 달아났다. 숙손목숙은 병이 위급하게 되자, 중임을 불러오라고 명하니, 우는 그렇게 하겠다고 하고서도 사람을 보내어 부르지 않았다. 두설(杜洩)이 숙손목숙을 찾아가니, 목숙은 배가 고프고 목이 마르다는 것을 말하고, (우를 죽이라고) 창을 주었다. 그래서 두설은, "필요한 것을 요구만 하시면 들어올 것인데, 어찌 우를 죽여야 합니까?"라고 대답했다. 그후 우는, "주인 어른은 병이 중하셔서, 사람 만나시기를 원하시지 않습니다."라고 사람들에게 말하고 만나지 못하게 했다. 그리고 그는 목숙에게 주는 먹을 것을 방 앞 가에다 놓고 물러가게 했다. 그리고 우는 그 음식을 목숙에게 주지 않고, 빈그릇으로 내어놓고서, 사람들보고 가져가라 시켰다.

12월 계축날부터 목숙은 아무것도 먹지 못하고, 사흘만인 을묘날에 세상을 떠났다. 우는 목숙의 서자인 소자(昭子)를 후계자로 삼아 자신이 그를 돌보기로 했다. 소공께서는 두설로 하여금 숙손목숙의 장사를 치르게 했다. 그러자 우는 숙중소자(叔仲昭子)와 남유(南遺)에게 뇌물을 주어, 두설을 계손씨(季孫氏)에게 나쁘게 말하여 제거케 했다. 두설은 대로(大路)라는 큰 수레를 이용하여 장사를 지내려 하고, 경(卿)을 장사 지내는 예절을 다 갖추었다. 그러자 남유가 계손씨에게 말하기를, "숙손님은 대로를 타신 일이 없었는데, 장례식에 어찌 대로를 쓸 것입니까? 그리고 맨 위의 경(卿)도 대로를 소유하지 않고 있는데, 차석(次席)의 경을 대로를 이용하여 장사 지낸다는 것은, 잘

못이 아니겠습니까?"라고 했다. 그러자 계손씨는, "그렇다."하고, 두
설에게 대로를 쓰지 말도록 일렀다. 그러자 두설은 그렇게 할 수 없
다고 하며 말했다. "돌아가신 어른이 우리 조정으로부터 명을 받고
천자를 예방하여, 천자께서는 옛날의 공(功)을 생각하사, 대로를 하사
하셨습니다. 사명을 마치고 귀국하여 복명(復命)하고서, 그 대로를 우
리 군주에게 드리니, 군주께서는 천자의 명을 감히 어기시지 않고서,
그 대로를 다시 하사하시고, 그 사실을 사도(司徒)·사마(司馬)·사
공(司空)의 삼관(三官)에게 기록케 하셨습니다. 그때 계손(季孫)님은
사도로 계셔서 실로 이름을 기록하셨고, 돌아가신 어른은 사마로 계
셔서 공정(工正) 벼슬에 있는 분과 하사받은 대로에 대하여 기록했으
며, 맹손(孟孫)님은 사공으로 계셔서 돌아가신 어른의 공훈(功勳)을
기록하셨습니다. 그 어른이 이제 돌아가셨음에도 그 대로를 쓰지 않
는다는 것은 군주의 명을 저버리는 것이 되고, 전에 기록한 문서가
다 조정의 서고(書庫) 안에 들어 있는데 대로를 이용하지 않으면, 그
것은 삼관의 존재를 무시하는 것이 됩니다. 군주께서 쓰라고 명하신
수레를 살아서 감히 쓰지 못했는데 죽어서도 이용하지 않을 것 같으
면, 장차 그것을 어디에 쓰겠습니까?" 이 말에, 할 수 없이 대로를 이
용하여 장사 지내게 했다. 그뒤에, 계손씨가 노나라의 중군(中軍)을
폐지할 것을 상의하니 우는, "돌아가신 어른도 실로 중군을 없애려
하셨습니다."라고 말하였다.

주해 ○國姜(국강) — 숙손목숙이 제나라에서 맞은 부인. 국은 국씨(國氏)
를 말한 것이고, 강은 강(姜)의 성을 말한 것이다. 제나라 군주의 성은
강이었고, 국씨는 공실(公室)에서 갈려진 씨족이었다.
○丘蕕(구유) — 노나라의 지명이었으나, 불명.
○未際(미제) — 교제를 갖지 못했음.
○見仲而何(견중이하) — 중임(仲壬)을 군주께 뵙게 하면 어떠할까요.
○昭子(소자) — 숙손목자의 서자로, 이름은 착(婼).

○冢卿(총경)—수석(首席)의 경. 당시의 총경은 계손(季孫)이었고, 제3석
 ·의 경은 맹손(孟孫)이었다.

○介卿(개경)—제2석의 경. 숙손목숙이 개경이었다.

○叔仲昭子(숙중소자)·南遺(남유)·杜洩(두설)—숙중소자는 숙중대(叔
 仲帶)였고, 남유는 계손씨 가문의 가신(家臣)이었으며, 두설은 숙손씨
 가문의 가신장(家臣長)이었다.

○夫子受命於朝(부자수명어조)—숙손목숙이 노나라 조정의 명을 받고 주
 나라 천자를 예방한 것은 양공 24년의 일이었다.

○去中軍(거중군)—중군을 폐지함. 노나라가 3군을 둔 것은 양공 11년의
 일이었다.

經┃ ○五年春王正月,에 舍中軍.이라

○楚殺其大夫屈申.이라

○公如晉.이라

○夏,에 莒牟夷以牟婁及防玆來奔.이라

○秋七月,에 公至自晉.이라

○戊辰,에 叔弓帥師,하여 敗莒師于蚡泉.이라

○秦伯卒.이라

○冬,에 楚子·蔡侯·陳侯·許男·頓子·沈子·徐人·越人
 伐吳.라

5년 봄 천자가 쓰는 역으로 정월에, 노나라가 중군(中軍)을 폐지
했다.

초나라가 그 나라의 대부 굴신(屈申)을 죽였다.

노나라 군주 소공이 진나라에 갔다.

여름에, 거나라의 모이(牟夷)가 모루(牟婁)와 방자(防玆) 땅을 가지고 노나라로 도망왔다.

가을 7월에, 공이 진나라로부터 돌아왔다.

무진날에, 노나라의 숙궁(叔弓)이 군사를 이끌고 거나라 군사를 분천(蚡泉)에서 패배시켰다.

진(秦)나라 군주인 백작이 세상을 떠났다.

겨울에, 초나라 군주인 자작·채나라 군주인 후작·진(陳)나라 군주인 후작·허나라 군주인 남작·돈나라 군주인 자작·심나라 군주인 자작·서나라 사람·월나라 사람 등이 오나라를 쳤다.

▌주해 │ ○牟婁(모루)·防玆(방자) ─ 거나라의 읍(邑) 이름.
○蚡泉(분천) ─ 노나라 지명으로, 지금의 산동성 기수현(沂水縣) 땅이었다.

▌傳│ 五年春王正月,에 舍中軍.하니 卑公室也.라 毁中軍于施氏,하고 成諸臧氏.라 初作中軍也,에 三分公室,하여 而各取其一.이라 季氏盡征之,하고 叔孫氏臣其子弟,하며 孟氏取其半焉.이라 及其舍之也,에 四分公室,하여 季氏擇其二,하고 二子各一,하여 皆盡征之,하여 而貢于公.이라 以書,하여 使杜洩告於殯曰, 子固欲毁中軍,였거늘 旣毁之矣.라 故로 敢告.라 杜洩曰, 夫子唯不欲毁也.라 故로 盟諸僖閟,하고 詛諸五父之衢.라 受其書,하여 而投之,하고 帥士而哭之.라

叔仲子謂季孫曰, 帶受命於子叔孫,하였거니와 曰, 葬鮮者自西

門.이라 季孫命杜洩,하니 杜洩曰, 卿喪自朝,는 魯禮也.라 吾子

爲國政,하여 未改禮,이거늘 而又遷之,면 群臣懼死.리라 不敢自

也.라 旣葬而行.이라 仲至自齊,하니 季孫欲立之.라 南遺曰, 叔

孫氏厚,면 則季氏薄.이라 彼實家亂,에 子勿與知,가 不亦可乎.아

南遺使國人助豎牛,하여 以攻諸大庫之庭.이라 司宮射之,에 中

目而死.라 豎牛取東鄙三十邑,하여 以與南遺.라

5년 봄 천자가 쓰는 역으로 정월에, 노나라 중군(中軍)을 폐지했는데, 그것은 공실(公室)의 세력을 약하게 한 것이었다. 중군을 없애자는 것은 시씨(施氏)한테서 발의(發議)되고, 장씨(臧氏)에 의해서 결의(決議)되었다. 애당초 중군을 두게 되었을 때, 군주가 통치하는 국민을 3등분하여, 세 가문(家門)이 그 3분의 1씩을 차지했다. 그래서 계씨(季氏 : 계손씨)는 자기 관할구역 내의 모든 사람을 다 자기 지배하에 두었고, 숙손씨(叔孫氏)는 관할구역 내 사람의 자제(子弟)를 취해서 가신(家臣)으로 삼았으며, 맹씨(孟氏 : 맹손씨)는 관할구역 내의 사람 반절만을 취해 자기가 직접 지배하였다. 그랬는데 중군을 폐지하게 되어서는, 공실이 통치하는 국민을 4등분하여 계씨가 그 4분의 2를 가려 차지하고, 나머지는 두 집안이 각기 4분의 1씩을 차지하여, 다 각기의 관할구역을 직접 지배하여, 군주에게는 삼가(三家)에서 적당히 공물(貢物)을 바치게 되었다. 계손씨는 중군 폐지를 문서로 작성하여, 그것을 두설(杜洩)로 하여금 죽어간 숙손목자의 영전에 고하게 했는데 그 문서에는, '님은 평소 중군을 폐지하려고 했었는데, 이제 그것을 폐지하게 되었습니다. 그래서 이에 감히 고합니다.'라고 했다. 이에 두

설은, "돌아가신 어른은 중군을 폐지하려 하시지 않았습니다. 그랬기에 희공(僖公)을 모시는 사당의 대문에서 맹약을 맺었고, 오보(五父)의 거리에서 맹서를 맺었던 것입니다."라 말하고, 그 문서를 받아 땅에 내팽개치고, 숙손목자의 가신(家臣)들을 거느리고 곡(哭)하였다.

숙중자(叔仲子)가 계손씨에게 말하기를, "대(帶 : 숙중자의 이름) 저는 전에 돌아가신 숙손님한테서 가르침을 받은 일이 있었는데, 그 어른은, '제 명대로 살지 못하고 죽은 자를 장사 지냄에는 서문(西門)으로 하여 나간다.'라 말씀하셨습니다."라고 했다. 그래서 계손씨가 두설에게 장례식 행렬이 서문으로 해서 나가게 하라고 지시하니 두설은, "경(卿)이 돌아가셔 장례 행렬이 조정이 면(面)하는 정문(正門 : 南門)으로 하여 나감은, 우리 노나라 예법입니다. 님께서 나라의 정치를 하시게 되어, 아직 그 예법을 고친 일이 없었는데도, 이제 그 예법을 바꾸신다면, 조정의 신하들이 죽음을 두려워할 것입니다. 저는 결코 그 지시를 따르지 못하겠습니다."라 말했다. 그리고 그는 숙손목자의 장례식을 마치고는 나라를 떠났다. 숙손목자의 아들 중임(仲壬)이 제나라로부터 돌아가니, 계손씨는 그를 숙손씨 가문의 후계자로 세우려 했다. 그러자 남유가 말하기를, "숙손씨 가문이 잘 되어지면, 계손씨 가문은 손해가 됩니다. 저쪽은 지금 실로 가문이 어지럽게 되어 있는데, 님은 모르는 체 하시는 것이 좋지 않겠습니까?"라고 했다. 그리고 남유는 나라 사람들로 하여금 우(牛)를 도와, 중임을 대고(大庫)의 마당으로 몰아치게 했다. 그때 사궁(司宮)이 중임에게 활을 쏘니, 화살이 중임의 눈을 맞혀 죽었다. 우는 노나라 동쪽 변두리에 있는 숙손씨 가문의 영유지 30읍(邑)을 떼어서 남유에게 주었다.

주해 o鮮者(선자) ─ 제 명대로 살지 못하고 죽은 사람.
　o自朝(자조) ─ 조정이 면하는 정문, 즉 남문으로부터 나감.
　o大庫(대고) ─ 두예(杜預)는 창고의 이름이라 했다.

昭子卽位,하여 朝其家衆曰, 豎牛禍叔孫氏,하여 使亂大從,하고 殺適,하여 立庶,하고 又披其邑,하여 將以赦罪.라 罪莫大焉,이니 必速殺之.하라 豎牛懼,하여 奔齊,에 孟仲之子,가 殺諸塞關之外,하여 投其首於寧風之棘上.이라 仲尼曰, 叔孫昭子之不勞,는 不可能也.라 周任有言,하되 曰, 爲政者不賞私勞,하고 不罰私怨.이라 詩云,하되 有覺德行,이면 四國順之.라

숙손소자(叔孫昭子)가 가문의 후계자 자리에 올라, 가문의 사람들을 자기 앞에 모이게 하고 말했다. "우리 가문의 사환이었던 우(牛)는 우리 숙손씨 가문에 화를 일으키어, 그 화란(禍亂)이 커지게 했고, 적자(嫡子)를 죽이고서 서자인 나를 가문의 후계자로 세웠고, 우리 가문의 영유읍(領有邑)을 나누어 주어, 그래서 죄를 면하려 하고 있다. 죄로서는 그의 죄보다 더 큰 것이 없으니, 반드시 빨리 죽여라." 이에, 우는 무서워하여 제나라로 도망했는데, 맹병(孟丙)과 중임(仲壬)의 아들들이 국경을 지키는 관소(關所) 밖에서 기다렸다가 죽여, 그의 목을 영풍(寧風)의 가시밭 위에다 내던졌다. 공자(孔子)께서는 말했다. "숙손소자가 우를 공로자로 삼지 않은 것은, 보통사람으로서는 잘할 수 없는 일이다. 주임(周任)이 한 말이 있는데, '위정자(爲政者)는 사사로운 공로에 상주지 않고, 사사로운 원한에 더하여 벌주지 않는다.'라 했다. 그리고 시에 이르기를, '올바른 덕행이 있게 되면, 사방의 사람 따르네.'라고 했다."

주해 ○寧風(영풍)─두예는 그의 주에 제나라 지명이라 했다.

○周任(주임)─고대의 어진 사람. 《논어(論語)》 계씨편(季氏篇)에 나온다.

○詩云(시운)─《시경》 대아에 있는 억편(抑篇)의 구절.

초에 穆子之生也에 莊叔以周易筮之하니 遇明夷☰☷之謙

☶☷하니 以示卜楚丘라 曰 是將行하여 而歸爲子祀에 以讒

人入하여 其名曰牛요 卒以餒死리라 明夷日也요 日之數十이

라 故로 有十時어늘 亦當十位라 自王以下로 其二爲公하고 其

三爲卿이라 日上其中하고 食日爲二하며 旦日爲三이라 明夷

之謙은 明而未融이니 其當旦乎인저 故로 曰 爲子祀라 日之

謙은 當鳥라 故로 曰明夷于飛라 明而未融이라 故로 曰垂其

翼이라 象日之動이라 故로 曰君子于行이라 當三在旦이라 故

로 曰三日不食이라 離火也요 艮山也라 離爲火하여 火焚山이

면 山敗라 於人爲言하여 敗言爲讒이라 故로 曰有攸往하여 主

人有言이거늘 言必讒也리라 純離爲牛에 世亂에는 讒勝하고

勝將適離라 故로 曰其名曰牛라 謙不足하고 飛不翔하며 垂不

峻하고 翼不廣이라 故로 曰其爲子後乎인저 吾子亞卿也라 抑

少不終이리라

전에 숙손목자가 출생하니, 그의 아버지인 장숙(莊叔)이 《주역(周易)》으로 산가지점을 치니, 명이괘(明夷卦)가 겸괘(謙卦)로 변하는 점괘가 나와, 그것을 복관(卜官) 초구(楚丘)에게 보였다. 그러자 초구는 말하였다. "이 사람은 나라를 떠났다가 돌아와 댁의 제사 지내는 일을 계승할 것인데, 참언(讒言)을 하는 사람을 데리고 들어올 것으

로, 그 사람의 이름은 우(牛)이고, 이분은 결국 굶주리어 죽을 것입니다. 명이괘는 날[日]을 나타내고, 날의 수는 열[十]입니다. 그러므로 하루에는 열 때가 있는 것인데, 이것은 인간의 열 계급에 해당되기도 합니다. 첫째의 왕(王) 이하, 그 둘째는 제후이고, 그 셋째는 경(卿)인 것입니다. 하루 중에서는 일중(日中)을 맨 위로 삼아 왕의 때가 되고, 아침식사 때가 제후의 때이며, 해가 솟으려는 때는 경의 때입니다. 명이괘가 겸괘로 변함은, 날 밝음이 완전치 못한 때를 나타냄이니, 밤이 새는 시각에 해당될 것입니다. 그래서 (경의 위치에 이를 수가 있어) 가문의 제사 지내는 일을 계승한다는 것입니다. 명이괘가 겸괘로 변한다는 것은, 날새[鳥]가 됨입니다. 그래서 《주역》의 상사(象辭)에 '명이(明夷)가 난다'라 되어 있습니다. 날이 밝아 아직 환하지 않음이라, 상사(象辭)에 '그 날개를 축 늘어뜨린다'라 일렀습니다. 그리고 이것은 해[太陽]의 움직이는 현상을 가리킵니다. 그래서 상사에 '군자(君子)가 간다'라 되어 있습니다. 이와 같이 셋째 위치인 날이 새는 시각의 운수입니다. 그러므로 사흘간 먹지 못하여 굶주린다고 말한 것입니다. 점괘에서 이(離)는 불[火]에 해당되고, 간(艮)은 산(山)에 해당됩니다. 이가 불이 되어 불이 산을 태우면, 산은 엉망이 됩니다. 이것을 인간의 일로 말하면, 간(艮)은 말[言語]을 나타내어 엉망인 말, 즉 참언(讒言)이 되는 것입니다. 그래서 (이 사람의 운수에 대하여) 이르는 말로는, '가는 곳이 있고, 주인에 대해서 말이 있다'고 한 것인데, 말이란 반드시 참언일 것입니다. 그리고 본시 이괘(離卦)는 소[牛]를 나타내는데, 세상이 어지러워짐에는 참언이 잘 통하고, 그 경우에는 이괘의 본성(本性)이 성하게 됩니다. 그래서 이분에 대해서 참언을 할 사람의 이름을 우(牛)라 한 것입니다. 그리고 또 명이괘가 겸괘로 변하기에, 겸괘의 본성이 제대로 힘을 낼 수가 없고 날아도 빨리 날지 못하며, 날개를 축 늘어뜨린 채 높이 오르지 못하고 날개는 넓게 펴지 못합니다. 그래서 이분은 나라를 떠났다가, 돌아

와 님의 후계자가 된다고 말한 것입니다. 님은 차석(次席)의 경으로
계시니, 이 사람도 차석의 경이 됩니다. 그러나 복이 적어 제 명대로
살지 못할 것입니다."

주해 ㅇ日之數十(일지수십)―고대에는 열흘을 가지고 1순(旬)으로 하여
날을 세는 단위로 삼았다.

ㅇ十時(십시)―일중(日中)·식시(食時)·평단(平旦)·계명(鷄鳴)·야반
(夜半)·인정(人定)·황혼(黃昏)·일입(日入)·포시(哺時)·일질(日昳)

ㅇ十位(십위)―왕(王)·공(公)·경(卿)·사(士)·조(皁)·여(輿)·예(隷)·
요(僚)·복(僕)·대(臺).

楚子以屈申爲貳於吳,하여 乃殺之,하고 以屈生爲莫敖,하여
使與令尹子蕩如晉逆女.라 過鄭,에 鄭伯勞子蕩于氾,하고 勞屈
生于菟氏.라 晉侯送女于邢丘,에 子産相鄭伯,하여 會晉侯于邢
丘.라

公如晉,에 自郊勞至于贈賄,가 無失禮.라 晉侯謂女叔齊曰,
魯侯不亦善於禮乎.아 對曰, 魯侯焉知禮.이오 公曰, 何爲.오 自
郊勞至于贈賄,가 禮無違者.라 何故不知.아 對曰, 是儀也,요 不
可謂禮.이오니다 禮者所以守其國,하고 行其政令,하며 無失其民
者也.라소이다 今, 政令在家,이옵거늘 不能取也,옵고 有子家羈,나
弗能用也,하오며 奸大國之盟,하옵고 陵虐小國,하오며 利人之難,
하옵고 不知其私,하오며 公室四分,에 民食於他,하고 思莫在公,하

여 **不圖其終**,에 **爲國君**,하여 **難將及身**,이어늘 **不恤其所**.이오니다

禮之本末,은 **將於此乎在**,이옵거늘 **而屑屑焉習儀以亟**.이오니다

言善於禮,는 **不亦遠乎**.인가 **君子謂**,하되 **叔侯於是乎知禮**.라

　　초나라 군주는 막오(莫敖 : 將軍)인 굴신(屈申)이 오나라에 마음을 두고 있다고 여겨 그를 죽이고, 굴생(屈生)을 막오로 삼아, 영윤인 자탕(子蕩)과 같이 진나라에 가 부인이 될 진나라 공녀(公女)를 맞이하게 했다. 그들이 정나라를 통과하니, 정나라 군주는 자탕을 범(氾)에서 위로했고, 굴생을 도씨(菟氏)에서 위로했다. 진나라 군주가 초나라로 가는 공녀를 형구(邢丘)까지 바래다 주니, 정나라의 자산(子産)이 군주를 도와 형구에서 진나라 군주와 회견(會見)했다.

　　노나라의 군주 소공이 가는 마당에 진나라 도읍의 교외(郊外)에서 위로를 받는 일에서부터 선사품을 바치는 일에 이르기까지가, 예절에서 벗어남이 없었다. 그러자 진나라 군주는 여숙제(女叔齊)와 노나라 군주를 두고 말하여, 그들 사이에는 다음과 같은 말이 오고갔다.

　　진나라 군주―노나라 군주는 예를 잘 지키고 있지 않는가?

　　여숙제―노나라 군주께서 어찌 예를 아시겠습니까?

　　진나라 군주―어째서 그렇게 말하는가? 교외에서 위로를 받는 일부터 선사품을 바치는 일에 이르도록, 그 예절이 어긋남이 없었네. 그런데 어찌 예를 모른단 말인가?

　　여숙제―그것은 예식(禮式)이옵고, 예의라 이를 수는 없사옵니다. 예의는 나라를 지키고, 정령(政令)을 제대로 시행하며, 국민을 상실하지 않는 근본입니다. 지금 노나라의 정령은 대부의 가문에서 시행하옵는데도 되찾지 못하옵고, 자가기(子家羈)라는 어진 사람이 있으나 등용하지를 못하오며, 큰 나라와의 맹약을 어기옵고, 작은 나라를 괴

롭히오며, 다른 나라의 환난을 이롭게 여기옵고, 자기 나라 형편을 모르오며, 국토가 넷으로 나뉘어져 백성들이 군주 아닌 다른 사람들한테 지배당하고, 누구 하나 군주를 생각하는 사람이 없어 나라의 끝장을 헤아릴 수가 없는 판국에, 나라의 군주가 되어 화가 장차 자신에게 미칠 것인데도 그것을 걱정하지 않고 있사옵니다. 예의 근본과 지엽(枝葉)은 이 일을 두고 판단이 되옵는데도, 노나라 군주는 잔 예식 익히기를 급선무로 삼고 계시옵니다. 그런데 예의를 잘 지킨다고 말씀하시옵기에는 멀지 않으오리까?

군자(君子)는 이 일을 두고 평하기를, "숙후(叔侯 : 여숙제)야말로 예의를 알았다."라고 했다.

주해 │ ㅇ氾(범) —지금의 하남성 양성(襄城) 부근.

ㅇ菟氏(도씨) —지금의 하남성 위씨(尉氏) 부근.

ㅇ邢丘(형구) —지금의 하남성 온현(溫縣)에 속하는 땅.

ㅇ子家羈(자가기) —장공(莊公)의 현손(玄孫)으로 성은 자가(子家)였고, 기는 이름이었으며, 시호는 의백(懿伯)이었다 한다.

ㅇ利人之難(이인지난) —소공 4년에, 노나라가 거나라 사정이 어지러움을 틈타 증(鄫)을 차지했던 일을 두고 말한 것이다.

ㅇ民食於他(민식어타) —백성이 세 가문에 의하여 지배되고, 군주가 직할하는 백성이 없다는 것을 말한 것이다.

晉韓宣子如楚,하여 送女,에 叔向爲介.라 鄭子皮·子大叔勞諸索氏,에 大叔謂叔向曰, 楚王汏侈已甚.이라 子其戒之.하라 叔向曰, 汏侈已甚,은 身之災也,어늘 焉能及人.가 若奉吾幣帛,하여 愼吾威儀,하고 守之以信,하여 行之以禮,하고 敬始而思終,하며

終無不復,하고 從而不失儀,하며 敬而不失威,하고 道之以訓辭,하며 奉之以舊法,하고 考之以先王,하며 度之以二國,이면 雖汰侈若我何.오

진나라의 한선자(韓宣子 : 韓起)가 초나라로 가, 초나라 군주의 부인이 될 공녀(公女)를 모심에, 숙향(叔向)은 부사(副使)가 되었다. 그들 일행이 정나라를 통과하게 되자, 정나라 자피(子皮)와 자대숙(子大叔 : 游吉)이 그들을 색씨(索氏)에서 맞아 위로했는데, 그때 정나라 대숙이 진나라 숙향에게 말하기를, "초왕은 지금 거만함이 아주 지나칩니다. 그러니 님은 그를 경계하십시오."라고 했다. 그러자 숙향은 말했다. "거만함이 지나치다는 것은, 그 자신의 해가 되는 것인데, 그 해가 어찌 타인에게 끼쳐질 수 있겠습니까? 내 가지고 가는 폐백(幣帛)을 드리고서, 위엄스러운 거동을 잘 취하고, 충실성을 잘 지키며, 예의에 맞게 행동하고, 모든 일에 대하여 공경스러운 태도로 시작하여 좋은 끝을 맺으려 하며, 한번 취한 의식(儀式) 방법을 끝내 달리하지 않고, 상대에게 순종하여 예의를 잃지 않으며, 상대를 공경하면서도 위엄을 잃지 않고, 옛날의 어진 임금이나 현인(賢人)이 가르친 말씀을 가지고 상대해서 말하며, 옛날의 올바른 법도로 상대를 받들고, 일을 생각함에는 옛날의 어진 임금들이 취하신 일을 모범삼아 하며, 일을 헤아림에는 두 나라의 사정을 판단해서 할 것 같으면, 비록 아주 거만하다 한들 나를 어떻게 하겠습니까?"

주해 ○索氏(색씨)―지금의 하남성 형양(滎陽) 부근.
○訓辭(훈사)―옛날의 어진 임금과 현인의 말.

及楚.이라 楚子朝其大夫曰, 晉吾仇敵也.라 苟得志焉,엔 無恤

其他.라 今, 其來者,는 上卿·上大夫也.라 若吾以韓起爲閽,하

고 以羊舌肸爲司宮,이면 足以辱晉,하고 吾亦得志矣.라 可乎.아

大夫莫對.라 蔿啓彊曰, 可.로소이다 苟有所備,면 何故不可.이리오

恥匹夫,에도 不可以無備,어늘 況恥國乎.인가 是以로 聖王務行

禮,하고 不求恥人.이오니다 朝聘有珪,하옵고 享覜有璋,하오며 小

有述職,하옵고 大有巡功,하오며 設机而不倚,하옵고 爵盈而不飮,

하오며 宴有好貨,하옵고 殯有陪鼎,하오며 入有郊勞,하옵고 出有贈

賄,하옴이 禮之至也.이오니다 國家之敗,에 失之道也,면 則禍亂

興.이오니다 城濮之役,에 晉無楚備,하여 以敗於邲,하고 邲之役,에

楚無晉備,하여 以敗於鄢.이었나이다 自鄢以來,로 晉不失備,하고

而加之以禮,하며 重之以睦.이었나이다 是以로 楚弗能報,하여 而

求親焉.이었나이다 旣獲姻親,에 又欲恥之,하사 以召寇讐,엔 備之

若何.인가 誰其重此.리오 若有其人,이면 恥之可也,로되 若其未

有,면 君亦圖之.하소서 晉之事君,은 臣曰可矣.이오니다 求諸侯而

麇至,하고 求昏而薦女,하며 君親送之,하고 上卿及上大夫致之,이

어늘 猶欲恥之,니 君其亦有備矣.리다 不然,이면 奈何.리오 韓起

之下,에 趙成·中行吳·魏舒·范鞅·知盈,하옵고 羊舌肸之下,

에 祁午·張趯·籍談·女齊·梁丙·張骼·輔躒·苗賁皇,하
여 皆諸侯之選也.라소이다 韓襄爲公族大夫,하옵고 韓須受命而
使矣,오며 箕襄·邢帶·叔禽·叔椒·子羽,는 皆大家也,이옵고
韓賦七邑,은 皆成縣也.라소이다 羊舌四族,은 皆彊家也.이오니다
晉人若喪韓起·楊肸,이면 五卿八大夫,가 輔韓須·楊石,하여 因其
十家九縣長轂九百,하고 其餘四十縣遺守四千,하여 奮其武怒,하
여 以報其大恥,에 伯華謀之,하고 中行伯·魏舒帥之,면 其蔑不
濟矣.리이다 君將以親易怨,하사 實無禮以速寇,이옵거늘 而未有
其備,하고 使群臣往遺之禽,하여 以逞君心,이면 何不可之有.리오
王曰, 不穀之過也.라 大夫無辱.하라 厚爲韓子禮,하고 王欲敎叔
向以其所不知,나 而不能,하고 亦厚其禮.라 韓起反,에 鄭伯勞諸
圉,나 辭不敢見.이라 禮也.라

한선자 일행이 초나라에 당도했다. 그때 초나라 군주는 대부들을
조정에 모아놓고 말했다. "진나라는 우리의 원수요. 우리가 만일 원
풀이만 할 수 있다면, 다른 일이야 생각할 것 없소. 지금 그 나라에서
온 사람은 맨 위의 경(卿)과 맨 위의 대부요. 내 한기(韓起)에게 발
목 끊는 형을 가하여 수위(守衛)로 삼고, 양설힐(羊舌肸)에게 거세
(去勢)의 형을 가하여 내시관(內侍官)을 삼을 것 같으면, 진나라에게
치욕(恥辱)을 가할 수 있고, 나도 소원을 풀게 되는 거요. 그래도 괜
찮겠소?" 이 말에 대하여 대부 중에서 대답하는 자가 없었다. 그러나

위계강(薳啓彊)이 말했다. "좋사옵니다. 만일 그리하고 난 뒤의 일에 대한 대비가 있다면, 어찌 안되오리까? 그러나 한 남자에게 치욕을 가함에도 대비가 없을 수가 없사온데, 하물며 한 국가에 대해서 치욕을 가함에 있어서는 더 말할 나위가 있사오리까? 그러므로 어진 임금은 힘써 예의를 행하고, 남을 부끄럽게 하지 않사옵니다. 상대방 군주를 찾아가 보거나 신하로 하여금 예방케 함에는, 상대편 군주에게 규옥(珪玉)을 드리고, 향연(享宴) 때에는 상대편 군주의 부인에게 드리는 장옥(璋玉)을 바치오며, 작게는 제후가 천자를 찾아뵙는 예가 있삽고, 크게는 천자께서 제후국을 순시(巡視)하시는 예가 있사오며, 대접하는 자리에 객(客)을 위해서 앉을 것이 놓여져 있더라도 그것에 몸을 의지하지 않사옵고, 주인측의 술잔에 술이 가득 부어져 있더라도 주인 되시는 분은 그 술을 마시지 않사오며, 연회에는 대접하는 분과 대접받는 분이 서로 좋은 선물을 교환하옵고, 저녁의 만찬회(晚餐會)에는 좋은 음식을 내오며, 객이 나라 안으로 들어올 때에는 교외에서 위로를 하옵고, 일을 마치고 떠나갈 때에는 선물을 줌이 예의의 두터움이 되옵니다. 국가가 어지러워져 예도(禮道)를 잃게 되오면, 화란(禍亂)이 일어나옵니다. 성복(城濮)의 싸움이 있은 뒤에 진나라가 초나라에 대한 방비가 없어서 필(邲)에서 패했었삽고, 필에서의 싸움 뒤에 초나라가 진나라에 대한 방비가 없어서 초는 언(鄢)에서 패했었나이다. 언에서의 싸움 이후로, 진나라는 방비함을 게을리하지 않고, 거기다가 예의로 대했으며, 화목하게 하였나이다. 그러므로 우리 초나라는 진나라에 대한 보복을 못하여, 화친(和親)을 취했었나이다. 이제 진나라와 인척(姻戚)간이 되었사온데도 진나라를 부끄럽게 하사, 원수 되기를 초래하려 하심에는, 뒷일에 대한 대비를 어떻게 하시겠사옵니까? 그리고 그 뒷일을 누가 담당하게 되옵니까? 그 사람이 있을 것 같으면 진나라를 수치스럽게 해도 좋사오나, 그럴 사람이 없을 것 같으면 군주께서는 다시 그 일을 헤아리소서. 진나라가 지금 군주를 섬김은 신(臣)이 말하옵자면 잘하고 있사옵니다. 군주께서 제후들을 소집하심에 진나라의 주선(周旋)으로 제후들이 떼지어 모였삽고, 혼인할 것을 제의하여 공녀를 바치었사오며, 진나라 군주께서 친히 공녀를 바래다 주었삽고, 상경(上卿)과 상대부(上大夫)가 모시고 왔사온데, 그랬음에도 진나라를 수치스럽게 하시고자 하시오니, 군주께서는 역시 대비책이 있을 것이옵니다. 그렇지 않다면, 어찌 하실 것이옵니까? 진나라 한기의 밑에는 조성(趙成 : 趙武의 아들)·중행오(中行吳 : 荀偃의 아들)·위서(魏舒)·범앙(范鞅)·지영(知盈) 등이 있삽고, 양설힐[叔向]의 밑에는, 기오(祁午)·장적(張趯)·적담(籍談)·여제(女齊)·양병(梁丙)·장격(張骼)·보역(輔躒)·묘분황(苗賁皇) 등이 있사와, 다들 제후의 신하로서는 뛰어난 인물들이옵니다. 그리고 한양(韓襄 : 韓無忌의 아들이고, 한기의 조카)은 공족대부(公族大夫)가 되었고, 한수(韓須 : 한기의 아들)는 군주의 명으로 외국에 사자로 나가 있사오며, 기양(箕襄)·형대(邢帶)·한기의 서자들인 숙금(叔禽)·숙초(叔椒)·자우(子羽)는, 다 당당한 호족(豪族)들이옵고, 한씨(韓氏) 가문의 채읍(采邑)인 일곱 읍은 다 큰 고을이옵니다. 그런데다가 양설씨(羊舌氏) 계통의 네 씨족은, 또한 다 세력이 강한 가문이옵니다. 진나라 사람들이 한기와 양힐(楊肹 : 양설힐)을 잃게 될 것 같으면, 남은 다섯 경들과 여덟 대부들이 한수와 양석(楊石 : 양설힐의 아들)을 도와 열 가문의 아홉 고을에서 전차 9백대를 내고, 그 나머지 진나라 40고을의 땅을 지키고 있는 4천대의 전차를 보내어, 용맹스러운 노기(怒氣)를 발휘하여 큰 수치를 보복함에, 백화(伯華)가 계략을 세우고, 중행백(中行伯 : 荀吳)과 위서가 군사를 이끌면, 그들 마음대로 되어지지 않음이 없을 것이옵니다. 군주께서는 친밀히 해야 할 상대를 원수로 바꾸어 삼으려 하사, 실로 무례한 일로 원수를 초래하려 하시옵는데, 아무런 대비책도 없고 뭇 신하들로 하여금 가 적의 포로가 되게 하시고서도 군주의 마음만 시원하게 하신다면, 어찌 안될 것이 있사오리까?" 이 말을 들은 초왕은, "나의 잘못이었소. 대부는 엎드려 있지 말고, 몸을 편히 하시오."라고 말했다. 그리고 초왕은 진나라의 한선자를 후하게 예우(禮遇)했고, 숙향에게 교만을 부리어, 어려운 질문을 하여 숙향이 몰라 곤경에 빠뜨리려 했지만 그렇게 못하고는, 그에게도 또한 후하게 대했다. 한기가 본국으로 돌아가니, 정나라 군주는 어(圉)에서 위로하려 했지만 한기는 사양하고, 군주를 만나지 않았다. 그것은 예에 맞는 행위였다.

주해 ○司宮(사궁)―궁내(宮內)의 후궁(後宮)의 관리인, 즉 내시관.

○城濮之役(성복지역)―희공 28년에 있었다.

○邲之役(필지역)―선공 12년에 있었다.

○敗於鄢(패어언)―성공 16년에 있었다.

○羊舌四族(양설사족)―백화(伯華)·숙향(叔向)·숙어(叔魚)·숙호(叔虎) 등의 4형제.

○十家九縣(십가구현)―기양(箕襄)에서 자우(子羽)까지의 다섯 씨족에다, 한씨(韓氏) 본가까지 여섯 씨족에 양설씨 네 족을 합한 열 씨족 가문을 십가(十家)라 말했고, 그 열 씨족이 지배한 고을이 아홉 있었던 것 같다.

○長轂(장곡)―바퀴통이 긴 전차(戰車)를 말한다.

○其餘四十縣遺守四千(기여사십현유수사천)―10가(家)의 9현(縣)을 제외한 진나라 40고을을 지키는 전차 4천대를 냄.

○大夫無辱(대부무욕)―대부가 군주 앞에서 말할 때에는 평복(平伏)을 하여, 힘들었다. 엎드려 있지 말고 이제 편한 자세를 취하라는 말.

○圉(어)―지금의 하남성 기현(杞縣) 부근의 땅.

○辭不敢見(사불감견)―나라의 신하된 몸으로 군주의 위로를 받는다는 것은 도리에 어긋나기에, 한기는 정나라 군주의 위로를 사양하고 만나기를 피했던 것이다.

鄭罕虎如齊,하여 娶於子尾氏,에 晏子驟見之.라 陳桓子問其

故,하니 對曰, 能用善人,하여 民之主也.라

夏,에 莒牟夷以牟婁及防兹來奔.이라 牟夷非卿而書,는 尊地

也.라 莒人愬于晉,에 晉侯欲止公.이라 范獻子曰, 不可.라소이다

人朝而執之,는 誘也,요 討不以師,하여 而誘以成之,는 惰也.라

爲盟主而犯此二者,면 無乃不可乎.인가 請歸之,하여 閒而以師討

焉.이오니다 乃歸公.이라

秋七月,에 公至自晉.이라 莒人來討,에 不設備.라 戊辰,에 叔

弓敗諸蚡泉,이어늘 莒未陳也.라

冬十月,에 楚子以諸侯及東夷伐吳,하여 以報棘·櫟·麻之

役.이라 薳射以繁揚之師會於夏汭,하고 越大夫常壽過帥師,하여

會楚子于瑣.라 聞吳師出,하고 薳啓彊帥師,하여 從之,나 遽不設

備,로 吳人敗諸鵲岸.이라 楚子以馹至於羅汭,에 吳子使其弟蹶

由犒師.라 楚人執之,하여 將以釁鼓.라 王使問焉曰, 女卜來吉

乎.아 對曰, 吉.이었나이다 寡君聞君將治兵於敝邑,하고 卜之以守

龜曰, 余亟使人犒師請行,하여 以觀王怒之疾徐,하고 而爲之備,

리니 尚克知之.라하니 龜兆告吉曰, 克可知也.라였나이다 君若驩

焉好逆使臣,시오면 滋敝邑休息,하여 而忘其死,하여 亡無日矣,로

되 今, 君奮焉震電馮怒,하사 虐執使臣,하여 將以釁鼓,하시니 則

吳知所備矣.리다 敝邑雖羸,이나 若旱脩完,이면 其可以息師.이리다 難易有備,면 可謂吉矣.이오니다 且吳社稷是卜,이요 豈爲一人.이리오 使臣獲釁軍鼓,하여 而敝邑知備,하여 以禦不虞,면 其爲吉孰大焉.이리오 國之守龜,는 其何事不卜.이리오 一臧一否,는 其誰能常之.리오 城濮之兆,는 其報在邲.이었나이다 今, 此行也,는 其庸有報志.리이다 乃弗殺.이라

楚師濟於羅汭,하고 沈尹赤會楚子,하여 次於萊山.이라 薳射帥繁揚之師,하여 先入南懷,에 楚師從之,하여 及汝淸,이나 吳不可入,에 楚子遂觀兵於坻箕之山.이라 是行也,에 吳早設備,하여 楚無功而還,이었거늘 以蹶由歸.라 楚子懼吳,하여 使沈尹射待命于巢,하고 薳啓彊待命于雩婁.하니 禮也.라

秦后子復歸於秦,하니 景公卒故也.라

정나라 한호(罕虎 : 子皮)가 제나라에 가, 자미(子尾)의 집에서 부인을 맞았는데, 그가 제나라에 있는 동안에 정나라의 안자(晏子 : 晏嬰)가 자주 방문하였다. 그래서 제나라의 진환자(陳桓子 : 陳無宇)가, 자주 방문하는 까닭을 물으니 안영은 대답하기를, "그분은 좋은 사람을 잘도 등용하여, 우리 국민이 우러러보는 주인공입니다."라고 했다.

여름에, 거나라의 모이(牟夷)가 모루(牟婁) 땅과 방자(防玆) 땅을 소유한 채 노나라로 도망왔다. 모이는 거나라의 경(卿)이 아니었는데도 그의 이름을 경문에 기록한 것은, 그가 가지고 온 토지를 귀히 여

겨서였다. 거나라 사람이 이 사실을 진나라에게 호소하니, 진나라 군
주는 진나라에 가 있는 노나라의 소공을 잡아두려 했다. 그러자 범헌
자(范獻子 : 范鞅)가 진나라 군주에게 말했다. "그래서는 아니되옵니
다. 다른 분이 찾아뵈려 왔는데 잡는다는 것은 잡으려고 꾀어 오게
한 것이 되옵고, 죄 있는 나라를 침에 군사를 동원하여 정정당당히
하지 않고, 그 나라 사람을 속여 유인해서 그 뜻을 달성하는 것은, 태
만(怠慢)한 태도인 것이옵니다. 제후들을 거느리는 맹주(盟主)가 되
어서 이 두 가지 잘못을 범하신다면, 안되지 않으오리까? 원하옵건대,
노나라 군주를 돌려보내시고, 우리나라 사정이 한가하게 될 때 군사
로 치시옵소서." 이 말에, 진나라 군주는 소공을 귀국시켰다.

가을 7월에, 공이 진나라로부터 노나라로 돌아왔다. 거나라 사람이
노나라로 들어와 치니, 노나라로서는 아무런 대비를 하지 않고 있었
다. 그런데 무진날에, 숙궁(叔弓)이 분천(蚡泉)에서 거나라 군대를 패
배시켰는데, 그것은 거나라군이 아직 진을 치지 못한 틈을 타서였다.

겨울 10월에, 초나라 군주가 제후들과 동방(東方)의 이족(夷族) 나
라 군사를 이끌고 오나라를 쳐, 극(棘)·역(櫟)·마(麻) 등의 싸움에
대한 보복을 하려 했다. 그래서 위석(遠射)은 번양(繁揚)의 군대를
이끌고 하예(夏汭)로 가 초왕과 합류하고, 월(越)나라의 대부 상수과
(常壽過)가 군사를 이끌고 쇄(瑣)에서 초왕과 합류했다. 초군은 오나
라가 군사를 출동시켰다는 소식을 듣고, 위계강(遠啓彊)이 초군을 이
끌고 가 오군(吳軍)을 대적(對敵)했으나, 갑작스럽게 대비하지 못했
으므로, 오나라 사람이 초군을 작안(鵲岸)에서 무찔렀다. 한편 초나라
군주가 빠른 말을 타고 나예(羅汭) 땅으로 갔는데 그때 오나라 군주
가 그의 동생 궐유(蹶由)를 보내어 초군을 위로케 하였다. 그러자 초
나라 사람이 궐유를 잡아죽이어 그의 피를 군고(軍鼓)에 바르려 했다.
이에 초왕이 사람을 시켜, "네가 여기에 오는 일을 가지고 거북등을
이용하여 점을 치니 길(吉)하다고 했더냐?"라 묻게 했다. 그러자 궐

유는 대답하였다. "길이라고 했나이다. 저희 군주는 군주께서 저희 나라에서 군사 행동을 취하신다는 소식을 듣고, 나라 지키는 일을 점치는 거북등을 구워 점쳐 말하기를, '내 사람을 곧 시켜 초군을 위로하고 초나라 군사가 이르게 될 날짜를 묻게 하여, 초왕께서 노하심의 대소(大小) 여하를 관찰하고, 그리고 나서 초군에 대한 대비를 할 것이니, 그 사정을 알게끔 해주기를 비오.'라고 했사옵니다. 그랬더니 거북등에 징조(徵兆)를 나타내어 고하기를, '그 사정을 알 수가 있다.'라 했었나이다. 군주께서 만일 오나라의 사신인 저를 반가이 맞아주신다면, 저희 나라 사람들이 안심함이 커, 죽는 일을 잊어서 오나라가 망할 날까지 얼마 없을 것이로되, 이제 군주께서 분연(奮然)히 천둥하고 번개 치듯 매우 노하사, 사신을 학대하여 잡으시어 피를 내어 군고에 바르려 하시니, 저희 오나라는 대비해야 한다는 것을 알게 될 것이옵니다. 저희 나라는 비록 피로해 있기는 하오나, 만약에 일찍 서둘러 대비할 것을 완비(完備)만 한다면, 적군을 막아낼 수가 있을 것이옵니다. 어려운 일에나 쉬운 일에 대비가 있게 된다면, 제가 여기에 온 일은 길한 일이라 이를 수가 있사옵니다. 그리고 오나라 군주는 오나라 사직의 운명을 점친 것이지 어찌 저 한 사람의 운수를 점쳤었겠나이까? 사신인 저의 피가 초나라군의 군고에 발려지게 되어, 저희 나라가 대비해야 한다는 것을 알아 불의(不意)의 공격을 막는다면 길이 되니, 어느 것이 이보다 더 크오리까? 나라 지킬 일을 점치는 거북등이 어느 일이건 점치지 못하겠습니까? 그러나 거북등이 알리는 한가지의 나쁜 일은 어느 누가 그 운수를 언제라도 차지할 것이옵니까? 좋고 나쁜 운수는 때에 따라 달라지는 것이옵는데, 성복(城濮)의 싸움 때에 초나라에서는 점을 쳐 길하다는 징조를 얻었을 것이옵는데, 그 길하다는 징조는 필(邲)의 싸움 때에 효과가 났던 것이옵니다. 지금의 저의 이번 일은 앞으로 그 효과가 있을 것이옵니다." 이 말을 듣고 난 초왕은 그를 죽이지 않았다.

초나라 군사가 나예(羅汭)를 건넜고, 심(沈) 고을 장관인 적(赤：射)이 초왕과 합류하여, 내산(萊山)에 주군했다. 그때 위석(薳射)이 번양의 군대를 이끌고 먼저 남회(南懷)로 들어가니, 초군이 일제히 그 뒤를 따라 여청(汝淸)에 이르렀으나, 오나라 땅에 들어갈 수가 없자, 초왕은 저기(坻箕)의 산에서 초군의 위세(威勢)를 보이는 관병식(觀兵式)을 가졌다. 이번의 출군에 오나라가 일찍 대비하여, 초군은 아무런 공 없이 돌아갔는데, 초군은 오나라 군주의 동생 궐유를 잡아 데리고 귀국했다. 초나라 군주는 오나라의 보복이 두려워, 심 고을의 장관 석(射：적)에게 소(巢)에 머물러 후일의 명령을 기다리게 하고, 위계강(薳啓彊)에게는 우루(雩婁)에서 명령을 기다리고 있게 했는데, 그것은 용군(用軍)의 원칙의 예에 맞는 일이었다.

진(晉)나라로 도망가 있던 진(秦)나라의 후자(后子)가 본국으로 돌아갔으니, 진(秦)나라 경공(景公)이 세상을 떠났기 때문이었다.

주해 ○能用善人(능용선인) ─ 여기에서 좋은 사람은 자산(子産)을 두고 말한 것이다.

○繁揚(번양) ─ 번양을 정공 6년조에도 '번양(繁揚)'이라 썼는데, 양공 4년조에는 '번양(繁陽)'이라고 썼다. 지금의 하남성 신채현(新蔡縣) 근방으로 번수(繁水)가 흐르고 있는데, 그 북쪽에 번양읍이 있었던 것 같다.

○夏汭(하예) ─ 소공 4년조에 나왔다.

○瑣(쇄) ─ 초나라 지명으로, 지금의 안휘성 영주(潁州) 부근.

○鵲岸(작안) ─ 지금의 안휘성 동릉(銅陵) 부근.

○羅汭(나예) ─ 지금의 하남성 나산(羅山) 부근으로, 나수(羅水)가 회수(淮水)로 흘러드는 지점을 말한다.

○一臧一否(일장일부), 其誰能常之(기수능상지) ─ 혹은 길(吉)하고, 혹은 불길해서, 그때그때 적당히 그 징조를 나타내는 것이어서, 늘 운수가 길한 사람이 없고, 또 늘 운수가 불길한 사람도 없다는 뜻.

○城濮之兆(성복지조), 其報在邲(기보재필) ─ 성복의 싸움은 희공 28년에

있었는데, 그때 점을 쳐 초군의 운수는 길했었겠지만, 실제로는 패했다. 그러나 그 길의 효과는 다음의 필 싸움(선공 13년)에 나타났다는 것이다.

ㅇ萊山(내산)-지금의 하남성 광산현(光山縣) 남부의 땅.

ㅇ南懷(남회)·汝淸(여청)·坻箕之山(저기지산)-저기의 산은 지금의 안휘성 소현(巢縣)에 있는 지주산(踟躕山)에 해당되고, 남회와 여청은 그 부근.

ㅇ雩婁(우루)-지금의 안휘성 곽구(霍邱) 부근.

ㅇ禮也(예야)-여기에서는 용군상의 원칙적인 예를 말한다.

육년춘왕정월 기백익고졸
經 ㅇ六年春王正月,에 杞伯益姑卒.라

장진경공
ㅇ葬秦景公.이라

하 계손숙여진
ㅇ夏,에 季孫宿如晉.이라

장기문공
ㅇ葬杞文公.이라

송화합비출분위
ㅇ宋華合比出奔衛.라

추구월 대우
ㅇ秋九月,에 大雩.라

초위피솔사 벌오
ㅇ楚薳罷帥師,하여 伐吳.라

동 숙궁여초
ㅇ冬,에 叔弓如楚.라

제후벌북연
ㅇ齊侯伐北燕.이라

6년 봄 천자가 쓰는 역으로 정월에, 기나라 군주인 백작 익고(益姑)가 세상을 떠났다.

진(秦)나라 경공(景公)을 장사 지냈다.

여름에, 노나라 계손숙(季孫宿)이 진나라에 갔다.

기나라 문공(文公)을 장사 지냈다.

송나라 화합비(華合比)가 위나라로 달아났다.

가을 9월에 큰 기우제를 지냈다.

초나라 위피(薳罷)가 군사를 이끌고 오나라를 쳤다.

겨울에, 노나라의 숙궁(叔弓)이 초나라에 갔다.

제나라 군주인 후작이 북연(北燕)을 쳤다.

傳| 六年春王正月,에 杞文公卒,에 弔如同盟,은 禮也.라

大夫如秦,하여 葬景公,은 禮也.라

三月,에 鄭人鑄刑書.라 叔向使詒子産書曰, 始吾有虞於子,나

今則已矣.라 昔,에 先王議事,하여 以制,하고 不爲刑辟,하니 懼民

之有爭心也.라 猶不可禁禦.이라 是故로 閑之以義,하고 糾之以

政,하며 行之以禮,하고 守之以信,하며 奉之以仁,하고 制爲祿位,

하여 以勸其從,하고 嚴斷刑罰,하여 以威其淫.이라 懼其未也.라

故로 誨之以忠,하고 聳之以行,하며 敎之以務,하고 使之以和,하며

臨之以敬,하고 涖之以彊,하며 斷之以剛.이라 猶求聖哲之上明察

之官忠信之長慈惠之師.라 民於是乎可任使也,하고 而不生禍

亂.이라 民知有辟,이면 則不忌於上,하고 竝有爭心,하여 以徵於

書,하여 而徼幸以成之,에 弗可爲矣.라 夏有亂政,하여 而作禹刑,

하고 商有亂政,하여 而作湯刑,하며 周有亂政,하여 而作九刑,이어

늘 三辟之興,은 皆叔世也.라 今, 吾子相鄭國,하여 作封洫,하고
立謗政,하며 制參辟,하여 鑄刑書,하여 將以靖民,이나 不亦難乎.
아 詩曰, 儀式刑文王之德,하여 日靖四方.이라 又曰, 儀刑文王,
이면 萬邦作孚.라 如是,면 何辟之有.아 民知爭端矣,엔 將棄禮而
徵於書,하여 錐刀之末,도 將盡爭之.리라 亂獄滋豊,하고 賄賂竝
行.이리라 終子之世,엔 鄭其敗乎.인저 肸聞之,하되 國將亡,에는
必多制.라 其此之謂乎.인저 復書曰, 若吾子之言.이라 僑不才,하
여 不能及子孫,하고 吾以救世也.라 旣不承命,이나 敢忘大惠.리
오 士文伯曰, 火見,이면 鄭其火乎.인저 火未出,이나 而作火以鑄
刑器,하여 藏爭辟焉,하니 火如象之,에 不火,하고 何爲.오

6년 봄 천자가 쓰는 역으로 정월에, 기나라 문공이 세상을 떠나자, 노나라가 동맹국에 상이 났을 때와 같이 조문한 것은 예의에 맞는 일이었다.

대부가 진(秦)나라에 가, 진나라 경공의 장례식에 참가한 것은 예의에 맞는 일이었다.

3월에, 정나라 사람이 형법(刑法) 조항들을 새겨넣을 철판을 주조(鑄造)했다. 그러자 진(晉)나라의 숙향(叔向)은 사람을 시켜 정나라 자산(子産)에게 서신을 전하게 하여 그 서신에 말했다. "예전에, 나는 님에게 기대를 걸었으나 이제는 그러지 않게 되었습니다. 옛날에, 어진 임금들은 일이 생길 때마다 그 일처리를 심의(審議)하여 그 일을 다스리었고, 일정한 형법을 제정하지 않았으니, 그것은 백성들이 그

형법에 대항하여 그 법에서 벗어나려고 애쓰는 마음이 있게 될 것을
두려워해서였습니다. 그랬어도 죄악을 완전히 막아낼 수가 없었습니
다. 때문에 죄악을 막기에 도의(道義)로써 하고, 사람들을 바로잡기에
올바른 정치로써 하며, 무슨 일을 함에 예의로써 하고, 약속을 지킴에
신의로써 하며, 몸을 지키어 위신 잃지 않게 함에 인(仁)으로써 하고,
계급을 제정하여 윗사람에게 순종하기를 권장하고, 형벌(刑罰)을 엄
단하여 부정(不正)을 다스렸습니다. 그래도 완전치 못함을 두려워했
습니다. 그러므로 충(忠)을 가르치고, 좋은 행위를 권장하며, 해야 할
일을 가르치고, 백성 부리기를 유화(柔和)하게 하며, 공경스러운 태도
로 백성들을 대하고, 공사(公事)로 백성들에게 전함에는 엄숙한 태도
로써 하며, 일을 결단함에는 강경한 태도로 했습니다. 그렇게 하고서
도 어진 임금이나 군주·사리에 밝은 경(卿) 대부(大夫)·충성스럽고
성실한 관장(官長)·백성을 사랑하고 은혜 베푸는 관리를 요구했었습
니다. 백성들은 이러함으로써만 위의 명령을 지켜 따르며 화와 난리
가 일어나지 않는 것입니다. 백성들이 일정한 형벌이 있음을 알고 있
다면, 다스리는 윗사람을 꺼리지 않는데다가 법에 대항하여 법에 걸
림을 면하려고 애씀을 다투는 마음이 생겨, 그 형법의 조문(條文)에
대조하여, 요행히 법에 걸림을 면하게 하여 자기 뜻을 이룸에도, 그들
을 잘 다스리지 못할 것입니다. 하(夏)나라는 정치에 어지러움이 있
게 되자 우(禹)의 형법을 제정했고, 상(商 : 殷)나라는 정치의 어지러
움이 있게 되자 탕(湯)의 형법을 제정했으며, 주(周)나라는 정치의 어
지러움이 있게 되자 구형(九刑)을 제정했는데, 이들 세 나라의 형법
이 제정된 것은, 다 도의(道義)가 무너진 때의 일이었습니다. 지금,
님은 정나라의 재상으로 계셔 경작지의 경계를 엄격히 하고, 백성들
이 비방하는 제도를 마련하며, 하(夏)·상(商)·주(周) 세 나라의 형
법을 모방해서 형법 조항을 새긴 철판을 주조하여, 백성들을 안정케
하려 하나 그것은 어려운 일이 아니겠습니까? 시에 이르기를, '문왕을

본받아 날로 사방을 잘 다스린다.'라 하였고, 또 '문왕을 본받으면, 온 나라가 다 믿고 따르네.'라고 했습니다. 이같이 한다면 어찌 형법이 필요하겠습니까? 백성들이 윗사람과 다툴 꼬투리를 알게 되었음에는, 앞으로 예의는 버리고서 다만 그 형법 조항에만 대조하여, 송곳 끝 같은 작은 일도 다 법으로 따져 다투게 될 것입니다. 그래서는 소송 (訴訟)하는 일이 많아지고, 이에 따라 뇌물을 주고받는 일이 성행될 것입니다. 그리하여 님이 정치하는 시기가 다 되어지면 정나라는 난 잡해질 것입니다. 힐(肹) 저는 들었거니와, '나라가 망하려 함에는 반 드시 법이 많다.'고 합니다. 이 말이 현재의 정나라 사정을 두고 이르 는 것일 겁니다." 이 서신에 대해서, 정나라 자산은 답서를 보냈다. "님의 말씀대로입니다. 교(僑) 저는 재능이 없어 자손시대의 일까지 는 생각이 미치지 못하고, 당장의 나라 처지만을 구해내려는 것입니 다. 말씀하신대로 받들지는 못하고 있으나 가르쳐 주신 큰 은혜야 어 찌 잊겠습니까?" 진(晉)나라의 사문백(士文伯 : 士匄)이 말했다. "화 성(火星)이 보이게 되면 정나라에는 불이 날 것이다. 화성이 아직 나 타나 보이지 않는데도, 큰 불을 일으키어 형벌에 관한 기물을 주조하 여 그것에다 사람들이 다툴 근원의 형법을 새겨넣었으니, 화성이 나 타나 그것과 감응(感應)하게 됨에는, 불이 나지 않고 어찌 하겠는가?"

주해 ○夏有亂政(하유란정)……而作九刑(이작구형)─하(夏)·상(商)· 주(周)의 세 나라가 형법을 제정한 사실을 구체적으로 기술한 책은 전 해 있지 않다. 이 글에서 우형(禹刑)·탕형(湯刑)은, 우임금이 제정한 형법이 아니라, 우임금 나라, 즉 하나라의 형법이고, 탕임금이 제정한 형법이 아니라, 탕임금의 나라, 즉 상나라의 형법이라는 말이다.

○儀式刑文王之德(의식형문왕지덕),　日靖四方(일정사방)─《시경》 송(頌) 주송(周頌)에 든 아장편(我將篇)의 구절. 전해지는 《시경》에는 '덕(德)' 이 '곡(曲)'으로 되어 있다.

○儀刑文王(의형문왕),　萬邦作孚(만방작부)─《시경》 대아에 든 문왕편(文

王篇)의 구절.

○火見(화견)─화성이 저녁때 하늘에 나타나 보이기 시작하는 것은, 주력
  (周曆)으로 5월이었다.

○火如象之(화여상지)─화성이 지상(地上)의 불과 상관되는 것과 감응하
  게 된다면의 뜻.

夏,에 季孫宿如晉,은 拜莒田也.라 晉侯享之,하여 有加籩.이라
武子退,하여 使行人告之曰, 小國之事大國也,에 苟免於討,하고
不敢求貺.이오니다 得貺,이라도 不過三獻,이옵거늘 今, 豆有加,하
오니 下臣弗堪,에 無乃戾也.리오 韓宣子曰, 寡君以爲驩也.라
對曰, 寡君猶未敢,이어늘 況下臣君之隸也.리오 敢聞加貺.가 固
請徹加而後卒事.라 晉人以爲知禮,하여 重其好貨.라

　여름에 노나라의 계손숙이 진나라에 간 것은, (전에 거나라의 모이
가 가지고 온 땅을 노나라가 차지한 것을 진나라가 묵인했기에) 거나
라 땅의 일에 대해서 감사드리기 위해서였다. 진나라의 군주가 그에
게 향연을 베풀었는데, 그 잔칫상은 보통의 잔칫상보다 더 훌륭한 것
이었다. 그러자 계무자(季武子 : 계손숙)가 자리에서 물러나와, 외교관
인 행인(行人)을 시켜 말하게 했다. "작은 나라가 큰 나라를 섬김에
있어, 오직 책망을 면하면 다행한 일이옵고, 하사(下賜)하시는 것을
감히 바라지 못하옵니다. 하사하심을 받는다 하더라도, 다만 세 잔 술
을 드리는 술자리에 지나지 못할 것이옵는데, 이제 보통의 술상보다
도 훌륭하게 하셨사오니, 지체 낮은 신하로서는 받지 못할 것이오니,
받았다가는 죄가 되지 않겠사옵니까?" 이 말에 진나라의 한선자(韓宣

子 : 韓起)가 말하기를, "우리 군주께서는 이렇게 후하게 하심을 기쁘게 여기시고 계십니다."라고 하였다. 그러나 노나라의 행인은, "저희 군주께서도 아직 이런 향연 자리를 받지 못하셨는데, 하물며 지체 낮은 신하와 천한 벼슬에 있는 자야 다시 말할 것이 있겠습니까? 어찌 저희들이 보통의 술상보다 더 성대한 것을 받을 수가 있겠습니까?"라고 대답했다. 그리고는 굳이 그 잘 차린 술상을 물릴 것을 요청하고 나서, 간단한 술상으로 향연을 마쳤다. 진나라 사람은 계손숙이 예의를 안다고 여겨, 그에게 좋은 물건을 많이 선사했다.

주해 ㅇ拜莒田也(배거전야) ─ 소공 5년에, 거나라의 모이(牟夷)가 가져온 땅을 노나라가 차지했는데, 진나라는 일단 묵인했다. 이에 대해서 감사드리기 위하여 계손숙이 진나라에 갔다.

ㅇ以爲驩也(이위환야) ─ 이렇게 후하게 대접함을 좋아한다는 뜻.

宋寺人柳有寵,이나 太子佐惡之.라 華合比曰, 我殺之.리라 柳聞之,하고 乃坎用牲埋書,하여 而告公曰, 合比將納亡人之族.이오니다 旣盟于北郭矣.였나이다 公使視之,하니 有焉.이라 遂逐華合比,하니 合比奔衛.라 於是,에 華亥欲代右師,하여 乃與寺人柳比,하여 從而爲之徵曰, 聞之久矣.였나이다 公使代之.라 見於左師,하니 左師曰, 女夫也必亡.이리라 女喪而宗室,이어늘 於人何有.아 人亦於女何有.아 詩曰, 宗子維城,이니 母卑城壞,하고 母獨斯畏.하라 女其畏哉.인저

六月丙戌,에 鄭災.라

송나라 내시(內侍) 유(柳)는 군주의 총애를 받고 있었으나 태자 좌(佐)는 그를 미워했다. 그러자 화합비(華合比)가 태자에게 말하기를, "제가 유를 죽이겠습니다."라고 했다. 내시 유가 이 소식을 듣고는, 땅구덩이를 파 거기에다 맹서를 맺을 때에 쓰는 희생(犧牲)을 놓고, 그 위에 맹서문을 얹어 묻어 맹서를 맺은 흔적을 만들고서, 군주에게 거짓으로 고하기를, "화합비가 외국으로 망명한 무리들을 불러들이려 하고 있사옵니다. 그는 이미 북곽(北郭)에서 그렇게 하겠다는 맹서를 맺었나이다."라고 했다. 군주가 사람을 시켜 가 보게 하니 과연 맹서 맺은 흔적이 있었다. 그래서 바로 화합비를 추방하니, 화합비는 위나라로 도망했다. 이때 화합비의 동생인 화해(華亥)는 형 대신 자신이 우사(右師)가 되려 하여 내시 유와 한패가 되어, 유를 따라 그를 위하여 증명하여 말하기를, "형인 합비가 망명중인 자들을 불러들이려고 한 계획은 들은 지 오래되옵니다."라고 했다. 화합비를 추방하고 나서 군주는 화해를 대신 우사가 되게 했다. 화해가 좌사(左師)인 상술(向戌)을 찾아가니, 좌사는 말하였다. "너는 반드시 망할 것이다. 너는 너의 종실(宗室)을 망쳤는데, 다른 사람이야 눈에 없지 않겠는가? 그리고 다른 사람들이 너를 염두에 두겠는가? 시에 이르기를, '종가(宗家)의 아들은 성(城)과 같은 것이니, 성이 무너지게 하지 말고, 종가가 망하여 너 홀로 되어 두려워하는 신세 되지 말지어다.'라고 했다. 너는 고립(孤立)하여 두려워하는 신세가 되리라."

　6월 병술날에 정나라에 큰 화재가 났다.

주해　ㅇ亡人之族(망인지족)－양공 17년에 진(陳)나라로 도망간 화신(華臣) 등을 두고 말한다.

　　ㅇ詩曰(시왈)－《시경》 대아에 있는 판편(板篇)의 구절.

초공자기질여진
楚公子棄疾如晉,하니　보한자야 **報韓子也.**라　과정 **過鄭,**에　정한호 공손 **鄭罕虎·公孫**

僑・游吉從鄭伯,하여 以勞諸柤.라 辭不敢見,이나 固請,에 見之.
라 見如見王,하여 以其乘馬八匹私面,하고 見子皮如上卿,하여 以
馬六匹,하며 見子産,하여 以馬四匹,하고 見子大叔,하여 以馬二
匹.이라 禁芻牧採樵,하고 不入田,하며 不樵樹,하고 不采蓺,하며
不抽屋,하고 不强匄.이라 誓曰, 有犯命者, 君子廢,하고 小人降.
이라 舍不爲暴,하고 主不恩賓.이라 往來如是,에 鄭三卿皆知其將
爲王也.라

韓宣子之適楚也,에 楚人弗逆.이라 公子棄疾及晉竟,이나 晉
侯將亦弗逆.이라 叔向曰, 楚辟,이었거니와 我衷.일지니이다 若何
效辟.이리요 詩曰, 爾之敎矣,에 民胥效矣.라 하였나이다 從我而
已,어늘 焉用效人之辟.이리오 書曰, 聖作則.이라 하였나이다 無寧
以善人爲則,이언정 而則人之辟乎.인가 匹夫爲善,이라도 民猶則
之,어늘 況國君乎.인가 晉侯説,하여 乃逆之.라

초나라 공자 기질(棄疾)이 진(晉)나라에 갔으니, 그것은 진나라의
한선자(韓宣子 : 韓起)가 초나라를 예방했던 일에 대한 답례였다. 그
가 정나라를 지나가니, 정나라의 한호(罕虎 : 子皮)·공손교(公孫僑 :
子産)·유길(游吉 : 大叔) 등이 정나라 군주를 따라 사(柤)라는 곳에
서 위로하기로 했다. 초나라 공자 기질이 그 위로 받기를 사양하고
감히 만나려 하지 않았으나, 정나라에서 굳이 요청하여 만나게 되었
다. 그런데 초나라의 기질이 정나라 군주를 만나는 거동이 자기 나라

왕을 만나는 태도대로 하여, 승마(乘馬) 여덟 필을 선물로 드리고 개인 자격으로 만나는 것이었고, 정나라의 자피(子皮)는 상경(上卿)과 같이 대우하여 만나 말 여섯 필을 선사하며, 자산(子産)을 만나 말 네 필을 선사하고, 자대숙(子大叔)을 만나서는 말 두 필을 선사하였다. 그리고 기질은 따르고 있는 일행에게, 말에게 먹이는 풀이나 땔나무를 함부로 채취함을 금하고, 경작지에 들지 못하게 하며, 나무를 베지 않게 하고, 경작지의 경작물을 취하지 않게 하며, 묵을 집을 파손(破損)이 없게 하고, 그곳 사람들에게 물건을 강요하지 말게 했다. 그리고는 맹서하기를, "내 명한 것을 어기는 자가 있으면, 신분이 높은 사람이라면 그 지위를 박탈하고, 신분이 낮은 사람이라면 그 지위를 더 낮게 강등(降等)시킬 것이니라."라고 했다. 그래서 그곳에 머무는 초나라 사람들이 난폭한 짓을 하지 않았고, 그들을 맞는 그곳 사람들은 객(客)인 초나라 사람들한테 괴로움을 당하지 않았다. 그들의 왕래길이 다 이와 같아, 정나라의 삼경(三卿)들은 모두 기질이 장차 초나라의 왕이 될 것이라고 생각했다.

진나라의 한선자가 초나라에 갔을 때, 초나라 사람이 국경에서 그를 맞이하지 않았다. 그래서 진나라를 찾아간 초나라 공자 기질이 진나라의 국경에 닿았으나, 진나라 군주 또한 그를 맞이하려 하지 않았다. 그러자 숙향(叔向)이 군주에게 말했다. "초나라의 처사는 잘못되었거니와, 우리나라는 바르게 해야 할 것이옵니다. 우리가 어찌하여 예법에 맞지 않는 일을 본뜨오리까? 시에 이르기를, '그대 가르침에, 백성들 서로 본받는도다.'라 하였나이다. 우리는 우리가 예법 지킴을 따르게 할 따름이옵는데, 어찌 다른 사람의 잘못을 본받아 할 것이오니까? 전해지는 책에 이르기를, '성인(聖人)이 법도를 지었다.'고 하였나이다. 차라리 착한 사람을 모범으로 삼을지언정, 다른 사람의 잘못을 모범삼을 것이옵니까? 못난 한 남자가 착한 일을 하더라도 백성들이 모범으로 삼사온데, 하물며 나라의 군주가 착한 일을 하는 데 있

어서야 다시 말할 나위가 있겠나이까?" 이 말을 들은 진나라 군주는
기뻐하고서 바로 맞이하게 했다.

주해 ㅇ柤(사)—정나라 지명으로, 지금의 하남성 신정현(新鄭縣) 남쪽 땅.
ㅇ乘馬(승마)—수레에 매는 네 필을 한 짝으로 한 말을 승마라 했다.
ㅇ詩曰(시왈)—《시경》 소아에 있는 각궁편(角弓篇)의 구절.
ㅇ書曰(서왈)—여기에서 말한 서(書)는 무슨 책인지 알 수 없다.

秋九月,에 大雩,는 旱也.라
徐儀楚聘于楚,에 楚子執之,하니 逃歸.라 懼其叛也,하여 使薳
洩伐徐.라 吳人救之,하니 令尹子蕩帥師,하여 伐吳.라 師于豫章,
하여 而次于乾谿.라 吳人敗其師於房鍾,하고 獲宮廄尹棄疾.이라
子蕩歸罪於薳洩,하여 而殺之.라
冬,에 叔弓如楚,는 聘且弔敗也.라
十一月,에 齊侯如晉,은 請伐北燕也.라 士勻相士鞅,하여 逆諸
河,하니 禮也.라 晉侯許之.라 十二月,에 齊侯遂伐北燕,하여 將
納簡公.이라 晏子曰, 不入.하리라 燕有君矣,에 民不貳.라 吾君
貪賄,하고 左右諂諛.라 作大事不以信,엔 未嘗可也.라

가을 9월에 큰 기우제를 지낸 것은 한발 때문이었다.

서(徐)나라의 의초(儀楚)가 초나라를 예방함에 있어, 초나라 군주
가 그를 잡으려 하니 도망쳐 돌아갔다. 초나라 군주는 서나라가 배반
할 것을 두려워하여, 위설(薳洩)에게 서나라를 치게 했다. 이에, 오나

라 사람이 서나라를 구원하니, 초나라 영윤인 자탕(子蕩)이 군사를 이끌고 오나라를 쳤다. 그는 초군을 예장(豫章)에서 편성하여, 건계(乾谿)에 진을 쳤다. 그런데 오나라 사람이 초군을 방종(房鍾)에서 무찌르고, 초나라 궁구윤(宮廐尹)인 기질(棄疾)을 잡았다. 그러자 영윤 자탕은 패전의 죄를 위설에게 돌리어, 그를 죽였다.

  겨울에, 노나라의 숙궁(叔弓)이 초나라에 간 것은, 예방하고 또한 오나라와의 싸움에서 진 일에 대하여 위문하기 위해서였다.

  11월에 제나라 군주가 진나라에 간 것은, 북연(北燕)나라 치는 일을 허락해 달라고 요청하기 위해서였다. 그때 진나라의 사개(士匄)가 사앙(士鞅)을 도와 황하(黃河) 가로 가 제나라 군주를 맞이했으니, 그 일은 예에 맞는 일이었다. 진나라 군주는 제나라 군주의 요청을 허락했다. 12월에, 제나라 군주는 북연나라를 쳐, (제나라에 가 있는) 북연나라의 간공(簡公)을 본국으로 들여보내려 했다. 이때 안자(晏子)는 말했다. "북연나라의 간공은 본국으로 들어가지 못하리라. 연(燕)나라에는 다른 군주가 있는 터에, 그 나라 백성들이 그 군주를 배반하지 않고 있다. 우리 군주는 뇌물을 탐내시고, 군주의 주위 사람들은 군주에게 아첨만 하고 있다. 큰 일을 함에 신의로써 하지 않는데는, 일찍이 잘 되어짐이 없었다."

│주해│ ○豫章(예장)−두 군데가 있다. 이 글의 예장과, 소공 13년·31년, 정공(定公) 2년·4년조에 나오는 예장은 지금의 안휘성 수현(壽縣) 땅이고, 소공 24년조에 나오는 예장은 지금의 강서성 여간(餘干) 부근이다.
  ○乾谿(건계)−지금의 안휘성 박현(亳縣) 땅.
  ○房鍾(방종)−지금의 안휘성 봉대(鳳臺) 부근.
  ○宮廐尹棄疾(궁구윤기질)−궁구윤은 관직 이름. 기질은 앞에서 나온 공자 기질과는 다른 사람이다.

▌經│ ○七年春王正月,에 暨齊平.라

○三月,에 公如楚.라

○叔孫婼如齊,하여 涖盟.이라

○夏四月甲辰朔,에 日有食之.라

○秋八月戊辰,에 衛侯惡卒.이라

○九月,에 公至自楚.라

○冬十有一月癸未,에 季孫宿卒.이라

○十有二月癸亥,에 葬衛襄公.이라

7년 봄 천자가 쓰는 역으로 정월에, 우리 노나라가 제나라와 화평을 맺었다.

3월에, 공이 초나라에 갔다.

노나라의 숙손착(叔孫婼)이 제나라에 가서, 맹서 맺는 일에 입회하였다.

여름 4월 갑진날인 초하루에, 일식이 있었다.

가을 8월 무진날에, 위나라의 군주인 후작 악(惡)이 세상을 떠났다.

9월에, 공이 초나라로부터 돌아왔다.

겨울 11월 계미날에, 노나라 계손숙이 세상을 떠났다.

12월 계해날에, 위나라 양공을 장사 지냈다.

▌傳│ 七年春王正月,에 暨齊平,은 齊求之也.라

癸巳,에 齊侯次于虢.이라 燕人行成曰, 敝邑知罪,에 敢不聽

命.이리오 先君之敝器,로 請以謝罪.하오니다 公孫晳曰, 受服而
退,라가 俟釁而動,이 可也.이오니다

二月戊午,에 盟于濡上.이라 燕人歸燕姬,하고 賂以瑤罋·玉
櫝·斝耳.라 不克而還.이라

　7년 봄 천자가 쓰는 역으로 정월에 노나라가 제나라와 화평을 맺은 것은 제나라가 요구해서였다.

　계사날에, 제나라 군주는 곽(虢)에 군진(軍陣)을 쳤다. 그때 연나라 사람이 화해를 제의하여 말하기를, "저희 나라가 죄를 알았으니, 감히 명을 듣지 않으오리까? 선대 군주 때부터 전해진 기물로써, 사죄드릴 것을 청하옵니다."라고 했다. 그러자 제나라의 공손석(公孫晳)이 말하기를, "항복을 받고 퇴군(退軍)했다가 연나라의 틈을 기다렸다가 움직이는 것이 좋사옵니다."라고 했다.

　2월 무오날에, 제나라와 연나라가 유수(濡水) 가에서 맹약을 맺었다. 연나라 사람은 연나라의 공녀를 제나라 군주에게 시집보내고, 옥으로 된 독, 옥으로 된 상자, 옥으로 된 술잔 등을 제나라 군주에게 바쳤다. 제나라 군주는 뜻대로 하지 못하고 돌아갔다.

주해 ○虢(곽) ―연나라 남쪽 국경의 땅으로 지금의 하북성 창주(滄州) 부근.
　○濡(유) ―강 이름으로, 역수(易水)의 지류(支流).

楚子之爲令尹也,에 爲王旌以田.이라 芋尹無宇斷之曰, 一國
兩君,이면 其誰堪之.리오 及卽位,하여 爲章華之宮,하여 納亡人以

實之.라 無宇之閽入焉,에 無宇執之,하니 有司弗與曰, 執人於

王宮,은 其罪大矣.라 執而謁諸王.이라 王將飮酒.라 無宇辭曰,

天子經略,하고 諸侯正封,은 古之制也.라소이다 封略之內,가 何非

君土,하고 食土之毛,에 誰非君臣.이리오 故로 詩曰, 普天之下,가

莫非王土,요 率土之濱,은 莫非王臣.이라 하였나이다 天有十日,하

고 人有十等,에 下所以事上,은 上所以共神也.이오니다 故로 王

臣公,하옵고 公臣大夫,하오며 大夫臣士,하옵고 士臣皁,하오며 皁臣

輿,하옵고 輿臣隷,하오며 隷臣僚,하옵고 僚臣僕,하오며 僕臣臺,하옵

고 馬有圉,하오며 牛有牧,하여 以待百事.하오니다 今, 有司曰, 女

胡執人於王宮.가라하오나 將焉執之.리오 周文王之法曰, 有亡,이

면 荒閱.하라 하였나이다 所以得天下也.라소이다 吾先君文王,이 作

僕區之法曰, 盜所隱器,는 與盜同罪.라하였나이다 所以封汝也.라

소이다 若從有司,면 是無所執逃臣也.이오니다 逃而舍之,면 是無

陪臺也,어늘 王事無乃闕乎.인가 昔,에 武王數紂之罪,하사 以告

諸侯曰, 紂爲天下逋逃,하여 主萃淵藪.라 하였나이다 故로 夫人

致死焉.이었나이다 君王始求諸侯,하사 而則紂,이시면 無乃不可

乎.인가 若以二文之法取之,면 盜有所在矣.이오니다 王曰, 取而

臣以往.하라 盜有寵,하여 未可得也.라 遂赦之.라

　초나라 군주가 영윤(令尹)으로 있을 때, 국왕(國王)의 기(旗)를 만들어 들리어 사냥을 한 일이 있었다. 그러자 우(芋) 고을 장관인 무우(無宇)가 그 깃대를 끊고 말하기를, "한 나라에 두 군주가 있다면, 그 누가 견디어낼 것인가?"라고 했다. 국왕이 되어서는, 장화궁(章華宮)을 지어, 내외(內外)의 도망자들을 수용하여 가득 채웠다. 무우가 거느리는 문지기가 도망하여 장화궁으로 들어가서 무우가 잡으려 하니 장화궁의 관리가 내주지 않고 말하기를, "왕궁(王宮)에서 사람을 잡는 것은, 그 죄가 크오."라고 했다. 그리고는 무우를 잡아 국왕 앞으로 끌고가 보였다. 그때 왕은 술을 마시려는 참이었다. 무우는 자기 변론을 했다. "천자가 천하를 다스리고, 제후가 봉토(封土)를 다스린다는 것은, 옛날부터의 제도이옵니다. 봉토 안이, 어느 곳인들 군주의 땅이 아니고, 봉토 안에서 나는 것을 먹고사는 사람이, 어느 누가 군주의 신하가 아니겠사옵니까? 그래서 시에 이르기를, '넓은 하늘 아래가 임금의 땅 아님이 없고, 땅끝까지의 사람이 임금의 신하 아님이 없다.'라 하였사옵니다. 하늘에 일순(日順)이 열이 있고, 사람에게 열 등급이 있사오니, 아랫사람이 윗사람을 섬김은, 윗사람이 신(神)을 받들어 모시는 것과 같사옵니다. 그러므로 왕은 제후를 신하로 삼사옵고, 제후는 대부를 신하로 삼사오며, 대부는 사(士)를 신하로 삼사옵고, 사는 조(阜)를 신하로 삼사오며, 조는 여(輿)를 신하로 삼사옵고, 여는 예(隷)를 신하로 삼사오며, 예는 요(僚)를 신하로 삼사옵고, 요는 복(僕)을 신하로 삼사오며, 복은 대(臺)를 신하로 삼사옵고, 말〔馬〕에는 말 다루는 어인(圉人)이 있사오며, 소〔牛〕에는 소먹이는 목인(牧人)이 있어, 모든 일마다에는 할 사람이 정해져 있나이다. 이제 장화궁의 관리가 말하기를, '네 어찌 왕궁에서 사람을 잡느냐?'라고 했으나, 그러면 도망간 그 놈을 어디에서 잡으오리까? 주나라 문왕(文王)께서 제정하신 법에, '도망한 자가 있으면, 널리 수사하여 잡아라.'고 하였나이다. 그래서 주나라 문왕께서는 천하를 차지하게 되신 것이었나이다. 그리고 우리나라 선대 군주이신 문왕(文王)께서 복구법(僕區法)을 제정하시고, 그 안에 말씀하시기를, ‘도둑을 위하여 도둑질한 물건을 감추어 준 자는, 도둑과 같은 죄다.’라고 하셨나이다. 이렇게 하셨기에, 영토를 여수(汝水) 가까지 넓히시었던 것이옵니다. 만일 관리의 말대로 할 것 같으면, 도망친 부하를 잡을 곳은 없사옵니다. 도망한 자를 내버려둔다면, 인간의 열 계급 중에서 윗사람을 모시는 대(臺)의 계급 사람은 없게 될 것이옵는데, 그렇다면 국왕의 정사(政事)에도 결점이 있게 되지 않겠나이까? 옛날에 주나라 무왕(武王)께서 은(殷)나라 주왕(紂王)의 죄를 헤아리시어, 제후들에게 말씀하시기를, ‘주왕은 천하의 죄 짓고 도망한 자들을 위하여, 자신이 숙소의 주인이 되어 그 무리를 많이 모았다.’고 하셨나이다. 그래서 사람들이 주왕을 쳤나이다. 국왕께서는 이제 비로소 사방의 제후들을 지배하게 되셔서, 주왕이 한 일을 본뜨신다면, 아니되지 않으오리까? 만일 주나라 문왕과 우리 초나라 문왕의 법을 취하여 다스릴 것 같으면, 국왕께서도 도둑이 되옵니다.” 이 말을 듣고 난 왕은, “너의 부하를 잡아가거라. 이 도둑은 하늘의 사랑을 받고 있어서 잡을 수가 없으리라.”라고 말했다. 그리고 바로 무우를 용서했다.

주해 ○章華宮(장화궁)—《사기(史記)》 초세가(楚世家)에 의하면, 건계(乾谿) 땅에 지어졌었다.

○亡人(망인)—국내외의 도망자.

○經略(경략)—천하를 통치함.

○詩曰(시왈)—《시경》 소아에 든 북산편(北山篇)의 구절.

○僕區法(복구법)—형법의 이름.

○盜所隱器(도소은기)—도둑이 도둑질한 것을 숨겨둔 자.

○盜有所在矣(도유소재의)—무우가 초왕을 가리켜 도둑을 감추고 있으니 도둑과 같은 죄의 사람이라고 한 말.

○盜有寵(도유총), 未可得也(미가득야)—무우의 말에 대하여, 초왕이 네가

나보고도 도둑이라 하나, 나는 하늘의 총애를 받고 있으니 잡을 수가 없
다고 농담을 한 것이다.

楚子成章華之臺,하여 願與諸侯落之.라 太宰薳啓彊曰, 臣能
得魯侯.이오니다 薳啓彊來召公,에 辭曰, 昔,에 先君成公命我先
大夫嬰齊曰, 吾不忘先君之好,하고 將使衡父照臨楚國,하여 鎭
撫其社稷,하여 以輯寧爾民.이라 하셨나이다 嬰齊受命于蜀,하고 奉
承以來,하여 弗敢失隕,하여 而致諸宗祧.였나이다 曰,에 我先君共
王,은 引領北望,하여 日月以冀,하고 傳序相授,하여 於今四王矣,
로되 嘉惠未至.였나이다 唯襄公之辱臨我喪,이었사오나 孤與其二
三臣,이 悼心失圖,하고 社稷之不皇,이었삽거늘 況能懷思君德.인
가 今, 君若步玉趾,하사 辱見寡君,하시고 寵靈楚國,하시며 以信
蜀之役,하사 致君之嘉惠,하시면 是寡君旣受貺矣,에 何蜀之敢望.
이리오 其先君鬼神,이 實嘉賴之,이리옵거늘 豈唯寡君.이리오 君若
不來,시면 使臣請問行期.이오니다 寡君將承質幣,하여 而見于蜀,
하여 以請先君之貺.이리이다.

公將往,에 夢襄公祖.라 梓愼曰, 君不果行.이리라 襄公之適楚
也,에 夢周公祖而行.이라 今, 襄公實祖,하시니 君其不行.이리라
子服惠伯曰, 行.이라 先君未嘗適楚.라 故로 周公祖以道之.라

襄公適楚矣,에 而祖以道君.이시라 不行,하시고 何之.리오

三月, 公如楚,에 鄭伯勞于師之梁.이라 孟僖子爲介,하여 不能

相儀,하고 及楚,에 不能答郊勞.라

초나라 군주가 장화(章華)의 대궁(臺宮)을 짓고, 제후들과 같이 낙성식(落成式)을 행하고자 원했다. 그러자 태재(太宰)인 위계강이 말하기를, "신은 노나라 군주를 오게 할 수가 있사옵니다."라고 했다. 위계강은 노나라에 와 우리 군주 소공을 초대함에, 이렇게 말했다. "옛날에 노나라 선대 군주이셨던 성공(成公)께서, 저희 초나라의 전대부(大夫) 영제(嬰齊)에게 말씀하옵기를, '나는 선대 군주부터의 초나라에 대한 우호관계를 잊지 않고 있어, 곧 공자(公子)인 형보(衡父)에게 초나라에 가서, 초나라의 사직(社稷)을 안정시키어, 그대 나라 국민을 편안케 하려 하노라.'라고 하셨나이다. 영제는 그 말씀을 촉(蜀)에서 받고, 그 말씀을 잘 받들고 초나라로 돌아와, 그 말씀을 감히 조금도 손실(損失)시키지 않은 채, 그대로 군주의 종묘(宗廟)에 보고드렸나이다. 전에, 저희 초나라의 선대 군주 공왕(共王)은 고개를 높이 들어 북쪽의 노나라 하늘을 바라보고서, 언제든지 노나라 분이 오기를 기다렸고, 노나라 분이 올 것이라는 말을 대대의 군주가 이어 말하여, 현재까지 4대 왕에 이르고 있사오나, 노나라 군주께서 사신을 보내시는 혜택은 실현되지 않았나이다. 그후, 양공(襄公)께서 저희 나라가 상(喪)을 당했을 때에 왕림하셨사오나 그때 저희 나라 군주 후계자 되는 분과 몇몇 대신들이, 마음이 아파 정신을 차리지 못하고, 나랏일에도 생각할 틈이 없었사온데, 하물며 노나라 군주이신 양공의 덕을 생각에 둘 수 있었겠나이까? 이제 군주께서 초나라로 발길을 내디디시사 가셔서 저희 나라 군주를 만나보시고, 초나라를 돌보시며, 촉(蜀) 땅에서 싸웠을 때에 말씀하셨던 신의를 지키시어, 군주께서 혜

택을 베풀어주신다면, 그것으로써 저희 군주는 은혜를 받는 것이 되는 것이옵는데, 어찌 초에서의 약속 이행을 감히 바라오리까? 군주께서 저희 나라로 가 주신다면, 저희 나라의 선대 군주들이 실로 힘 입음을 좋아할 것이옵는데, 어찌 지금의 저희 나라 군주만 좋아하오리까? 군주께서 만약 초나라에 오시지 않으시려면, 초나라의 사신인 저는 군주께서 (촉 땅으로) 행차하실 날짜를 물어 올리겠나이다. (군주께서 촉으로 가신다면) 저희 나라 군주는 폐백(幣帛)을 가지고 촉으로 가 군주를 만나보고, 노나라의 선대 군주께서 약속하신 것을 갖추어 주시라고 요청할 것이옵니다."

노나라의 공이 초나라에 가려고 하는데, 양공(襄公)이 공의 여행길이 무사하도록 비는 꿈을 꾸었다. 이 일에 대하여 재신(梓愼)이 말하기를, "군주께서는 실제로 가시지 못할 것이다. 양공께서 초나라로 가셨을 때에는, 주공(周公)께서 여행길이 무사하도록 비시는 꿈을 꾸시고 가셨었다. 그런데 이번엔, 양공께서는 자신이 군주의 여행길이 무사하시도록 빌으시었으니 군주께서는 가시지 못하실 게다."라고 했다. 그리고 자복혜백(子服惠伯)은 말했다. "군주께서는 초나라에 가신다. 선대 군주께서는 전에 초나라에 가신 일이 없었다. 그래서 주공께서 여행길의 편안을 비시고 인도하셨다. 그러나 이번에는 양공께서 초나라에 가신 일이 있었기에 여행길의 안녕을 비시고, 군주를 인도하시려는 것이다. 그런데 초나라에 가시지 않고, 어디를 가실 건가?"

3월에 공이 초나라에 가니, 정나라의 군주가 사지량(師之梁)에서 위로했다. 그때 맹희자(孟僖子)가 공의 수행관(隨行官)이 되어 가 예의를 행하는 일을 제대로 돕지 못했고, 초나라에 도착했을 때 초나라가 교외에서 맞아 위로하는 자리에서도, 초나라 사람에 대한 응대도 잘하지 못했다.

 ○衡父(형보)—성공 2년에 초나라가 노나라 땅인 촉(蜀)으로 침입

하자, 성공은 아들 형보를 인질삼아 친하게 지낼 것을 서약했었다. 그런데 형보는 인질이 되어 가는 도중 도망쳐 귀국했다.

o 請問行期(청문행기)―노나라 군주에게 촉(蜀)으로 행차할 기일을 묻는다는 것.

o 祖(조)―여행함에 앞서, 여행의 안전을 도신(道神)에게 제사 드려 빎.

o 子服惠伯(자복혜백)―맹헌자(孟獻子)의 손자인 맹초(孟椒).

o 師之梁(사지량)―정나라 도읍의 서문(西門).

o 孟僖子(맹희자)―중손확(仲孫貜). 헌자(獻子)의 아들.

夏四月甲辰朔,에 日有食之.라 晉侯問於士文伯曰, 誰將當日食.가 對曰, 魯衛惡之,옵거늘 衛大魯小.리이다 公曰, 何故.아 對曰, 去衛地,하여 如魯地,이었거늘 於是有災,하여 魯實受之.리이다 其大咎其衛君乎.인저 魯將上卿.이리이다 公曰, 詩所謂彼日而食,은 于何不臧者,는 何也.아 對曰, 不善政之謂也.였나이다 國無政,하고 不用善,이면 則自取謫于日月之災.이오니다 故로 政不可不愼也.이오니다 務三而已,옵거늘 一曰擇人,이옵고 二曰因民,하오며 三曰從時.이오니다

여름 4월 갑진날인 초하루에 일식이 있었다. 이 일을 가지고 진나라 군주가 사문백(士文伯 : 士匃)에게 물었다.

군주―누가 일식의 해를 당할 것이오?

사문백―노나라와 위나라가 해를 받을 것이옵는데, 위나라가 크게 받고 노나라는 작게 받을 것이옵니다.

군주―어째서요?

사문백―일식은 위나라 땅 위의 하늘에서 시작하여, 노나라 땅 위의 하늘로 옮겨갔사온데, 이에 위나라에 재해가 일어나, 노나라는 실로 그 여파(餘波)를 받을 것이옵니다. 그 큰 해는 위나라 군주에게 떨어질 것이옵니다. 그리고 노나라의 상경(上卿)에게 해가 있게 될 것이옵니다.

군주―시에 이른바, '저 일식은 어디에 잘못 있어서일까?'는 무슨 뜻이오?

사문백―잘못이란, 좋지 못한 정치를 이른 것이었나이다. 나라에 선정(善政)이 행해지지 않고, 좋은 인재를 등용하지 않으면, 스스로 그 벌을 해와 달이 끼치는 재해에서 받게 되는 것이옵니다. 그러므로 정치는 신중히 하지 않을 수 없는 것이옵니다. 정치는 세 가지 일을 힘쓸 따름이옵는데, 첫째는 사람을 잘 가려 쓰는 일이옵고, 둘째는 백성들의 의사를 따르는 일이오며, 셋째는 때에 잘 맞추어 행하는 일이옵니다.

주해 | ○去衛地(거위지), 如魯地(여로지)―두예(杜預)는 그의 주에 말하기를, 위나라의 운명을 맡은 성수(星宿)는 시위(豕韋)이고, 노나라 운명을 맡은 성수는 강루(降婁)였는데, 일식이 시작했을 때의 해는 시위 성수의 근방에 위치했다가, 끝날 때에는 강루 성수의 근방에 있었던 것이라고 했다.

○彼日而食(피일이식), 于何不臧(우하부장)―《시경》 소아에 있는 시월지교편(十月之交篇)의 구절.

○因民(인민)―민심을 따름.

진인래치기전　　계손장이성여지　　　사식위맹손수　　　불
晉人來治杞田,에　季孫將以成與之.라　謝息爲孟孫守,하여　不

가　　　왈　인유언　　　왈　수유설병지지　　수불가기
可,라하고　曰, 人有言,하되　曰, 雖有挈缾之知,라도　守不假器,라하

니　예야　　부자종군　　　이수신상읍　　수오자역유시언
니　禮也.라　夫子從君,이어늘　而守臣喪邑,이면　雖吾子亦有猜焉.

이리다 李孫曰, 君之在楚,는 於晉罪也.라 又不聽晉,이면 魯罪重

矣,에 晉師必至.리라 吾無以待之,니 不如與之閒晉而取諸杞.라

吾與子桃.리라 成反,엔 誰敢有之.리오 是得二成也.라 魯無憂,하

고 而孟孫益邑,이어늘 子何病焉.가 辭以無山,하니 與之萊柞.이라

乃遷于桃,하고 晉人爲杞取成.이라

진(晉)나라 사람이 노나라에 와 노나라가 차지하고 있는 기나라의 땅을 내놓으라 따지니, 계손씨(李孫氏)가 (초나라에 가 있는 맹손씨의 영유지인) 성(成)을 대신 내어주려 했다. 사식(謝息)이 맹손씨(孟孫氏)의 가문을 맡아 지키고 있었는데, 그는 그럴 수가 없다며 말하기를, "세상 사람들이 하는 말이 있는데, '비록 우물의 물을 푸는 두레박을 쓸 줄을 알기만 하더라도, 남의 것을 지키되 기물을 다른 사람에게 빌려주지 않는 것이다.'고 하는데, 이것이 예에 맞는 일입니다. 가문의 주인어른이 군주를 따라가셨는데, 가문을 지키는 가신(家臣)이 영유읍(領有邑)을 상실한다면, 님이라 하더라도 역시 지키고 있는 가신을 의심하실 것입니다."라고 했다. 그러자 계손씨가 말하였다. "군주께서 지금 초나라에 가 계심은 진나라에 대해서 죄가 되는 걸세. 그런데다가 또 진나라의 명을 듣지 않는다면, 우리 노나라의 죄는 무겁게 되어져 진나라 군사가 반드시 우리나라를 치려고 올 것이네. 우리에게는 진나라의 군사력을 막아낼 힘이 없으니, 그 땅을 주고서 진나라의 틈을 엿보았다가 기나라한테 빼앗는 것만큼 다른 좋은 수가 없네. 내 성 대신 도(桃) 땅을 줄 것일세. 이 뒤에, 성 땅이 우리나라로 되돌아올 때엔, 누가 감히 성 땅을 차지할 것인가? (결국 맹손씨가 다시 차지하게 될 것이니) 그러면 맹손씨는 두 군데의 성(成)을 갖게 되는 것일세. 노나라에 근심이 없어지고, 맹손씨는 영유읍을 불

리는 일인데, 그대는 어찌 걱정하는가?" 그래도 사식이 도(桃)에는 산이 없는 것을 이유삼아 사절하니, 계손씨는 내산(萊山)과 작산(柞山)을 더 붙여주었다. 그래서 맹손씨의 가문은 도로 옮겨갔고, 진나라 사람은 기나라에게 주기 위해서 성 땅을 탈취했다.

주해 ○杞田(기전)—노나라가 차지했던 기나라의 땅. 양공 29년조 참고. 진나라가 기나라의 땅을 내놓으라고 명한 것은, 노나라 소공이 초나라에 간 것을 미워해서였다.

○桃(도)—노나라에 도 땅이 두 군데 있었는데, 여기에서의 도는 지금의 문상현(汶上縣) 땅이고, 다른 도는 변현(卞縣) 땅이었다.

楚子享公于新臺,에 使長鬣者相,하고 好以大屈,이나 旣而悔之.라 薳啓疆聞之,하고 見公.이라 公語之,하니 拜賀.라 公曰, 何賀.오 對曰, 齊與晉越,이 欲此久矣,로되 寡君無適與也,이었거늘 而傳諸君.이오니다 君其備禦三鄰,하사 愼守.하소서 寶矣,하옵거늘 敢不賀乎.아 公懼,하여 乃反之.라

鄭子産聘于晉,에 晉侯有疾.이라 韓宣子逆客,하여 私焉曰, 寡君寢疾,하여 於今三月矣.라 竝走群望,이나 有加而無瘳.라 今夢黃熊入于寢門.이라 其何厲鬼也.오 對曰, 以君之明,하고 子爲大政,이어늘 其何厲之有.리오 昔,에 堯殛鯀于羽山,하니 其神化爲黃熊,하여 以入于羽淵,어늘 實夏爲郊,하고 三代祀之.라 晉爲盟主,어늘 其或者未之祀也乎.아 韓子祀夏郊,하니 晉侯有間.이라 賜子

^{산 거 지 이 방 정}
産莒之二方鼎.이라

초나라 군주가 노나라 소공에게 새 궁대(宮臺)에서 향연을 베풂에
있어, 키가 큰 건장한 사람에게 공의 시중을 들게 하고, 대굴(大屈)이
라는 활을 선사했으나 주고 나서 후회했다. 초나라의 위계강이 그것
을 듣고, 노나라의 소공을 찾아가 만났다. 공이 그에게 대굴을 선사받
았다는 것을 말하니, 위계강이 절하고 축하드렸다. 공이, "어찌하여
축하를 하는 게요?"라고 말하니, 위계강이 대답했다. "제나라와 진
(晉)·월나라의 군주께서 갖기를 원한 지가 오래되지만, 저희 나라 군
주는 어느 분에게 줄 것인가를 정한 일이 없었사온데, 이제 군주께
드렸사옵니다. 군주께서는 세 이웃나라에 대해서 대비하사, 잘 보유
(保有)하옵소서. 보물이옵는데, 어찌 축하드리지 않으오리까?" 이 말
을 들은 공은 두려운 생각이 들어 바로 돌려보냈다.

정나라 자산(子産)이 진나라를 예방했는데, 당시에 진나라 군주가
병이 나 있었다. 진나라의 한선자(韓宣子 : 韓起)가 손님인 자산을 맞
이하여 개인적으로 말하기를, "우리 군주께서 병으로 누워 계시어, 오
늘날까지 3개월이 됩니다. 사방으로 사람들이 달려가 여러 명산대천
(名山大川)에게 빌었지만, 병이 더
하고 나아짐이 없습니다. 근일에 황
웅(黃熊)이 군주의 침전(寢殿) 문으
로 들어가는 꿈을 꾸었습니다. 황웅
은 무슨 귀신일까요?"라고 했다. 정
나라 자산이 대답했다. "군주께서
현명하시고, 님이 진나라의 정치를
하고 계시는데, 무슨 귀신이 범하겠
습니까? 옛날에 요(堯)임금이 우
(禹)임금의 아버지인 곤(鯀)을 우산

사슴을 바치는 정(鼎)

(羽山)에서 죽이니, 그의 귀신이 황웅으로 변화하여 우연(羽淵)으로 들어갔는데, 하(夏)나라는 실로 곤의 교제(郊祭)를 받아먹는 신으로 모셨고, 하(夏)·은(殷)·주(周)의 3대에 걸쳐 곤의 신에게 제사 지내어 왔습니다. 진나라는 맹주(盟主)가 되어 있는데, 혹시나 곤의 신에게 제사 드리지 않았던 것이 아닙니까?" 이 말을 들은 한선자가 하나라의 교제 신, 즉 곤의 신에게 제사를 지냈더니, 진나라 군주의 병에 차도가 있었다. 그래서 자산에게 거나라가 헌납했던 2개의 네모진 솥[鼎]을 하사했다.

주해 ○三鄰(삼린)─제·진·월의 이웃나라.
  ○群望(군망)─제사 드려 비는 것을 망이라 했다. 즉 여러 명산대천에 빎.
  ○羽山(우산)·羽淵(우연)─지금의 산동성 동북부의 봉래현(蓬萊縣) 근방에 우산이 있고, 그 산 밑에 우연이 있었다고 한다. 미상(未詳).

子産爲豐施,하여 歸州田於韓宣子曰, 曰,에 君以夫公孫段爲

能任其事,하사 而賜之州田.이라 今無祿早世,하여 不獲久享君德.

이라 其子弗敢有,에 不敢以聞於君,하고 私致諸子.라 宣子辭.라

子産曰, 古人有言,하되 曰, 其父析薪,이나 其子弗克負荷.라 施

將懼不能任其先人之祿,이어늘 其況能任大國之賜.리오 縱吾子

爲政而可,나 後之人若屬有疆場之言,이면 敝邑獲戾,하고 而豐氏

受其大討.라 吾子取州,는 是免敝邑於戾,요 而建置豐氏也.라

敢以爲請.이라 宣子受之,하여 以告晉侯,하니 晉侯以與宣子.라

^{선 자 위 초 언 병 유 지}
宣子爲初言病有之,하여 ^{이 역 원 현 어 악 대 심}
以易原縣於樂大心.이라

　자산이 공손단(公孫段)의 아들 풍시(豊施)를 위하여 (전에 공손단이 진나라 군주한테 상으로 받은) 주(州) 땅을 진나라 한선자에게 돌려주면서 말하기를, "전날에, 귀국의 군주께서는 공손단이 정사를 잘 볼 수 있는 사람이라 인정하사, 주 땅을 하사하셨습니다. 그런데 그는 복이 없어 빨리 죽어, 오랫동안 군주의 은덕을 향유(享有)하지 못하게 되었습니다. 그의 아들은 그 땅을 감히 물려받아 차지할 수가 없는 형편인데, 이 일을 감히 군주에게는 말씀 올리지 못하고, 사적(私的)으로 님에게 반환합니다."라고 했다. 한선자는 사절했다. 그러자 자산은 말했다. "옛사람이 한 말이 있는데 '그 아비는 나무를 베었으나, 자식은 그 나무를 질 수도 없다.'라 한 것입니다. 공손단의 아들 풍시는 그의 죽은 아버지가 본국에서 차지했던 국록(國祿)도 그대로 물려받아 완전하게 향유할 수도 없는 형편인데, 장차 큰 나라의 군주께서 하사하신 땅까지 향유할 수가 있겠습니까? 님이 진나라의 정치를 하고 계시는 동안에는 비록 소유해도 좋다고 할지라도, 님의 뒤를 계승하는 분이 만약 국경에 대한 말을 함에 이른다면 결국은 저희 나라가 죄를 진 것이 되고, 그리고 풍씨(豊氏) 가문은 큰 벌을 받게 됩니다. 님이 주나라 땅을 거두어들이시는 것은 저희 나라가 죄에서 벗어나게 함이고, 그리고 풍씨 가문을 그대로 존속케 하는 일인 것입니다. 그래서 감히 요청하는 것입니다." 이에 한선자는 돌려받아, 그 사실을 진나라 군주에게 보고하니, 진나라 군주는 주 땅을 한선자에게 하사하였다. 그러나 한선자는 전에 주 땅에 대하여 자신이 한 말이 있었기 때문에 차지하기를 꺼려, 악대심(樂大心)에게 요청하여 그의 소유지인 원(原) 고을과 바꾸었다.

주해　○州田(주전)－진나라 땅이었는데, 소공 3년에 정나라의 공손단이

하사받았다.

ㅇ爲初言(위초언)—주 땅을 두고 조문자(趙文子)와 한 말이 있었다. 이에
대해서는 소공 3년조 참고.

ㅇ原縣(원현)—지금의 하남성 제원(濟源) 부근의 땅. 전에 송나라 대부였
던 악대심(樂大心)에게 주었다.

鄭人相驚以伯有,하여 曰伯有至矣,면 則皆走,하여 不知所往.
이라 鑄刑書之歲二月,에 或夢,에 伯有介而行曰, 壬子,에 余將
殺帶也,요 明年壬寅,에 余又將殺段也.리라 及壬子,하여 駟帶卒,
하니 國人益懼,하고 齊燕平之月壬寅,에 公孫段卒,하니 國人愈
懼.라 其明月,에 子産立公孫洩及良止,하여 以撫之,하니 乃止.라
子大叔問其故,하니 子産曰, 鬼有所歸,면 乃不爲厲,에 吾爲之歸
也.라 大叔曰, 公孫洩何爲.오 子産曰, 説也.라 爲身無義而圖
説.이라 從政,엔 有所反之以取媚也.라 不媚,면 不信,하고 不信,
이면 民不從也.라

及子産適晉,에 趙景子問焉曰, 伯有猶能爲鬼乎.아 子産曰,
能.이라 人生始化曰魄,하고 旣生魄,하여 陽曰魂.이라 用物,하여
精多,면 則魂魄强.이라 是以로 有精爽至於神明.이라 匹夫匹婦
强死,면 其魂魄猶能馮依於人,하여 以爲淫厲,어늘 況良霄我先
君穆公之冑, 子良之孫, 子耳之子, 敝邑之卿從政三世矣.리오

鄭雖無膔,이나 抑諺曰, 蕞爾,나 國.이라 而三世執其政柄,에 其
用物也弘矣,요 其取精也多矣,며 其族又大,에 所馮厚矣,어늘 而
强死.라 能爲鬼,는 不亦宜乎.아

子皮之族,이 飮酒無度.라 故로 馬師氏與子皮氏有惡.이라 齊
師還自燕之月,에 罕朔殺罕魋,하고 罕朔奔晉.이라 韓宣子問其位
於子産,하니 子産曰, 君之羈臣,이 苟得容以逃死,면 何位之敢
擇.가 卿違,면 從大夫之位,하고 罪人以其罪降,은 古之制也.라
朔於敝邑亞大夫也,요 其官馬師也.라 獲戾而逃,하니 唯執政所
寘之.라 得免其死,하니 爲惠大矣,어늘 又敢求位.리오 宣子爲子
産之敏也,라 하고 使從嬖大夫.라

정나라 사람이 서로 백유(伯有)의 유령을 가지고 놀라게 하여, 백유가 나타났다고만 말하면, 다들 도망쳐 어디로 갈 것인가를 몰랐다. 자산이 형법 조항을 새겨 널리 철판을 주조했던 해의 2월에, 어느 사람이 꿈을 꾸었는데, 백유가 무장(武裝)을 하고 걸어가면서 말하기를, "임자(壬子)날에 내 사대(駟帶)를 죽일 것이고, 다음해 임인(壬寅)날에는 내 다시 공손단(公孫段)을 죽일 것이다."라고 했다. 임자날이 되어 사대가 세상을 떠나자, 나라 사람은 더 무서워했고, 제나라와 연나라가 화평을 맺은 달의 임인날에 공손단이 세상을 떠나니, 나라 사람들은 더한층 무서워하였다. 그러자 그 다음달에, 자산은 공손설(公孫洩)을 자공(子孔)의 후계자로, 양지(良止)를 백유의 후계자로 각각 삼아 죽은 자들의 영혼을 안정케 하니, 그 소란이 멈춰졌다. 자대숙

(子大叔)이 그 까닭을 물으니 자산은 말하기를, “귀신이 의지할 바가 있으면, 귀신이 나쁜 짓을 하지 않기에, 나는 그 귀신들을 위하여 의지하게 한 것이오.”라고 했다. 그러자 대숙은, “공손설을 어찌 후계자로 삼은 것입니까?”라고 물었다. 자산은 말했다. “사람들에게 구실삼기 위해서였소. 백유는 의리가 없었던 사람이라 그 후계자를 세울 수가 없지만 공손설을 자공의 후계자로 세운 것은 양지를 백유의 후계자로 삼는 구실로 삼기 위해서였소. 정치를 함에 있어서는 도리에 맞지 않는 일로 사람들의 비위를 맞추는 일도 있는 것이오. 사람들의 비위를 맞추지 않으면, 사람들이 불신(不信)하고, 사람들이 불신하게 되면, 국민은 따르지 않는 것이오.”

자산이 진나라에 이르자, 진나라의 조경자(趙景子 : 趙成, 趙武의 아들)가 그에게 묻기를, “백유는 아직도 귀신으로서 나쁜 짓을 할 수 있을까요?”라고 했다. 자산은 말했다. “그럴 수가 있습니다. 사람이 태어나면, 맨 먼저 작용하는 것은 백(魄)이라 하고, 백이 작용하고 움직이는 양기(陽氣)는 혼(魂)이라 합니다. 사람이 여러 가지 것을 몸을 위하여 취하여 정기(精氣)가 많으면 혼백의 기운이 강해집니다. 그래서 그 혼백의 아주 정(精)하고 맑은 것은 신명(神明)의 경지에 이르는 일도 있는 것입니다. 천한 남자나 여자라도 횡사(橫死)나 변사(變死)를 한다면, 그의 혼백은 또한 다른 사람에게 붙을 수가 있어 아주 나쁜 짓을 하는데, 하물며 양소(良霄 : 백유)는 우리나라 선대 군주 목공(穆公)의 후손이고, 자량(子良)의 손자이며, 자이(子耳)의 아들이고, 우리나라의 경이며, 3대째 나라의 정치를 한 사람이었는데 다시 말할 것이 있겠습니까? 정나라는 비록 빈약하기는 하나 속담에, ‘작기는 하나, 나라는 나라다.’라고 하는 것과 같이, 미미하기는 하나 한 독립국입니다. 그래서 그의 가문은 3대 동안 나라의 정권을 잡았으므로, 몸을 위하여 취한 것이 광범위한 것이었고, 그가 정력(精力)을 돋구는 것을 취했음이 많았으며, 그의 문족(門族)이 큼에 의지할 바가 많았는데도 그는 횡사했습니다. 그러니 그가 귀신 노릇을 할 수 있음은, 마땅하지 않습니까?”

자피(子皮)의 가족이 술을 마심은 난잡하였다. 그래서 마사(馬師)의 집과 자피의 집은 사이가 나빴다. 제나라의 군사가 연나라로부터 귀환했던 달에, 마사 벼슬에 있는 한삭(罕朔)이 자피의 동생인 한퇴(罕魋)를 죽이고, 한삭은 진나라로 달아났다. 진나라 한선자가 한삭에게 무슨 지위를 줄 것인가를 자산에게 물으니, 자산은 말했다. “귀국의 군주를 모시는 외국에서 온 신하가, 만일 몸이 용납되어 죽음의 길에서 벗어날 수가 있다면 그것으로 만족하지 어찌 지위 여하를 가릴 수가 있겠습니까? 경(卿)으로 있던 자가 다른 나라로 가면 대부(大夫)의 지위에 놓여지고, 죄인의 경우는 그 죄의 여하에 따라 강등(降等)되어짐은 옛날부터의 법도입니다. 한삭은 저희 정나라에서 중대부(中大夫)였고, 관직은 마사였습니다. 그는 정나라에서 죄를 짓고 도망갔으니, 오직 정권을 쥐고 계시는 님이 마음대로 처우(處遇)하실 따름입니다. 죽음을 면할 수가 있었으니, 그것은 곧 은혜의 큼이 되는데, 또 감히 지위를 구하겠습니까?” 한선자는 자산의 말이 재치있다 하고 한삭을 하대부(下大夫)가 되게 했다.

│주해│　○伯有(백유)－양공 30년에 정나라 사람들이 죽였다.

○介而行(개이행)－무장하고 걸어감.

○壬子(임자)－소공 6년 3월 3일. 백유는 양공 30년 7월 임자날에 정나라 도읍으로 육박하여, 계축(癸丑)날에 쳐들어갔다가 죽었다. 그래서 임자날에 사대를 죽이겠다고 말한 것이다.

○馴帶(사대)－사대는 자석(子晳)을 도와 백유를 죽였다.

○壬寅(임인)－이해 정월 28일.

○公孫段(공손단)－공손단은 사대와 동족으로 사대와 함께 백유를 죽이는 일에 협조했었다.

○强死(강사)－제명대로 죽지 못하고, 횡사나 변사를 함.

○馬師(마사)－말을 관리하는 관리의 장(長).

○子皮(자피)의 씨족-정나라 목공의 자손으로, 목공의 아들 자한(子罕)이 있어, 한씨(罕氏)의 시조가 되었다. 그들의 계보는 다음과 같다.

목공(穆公) ─ 자한(子罕) ┬ 자전(子展) ┬ 자피(子皮)
　　　　　　　　　　　　　　　　　　└ 퇴(魋)
　　　　　　　　　　　　└ 공손서(公孫鉏) ─ 삭(朔)

○羈臣(기신)-외국에서 나그네로 온 신하.
○嬖大夫(폐대부)-하대부.

秋八月(추팔월)에 衛襄公卒(위양공졸)이라 晉大夫言於范獻子曰(진대부언어범헌자왈), 衛事晉爲睦(위사진위목)이어늘 晉不禮焉(진불례언)하고 庇其賊人(비기적인)하여 而取其地(이취기지)라 故(고)로 諸侯貳(제후이)라 詩曰(시왈), 鶺鴒在原(척령재원)에 兄弟急難(형제급난)이다하고 又曰(우왈), 死喪之威(사상지위)면 兄弟孔懷(형제공회)라 兄弟之不睦(형제지불목)이라도 於是乎不弔(어시호부조)면 況遠人誰敢歸之(황원인수감귀지)리오 今又不禮於衛之嗣(금우불례어위지사)면 衛必叛我(위필반아)하리라 是絶諸侯也(시절제후야)라 獻子以告(헌자이고) 韓宣子(한선자)하니 宣子說(선자열)하여 使獻子如衛弔(사헌자여위조)하고 且反戚田(차반척전)이라

衛齊惡告喪于周(위제악고상우주)하고 且請命(차청명)이라 王使郕簡公如衛弔(왕사성간공여위조)하고 且追命襄公曰(차추명양공왈), 叔父陟恪(숙부척각)하여 在我先王之左右(재아선왕지좌우)하여 以佐事上帝(이좌사상제)하리라 余敢忘高圉亞圉(여감망고어아어)리오

가을 8월에, 위나라 군주 양공이 세상을 떠났다. 진나라의 한 대부가 범헌자(范獻子 : 士鞅)에게 말했다. "위나라는 우리 진나라를 섬겨 화목하는 사이입니다. 그런데 진나라는 위나라를 예우(禮遇)하지 않고, 그 나라의 죄인을 비호하여, 그 나라 땅을 빼앗았습니다. 그래서 제후들이 다른 마음을 갖게 된 것입니다. 시에 이르기를, '물가에 사

는 척령(鶺鴒)새 들판에서 고생하고 있게 되면, 형제들 급히 그 곤란 구하네.'라 했고, 또 '죽고 상 당하는 두려움 있으면, 형제들 퍽이나 걱정하네.'라 했습니다. 형제간에 화목하지 않다 하더라도, 세상을 떠난 마당에 조문을 하지 않는다면, 다른 형제의 나라는 고사하고, 하물며 먼 사이의 사람이라면 그 누가 따라오겠습니까? 이제 또 위나라의 후계자에 대해서 예의를 지키지 않는다면, 위나라는 반드시 우리나라를 배반할 것입니다. 이번에 예를 지키지 않는 것은, 제후들을 떨어져 나가게 하는 일입니다." 범헌자는 이 말을 한선자에게 고하니, 한선자는 좋아하고 범헌자로 하여금 위나라에 가 조문하고, 또 전에 빼앗았던 척(戚) 땅을 위나라에게 돌려주게 했다.

위나라의 제악(齊惡)이 주(周)나라로 가 국상 당했음을 고하고, 천자께 상 당한 데 대한 명을 내리시기를 청원했다. 그러자 천자인 주나라 왕께서는 성(郕)나라 간공에게 위나라에 가 조문하게 하시고, 위나라 양공을 추모하사, 말씀을 내리시었다. "숙부(叔父)는 세상을 떠나 승천하여, 우리 선조왕(先祖王)의 좌우에 있어, 선조왕을 도와 천제(天帝)를 섬기시리. 내 감히 우리의 먼 조상 고어(高圉)님, 아어(亞圉)님을 잊으리오?"

<blockquote>

주해 ｜ ○庶其賊人(비기적인)―적인(賊人)은 위나라의 손임보(孫林父)를 말한다. 양공 26년조 참고.

○詩曰(시왈)―앞뒤 다 《시경》 소아에 있는 상체편(常棣篇) 구절.

○郕(성)―판본에 따라 성(成), 또는 신(臣)으로 되어 있다.

○叔父(숙부)―주나라 왕과 위나라 양공과는 같은 희성(姬姓)으로 일가였기에, 양공을 두고 이렇게 부른 것이다.

○敢忘高圉亞圉(감망고어아어)―고어는 주나라 왕실의 원조(遠祖)였고, 아어는 고어의 아들이었다 한다. 이 말에는 고어와 아어와 같은 먼 조상을 잊지 못하는데, 하물며 나와 같이 문왕(文王)의 후손이었던 가까운 위나라 양공을 잊을 수가 있겠는가라는 뜻이 내포되어 있다.

</blockquote>

九月,에 公至自楚.라 孟僖子病不能相禮,하고 乃講學之,하여

苟能禮者從之.라 及其將死也,에 召其大夫曰, 禮人之幹也.라

無禮,면 無以立.이라 吾聞,하되 將有達者,에 曰孔丘.라 聖人之

後也,어늘 而滅於宋.이라 其祖弗父何以有宋,이었거늘 而授厲公,

하고 及正考父,하여 佐戴·武·宣,하여 三命,이나 兹益恭.이라 故

로 其鼎銘云,하되 一命而僂,하고 再命而傴,하며 三命而俯,하여 循

牆而走,면 亦莫余敢侮.리라 饘於是,하고 鬻於是,하여 以餬余口.

리라 其共也如是.라 臧孫紇有言,하되 曰, 聖人有明德者,하여 若

不當世,면 其後必有達人.이리다 今其將在孔丘乎.인저 我若獲沒,

이면 必屬說與何忌於夫子,하여 使事之而學禮焉,하여 以定其位.

하라 故로 孟懿子與南宮敬叔,이 師事仲尼.라 仲尼曰, 能補過者,

는 君子也.라 詩曰, 君子是則是效.라 孟僖子可則效已矣.라

單獻公,이 棄親,하고 用羈.라

9월에, 공이 초나라로부터 돌아왔다. 맹희자(孟僖子)는 공을 수행
하여, 예절의 일로 공을 제대로 돕지 못했음을 부끄럽게 여기고, 돌아
와서는 예의를 배워 조금이라도 예의를 알 수 있는 사람이라면, 그를
따라 배웠다. 그리고 죽을 무렵에 가문의 중신(重臣)들을 불러놓고
말했다. "예의는 인간에게 있어서 근본인 것이다. 사람이 예의가 없으
면, 놓여진 지위를 지켜 나갈 수가 없는 것이다. 내 들었거니와, 앞으
로 모든 일에 통달한 어진 이가 있게 될 것인데, 그는 공구(孔丘)라는

분이다. 그분은 옛 성인(聖人)의 후손인데, 가문은 송나라에서 망하였다. 그분의 조상인 불보하(弗父何)는 송나라 군주가 될 입장이었는데도 군주 자리를 여공(厲公)에게 넘겨주었고, 불보하의 증손인 정고보(正考父)에 이르러, 송나라의 대공(戴公)・무공(武公)・선공(宣公)의 세 군주를 보좌하여, 상경(上卿)이었으나 날로 더욱 공경스러운 태도를 취했었다. 그래서 솥[鼎]을 만들어 경계하는 말을 새기어 이르기를, '대부가 되어서는 고개를 숙이고, 하경(下卿)이 되어서는 등을 구부리며, 상경(上卿)이 되어서는 몸을 구부리어, 길을 갈 때에 집집의 담 옆으로 빨리빨리 걸으면, 다른 사람이 나를 감히 무시함이 없으리라. 나는 이 솥에 된죽을 끓여 먹고, 묽은 죽을 끓여 내 입에 풀칠을 하여 살리라.'라고 했었다. 그분의 공경스러움은 이와 같았다. 장손흘(臧孫紇)이 한 말이 있는데 그분은 말하기를, '성인(聖人)이요 밝은 덕이 있는 이여서, 그이의 세대에서 큰 자리를 차지하지 못한다면, 그이의 후손에 반드시 모든 일에 통달하는 어진 사람이 나게 될 것이다.'라고 했다. 이제 앞으로 공구가 세상에 어진 사람으로 존재할 것이다. 내가 만약 이대로 죽게 된다면, 꼭 열(說)과 하기(何忌)를 그분에게 부탁해서, 그분을 섬기어 예의를 배우게끔 하여, 그들의 지위를 확보케 하라." 이 유언이 있었기에 맹의자(孟懿子 : 열)와 남궁경숙(南宮敬叔 : 하기)이 중니(仲尼 : 孔子)를 스승으로 삼았다. 공자(孔子)께서는 말씀하셨다. "잘못을 고칠 수 있는 사람은 군자(君子)다. 시에 이르기를, '군자는 모범삼고 본받을 바라.'라고 했다. 맹희자야말로 모범삼고 본받을 분이다."

선(單)의 헌공(獻公)은 친척들을 멀리하여 버리고, 외국에서 간 사람들만 등용하였다.

주해 | ○聖人之後(성인지후)—두예는 그의 주에서, 성인은 은(殷)나라 탕왕(湯王)을 말한 것이라고 했다.

ㅇ滅於宋(멸어송)—환공(桓公) 2년조에 나왔다.

ㅇ弗父何(불보하)—송나라 민공(閔公)의 아들.

ㅇ正考父(정고보)—불보하의 증손.

ㅇ仲尼(중니)—공자(孔子). 맹희자가 죽은 해에 공자는 25세였다 하니, 맹희자가 죽은 것은 소공 24년이었다.

ㅇ詩曰(시왈)—《시경》소아에 있는 녹명편(鹿鳴篇) 구절.

ㅇ用羈(용기)—나그네를 씀. 즉 외국에서 온 사람을 등용함.

冬十月辛酉,에 襄頃之族,이 殺獻公,하여 而立成公.이라

十一月,에 季武子卒.이라 晉侯謂伯瑕曰, 吾所問日食,이 從矣.

라 可常乎.아 對曰, 不可.이오니다 六物不同,하옵고 民心不壹,하오

며 事序不類,하옵고 官職不則,하오며 同始異終,이옵거늘 胡可常

也.리오 詩曰, 或燕燕居息,하고 或憔悴事國.이라 其異終也如是.

이오니다 公曰, 何謂六物.가 對曰, 歲時日月星辰是謂也.이오니다

公曰, 多語寡人辰,이나 而莫同,이어늘 何謂辰.가 對曰, 日月之

會是謂辰.이오니다 故로 以配日.이라

겨울 10월 신유날에, 선(單)나라 양공(襄公)과 경공(頃公)에서 갈려나간 씨족들이, 선나라 헌공(獻公)을 죽이고 그의 동생인 성공(成公)을 군주로 세웠다.

11월에, 노나라의 계무자(季武子 : 季孫宿)가 세상을 떠났다. 이 일을 가지고 진나라 군주와 백하(伯瑕 : 士文伯)간에 말이 오고갔다.

군주—내가 일식(日食)에 대해서 물었던 것이 맞아들었소. 일식에 대한 일은 언제나 그렇게 맞출 수가 있소?

백하—그럴 수는 없사옵니다. 육물(六物)이 항상 같지 않사옵고, 민심(民心)이 언제나 동일하지 않사오며, 여러 가지 사건의 추이가 같지 않사옵고, 관직(官職)에 있는 사람들의 근무 태도가 일정하지 않사오며, 사람과 일이 처음은 같았다가도 끝은 서로 다르게 되어지옵는데, 어찌 항상 맞을 수가 있사오리까? 시에 이르기를, '혹은 즐기어 편히 쉬고, 혹은 몸이 여위도록 나랏일 하네.'라고 하였사옵니다. 그 처음과 끝이 다름은 이와 같사옵니다.

군주—무엇을 육물이라 하는 게요?

백하—세(歲, 1년)·시(時, 춘하추동의 시절)·일(日, 10干)·월(月, 12支)·성(星, 28星宿)·신(辰, 해와 달이 마주치는 위치), 이것들을 이르옵니다.

군주—그대는 나에게 신(辰)을 여러번 말했으나 다 뜻이 같지 않았는데, 무엇을 신이라 하는 게요?

백하—해와 달이 마주치는 위치, 이것을 신이라 이르옵니다. 12지(支)를 10간(干)에 배합시키는 것이옵니다.

주해 ○吾所問日食(오소문일식)—앞의 4월의 전(傳) 참고.

○詩曰(시왈)—《시경》 소아 북산편(北山篇)의 구절.

○日月(일월)—일(日)은 1순(旬, 10일)에 배당되는 10간(干)을 말한 것이고, 월은 열두달에 배당되는 12지(支)를 말한 것이다.

○以配日(이배일)—10간과 12지를 배합시켜 60간지(干支)로 하여 그것으로 날과 해의 순서를 나타냄이 소위 간지의 역법(曆法)인데, 간(干)과 지(支)를 배합시키는 방법의 근거는, 신(辰)에 있어 해와 달이 마주친다는 사실이라는 것을 말한 것이다.

위 양 공 부 인 강 씨 무 자　　　폐 인 주 압 생 맹 집　　　공 성 쟈 몽
衛襄公夫人姜氏無子,하고　嬖人婤姶生孟縶.라　孔成子夢,에

강 숙 위 기　　　입 원　　　여 사 기 지 손 어 여 사 구 상 지　　　사 조 역
康叔謂己,하되　立元.하라　余使羈之孫圉與史苟相之.리라　史朝亦

夢,에 康叔謂己,하되 余將命而子苟與孔烝鉏之曾孫圉相元.하리
라 史朝見成子告之夢,에 夢協.이라 晉韓宣子爲政,하여 聘于諸
侯之歲,에 婤姶生子,하니 名之曰元.이라 孟縶之足不良,하여 能
行.이라 孔成子以周易筮之曰, 元尚享衛國,하여 主其社稷.이라
遇屯 ䷂.이라 又曰, 余尚立縶,하니 尚克嘉之.하라 遇屯 ䷂之
比 ䷇.라 以示史朝.라 史朝曰, 元亨.이라 又何疑焉.가 成子曰,
非長之謂乎.아 對曰, 康叔名之,하니 可謂長矣.라 孟非人也,로
將不列於宗,이리니 不可謂長.이라 且其繇曰, 利建侯.라 嗣吉,이
면 何建.가 建非嗣也.라 二卦皆云,하니 子其建之.하라 康叔命
之,하고 二卦告之.라 筮襲於夢,엔 武王所用也.라 弗從,하고 何
爲.리오 弱足者居.라 侯主社稷,하고 臨祭祀,하며 奉民人,하고 事
鬼神,하며 從會朝,어늘 又焉得居.오 各以所利,가 不亦可乎.아 故
로 孔成子立靈公.이라

十二月癸亥,에 葬衛襄公.이라

위나라 양공(襄公)의 부인 강씨(姜氏)는 아들을 낳지 못했고, 애첩
(愛妾)인 주압(婤姶)이 아들 맹집(孟縶)을 낳았다. 공성자(孔成子)가
하루는 꿈을 꾸었는데, 꿈에 위나라 군주의 선조인 강숙(康叔)이 나
타나 그에게 이르기를, "너는 원(元)을 군주로 세워라. 내 너의 아들
기(羈)의 손자인 어(圉)와 사구(史苟)로 하여금 그를 돕게 하리라."라

고 하였다. 그리고 사조(史朝) 또한 같은 날에 꿈을 꾸었는데, 강숙이 나타나 그에게 이르기를, "내 너의 아들 구(苟)와 공증서(孔烝鉏 : 공성자)의 증손 어에게 명해서 원을 돕게 하겠노라."라고 하는 것이었다. 사조가 공성자를 만나 꿈 이야기를 말하니, 그들 두 사람의 꿈이 꼭 맞아떨어졌다. 진나라의 한선자(韓宣子)가 집권자가 되어, 제후들을 예방했던 해에, 양공의 애첩인 주압이 아들을 또 낳으니, 이름을 원(元)이라 했다. 큰아들인 맹집은 발의 불구(不具)로 걸음을 제대로 걷지 못했다. 공성자가 《주역(周易)》에 의해서 점을 치며 빌어 말하기를, "원이 부디 이 위나라를 차지하여, 사직(社稷)을 주관하게 해주옵소서."라고 했다. 그랬더니 둔괘(屯卦)가 나왔다. 그는 다시 빌어 말하기를, "저는 맹집을 군주로 세울 것을 원하오니, 부디 운이 좋게 하옵소서."라고 했다. 그랬더니 둔괘가 비괘(比卦)로 변하는 점괘가 나왔다. 그는 점을 쳐 얻은 점괘를 사조에게 보였다. 그러자 사조는 말하기를, "(《주역》의 둔괘 풀이에) 원(元)은 만사가 다 통한다고 했습니다. 그런데 원을 군주로 세워서 좋다는 것을 의심할 것이 무엇 있습니까?"라고 하였다. 이에 공성자가, "점괘 풀이의 원형(元亨 : 원은 만사가 다 통한다)의 원은 윗사람을 두고 한 말이 아니오?"라고 했다. 그러자 사조는 대답했다. "공실(公室)의 시조이신 강숙께서 이 세상에 출생하기도 전에 원이라고 이름 붙여 주셨으니, 원 그분이야말로 윗분이라 할 수 있습니다. 맹집님은 지금 온전한 분이 아니므로, 공가(公家)의 종자(宗子) 노릇은 못할 것이니, 윗분이라 이를 수는 없습니다. 그리고 둔괘 풀이에 '제후로 삼음에 이롭다.'라 했습니다. 큰아들이 좋다면 의당히 큰아들이 군주가 되는 것인데, 어찌 특별히 군주로 세움에 이롭다고 말하였겠습니까? 그것은 큰아들이 아닌 다른 분을 군주로 세움을 말한 것입니다. 이제 얻은 두 점괘에 다 그런 의미로 말해 있으니, 님은 원님을 군주로 세우십시오. 강숙께서 그렇게 하라고 명하셨고, 두 점괘가 그리하라고 일러 있습니다. 산가지점을 친 결과가 꿈의 내용과 같음에는, 주나라 무왕(武王)께서도 그대로 하셨습니다. 그런데 꿈에 강숙께서 명하시고, 점괘에 이른대로 따르지 않고 어떻게 할 것입니까? 발이 불구인 이는 가만히 앉아 있기만 합니다. 군주는 사직을 주관하고, 종묘의 제사에 나가야 하며, 백성을 지켜야 하고, 귀신들에게 뜻을 맞춰야 하며, 제후들의 회합에 나가고, 천자나 다른 제후들을 만나보러 가야 하는데, 어떻게 가만히 앉아 있을 수만 있겠습니까? 각기 자기 이로운대로 살아나가는 것이 좋지 않겠습니까?" 사조가 이렇게 말하므로, 공성자는 영공(靈公 : 원)을 군주로 세웠다.

12월 계해날에, 위나라 양공을 장사 지냈다.

주해 ○孔成子(공성자)―위나라의 호족(豪族)으로, 이름을 증서(烝鉏)라 했다.

○康叔(강숙)―주나라 성왕(成王)의 동생으로, 위나라에 봉(封)되어 위나라 군주의 시조가 되었다.

○韓宣子爲政(한선자위정), 聘于諸侯之歲(빙우제후지세)―소공 2년의 일.

○可謂長矣(가위장의)―공성자는, 원형(元亨)의 원(元)은 으뜸, 즉 큰아들을 의미하는 것이 아니냐고 말한 데 대하여, 사조는 장(長)을 큰아들로 해석하지 않고 사람으로서 우월(優越)하여 윗자리에 섬을 말했다.

○非人也(비인야)―온전한 사람이 아님.

○武王所用也(무왕소용야)―《국어(國語)》태서편(大誓篇)에, 여기에 관한 이야기가 전해 있다.

經 ○八年春,에 陳侯之弟招殺陳世子偃師.라

○夏四月辛丑,에 陳侯溺卒.이라

○叔弓如晉.이라

ㅇ楚人執陳行人干徵師,하여 殺之.라

ㅇ陳公子留出奔鄭.이라

ㅇ秋,에 蒐于紅.이라

ㅇ陳人殺其大夫公子過.라

ㅇ大雩.라

ㅇ冬十月壬午,에 楚師滅陳,하여 執陳公子招,하여 放之于越.이라

殺陳孔奐.이라

ㅇ葬陳哀公.이라

8년 봄에, 진(陳)나라 군주인 후작의 동생 초(招)가, 진나라의 세자(世子)인 언사(偃師)를 죽였다.

여름 4월 신축날에, 진(陳)나라 군주인 후작 익(溺)이 세상을 떠났다.

(노나라) 숙궁(叔弓)이 진(晉)나라에 갔다.

초나라 사람이 진(陳)나라의 행인(行人)인 간징사(干徵師)를 잡아, 그를 죽였다.

진(陳)나라 공자 유(留)가 정나라로 도망갔다.

가을에, 노나라는 홍(紅)에서 대군사(大軍事) 연습을 했다.

진(陳)나라 사람이 그 나라의 대부인 공자 과(過)를 죽였다.

큰 기우제를 지냈다.

겨울 10월 임오날에, 초나라 군사가 진(陳)나라를 멸망시켜, 진나라 공자 초(招)를 잡아 월(越)나라로 추방했다. 진나라의 공환(孔奐)을 죽였다.

진(陳)나라 애공을 장사 지냈다.

傳┃ 八年春,에 石言于晉魏楡.라 晉侯問於師曠曰, 石何故言.가
對曰, 石不能言.이오니다 或馮焉.이리다 不然,이면 民聽濫也.리다
抑臣又聞之,하되 曰, 作事不時,하여 怨讟動于民,이면 則有非言
之物而言.이라 하오니다 今, 宮室崇侈,에 民力彫盡,하고 怨讟竝
作,하여 莫保其性,이오니 石言不亦宜乎.인가 於是,에 晉侯方築
虒祁之宮.이라 叔向曰, 子野之言,은 君子哉.라 君子之言,은 信
而有徵.이라 故로 怨遠於其身.이라 小人之言,은 僭而無徵.이라
故로 怨咎及之.라 詩曰, 哀哉不能言.이여 匪舌是出,에 唯躬是
瘁.로다 哿矣能言.이여 巧言如流,하여 俾躬處休.로다 其是之謂
乎.인저 是宮也成,이면 諸侯必叛.리라 君必有咎,어늘 夫子知之
矣.라

8년 봄에, 진(晉)나라 위유(魏楡)에서 돌이 말을 하는 일이 있었다.
진나라 군주가 사광(師曠)에게 말하기를, "돌이 어찌해서 말을 했을
까?"라고 했다. 그러자 대답했다. "돌은 말을 못하는 것이옵니다. 혹
무엇이 붙어서였을 것이옵니다. 그렇지 않으면, 돌이 말하는 것을 들
었다고 말한 그 백성이 잘못 들었을 것이옵니다. 신(臣)이 들었사온
데, '공사(工事)를 함이 백성들을 부릴 때가 아니어서, 백성들간에 원
망함이 일어나면, 말을 하는 것이 아니면서도 말을 하는 일이 있다.'
라 하옵니다. 지금, 궁전을 높고 사치스럽게 짓사옴에 백성들의 힘은

다되었삽고, 백성들의 원망이 일어나 백성들은 제정신을 갖지 못하고 있사오니, 돌이 말한다는 것은 또한 있을 수 있는 일이 아니오리까?” 이때 진나라 군주는 한창 사기궁(虒祁宮)이라는 궁전을 짓고 있었다. 숙향(叔向)은 사광이 말한 것을 두고 말했다. “자야(子野 : 사광)의 말은 군자답기도 하다. 군자의 말은 진실하고 증거가 있다. 그러므로 무슨 말을 하더라도 다른 사람의 원망이 그 자신에 미치지 않는다. 소인(小人)의 말은 불성실하며 증거를 대지 못한다. 그러므로 다른 사람의 원망이 그의 몸에 미치게 되는 것이다. 시에 이르기를, ‘슬프도다, 말 잘하지 못하는 사람이여. 그 말 해에서 떨어지기도 전에, (다른 사람의 원망으로) 그 몸 병들게 되는구나. 행복하기도 하네, 말 잘하는 이여. 좋은 말 물 흐르듯 나와, 그 몸 편안키도 하구나.’라고 했는데, 말 잘하는 사람이란 사광과 같은 사람을 말한 것일 게다. 이 궁전이 다 되어지면, 제후들은 진나라를 배반하리라. 군주께서는 반드시 화를 당할 것인데, 사광 그분은 이것을 알고 있는 것이다.”

주해 ○魏楡(위유)―지금의 산서성 유차현(楡次縣) 근방의 땅.
○虒祁(사기)―땅 이름으로, 진나라 도읍 강(絳)의 부근이었다 한다.
○詩曰(시왈)―《시경》 소아에 있는 우무정편(雨無正篇)의 구절.

陳哀公元妃鄭姬,는 生悼太子偃師,하고 二妃生公子留,하고 下妃生公子勝.이라 二妃嬖,에 留有寵.이라 屬諸司徒招與公子過.라 哀公有癈疾.이라 三月甲申,에 公子招·公子過,가 殺悼太子偃師,하여 而立公子留.라 夏四月辛亥,에 哀公縊.이라 干徵師赴于楚,하고 且告有立君,이어늘 公子勝愬之于楚,에 楚人執而殺

之,하니 公子留奔鄭.이라 書曰, 陳侯之弟招殺陳世子偃師,는 罪

在招也,요 楚人執陳行人干徵師,하여 殺之,는 罪不在行人也.라

叔弓如晉,은 賀虒祁也.라 游吉相鄭伯,하여 以如晉,하니 亦賀

虒祁也.라 史趙見子大叔曰, 甚哉其相蒙也.여 可弔也,어늘 而

又賀之.라 子大叔曰, 若何弔也.리오 其非唯我賀,하고 將天下實

賀.리라

秋,에 大蒐于紅,하니 自根牟至于商衛,하여 革車千乘.이라

진(陳)나라 애공의 정부인(正夫人)인 정희(鄭姬)는 도태자(悼太子) 언사(偃師)를 낳았다. 둘째 부인은 공자 유(留)를 낳았으며, 끝의 부인은 공자 승(勝)을 낳았다. 세 부인 중에서 둘째 부인이 사랑을 받아, 그의 소생인 유가 총애를 받았다. 그래서 애공은 공자 유를 사도(司徒)인 초(招)와 공자 과(過)에게 부탁했다. 그리고 애공은 불치병이 있었다. 3월 갑신날에, 공자 초와 공자 과가 도태자 언사를 죽이고, 공자 유를 후계자로 세웠다. 여름 4월 신해날에, 애공은 목을 매어 죽었다. 간징사(干徵師)가 초나라로 가 애공의 죽음을 알리고, 새 군주를 세웠다는 것을 고했는데, 공자 승(勝)이 초나라에 대하여 진나라의 사정을 호소하니, 초나라 사람이 간징사를 잡아죽여, 공자 유는 정나라로 도망했다. 경문에 써 말하기를, '진나라 군주인 후작의 동생 초가 진나라의 세자 언사를 죽였다.'고 한 것은, 죄가 초에게 있었음을 밝힌 것이고, '초나라 사람이 진나라의 행인 간징사를 잡아 그를 죽였다.'고 한 것은, 그 죄가 행인에게는 없었다는 것을 밝힌 것이다.

노나라의 숙궁(叔弓)이 진(晉)나라에 간 것은, 사기(虒祁)의 궁전이 다 지어졌음을 축하하기 위해서였다. 당시에 정나라의 유길(游吉)

이 정나라 군주를 도와 진나라에 갔으니, 그 또한 진나라가 사기의 궁정을 다 지었음을 축하하기 위해서였다. 그때 진나라의 사조(史趙)가 정나라의 자대숙(子大叔 : 유길)을 보고 말하기를, "서로 속임이 심하기도 합니다. 슬픈 일이라고 위로할 일인데도, 궁전 지은 일을 축하하시는군요."라고 했다. 그러자 자대숙은, "어찌 슬픈 일이라고 위로할 것입니까? 우리나라만 축하드리는 것이 아니라, 앞으로 천하가 다 실로 축하할 것입니다."라고 말했다.

　가을에, 우리 노나라는 홍(紅)에서 군사연습을 했으니, 근모(根牟)에서 송나라와 위나라와의 국경선에 이르는 사이에서 행했고, 전차 천대가 동원되었다.

주해 ｜ ○紅(홍)―지금의 산동성 태안(泰安) 부근.
　　○根牟(근모)―지금의 산동성 기수현(沂水縣) 땅.
　　○商衛(상위)―송나라와 위나라. 송나라는 상(商)나라, 즉 은(殷)나라 왕실의 후손국이었기에, 상(商)이라 말한 것이다.

七月甲戌,에 齊子尾卒.이라 子旗欲治其室,하여 丁丑,에 殺梁嬰,하고 八月庚戌,에 逐子成·子工·子車,하니 皆來奔,하고 而立子良氏之宰.라 其臣曰, 嬬子長矣,어늘 而相吾室,하여 欲兼我也.라 授甲,하여 將攻之.라

陳桓子善於子尾,로 亦授甲,하여 將助之.라 或告子旗,하되 子旗不信,이러니 則數人告,하고 將往,에 又數人告於道.라 遂如陳氏.라 桓子將出矣,라가 聞之而還,하여 游服而逆之.라 請命.가

對曰, 聞彊氏授甲將攻子.라 子聞諸.라 曰, 弗聞.이라 子盍亦授

甲.가 無宇請從.이라 子旗曰, 子胡然.가 彼嬻子也.라 吾誨之,라

도 猶懼其不濟.라 吾又寵秩之.라 其若先人何.오 子盍謂之.아

周書曰, 惠不惠,하고 茂不茂.라 康叔所以服弘大也.라 桓子稽

顙曰, 頃·靈福子.리라 吾猶有望.이라 遂和之如初.라

7월 갑술날에, 제나라 자미(子尾)가 세상을 떠났다. 그러자 자기(子旗)가 그의 집안을 정리하려 하여 정축날에, 그 집의 (가신장인) 양영(梁嬰)을 죽이고, 8월 경술날에, (자미 가문의 사람인) 자성(子成)·자공(子工)·자거(子車)를 추방하니, 그들은 다 우리 노나라로 도망하여 왔고, (자미의 후계자인) 자량(子良)의 가신장(家臣長)을 정했다. 그러자 자량의 집 가신들은 말하기를, "어린 주인님이 이미 장성했는데, 우리들의 가문을 돕는다고서는, 이 가문을 그분이 빼앗으려 하고 있다."라고 했다. 그리고 투구와 갑옷 등을 사람들에게 나누어 주고, 자기를 공격하려 했다.

진환자(陳桓子：陳無宇)는 자미와 생전에 친했으므로, 그 또한 집 사람들에게 투구와 갑옷 등을 내어주어, 자량의 집 사람들이 자기를 공격하는 일을 도우려 했다. 어느 사람이 그 일을 자기에게 고했지만, 자기는 그 말을 믿지 않고 있었는데, 몇 사람이 또 그 일을 고했고, 그가 진환자에게로 가려는 참에, 몇 사람이 또 가고 있는 길에서 그 일을 고하였다. 그래서 자기는 그길로 바로 진환자의 집으로 갔다. 그때, 진환자는 자량의 집 사람들을 도우러 나가려 했다가, 자기가 자신의 집으로 온다는 것을 듣고는 집안으로 되돌아 들어가, 무장을 벗고 야유복(野遊服)을 입고 자기를 맞이하여, 그들간에 말이 오고

갔다.

자기―그런 복장을 하신 것은 군주의 무슨 명령이 있어서입니까?

진환자―강(彊)의 집에서는 투구와 갑옷을 집안 사람들에게 나누어 주고 댁을 공격하려 한다는 것입니다. 님은 그 말을 들었습니까?

자기―듣지 못했습니다.

진환자―님은 어찌 집사람들에게 무장을 나누어 주지 않으십니까? 무우(無宇 : 환자) 나도 님을 따르기를 원합니다.

자기―님이 어찌 그러실 필요가 있습니까? 양(良) 그 사람은 어립니다. 그가 집사람들에게 무장을 시켜서 나를 공격하라고 가르치더라도, 아마 그리 하지는 못할 것입니다. 게다가 나는 그를 사랑하고 있습니다. 내가 그의 집을 다스리지 않고서야, 그의 선인(先人)과 절친했던 사이를 어찌 할 것입니까? 님은 어찌 그에게 나의 입장을 말해 주시지 않으십니까? 《주서(周書)》에 이르기를, '따르지 않는 자를 따르게 하고, 제 할 일 하지 않는 자를 하게 한다.'고 했습니다. 이것은 위(衛)나라 군주의 시조인 강숙(康叔)이 정치에 힘써 큰 치적을 올리는 데 있어서의 신조(信條)였던 것입니다.

진환자―(고개 숙여 경례하고) 우리나라 경공(頃公)과 영공(靈公)의 신령(神靈)이 님을 복되게 하실 것입니다. 나도 그 복을 받고자 소원입니다.

이 일이 있고 나서, 진환자는 결국 자량의 집과 자기의 집을 전과 같이 화목하게 중개(仲介)했다.

주해 ㅇ子尾(자미)―공손채(公孫蠆).

ㅇ子旗(자기)―난시(欒施).

ㅇ子成(자성)·子工(자공)·子車(자거)―제나라 경공(頃公)의 아들과 손자들로, 자미(子尾)의 집안이었다.

ㅇ子良(자량)―자미의 아들로 이름이 고강(高彊)이었다.

ㅇ寵秩(총질)―사랑함.

o周書曰(주서왈)－현존하는《서경》주서 강고편(康誥篇)의 구절. 위나라 군주의 시조 강숙이 주나라 성왕(成王)한테 이 말을 교훈으로 받아, 이에 의하여 큰 치적을 올렸다 한다.

o頃(경)·靈(영)－경공은 제나라의 제20대 군주이고, 영공은 제21대 군주였다. 이 해는 경공(景公) 14년이었다. 그 계보를 밝히면 다음과 같다.

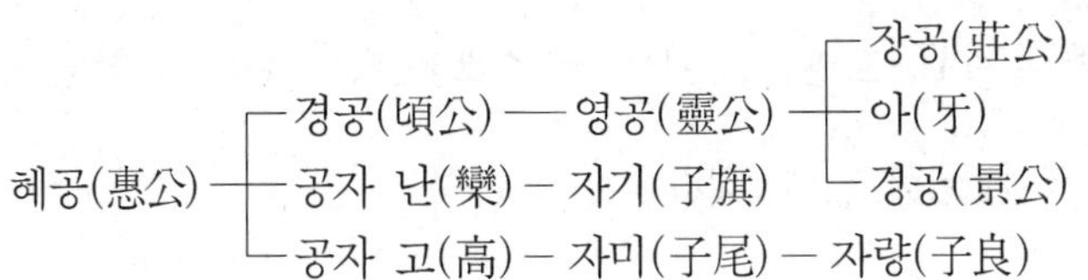

진 공 자 초 귀 죄 어 공 자 과   이 살 지
陳公子招歸罪於公子過,하여 而殺之.라

구 월   초 공 자 기 질 솔 사   봉 손 오,   위 진   송 대 악
九月,에 楚公子棄疾帥師,하고 奉孫吳,하여 圍陳.이라 宋戴惡

회 지
會之.라

동 십 일 월 임 오   멸 진   여 폐 원 극 살 마   훼 옥   이 장
冬十一月壬午,에 滅陳.이라 興嬖袁克殺馬,하고 毀玉,하여 以葬.

초 인 장 살 지   청 치 지   기 우 청 사   사 어 악   가 질 어
이라 楚人將殺之,에 請寘之,하고 旣又請私.라 私於幄,하고 加絰於

상   이 도   사 천 봉 수 위 진 현 공 왈   성 균 지 역   불 첨
顙,하여 而逃.라 使穿封戌爲陳縣公曰, 城麇之役,에 不諂.이라

시 음 주 어 왕   왕 왈 성 균 지 역   여 지 과 인 지 급 차   여 기
侍飲酒於王,에 王曰, 城麇之役,에 女知寡人之及此,였건댄 女其

벽 과 인 호   대 왈 약 지 군 지 급 차   신 필 치 사   예 이
辟寡人乎.인저 對曰, 若知君之及此,였건댄 臣必致死,하여 禮以

식 초 국
息楚國.이었으리다

진 후 문 어 사 조 왈 진 기 수 망 호   대 왈 미 야   공 왈 하
晉侯問於史趙曰, 陳其遂亡乎.아 對曰, 未也.리다 公曰, 何

고   대 왈 진 전 욱 지 족 야   세 재 순 화   시 이 졸 멸
故.아 對曰, 陳顓頊之族也.라소이다 歲在鶉火,에 是以卒滅,이었

진 장 여 지   금 재 석 목 지 진   유 장 복 유   차 진
거늘 陳將如之.이오니다 今在析木之津,하오니 猶將復由.리다 且陳

氏得政于齊,하고 而後,에 陳卒亡.이리다 自幕至于瞽瞍無違命.이

오니다 舜重之以明德,하여 寘德於遂,하고 遂世守之,하여 及胡公

不淫.이었나이다 故로 周賜之姓,하고 使祀虞帝.하였나이다 臣聞,하

되 盛德必百世祀.라 하옵거늘 虞之世數未也,이오니 繼守將在齊,

이어늘 其兆旣存矣.이오니다

진(陳)나라 공자 초(招)는 모든 죄를 공자 과(過)에게 씌워, 과를 죽였다.

9월에, 초나라 공자 기질(棄疾)이 군사를 이끌고, 진나라 군주(애공)의 손자 오(吳 : 偃師의 아들)를 받들고서 진나라 도읍을 포위했다. 그때 송나라 대악(戴惡)은 이에 가담했다.

겨울 11월 임오날에, 진나라를 멸망시켰다. 당시 진나라 애공(哀公)의 총신(寵臣)이었던 원극(袁克)이 애공이 탔던 말을 죽이고, 또 애공이 보유했던 옥(玉)을 빻아서, 다른 사람의 수중에 들어가지 않게 하고 애공의 장사를 지내려 했다. 그러나 발각되어 초나라 사람이 죽이려 하니, 말과 옥을 내놓고 살려줄 것을 요청하고, 소변을 보게 해줄 것을 청했다. 그는 장막(帳幕) 안으로 가 소변을 보고, 상중(喪中)에 머리에 쓰는 질(絰)을 쓰고서 도망쳐버렸다. 초나라 국왕은 진(陳)나라 땅을 초나라의 진현(陳縣)으로 삼고, 천봉수(穿封戍)를 진현을 다스리는 장관이 되게 하고 말하기를, "그대는 성균(城麇)에서의 싸움 때에, 나에게 아첨하지 않았었다. (그대는 그리도 강직한 사람이라 진현의 장관으로 삼는 것이다.)"라고 했다. 천봉수가 초나라 왕의 술자리에서 모시고 있는데 초나라 왕이 그에게, "성균에서의 싸움 때에 그대가, 내가 지금과 같은 자리에 있게 될 것을 알았더라면, 그대는 그때 나에게 양보했을 것이다."라고 말했다. 그러자, 천봉수가 대답했

다. "만일 군주께서 오늘날과 같이 되실 줄 알았더라면, 신은 반드시 사력(死力)을 다하여, 예(禮)를 지키어 우리 초나라를 안정케 했을 것이옵니다."

진(晉)나라 군주가 진(陳)나라에 대하여 사조(史趙)에게 말했다.

군주—진(陳)나라는 결국 아주 망하고 말 것인가?

사조—아직은 아주 망하지는 않을 것이옵니다.

군주—어째서인가?

사조—진나라는 옛날의 임금 전욱(顓頊)의 후손국(後孫國)이옵니다. 전욱은 세성(歲星)이 순화성(鶉火星)의 위치에 나타났을 때, 결국 망했사온데, 진나라도 곧 그리 되려 하옵니다. 세성이 지금 기성수(箕星宿)의 가에 있사오니, 일단 망했지만 다시 소생할 것이옵니다. 그리고 진나라 군주의 혈족이 제(齊)나라에서 정권을 잡고, 그후에야 진나라는 완전히 망할 것이옵니다. 진나라 군주의 조상은, 전욱의 자손인 막(幕)으로부터 고수(瞽瞍)에 이르기까지, 천명(天命)을 어긴 일이 없었사옵니다. 게다가 순(舜)임금은 덕을 밝혀, 그 덕으로 자손이 수(遂)나라에 봉(封)되어 뿌리박고, 그 수나라는 대대로 순임금의 덕을 지키어, 호공(胡公)에 이르도록 무도(無道)함이 없었나이다. 그러므로 주(周)나라는 성(姓)을 주고, 순임금을 모시어 제사 지내게 했었나이다. 신(臣)은 들었사옵건대, '큰 덕이 있는 사람은 반드시 백대(百代)의 자손한테 제사 받는다.'고 하옵는데, 순임금의 자손은 아직 백대가 되지 않았나이다. 혈통은 제나라에서 이어질 것이옵는데, 징조가 이미 나타나 있나이다.

주해 ㅇ滅陳(멸진)—이 해에, 진나라는 초나라 영왕(靈王)한테 멸망되었다. 그런데 소공 13년에, 초나라 영왕이 죽고, 평왕(平王)이 즉위하여서는 진나라는 소생하여, 애공의 손자 오(吳)가 진나라 군주가 되었다.

ㅇ穿封戍(천봉수)—양공 26년조에 공자 위(圍 : 뒤의 영왕)와 공을 다툰

일이 있었다.

○臣必致死(신필치사), 禮以息楚國(예이식초국)―당신이 군주를 죽이고 국왕이 될 줄 알았더라면, 사력을 다하여 죽어간 군주인 당신의 조카를 위하는 예를 지키어, 역신(逆臣)인 당신을 제거하고, 전 군주의 초나라를 안정케 했었을 것이라는 말이다.

○幕(막)·瞽瞍(고수)·舜(순)―다 전욱(顓項)의 후손이라 한다. 고수는 순임금의 아버지. 전욱의 후손은 수(遂)·진(陳)의 군주가 되었고, 후에 진씨(陳氏)가 제나라의 군주가 되었다고 보는 것이《춘추좌씨전》작자의 주장이었다.

○鶉火(순화)―희공 5년조에 나왔다. 불을 상징하는 별로 친 것이다. 두예는 그의 주에, 전욱의 씨족은 본성(本性)이 수성(水性)이어서, 불을 상징하는 순화성의 위치에 세성(歲星)이 나타났을 때에 망했다고 말했다.

○析木之津(석목지진)―두예는 그의 주에, 동궁칠수(東宮七宿)에 속하는 기성수(箕星宿)와 두성수(斗星宿)의 중간에 천한(天漢), 즉 은하수(銀河水)가 있고, 기성수는 본성(本性)이 목(木)이었기에 석목지진이라 했다고 말했다.

○胡公(호공)―수나라 군주의 후예로 이름은 만(滿)이라 했고, 주나라 무왕을 섬기어 규(嬀) 성을 하사받고, 진(陳)나라에 봉되었다 한다.

經| ○九年春,에 叔弓會楚子于陳.이라

○許遷于夷.이라

○夏四月,에 陳災.라

○秋,에 仲孫貜如齊.라

○冬,에 築郎圃.라

9년 봄에, 노나라 숙궁이 초나라의 군주인 자작과 진(陳)에서 만났다.

허나라가 이(夷) 땅으로 옮겼다.

여름 4월에, 진(陳)의 도읍에 화재가 났다.

가을에, 노나라의 중손확이 제나라에 갔다.

겨울에, 노나라가 낭(郎)에 동물을 기르는 원(園)을 만들었다.

傳 九年春,에 叔弓·宋華亥·鄭游吉·衛趙黶會楚子于陳.이
라 二月庚申,에 楚公子棄疾,이 遷許于夷,어늘 實城父.라 取州
來·淮北之田,하고 以益之.라 伍擧授許男田,하고 然丹遷城父人
於陳,하여 以夷濮西田益之,하며 遷方城外人於許.라

9년 봄에, 노나라 숙궁·송나라 화해(華亥)·정나라 유길(游吉)·
위나라 조염(趙黶) 등이, 초나라 군주와 진나라의 도읍에서 회합을
가졌다. 2월 경신날에 초나라 공자 기질(棄疾)이, 허나라를 이(夷) 땅
으로 옮겼는데, 이는 지금의 성보(城父) 땅이다. (이 땅이 허나라 사
람들을 수용하기에는 좁기에) 주래(州來)와 회수(淮水) 북쪽의 땅을
갈라서, 이 땅에 편입시켰다. 이때, 초나라의 오거(伍擧)가 허나라 군
주 남작에게 땅을 넘겨주었고, 연단(然丹)은 성보에 살고 있었던 사
람들을 진나라 땅으로 옮기고, 이(夷)에 속했던 복수(濮水) 서쪽 땅을
떼어, 진(陳)에다 붙였으며, 방성(方城) 밖에 살고 있던 사람들은 허
나라가 차지하고 있었던 땅으로 옮겼다.

주해 ○遷許于夷(천허우이)─허나라는 성공 15년에 섭(葉) 땅으로 옮겼
고, 같은 해에 이(夷)로 옮겼다. 그리고 4년 후에는 석(析)으로 옮기게
된다. 이(夷)는 《춘추좌씨전》이 지어지기 전에는 성보(城父)라 불리었

던 것 같다. 지금의 안휘성 박현(亳縣) 근처의 땅이었다.

주감인여진염가쟁염전　　　진량병　장적솔음융벌영
周甘人與晉閻嘉爭閻田,하니　晉梁丙·張趯率陰戎伐潁.이라

왕사첨환백사어진왈　　아자하이후직　　위　태　예　기
王使詹桓伯辭於晉曰, 我自夏以后稷,으로　魏·駘·芮·岐·

필　　오서토야　　급무왕극상　　포고　상엄　　오동토야
畢,이　吾西土也,요　及武王克商,에　蒲姑·商奄,이　吾東土也,며

파　복　초　등　　오남토야　　숙신　연　박　　오북토야
巴·濮·楚·鄧,이　吾南土也,요　肅愼·燕·亳,이　吾北土也.라

오하이봉지유　　문　무　성　강지건모제　　이번병주
吾何邇封之有.아　文·武·成·康之建母弟,하여　以蕃屛周,는

역기폐추시위　　기여변모이인이폐지　　선왕거도올우사예
亦其廢隊是爲,어늘　豈如弁髦而因以敝之.오　先王居檮杌于四裔,

하여 以禦螭魅.라　故로　允姓之姦,이　居于瓜州,이었거늘　伯父惠公

귀자진　　이유이래　　사핍아제희　　입아교전　　즉
歸自秦,하여　而誘以來,하여　使偪我諸姬,하고　入我郊甸.이라　則

융언취지　　융유중국　　수지구야　　후직봉식천하
戎焉取之.리오　戎有中國,은　誰之咎也.라　后稷封殖天下,이었거늘

금융제지　　불역난호　　백부도지　　아재백부　　유의복
今戎制之,하니　不亦難乎.아　伯父圖之.하라　我在伯父,는　猶衣服

지유관면　　목수지유본원　　민인지유모주야　백부약렬
之有冠冕,하고　木水之有本原,하며　民人之有謀主也.라　伯父若裂

관훼면　　발본색원　　전기모주　　수융적　　기하유
冠毁冕,하고　拔本塞原,하며　專棄謀主,면　雖戎狄,이라도　其何有

여일인
余一人.가

주(周)나라 직할지 내의 감(甘) 땅 사람이 진(晉)나라의 염가(閻嘉)와 염(閻) 고을 토지를 가지고 다투니, 진나라의 양병(梁丙)과 장적(張趯)이 음(陰) 지방의 융(戎) 오랑캐들을 이끌고, 주나라 직할지인 영(潁) 땅으로 들어가 쳤다. 그러자 천자이신 주나라 왕께서는 첨환백(詹桓伯)을 진나라에 보내시어 따지게 하셨다. "우리 주

나라는 하(夏)나라가 우리의 조상이신 후직(后稷)을 봉(封)한 이래로,
위(魏)·태(駘)·예(芮)·기(岐)·필(畢) 땅이 우리 주나라 영토의 서
방(西方)이 되었고, 무왕(武王)께서 상(商 : 殷)나라를 정벌하시게 되
어서는, 포고(蒲姑)·상엄(商奄) 땅이 우리 영토의 동방(東方)이 되
었으며, 파(巴)·복(濮)·초(楚)·등(鄧) 땅이 우리 영토의 남방(南
方)이 되었고, 숙신(肅愼)·연(燕)·박(亳) 땅이 우리 영토의 북방이
된 것이오. 그런데 우리 주나라에 가깝고 먼 국경이 있단 말이오? 선
대 왕이신 문왕(文王)·무왕(武王)·성왕(成王)·강왕(康王)들이 친
형제들을 여러 나라의 제후로 봉하셔서, 주나라 본국의 울타리로 삼
으신 것은 근본의 나라인 주나라가 쇠약해지면 돕게 하기 위해서였는
데, 그런데 어찌하여 선대 왕들의 뜻을 존중하지 않고, 그 뜻을 마치
변(弁)이나 모(髦)와 같이 여기어 찢어버리듯이 불고한단 말이오? 옛
날의 어진 임금은 도올(檮杌) 같은 흉악한 사람들을 사방에 배치하여,
이민족인 오랑캐들을 막게 했었소. 그러므로 성(姓)을 윤(允)이라 한
융(戎) 오랑캐들이 과주(瓜州) 땅에 살고 있었는데, 종친인 진나라 혜
공(惠公)이 진(秦)나라로부터 진(晉)나라로 돌아가는 길에, 융 오랑캐
들을 유인하여 데리고 와, 우리의 희성(姬姓) 여러 나라를 괴롭히게
하고, 심지어는 왕도(王都)의 교외 땅까지 들어오게 했소이다. 도대체
융 오랑캐가 어떻게 중원(中原)의 땅을 차지하게 되었단 말이오? 융
오랑캐가 우리 중국의 중원에 있게 된 것은 대체 누구의 죄요? 우리
의 조상 후직이 이 천하를 개척하여 농경(農耕)을 왕성케 하셨는데,
이제는 융 오랑캐가 천하를 뒤흔들려 하니, 난처한 일이 아니오? 종
친의 군주는 이 일을 잘 헤아리시오. 나에게 종친의 군주인 당신이
있음은, 마치 의복에 대하여 관면(冠冕)의 존재이고, 나무와 물이 뿌
리와 근원을 가진 것이 되며, 백성에게 다스리는 주인이 있음이 되는
것이오. 종친의 군주인 당신이 만약에 그 관면을 찢고, 뿌리를 뽑고
근원을 막으며, 다스리는 주인의 존재를 나 몰라라하고 내버려두기만

한다면, 아무리 어리석은 융 오랑캐 또는 적(狄) 오랑캐라 하더라도, 어찌 천자인 나 하나만을 무시할 것이오?”

┃주해┃ ○周甘人(주감인)―주나라 직할 지역의 감읍(甘邑)을 지배한 대부(大夫). 감은 지금의 낙양(洛陽) 부근.

○閻嘉(염가)―염(閻) 고을을 다스리는 대부였다. 염은 감읍과 인접하고 있었던 것 같다.

○陰戎(음융)―음 지방에 살던 융족(戎族). 음은 낙수(洛水)의 남쪽, 혹은 숭산(崇山)의 북쪽을 말했다.

○潁(영)―주나라 직할 지역의 읍 이름.

○魏(위)―지금의 산서성 예성(芮城) 부근.

○駘(태)―태(邰)라고 했다. 지금의 섬서성 무공현(武功縣) 부근.

○芮(예)―지금의 섬서성 조읍(朝邑) 부근.

○岐(기)―지금의 섬서성 기산(岐山).

○畢(필)―지금의 함양(咸陽) 부근.

○蒲姑(포고)―지금의 산동성 박흥현(博興縣) 부근.

○商奄(상엄)―지금의 산동성 곡부(曲阜) 부근.

○巴(파)―지금의 사천성(四川省) 중경(重慶) 부근.

○濮(복)―지금의 호북성(湖北省) 석수(石首) 지방. 문공 16년조에는 백복(百濮)이라 했다.

○楚(초)―초나라는 지금의 호북성 강릉(江陵)인 영(郢)을 도읍으로 했는데, 춘추시대에 들기 이전에는, 지금의 안휘성 동남부의 단양(丹陽)부근을 도읍으로 했던 것 같다.

○鄧(등)―지금의 호북성 양양(襄陽) 부근.

○肅愼(숙신)―지금의 동북지방 장백산(長白山) 북부지방.

○燕(연)·亳(박)―모두 지금의 북경(北京) 근방.

○廢隊(폐수)―‘수(隊)’는 ‘추(墜)’. 무너져 떨어짐. 쇠약해짐.

○弁(변)·髦(모)―변은 성인(成人)이 되어 관례식(冠禮式)을 올릴 때, 처음에 잠깐 썼다가 벗는 흑포관(黑布冠)을 말했고, 모는 부모 생전에 머리에다 붙이는 일종의 장식물이었는데, 부모가 세상을 떠나면 떼어버

리는 것이다. 그래서 '변모'는 '쓸데없는 것'이라는 뜻의 비유어로도 쓰
였다.
ㅇ檮杌(도올)─문공 18년조에 나왔다.
ㅇ瓜州(과주)─두예는 그의 주에 지금의 돈황(敦煌)을 일렀다고 말했다.
ㅇ惠公歸自秦(혜공귀자진)─희공 9년조 참고.
ㅇ雖戎狄(수융적), 其何有余一人(기하유여일인)─이 문구에 대해서는 구
구한 해석이 있다. 그러나 본문과 같이 번역한다.

　　　叔향위선자왈　문지백야　기능개물　익대천자　이가
　　叔向謂宣子曰, 文之伯也,에 豈能改物.가 翼戴天子,하여 而加
지이공　자문이래　세유쇠덕　이폭멸종주　이선
之以共.이라 自文以來,로 世有衰德,하여 而暴蔑宗周,하여 以宣
시기치　제후지이　불역의호　차왕·사직　자기도지
示其侈.라 諸侯之貳,는 不亦宜乎.아 且王辭直.이라 子其圖之.하
선자열　왕유인상　사조성여주조　차치염전여수
라 宣子說.이라 王有姻喪,에 使趙成如周弔,하고 且致閻田與襚,
반영부　왕역사빈활집감대부양이세어진　진인례이귀
하고 反潁俘.라 王亦使賓滑執甘大夫襄以說於晉,에 晉人禮而歸
지
之.라

진나라의 숙향이 한선자(韓宣子)에게 말했다. "문공(文公)께서 패
자(覇者)가 되셨을 때에, 어째서 문물제도를 고쳤겠습니까? 천자를
도와 극히 받들고 공경스럽게 했었던 것입니다. 그런데 문공 이래로
세상에는 덕이 쇠퇴하여, 종실(宗室)인 주왕가(周王家)를 아주 멸시
하여 거만한 태도를 보여왔었습니다. 그랬으므로 제후들이 우리 진나
라에 대해서 다른 마음을 지님은 마땅한 일이 아닙니까? 그리고 이번
의 천자의 말씀은 옳은 것입니다. 그러니 님은 잘 헤아리십시오." 이
말에, 한선자는 좋아했다. 때마침, 천자의 인척(姻戚)에 상(喪)이 나,
진나라는 조성(趙成)에게 주나라에 가 조상하게 하고, 염 땅과 죽은
이의 수의(襚衣)를 바치고, 영(潁)에서의 포로들을 돌려보냈다. 그러

자 천자 또한 빈활(賓滑)에게 감(甘) 땅의 대부인 양(襄)을 잡아 진 나라에 대해서 변명케 하니, 진나라 사람은 감의 대부 양을 예의에 맞게 대하고서 돌려보냈다.

주해 ｜ ○文之伯也(문지백야)—진나라 문공이 즉위한 것은 희공 24년의 일이었고 희공 32년에 죽었는데, 그는 생전에 패자로서 군림했었다.
○豈能改物(기능개물)—문물제도를 고치지 않았었다는 것.

夏四月,에 陳災.라 鄭裨竈曰, 五年陳將復封,하고 封五十二年 而遂亡.하리라 子産問其故,하니 對曰, 陳水屬也.라 火水妃也,어 늘 而楚所相也.라 今, 火出,하여 而火陳,은 逐楚,하여 而建陳也. 라 妃以五成.라 故로 曰五年.이라 歲五及鶉火而後,라야 陳卒亡, 하고 楚克有之,는 天之道也.라 故로 曰五十二年.이라

晉荀盈如齊,하여 逆女,하고 還,이어늘 六月卒于戲陽.이라 殯于 絳,하여 未葬,에 晉侯飮酒樂.이라 膳宰屠蒯趨入,하여 請佐公使 尊,에 許之.라 而遂酌以飮工曰, 女爲君耳,하여 將司聰也.라 辰 在子卯,면 謂之疾日,하여 君徹宴樂,하고 學人舍業,하니 爲疾故 也.라 君之卿佐,는 是謂股肱.이다 股肱或虧,면 何痛如之.리오 女弗聞而樂,하니 是不聰也.라 又飮外嬖嬖叔曰, 女爲君目,하여 將司明也.라 服以旌禮,하고 禮以行事,하며 事有其物,하고 物有 其容.이라 今, 君之容,은 非其物也,로되 而女不見,하니 是不明

也.라 亦自飲也,하고 曰, 味以行氣,하고 氣以實志,하며 志以定

言,하고 言以出令.이오니다 臣實司味,하여 二御失官,하였삽거늘 而

君弗命,하오니 臣之罪也.라소이다 公説,하고 徹酒.라 初,에 公欲

廢知氏而立其外嬖,였거니와 爲是悛而止.라 秋八月,에 使荀躒佐

下軍,하여 以説焉.이라

孟僖子如齊,하여 殷聘.이라 禮也.라

冬,에 築郎囿,는 書時也.라 季平子欲其速成也,에 叔孫昭子

曰, 詩曰, 經始勿亟,이로되 庶民子來.로다 焉用速成.가 其以勤

民也.라 無囿猶可,나 無民其可乎.아

여름 4월에, 진(陳)나라 도읍에 화재가 났다. 정나라의 비조(禆竈)가 이 일을 두고 말하기를, "5년 있으면 진(陳)나라는 제후국으로 복구될 것이고, 복구된 지 52년이면 완전히 망할 것이다."라고 말했다. 자산(子産)이 그 까닭을 물으니, 비조가 말했다. "진(陳)나라의 본성(本性)은 수(水)에 속합니다. 화(火)와 수(水)는 서로 상대의 짝이 되는데 화는 초나라가 장악하고 있습니다. 이제 화성(火星)이 나타나 불이 진나라 도읍에 일어난 것은, 초나라 세력을 몰아내어 진나라를 복건(復建)하자는 천심(天心)인 것입니다. 수(水)·화(火)·목(木)·금(金)·토(土)가 서로 상대가 되는 짝이 되어 다섯이 되어집니다. 그래서 5년이라 말한 것입니다. 그리고 세성(歲星)이 다섯번 순화성(鶉火星)의 위치에 나타나게 된 연후라야 진나라가 완전히 망하고, 초나라가 진나라 땅을 온전히 소유한다는 것은 천도(天道)입니다. 그래서 52년이라 말한 것입니다."

진(晉)나라의 순영(荀盈)이 제나라에 가, 자신을 위하여 제나라 여자를 맞이하고 돌아갔는데, 6월에 희양(戲陽)에서 세상을 떠났다. 도읍인 강(絳)에 빈소(殯所)를 차리어, 아직 장사를 지내지 않고 있는데, 진나라 군주가 술을 마시며 음악을 듣고 있었다. 그러자 선재(膳宰) 벼슬에 있는 도괴(屠蒯)가 그 술자리로 달려들어가, 군주에게 술잔 올리는 일을 돕게 해달라고 요청하니, 군주가 허락했다. 그러자 그는 술을 부어 악공(樂工)에게 마시게 하고 말하기를, "그대는 군주의 귀가 되어 곧 진행되는 일을 잘 들으시도록 하는 일을 맡고 있네. 일진(日辰)이 자(子)와 묘(卯)가 되면, 운이 나쁜 날이라 일러, 군주는 음악을 폐하여 듣지 않으시고, 음악을 배우는 사람은 학업을 중지하는 것이니, 그것은 운이 나쁜 날이기 때문일세. 군주의 경(卿)이나 그 보좌역은 군주의 고굉(股肱 : 팔다리)이라 이르네. 팔다리의 한쪽이 혹 없어지게 된다면, 어느 아픔이 그와 같을 건가? 그대는 순영이 세상을 떠난 사실을 듣지 못하고 음악을 주(奏)하고 있으니, 군주께서 세상일을 잘 들으시도록 돕는 책무를 다하지 못하고 있는 걸세."라고 했다. 그리고 군주한테 총애를 받고 있는 신하 폐숙(嬖叔)에게 술을 마시게 하고 말하기를, "그대는 군주의 눈이 되어, 곧 군주께서 세상일을 밝게 보아 아시게 함을 맡고 있네. 사람의 복장은 예의를 나타내고, 예의로써 일을 행하며, 모든 일에는 길(吉)·흉(凶)이 있고, 길흉에는 그 각각에 따라 복장의 형식이 정해져 있는 것일세. 그런데 지금 군주의 복장은 그 정해짐에 따르고 있지 않는데도 그대는 보아 구별하지 못하고 있으니, 이는 그대가 군주의 눈을 밝게 못하고 있는 것이네."라고 했다. 그리고 또 그는 자신이 술을 마시고 말했다. "음식의 맛은 사람의 기운이 잘 발휘되게 하고, 기운으로 뜻이 실해지오며, 뜻으로써 언어가 확실하게 되어지고, 언어로 올바른 명령이 나오게 되옵니다. 신(臣)은 실은 군주께 맛을 갖추어 올리는 일을 담당하고 있으면서 지금 모시고 있는 두 사람이, 자기들의 관책(官責)을 잃었삽거늘, 군주께서 벌을 주시는 올바른 명령을 내리시지 않으셨으니, 이것은 곧 신이 맛을 제대로 갖추어 올리지 못한 죄이옵니다." 이 말을 들은 군주는 기뻐하고, 바로 술상을 치우게 하였다. 전에 진나라 군주는 지씨(知氏)를 자리에서 제거하고 총애하는 신하를 그 자리에 심으려 했었거니와, 도괴가 경계한 말 때문에 마음을 고쳐 중지했다. 가을 8월에, 진나라

두(豆, 제기 이름)

군주는 순역(荀躒 : 순영의 아들)을 하군(下軍)의 부장(副將)이 되게 하고서, 순영의 씨족을 제거하려 했고, 또 순영의 장사를 지내지 않고 있는 중에 술 마시고 음악을 들은 데 대한 죄책감을 풀었다.

노나라의 맹희자(孟僖子 : 仲孫貜)가 제나라에 가, 예물을 많이 드리고 정중한 예방을 했다. 예에 맞는 일이었다.

겨울에 노나라가 낭(郎)에다 동물 기르는 원을 만들었다는 것은, 알맞은 때에 했다는 것을 밝히어 기록한 것이다. 당시에 계평자(季平子 : 季孫意如)가 그 일을 빨리 완성시키려 하자, 숙손소자(叔孫昭子 : 叔孫婼)가 말하기를, "시에 이르기를, '일을 시작하여 빠름을 서둘지 말라 하였거니와, 백성들 부모 위하는 아들들같이 모여 오네.'라고 했소. 그런데 어찌 속히 완성시킬 것을 서두룬단 말이오? 그러면 백성들을 피로케 하는 거요. 동물 기르는 원이야 없어도 좋지만, 백성들이 없다면야 될 말이오?"라고 했다.

주해 ○陳水屬也(진수속야) – 두예의 주에 의하면, 진(陳)나라 군주는 전욱(顓頊)의 후손이었는데, 전욱은 수덕(水德)으로 임금이 되었다는 것이다.

○楚所相也(초소상야) – 초나라 군주는 축융(祝融)의 자손인데, 축융은 화

덕(火德)으로 임금이 되었다는 설에 의하여, 초나라는 화신(火神)을 받든다고 여겼다.

○妃以五成(비이오성)―오행설(五行說)에 오행비합(五行妃合)이라는 설법이 있는데, 화(火)와 수(水), 목(木)과 금(金), 금과 토(土), 토와 목, 수와 토가 각자 상대의 짝이 됨을 말했다. 여기에서도 이것을 말한 것이다.

○荀盈(순영)―지씨(知氏)였다. 앵(罃)의 아들로 지도자(知悼子)라 했고, 상경(上卿)으로 있었다.

○學人(학인)―여기에서는 음악 공부하는 사람을 말한다.

○事有其物(사유기물)―일에 길흉의 구별이 있음. 물(物)은 길흉을 뜻한다.

○物有其容(물유기용)―용(容)은 복장의 색이나 형상을 뜻한다.

○知氏(지씨)―순영(荀盈)의 가문의 성.

○以說焉(이세언)―세(說)는 마음에 맺혀졌던 것을 풀고 안심함을 의미한다.

○殷聘(은빙)―예물을 많이 드리고 정중하게 예방함.

○郎(낭)―노나라 도읍 곡부(曲阜) 부근 땅.

○詩曰(시왈)―《시경》 대아에 있는 영대편(靈臺篇)의 구절.

經│ ○十年春王正月.이라

○夏,에 齊欒施來奔.이라

○秋七月,에 季孫意如·叔弓·仲孫貜帥師,하여 伐莒.라

○戊子,에 晉侯彪卒.이라

○九月,에 叔孫婼如晉.이라

○葬晉平公.이라

○十有二月甲子,에 宋公成卒.이라

10년 봄 천자가 쓰는 역으로 정월.

여름에, 제나라 난시(欒施)가 노나라로 도망왔다.

가을 7월에, 계손의여(季孫意如 : 季平子)·숙궁(叔弓)·중손확(仲孫貜 : 孟僖子)이 군사를 이끌고 거나라를 쳤다.

무자날에, 진나라 군주인 후작 표(彪)가 세상을 떠났다.

9월에, 노나라 숙손착(叔孫婼)이 진나라에 갔다.

진나라 군주 평공을 장사 지냈다.

12월 갑자날에, 송나라 군주인 공작 성(成)이 세상을 떠났다.

傳│ 十年春王正月,에 有星出于婺女.라 鄭裨竈言於子産曰, 七月戊子,에 晉君將死.리라 今茲,에 歲在顓頊之虛,어늘 姜氏·任氏實守其地.라 居其維首,이어늘 而有妖星焉,은 告邑姜也.라 邑姜晉之妣也.라 天以七紀.라 戊子,에 逢公以登,이었거늘 星斯於是乎出.이라 吾是以譏之.라

10년 봄 천자가 쓰는 역으로 정월에, 이상한 한 별이 무녀성수(婺女星宿)의 위치에 나타났다. 그러자 정나라의 비조(裨竈)가 자산(子産)에게 말했다. "7월 무자날에, 진나라의 군주가 죽게 될 것입니다. 금년에 세성(歲星)이 옛날의 임금이었던 전욱(顓頊)을 상징한 허성수(虛星宿)에 있는데 허성수가 지배하는 전욱의 근거지는, 지금 강씨(姜氏)와 임씨(任氏)가 실로 차지하여 지키고 있습니다. 그런데 이상한 별이, 북방의 성좌(星座)인 현효(玄枵)의 맨처음 자리를 차지하고 있는 무녀성수의 자리에 나타나 있는데, 요망한 별이 나타났다는 것은 읍강(邑姜)의 자손에게 운명을 알리는 것입니다. 읍강은 진나라 선조 강숙(康叔)을 낳은 어머니입니다. 하늘의 성좌는 7기(紀)씩으로

나뉘어져 있습니다. 무자날에 봉공(逢公)이 죽었는데, 그때에 이상한 저 별이 지금과 같은 위치에 나타났습니다. 저는 그래서 헤아려 알고 있는 것입니다."

주해 | ○婺女(무녀)—28수(宿) 중의 하나로, 다만 여(女)라고만 했다.

○姜氏(강씨)·任氏(임씨)—제나라 군주가 강씨였고, 설(薛)나라 군주가 임씨였다.

○維首(유수)—28수가 7성수씩 나뉘어져 동·서·남·북의 사방에 자리잡은 것을 7기(紀)라 했다. 북방의 7기인 현효(玄枵)에는 무녀성수·허성수·위성수가 속했고, 무녀성수가 맨 처음 위치를 차지하고 있다고 해서 이렇게 말한 것이다.

○邑姜(읍강)—제나라 군주의 시조인 태공망(太公望) 여상(呂尙)의 딸로, 진(晋)나라 군주의 시조인 당숙(唐叔)의 어머니.

○逢公(봉공)—두예는 그의 주에, 봉공은 은(殷)나라 시대의 제후로, 후세의 제나라 땅을 차지했었다고 했다.

齊惠欒高氏皆耆酒,하고 信內,하여 多怨.이라 彊於陳鮑氏,나 而惡之.라 夏,에 有告陳桓子曰, 子旗·子良將攻陳鮑.라 亦告鮑氏.라 桓子授甲,하여 而如鮑氏,라가 遭子良醉而騁.이라 遂見文子,하니 則亦授甲矣.라 使視二子,하니 則皆將飲酒.라 桓子曰, 彼雖不信,이나 聞我授甲,이면 則必逐我.리라 及其飲酒也,하여 先伐諸.라 陳鮑方睦,에 遂伐欒高氏.라 子良曰, 先得公,이면 陳鮑焉往.가 遂伐虎門.이라 晏平仲端委立于虎門之外.라 四族召之,나 無所往.이라 其徒曰, 助陳鮑乎.아 曰, 何善焉.가 助欒高

乎.아 曰, 庸愈乎.아 然則歸乎.아 曰, 君伐,에 焉歸.아 公召之而

後入.이라 公卜使王黑以靈姑䤵率,에 吉.이라 請斷三尺焉,하여

而用之.라

　五月庚辰,에 戰于稷,하여 欒高敗,하고 又敗諸莊.이라 國人追

之,에 又敗諸鹿門.이라 欒施·高彊來奔.이라 陳鮑分其室,하니

晏子謂桓子,하되 必致諸公.하라 讓德之主也,로 讓之謂懿德.이라

凡有血氣,면 皆有爭心.이라 故로 利不可强.이라 思義爲愈.라 義

利之本也,요 蘊利,면 生孽.이라 姑使無蘊乎.인저 可以滋長.이라

桓子盡致諸公,하고 而請老于莒.라 桓子召子山,하여 私具幃幕·

器用·從者之衣屨,하고 而反棘焉.이라 子商亦如之,하여 而反其

邑,하고 子周亦如之,하여 而與之夫于.라 反子城·子公·公孫

捷,하여 而皆益其祿.이라 凡公子公孫之無祿者,는 私分之邑,하고

國之貧弱孤寡者,는 私與之粟曰, 詩云,하되 陳錫載周.라 能施

也.라 桓公是以霸.라 公與桓子莒之旁邑,이나 辭.라 穆孟姬爲之

請高唐.이라 陳氏始大.라

　제나라의 혜씨(惠氏)·난씨(欒氏)·고씨(高氏)는 다 술을 좋아하고, 부인의 말을 잘 믿어, 원망하는 사람이 많았다. 이 삼씨(三氏)의 가문은 진씨(陳氏) 가문이나 포씨(鮑氏) 가문보다 세력이 강했으나, 진·포씨를 미워했다. 여름에, 어느 사람이 진환자(陳桓子)에게 말하

기를, "자기(子旗 : 欒施)와 자량(子良 : 高彊)이 진·포씨의 양 가문을 공격하려 합니다."라고 했다. 그리고 포씨에게도 이같이 말했다. 그러자 진환자는 집안 사람들에게 무장을 나누어 주고서, 포씨네 집으로 가다가, 자량이 취해서 수레를 타고 달리는 것을 보았다. 곧 포문자(鮑文子 : 鮑國)를 찾아가니, 그도 또한 집사람들에게 무장을 나누어 주고 있었다. 그들은 사람을 시켜 자기와 자량 두 공자의 동태를 살펴보게 했더니, 그들은 둘 다 술을 마시려 하고 있었다. 진환자가 말하기를, "그들이 우리를 공격하려 한다는 것은 믿지 못하겠으나, 우리가 집사람들에게 무장을 나누어 주었다는 것을 듣는다면 그들은 반드시 우리를 몰아칠 것이오. 그러니 그들이 술을 마시는 기회를 타, 우리가 먼저 그들을 칩시다."라고 했다. 진씨와 포씨는 한창 화목하고 있었기에, 이 말에 곧 난·고씨를 공격했다. 공격을 받자 자량이 말하기를, "우리가 먼저 군주를 차지한다면, 진·포씨가 어디로 갈 것이오?"라고 했다. 그래서 곧 궁전의 호문(虎門)을 공격했다. 그때 안평중(晏平仲 : 晏嬰)은 조복(朝服) 차림으로 호문 밖에 서있었다. 네 씨족이 서로 안평중에게 자기 편이 되어 달라고 요청했지만, 그는 어느 편에도 들지 않았다. 이에, 그와 그의 부하간에 다음과 같은 말이 오고갔다.

부하―진·포씨를 도울까요?

안평중―어째서 그들을 착하다고 할 것인가?

부하―난·고씨를 도울까요?

안평중―그들이 어찌 진·포씨보다 나은 사람들이라고 말할 것인가?

부하―그러면 집으로 돌아갈까요?

안평중―군주께서 공격당하고 계시는데, 어찌 돌아간단 말인가?

그 뒤에 군주가 부르자, 궁내(宮內)로 들어갔다. 제나라 군주가 왕흑(王黑)에게 군주의 기(旗)인 영고피(靈姑銔)를 가지고 군사를 이끌

고 공격군에 대항케 하려 하여 거북등을 구워 점을 치니, 길(吉)의 징
조를 얻었다. 왕흑은 군주의 기인 영고피를 3척(尺) 길이로 자르게
해달라고 군주에게 요청하여서, 그 깃발을 군사를 지휘하는 데 사용
했다.

5월 경진날에, 양쪽 군이 직(稷) 거리에서 싸워, 난·고씨 군이 패
했고, 장(莊) 거리에서 또 패했다. 나라 사람들이 패한 난·고씨측을
몰아 그들은 녹문(鹿門)에서 다시 패했다. 그래서 난시(欒施)와 고강
(高彊)이 노나라로 도망하여 왔다. 진(陳)·포(鮑)씨가 난·고씨의 재
산을 나누어 가지려 하니, 안자(晏子 : 안평중)가 진환자에게 이르되,
"그들의 재산은 반드시 군주께 바치시오. 사양은 덕의 주체(主體)로,
사양은 아름다운 덕이라고 합니다. 무릇 혈기(血氣)가 있으면 누구나
가 다 경쟁심이 있는 것입니다. 그러니 이익을 지나치게 구할 수는
없는 것입니다. 이익보다 의리를 생각하는 것이 더 좋은 것입니다. 의
리는 이익의 근본이고, 이익을 많이 쌓으면 화가 일어나는 것입니다.
그러니 잠시 이익을 쌓지 마십시오. 그러면 님의 덕이 커질 것입니
다."라고 했다. 이 말에 진환자는, 난·고씨의 재산을 다 군주에게 바
치고, 자신은 거(莒)로 은퇴하겠다고 청원드렸다. 그리고 진환자는 다
른 나라에 가 있는 자산(子山)을 불러들여 그의 집 장막(帳幕)이나
기물, 또는 거느리는 사람들의 의복이나 신발까지 다 자신의 사재(私
財)로 갖추어 주고, 자산이 전에 소유했던 극읍(棘邑)을 돌려주었다.
그리고 외국에 가 있는 자상(子商)도 그리하여, 그가 영유했었던 읍
을 돌려주었고, 자주(子周) 또한 그리하여 부우(夫于)라는 읍을 주었
다. 그리고 또, 자성(子城)·자공(子公)·공손첩(公孫捷)도 외국에서
귀환케 하여, 그들에게 다 전보다 녹(祿)을 불려 주었다. 동시에 그는
공자 공손(公孫)으로 국록(國祿)을 받지 못하고 있는 자는 자신의 영
유읍을 나누어 주고, 나라 안의 가난한 자·몸이 약한 자·고아·과
부들에게 자신이 가지고 있는 조[粟]를 나누어 주면서 말하기를, "시

에 이르기를, '문왕(文王)은 널리 혜택을 베푸시어, 주나라 기초 이루시었네.'라고 했네. 이것은 은혜를 잘 베풀었음을 말한 것일세. 우리나라의 환공(桓公)께서도 널리 혜택을 베푸심으로 패자(覇者)가 되셨었네."라고 했다. 제나라 군주는 거(莒) 옆에 있는 읍을 진환자에게 주었지만 그는 사양했다. 그러자 제나라 경공(景公)의 어머니인 목맹희(穆孟姬)는 진환자를 위하여 고당(高唐)의 땅을 줄 것을 요청했다. 진씨는 이에 비로소 나라에서 세력이 크게 되었다.

■ 주해 │ ○信內(신내)─부인의 말을 잘 믿음.

○虎門(호문)─궁전의 대문 이름.

○端委(단위)─단은 현단(玄端)의 관복이고, 위(委)는 위모(委貌)라는 관(冠). 즉 조복(朝服).

○靈姑鈚(영고피)─제나라 군주의 깃발 이름.

○稷(직)·莊(장)─제나라 도읍 내의 거리 이름.

○鹿門(녹문)─제나라 도읍 성의 성문 이름이었다 한다.

○子山(자산)·子商(자상)·子城(자성)·子公(자공)·公孫捷(공손첩)─이들은 양공 31년에 제나라 공손채(公孫蠆 : 子尾)에 의해서 국외로 추방되었다.

○詩云(시운)─《시경》 대아에 있는 문왕편(文王篇)의 구절.

○穆孟姬(목맹희)─노나라 숙손교여(叔孫僑如)의 딸로, 제나라 영공(靈公)의 부인이고, 경공의 어머니이다.

○高唐(고당)─지금의 산동성 우성(禹城) 부근.

秋七月_{추칠월},에 平子伐莒取郠_{평자벌거취경}.라 獻俘_{헌부},하고 始用人於亳社_{시용인어박사}.라 臧武_{장무}

仲在齊_{중재제},하여 聞之曰_{문지왈}, 周公其不饗魯祭乎_{주공기불향로제호}.인저 周公饗義_{주공향의},에 魯無_{노무}

義_의.라 詩曰_{시왈}, 德音孔昭_{덕음공소},하고 視民不恌_{시민부조}.라 恌之謂甚矣_{조지위심의},어늘 而壹_{이일}

用之,에 將誰福哉.리오

　가을 7월에, 노나라 평자(平子 : 季孫意如)가 거나라를 쳐 경(郠)이
라는 읍을 빼앗았다. 그는 포로를 군주에게 바치고 은(殷)나라의 지
신(地神)을 제사 지내는 박사(亳社)의 제사에 처음으로 사람을 희생
(犧牲)의 제물로 썼다. 장무중이 당시 제나라에 있으면서 이 소식을
듣고는 말했다. "노나라 군주의 조상인 주공(周公)의 영혼은 노나라
가 드리는 제사를 받지 않으실 것이다. 주공께서는 의(義)된 제사나
받으시는데, 노나라는 의리가 없게 되었다. 시에 이르기를, '덕스러운
말씀 크게 빛나고, 백성 대함이 다정도 하시네.'라고 했다. 박정(薄情)
한 것도 심하다고 비난하는 것인데, 사람을 제물로 바치는 동물과 같
이 취급함에, 어느 신(神)이 복을 준단 말인가?"

주해｜　ㅇ郠(경)―거나라 읍 이름으로, 지금의 산동성 기수현(沂水縣) 땅.
　ㅇ用人(용인)―이 예는 희공 19년에 나왔다.
　ㅇ詩曰(시왈)―《시경》 소아에 있는 녹명편(鹿鳴篇)의 구절.

戊子,에 晉平公卒.이라 鄭伯如晉,하여 及河,에 晉人辭之,라 游
吉遂如晉.이라 九月,에 叔孫婼·齊國弱·宋華定·衛北宮喜·
鄭罕虎·許人·曹人·莒人·邾人·滕人·薛人·杞人·小
邾人如晉,하여 葬平公也.라 鄭子皮將以幣行,에 子産曰, 喪焉用
幣.오 用幣,라면 必百兩.이라 百兩必千人.이라 千人至,나 將不行,
이리오 不行,이라도 必盡用之.리라 幾千人,하고 而國不亡.가 子皮

固請以行.이라 旣葬,에 諸侯之大夫欲因見新君,하니 叔孫昭子

曰, 非禮也.라 不聽.이라 叔向辭之曰, 大夫之事畢矣,어늘 而又

命孤.라 孤新斬焉在衰経之中.이라 其以嘉服見,에는 則喪禮未

畢,이요 其以喪服見,에는 是重受弔也.라 大夫將若之何.오 皆無

辭以見.이라

子皮盡用其幣,하고 歸.라 謂子羽曰, 非知之實難,이요 將在行

之.라 夫子知之矣,요 我則不足.이라 書曰, 欲敗度,하고 縱敗禮.

라 我之謂矣.라 夫子知度與禮矣,어늘 我實縱欲,하여 而不能自

克也.라

무자날에, 진나라 평공이 세상을 떠났다. 정나라 군주가 조문차 진
나라에 가 황하(黃河) 가에 이르렀을 때, 진나라 사람이 군주가 직접
올 필요가 없다고서 정나라 군주가 조문차 입국(入國)함을 사양했다.
그래서 유길(游吉)만이 그길로 진나라에 갔다. 9월에, 노나라의 숙손
착(叔孫婼 : 叔孫昭子)·제나라의 국약(國弱)·송나라의 화정(華
定)·위나라의 북궁희(北宮喜)·정나라의 한호(罕虎 : 子皮)·허나라
사람·조나라 사람·거나라 사람·주나라 사람·등나라 사람·설나라
사람·기나라 사람·소주나라 사람 등이 진나라에 가, 평공의 장례식
에 참가했다. 정나라의 자피(子皮 : 한호)가 진나라에 바칠 예물을 가
지고 가려 하니 자산은 말하기를, "상이 났는데 어찌 예물을 바친단
말씀입니까? 예물을 가지고 가기로 하신다면 반드시 수레 백대분의
물건이 듭니다. 백대의 물건을 싣고 감에는 반드시 천명이 따르게 됩
니다. 천명이 물건을 가지고 가더라도 그것을 제대로 바치지 못할 것

이고, 바치지 못하더라도 결국은 반드시 다 없애고 말 것입니다. 몇번이고 천명의 사람이 예물을 가지고 간다면 나라가 망하게 되지 않겠습니까?"라고 했다. 그러나 자피는 굳이 가지고 간 예물을 청해 가지고 갔다. 진나라 군주의 장례식을 마치고 나서, 각 제후국의 대부들이 간 게제에 진나라의 새 군주를 만나보려 하니, 우리 노나라의 숙손소자(叔孫昭子 : 숙손착)가 말하기를, "그것은 예의가 아닙니다."라고 했다. 그러나 각국의 대부들이 그 말을 듣지 않았다. 그러자 진나라의 숙향(叔向)이 변명했다. "각국 대부들께서 하실 일은 다 끝냈는데도, 여러분들께서는 우리나라 새 군주께 만나 주시기를 요구하고 계십니다. 그런데 저희 나라 새 군주께서는 지금 애통(哀痛)중에 복을 입고 계십니다. 만일 상복을 벗으시고서 평상시의 옷차림으로 여러분을 만나시자면 상기(喪期)가 끝나지 않았으니 그렇게 하실 수가 없고, 상복을 입으신 채로 만나시자면, 그것은 여러분한테 중복되게 조문(弔問) 받으시는 일이 됩니다. 대부님들, 이 일을 어찌 하면 좋겠습니까?" 이 말에, 각국의 대부들은 다 더 이상 만나자고 하지 않았다.

  정나라 자피는 가지고 간 예물을 정식으로 바치지 못하고, 그것들을 다 허비하고 돌아갔다. 그는 자우(子羽)에게 말했다. "일을 아는 것이야 실로 어려운 게 아니라, 어려움은 일을 시행함에 있는 걸세. 자산은 이것을 잘 알고 있고, 나는 생각이 부족한 사람이네. 《서경》에 이르기를, '욕심은 법도를 망치고, 방종은 예의를 망친다.'고 했는데, 이 말은 나 같은 경우를 두고 말한 것일 거네. 자산 그는 법도와 예의를 알고 있는데도, 나는 정말 방종하고 욕심을 부려 나 스스로 그것을 억제할 수가 없었네."

주해 ○將不行(장불행)─가지고 가는 예물을 제대로 바치지 못할 것이라는 말.

  ○書曰(서왈)─《상서(尙書)》 상서(商書) 태갑편(太甲篇)에 있는 구절.

昭子至自晉,에 大夫皆見,하고 高彊見而退.라 昭子語諸大夫
日, 爲人子不可不愼也哉.라 昔, 慶封亡,에 子尾多受邑,이나 而
稍致諸君.이라 君以爲忠,하여 而甚寵之.라 將死,에 疾于公宮,하
여 輦而歸,에 君親推之.라 其子不能任,하여 是以로 在此.라 忠
爲令德,이어늘 其子弗能任,하고 罪猶及之,하니 難不愼也.라 喪
夫人之力,하고 棄德曠宗,하여 以及其身.이라 不亦害乎.아 詩曰,
不自我先,하고 不自我後.라 其是之謂乎.인저

冬十二月,에 宋平公卒.이라 初,에 元公惡寺人柳,하여 欲殺之.
라 及喪,에 柳熾炭于位,하여 將至,면 則去之,하여 比葬又有寵.
이라

노나라 숙손소자(叔孫昭子)가 진나라로부터 돌아오자 노나라의 대
부들이 다 찾아보았고, 제나라에서 도망온 고강(高彊)도 찾아보고 물
러갔다. 그러자 숙손소자는 대부들에게 말하였다. "사람의 자식된 자
가 근신하지 않을 수가 없는 것입니다. 지난날에, 제나라 경봉(慶封)
이 외국으로 도망을 함에, 자미(子尾)는 제나라 군주한테 많은 읍(邑)
을 받았으나, 얼마 후에 군주에게 도로 반환했소. 그러자 제나라 군주
는 그를 충성스럽다 하여 매우 총애를 했었던 거요. 그리하여 그가
죽어가려는 마당에 군주의 궁전에서 병이 나 수레로 집으로 돌아가니,
군주가 그 수레를 친히 민 것이었지요. 그런데 그의 아들은 아버지의
뒤를 계승할 수가 없어 그 때문에 우리나라에 와 있는 것이오. 아버
지의 충성은 미덕(美德)이 되었건만, 그의 아들은 그 뒤를 계승할 수
가 없고, 그 죄는 아버지인 자미에까지 미치고 있으니, 그 환난은 근

신하지 않아서였소. 아버지 자미의 공력을 없어지게 하고, 아버지의 덕을 내던져 버리고 종문(宗門)을 망치어, 화가 그의 몸에 닿았소. 그러니 근신을 하지 않으면 해가 되지 않으오? 시에 이르기를, '나의 선대(先代)로부터 온 것이 아니고, 나의 후대(後代)로부터 온 것도 아닐세.'라고 했는데, 이것은 저 사람과 같은 경우를 두고 말한 것이오."

겨울 12월에, 송나라 평공이 세상을 떠났다. 전에 평공의 뒤를 이은 원공(元公)은 내시인 유(柳)를 싫어하여 그를 죽이려 했다. 그런데 상을 당하자, 유는 원공이 상례(喪禮)를 지키는 자리에 숯불을 피워 놓아 그 자리를 따뜻하게 하여, 원공이 그 자리로 나가게 되면 그 숯불을 치우고 하여, 장례식을 거행할 무렵에 가서는 원공의 총애를 받게 되었다.

┃주해┃ o慶封亡(경봉망) ─ 양공 28년의 일이었다.

o詩曰(시왈) ─ 《시경》 대아에 있는 첨앙편(瞻卬篇)의 구절. 이 시구를 인용한 것은 화는 선대의 일로 오는 것이 아니고, 또 후대의 일로 오는 것이 아니라, 오직 자신의 하는 바에 의해서 온다는 것을 강조하기 위해서였다.

o元公(원공) ─ 평공의 아들로, 이름이 좌(佐)였다.

제18

소공 중
昭公 中

양공(襄公)의 아들. 어머니는 제귀(齊歸).
재위 기원전 541~510년

經｜ ㅇ十有一年春王二月,에 叔弓如宋.이라

ㅇ葬宋平公.이라

ㅇ夏四月丁巳,에 楚子虔誘蔡侯般,하여 殺之于申.이라

ㅇ楚公子棄疾帥師,하여 圍蔡.라

ㅇ五月甲申,에 夫人歸氏薨.이라

ㅇ大蒐于比蒲.라

ㅇ仲孫貜會邾子,하여 盟于祲祥.이라

ㅇ秋,에 季孫意如會晉韓起·齊國弱·宋華亥·衛北宮佗·
鄭罕虎·曹人·杞人于厥憖.이라

ㅇ九月己亥,에 葬我小君齊歸.라

ㅇ冬十有一月丁酉,에 楚師滅蔡,하고 執蔡世子有,하여 以歸,하여

^{용 지}
用之.라

　11년 봄 천자가 쓰는 역으로 2월에, 노나라 숙궁(叔弓)이 송나라에 갔다.

　송나라 평공을 장사 지냈다.

　여름 4월 정사날에, 초나라의 군주 자작 건(虔)이 채나라의 군주 후작 반(般)을 유인하여 신(申)에서 죽였다.

　초나라 공자 기질(棄疾)이 군사를 이끌고 채나라 도읍을 포위했다.

　5월 갑신날에, 노나라 군주의 부인 귀씨(歸氏)가 훙거(薨去)했다.

　비포(比蒲)에서 대군사(大軍事) 연습을 했다.

　노나라 중손확이 주나라 군주인 자작과 만나, 침상(祲祥)에서 맹약을 맺었다.

　가을에, 노나라의 계손의여가, 진나라의 한기(韓起)·제나라의 국약(國弱)·송나라의 화해(華亥)·위나라의 북궁타(北宮佗)·정나라의 한호(罕虎)·조나라 사람·기나라 사람 등과 궐은(厥憖)에서 회합을 가졌다.

　9월 기해날에, 우리나라 군주의 부인 제귀(齊歸)를 장사 지냈다.

　겨울 11월 정유날에, 초나라 군사가 채나라를 멸망시키고, 채나라의 세자 유(有)를 잡아 그를 데리고 가서, 희생(犧牲)으로 썼다.

^{십 일 년 춘 왕 이 월}　　　　^{숙 궁 여 송}　　^{장 평 공 야}　　　^{경 왕 문 어 장}
傳| 十一年春王二月,에 叔弓如宋,은 葬平公也.라 景王問於萇

^{홍 왈}　^{금 자}　　^{제 후 하 실 길}　　　^{하 실 흉}　^{대 왈}　^{채 흉}　　　^차
弘曰, 今茲,에 諸侯何實吉,하고 何實凶,아 對曰, 蔡凶,이리다 此

^{채 후 반 시 기 군 지 세 야}　　^{세 재 시 위}　　　^{불 과 차 의}　　^{초 장 유}
蔡侯般弑其君之歲也.라 歲在豕韋,이오니 弗過此矣.리다 楚將有

^지　　^연　　　^{옹 야}　^{세 급 대 량}　　^{채 부 초 흉}　　　^{천 지 도}
之.리다 然,이나 壅也,로 歲及大梁,이면 蔡復楚凶,이리오니 天之道

^야
也.이오니다

^{초 자 재 신}^{소 채 령 후}^{영 후 장 왕}^{채 대 부 왈}^{왕 탐}
楚子在申,하여 召蔡靈侯,하니 靈侯將往.이라 蔡大夫曰, 王貪

^{이 무 신}^{유 채 어 감}^금^{폐 중 이 언 감}^{유 아 야}
而無信,하여 唯蔡於感.이오니다 今, 幣重而言甘.이오니다 誘我也,

^{불 여 무 왕}^{채 후 불 가}^{삼 월 병 신}^{초 자 복 갑}
이오니 不如無往.이오니다 蔡侯不可.라 三月丙申,에 楚子伏甲,하

^{이 향 채 후 어 신}^{취 이 집 지}^{하 사 월 정 사}^{살 지}^형
여 而饗蔡侯於申,하고 醉而執之.라 夏四月丁巳,에 殺之,하고 刑

^{기 사 칠 십 인}^{공 자 기 질 솔 사}^{위 채}
其士七十人,하며 公子棄疾帥師,하여 圍蔡.라

^{한 선 자 문 어 숙 향 왈}^{초 기 극 호}^{대 왈}^{극 재}^{채 후 획 죄 어}
韓宣子問於叔向曰, 楚其克乎.아 對曰, 克哉.라 蔡侯獲罪於

^{기 군}^{이 불 능 기 민}^{천 장 가 수 어 초 이 폐 지}^{하 고 불 극}
其君,하여 而不能其民,에 天將假手於楚以斃之,어늘 何故不克.

^연^{힐 문 지}^{불 신 이 행}^{불 가 재 야}^{초 왕 봉 손 오}
가 然이나 肹聞之,하되 不信以幸,은 不可再也.라 楚王奉孫吳,하

^{이 토 어 진 왈}^{장 정 이 국}^{진 인 청 명}^{이 수 현 지}
여 以討於陳曰, 將定而國.이라 陳人聽命,이었거늘 而遂縣之.라

^{금 우 유 채}^{이 살 기 군}^{이 위 기 국}^{수 행 이 극}^{필 수}
今又誘蔡,하여 而殺其君,하여 以圍其國.이라 雖幸而克,이나 必受

^{기 구}^{불 능 구 의}^{걸 극 유 민}^{이 상 기 국}^{주 극 동}
其咎,하여 弗能久矣.리라 桀克有緡,하여 以喪其國,하고 紂克東

^이^{이 운 기 신}^{초 소 위 하}^{이 극 폭 어 이 왕}^{능 무 구}
夷,하여 而隕其身.이라 楚小位下,나 而亟暴於二王,이어늘 能無咎

^호^{천 지 가 조 불 선}^{비 조 지 야}^{후 기 흉 악}^{이 강 지 벌 야}
乎.아 天之假助不善,은 非祚之也,요 厚其凶惡,하여 而降之罰也.

^{차 비 지}^{여 천 기 유 오 재}^{이 장 용 지}^{기 력 진 이 폐 지}
라 且譬之,면 如天其有五材,하여 而將用之,하여 其力盡而斃之.

^{시 이}^{무 증}^{불 가 몰 진}
라 是以로 無拯,하고 不可沒振.이라

^{오 월}^{제 귀 홍}^{대 수 우 비 포}^{비 례 야}
五月,에 齊歸薨,이어늘 大蒐于比蒲,는 非禮也.라

^{맹 희 자 회 주 장 공}^{맹 우 침 상 수 호}^{예 야}^{천 구 인 유 녀}
孟僖子會邾莊公,하여 盟于祲祥脩好,는 禮也.라 泉丘人有女,

하여 夢以其帷幕孟氏之廟.라 遂奔僖子.라 其僚從之,하여 盟于
淸丘之社曰, 有子無相棄也.라 僖子使助薳氏之簜.라 反自稷祥,
하여 宿于薳氏,하여 生懿子及南宮敬叔於泉丘人,이나 其僚無子,
하여 使字敬叔.이라

11년 봄 2월에, 노나라의 숙궁이 송나라에 간 것은 송나라 평공의
장례식에 참석하기 위해서였다. 주나라 천자이신 경왕(景王)께서 장
홍(萇弘)에게 물어 말씀하시기를, "금년에 제후국 중에서 어느 나라
가 운이 좋고, 어느 나라가 흉운(凶運)이겠는가?"라고 했다. 그러자
장홍은 대답했다. "채나라가 흉운일 것이옵니다. 이 해의 세운(歲運)
은 채나라의 군주 반(般)이 당시의 군주를 죽인 해와 같사옵니다. 세
성(歲星)이 시위(豕韋) 성수(星宿) 자리에 나타나 있사오니, 흉악을
당하는 나라는 채나라에 불과할 것이옵니다. 초나라가 장차 채나라
영토를 차지할 것이옵니다. 그러나 그것은 흉악을 더하게 하여, 세성
이 대량(大梁) 성수 자리로 옮기게 되면, 채나라는 다시 복구되고,
반면 초나라가 흉운을 만나게 될 것이옵는데, 이것은 천도(天道)이
옵니다."

초나라 군주가 신(申) 고을에 머물러, 채나라 군주 영공(靈公)을
초청하니, 영공이 가려고 했다. 그때 채나라 대부가 말하기를, "초왕
은 탐욕스러운 데다가 신의가 없어, 우리 채나라를 빼앗지 못하고 있
음을 유감으로만 여기고 있사옵니다. 이제 보내온 예물이 다른 때보
다 많고, 전해오는 말이 우리가 듣기에 달콤한 말이옵니다. 이것은 우
리나라를 유인하고 있는 것이오니, 가시지 않는 것만 못하옵니다."라
고 했다. 그러나 채나라 군주는 가지 않으면 안된다고 했다. 3월 병신
날에, 초나라 군주는 무장병을 숨겨두고, 채나라 군주를 신에서 대접

하고, 술에 취하자 잡았다. 그리고는 여름 4월 정사날에 죽이고, 그를 따랐던 사람들 70명을 처치했으며, 공자 기질은 군사를 이끌고 채나라 도읍을 포위했다.

진나라의 한선자(韓宣子 : 韓起)가 숙향에게 묻기를, "초나라는 하고자 하는 일을 잘 해내겠지요?"라고 했다. 그러자 숙향이 대답했다. "잘될 것입니다. 채나라 군주가 그의 군주에게 죄를 지어, 그의 국민에게 지지를 받을 수가 없으니, 하늘이 초나라한테 손을 빌어서 넘어뜨리려 하는데, 무엇 때문에 잘되지 않겠습니까? 그러나 힐(肹) 제가 들었거니와, '신의(信義)스럽지 못해서 얻은 요행은 두번 다시 얻을 수가 없다.'고 합니다. 초왕이 진(陳)나라의 공손(公孫)인 오(吳)를 받들고서, 진(陳)나라를 토벌하면서 말하기를, '내 너희들의 나라를 안정케 하리라.'라고 했습니다. 이에 진(陳)나라 사람들이 그에게 복종했는데, 초왕은 드디어 진나라 국토를 초나라의 현(縣)으로 삼았습니다. 초왕은 이제 또 채나라를 유인하여 그 군주를 죽이고, 그 나라 도읍을 포위했습니다. 그러나 비록 요행히 일이 잘되기는 할 것이나, 초왕은 반드시 벌을 받아 오래갈 수는 없을 것입니다. 옛날에 하(夏)나라의 걸왕(桀王)이 민(緡)나라와 싸워 이기고서도 나라를 잃었고, 은(殷)나라의 주왕(紂王)은 동이(東夷)를 이기고서도 그의 몸을 망쳤습니다. 초나라는 작고도 지위가 낮으나 가끔 걸왕, 주왕의 두 왕보다도 더 난폭한데, 벌 받음이 없을 수 있겠습니까? 하늘이 선(善)하지 못한 자를 용서하여 돕는 것은 복을 줌이 아니고, 그의 흉악함을 더하게 하여, 그에게 벌을 내리려는 것입니다. 그리고 이것을 비유하자면, 하늘에 수(水)·화(火)·목(木)·금(金)·토(土)의 오행(五行)이 있어서, 그것을 교대로 이용하여 천지(天地)를 운행시킴과 같아, 그 힘이 다 되어지면 무너지고 맙니다. 그러므로 구제됨이 없고, 망하여 다시 떨칠 수는 없는 것입니다."

5월에, 노나라 군주의 부인 제귀(齊歸)가 훙거했는데, 비포에서 대 군사 연습을 한 것은, 예의에 어긋나는 일이었다.

　노나라의 맹희자(孟僖子 : 仲孫貜)가 주나라 군주 장공을 만나, 침상에서 맹약을 맺어 우호관계를 맺은 것은 예의에 맞는 일이었다. 천구(泉丘) 사람에게 딸이 있었는데, 그 여자는 자기 방의 장막으로 맹씨 가문의 사당에 치는 꿈을 꾸었다. 그래서 그녀는 바로 맹희자에게로 달려갔다. 그때 그 여자의 친구가 그녀를 따라, 청구(淸丘)의 지신(地神)을 제사 지내는 사우(社宇)에서 맹서하기를, "우리가 맹씨의 아들을 낳게 되면, 서로 돕고 버리지 말자."라고 했다. 맹희자는 그 두 여자를 첩인 위씨(蓮氏) 집의 부엌일을 돕게 했다. 맹희자는 침상에서 돌아와 첩 위씨의 집에서 묵어, 의자(懿子 : 仲孫何忌)와 남궁경숙(南宮敬叔 : 仲孫閱)을 천구의 여자한테서 낳게 되었으나, 여자의 친구는 아들을 낳지 못하여 경숙(敬叔)을 기르게 했다.

주해｜　ㅇ齊歸(제귀)－소공의 어머니로, 성이 귀(歸)였고, 제(齊)는 시호(諡號)였다.

　ㅇ祳祥(침상)－노나라 지명으로, 지금의 산동성 자양(滋陽) 부근.

　ㅇ泉丘(천구)－노나라 읍 이름으로, 지금의 산동성 영양(寧陽)과 사수(泗水) 사이의 땅이었다.

　ㅇ淸丘(청구)－노나라의 도읍 곡부(曲阜) 부근이었다.

　ㅇ懿子(의자)－중손하기(仲孫何忌)로, 맹희자의 후계자가 되었다.

楚師在蔡,에 晉荀吳謂韓宣子曰, 不能救陳,하고 又不能救蔡,이면 物以無親,하여 晉之不能,은 亦可知也已.라 爲盟主,하여 而 不恤亡國,이면 將焉用之.리오

秋會于厥慭,은 謀救蔡也.라 鄭子皮將行,에 子産曰, 行不遠.

이리라 不能救蔡也.라 蔡小而不順,하고 楚大而不德,에 天將棄

蔡以壅楚,하여 盈而罰之,니 蔡必亡矣.리라 且喪君而能守者鮮

矣.라 三年,에 王其有咎乎.인저 美惡周,하여 必復.이라 王惡周矣.

리라 晉人使狐父請蔡于楚,나 弗許.라

單子會韓宣子于戚,에 視下,하고 而言徐.라 叔向曰, 單子其將

死乎.인저 朝有著定,하고 會有表,하며 衣有襘,하고 帶有結.이라

會朝之言,은 必聞于表著之位,하니 所以昭事序也.라 視不過結

襘之中,하니 所以道容貌也.라 言以命之,하고 容貌以明之,어늘

失則有闕.이라 今, 單子爲王官伯,하여 而命事於會,에 視不登帶,

하고 言不過步,하여 貌不道容,하고 而言不昭矣.라 不道,면 不共,

하고 不昭,면 不從,이어늘 無守氣矣.라

초나라 군사가 채나라로 들어가자, 진(晉)의 순오(荀吳)가 한선자에게 말했다. "우리는 전에 진(陳)나라를 구출하지 못했고, 이제 또 채나라를 구출하지 못한다면 우리를 다른 조건으로 친하게 할 나라가 없어, 진나라의 제후국들을 통솔할 수가 없음을 알게 될 따름입니다. 맹주국(盟主國)이 되어서 망하는 나라를 구하지 않는다면, 장차 무슨 소용이 있겠습니까?"

가을에 궐은(厥憖)에서 회합을 가진 것은, 채나라 구할 것을 의논함이었다. 정나라 자피(子皮 : 罕虎)가 그 회합에 가려 하니, 자산(子産)이 말했다. "님의 이번 길은 멀리 가시지 않을 것입니다. 채나라는 구할 수가 없습니다. 채나라는 작으면서도 불순하고, 초나라는 크면

서도 부덕하여, 하늘이 채나라를 버리어 초나라를 더 흉악하게 하여, 초나라의 흉악함이 꽉 차면 벌을 주려고 하는 것이니, 채나라는 반드시 망할 것입니다. 그리고 채나라는 군주를 잃고서 나라를 지킬 수 있는 자가 적습니다. 그리고 또 3년 뒤에는 초왕이 벌을 받을 것입니다. 좋은 일이나 악한 일은 돌고 돌아, 반드시 다시 돌아오는 것입니다. 그러니 초왕에게는 악이 돌아갈 것입니다." 진(晉)나라 사람이 호보(狐父)를 보내어 초나라에 대해서 채나라를 멸망시키지 말라고 요청했으나, 초나라 왕은 듣지 않았다.

선(單)나라 군주인 자작이 (천자 주나라 왕을 대신하여) 진나라의 한선자를 척(戚)에서 만났는데, 그의 눈은 아래만 보고, 말이 느렸다. 그러자 진나라의 숙향이 말했다. "선나라 군주 자작은 곧 죽을 것이다. 조정에는 신하마다에 확실히 정해진 위치가 있고, 회합에는 각국의 신분 자리를 밝히는 것이 있으며, 옷에는 깃이 합쳐지는 곳이 있고, 띠에는 매듭짓는 곳이 있는 것이다. 회합이나 조정에서의 말은, 어느 위치의 사람에게나 반드시 들리게 하는 것이니, 그것은 일의 순서를 명백하게 하는 것이다. 그리고 상대를 보는 눈길은 상대편의 띠를 맺은 곳에서 옷깃이 합쳐지는 곳까지의 사이를 벗어나지 않는 것이니, 그것은 용모를 바르게 하는 도리이다. 말로는 명(命)하는 내용을 전달하고, 용모로 속마음을 밝히는 것인데, 올바르지 못하면 일에 결점이 있게 된다. 지금 선나라의 군주는 천자의 조정의 상관(上官)이 되어 천자께서 명하시는 일을 회합에서 전달함에, 시선이 상대편의 띠 위로 올라가지 못하고, 말소리가 한 발짝의 거리 밖으로 들리지 않아서, 그의 용모가 단정히 나타나지 못하게 되었고, 말은 명확히 전달되지 못했다. 용모가 단정치 못하면 공손한 뜻이 나타나지 못하고, 말이 불분명하면 사람들이 내용을 잘 몰라 명을 제대로 따르지 못하게 되는데, 그는 자기의 지위를 지킬 힘이 없는 것이다."

주해 ○荀吳(순오) – 순언(荀偃)의 아들로, 중행백(中行伯) 또는 중행목
자(中行穆子)라고도 일러졌다.
○厥慭(궐은) – 지금의 하남성 신향(新鄕) 부근.
○單子(선자) – 선나라 성공(成公)으로 자작이었다. 그는 당시에 천자의
대신으로 있었다.
○著定(저정) – 명시(明示)된 위치.
○容貌以明之(용모이명지) – 용모로 속마음을 밝힘.

九月,에 葬齊歸.라 公不慼.이라 晉士之送葬者,가 歸以語史趙,
하니 史趙曰, 必爲魯郊.리라 侍者曰, 何故.오 曰, 歸姓也,어늘
不思,면 親祖不歸也.리라 叔向曰, 魯公室其卑乎.인저 君有大喪,
에 國不廢蒐,하고 有三年之喪,이나 而無一日之慼.이라 國不恤
喪,은 不忌君也,요 君無慼容,은 不顧親也.라 國不忌君,하고 君
不顧親,이어늘 能無卑乎.아 殆其失國.이리라

冬十一月,에 楚子滅蔡,하여 用隱太子于岡山.이라 申無宇曰,
不祥.이라 五牲不相爲用,이어늘 況用諸侯乎.아 王必悔之.리라

十二月,에 單成公卒.이라

楚子城陳·蔡·不羹,하고 使棄疾爲蔡公.이라 王問於申無宇
曰, 棄疾在蔡,는 何如.아 對曰, 擇子莫如父,하고 擇臣莫如君.이
오니다 鄭莊公城櫟,하여 而寘子元焉,에 使昭公不立,이었삽고 齊
桓公城穀,하여 而寘管仲焉,에 至于今賴之.이오니다 臣聞,하되 五

大^대不^부在^재邊^변,하고 五^오細^세不^부在^재庭^정,하며 親^친不^부在^재外^외,하고 羈^기不^부在^재內^내.라 하오
니다 今^금棄^기疾^질在^재外^외,하고 鄭^정丹^단在^재內^내,하니 君^군其^기少^소戒^계.하소서 王^왕曰^왈, 國^국
有^유大^대城^성,은 何^하如^여.아 對^대曰^왈, 鄭^정京^경櫟^력實^실殺^살曼^만伯^백,하고 宋^송蕭^소亳^박實^실殺^살子^자
游^유,하며 齊^제渠^거丘^구實^실殺^살無^무知^지,하고 衛^위蒲^포戚^척實^실出^출獻^헌公^공.이었나이다 若^약由^유是^시
觀^관之^지,면 則^즉害^해於^어國^국.이오니다 末^말大^대必^필折^절,하고 尾^미大^대不^부掉^도,는 君^군所^소知^지
也^야.리다

9월에, 군주의 부인이었고 공의 어머니인 제귀(齊歸)를 장사 지냈다. 그때 공은 슬퍼하지 않았다. 진(晉)나라의 사(士)로서 장례식에 참석했던 자가 진나라로 돌아가 사조(史趙)에게 그 사실을 말하니 사조는, "노나라 군주는 반드시 노나라 도읍에서 나가 교외로 가 있게 될 것이다."라고 말했다. 그러자 그를 모시고 있던 자가, "어째서입니까?"라고 물으니, 그는 말했다. "노나라 군주의 어머니는 성이 귀(歸)였는데, 아들이 어머니를 생각지 않는다면 조상이 귀의(歸依)하지 않을 걸세." 그리고 숙향(叔向)은 말했다. "노나라의 공실(公室)은 쇠약해질 것이다. 군주가 큰 상을 당하고 있는데 나라가 군사연습을 그만두지 않고, 3년상을 지켜야 할 것인데 하루의 슬퍼함이 없다. 나라 사람들이 국상(國喪)을 중히 여기지 않음은 군주를 두려워하지 않음이고, 군주가 슬픈 태도를 취하지 않음은 어버이를 돌보지 않는 것이다. 나라 사람이 군주를 두려워하지 않고, 군주가 어버이를 돌보지 않는데, 공실이 쇠약하지 않을 수 있으랴? 거의 나라를 잃는 지경을 당할 것이다."

겨울 11월에, 초나라 군주가 채나라를 멸망시키어, 채나라의 은(隱)태자를 강산(岡山)에서 드리는 제사의 희생(犧牲)으로 썼다. 그러자 신무우(申無宇)는 말하기를, "상서롭지 못한 일이다. 소·양·돼지·

개·닭의 다섯 가지 가축도 희생으로 쓰일 바가 일정하게 정해져 있어, 쓰임에서 바뀌지 않는 것인데도, 하물며 제후(諸侯)를 쓴단 말인가? 국왕은 반드시 이 일을 후회하리라.”라고 했다.

12월에, 선(單)나라의 성공(成公)이 세상을 떠났다.

초나라 군주가 진(陳)나라 땅·채나라 땅·불갱(不羹)에 성을 쌓고, 공자 기질(棄疾)을 채나라 땅을 다스리는 장관(長官)이 되게 했다. 그리고는 신무우에게 물어 말하기를, “기질이 채나라 땅을 다스리고 있는 것은, 좋은 일인가 나쁜 일인가?”라고 했다. 그러자 신무우가 대답하였다. “아들이 어진가 어리석은가를 가려 구별하는 일은, 그 아버지와 같이 잘하는 사람이 없삽고, 신하가 좋은 사람인가 나쁜 사람인가를 가려 구분하는 일은, 그 나라 군주와 같이 잘하는 이가 없사옵니다. 정나라의 장공(莊公)은 역(櫟)에다 성을 쌓아, 그곳에 자원(子元)을 지키게 두어, 그는 후일 소공(昭公)이 제대로 군주 자리에 오르지 못하게 했었삽고, 제나라 환공(桓公)이 곡(穀)에다 성을 쌓아, 그곳에 관중(管仲)을 지키게 두었음에, 지금토록 그 힘을 입고 있나이다. 신은 들었사온데, ‘다섯 부류의 큰 자리의 사람은 변방에 있지 않게 하고, 다섯 부류의 의젓하지 않은 사람은 조정에 있지 않게 하며, 군주의 근친자(近親者)는 외지(外地)에 있지 않게 하고, 다른 나라에서 온 자는 조정 내에 있지 않게 한다.’라 하옵니다. 이제, 기질님이 외지로 나가 있게 되고, 정나라에서 온 공손(公孫)인 단(丹)이 조정 내에 있사오니, 군주께서는 다소 경계하옵소서.” 왕이 다시 묻기를, “나라에 큰 성이 있는 것은 좋은 일인가 나쁜 일인가?”라고 하니, 그는 대답했다. “정나라의 경(京)과 역(櫟)의 두 성의 존재는 실로 만백(曼伯)을 죽였고, 송나라 소(蕭)와 박(亳)의 큰 성의 존재는 실로 자유(子游)를 죽였으며, 제나라 거구(渠丘)의 큰 성의 존재는 무지(無知)를 죽였고, 위나라 포(蒲)와 척(戚)의 큰 성의 존재는 실로 헌공(獻公)을 국외로 나가게 했나이다. 이런 일들로 생각하여 볼 것 같으면 나라 안에 큰 성이 있는 것은, 나라에 해가 되옵니다. 물건의 끝부분이 크면 반드시 끊어지고, 꼬리가 크면 흔들지 못한다는 것은 군주께서 알고 계시는 것이리외다."

주해 | ○歸姓也(귀성야)－소공의 어머니의 성이 귀(歸)였음을 가지고, 소공의 운명을 예언했다.

○隱太子(은태자)－채나라 영공(靈公)의 태자.

○岡山(강산)－지금의 호북성 보강(保康) 부근에 있는 산으로, 구강산(九岡山)이라고도 한다.

○五牲不相爲用(오생불상위용)－소・양・돼지・개・닭의 다섯 가지 가축이 희생으로 쓰임이 일정하게 정해져 있어, 서로 바꾸어 쓰이지 않음.

○王必悔之(왕필회지)－초왕은 소공 16년에 그의 아들한테 죽었는데, 이 말은 이 일을 두고 예언한 것이다.

○不羹(불갱)－지금의 하남성 양성(襄城) 부근.

○鄭莊公(정장공)－두예는 그의 주에서, 장공이 자원을 역에 둔 일로, 공의 사후에 난리가 나, 소공이 제대로 군주 자리에 오르지 못하고 일시 다른 곳으로 망명했었다고 말했다.

○子元(자원)－공자 돌(突)로 정나라 여공(厲公).

○齊桓公城穀(제환공성곡)－장공 32년조 참고.

○五大(오대)－태자(太子)・친형제・총애받는 공자(公子)와 공손(公孫)・대대의 정경(正卿)을 말한다.

○五細(오세)－천하면서도 귀한 사람을 방해하는 자, 어리면서 나이 많은 사람을 능멸하는 자, 사이가 멀면서도 친근자를 이간시키는 자, 새로운 사람이면서도 오래된 사람들을 이간시키는 사, 작은사람이면시도 큰사람인 체 하는 자 등을 말한다.

○鄭丹(정단)－정나라 공손 단. 공자 연(然)의 아들로 자(字)는 혁(革)이라 했다. 그는 양공 19년에 초나라로 망명했었다.

○殺曼伯(살만백)－환공 15년에 정나라 여공(厲公)이 역(櫟)을 차지하고 있는 대부 만백(曼伯：檀伯)을 죽였다.

o宋蕭亳(송소박)—장공 12년조 참고.

o齊渠丘(제거구)—장공 9년조 참고.

o衛蒲戚(위포척)—양공 14년조 참고.

經 ㅇ十有二年春,에 齊高偃帥師,하여 納北燕伯于陽.이라

ㅇ三月壬申,에 鄭伯嘉卒.이라

ㅇ夏,에 宋公使華定來聘.이라

ㅇ公如晉,하여 至河,하여 乃復.이라

ㅇ五月,에 葬鄭簡公.이라

ㅇ楚殺其大夫成熊.이라

ㅇ秋七月.이라

ㅇ冬十月,에 公子憖出奔齊.라

ㅇ楚子伐徐.라

ㅇ晉伐鮮虞.라

12년 봄에 제나라 고언(高偃)이 군사를 이끌고, 북연(北燕)나라 군주인 백작을 북연나라 땅인 양(陽)으로 들여보냈다.

3월 임신날에, 정나라 군주인 백작 가(嘉)가 세상을 떠났다.

여름에, 송나라 군주인 공작이 화정(華定)에게 노나라를 예방케 했다.

소공이 진나라에 가, 황하(黃河) 가에 이르렀다가, 곧 돌아왔다.

5월에, 정나라 간공을 장사 지냈다.

초나라가 그 나라 대부 성웅(成熊)을 죽였다.

가을 7월.

겨울 10월에, 공자 은(慭)이 제나라로 달아났다.

초나라 군주인 자작이 서나라를 쳤다.

진나라가 선우(鮮虞)를 쳤다.

傳│ 十二年春,에 齊高偃納北燕伯款于唐,은 因其衆也.라
三月,에 鄭簡公卒.이라 將爲葬除,에 及游氏之廟,하여 將毀焉.
이라 子大叔使其除徒執用以立,하여 而無庸毀.라 曰, 子産過女,
하여 而問何故不毀,면 乃曰, 不忍毀廟也.라 諾.이라 將毀矣.라
旣如是,에 子産乃使辟之.라 司墓之室有當道者.라 毀之,면 則
朝而塴,하고 弗毀,면 則日中而塴.이라 子大叔請毀之曰, 無若諸
侯之賓何.라 子産曰, 諸侯之賓,은 能來會吾喪,이어늘 豈憚日中.
가 無損於賓,하고 而民不害,면 何故不爲.오 遂弗毀,하고 日中而
葬.이라 君子謂子産,하되 於是乎知禮.라 禮無毀人以自成也.라

12년 봄에, 제나라의 고언(高偃)이 북연나라 군주 관(款)을 당(唐)
으로 들어가게 한 것은, 그곳에 따르는 사람이 많아서였다.

3월에, 정나라 간공(簡公)이 세상을 떠났다. 장사를 지내기 위하여
장례 대열이 지나갈 길을 개설함에 있어 유씨(游氏) 가문의 사당이
길을 내는 예정선에 걸려, 그 사당을 헐려 했다. 그때, 자대숙(子大叔)
이 그 일을 하는 사람들로 하여금 도구를 손에 쥐고 서있기만 하고,

헐지 말게끔 했다. 그리고 말하기를, "자산(子産)님이 너희들 앞을 지나시다가 어째서 헐지 않고 있느냐고 물으시면, '차마 이 사당을 헐지 못하겠습니다. 헐라는 명령은 잘 알고 있습니다. 곧 헐겠습니다.'라고 대답해라."라고 했다. 자대숙이 시킨대로 하니, 자산은 곧 그 사당을 비켜서 길을 내게 했다. 길을 개설해 나가는데, 이번에는 사묘(司墓)의 관직에 있는 이의 집에 부딪쳤다. 그 집을 헐면, 아침나절에 장례식을 끝낼 수 있고, 그 집을 헐지 않으면, 대낮에야 장례식을 끝낼 수 있었다. 자대숙이 헐기를 청하여 말하기를, "제후국들의 손님이 기다리게 되는 것을 어찌할 도리가 없습니다."라고 했다. 그러자 자산은 말했다. "각 제후국의 손님이 와 우리의 장사에 참가하고 있는데, 어찌 대낮까지 기다리는 것을 싫어하겠소? 손님들에게 손해가 없고, 우리 백성이 해를 당하지 않는다면 어찌 길을 돌리는 일을 하지 않을 것이오?" 그리고는 그 집을 헐지 않고 길을 내어 대낮에야 장례식을 마쳤다. 군자는 자산을 평하여 말하기를, "자산은 이때 예의를 잘 알아 지켰다. 예의에, 다른 사람에게 손해를 주고서 자기의 의욕을 성취시킨다는 것은 없는 것이다."라고 하였다.

주해 ○唐(당) ─ 경문에는 양(陽)이라 했다. 당·양은 같은 땅 이름이었다. 북연의 지명으로, 지금의 하북성 고안(固安) 부근.

○爲葬除(위장제) ─ 관거(棺車)가 갈 길을 개설함.

○游氏(유씨) ─ 목공(穆公)의 아들 공자 언(偃 : 자는 *游*)의 가문으로, 자대숙(子大叔 : *游吉*)은 그의 손자였다.

○執用(집용) ─ 용은 도구(道具). 도구를 손에 잡음.

○司墓(사묘) ─ 공실(公室)의 능묘(陵墓)를 맡은 관장(官長).

○堋(붕) ─ 관(棺)을 묻어 흙을 덮음.

夏,에 宋華定來聘,은 通嗣君也.라 享之,하여 爲賦蓼蕭,나 弗

知,하고 又不答賦.라 昭子曰, 必亡.하리라 宴語之不懷,하고 寵光

之不宣,하며 令德之不知,하여 同福之不受,면 將何以在.리오

齊侯·衛侯·鄭伯如晉,하니 朝嗣君也.라 公如晉,하여 至河,하

여 乃復.이라 取鄆之役,에 莒人愬于晉,이어늘 晉有平公之喪,하여

未之治也.라 故로 辭公.이라 公子慭遂如晉.이라

晉侯享諸侯.라 子産相鄭伯,하여 辭於享,하고 請免喪而後聽

命,하니 晉人許之.라 禮也.라 晉侯以齊侯宴,에 中行穆子相.이라

投壺,에 晉侯先.이라 穆子曰, 有酒如淮,하고 有肉如坻.라 寡君

中此,면 爲諸侯師.라 中之.라 齊侯擧矢曰, 有酒如澠,하고 有肉

如陵.이라 寡人中此,면 與君代興.이라 亦中之.라 伯瑕謂穆子曰,

子失辭.라 吾固師諸侯矣,어늘 壺何爲焉.가 其以中儁也,에 齊君

弱吾君,하고 歸弗來矣.리라 穆子曰, 吾軍帥彊禦,하고 卒乘競勸,

은 今猶古也.라 齊將何事.오 公孫傁趨進曰, 日旰,하고 君勤,하오

니 可以出矣.이오니다 以齊侯出.이라

여름에, 송나라 화정(華定)이 우리나라를 예방한 것은, 대를 이은
새 군주[元公]가 즉위한 사실을 알리기 위한 것이었다. 우리 군주가
그에게 향연(享宴)을 베풀고 요소편(蓼蕭篇)의 시를 노래불렀으나,
그 뜻을 알지 못하고, 또 시를 노래하나 대답을 못했다. 그러자 노나
라의 숙손소자(叔孫昭子:叔孫婼)는 말했다. "그는 반드시 일신이 망

하게 될 것이다. 연회에서 할 말을 생각지 못하고, 칭찬을 받고서도 그에 대한 대답을 못하며, 미덕(美德)이 무엇인가를 알지 못하여 복을 다른 이와 같이 받지 못한대서야, 장차 어떻게 몸을 편안히 보존할 것인가?"

제나라 군주·위나라 군주·정나라 군주가 진나라에 갔으니, 그것은 진나라의 새 군주를 찾아보기 위해서였다. 우리나라의 소공도 진나라에 가, 황하(黃河) 가에 이르렀다가는 곧 돌아왔다. 그것은 경(郠) 땅을 거나라로부터 빼앗았을 때에, 거나라 사람이 그 일을 진나라에 대해서 호소했었는데, 진나라에 마침 평공(平公)의 상이 나, 아직 그 일의 정당 여부를 판결하지 못하고 있었다. 그러므로 진나라에서는 우리나라 군주 소공의 찾아감을 사절했던 것이다. 그러나 공자 은(憖)만은 그길로 진나라에 갔다.

진나라 군주가 제후들에게 향연을 베풀었다. 그때 자산(子産)은 정나라 군주를 따라 돕고 있어, 그 향연에 참석하기를 사양하고, (정나라 간공의) 상을 치르고 난 뒤에야 진나라에서 명하는 대로 따르게 해달라고 요청하니, 진나라 사람이 그리하라 했다. 그것은 예의에 맞는 일이었다. 진나라 군주가 제나라 군주와 함께 술자리를 벌였는데 당시 중행목자(中行穆子 : 荀吳)가 진나라 군주 옆에서 돕고 있었다. 두 군주가 병 속에다 화살을 던져 넣는 유희(遊戲)를 하는데, 진나라 군주가 먼저 던지게 되었다. 그때 중행목자가, "술은 회수(淮水)의 물과 같이 많고, 고기는 강 가운데에 있는 섬[島] 부피나 되듯이 많이 있습니다. 우리 군주께서 화살을 던지시어 들어가게 되면, 제후(諸侯)들의 수장(首長)이 되시는 것입니다." 이렇게 기원하는 말을 했다. 그리고 나서 던지니, 그 화살은 들어갔다. 다음에는 제나라 군주가 화살을 손에 들고 비는 말을 하기를, "술은 승수(澠水)의 물과 같이 많고, 고기는 큰 언덕만치나 많이 있습니다. 내가 이 화살을 던져 들어간다면, 진나라 군주와 교대(交代)로 제후들을 거느리게 됩니다."라고 했다. 그리고는 던지니, 역시 들어갔다. 그 일이 끝나고 나서, 백하(伯瑕 : 士文伯)가 중행목자에게 이르기를, “당신께서 빈 말은 잘못되었소이다. 우리나라는 원래 제후들을 거느리는 입장인데, 병에 화살을 던져 넣는 것이 무얼 한다는 것입니까? 화살을 던져 병에 들어가게 하는 것으로 승부(勝負)를 겨루었으니, 제나라 군주는 우리 군주를 깔보고, 이번에 돌아가서는 다시 찾아오지 않을 것이오.”라고 하자 중행목자는 말하기를, “우리나라의 장군들이 용감하고, 군졸들이 용맹을 다툼은 지금도 예나 다름이 없소이다. 그런데 제나라가 앞으로 무슨 일을 할 것이오?”라고 하였다. 그때 제나라 공손수(公孫傁)가 달려나가 말하기를, “날이 저물었고 군주께서 피로하셨사오니, 나가셔야 하옵니다.”라 했다. 그리고는 제나라 군주를 모시고 나갔다.

▮주해▮ ㅇ蓼蕭(요소)—《시경》 소아에 있는 시편 이름.

ㅇ宴語之不懷(연어지불회)—요소편의 제1장에는 주객(主客)이 속을 털어 놓고 이야기함을 말하고 있다. 그러나 화정은 시에 대한 지식이 없어서, 그 내용에 대해서 생각할 능력이 없었다.

ㅇ寵光之不宣(총광지불선)—요소편의 제2장에는 손님을 칭찬함을 말하고 있다. 그러나 화정은 그것을 노래불러 준 것을 광영(光榮)으로 여긴다고 감사드릴 줄을 몰랐다.

ㅇ令德之不知(영덕지부지), 同福之不受(동복지불수)—요소편의 제3, 4장에는 사람의 미덕(美德)과 축복을 말하고 있다. 그런데 화정은 그 뜻을 이해하지 못해 아무런 대답을 못했다. 그래서 복을 다른 이와 나누어 받지 못한다고 말한 것이다.

ㅇ投壺(투호)—실내의 유희(遊戲)로, 주객(主客)이 차례로 작은 화살을 병 속에 던져 넣는 놀이.

ㅇ淮(회)—강 이름으로, 강소성(江蘇省) 북부를 흐른다.

ㅇ澠(승)—강 이름으로, 산동성 북부를 흐른다.

楚子謂成虎若敖之餘也,하고 遂殺之.라 或譖成虎於楚子,에 成
虎知之,나 而不能行.이라 書曰, 楚殺其大夫成虎,는 懷寵也.라

六月,에 葬鄭簡公.이라

晉荀吳僞會齊師者,하여 假道於鮮虞,하여 遂入昔陽.이라 秋八
月壬午,에 滅肥,하여 以肥子緜皋歸.라 周原伯絞虐,에 其輿臣使
曹逃.라 冬十月壬申朔,에 原輿人逐絞,하여 而立公子跪尋.이라
絞奔郊.라

甘簡公無子,하여 立其弟過.라 過將去成景之族,하니 成景之族
賂劉獻公.이라 丙申,에 殺甘悼公,하여 而立成公之孫鰌.라 丁酉,
에 殺獻太子之傅庾皮之子過,하고 殺瑕辛于市,하며 及宮嬖綽·
王孫沒·劉州鳩·陰忌·老陽子.라

초나라의 군주는 성호(成虎)를 전에 난리를 일으켰던 약오씨(若敖
氏)의 여당(餘黨)으로 여기고, 결국 성호를 죽였다. 어느 사람이 성호
를 초나라 군주에게 헐뜯어 말했던 것인데, 성호는 그 일을 알고 있
었으나 (가산이 아까워) 도망갈 수가 없었다. 경문(經文)에 초나라가
그 나라의 대부 성호를 죽였다고 써 말한 것은, 그가 재산을 아깝게
여긴 것을 밝힌 것이다.

6월에, 정나라 간공을 장사 지냈다.

진나라의 순오(荀吳)가 제나라의 군사와 만나는 체하고 속여 선우
(鮮虞)나라한테 통과할 길을 빌리어, 마침내 석양(昔陽)으로 쳐들어
갔다. 가을 8월 임오날에는 비(肥)나라를 멸망시켜, 비나라 군주인 자

작 면고(緜皐)를 데리고 돌아갔다. 주(周)의 대신인 원(原)나라 군주인 백작(伯爵) 교(絞)가 포학하여, 그의 군신(群臣)이 그들의 동료를 도망나가게 하여 그의 죄를 폭로시키도록 했다. 그리고 겨울 10월 임신날인 초하루에, 군신은 교를 추방하여 공자 궤심(跪尋)을 군주로 세웠다. 이에 교는 도읍 밖 교외로 달아났다.

감(甘)나라 간공이 아들이 없어, 그의 동생 과(過)를 후계자로 세웠다. 과가 성공(成公)과 경공(景公)에서 갈려나간 무리를 제거하려 하니 그 무리들이 유나라 헌공(獻公)을 뇌물로 매수했다. 그리하여 병신날에, 감나라 도공(悼公 : 과)을 죽이고서, 성공의 손자 추(鰌)를 군주로 세웠다. 정유날에는, 주나라가 유나라 헌공의 태자의 스승인 유피(庾皮)의 아들 과(過)를 죽이고, 하신(瑕辛)을 시장에서 죽이며, 주나라 천자의 궁중에서 사랑받고 있는 신하 작(綽)·왕손(王孫)인 몰(沒)·유주구(劉州鳩)·음기(陰忌)·노양자(老陽子) 등을 죽였다.

▌주해▐ ○成虎若敖之餘(성호약오지여)―성호는 영윤 자옥(子玉)의 손자로, 약오씨(若敖氏) 혈통의 사람이었다. 초나라의 약오씨의 난리는 선공 4년에 있었다.

○鮮虞(선우)―두예는 그의 주에, 백적(白狄)의 별종(別種)의 나라였다고 말했다. 그런데 《사기(史記)》 조세가(趙世家)의 색은(索隱)에는, 중산국(中山國)이 옛날에는 선우라 칭했고, 군주의 성은 희(姬)였다고 했다.

○昔陽(석양)―두예는 그의 주에, 비(肥)나라의 도읍이었다고 말했다. 그러나 아래 구절에, 8월 임오날에 비나라를 멸망시켰다고 말한 것으로는 비나라 도읍이었다는 것은 납득이 되지 않는다.

○肥(비)―두예는 그의 주에, 백적의 나라였다고 말했다. 지금의 하북성 고성(藁城) 부근에 위치했다.

○宮嬖綽·王孫沒·劉州鳩·陰忌·老陽子(궁폐작·왕손몰·유주구·음기·노양자)―이들은 다 주(周)의 대부였는데, 주의 경사(卿士)인 유나라 헌공의 명으로, 감나라 도공의 일과 관련이 있다 하여 죽였다. 궁폐

(宮嬖)는 불분명하나, 궁중에서 천자의 사랑을 받고 있던 신하로 번역
했다.

季平子立,하여 而不禮於南蒯.라 南蒯謂子仲,하되 吾出季氏,
하여 而歸其室於公,하리니 子更其位.하라 我以費爲公臣.하리라
子仲許之.라 南蒯語叔仲穆子,하고 且告之故.라 季悼子之卒也,
에 叔孫昭子以再命爲卿,하고 及平子伐莒克之,하여 更受三命.이
라 叔仲子欲構二家,하여 謂平子曰, 三命踰父兄,이니 非禮也.라
平子曰, 然.이라 故로 使昭子.라 昭子曰, 叔孫氏有家禍,하여 殺
適立庶.라 故로 婼也及此.라 若因禍以斃之,면 則聞命矣,나 若
不廢君命,이면 則固有著矣.라 昭子朝而命吏曰, 婼將與季氏訟,
이어늘 書辭無頗.하라 季孫懼,하여 而歸罪於叔仲子.라 故로 叔
仲小・南蒯・公子憖謀季氏.라 憖告公,하고 而遂從公如晉.이라
南蒯懼不克,하여 以費叛,하여 如齊.라 子仲還,하여 及衛聞亂,하
고 逃介而先.라 及郊,하여 聞費叛,하여 遂奔齊.라

노나라 계평자(季平子:季孫意如)가 가문의 후계자가 되어, 남괴
(南蒯)에 대해서 예우하지 않았다. 그러자 남괴가 자중(子仲:憖)에
게 말하기를, "제가 계평자를 몰아내어, 그의 가산(家産)을 다 군주께
귀속시킬 것이니, 님께서 그의 자리를 대신 차지하십시오. 저는 계씨
(季氏)의 소유읍인 비(費)를 차지하고 군주의 신하가 되겠습니다."라

고 하니, 자중이 응했다. 남괴는 그 일을 숙중목자(叔仲穆子 : 叔仲小)
에게 말하고, 그 이유를 설명했다. 계평자의 아버지인 계도자(季悼子)
가 세상을 떠나자, 숙손소자(叔孫昭子 : 叔孫婼)가 재명(再命)으로 경
(卿)이 되었고, 계평자가 거나라를 쳐 이겼을 때에, 소자는 다시 삼명
(三命)의 자리로 승진했다. 그러자 숙중목자는 두 가문이 싸우도록
얽어매려 하여, 계평자에게 말하기를, "숙손소자가 삼명의 자리를 받
은 것은, 부형(父兄)이 차지했었던 지위를 넘어서는 것이니 예의에
어긋나는 일입니다."라고 했다. 그러자 계평자가, "옳소이다."라고 말
했다. 그래서 숙손소자에게 사퇴하게 하려고 했다. 그런데 숙손소자가
말하기를, "우리 숙손씨 가문에 환난이 있어, 적자(嫡子)를 죽이고,
서자(庶子)를 후계자로 삼았었다. 그랬으므로 착(婼) 내가 지금의 지
위에 있는 것이다. 만일 화를 일으키어 나를 거꾸러뜨릴 것 같으면
내 그의 말을 들을 것이지만, 군주의 명(命)을 무효시키지 않는다면,
나의 지위는 확고부동한 것이다."라고 했다. 그리고 숙손소자는 조정
으로 나가 관리에게 명해서 말하기를, "착 나는 앞으로 계씨와 소송
할 것인데, 문서에 편파적이 되지 않게 하라."고 했다. 그러자 계손평
자가 두려워하여, 그 일의 책임을 숙중목자에게 돌렸다. 그래서 숙중
소(叔仲小)·남괴·공자 은(憖)이 계손씨를 치자고 상의했다. 그런데
공자 은이 군주에게 그 일의 내용을 고하고, 곧 군주를 따라 진나라
에 갔다. 남괴는 꾀한 일이 성공되지 못할 것을 두려워해서는, 비(費)
를 자신의 근거지로 삼아 계손씨에 대하여 배반하고 제나라로 갔다.
자중이 진나라로부터 돌아오다가, 위나라에 당도하여 나라 안에 반란
이 일어났다는 것을 듣자, 부사(副使)를 떼어두고 일행 중에서 빠져
먼저 떠났다. 그리하여 도읍의 교외에 이르러 비에서 반란이 일어났
다는 것을 듣고는, 바로 제나라로 달아났다.

주해 ㅇ南蒯(남괴)-남유(南遺)의 아들.

ㅇ子仲(자중)―소공의 동생인 공자 은(憖).

ㅇ且告之故(차고지고)―남괴의 아버지였던 남유는, 숙손씨 가문의 사환 우(牛)가 소공 4, 5년에 일으킨 사건 때에, 계손씨 가문을 위하여 공을 들였는데, 계손평자가 박대하자 원한을 품었다. 여기에서는 그 사정을 말했다는 것이다.

ㅇ平子伐莒(평자벌거)―소공 10년조 참고.

南蒯之將叛也,에 其鄕人或知之,하여 過之而歎,하고 且言曰,

怭怭乎, 湫乎, 攸乎.라 深思而淺謀,하고 邇身而遠志,하며 家臣

而君圖,이어늘 有人矣哉.아 南蒯枚筮之,하니 遇坤☷☷之比☵

☷.라 曰, 黃裳元吉.이라 以爲大吉也.라 示子服惠伯曰, 卽欲有

事,면 何如.오 惠伯曰, 吾嘗學此矣,에 忠信之事則可,로되 不然,

이면 必敗.라 外彊內溫,이 忠也,요 和以率貞,이 信也.라 故로

曰, 黃裳元吉.이라 黃中之色也,요 裳下之飾也,며 元善之長也.

라 中不忠,이면 不得其色,하고 下不共,이면 不得其飾,하며 事不

善,이면 不得其極.이라 外內倡和爲忠,하고 率事以信爲共,하며

供養三德爲善,이어늘 非此三者,면 弗當.이라 且夫易不可以占險.

이라 將何事也.오 且可飾乎.인저 中美能黃,하고 上美爲元,하며

下美則裳,하여 參成而可筮,나 猶有闕也,엔 筮雖吉,이나 未也.라

將適費,에 飮鄕人酒.라 鄕人或歌之曰, 我有圃,하여 生之杞乎.

인저 從我者子乎.인저 去我者鄙乎.인저 倍其鄰者恥乎.인저 已乎

己乎.라 非吾黨之士乎.아 平子欲使昭子逐叔仲小.라 小聞之,하고 不敢朝.라 昭子命吏,하여 謂小待政於朝曰, 吾不爲怨府.라

남괴가 계손씨를 배반하려 하니, 그 마을의 어느 사람이 그의 속셈을 알고는 남괴의 집 앞을 지나면서 탄식하고, 그를 두고 말하기를, "안되었구나, 안되었어, 안되었구나. 마음먹은 것은 깊을지라도 천박한 도모(圖謀)이고, 천한 몸이면서 원대한 뜻을 지니고 있으며, 한 개인의 가신(家臣)이면서 군주가 하는 짓을 하는데, 이런 사람이 있을까?"라고 했다. 남괴가 남 몰래 자기가 하고자 하는 일을 두고 산가지점을 치니, 곤괘(坤卦)가 비괘(比卦)로 변하는 점괘가 나왔다. 점풀이의 글에는 '누런 치마는 원래 길(吉)하다.'라 했다. 그는 크게 길하다 여겼다. 그리하여 그것을 자복혜백(子服惠伯)에게 보이고 말하기를, "만일 어느 일을 하려 하면 어떠할까요?"라고 했다. 그러자 혜백은 말하였다. "내 일찍이 배웠거니와, 충성스럽고 신의(信義)로운 일은 잘 되는 것이지만, 그렇지 않다면 반드시 실패한다는 것일세. 밖으로 강(强)하고 안으로 온화함이 충성스러운 것이고, 화평을 근본으로 삼아 곧은 길을 나감이 신의인 것이네. 그러므로 《주역(周易)》의 점풀이에 '황상원길(黃裳元吉 : 누런 색의 치마로서 으뜸으로 길하다)'이라 한 것일세. 황색(黃色)은 중심색이어서 충(忠)을 나타내는 것이고, 치마는 몸의 아래를 장식하는 것이어서 신의를 표시하며, 원(元), 즉 으뜸은 맨 위로 선행(善行)의 으뜸을 말하는 것이네. 중심이 충성스럽지 못하면 그것은 점괘풀이의 황색에는 해당하지 못하고, 밑에 있는 자가 공순(恭順)하지 않는다면 그것은 점괘풀이의 상(裳 : 치마)에 해당되지 못하며, 하는 일이 선(善)한 일이 아니면 선행의 으뜸은 못되는 것일세. 밖으로 안으로 화평스러워야 충(忠)이 되고, 신의로 일을 해야 공순이 되는 것이며, 충(忠)·신(信)·공(恭) 이 세가지 덕

이 갖추어졌음을 선이라 하는 것인데, 이 세가지 덕이 갖추어지지 않고서는, 이 점괘가 이르고 있는 길한 운수에 해당되지 않는 것일세. 그리고 《주역》으로는 위험한 일에 대해서 점치지 못하는 것이네. 자네는 대체 장차 무슨 일을 하려는 것인가? 자신의 몸을 닦아야 할 것이네. 중심이 아름다워야 점괘풀이의 황색에 해당되고, 선행의 으뜸으로서 아름다워야 점괘풀이의 원(元)에 해당되며, 아랫사람으로 하는 일이 아름다워야 점괘풀이의 상(裳)에 해당되어, 이 세가지가 구비되어지면 산가지점을 칠 수가 있지만, 만일 무언가 결여(缺如)되었을 때엔 산가지점을 쳐 비록 길하다 할지라도 길한 운을 받지 못할 것일세.”

　남괴가 반란을 일으키려고 비(費)로 가려 하여, 같은 마을 사람들에게 술대접을 했다. 그때 마을 사람 중의 어느 사람이 노래불러 말했다. “내 채소밭 있거늘, 그 중에 구기(枸杞)나무 나 있네. 우리와 같이 있는 이는 좋은 사람이여. 우리를 버리고 떠나는 자는 천박한 사람이여. 이웃 사람들을 배반하는 것은 부끄러운 짓이어라. 아서, 아서라. 그대 우리와 친한 사(士) 아닌가?” 계평자(季平子)가 숙손소자(叔孫昭子)로 하여금 숙중소(叔仲小 : 숙중목자)를 추방케 하려 했다. 숙중소는 그 소식을 듣고 감히 조정에 나가지 못했다. 그러자 숙손소자가 관리에게 명하여, 숙중소에게 정사(政事)에 관한 일이 있으니, 조정에 나가 기다리게 하라고 이르게 하고 말하기를, “나는 남의 원망받는 몸이 되지 않겠다.”라고 했다.

주해　ㅇ黃裳元吉(황상원길)－《주역》 곤괘(坤卦)의 효사(爻辭)다. 황(黃)은 오행설(五行說)에서는 중앙의 색으로, 중용(中庸)의 덕을 상징하고, 상(裳)은 치마로 순종을 나타낸다. 그래서 황상(黃裳)은 군자(君子)가 겸손의 태도를 견지하여, 평안무사(平安無事)해서 크게 길한 것을 가리킨다.

　ㅇ子服惠伯(자복혜백)－자복혜백은 맹헌자(孟獻子 : 仲孫蔑)의 손자로,

이름은 초(椒)였고, 자는 추(湫)였다. 자복(子服)은 그의 성이라는 설이
있지만 미상이다.

○黃中之色也(황중지색야)―오행설에서는 중앙은 토성(土性)으로 황색이
나 신의(信義)에 대응된다.

○元善之長也(원선지장야)―《주역》건괘(乾卦)의 효사로, 원(元)은 선덕
(善德)의 으뜸을 의미한다.

○生之杞乎(생지기호)―채소밭에 구기나무가 나 있다는 것은 정당하지
못하다는 것으로써, 남괴가 선한 사람들 중에서 엉뚱한 짓을 함은 부당
하다고 말한 것이다.

楚子狩于州來,하여 次于潁尾,하고 使蕩侯·潘子·司馬督·

囂尹午·陵尹喜帥師圍徐,하여 以懼吳.라 楚子次于乾谿,하여 以

爲之援.이라 雨雪,하니 王皮冠秦復陶翠被豹舃,하고 執鞭以出,에

僕析父從.이라 右尹子革夕,하니 王見之,하여 去冠被,하고 舍鞭,

하여 與之語曰, 昔,에 我先王熊繹與呂級·王孫牟·燮父·禽

父竝事康王,이었거늘 四國皆有分,이나 我獨無有.라 今, 吾使人

於周,하여 求鼎,하여 以爲分.이라 王其與我乎.아 對曰, 與君王

哉.리다 昔,에 我先王熊繹辟在荊山,에 篳路藍縷,하여 以處草莽,

하고 跋涉山林,하여 以事天子,하시되 唯是桃弧棘矢,하여 以共禦

王事.였나이다 齊王舅也,요 晉及魯衛王母弟也.였나이다 楚是以

無分,이나 而彼皆有.였나이다 今, 周與四國,이 服事君王,하여 將

唯命是從,이옵거늘 豈其愛鼎.이리오 王曰, 昔,에 我皇祖伯父昆

吾,는 舊許是宅.이라 今, 鄭人貪賴其田,하여 而不我與.라 我若

求之,면 其與我乎.아 對曰, 與君王哉.리다 周不愛鼎,이어늘 鼎敢

愛田乎.인가 王曰, 昔,에 諸侯遠我而畏晉.이라 今, 我大城陳·

蔡·不羹,하여 賦皆千乘.이라 子與有勞焉.이라 諸侯其畏我乎.아

對曰, 畏君王哉.리다 是四國者,도 專足畏也,어늘 又加之以楚,에

敢不畏君王哉.리오

工尹路請曰, 君王命剝圭以爲鏚柲,이옵거늘 敢請命.이오니다

王入視之,에 析父謂子革,하되 吾子楚國之望也.라 今與王言如

響.이라 國其若之何.오 子革曰, 摩厲以須王出,하여 吾刃將斬矣.

리라 王出復語.라 左史倚相趨過,하니 王曰, 是良史也.라 子善視

之.하라 是能讀三墳·五典·八索·九丘.라 對曰, 臣嘗問焉.이

었나이다 昔,에 穆王欲肆其心,하여 周行天下,하여 將皆必有車轍

馬跡焉,에 祭公謀父作祈招之詩,하여 以止王心.하였나이다 王是

以獲沒於祗宮.이었나이다 臣問其詩,나 而不知也.였나이다 若問遠

焉,이면 其焉能知之.리오 王曰, 子能乎.아 對曰, 能.이로소이다 其

詩曰, 祈招之愔愔,하여 式昭德音.이라 思我王度,하여 式如玉,하

고 式如金.이라 形民之力,하여 而無醉飽之心.이라이오니다 王揖而

入,하여 饋不食,하고 寢不寐數日,이나 不能自克,하여 以及於難.

이라 仲尼曰, 古也有志,하되 克己復禮,가 仁也.라 信善哉.라 楚

靈王若能如是,면 豈其辱於乾谿.리오

晉伐鮮虞,는 因肥之役也.라

초나라 군주가 주래(州來)에서 수렵(狩獵)하여, 영미(潁尾)에 주둔하고, 탕후(蕩侯)·반자(潘子)·사마독(司馬督)·효(囂) 고을 장관인 오(午)·능(陵) 고을 장관인 희(喜)에게 군사를 이끌고 서(徐)나라를 포위케 하여 오나라를 두렵게 했다. 그리고 초나라 군주는 건계(乾谿)에 머물러서 후원했다. 그때 눈이 내리니 초왕은 가죽의 관을 쓰고, 진(秦)나라 생산의 모직(毛織)옷을 입고, 비취(翡翠) 날개로 만든 겉옷을 입고, 표범 가죽으로 만든 신을 신고, 매를 손에 쥐고서 밖으로 나오니, 시종관인 석보(析父)가 따랐다. 그때 우윤(右尹)인 자혁(子革)이 저녁 인사를 하러 가니 초왕이 그를 보고, 관과 겉옷을 벗고 손에 쥔 매를 놓고서, 자혁과 같이 말을 주고받았다.

초왕―옛날에, 우리나라 선대 왕 웅역(熊繹)께서는 여급(呂級)·왕손모(王孫牟)·섭보(燮父)·금보(禽父)와 함께 주나라 강왕(康王)을 섬기시었는데, 다른 네 나라는 보물을 나누어 받았으나 우리나라만은 나누어 받지 못했었소. 이제 사람을 주나라에 보내어, 구정(九鼎)을 나누어 달라고 요구하여, 웅역에 대한 분배로 삼으려 하오. 천자인 주나라 왕께서는 그것을 내게 줄까요?

자혁―군주께 주실 것이옵니다. 옛날에 우리나라 선대 왕 웅역께서 형산(荊山)에 계시니, 대[竹]와 나무로 만든 거친 수레를 타시고 남루한 옷을 입으시어 풀밭에서 기거(起居)하시고, 산림을 내왕하시어 천자를 위하여 일하시되, 다만 복숭아나무로 만든 활과 가시나무로 만든 화살만을 손에 쥐시고, 천자를 원하는 일에 힘쓰셨나이다. 제나라 군주는 천자의 외삼촌이었고, 진(晉)나라 및 노나라·위나라 군주는 천자와 친형제였나이다. 우리 초나라는 그때 보물을 분배받은 것이 없었사오나, 다른 나라는 다 분배를 받았었나이다. 그런데 현재 천자 나라인 주나라와 제·진·노·위의 네 나라가 우리 군주께 복종하여 섬기어, 군주의 명을 따르려 하옵는데, 어찌 구정을 아끼시겠습니까?

초왕―옛날에 우리 조상의 백부였던 곤오(昆吾)는, 허(許)나라의 옛땅에 살으셨었소. 그런데 지금 정나라 사람이 그 땅을 탐내어 차지하여, 우리에게 돌려주지 않고 있소. 내가 만일 그 땅을 요구한다면 우리에게 주게 될 것이오?

자혁―정나라는 군주께 줄 것이옵니다. 주나라가 구정을 아끼지 않을 것이온데, 정나라가 감히 땅을 아끼오리까?

초왕―지난날에는 제후들이 우리를 멀리하고서 진(晉)나라를 두려워했었소. 그러나 지금 우리는 진(陳)나라 땅·채나라 땅·불갱(不羹)에 큰 성을 쌓아, 다 천대의 전차를 내게 되어 있소. 당신도 그 일에 수고를 했었소. 이 마당에 제후들은 우리나라를 두려워하고 있을까요?

자혁―제후들은 군주를 두려워하고 있을 것이옵니다. 네(세)나라 땅의 성만이라도 제후들을 두렵게 하기에 족하옵는데다가, 또 우리 초나라가 있는데, 감히 군주를 두려워하지 않으오리까?

이때, 공윤(工尹)인 노(路)가 초왕에게 요청하는 말을 하기를, "군주께서 규옥(圭玉)을 깎아서 도끼 자루에 장식하여 박으라 명하셨사옵는데, 어느 크기로 할 것인가를 말씀하여 주시옵기를 청하옵니다."라고 했다. 초왕이 안으로 들어가 알아보는 동안에, 석보(析父)가 자혁에게 말하되, "님은 초나라 사람들이 우러러보는 대상입니다. 그런데 지금 국왕과 말씀하시는 것은, 마치 국왕 말씀의 산울림과 같이 맞장구만 치고 계십니다. 나라가 앞으로 어찌 될까요?"라고 했다. 그러자 자혁은 말하기를, "내 칼을 갈고 갈아서 국왕의 그릇된 말이 나옴을 기다렸다가, 내 말의 허리를 싹둑 끊어버리겠소."라고 했다. 그러고 나자 국왕이 나와 다시 말하게 되었는데, 그때 좌사(左史) 벼슬에 있는 의상(倚相)이 그들 앞을 달려 지나갔다.

규(圭)

국왕―저 사람은 좋은 사관(史官)이오. 그러니 당신은 잘 보아두시오. 그는 삼분(三墳) · 오전(五典) · 팔색(八索) · 구구(九丘)의 옛 책을 잘 읽을 수가 있소.

자혁―신(臣)이 전에 저 사람에게 물어본 일이 있었나이다. 옛날에 천자 목왕(穆王)께서 마음먹은 대로 하고자 하여, 천하를 두루 돌아다니시어, 천하의 모든 땅에다 타고 다니시는 수레바퀴의 자취를 남기시려 하니, 주나라의 경사(卿士)였던 제공(祭公) 모보(謀父)가 기초편(祈招篇)의 시를 지어, 목왕의 마음먹으신 것을 중지시켰었나이다. 목왕께서는 이 일로 지궁(祇宮)이라는 궁전에서 돌아가실 수가 있었나이다. 신이 그 시를 저 사람에게 물었사오나, 그는 그 시를 알지 못하였나이다. 그러니 먼 옛날의 일을 물을 것 같으면, 그가 어떻게 알 수가 있사오리까?

국왕―당신은 그 시를 알 수 있소?

자혁―알 수 있사옵니다. 그 시에는 '기초곡 부드럽고 부드러워, 훌륭한 덕을 나타내는도다. 이 곡 들어 우리 주나라 왕의 법도를 생각하여 그 법도 옥과 같이 여기고, 금(金)과 같이 여기네. 우리 왕은 백성들의 형편을 헤아리시어, 욕심에 취하고 욕심을 탐내는 마음 없으시네.'라고 일렀나이다.

이 말을 들은 국왕은, 읍(揖)하고 안으로 들어가 음식을 드려도 먹지 않고, 잠자리에서 잠을 자지 못하기를 수일(數日)이었으나, 자신의 욕심을 억제하지 못해서 결국은 환난을 당하게 되었던 것이다. 공자(孔子)께서 초왕을 평해서 말씀하시기를, "옛날의 책에 있되 '자신의 욕념을 억제하여 예의에 맞는 데로 돌아감이 인(仁 : 어짊)이다.'라고 하였다. 이 말은 실로 좋은 말이다. 초나라 영왕(靈王)이 만약 이같을 수가 있었더라면 그가 어찌 건계(乾谿)에서 욕을 당했으랴?"라고 하셨다.

진(晉)나라가 선우(鮮虞)를 친 것은, 비(肥)나라를 치는 기회에 한 일이었다.

┃주해┃ ○潁尾(영미)—지금의 안휘성 정양관(正陽關) 북쪽 땅.

○乾谿(건계)—지금의 안휘성 박현(亳縣) 부근 땅.

○秦復陶(진복도)—진(秦)나라가 생산한 모직물의 일종.

○翠被(취피)—비취 날개로 만든 겉옷.

○呂級(여급)—제나라의 정공(丁公)으로 태공망(太公望)의 아들.

○王孫牟(왕손모)—위나라 강숙(康叔)의 왕자. 그의 아들 강백(康伯)의 이름이 모(牟).

○燮父(섭보)—진(晉)나라 당숙(唐叔)의 아들.

○禽父(금보)—노나라 군주였던 백금(伯禽)으로 주공(周公) 단(旦)의 아들.

○皆有分(개유분)—주나라 당왕(唐王)한테 왕실의 보물을 분배받음이 있었다.

○鼎(정)—주나라 왕위(王位)를 상징하는 솥으로 아홉 개가 있었다. 그것을 구정(九鼎)이라 일렀다.

○我先王熊繹(아선왕웅역)—초나라 군주의 선조에 대해서는, 선공 12년조 참고.

○齊王舅也(제왕구야)—제나라 군주 여급(呂級 : 丁公)은 천자의 외삼촌, 즉 주나라 성왕(成王)의 어머니는 제나라 태공망의 딸이었으니, 정공은 성왕의 외삼촌이었다.

○皇祖伯父昆吾(황조백부곤오)—두예는 그의 주에 말하기를, 옛날에 육종

씨(陸終氏)에게 여섯 아들이 있었는데, 장남은 곤오(昆吾)라 했고, 막
내아들은 계련(季連)이라 해서, 초나라 군주의 선조가 되었다. 그래서
곤오는 초나라 군주 선조의 백부가 되고, 그는 허나라의 옛땅에 살았었
다고 했다.

ㅇ舊許(구허)―허나라의 옛 땅. 지금의 하남성 허창(許昌) 부근이었다.
허나라는 뒤에 섭(葉)으로 옮겨갔고, 전의 땅은 정나라가 차지했다.

ㅇ四國(사국)―진(陳)·채(蔡)·불갱(不羹)의 세 나라 땅을 이른다. 세
나라[三國]의 오기로 보인다.

ㅇ爲鍼柲(위척비)―척은 도끼이고, 비는 도끼자루. 여기에서는 군주의 권
위를 나타내는 도끼자루에 장식함을 말한다.

ㅇ如響(여향)―산울림과 같이, 상대편의 말에 대해서 조금도 거슬림 없이,
오직 긍정적으로 응답함을 말했다.

ㅇ吾刃將斬矣(오인장참의)―나의 칼날 같은 말은 장차 왕의 그릇된 생각
을 끊어주리라.

ㅇ三墳(삼분)·五典(오전)·八索(팔색)·九丘(구구)―옛 책이름. 삼분은
삼황(三皇)시대의 일을 기록한 것이라 하고, 오전은 오제(五帝) 때의
일을 기록한 것이라 하며, 팔색은 팔괘(八卦)에 대해서 쓴 것이고, 구
구는 홍범구주(洪範九疇)의 책이라 한다.

ㅇ昔穆王云云(석목왕운운)―《사기(史記)》 공자세가(孔子世家)에도 이 내
용이 실려 있다.

ㅇ祈招(기초)―두예는 그의 주에서 사람 이름이라 했는데, 악곡(樂曲) 이
름으로 보는 것이 타당하다.

ㅇ祇宮(지궁)―주나라 목왕이 지은 궁전 이름. 지금의 섬서성 남정현(南
鄭縣)에 있다고 한다.

십유삼년춘   숙궁솔사   위비
經| ㅇ十有三年春,에 叔弓師師,하여 圍費.라

하사월   초공자비자진귀우초   시기군건우건계
ㅇ夏四月,에 楚公子比自晉歸于楚,하여 弑其君虔于乾谿.라

초공자기질살공자비
ㅇ楚公子棄疾殺公子比.라

○秋,에 公會劉子·晉侯·齊侯·宋公·衛侯·鄭伯·曹伯·
莒子·邾子·滕子·薛伯·杞伯·小邾子于平丘,하여 八月甲
戌,에 同盟于平丘,나 公不與盟.이라 晉人執季孫意如以歸.라

○公至自會.라

○蔡侯廬歸于蔡.라

○陳侯吳歸于陳.이라

○冬十月,에 葬蔡靈公.이라

○公如晉,하여 至河,하여 乃復.이라

○吳滅州來.라

13년 봄에, 노나라 숙궁이 군사를 이끌고, 비(費)를 포위했다.

여름 4월에, 초나라 공자 비(比)가 진(晉)나라에서 초나라로 돌아
가, 그의 군주 건(虔)을 건계(乾谿)에서 죽였다.

초나라 공자 기질(棄疾)이 공자 비를 죽였다.

가을에, 소공이 유나라 군주인 자작·진나라 군주인 후작·제나라
군주인 후작·송나라 군주인 공작·위나라 군주인 후작·정나라 군주
인 백작·조나라 군주인 백작·거나라 군주인 자작·주나라 군주인
자작·등나라 군주인 자작·설나라 군주인 백작·기나라 군주인 백
작·소주나라 군주인 자작 등과 평구(平丘)에서 회합하고, 8월 갑술
날에, 제후들이 평구에서 동맹을 맺었으나, 우리나라 소공은 그 동맹
체결에 참가하지 않았다. 진나라 사람이 노나라 계손의여(季孫意如)
를 잡아 데리고 돌아갔다.

소공이 회합에서 돌아왔다.

채나라 군주인 후작 여(廬)가 채나라로 돌아갔다.

진(陳)나라 군주인 후작 오(吳)가 진(陳)나라로 돌아갔다.

겨울 10월에, 채나라 영공을 장사 지냈다.

소공이 진나라에 가, 황하(黃河) 가에 이르렀다가 곧 되돌아왔다.

오나라가 주래(州來)를 멸망시켰다.

傳 十三年春,에 叔弓圍費,하여 弗克,하고 敗焉.이라 平子怒,하여 令見費人執之以爲囚俘.라 冶區夫曰, 非也.라 若見費人,하여 寒者衣之,하고 飢者食之,하여 爲之令主,하여 而共其乏困,이면 費來如歸,하여 南氏亡矣.리라 民將叛之,면 誰與居邑.가 若憚之以威,하고 懼之以怒,면 民疾而叛,하여 爲之聚也.리라 若諸侯皆然,이면 費人無歸,에 不親南氏,하고 將焉入矣.리오 平子從之,에 費人叛南氏.라

13년 봄에, 노나라 숙궁이 남괴(南蒯)가 반란을 일으키고 있는 비읍(費邑)을 포위하여 이기지 못하고, 오히려 패배했다. 그러자 계평자(季平子 : 季孫意如)가 노하여, 비읍 사람을 보기만 하면 잡아 포로로 삼으라고 명했다. 그러자 야구부(冶區夫)가 말했다. "그래서는 아니됩니다. 비읍 사람을 만나서는 못 입어 떠는 자에게는 옷을 입히고, 굶주린 자에게는 먹을 것을 주어, 그들을 위한 좋은 주인이 되어, 그들의 빈궁한 처지를 구할 것 같으면, 비읍 사람들은 외지(外地)에 나갔던 사람이 자기 집으로 돌아가는 바와 같이 따라와 남씨는 망할 것입니다. 거느리는 민중이 앞으로 배반하게 된다면 그가 누구와 같이 비

읍에서 살아 있겠습니까? 님이 만일 비읍 사람들을 위력으로 협박하고 분노로 무서워하게 하신다면, 비읍 사람들은 미워하여 님을 배반하여, 남씨를 위하여 뭉칠 것입니다. 만일 제후들도 그렇게 대한다면 비읍 사람들은 귀착(歸着)할 데가 없어, 남씨를 친하게 대하지 않고 어디로 들어가겠습니까?" 계평자가 그 말대로 하니, 비읍 사람들이 남씨를 반대했다.

주해 ㅇ冶區夫(야구부)―노나라 조정의 관원(官員)이었다.
ㅇ令主(영주)―좋은 주인.

楚子之爲令尹也,에 殺大司馬蒍掩,하여 而取其室,하고 及卽位,하여 奪蒍居田,하고 遷許而質許圍.라 蔡洧有寵於王,이어늘 王之滅蔡也,에 其父死焉.이라 王使與於守而行.이라 申之會,에 越大夫戮焉,하고 王奪鬪韋龜中犫.이라 又奪成然邑,하여 而使爲郊尹,이어늘 蔓成然故事蔡公.이라 故로 蒍氏之族及蒍居·許圍·蔡洧·蔓成然,은 皆王所不禮也.라 因群喪職之族,하여 啓越大夫常壽過作亂,하여 圍固城,하고 克息舟,하여 城而居之.라

초나라 군주가 영윤(令尹)으로 있을 때, 그는 대사마(大司馬)인 위엄(蒍掩)을 죽여 그 재산을 빼앗았고, 군주 자리에 올라서는 위거(蒍居)의 땅을 뺏었고, 허나라를 다른 곳으로 옮기고서 허나라의 대부인 위(圍)를 인질로 삼았다. 채나라의 유(洧)는 초왕의 총애를 받고 있으나, 초왕이 채나라를 멸망시켰을 때에 그의 아버지가 전사했다. 그런데 초왕이 건계에 가면서 유에게 본국의 조정을 지키는 일에 가세(加

勢)하라 하고 떠났다. 그리고 신(申)에서 제후들의 회합이 있었을 때에 월나라의 대부가 수치를 당했고, 초왕은 투위귀가 소유하는 중주(中犫) 땅을 빼앗았다. 그리고 또, 초왕은 만성연(蔓成然)의 소유 읍을 빼앗고는 그를 도읍 밖의 교외 고을을 다스리는 장관으로 삼았는데, 만성연은 원래 채공(蔡公: 공자 기질)을 섬겼다. 그러니 초나라 위씨(蔿氏)의 씨족들 및 위거·허나라 위(圍)·채나라의 유(洧)·만성연 등은 다 초왕한테 박대를 받은 사람들이었다. 그들은 그를 밖의 초왕한테 관직을 박탈당한 씨족들을 편에 넣고서, 월나라 대부인 상수과(常壽過)를 유인하여 반란을 일으키어 고성(固城)을 포위했고 식주(息舟)를 점령하여, 그곳에 성을 쌓고서 거점으로 삼았다.

주해 ○楚子(초자) ─ 초나라 영왕(靈王).

○殺大司馬蔿掩(살대사마위엄) ─ 양공 30년의 일.

○遷許(천허) ─ 소공 9년의 일.

○滅蔡(멸채) ─ 소공 11년의 일.

○申之會(신지회) ─ 신에서 회합을 갖은 것은 소공 4년의 일이었는데, 상수과에 대한 기사는 소공 5년조에 나왔다.

○鬪韋龜(투위귀) ─ 영윤이었던 자문(子文)의 자손이었다.

○固城(고성) ─ 두예는 그의 주에서 단단한 성이라 했다. 그러나 읍 이름이었다고 본다. 지금의 하남성 식현(息縣)에 고성집(固城集)이라는 곳이 있다.

○息舟(식주) ─ 고성 부근의 땅이었다.

관 기 지 사 야　　기 자 종 재 채　　사 조 오　　왈　금 불 봉 채
觀起之死也,에 其子從在蔡,하여 事朝吳.라 曰, 今不封蔡,면

채 불 봉 의　　아 청 시 지　　이 채 공 지 명 소 자 간　　자 석
蔡不封矣.리라 我請試之.하리라 以蔡公之命召子干·子晳,하고

급 교 이 고 지 정　　강 여 지 맹　　입 습 채　　채 공 장 식　　견
及郊而告之情,하여 强與之盟,하여 入襲蔡.라 蔡公將食,이라가 見

之而逃.라 觀從使子干食,하고 坎用牲,하여 加書而速行,하고 己

徇於蔡曰, 蔡公召二子,하여 將納之,하여 與之盟而遣之矣.라 將

師而從之.라 蔡人聚將執之,에 辭曰, 失賊成軍,이어늘 而殺余何

益.고 乃釋之.라 朝吳曰, 二三子若能死亡,이면 則如違之以待所

濟,나 若求安定,이면 則如與之以濟所欲.이라 且違上,하고 何適

而可.리오 眾曰, 與之.라 乃奉蔡公,하여 召二子,하여 而盟于鄧,하

고 依陳·蔡人以國.이라

楚公子比·公子黑肱·公子棄疾·蔓成然·蔡朝吳帥陳·

蔡·不羹·許·葉之師,하여 因四族之徒,하여 以入于楚,하여 及

郊.라 陳·蔡欲爲名.이라 故로 請爲武軍.이라 蔡公知之曰, 欲

速.이라 且役病矣.라 請藩而已.라 乃藩爲軍.이라 蔡公使須務牟

與史猈先入,하여 因正僕人,하여 殺太子祿及公子罷敵.이라 公

子比爲王,하고 公子黑肱爲令尹,하여 次于魚陂,하고 公子棄疾爲

司馬,하여 先除王宮.이라 使觀從從師于乾谿,하여 而遂告之,하고

且曰, 先歸復所,로되 後者劓.하리라 師及訾梁而潰.라 王聞群公

子之死也,하고 自投于車下曰, 人之愛其子也,도 亦如余乎.아

侍者曰, 甚焉.이오니다 小人老而無子,면 知擠于溝壑矣.이오니다

王曰, 余殺人子多矣,에 能無及此乎.아 右尹子革曰, 請待于郊

以聽國人.이오니다 王曰, 衆怒,하니 不可犯也.라 曰, 若入於大

都,하여 而乞師於諸侯.하소서 王曰, 皆叛矣.라 曰, 若亡於諸侯,

하여 以聽大國之圖君也.하소서 王曰, 大福不再.라 祇取辱焉.이

라 然丹乃歸于楚.라 王沿夏將欲入鄢.이라 芋尹無宇之子申亥

曰, 吾父再奸王命,이었으되 王弗誅.라 惠孰大焉.고 君不可忍,이

오 惠不可棄,이니 吾其從王.하리라 乃求王,하여 遇諸棘闈,하여

以歸.라 夏五月癸亥,에 王縊于芋尹申亥氏.라 申亥以其二女殉

而葬之.라

　　觀從謂子干曰, 不殺棄疾,이면 雖得國,이라도 猶受禍也.라 子

干曰, 余不忍也.라 子玉曰, 人將忍子,이리니 吾不忍俟也.라 乃

行.이라 國每夜駭曰, 王入矣.라 乙卯夜,에 棄疾使周走而呼曰,

王至矣.라 國人大驚.이라 使蔓成然走告子干·子晳曰, 王至矣.

라 國人殺君·司馬,라하고 將來矣.이라 君若早自圖也,면 可以無

辱.이라 衆怒如水火焉,에 不可爲謀.라 又有呼而走至者,하여 曰,

衆至矣.라 二子皆自殺.이라

초나라의 관기(觀起)가 죽었을 때, 그의 아들 종(從)은 채나라에
있어 채나라의 조오(朝吳)를 섬겼다. 그는 말하기를, “지금 채나라가
재건(再建)되지 않는다면 채나라는 영영 재건되지 못하리라. 내 그
일을 해보리라.”라고 했다. 그리고는 채나라 땅을 다스리고 있는 초나

라의 채공(蔡公), 즉 공자 기질(棄疾)의 명령이라 하여, (외국에 망명 중인) 초나라의 자간(子干)과 자석(子晳)을 불러들이고, 두 공자가 교외에 이르자, 사신이 나가 맞아 사정을 고하여 억지로 그들과 맹약을 맺어 채나라 도읍으로 들어가 채나라를 통치하고 있는 초나라의 관부(官府)를 습격했다. 그때 채공이 식사를 들려고 하다가 습격하는 사람들을 보고는 도망갔다. 그러자 관종(觀從)은 자간에게 채공의 자리에 앉아 식사를 들게 하고, 구덩이를 파 맹서할 때 쓰는 희생(犧牲)을 묻고, 그 위에다 두 공자와 채공이 맹서를 맺은 것같이 보이게 하는 맹약서를 지어 올려놓고서 두 공자를 다른 곳으로 빨리 피해 가게 하고 자신은 채나라 땅 안에 소문내기를, "채공이 망명중인 두 공자를 불러들여 장차 초나라 본국으로 보내려고, 그들과 맹서를 맺고서 두 공자를 먼저 출발시켰다. 채공은 곧 군사를 이끌고 두 공자의 뒤를 따라 본국으로 쳐들어갈 것이다."라고 했다. 이에 채나라 사람들이 모여들어 관종을 잡으려 하니 관종이 변명하기를, "도적인 두 공자를 떨치었고 채공이 반란군을 편성하고 있는데, 나를 죽이는 것이 무슨 이익이 되오?"라고 하니, 사람들은 그를 놓아주었다. 그때 조오가 말하기를, "여러분이 만일 (초왕을 위하여) 죽을 수가 있다면 채공이 반란군을 일으키는 일을 반대하였다가 일이 되어가는 것을 기다리는 것이 좋겠지만, 만일 나라의 안정을 원한다면 채공편이 되어서 채공이 하고자 하는 바를 성공하게 하는 것이 좋습니다. 그리고 직접 상관을 반대하고서는, 어디를 간들 좋겠습니까?"라고 했다. 그러자 여러 사람은, "채공편이 됩시다."라고 말하였다. 그리고 곧 채공을 받들고서, 두 공자를 불러내어 등(鄧)에서 맹서를 맺고, 진(陳)나라 사람들과 채나라 사람들은 국가를 복구시킴을 조건으로 하여 응했다.

　초나라 공자 비(比)·공자 흑굉(黑肱)·공자 기질·만성연(蔓成然)·채나라의 조오 등이, 진(陳)·채(蔡)·불갱(不羹)·허(許)·섭(葉)의 군대를 이끌고, 초나라의 위씨(蒍氏)·허(許)의 위(圍)·채나라 유

(洧)·만성연의 네 씨족의 도움을 받아 초나라 안으로 진입하여, 초나라 도읍의 교외에 이르렀다. 그때 진·채나라 사람들이 초나라 땅에 쳐들어갔다는 이름을 남기려 했다. 그래서 기념의 보루(保壘) 쌓기를 청했다. 이때 채공은 그의 뜻을 알아차리고 말하기를, "나는 속히 전진하고자 한다. 그리고 따르고 있는 일꾼들이 피로해 있다. 그러니 울타리만을 치기로 하자."라고 했다. 그래서 곧 울타리를 쳐 기념의 보루로 삼았다. 채공은 수무모(須務牟)와 사비(史猈)를 먼저 도읍 안으로 들여보내 국왕의 시종관장(侍從官長)을 이용하여, 태자 녹(祿)과 공자 파적(罷敵)을 죽이게 했다. 그리고 공자 비가 왕이 되고, 공자 흑굉이 영윤(令尹)이 되어 어피(魚陂)에 머물고, 공자 기질은 사마(司馬)가 되어 먼저 왕궁으로 들어가 깨끗하게 치웠다. 그리고 관종(觀從)에게 건계(乾谿)로 출동하고 있는 초왕이 이끄는 군사에게로 쫓아가 곧 이런 사태가 벌어졌다는 것을 알리게 하고, 또 '빨리 돌아오면 전의 관직에 복직시킬 것이지만, 늦어지는 자는 코를 베는 형에 처하리라.'라고 말하게 했다. 그런데 초나라 영왕(靈王)이 이끄는 군사가 돌아가는 길에 자량(訾梁)에 이르렀을 때에 영왕을 따랐던 군사들이 흩어졌다. 초나라 영왕은 여러 공자가 죽었다는 말을 듣자 타고 있던 수레 위에서 몸을 아래로 떨어뜨리고 말하기를, "다른 사람들이 자식을 사랑하는 마음도 역시 지금의 나와 같을까?"라고 했다. 그러자 시종자가 말하기를, "더 심하옵니다. 천한 사람은 늙어서 자식이 없으면 개울이나 구렁에 몸을 던져 죽는다고 알고 있사옵니다."라고 했다. 그러자 초왕은, "내 다른 사람의 자식들을 많이 죽였는데, 이런 꼴을 당하지 않을 수가 있으랴?"라고 말하였다. 그때 우윤(右尹)인 자혁(子革)이 영왕에게 말했다.

자혁―도읍의 교외에서 기다리시어 사람들에게 나라 사정을 물어보게 해주옵소서.

초왕―민중이 분노하고 있으니, 그들을 함부로 접촉할 수가 없소.

자혁―그렇다면, 큰 읍의 성으로 들어가셔서 제후들에게 군사 출동을 요청하소서.

초왕―제후들도 다 나를 배반하고 있소.

자혁―그러면 다른 제후국으로 망명하시어, 큰 나라가 군주를 어떻게 대할 것인가를 물어보기로 하소서.

초왕―사람에게 큰 복은 두번 다시 오지는 않소. 그렇게 한다는 것은, 다만 모욕을 당할 일이오.

이에 연단(然丹 : 자혁)은 초왕을 버리고 초나라의 도읍으로 돌아가고 말았다. 초왕은 하수(夏水) 가를 따라 언(鄢)으로 들어가려고 했다. 그때 우(芋) 고을 장관인 무우(無宇)의 아들 신해(申亥)는 말하기를, "나의 아버지는 두번이나 국왕의 명령을 어겼건만, 국왕은 아버지에게 벌을 주지 않으셨다. 어느 은혜가 그보다 더 클 것인가? 군주의 곤경을 차마 보고만 있을 수 없는 일이고, 입은 은혜를 저버릴 수 없으니, 나는 국왕을 따르리라."라고 했다. 그리고 곧 영왕을 찾아가 극위(棘闈)에서 만나 모시고 돌아갔다. 그러나 여름 5월 계해날에, 영왕은 우 고을 장관 신해의 집에서 목을 매어 죽었다. 신해는 그의 두 딸을 국왕을 위하여 순사(殉死)시켜서 영왕을 장사 지냈다.

관종(觀從)이 자간(子干 : 比)에게 말하기를, "공자 기질(棄疾)을 죽이지 않으면, 비록 나라를 얻어 군주가 되신다 하더라도 그것은 화(禍)를 받는 것이 됩니다."라고 하니 자간은, "내 차마 그러지 못하오."라고 했다. 그러자 자옥(子玉 : 관종)은, "상대편 사람은 장차 님 죽이는 일을 아무렇지 않게 생각할 것이니, 나는 차마 그럴 때를 기다리고 있을 수가 없습니다."라고 말했다. 그리고는 초나라를 떠났다. 그 무렵, 초나라 도읍에는 매일 저녁 사람들을 놀라게 떠들어대고 다니는 사람이 있어 말하기를, "국왕이 도읍 안으로 들어오신다."고 하였다. 그리고 을묘날 저녁에 공자 기질은 사람을 시켜, "국왕이 들어오셨다."라고 외치고 돌아다니게 했다. 그래서 나라 사람들이 크게 놀

렀다. 그리고 또, 공자 기질은 만성연에게 달려가 자간과 자석(子晳 :
黑肱)에게, "국왕이 도읍으로 들어왔습니다. 그래서 나라 사람들이 새
로 되신 군주와 사마(司馬)를 죽여라 하고 곧 몰려오려 합니다. 그러
니 군주께서는 빨리 자신의 일을 도모하시면 모욕을 당하는 일이 없
게 될 것입니다. 군중의 분노는 물불과 같아서, 그들을 어찌 할 꾀를
낼 수가 없습니다." 이렇게 말하게 했다. 그때 마침 어느 자가 소리를
치면서 그들 앞으로 달려가, "군중이 옵니다."라고 했다. 그러자 두
공자는 함께 자살하였다.

주해 ○觀起(관기)─양공 22년조 참고.

○子干(자간)·子晳(자석)─모두 초나라 영왕(靈王)의 동생으로, 자간
〔比〕은 소공 원년에 진(晉)으로 망명했고, 자석〔黑肱〕은 정나라로 망
명했었다.

○鄧(등)─지금의 하남성 언성(郾城) 부근.

○正僕人(정복인)─복인은 국왕의 시종관. 정은 장(長). 즉 시종관장.

○魚陂(어피)─지금의 호북성(湖北省) 종상(鍾祥) 부근.

○訾梁(자량)─지금의 하남성 신양(信陽) 부근.

○夏(하)─하수(夏水)로, 한수(漢水)의 다른 이름.

○鄢(언)─지금의 호북성 의성(宜城).

○芋尹無宇(우윤무우)─소공 7년조에 나왔다.

○棘闈(극위)─두예는 그의 주에서, 극(棘)은 마을 이름이었고, 위(闈)는
마을로 들어가는 문(門)을 말했다고 했다. 그러나 지명으로 본다.

_{병 진}　　_{기 질 즉 위}　　_{명 왈 웅 거}　　_{장 자 간 우 자}　　_{실 자 오}
丙辰,에 棄疾卽位,하여 名曰熊居.라 葬子干于訾,하니 實訾敖.

_{살 수}　　_{의 지 왕 복}　　_{이 류 저 한}　　_{내 취 이 장 지}　　_이
라 殺囚,하여 衣之王服,하여 而流諸漢,하여 乃取而葬之,하여 以

_{정 국 인}　　_{사 자 기 위 령 윤}　　_{초 사 환 자 서}　　_{오 인 패 제 예 장}
靖國人.이라 使子旗爲令尹.이라 楚師還自徐,에 吳人敗諸豫章,

하여 獲其五帥.라 平王封陳·蔡,하고 復遷邑,하여 致群賂,하고

施舍寬民,하며 宥罪擧職.이라 召觀從,하여 王曰, 唯爾所欲.이라

對曰, 臣之先佐開卜.이었나이다 乃使爲卜尹.이라 使枝如子躬聘

于鄭,하고 且致犨·櫟之田,에 事畢,이나 弗致.라 鄭人請之曰,

聞諸道路,이면 將命寡君以犨·櫟,이니 敢請命.이라 對曰, 臣未

聞命.이라 旣復,에 王問犨·櫟,하니 降服而對曰, 臣過失命,하여

未之致也.이오니다 王執其手曰, 子毋勤,하고 姑歸.하라 不穀有

事,면 其告子也.리라

他年에, 芊尹申亥以王柩告,하니 乃改葬之.라

初,에 靈王卜曰, 余尚得天下.라 不吉.이라 投龜,하고 詬天而呼

曰, 是區區者,이어늘 而不余畀,면 余必自取之.리라 民患王之無

厭也.라 故로 從亂如歸.라

병진날에, 공자 기질은 국왕 자리에 올라, 웅거(熊居)라는 이름으로 부르기로 했다. 그는 죽은 자간(子干)을 자(訾)에 장사 지냈으니, 자간은 곧 자오(訾敖)라 했다. 그는 죄수를 죽여, 그 시체에다 국왕의 옷을 입혀서 한수(漢水)에 띄워, 사람들에게 영왕의 시체인 것같이 알게 하고 나중에 물에서 건져 장사 지내어 나라 사람들과 여론을 가라앉혔다. 그는 자기(子旗 : 蔓成然)를 영윤으로 삼았다. 당시 출동중이던 초나라 군사가 서(徐)로부터 귀환하였는데, 오나라 사람이 초군을 예장(豫章)에서 공격하여 패배시키어 초군의 장수 다섯을 잡았다. 초나라

의 새 군주인 평왕(平王 : 기질)은 진(陳)나라와 채(蔡)나라를 복구하
고, 빼앗았던 읍들을 돌려주며 여러 사람에게 준다고 약속했던 재물을
주고, 법을 완화시켜 백성들을 관대히 대하며 죄인들을 용서하고, 폐
지되었던 관직들을 부활시켰다. 그리고 관종(觀從)을 불러 말하기를,
"그대가 원하는 대로 벼슬을 주겠다."고 했다. 그러자 관종은 대답하
기를, "신의 선대(先代)는 복관(卜官)의 부장(副長)이었나이다."라고
하였다. 그래서 곧 그를 복윤(卜尹)이 되게 했다. 그리고 또 평왕은 지
여자궁(枝如子躬)에게 정나라를 예방케 하고, 또 주(犫)와 역(櫟) 땅
을 정나라에 돌려주게 했는데, 지여자궁은 정나라에 가 예방 절차를
다 마치고서도, 주와 역 땅을 돌려주는 절차를 밟지 않았다. 그러자 정
나라 사람이 돌려줄 것을 청해서 말하기를, "들은 소문에 의하면, 우리
군주께 주와 역 땅을 돌려주실 거라고 하니, 이에 감히 그 명을 받고
자 합니다."라고 하였다. 그러나 그는 대답하기를, "신인 저는 그런 초
나라 군주의 명을 받은 일이 없습니다."라고 했다. 그가 초나라로 돌아
가자, 초왕이 주와 역 땅 돌려주는 일을 물으니, 그는 옷의 저고리를
벗어 죄인같이 하고 대답하기를, "신은 잘못하여 명을 잊어, 돌려주지
않았나이다."라고 했다. 그러자 초왕은 그의 손을 잡고 말하기를, "그
대는 그 일을 걱정하지 말고, 잠시 집에 돌아가 있으라. 내 그대를 쓸
일이 있으면, 그대에게 알리겠노라."라고 했다.

다음해에, 우(芋)의 장관인 신해(申亥)가 영왕의 시
체가 든 관을 모시고 가 고하니, 평왕은 새삼 영왕의
장사를 지냈다.

전에 영왕은 거북등을 구워 점을 치며 말하기를, "나
는 천하를 차지할 것을 원하고 있습니다."라고 했다. 그
러나 불길하다는 징조가 나타났었다. 그러자 그는 점치
는 데 쓰는 거북등을 내던지고, 하늘에 대하여 욕설을
퍼붓고서 큰 소리로 말하기를, "이 천하야 자그마한 것

동(銅)으로
만든 작은 칼

인데도 하늘이 내게 차지하게 하지 않는다면, 내 반드시 내 힘으로 차지하리라.”라고 했다. 그래서 초나라 백성들은 국왕의 욕심이 한이 없음을 걱정했었다. 그랬으므로 초나라 사람들이 반란을 일으킨 쪽을 따르는 것이, 마치 자기 집으로 돌아가는 것같이 하였다.

주해 ○訾敖(자오)—초나라 국왕에 대한 칭호에는 오(敖)자가 붙는 예가 많았다. 그리고 특별히 무왕(武王), 영왕(靈王)과 같은 시호(謚號)를 붙이는 이외는 대개 그 매장지(埋葬地) 이름 밑에다 오(敖)자를 붙였다. 즉 겹오(郟敖)·자오(訾敖)가 그 예다.

○豫章(예장)—소공 6년조에 나왔다.

○五帥(오수)—다섯 장수. 소공 12년조에 나온 탕후(蕩候)·반자(潘子)·사마독(司馬督)·효윤(囂尹)·오(午)·능윤(陵尹)·희(喜)를 이른 것 같다.

○施舍(시사)—시는 늦춤, 사는 중지함.

○擧職(거직)—폐지한 관직을 부활시킴.

初,에 共王無冢適,하고 有寵子五人,하여 無適立焉.이라 乃大有事于群望,하여 而祈曰, 請神擇於五人者,하여 使主社稷.하라 乃徧以璧見於群望曰, 當璧而拜者,는 神所立也.라 誰敢違之.리오 旣乃與巴姬密埋璧於大室之庭,하고 使五人齊而長入拜.라 康王跨之,하고 靈王肘加焉,하며 子干·子晳皆遠之,하고 平王弱,에 抱而入,하여 再拜皆厭紐.라 鬪韋龜屬成然焉,하고 且曰, 棄禮,하고 違命,하니 楚其危哉.인저

전에, 초나라 공왕(共王)은 적자(嫡子)는 없었고, 총애하는 첩이 낳은 아들 다섯이 있어, 후계자를 정하지 못했었다. 그래서 여러 명산대

천에 큰 제사를 드려 기도하여 말하기를, "신(神)은 부디 다섯 아들 중에서 좋은 사람을 선택하셔서, 국가 사직을 맡게 해주십시오."라고 했다. 그리고 명산대천의 신에게 옥(玉)을 두루 올리어 보이고 빌어 말하기를, "이 벽옥(璧玉) 위에서 신에게 절을 하게 되는 아들은 신이 후계자로 삼으시는 걸로 알겠습니다. 그런 아들이 있으면 누가 신의 뜻을 어기겠습니까?"라고 했었다. 그리고 공왕은 정부인인 파희(巴姬)와 같이 아무도 모르게 벽옥을 종묘 뜰에 묻고, 다섯 아들들로 하여금 목욕재계(沐浴齋戒)시키어, 큰아들부터 순서대로 종묘의 뜰 안으로 들어가 선조의 신에게 절하게 했다. 그러자 강왕(康王)은 그 벽옥이 묻혀 있는 곳을 지나가서 절을 하고, 영왕은 절을 하는 중 팔이 벽옥이 묻혀 있는 곳을 스치며, 자간과 자석은 벽옥이 묻혀 있는 곳과는 아주 떨어진 곳에서 절했고, 평왕은 어려서 사람이 안고 들어가 재배(再拜)를 하는데 두 번 다 머리가 묻혀 있는 벽옥의 끈 부분에 닿았다. 이에 투위귀는 그의 아들 만성연(蔓成然)을 후일 평왕이 된 공자 기질(棄疾)을 모시게 하고, 그리고 (바로 기질을 후계자로 삼지 않고 공왕이 죽은 뒤에 康王이 대를 잇게 되자) 말하기를, "명산대천과 종묘의 신에게 제례(祭禮)를 드려 약속한 것을 버리고 신의 명을 어기었으니, 초나라는 위태롭게 될 것이다."라고 했다.

▌**주해** ｜ ○冢適(총적)−적자.
　　○群望(군망)−여러 명산대천에 제례(祭禮)를 올림.
　　○五人(오인)−다섯 아들. 그 계보를 밝히면 다음과 같다.

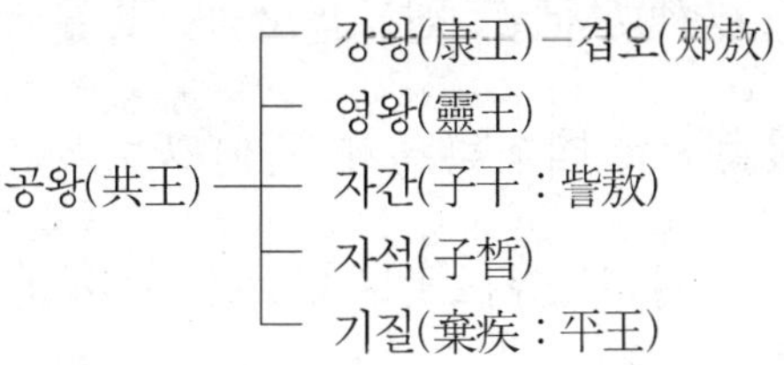

　　○巴姬(파희)−파(巴)나라의 공녀.

子干歸,에 韓宣子問於叔向曰, 子干其濟乎.아 對曰, 難.이리라

宣子曰, 同惡相求.하여 如市賈焉,이어늘 何難.가 對曰, 無與同

好,에 誰與同惡.가 取國有五難.이라 有寵而無人,은 一也,요 有

人而無主,는 二也,며 有主而無謀,는 三也,요 有謀而無民,은 四

也,며 有民而無德,은 五也.라 子干在晉十三年矣,나 晉·楚之

從,에 不聞達者,니 可謂無人.이라 族盡親叛,이니 可謂無主.라

無釁而動,하니 可謂無謀.라 爲羈終世,이니 可謂無民.이라 亡無

愛徵,하니 可謂無德.이라 王虐而不忌,나 楚君子干,에는 涉五難,

하여 以弑舊君.이라 誰能濟之.리오 有楚國者,는 其棄疾乎.인저

君陳·蔡,에 城外屬焉,하고 苛慝不作,하며 盜賊伏隱,하고 私欲

不違,하며 民無怨心,하고 先神命之,하여 國民信之.라 羋姓有亂,

엔 必季實立,이 楚之常也.라 獲神,은 一也,요 有民,은 二也,며

令德,은 三也,요 寵貴,는 四也,며 居常,은 五也.라 有五利,하여

以去五難,에 誰能害之.리오 子干之官,은 則右尹也,요 數其貴

寵,이면 則庶子也,며 以神所命,엔 則又遠之.라 其貴亡矣,하고

其寵棄矣,하며 民無懷焉,하고 國無與焉,에 將何以立.가 宣子曰,

齊桓·晉文不亦是乎.아 對曰, 齊桓衛姬之子也,로 有寵於僖,하

고 有鮑叔牙·賓須無·隰朋,하여 以爲輔佐,하고 有莒·衛,하여

以爲外主,하며 有國·高,하며 以爲內主.라 從善如流,하고 下善

齊肅,하며 不藏賄,하고 不從欲,하며 施舍不倦,하고 求善不厭.이라

是以로 有國,이었거늘 不亦宜乎.아 我先君文公,은 狐季姬之子

也,로 有寵於獻,하고 好學而不貳.라 生十七年,에 有士五人,하니

有先大夫子餘·子犯,하여 以爲腹心,하고 有魏犫·賈佗,하여 以

爲股肱,하며 有齊·宋·秦·楚,하여 以爲外主,하고 有欒·郤·

狐·先,하여 以爲內主.라 亡十九年,에 守志彌篤,하고 惠·懷棄

民,에 民從而與之,하고 獻無異親,에 民無異望.이라 天方相晉,에

將何以代文.가 此二君者,는 異於子干.이라 共有寵子,하고 國有

奧主,하며 無施於民,하고 無援於外,하며 去晉而不送,하고 歸楚而

不逆.이라 何以冀國.이리오

  초나라 자간(子干)이 진(晉)나라에서 초나라로 돌아갔을 때, 진나라의 한선자(韓宣子)가 숙향(叔向)에게 물었다.

  한선자—자간은 일을 잘 해낼 것 같소?

  숙향—어려울 것입니다.

  한선자—초나라 사람들은 다같이 지금의 군주 영왕(靈王)을 미워하여 서로 편을 모아, 마치 장사꾼들이 좋은 거래 상대를 구하는 것같이 하고 있는데, 어찌 어렵겠소?

  숙향—초나라 사람이 다같이 좋아하여 떠받들 사람이 없는 마당에, 누구라 같은 마음으로 영왕을 미워하겠습니까? 나라를 차지하는데는 다섯 가지 어려운 일이 있습니다. 위세(威勢)가 있으면서 어진 아랫

사람이 없는 것은 그 첫째이고, 어진 사람을 가지고 있으면서도 의지할 사람이 없는 것은 그 둘째이며, 의지할 사람은 있으면서도 좋은 계략가(計略家)가 없는 것이 그 셋째이고, 좋은 계략은 있어도 따르는 백성들이 없는 것은 그 넷째며, 따르는 백성은 있어도 본인에게 덕이 없는 것은 그 다섯째입니다. 자간은 13년 동안이나 우리 진나라에 있었으나, 진나라 사람이나 초나라 사람으로 그를 모신 중에 누가 잘난 사람이라는 것을 듣지 못했으니, 그에게는 어진 사람이 없다고 이를 수 있습니다. 본국에서 같은 씨족이 다 없어졌고 친척끼리 배반하고 있으니 의지할 곳이 없다고 말할 수 있습니다. 그가 군주가 될 만한 아무런 기미도 없는데도 몸을 움직여 갔으니, 그는 좋은 계략이 없는 사람이라 말할 수 있는 것입니다. 그리고 그는 외국의 나그네로서 일생을 마치려고 했으니, 따르는 백성이 없는 사람이라고 말할 수 있습니다. 그리고 또, 그가 망명하여 나온 뒤로 본국에서 그를 애석하게 여기는 일이 없었으니 그는 덕이 없는 사람이라고 말할 수 있는 것입니다. 지금 초나라 영왕(靈王)은 포학하여 꺼리는 바가 없지만, 초나라 사람들이 자간을 군주로 삼으려면 위에 든 다섯 가지 어려움을 초월하여, 이제까지의 군주를 살해해야 합니다. 그 일을 어느 누가 잘할 수 있겠습니까? 앞으로 초나라를 차지할 사람은 공자 기질(棄疾)일 것입니다. 그는 초나라가 점령한 진(陳)나라, 채나라 땅을 다스리는 주인이 되어 도성(都城) 밖의 사람까지도 그를 추앙하고, 정치를 함에 가혹한 짓이나 악한 짓을 하지 않으며, 그가 다스리는 영역 안에는 도적들이 모습을 감추어 나타나지 않고, 사욕(私欲)을 부리어 어긋나는 일을 하지 않았으며, 백성들이 원망하는 마음을 갖고 있지 않고, 전에 신(神)이 그에게 초나라의 군주가 되라고 계시(啓示)하며 국민들이 다 그리 될 것이라고 믿었던 것입니다. 군주의 성(姓)이 미(羋)인 초나라에 군주 자리를 놓고 소란이 일어났을 때에는 반드시 막내아들이 군주 자리에 오른다는 것이 초나라의 상례(常例)였습니다.

그가 신의 계시를 받았던 것은 그가 군주가 될 수 있는 첫째 이유이고, 따르는 백성들이 있다는 것은 그 둘째 이유이며, 그가 좋은 덕을 지니고 있는 것이 그 셋째 이유이고, 위세를 지니고 귀한 위치에 있음은 그 넷째 이유이며, 군주 자리에 시비가 있으면 막내아들이 되는 것이 상례였던 터에 그가 막내아들인 것은 그 다섯째 이유입니다. 이러한 다섯 가지 이점을 지니고서 다섯 가지 어려움을 지니고 있는 자간을 제거함에, 그 누가 해칠 수 있겠습니까? 자간의 관직은 우윤(右尹)이었고, 신분의 귀천을 따진다면 그는 서자(庶子)이며, 신(神)의 뜻에 맞는가 안 맞는가를 시험했던 일에서는 신의 뜻과 먼 사람이었습니다. 그의 신분이 귀하지 않고, 위세가 없으며, 백성들이 생각해 주지 않고, 나라에 편들 사람이 없는데, 장차 어떻게 군주 자리에 앉겠습니까?

　한선자―제나라 환공(桓公)이나, 우리 진나라의 문공(文公)께서도 그와 같은 처지가 아니었소?

　숙향―제나라 환공은 위희(衛姬)의 아들로, 제나라 희공(僖公)의 총애를 받았고, 포숙아(鮑叔牙)・빈수무(賓須無)・습붕(隰朋) 등이 있어 그를 잘 보살폈고, 거(莒)나라와 위(衛)나라 배후에 있어 외부의 의뢰자가 되었으며, 국씨(國氏)와 고씨(高氏)가 있어서 국내의 의뢰자가 되었습니다. 그리고 선한 사람에게 따름은 마치 물이 높은 곳에서 낮은 곳으로 흐르듯이 하고, 선한 사람에게 겸손함에는 아주 엄숙하게 하였으며, 뇌물을 받아 쌓아두지 않고 사욕을 부리지 않았으며, 불우한 사람들에게 재물을 나누어 주기를 게을리하지 않았고, 선을 구함을 싫어함이 없었습니다. 그래서 그는 나라를 차지했는데, 그가 나라를 차지한 것은 당연하지 않겠습니까? 그리고 우리나라의 선대 군주 문공은 호계희(狐季姬)의 아드님으로 헌공(獻公)의 사랑을 받으셨고, 학문을 좋아하셔서서 다른 생각을 갖지 않으셨습니다. 문공께서는 나이 17세에 다섯 훌륭한 인재를 거느리시었으니, 즉 전의 대부 자여

(子餘 : 趙衰)·자범(子犯 : 狐偃)이 있어 심복이 되었고, 위주(魏犨)와 가타(賈佗)가 있어 수족(手足) 역할을 했으며, 제나라·송나라·진(秦)나라·초나라가 배후에 있어서 밖의 후원자가 되었고, 난(欒)·극(郤)·호(狐)·선(先)의 사씨(四氏)가 있어 국내에서의 후원자가 되었습니다. 문공께서는 망명생활 19년에 지니신 뜻은 날이 갈수록 더 굳으셨고, 본국에서 혜공(惠公)과 회공(懷公)이 백성들에게 관심을 두지 않으시어 국민은 문공에 마음을 두어 편이 되었고, 헌공(獻公)의 자손이 다 없어져 문공 이외에 다른 분이 없게 되었습니다. 그런 마당에 하늘이 진나라를 도와주려고 했는데 문공을 제쳐놓고 누구를 군주로 삼을 수 있겠습니까? 그 두 군주야 초나라 자간의 경우와는 달랐던 것입니다. 초나라 공왕(共王)이 사랑했던 공자들이 또 있고, 초나라에는 궁전 속에 엄연히 국왕이 아직 버티고 있으며, 그는 초나라 국민에게 혜택을 베푼 일이 없고, 밖으로부터의 후원이 없으며, 우리 진나라를 떠나더라도 누구 하나 전송하는 사람이 없었고, 초나라에 돌아가더라도 누구 하나 반가이 맞이하는 사람이 없었습니다. 그런데 어떻게 나라를 차지할 것을 바라겠습니까?

▌주해▐ ○市賈(시고)─시장의 장사꾼.

○達者(달자)─훌륭한 인재.

○君陳蔡(군진채)─진나라, 채나라의 고토(故土)를 다스리어 군림함.

○有五人(유오인)─희공 23년조에 진나라 공자 중이(重耳)를 따른 중요 인물로서, 호언(狐偃)·조최(趙衰)·전힐(顚頡)·위주(魏犨)·사공계자(司空季子)를 들었다. 이들을 두고 말한 것이라 본다.

○欒(난)·郤(극)·狐(호)·先(선)─난지(欒枝)·극곡(郤穀)·호돌(狐突)·선진(先軫) 등을 말한다.

晉成虣祁,에 諸侯朝而歸者,가 皆有貳心.이라 爲取鄅故,로 晉

將以諸侯來討.라 叔向曰, 諸侯不可以不示威.라 乃竝徵會,하여

告于吳.라 秋,에 晉侯會吳子于良,나 水道不可,라하여 吳子辭,하

니 乃還.이라

七月丙寅,에 治兵于邾南,하니 甲車四千乘.이라 羊舌鮒攝司

馬,하고 遂合諸侯于平丘.라 子産·子大叔相鄭伯以會.라 子産

以幄幕九張行,하고 子大叔以四十,이나 旣而悔之,하여 每舍損焉,

하여 及會亦如之.라 次于衛地,에 叔鮒求貨於衛,하여 淫芻蕘者.

라 衛人使屠伯饋叔向羹與一篋錦曰, 諸侯事晉,하여 未敢攜貳.

라 況衛在君之宇下,어늘 而敢有異志.리오 芻蕘者異於他日,하여

敢請之.라 叔向受羹,하고 反錦曰, 晉有羊舌鮒者,하여 瀆貨無厭.

이라 亦將及矣.라 爲此役也,하여 子若以君命賜之,면 其已.리라

客從之,하니 未退而禁之.라

진(晉)나라의 사기(虒祁) 궁전이 낙성(落成)되자, 제후로서 축하하
러 진나라 군주를 찾아보러 갔다가 돌아간 사람들은 다 진나라에 대
해서 다른 마음을 품게 되었다. 우리 노나라가 전에 거(莒)나라 땅인
경(郠)을 뺏어 차지한 일로, 진나라는 제후군을 이끌고 우리 노나라를
치러 오기로 했다. 그때 진나라의 숙향(叔向)은 말하기를, "제후들에
대해서는 위력(威力)을 보이지 않을 수가 없다."라고 했다. 이에, 곧
사방의 제후들에게 회합에 모이라 하여 오나라에게도 알렸다. 가을에
진나라 군주는 오나라 군주와 양(良)에서 만나기로 약속했으나, 수로

(水路)가 좋지 못하다 하여 오나라 군주가 회합의 일을 사절하였기에 진나라 군주는 약속한 장소에 갔다가 되돌아갔다.

7월 병인날에, 제후들의 군사가 주(邾)나라 도읍의 남쪽 땅에 모이니 전차가 4천대나 되었다. 그때 진나라의 양설부(羊舌鮒)가 임시로 제후들의 군사를 장악하는 사마(司馬)가 되었고, 곧이어 평구(平丘)에서 제후들이 회합을 가졌다. 그때 정나라의 자산(子産)과 자대숙(子大叔)이 정나라 군주를 도와 수행하여 그 회합에 참석했다. 그 행차에 자산은 야영용(野營用) 천막 9벌만을 가지고 갔고, 자대숙은 40벌을 가지고 갔으나, 나라를 떠나와서는 후회하고, 야영할 때마다 천막을 덜어 없애어 회합 장소에 닿았을 때에는 자산이 가지고 간 수량과 같았다. 제후들의 군사가 위나라 땅에 머물게 되었는데, 진나라의 숙부(叔鮒 : 양설부)는 위나라한테 재화를 얻어내려 하여, 소와 말에게 먹일 풀과 땔나무를 함부로 뜯게 했다. 그러자 위나라 사람은 도백(屠伯)에게 국 요리와 한 상자의 비단을 숙향에게 보내 말하기를, "여러 제후들이 지금 진나라를 섬기는데 감히 다른 마음을 지니지 못하고 있습니다. 그런데 하물며 우리 위나라야 진나라 군주의 궁전 처마 밑에 있는 것과 같이 가까이에서 보호받고 있는데, 감히 다른 뜻을 가지고 있겠습니까? 현재 군사 일행이 풀과 땔나무 뜯음은 과거와 달리 함부로 하고 있어, 감히 이 일을 금해 주실 것을 요청합니다."라고 했다. 그러자 숙향은 국 요리는 자신이 받고 비단은 돌려주면서 말하기를, "진나라에는 양설부라는 이가 있어서 재화에 대한 욕심에 빠져 욕심내기에 한이 없소이다. 그래서 그이는 곧 화를 당하게 될 것이오. 이번 일을 위하여 당신께서 만약 위나라 군주가 가져다 주라고 명하셨다고 그에게 준다면, 그는 풀·나무를 함부로 뜯는 일을 그만두게 할 것이오."라고 했다. 도백이 그대로 했더니, 양설부는 도백이 진나라의 군진에서 물러나기도 전에, 풀과 나무를 함부로 뜯는 일을 금지하였다.

주해 | ㅇ取鄆(취운)-노나라가 거나라의 운 땅을 빼앗은 것은 소공 10년 의 일이었다.

ㅇ良(양)-송나라 지명으로, 지금의 강소성 비현(邳縣) 땅.

ㅇ羊舌鮒(양설부)-숙향(叔向 : 羊舌肹)의 동생.

ㅇ平丘(평구)-위나라 지명으로, 지금의 산동성 서부의 장원(長垣) 부근.

ㅇ九張(구장)·四十(사십)-자산은 9벌만 가지고 갔고, 자대숙은 40벌을 가지고 갔었다는 일로, 자산의 기량(器量)이 다른 사람들보다 뛰어났다 는 것을 말한 것이다.

ㅇ在君之宇下(재군지우하)-진나라 군주의 궁전 처마 밑에 있는 것과 같 이, 가까이 보호받고 있다는 뜻.

晉人將尋盟,에 齊人不可.라 晉侯使叔向告劉獻公曰, 抑齊人

不盟,하니 若之何.오 對曰, 盟以厎信.이라 君苟有信,이면 諸侯不

貳.라 何患焉.가 告之以文辭,하고 董之以武師,하면 雖齊不許,라

도 君庸多矣.리라 天子之老,는 請帥王賦,하여 元戎十乘,하여 以

先啓行.하리라 遲速唯君.이라 叔向告于齊曰, 諸侯求盟,하여 已

在此矣.라 今君弗利,나 寡君以爲請.이라 對曰, 諸侯討貳,면 則

有尋盟,이로되 若皆用命,엔 何盟之尋.가 叔向曰, 國家之敗,에

有事而無業,이면 事則不經.이라 有業而無禮,이면 經則不序.라

有禮而無威,면 序則不共.이라 有威而不昭,면 共則不明.이라 不

明,이면 棄共,하여 百事不終,이니 所由傾覆也.라 是故로 明王之

制,는 使諸侯歲聘以志業,하고 閒朝以講禮,하며 再朝而會以示

威,하고 再會而盟,하여 以顯昭明.이라 志業於好,하고 講禮於等,하며 示威於衆,하고 昭明於神,은 自古以來未之或失也.라 存亡之道,는 恒由是興.이라 晉禮主盟,이나 懼有不治.라 奉承齊犧,하여 而布諸君,하여 求終事也.라 君曰, 余必廢之.라 何齊之有.라 唯君圖之.라 寡君聞命矣.리라 齊人懼,하여 對曰, 小國言之,나 大國制之,엔 敢不聽從.가 旣聞命矣.라 敬共以往,에 遲速唯君.이라 叔向曰, 諸侯有間矣,니 不可以不示衆.이라 八月辛未,에 治兵,하여 建而不旆,하였다가 壬申,에 復旆之,하니 諸侯畏之.라

진(晉)나라 사람이 제후들과의 맹약을 굳게 다지려 하니, 제나라 사람이 말을 듣지 않았다. 그래서 진나라 군주는 숙향(叔向)을 시켜 유(劉)나라 헌공(獻公)에게, "대체, 제나라 사람이 맹약에 참가하지 않겠다 하니 이를 어찌 하면 좋을까요?"라고 말하게 했다. 그러자 유나라 헌공은 숙향을 통하여 진나라 군주에게 대답했다. "맹약은 피차간의 신의를 보이는 일입니다. 군주께서 진실로 신의를 지니시고 계신다면, 제후들이 두 마음을 지니지는 않을 것입니다. 그런데 어찌 걱정을 하십니까? 제나라측에다 좋은 말로 고하시고, 군부의 위력으로 바른 일을 하도록 한다면, 비록 제나라가 맹약에 참가할 것을 응하지 않는다 하더라도 진나라 군주의 무위(武威)는 많이 떨쳐지게 될 것입니다. (군주께서 제나라를 굴복시키기 위하여 출군시키신다면) 천자(天子)를 모시고 있는 이 늙은 것은, 천자의 군대를 이끌겠다고 청을 드려, 10대의 전차로 앞잡이가 되겠습니다. 그 출군(出軍)을 늦게 할 것인가 빨리 할 것인가는 오직 군주의 마음대로 하십시오." 이에 숙

향이 제나라에 말하기를, "제후들이 맹약을 맺으려 하시어, 이미 이곳에 모여 계십니다. 이제 귀국의 군주께서는 맹약 맺는 일을 아무런 이익이 되지 않는다 말씀하시고 계시나, 우리 군주께서는 참석하시기를 요청하시고 계십니다."라고 했다. 그러자 제나라 사람은 말하기를, "제후들의 연합군이 배반하고 있는 나라를 치게 된다면, 전의 맹약을 굳게 다지는 일이 있을 것이로되, 모든 제후국이 다 패자(覇者)의 명령에 복종하여 따르고 있을 것 같으면 무엇 때문에 맹약의 다짐을 한단 말입니까?"라고 하였다. 숙향은 말했다. "나라의 패망은 제후들에게 조현(朝見)과 회합의 일은 있으되 공납물(貢納物)이 없으면 그 예방의 일은 도리에 어긋나는 일입니다. 그리고 공납물이 있으면서도 예방하는 예의를 지킴이 없으면 그 또한 도리에 어긋나는 일이 되는 것입니다. 그리고 또, 예방하는 예의 지킴은 있으면서도 그 일에 위엄이 없으면, 맹주를 섬기는 질서가 공경스러운 일이 못되는 것입니다. 또 위엄은 있으면서 그 위엄이 명확히 나타나지 않으면 공경스러움이 명확해지지 못합니다. 위엄성이 불명확하면 맹주에 대한 제후들의 공경심이 없어져서 모든 일은 유종의 미가 거둬지지 못하는 것이니, 그것은 곧 나라가 기울어지는 원인이 되는 것입니다. 그러므로 어진 임금의 제도는, 제후에게 매년 예방하고 공물(貢物)을 바치게 하고, 3년만에는 제후가 직접 임금을 찾아가 조정의 예를 행하게 하며, 6년만에는 제후들을 회합시켜 임금의 위세를 보이게 하고, 12년만에는 새로운 맹약을 맺어 제후들의 성심을 표명케 하는 것입니다. 공물을 바치는 일은 예방을 하는 기회에 명심하게 되고, 조정의 예는 제후들이 임금을 찾아 상하의 구분을 명백히 하는 데서 익히며, 임금의 권위는 회합에서 나타내어 보이고, 제후들의 성심은 맹약 맺는 마당에 신(神) 앞에서 명백히 한다는 것은 자고로 폐해짐이 없었던 것입니다. 왕국이 존망(存亡)하는 길은 언제나 이것이 확실히 지켜지는가 여하에 따라 열려지는 것입니다. 우리 진나라는, 예로써 동맹을 주재(主宰)하고 있으나 잘 다스려지지 못할까 두려워하고 있습니다. 이제 우리는 깨끗한 희생의 제물을 갖추어서 귀국의 군주에게 알리어 일을 마치고자 하는 것입니다. 귀국의 군주께서는, '나는 반드시 이 일을 그만두게 하리라. 우리 제나라가 어찌 참가할 것인가?'라고 말씀하고 계십니다. 오직 군주께서 알아서 하시도록 하십시오. 우리 군주는 그 결정을 기다리실 것입니다." 이 말에, 제나라 사람이 놀라 대답하였다. "작은 나라가 무어라 말한다 할지라도 큰 나라가 결정을 하였음에는 감히 그대로 따르지 않을 수가 있겠습니까? 우리는 이미 귀국 군주의 명을 따르기로 하였습니다. 우리는 공경스러운 태도로 맹약 맺는 일에 참석하러 갈 것이니, 그 일을 늦게 하건 빠르게 하건 그것은 귀국 군주의 뜻에 있을 따름입니다." 숙향은 진나라 사람들에게, "제후들과 우리나라 사이에 틈이 있으니 우리 군사의 위세를 보여주지 않으면 안 된다."라고 말하였다. 그래서 8월 신미날에, 진군(晉軍)을 조련(調練)하여, 그날에는 군기(軍旗)를 세우기는 했지만 실전(實戰) 때에 다는 깃발은 달지 않았다가, 다음의 임신날에는 실전 때에 다는 깃발을 다니, 제후들은 각자의 나라를 토벌이나 하지 않을까 두려워하였다.

주해 ｜ ○劉獻公(유헌공)－유나라 헌공은, 주나라 천자의 경사(卿士)로, 당시 회합에 참가하고 있었다.

○不經(불경)－도리에 맞지 않음.

○間朝(간조)－해마다 예방하는 중간의 해, 즉 3년만의 해에는 군주 자신이 직접 찾아가 봄.

○再朝而會(재조이회)－3년만에 한번 찾아감을 두번 할 해, 즉 6년만에는 제후들이 회합함.

○再會而盟(재회이맹)－6년만에 한번 회합을 두번 할 해, 즉 12년만에는 새로 맹약을 맺음.

邾人·莒人愬于晉曰, 魯朝夕伐我,하여 幾亡矣.라 我之不共,

은 魯故之以.라 晉侯不見公,하고 使叔向來辭曰, 諸侯將以甲戌
盟,이나 寡君知不得事君矣,이니 請君無勤.이라 子服惠伯對曰,
君信蠻夷之訴,하여 以絶兄弟之國,하고 棄周公之後.라 亦唯君,
이니 寡君聞命矣.라 叔向曰, 寡君有甲車四千乘在,에 雖以無道
行之,라도 必可畏也,어늘 況其率道,에 其何敵之有.아 牛雖瘠,이
나 僨於豚上,이면 其畏不死.아 南蒯·子仲之憂,은 其庸可棄乎.
아 若奉晉之衆,하고 用諸侯之師,하여 因邾·莒·杞·鄶之怒,하
여 以討魯罪,하고 閒其二憂,이면 何求而弗克.가 魯人懼,하여 聽
命.이라

주나라 사람과 거나라 사람이 진나라에게 호소하기를, "노나라가
조석으로 우리나라를 쳐, 우리는 거의 망해가는 지경입니다. 우리가
진나라에게 공물(貢物)을 바치지 못하는 것은 노나라 때문입니다."라
고 했다. 그래서 진나라 군주는 우리나라 군주 소공을 만나지 않고
숙향을 우리나라 사람에게 보내어 사절의 말을 했다. 즉 숙향은 말하
기를, "제후들이 갑술날에 맹약을 맺을 것이나 우리 군주께서는 귀국
의 군주를 어찌 대해야 할지를 모르고 계시니, 귀국의 군주는 그날에
나오시지 말도록 하시오."라고 하였다. 그래서 우리나라의 자복혜백
(子服惠伯)이 대답하기를, "귀국의 군주께서는 오랑캐들의 호소를 믿
으시어 형제간의 나라 의를 끊으시고 주공(周公)의 후손을 버리시는
군요. 아무렇게나 오직 귀국 군주 마음대로 처사하실 일이니, 저희 군
주께서는 명을 따르겠습니다."라고 했다. 그러자 숙향이 말했다. "우
리 군주는 지금 전차 4천대를 보유하고 계시는데, 비록 무도(無道)하

게 그 병력을 쓰신다 하더라도, 누구나 반드시 무서워할 것인데도, 하물며 도리에 맞게 씀에는, 누가 대적할 수가 있겠소이까? 소[牛]가 비록 말랐다 할지라도 돼지 위에 쓰러진다면 그 돼지는 겁을 내어 죽지 않겠소? 더구나 귀국에는 남괴(南蒯)·자중(子仲:慭)에 대한 걱정거리도 있는데, 그 일들은 어찌 가만두어야 할 것이겠소? 만일 우리 진나라의 큰 군사를 이끌고, 게다가 제후들의 군사를 가세하여 주(邾)나라·거나라·기(杞)나라·증(鄫) 등이 귀국에 대하여 노하고 있는 것을 이유로 삼아 노나라의 허물을 문책하고, 남괴·자중에 대한 걱정거리를 구실로 삼는다면 무슨 짓을 하려 한들 잘되지 않을 것이오?" 이 말에 노나라 사람은 두려워 시키는 대로 했다.

주해 ○無勤(무근)—맹약 맺는 데에 나오지 말라.
○南蒯(남괴)·子仲(자중)—소공 12년조 참고.

甲戌,에 同盟于平丘,하니 齊服也.라 令諸侯,하되 日中造于除.
하라 癸酉,에 退朝,하여 子産命外僕,하되 速張於除.하라 子大叔
止之,하고 使待明日.이라 及夕,에 子産聞其未張也,하고 使速往,
이나 乃無所張矣.라 及盟,에 子産爭承.이라 曰, 昔者,에 天子班
貢,에 輕重以列.이라 列尊貢重,은 周之制也,요 卑而貢重者甸服
也.라 鄭伯男也.라 而使從公侯之貢,하니 懼弗給也.라 敢以爲
請.이라 諸侯靖兵,하여 好以爲事,어늘 行理之命,이 無月不至.라
貢之無藝,에 小國有闕,이면 所以得罪也.라 諸侯脩盟,은 存小國
也,어늘 貢獻無極,은 亡可待也.라 存亡之制,는 將在今矣.라 自

日中以爭,하여 至于昏.이라 晉人許之.라 旣盟,에 子大叔咎之曰,
諸侯若討,면 其可瀆乎.아 子産曰, 晉政多門,하여 貳偸之不暇,어
늘 何暇討.아 國不競亦陵,에 何國之爲.아
公不與盟.이라 晉人執季孫意如,하여 以幕蒙之,하고 使狄人守
之.라 司鐸射懷錦,하고 奉壺飲冰,하여 以蒲伏焉.이라 守者御之,
에 乃與之錦而入.이라 晉人以平子歸,하니 子服湫從.이라
子産歸,하여 未至,에 聞子皮卒,하고 哭且曰, 吾已.라 無爲爲
善矣.로다 唯夫子知我.라 仲尼謂子産,하되 於是行也,에 足以爲
國基矣.라 詩曰, 樂只君子,여 邦家之基.라 子産君子之求樂者
也.라 且曰, 合諸侯,하여 藝貢事,는 禮也.라

갑술날에 평구에서 제후들이 동맹을 맺었으니, 제나라가 굴복하였
기 때문이다. 그때 진나라 군주가 제후들에게 명하되, "대낮에 맹약
맺는 식장(式場)으로 모이시오."라고 했다. 그 전날에, 진나라 군주가
있는 곳에서 조례(朝禮)를 마치고 돌아간 정나라 자산은 밖의 일을
하는 종자(從者)에게 명하되, "빨리 식장에다 천막을 쳐라."고 했다.
그러나 자대숙(子大叔)은 자기의 천막은 치지 말고 맹약 맺는 날까지
기다렸다가 치라고 했다. 그날 저녁때에 자산은 자대숙이 천막을 치
지 않았다는 것을 듣고 속히 치러 가라고 했지만, 그때에는 이미 천
막 칠 장소가 없었다. 맹약을 맺게 됨에 있어 자산은 공물(貢物)의
할당받은 것을 가지고 다투었다. 그는 말했다. "옛날에 천자께 드리는
공물을 할당함에는 신분의 서열에 따라 적고 많음을 정했습니다. 서

열이 높아서 공물의 양이 많음은 주나라의 제도이고, 신분이 낮은데도 공물의 양이 많은 것은 주나라 중심부를 차지하고 있는 조정 신하에 한했습니다. 우리 정나라는 백작·남작의 부류에 속합니다. 그런데도 공작·후작의 나라에 해당되는 공물을 내게 하고 있으니, 우리나라는 앞으로 아마 제대로 내지를 못할 것입니다. 그래서 감히 다시 정해 주시기를 요청합니다. 제후국들은 지금 전쟁을 그만두고 서로 사이좋게 지냄을 힘쓰고 있는데도, 진나라의 공물을 받아들이는 관원이 공물을 내라고 명령함이 매월 오지 않는 달이 없습니다. 공물의 기준이 없는 마당에, 작은 나라가 제대로 내지 못하면 죄가 됩니다. 제후들이 맹약을 맺는 것은 작은 나라를 잘 존속케 하는 일인데도 공물에 기준이 없다는 것은, 작은 나라가 망하는 것을 기다리고 있는 것이 됩니다. 작은 나라의 존망(存亡)에 관한 제도는 이번의 회합에서 결정지어야 합니다." 그리하여 대낮부터 논쟁(論爭)하여 저녁때까지 계속되었다. 그러자 진나라 사람은 그의 요구대로 들어주었다. 맹약 맺는 일이 끝나자 자대숙은 자산을 나무라기를, "제후들이 우리나라를 친다면, 큰일 아니오?"라고 했다. 그러자 자산은, "진나라의 정치는 여러 사람들에 의해서 이루어져 의견이 일치되지 않아 어찌 할 줄을 모르는데, 어찌 다른 나라를 칠 여유가 있겠소? 지금 국세(國勢)가 부진하고 쇠퇴해지고 있는데 어떻게 나라가 잘될 것이오?"라고 하였다.

우리 노나라 군주 소공은, 그 맹약 맺는 일에 참여하지 못했다. 진나라 사람은 우리나라의 계손의여(季孫意如)를 체포하여 천막 안에 가두고 적(狄) 오랑캐에게 지키게 했다. 노나라의 사탁석(司鐸射)이 비단을 품에 품고 음료가 든 병과 얼음을 들고서 기어들어갔다. 그때 지키고 있던 자가 못들어가게 제지하자, 그는 지키는 자에게 비단을 주고 들어갔다. 진나라 사람이 계평자(季平子 : 계손의여)를 데리고 돌아가니 자복추(子服湫 : 子服惠伯)가 따라갔다.

정나라 자산이 본국으로 돌아가 아직 도읍에 닿지 않았을 때, 자피(子皮)가 세상을 떠났다는 소식을 듣자 울고 말하기를, "나는 이제 그만이로구나. 선(善)한 일을 하여 뵐 사람이 없게 되었구나. 그 어른만이 나를 알아주었다."라고 했다. 공자(孔子)께서 자산에 대하여 말씀하시기를, "이때의 행차에서, 그는 나라의 기초를 단단히 할 수가 있었다. 시에 이르기를, '화락(和樂)한 군자여, 나라의 기틀일세.'라고 했다. 자산이야말로 군자로서 화락을 구한 자였다."라 하시고 또, "제후들이 회합하여, 공물에 대한 일을 기준 세운 것은, 예에 맞는 일이다."라고 말씀하셨다.

주해 ○除(제)−식장(式場).

○不競亦陵(불경역릉)−국세가 부진하고, 쇠퇴해짐.

○蒲伏(포복)−기는 것.

○詩曰(시왈)−《시경》 소아에 있는 남산유대편(南山有臺篇)의 구절.

鮮虞人聞晉師之悉起也,하여 而不警邊,하고 且不脩備.라 晉荀

吳自著雍以上軍侵鮮虞,하여 及中人,하여 驅衝競,하여 大獲而

歸.라 楚之滅蔡也,에 靈王遷許・胡・沈・道・房・申於荊焉,

이었거늘 平王卽位,하여 旣封陳・蔡,하고 而皆復之.라 禮也.라

隱太子之子廬歸于蔡,하니 禮也,요 悼太子之子吳歸于陳,하니

禮也.라

冬十月,에 葬蔡靈公,하니 禮也.라

公如晉.이라 荀吳謂韓宣子曰, 諸侯相朝,는 講舊好也.라 執其

卿,이어늘 而朝其君,은 有不好焉,이니 不如辭之.라 乃使士景伯
辭公于河.라

吳滅州來,에 令尹子旗請伐吳,하니 王弗許曰, 吾未撫民人,하
고 未事鬼神,하며 未脩守備,하고 未定國家.라 而用民力,이면 敗,
에도 不可悔.라 州來在吳,는 猶在楚也.라 子姑待之.하라

季孫猶在晉,에 子服惠伯私於中行穆子曰, 魯事晉,이 何以不
如夷之小國.가 魯兄弟也,요 土地猶大,며 所命能具.라 若爲夷
棄之,하여 使事齊·楚,면 其何瘳於晉.가 親親與大,하고 賞共罰
否,는 所以爲盟主也.라 子其圖之.하라 諺曰, 臣一,에 主二.라
吾豈無大國.이리오 穆子告韓宣子,하고 且曰, 楚滅陳·蔡,에 不
能救,이었거늘 而爲夷執親,은 將焉用之.리오 乃歸季孫.이라 惠
伯曰, 寡君未知其罪,어늘 合諸侯而執其老.라 若猶有罪,면 死命
可也,로되 若曰無罪,하여 而惠免之,라도 諸侯不聞,이면 是逃命
也.라 何免之爲.오 請從君惠於會.라 宣子患之,하여 謂叔向曰,
子能歸季孫乎.아 對曰, 不能,이나 鮒也能.이리라 乃使叔魚.라
叔魚見季孫曰, 昔,에 鮒也得罪於晉君,하여 自歸於魯君,에 微武
子之賜,면 不至於今.이라 雖獲歸骨於晉,이나 猶子則肉之.라 敢
不盡情.가 歸子而不歸,어늘 鮒也聞諸吏,하니 將爲子除館於西

河.라 其若之何.오 且泣.이라 平子懼,하여 先歸,나 惠伯待禮.라

 적(狄) 오랑캐 나라인 선우(鮮虞)는, 진나라 군사가 제후들의 회합하는 곳으로 다 출동하고 있다는 말을 듣고는 국경 지대를 경비하지 않고, 또 방비를 강구하지 않고 있었다. 그러자 진나라의 순오(荀吳)는 저옹(著雍)으로부터 진나라의 상군(上軍)을 이끌고 선우나라를 침공하여 중인(中人)에 이르러, 장갑전차(裝甲戰車)를 내어 서로 다투어 싸워 많은 전리품(戰利品)을 얻고 돌아갔다. 초나라가 채나라를 멸망시켰을 때 초나라 영왕(靈王)은 허(許)·호(胡)·심(沈)·도(道)·방(房)·신(申) 등의 도읍을 다 형(荊) 땅으로 옮겼지만, 평왕(平王)이 즉위하여서는 진(陳)나라와 채나라를 복구시키고, 다섯 나라의 도읍을 전의 곳으로 복귀시켰다. 그것은 예에 맞는 일이었다. 그리고 채나라 은(隱) 태자의 아들 여(廬)를 채나라로 돌려보냈으니 그 또한 예에 맞는 일이었고, 진(陳)나라 도(悼) 태자의 아들 오(吳)를 진나라로 돌려보냈으니 역시 예에 맞는 일이었다.
 겨울 10월에 채나라 영공을 장사 지냈는데, 예에 맞는 일이었다.
 우리 노나라의 소공이 진나라에 갔다. 그때, 진나라의 순오가 한 선자에게 말하기를, "제후들이 서로 찾아보는 것은 전부터의 우호관계를 더 두텁게 함을 도모하는 것입니다. 그 나라의 경(卿)을 잡아왔는데 그 군주가 찾아오게 한다는 것은 좋지 못한 점이 있으니, 노나라 군주가 오시는 것을 사절하는 것이 좋습니다."라고 했다. 그래서 사경백(士景伯)을 시켜 황하 가에서 소공이 진나라로 들어감을 사절했다.
 오나라가 주래(州來)나라를 멸망시켜, 초나라의 영윤 자기(子旗)가 오나라를 칠 것을 청하니 초나라 왕은 허락하지 않고 말하기를, "내 아직 백성을 안정시키지 못했고, 신(神)을 아직 제대로 받들지 못했으며, 아직 국방(國防)의 준비를 완전히 못했고, 국가의 기틀을 확고히

하지 못하고 있소. 그런데 백성들을 동원한다면 패전을 당한다 하더라도 후회할 수가 없소이다. 주래나라 땅이 오나라 수중에 있는 것은 우리 초나라 수중에 있는 것과 마찬가지이니, 영윤은 잠시 기다리시오."라고 했다.

노나라의 계손(季孫 : 季平子)이 아직 진나라로 잡혀가 있었을 때에 자복혜백(子服惠伯)이 진나라의 중행목자(中行穆子 : 순오)에게 사사로이 말하기를, "우리 노나라가 진나라를 섬기는 것이 어찌 오랑캐의 작은 나라들보다 못하단 말입니까? 노나라는 진나라와 형제국이고, 국토가 오랑캐 나라들보다 크며, 진나라가 명하는 대로 다 잘 들어왔습니다. 그런데도 오랑캐 나라들을 위하여 노나라를 버리어 제나라나 초나라를 섬기게 한다면 그것이 어찌 진나라에게 도움되는 일입니까? 친척의 나라를 친하게 하고, 큰 나라와 사이좋게 하고, 공물을 잘 바치는 나라를 포상하고, 좋지 못한 나라를 벌준다는 것은, 맹주국(盟主國)이 행할 일입니다. 그러니 님이 잘 헤아려 주십시오. 속담에 '신하는 한 몸인데, 군주는 둘이다.'라고 있습니다. 우리 노나라가 의지할 큰 나라가, 진나라 외에 또 어찌 없겠습니까?"라고 했다. 그러자 중행목자는 이 말을 한선자에게 고하면서 말하기를, "초나라가 진(陳)나라와 채나라를 멸망시켰을 때에 그 나라들을 구출하지 못했는데, 이제 오랑캐 나라를 위하여 친척 나라 사람을 잡은 일은 앞으로 어디에 소용되겠습니까?"라고 했다. 이에 계손씨를 노나라로 돌려보내기로 했다. 그러자 자복혜백이 말하기를, "우리 노나라 군주는 무슨 죄가 있는지를 알지 못하셨는데, 제후들을 모아놓고서 우리나라 경을 체포했던 것입니다. 만약 죄가 있다고 할 것 같으면 죽으라는 명을 받아 마땅하거니와, 만일 죄가 없다고 말하여 은혜를 베풀어 용서하더라도 제후들이 그 사실을 듣지 않는다면, 결국 슬쩍 맹주의 명을 빠져나간 것이 되는 것입니다. 어찌 용서받았다고 언명할 수 있겠습니까? 그러니 제후들의 회합에서 진나라 군주의 은혜를 받게 해주십시오."라고 했다. 이 요구에 한선자는 걱정이 되어 숙향(叔向)에게 말하기를, "당신은 노나라의 계손씨를 소리없이 돌려보낼 수가 있소?"라고 했다. 그러자 숙향은, "저는 할 수가 없으나, (저의 동생) 부(鮒：羊舌鮒, 叔魚)는 할 수가 있을 것입니다." 이렇게 대답했다. 그래서 곧 숙어(叔魚)를 시켰다. 숙어는 계손씨를 찾아가 말하기를, "지난날, 양설부(羊舌鮒) 저는 우리 진나라 군주께 죄를 지어, 스스로 노나라 군주께로 가 몸을 의지하였을 적에 계무자(季武子：季孫宿, 季平子의 할아버지)님이 아니었더라면 저는 오늘날의 이 처지가 되지는 못했을 것입니다. 제가 비록 몸의 뼈만은 본국인 진나라로 가지고 돌아왔다 할지라도, 님의 가문이 저의 뼈에다 살을 붙여준 것과 같습니다. 그런데 제가 님에게 어찌 정을 다 쏟지 않겠습니까? 님에게 돌아가시라고 했는데도 돌아가시지 않는데, 양설부가 관리한테서 들으니, 님을 위해서 서하(西河)의 객관(客館)을 잘 손질하였다는 것입니다. 어찌 하시렵니까?"라고 했다. 그리고는 우는 것이었다. 그러자 계평자는 두려워져 자복혜백보다 먼저 돌아왔으나, 자복혜백은 진나라가 계평자에 대한 용서를 제후들 앞에서 선언(宣言)하는 예식이 있을 날을 기다리기로 했다.

▌주해▐　○鮮虞(선우)－적(狄)의 나라로, 지금의 하북성 신락(新樂) 근방을 도읍으로 했었다.

○著雍(저옹)－지금의 하남성 수무현(修武縣) 땅.

○中人(중인)－지금의 하북성 당현(唐縣) 땅.

○士景伯(사경백)－사문백(士文伯)의 아들 미모(彌牟)였다.

○州來(주래)－지금의 안휘성 봉대(鳳臺) 부근 땅을 차지했던 작은 나라로, 오나라와 초나라 사이에 끼어 있었다.

○昔(석) 鮒也(부야)－양설부에 관한 기사는 양공 21년조에 나왔다.

○西河(서하)－지금의 산서성 영하현(榮河縣) 부근을 서하라 불렀다.

經 ｜ ○十有四年春,에 意如至自晉.이라

○三月,에 曹伯滕卒.이라

○夏四月.이라

○秋,에 葬曹武公.이라

○八月,에 莒子去疾卒.이라

○冬,에 莒殺其公子意恢.라

14년 봄에, 의여(意如 : 季孫意如)가 진나라로부터 돌아왔다.

3월에, 조나라 군주인 백작 등(滕)이 세상을 떠났다.

여름 4월.

가을에, 조나라 무공을 장사 지냈다.

8월에, 거나라 군주인 자작 거질(去疾)이 세상을 떠났다.

겨울에, 거나라가 그 나라의 공자 의회(意恢)를 죽였다.

傳 ｜ 十四年春,에 意如至自晉,이라함은 尊晉罪己也.라 尊晉罪己,

는 禮也.라

南蒯之將叛也,에 盟費人.이라 司徒老·祁慮癸偏瘣疾,하고

使請於南蒯曰, 臣願受盟而疾興.이라 若以君靈不死,면 請待間

而盟.이라 許之.라 二子因民之欲叛也,하여 請朝衆而盟,하고 遂

劫南蒯曰, 群臣不忘其君,이나 畏子以及今三年聽命矣.라 子若

弗圖,면 費人不忍其君,하니 將不能畏子矣.라 子何所不逞欲.가

請送子.라 請期五日,하여 遂奔齊.라 侍飲酒於景公,에 公曰, 叛
夫.라 對曰, 臣欲張公室也.라 子韓晳曰, 家臣而欲張公室,은 罪
莫大焉.이라 司徒老·祁慮癸來,하여 歸費,하고 齊侯使鮑文子致
之.라

14년 봄에, 의여가 진나라로부터 돌아왔다고 경문에 써 말한 것은,
진나라를 높이고 우리 노나라에 죄가 있었다는 것을 나타낸 서법(書
法)이다. 이 경우, 진나라를 높이고 노나라 자신에게 죄 있음이라고
나타낸 것은 예의에 맞는 것이다.

남괴(南蒯)가 반란을 일으키려 했을 적에, 그는 비읍(費邑) 사람들
과 맹약을 맺었다. 그랬는데 사도로(司徒老)와 기여계(祁慮癸)는 병
이라 거짓 핑계를 대고, 사람을 시켜 남괴에게 청해 말하기를, "저는
맹약 맺기를 원하고 있는데도 병이 났습니다. 만일에 성주(城主)님의
덕택으로 죽지 않는다면, 병이 낫는 대로 맹약을 맺도록 해주시기를
원합니다."라고 했다. 남괴는 허락하였다. 그런데 그들 두 사람은, 비
읍 백성들이 남괴를 배반하려 함을 힘입어, 민중을 모아놓고서 맹약
맺기를 요청하고, 그 자리에서 드디어 남괴를 협박하여 말하기를, "우
리 비읍의 일을 담당한 사람들은 원 성주를 잊지 않고 있으나, 그대
를 두려워하여 지금까지 3년 간 그대가 하라는 대로 했다. 그대가 만
일 잘 생각해서 행동하지 않을 것 같으면, 비읍 백성들은 차마 원 성
주를 배반할 수가 없어, 앞으로는 더 그대를 무서워하지는 않을 것이
다. 그대야 어디를 간들 마음먹은 대로 하지 못하겠나? 우리는 그대
가 떠나감을 전송하기로 함세."라고 했다. 그러나 남괴는 5일 간의 여
유를 요구하여 결국 제나라로 달아났다. 제나라로 달아난 남괴가 제
나라 경공(景公)이 술을 마시는 자리에 모시고 있노라니까 경공이,

"배반자야!"라고 불렀다. 이 말에 대하여 남괴가, "신은 제나라 공실(公室)의 세력을 강하게 하려 한 것이옵니다."라고 대답하니, 제나라의 자한석(子韓晳)이 말하기를, "대부(大夫) 가문의 가신(家臣)인 주제에 한 나라의 공실을 강하게 하려 했다는 것은 그 죄 막대하다."라고 하였다. 비읍의 사도로와 기여계는 노나라 조정으로 와 비읍을 반환하고, 제나라 군주는 포문자(鮑文子)를 시켜 비읍을 정식으로 노나라에 반환했다.

주해 | ○尊晉罪己也(존진죄기야) – 경문에 계손의여(季孫意如)라 쓰지 않고, 계손의 성(姓)을 생략하여, 다만 의여(意如)라 쓴 것을 가지고, 진나라를 높이고 노나라 자신에게 죄가 있었다는 것을 나타낸 서법이라 말했다.

夏,에 楚子使然丹簡上國之兵於宗丘,하고 且撫其民,하여 分貧振窮,하고 長孤幼,하며 養老疾,하고 收介特,하며 救災患,하고 宥孤寡,하며 赦罪戾,하고 詰姦慝,하며 擧淹滯,하고 禮新敍舊,하며 祿勳合親,하고 任良物官.이라 使屈罷簡東國之兵於召陵,하여 亦如之.라 好於邊疆,하고 息民五年,하여 而後用師.라 禮也.라

秋八月,에 莒著丘公卒.이라 郊公不慼,하니 國人弗順,하여 欲立著丘公之弟庚輿.라 蒲餘侯惡公子意恢,하여 而善於庚輿,하고 郊公惡公子鐸,하여 而善於意恢.라 公子鐸因蒲餘侯而與之謀曰, 爾殺意恢.하라 我出君而納庚輿.하리라 許之.라

楚令尹子旗有德於王,하여 不知度.라 與養氏比,하여 而求無

厭.이라 王患之,라가 九月甲午,에 楚子殺鬪成然,하고 滅養氏之族,하여 使鬪辛居郹,하여 以無忘舊勳.이라

　여름에, 초나라 군주는 연단(然丹)에게 종구(宗丘)에서 서부지방의 군대에 대한 간열(簡閱)을 실시케 하고, 그 지방의 백성들을 위무(尉撫)하여, 빈곤한 자들에게는 재물을 나누어 주어 구하고, 어린 고아들을 기르며, 늙은이와 병자들을 돌보고, 의지할 곳이 없는 자들을 수용하며, 재난을 당한 자들을 구호하고, 고독한 자들과 과부들에게는 부세(賦稅)를 가볍게 하며, 죄인들을 사면(赦免)하고, 간악한 짓을 하고서도 감추고 있는 자들을 들추어내어 추궁하며, 재능이 있는데도 등용되지 못했거나 승진되지 못한 인재들을 등용하고 승진시키고, 관원들의 신구(新舊)에 대한 차등을 밝히며, 공훈(功勳)이 있는 자에게는 관록(官祿)을 주고, 친척들을 화합시키고, 좋은 인재를 관직에 붙여 적재적소에 배치했다. 그리고 굴피(屈罷)에게 동부지방의 군대를 소릉(召陵)에 간열시켜, 역시 서부지방에서와 같이 하게 했다. 그리고 또 국경에 인접해 있는 사방의 이웃나라들과 우호관계를 맺고, 5년간 국민을 편히 살게 한 후에야 군사로 이용했다. 그것은 예의에 맞는 처사였다.

　가을 8월에, 거나라의 저구공(菁丘公)이 세상을 떠났다. 후계자인 교공(郊公)이 아버지의 죽음에 대하여 슬퍼하지 않으니, 나라 사람들이 그를 따르지 않고, 저구공의 동생인 경여(庚興)를 군주로 삼으려 했다. 대부인 포여후(蒲餘侯)는 공자 의회(意恢)를 미워하여 경여에게 친하게 대하고, 교공은 공자 탁(鐸)을 미워하고 공자 의회를 친하게 대했다. 이에 공자 탁은 포여후에게 의지하여 그와 꾀하여 말하기를, "그대는 의회를 죽여라. 나는 군주를 축출하고서 경여를 맞이하여 들이리라."라고 했다. 그러자 포여후는 응낙했다.

초나라 영윤인 자기(子旗)는 국왕인 평왕(平王)에게 공이 있어, 욕심부림이 한이 없어 분수를 알지 못하였다. 그리하여 양씨(養氏)와 한패가 되어 여러 가지로 탐내어 한이 없었다. 그러기에 국왕은 걱정하다가 9월 갑오날에는 투성연(鬪成然 : 자기)을 죽이고, 양씨의 무리를 다 없애고, 투성연의 아들인 투신(鬪辛)을 운(鄖)에서 거처케 하여, 그의 아버지의 훈공이 헛되게 하지 않았다.

주해 ○簡(간)−간열. 군비(軍備)의 전반에 걸쳐 적의(適宜), 군의 대표되는 자들을 골라 검열함을 말한다.

○上國(상국)−초나라의 도읍 영(郢 : 후세의 江陵)에서 서부, 즉 양자강(揚子江) 상류지방을 말했다.

○物官(물관)−인재를 적재적소에 배치함을 말했다.

○納庚輿(납경여)−당시 경여는 제나라에 있었다.

○有德(유덕)−공이 있었음. 자기는 평왕이 군주가 되었을 때에 큰 도움이 되었음을 두고 말한 것이다.

○養氏(양씨)−양유기(養由基)의 후손이었다.

○鄖(운)−지금의 호북성 종상(鍾祥) 부근.

해설 이 글에는, 거나라의 새 군주가 아버지의 죽음에 대하여 예의를 지키지 못했다가 몸을 망치고, 초나라의 영윤이 전공(前功)을 앞세워 사리사욕에 빠졌다가 망한 사실이 말해져 있다. 이 글은 윗사람은 모름지기 예의를 지키어 국민을 이끌어야 하고, 국가를 위하는 자는 사욕을 부리지 말아야 한다는 교훈을 남기고 있다.

冬十二月,에 蒲餘侯茲夫殺莒公子意恢,하고 郊公奔齊.라 公子鐸逆庚輿於齊,에 齊隰黨 · 公子鉏送之,하니 有賂田.이라 晉邢侯與雍子爭鄐田,하여 久而無成.이라 士景伯如楚,하여 叔

魚攝理.라 韓宣子命斷舊獄.이라 罪在雍子,나 雍子納其女於叔
魚,하니 叔魚蔽罪邢侯.라 邢侯怒,하여 殺叔魚與雍子於朝.라 宣
子問其罪於叔向,하니 叔向曰, 三人同罪,라 施生戮死可也.라 雍
子自知其罪,하여 而賂以買直,하고 鮒也鬻獄,하며 邢侯專殺,하여
其罪一也.라 己惡而掠美爲昏,하고 貪以敗官爲墨,하며 殺人不忌
爲賊.이라 夏書曰, 昏·墨·賊殺,은 皐陶之刑也.라 請從之.라
乃施邢侯,하고 而尸雍子與叔魚於市.라 仲尼曰, 叔向古之遺直
也.라 治國制刑,하여 不隱於親,하고 三數叔魚之惡,하여 不爲末
減.이라 曰, 義也夫,요 可謂直矣.라 平丘之會,에 數其賄也,하여
以寬衛國,하고 晉不爲暴.하라 歸魯季孫,에 稱其詐也,하여 以寬
魯國,하고 晉不爲虐.이라 邢侯之獄,에 言其貪也,하여 以正刑書,
하여 晉不爲頗.라 三言,하여 而除三惡,하고 加三利,하며 殺親益
榮.이라 猶義也夫.아

겨울 12월에, 포여후 자부(茲夫)는 거나라 공자 의회를 죽이고, 교
공은 제나라로 달아났다. 그리고 공자 탁이 경여를 제나라로부터 맞
이하여, 제나라의 습당(隰黨)과 제나라 공자 서(鉏)가 경여를 보호하
여 따라가니, 거나라는 제나라에게 토지를 떼어준 것이었다.

진나라의 형후(邢侯)와 옹자(雍子)가 축(鄐) 땅을 가지고 다투어,
시일이 오래되었어도 잘 타협이 이루어지지 못했다. 마침, 그런 일을
다스리는 사경백(士景伯)이 초나라에 갔고, 숙어(叔魚 : 羊舌鮒)가 사

경백의 직무를 대리하고 있었다. 한선자가 그 오래된 소송을 심리하여 판정을 내라고 명했다. 허물은 옹자에게 있었으나 옹자가 그의 딸을 숙어에게 바치니, 숙어는 그 죄를 형후에게 씌웠다. 형후는 노하여 숙어와 옹자를 조정에서 죽였다. 한선자가 그 죄에 대하여 숙향에게 물으니, 숙향은 말했다. "세 사람의 죄가 같으니 살아있는 사람은 사형에 처하고, 이미 죽은 사람은 그 시체를 공개하는 것이 좋습니다. 옹자는 자신의 죄를 알고서는 뇌물을 써서 자신이 옳은 것으로 했고, 부(鮒)는 재판을 거래품으로 삼았으며, 형후는 전에 사람을 제멋대로 죽여, 그들의 죄는 한가지입니다. 자신이 나쁜데도 미명(美名)을 억지로 취함은 혼(昏 : 도리에 어두운 자)이라 하고, 재물을 탐내어 관직의 권위를 손상케 하는 자는 묵(墨 : 도리에 깜깜한 자)이라 하며, 사람을 죽이고 꺼리지 않는 자는 적(賊)이라 합니다. 《하서(夏書)》에 이르기를, '혼(昏)·묵(墨)·적(賊)은 죽인다.'라 한 것은, 고요(皐陶)가 정한 형법이었습니다. 이 형법에 따르기를 원합니다." 이에, 형후를 사형에 처하고, 옹자와 숙어의 시체를 시장에다 공개했다. 공자(孔子)께서는 말씀하셨다. "숙향은 옛날 곧은 사람의 유풍(遺風)을 이어받은 사람이다. 나랏일을 다스리고 형벌을 행하여 친족에게 사정(私情)을 쓰지 않았고, 동생 숙어의 나쁜 점을 세번이나 책하여 그의 허물을 묵살하거나 가벼이 보아주지 않았다. 그러니 그로 말하자면 의(義)로운 사람이고, 곧은 사람이라 말할 수 있는 것이다. 평구(平丘)에서 제후들이 회합했을 때, 그는 숙어가 뇌물 받은 일을 책해서 위나라를 관대히 대하여 진나라가 포학스럽다는 이름을 얻지 않게 했고, 노나라의 계손씨(季孫氏)를 본국으로 돌려보냈을 때에는 그가 거짓말 잘함을 이용하여 노나라에 대하여는 관용(寬容)을 보이고, 진나라는 포학스럽지 않다는 것을 보이게 했으며, 형후의 재판에서는 숙어가 재물을 탐냈다는 것을 들어 말하여, 형법을 정당하게 적용하여, 진나라가 불공평한 짓을 하지 않는다는 것을 보였다. 그는 세번 옳은 말

을 하여 세번 악을 제거했고, 세번 이로움이 있게 하였으며, 친족을
죽이어 그의 영예(榮譽)를 더 높였다. 그는 역시 의로운 사람이다!"

주해 ○蒲餘侯玆夫(포여후자부)―포는 그의 성이었고, 자부는 이름이었
으며, 여후는 그에 대한 통칭이었다.
○鄐(축)―지금의 하남성 수무(修武) 부근.
○夏書(하서)―전해지지 않는 일서(逸書)다.
○皐陶(고요)―요(堯)·순(舜)임금 때의 사법장관(司法長官)이었다 한다.

經 ○十有五年春王正月,에 吳子夷末卒.이라
○二月癸酉,에 有事于武宮.이라 籥入,에 叔弓卒,하여 去樂,하고
卒事.라
○夏,에 蔡朝吳出奔鄭.이라
○六月丁巳朔,에 日有食之.라
○秋,에 晉荀吳帥師,하여 伐鮮虞.라
○冬,에 公如晉.이라

15년 봄 천자가 쓰는 역으로 정월에, 오나라 군주인 자작 이말(夷
末)이 세상을 떠났다.
2월 계유날에, 우리 노나라 무공(武公)의 사당에 제사가 있었다. 제
사에 피리 불고 춤추는 악인(樂人)이 들어서자, 제사에 참여했던 숙
궁(叔弓)이 죽어 음악을 중지하고 제사를 마쳤다.
여름에, 채나라의 조오(朝吳)가 정나라로 달아났다.
6월 정사날인 초하루에, 일식이 있었다.

가을에, 진나라 순오(荀吳)가 군사를 이끌고 선우(鮮虞)나라를 쳤다.
겨울에, 노나라 소공이 진나라에 갔다.

傳| 十五年春,에 將禘于武公,하여 戒百官.이라 梓愼曰, 禘之日,에 其有咎乎.인저 吾見赤黑之祲.이라 非祭祥也,요 喪氛也.라 其在涖事乎.인저 二月癸酉,에 禘,하여 叔弓涖事,어늘 籥入而卒,하니 去樂,하고 卒事.라 禮也.라

楚費無極害朝吳之在蔡也,하여 欲去之.라 乃謂之曰, 王唯信子.라 故로 處子於蔡.라 子亦長矣,나 而在下位辱.이라 必求之.하라 吾助子請.하리라 又謂其上之人曰, 王唯信吳.라 故로 處諸蔡.라 二三子莫之如也,나 而在其上,하니 不亦難乎.아 弗圖,면 必及於難.이리라 夏,에 蔡人逐朝吳,하니 朝吳出奔鄭.이라 王怒曰, 余唯信吳.라 故로 實諸蔡.라 且微吳,면 吾不及此.라 女何故去之.아 無極對曰, 臣豈不欲吳.이었으리오 然而,나 前知其爲人之異也.였나이다 吳在蔡,면 蔡必速飛.이외다 去吳,는 所以翦其翼也.이오니다

15년 봄에, 우리 노나라 무공에게 체제(禘祭)를 지내려고, 조정백
관들을 목욕재계 시켰다. 그때 재신(梓愼)이 말하기를, "체제 지내는
날에 무슨 이상한 일이 있을 것이다. 내게 붉고 검은 요기(妖氣)가
무공의 사당에 보였다. 그것은 제사의 길조(吉兆)가 아니고, 상을 당

할 기미인 것이다. 그 상은 제사에 참여하는 분에게 있을 것이다.”라고 했다. 2월 계유날에 체제를 지내어 숙궁이 참여했는데, 피리 부는 무악(舞樂)의 악인(樂人)이 들어서자 죽으니, 음악을 중지하고서 제사를 끝마쳤다. 그 일은 예의에 맞는 일이었다.

초나라의 비무극(費無極)은, 조오(朝吳)가 채나라에 있는 것이 방해가 된다 여기어, 그를 제거하려 했다. 그리하여 그는 조오에게 말하기를, “우리 초나라 왕께서는 다만 님만을 믿고 계십니다. 그러므로 님을 채나라에 있게 하신 것입니다. 님도 이제는 나이가 많으시니, 아래 자리에 있는 것은 부끄러운 일입니다. 그러니 반드시 더 높은 자리를 왕에게 요구하십시오. 저도 님을 위하여 요청을 드리겠습니다.”라고 했다. 그리고 그는 또 조오의 위에 있는 사람들에게 말하기를, “초나라 왕께서는 오직 조오만을 믿고 계십니다. 그래서 채나라에 있게 하신 것입니다. 여러분은 그이보다 못하나 그의 윗자리에 있으니, 곤란하지 않습니까? 여러분이 그에 대하여 도모하지 않았다가는 반드시 환난에 빠질 것입니다.”라고 했다. 여름에, 채나라 사람들이 조오를 축출하니, 조오는 정나라로 달아났다. 초나라 왕이 노하여 말하기를, “나는 오직 조오만을 믿어 왔다. 그래서 나는 그를 채나라에 있게 두었던 것이다. 그리고 조오가 없었다면, 나는 오늘날의 자리에 있지 못하였을 것이다. 그런데 네가 무엇 때문에 그를 떠나게 했단 말인가?”라고 했다. 그러자 비무극은 대답하였다. “신이 어찌 조오와 잘 지내기를 원하지 않았겠습니까? 그러나 저는 전부터 그의 사람됨이 보통과 다름을 알고 있었나이다. 조오가 채나라에 있으면 채나라는 반드시 곧 강하게 되어 우리 초나라에서 떠날 것이옵니다. 조오를 제거한 것은, 채나라가 새라면 그 날개를 끊은 것이 되옵니다.”

주해 ○禘(체)―조상에게 드리는 큰 제사.
 ○武公(무공)―노나라 제10대 군주.

ㅇ王(왕)—초나라의 평왕(平王)을 말했다.

ㅇ蔡必速飛(채필속비)—채나라를 새에 비유하여, 채나라는 반드시 속히 성장하여 날아 초나라를 배반하고 떠난다는 뜻.

六月乙丑,에 王太子壽卒,하고 秋八月戊寅,에 王穆后崩.이라

晉荀吳帥師,하여 伐鮮虞,하고 圍鼓.라 鼓人或請以城叛,이나

穆子弗許.라 左右曰, 師徒不勤,하여 而可以獲城,이어늘 何故不

爲.오 穆子曰, 吾聞諸叔向,이었거늘 曰, 好惡不愆,이면 民知所

適,하여 事無不濟.라 或以吾城叛,이면 吾所甚惡也.라 人以城來,

에 吾獨何好焉.가 賞所甚惡,면 若所好何.아 若其弗賞,이면 是失

信也.라 何以庇民.가 力能,이면 則進,하고 否,면 則退,하여 量力

而行.하리라 吾不可以欲城而邇姦.이라 所喪滋多.리라 使鼓人殺

叛人,하여 而繕守備.라 圍鼓三月,에 鼓人或請降,하여 使其民見.

이라 曰, 猶有食色,하니 姑脩而城,하와 軍吏曰, 獲城而弗取,하고

勤民而頓兵.이라 何以事君.가 穆子曰, 吾以事君也.라 獲一邑,하

여 而敎民怠,면 將焉用邑.가 邑以賈怠,는 不如完舊.라 賈怠無

卒,이요 棄舊不祥.이라 鼓人能事其君,이요 我亦能事吾君.이라 率

義不爽,하고 好惡不愆,이면 城可獲,하고 而民知義所.라 有死命,

이나 而無二心,은 不亦可乎.아 鼓人告食竭力盡而後取之,하고

克鼓而反.이라 不戮一人,하고 以鼓子鳶鞮歸.라

6월 을축날에, 주나라 천자의 태자 수(壽)가 세상을 떠났고, 가을 8월 무인날에, 천자의 목후(穆后)께서 붕어(崩御)하셨다.

진나라의 순오(荀吳)가 군사를 이끌고 선우(鮮虞)나라를 치고, 고(鼓)나라의 도읍을 포위했다. 고나라 어느 사람이 도읍 성의 사람들을 이끌고 배반하여 의지할 것을 원하고 나섰으나, 목자(穆子 : 순오)는 응하지 않았다. 그러자 주위 사람들이 말하기를, "군사가 수고하지 않고서 상대국의 성을 얻을 수가 있는데, 무엇 때문에 그렇게 하지 않습니까?"라고 하니 목자는 말하기를, "내 숙향(叔向)한테서 들었는데 그분은 말하기를, '자신이 좋아하고 미워함이 이치에 어긋나지 않으면, 백성들이 마땅히 할 바를 알아 하는 일이 잘 되어지지 않음이 없다.'고 했소. 혹 내가 소유하고 있는 성의 사람들을 이끌고 배반한다면, 나는 아주 미워할 것이오. 그런데 다른 사람이 그의 성안 사람들을 이끌고 배반하여 내게로 복종한다는데 내가 유별나게 어찌 좋아하단 말인가? 아주 미운 자를 상을 준다면, 좋아하는 자는 어떻게 대해야 할까? 만약 그 미운 자에게 상을 주지 않는다면, 그것은 신의를 잃게 되는 것이오. 그러고서는 어떻게 백성들을 지켜나갈 것이오? 상대를 굴복시킬 힘이 충분하면 전진하고, 그렇지 못하면 퇴군하여 우리의 능력을 헤아리어 행동할 것이오. 나는 성을 손에 넣고자 하여 나쁜 사람을 가까이 할 수는 없소이다. 그러면 손해보는 것이 아주 클 것이오."라고 하고, 고나라 사람에게 말하여 그 배반자를 죽이고, 성을 수비하도록 손쓰라고 했다. 고의 도읍을 포위한 지 3개월에, 고나라 사람이 항복하겠다고 청하여 부하를 시켜 목자를 만나게 했다. 그러자 목자는, "너의 얼굴을 보니, 식사(食事)를 한 빛이 있으니 잠시 더 너희들의 성을 지켜라."라고 일렀다. 그때 진나라의 군관(軍官)이 말하기를, "상대국의 성을 뺏을 수가 있는데도 뺏어 차지하지 않고, 백성들을 수고롭게 하고 군대를 피로케 하고 계십니다. 그러고서는 어떻게 군주를 섬김이 되겠습니까?"라고 하였다. 그러자 목자는 말했다. "내 이렇게 함이 우리 군주를 섬김이 되는 것일세. 하나의 읍을 손에 넣어 백성들에게 게으름을 가르친다면, 장차 그 읍을 어디에 쓸 것인가? 읍 하나의 일로 백성들의 게으름을 산다는 것은 종전에 가지고 있던 것을 완전히 지니는 것만 같지 못한 것일세. 게으름을 사 차지하면 유종의 미(美)가 없게 되고, 전의 좋은 것을 버린다는 것은 상서롭지 못하네. 고나라 사람들은 그들의 군주를 잘 섬겨야 하는 것이고, 나 또한 나의 군주를 잘 섬기겠네. 의리를 좇아 어긋나지 않고, 좋아하고 미워함이 이치에 벗어나지 않으면, 성은 성대로 입수할 수가 있고 백성들은 의리의 소재(所在)를 알게 되네. 군주의 명에 죽어감은 있을지나, 배반하는 마음이 없다는 것은 좋은 일이 아닌가?" 그뒤에 고나라 사람이 먹을 것이 다 떨어지고 나라의 힘이 다 되었다고 고하고 나서야 그는 그 성을 점령하고, 고나라를 정복하고 돌아갔다. 그때 그는 한 사람도 죽이지 않았고, 고나라 군주인 자작 연제(鳶鞮)만 데리고 돌아갔다.

주해 │ ○鼓(고)―당시에 선우나라에 부속된 작은 나라로, 군주는 자작이었고, 고읍(鼓邑)이 그 나라의 도읍이었다.
○無卒(무졸)―유종의 미가 없음.

　　　동　　　공여진　　　평구지회고야
冬,에 公如晉,은 平丘之會故也.라

　　　십이월　　　진순력여주　　　　장목후　　　적담위개　　　기장제
十二月,에 晉荀躒如周,하여 葬穆后,어늘 籍談爲介.라 旣葬除

　상　　　이문백연　　　준이로호　　　왕왈　백씨　　　제후개유이진
喪,하여 以文伯宴,에 樽以魯壺.라 王曰, 伯氏,여 諸侯皆有以鎭

　무왕실　　　진독무유　　　하야　　　문백읍적담　　　대왈　제후
撫王室,이어늘 晉獨無有,는 何也.아 文伯揖籍談,하니 對曰, 諸侯

　지봉야　　　개수명기어왕실　　　이진무기사직　　　　고
之封也,에 皆受明器於王室,하여 以鎭撫其社稷.이었나이다 故로

能薦彝器於王,이오나 晉居深山,하고 戎狄之與鄰,하여 而遠於王
室,하여 王靈不及,하옵고 拜戎不暇,이옵거늘 其何以獻器.리오 王
曰, 叔氏,여 而忘諸乎.아 叔父唐叔成王之母弟也.라 其反無分
乎.아 密須之鼓與其大路,는 文所以大蒐也,요 闕鞏之甲,은 武所
以克商也.라 唐叔受之,하여 以處參虛,하여 匡有戎狄.이라 其後
襄之二路·鏚鉞·秬鬯·彤弓·虎賁,은 文公受之,하여 以有南
陽之田,하고 撫征東夏,이었거늘 非分而何.아 夫有勳而不廢,하고
有績而載,하며 奉之以土田,하고 撫之以彝器,하며 旌之以車服,하
고 明之以文章,하여 子孫不忘,하니 所謂福也.라 福祚之不登,이
면 叔父焉在.오 且昔,에 而高祖孫伯黶司晉之典籍,하여 以爲大
政.이라 故로 曰籍氏.라 及辛有之二子董之,하여 晉於是乎有董
史.라 女司典之後也,어늘 何故忘之.오 籍談不能對.라 賓出,에
王曰, 籍父其無後乎.인저 數典而忘其祖.라

籍談歸,하여 以告叔向,하니 叔向曰, 王其不終乎.인저 吾聞之,
하되 所樂必卒焉.이라 今, 王樂憂.라 若卒以憂,면 不可謂終.이라
王一歲而有三年之喪二焉,이어늘 於是乎以喪賓宴,하고 又求彝
器,하니 樂憂甚矣,요 且非禮也.라 彝器之來,는 嘉功之由,요 非
由喪也.라 三年之喪,은 雖貴遂服,이 禮也.라 王雖弗遂,라도 宴

樂以早.라 亦非禮也.라 禮王之大經也,이어늘 一動而失二禮.라
無大經矣.라 言以考典,하고 典以志經,이어늘 忘經而多言.이라 擧
典,이나 將焉用之.리오

겨울에, 노나라 소공이 진나라에 간 것은 평구에서의 회합 때문이었다.

12월에, 진나라 순역(荀躒)이 주(周)나라에 가, 목후(穆后)의 장례식에 참석했는데, 적담(籍談)이 그의 부사(副使)가 되어 갔다. 장사를 지내고 탈복(脫服)하고서 천자께서 진나라 문백(文伯 : 荀躒)을 데리고 술자리를 베풀었는데, 노나라에서 바친 술병에 술을 담았다. 그때 천자께서 말씀하시기를, "백씨(伯氏)여, 다른 제후들은 다 왕실에게 기물(器物)을 헌납하고 있는데, 진나라만이 헌납함이 없는 것은 무엇 때문인고?"라고 하시니, 문백이 적담에게 손짓하여 적담이 대답해 올리기를, "제후들이 천자께 봉되었을 때에 다른 왕실로부터 기구를 하사받아, 그들의 국가 사직을 다스리고 있나이다. 그러므로 천자께 나라의 보물을 헌납할 수가 있사오나, 진나라는 깊은 산중의 땅에 자리잡고 융(戎)·적(狄) 오랑캐 나라들과 이웃하여 있어, 왕실에서 멀리 떨어져 천자의 은덕을 입지 못하옵고, 오랑캐 나라들을 대하기에 틈이 없사옵는데, 어떻게 기물을 헌납할 수 있사오리까?"라도 했다. 그러자 천자께서 말씀하셨다. "숙씨여, 그대는 지난 일을 잊고 있는가? 나의 선조의 숙부였고, 진나라 군주의 시조인 당숙(唐叔)은, 성왕(成王)의 친형제였다. 그런데 왕실에서 기물을 나누어 주지 않았겠느냐? 밀수(密須)나라에서 얻은 북과 큰 수레는 우리 문왕(文王)께서 대군을 이끌고서 쳐 얻은 것이었고, 궐공(闕鞏)나라에서 얻은 갑옷은, 무왕(武王)께서 상(商 : 殷)나라를 정벌하셨을 때에 얻으신 것이었다. 진나라 군주의 시조인 당숙께서는 그것들을 받으시어, 삼성(參星)과

허성(虛星)이 주관하는 지역을 차지하여 있어, 융과 적을 정벌하여 영토를 넓히어 소유하게 되었던 것이다. 그후에 우리 주나라 양왕(襄王)의 수레 두대·작은 도끼·큰 도끼·향(香)이 든 검은 기장술·붉은 칠을 한 활·시위병(侍衛兵) 등을 진나라의 문공(文公)이 하사받아 남양(南陽)의 땅을 더 차지하고, 또 동방의 제후들을 다스리고 정벌하고 했던 것인데, 이것들이 주왕실에서 나누어 준 것이 아니고 무엇이란 말이냐? 우리 주왕실은 훈공이 있는 자를 버려두지 않았고, 공적(功績)이 있으면 역사의 기록에 써 올리며, 그를 높이 올려 토지를 주고 보물을 나누어 주며, 널리 그 공을 알리기 위하여 수레와 의복을 주고, 그것을 표시하는 깃발을 주어 자자손손 그 공을 잊지 않게 하였으니, 이것이야말로 제후로서의 복인 것이다. 만일 그 복됨을 기록에 올리지 않았다면 문공(文公)의 존재가 어디에 있겠느냐? 그리고 옛날에 너의 선조 손백염(孫伯黶)이 진나라의 전적(典籍 : 記錄)을 담당하였고 진나라 정사(政事)를 담당하였다. 그래서 적씨(籍氏)라 했던 것이다. 그리고 주나라 신유(辛有)의 둘째 아들이 진나라에 가 기록의 일을 동독(董督)하게 됨에, 진나라에는 그에 비로소 동씨(董氏) 사관(史官)이 있게 되었던 것이다. 너는 진나라 전적을 담당했던 이의 후손인데, 어찌 옛일들을 잊고 있단 말이냐?" 이 말씀에 적담은 아무 응답을 하지 못했다. 술자리에서 빈객(賓客)들이 물러나가자 천자께서 말씀하시기를, "적담은 그의 후손이 없게 될 것이다. 기록의 일을 맡고 있으면서도 그 선조를 잊고 있다."라고 하셨다.

적담이 진나라로 돌아가 그 일을 숙향(叔向)에게 고하니, 숙향은 말했다. "천자께서는 편히 세상을 떠나시지 못할 것이오. 내 들었거니와, '오락을 취하기만 하면 반드시 그 오락 중에서 죽는다.'라 하오. 지금 천자께서는 근심하고 슬퍼할 처지에 오락을 취하고 계시오. 만일 근심하고 슬퍼할 입장에서 세상을 떠난다면 그것은 편히 죽은 것이라고 말할 수는 없는 것이오. 천자께서는 한해 동안에 3년상을 두

차례나 당하고 계시는데, 상을 당하신 마당에 빈객에게 주연(酒宴)을
베푸시고, 또 제후국에 대하여 보물을 내라고 요구하셨으니, 근심하고
슬퍼할 입장에서 오락을 취하심이 심하고, 또 예의가 아니오. 보물을
바치는 것은 공이 있어야 하는 것이고, 상을 당해서는 하지 않는 것
이오. 3년상은 비록 아무리 귀한 분이라 할지라도 복입기를 끝까지
하는 것이 예법이오. 천자께서 비록 3년상을 다 지키시지 않는다 하
더라도 주연을 베풀어 즐기신다는 것은 너무 빠르오. 그것 또한 예의
가 아니오. 예의는 천자께서 지켜야 할 일의 일대 근본인데, 한번의
행동으로 두 가지 예의를 어기시었소. 천자께서는 큰 근본이 없는 것
이소. 말을 하여 고전(古典)의 기록을 생각하고, 고전의 기록으로 근
본을 마음에 새기는 것인데, 근본을 잊으시고서 말만 많으시었소. 고
전의 기록을 들어 말씀하셨다 할지라도, 그게 무슨 소용이 될 것이
오?"

│주해│ ○平丘之會故也(평구지회고야)-소공 13년에 있었던 평구에서의
회합에서 계손씨가 체포되고, 14년에 용서받아 귀국한 일련의 일 때문
에, 진나라에 대해서 인사를 하기 위하여 갔다.
○密須(밀수)-나라 이름.
○闕鞏(궐공)-지금의 하남성 공현(鞏縣)에 위치했던 나라.
○南陽(남양)-지금의 하남성 제원(濟源) 부근.
○董史(동사)-선공 2년조에 태사(太史) 동호(董狐)가 나왔다.

│經│ ○十有六年春,에 齊侯伐徐.라
　　　　　　　　십유륙년춘　　제후벌서

○楚子誘戎蠻子,하여 殺之.라
　초자유융만자　　살지

○夏,에 公至自晉.이라
　하　　공지자진

○秋八月己亥,에 晉侯夷卒.이라
　추팔월기해　　진후이졸

ㅇ九月_{구월},에 大雩_{대우}.라

ㅇ季孫意如如晉_{계손의여여진}.이라

ㅇ冬十月_{동시월},에 葬晉昭公_{장진소공}.이라

16년 봄에, 제나라 군주인 후작이 서나라를 쳤다.

초나라 군주인 자작이 융만(戎蠻)의 군주인 자작을 유인하여, 그를 죽였다.

여름에, 노나라 공이 진나라로부터 돌아왔다.

가을 8월 기해날에, 진나라 군주인 후작 이(夷)가 세상을 떠났다.

9월에 큰 기우제를 지냈다.

노나라 계손의여가 진나라에 갔다.

겨울 10월에, 진나라 소공을 장사 지냈다.

傳 十六年春王正月_{십륙년춘왕정월},에 公在晉_{공재진},하니 晉人止公_{진인지공}.이라 不書_{불서},는 諱_휘 之也_{지야}.라

齊侯伐徐_{제후벌서}.라

楚子聞蠻氏之亂也_{초자문만씨지란야},와 與蠻子之無質也_{여만자지무질야},하고 使然丹誘戎蠻子_{사연단유융만자} 嘉_가,하여 殺之_{살지},하고 遂取蠻氏_{수취만씨},나 旣而復立其子焉_{기이부립기자언}.이라 禮也_{예야}.라

二月丙申_{이월병신},에 齊師至于蒲隧_{제사지우포수},하니 徐人行成_{서인행성}.이라 徐子及郯_{서자급담} 人_인·莒人會齊侯_{거인회제후},하여 盟于蒲隧_{맹우포수},하고 賂以甲父之鼎_{뇌이갑보지정}.이라 叔孫昭_{숙손소} 子曰_{자왈}, 諸侯之無伯_{제후지무백},은 害哉_{해재}.라 齊君之無道也_{제군지무도야},에 興師而伐遠方_{흥사이벌원방},

하고 會之,하여 有成而還,이나 莫之亢也,는 無伯也夫.아 詩曰,
宗周旣滅,에 靡所止戻.로다 正大夫離居,에 莫知我肄.로다 其是
之謂乎.아

16년 봄 천자가 쓰는 역으로 정월에, 우리 노나라 소공이 진나라에 머물고 있었으니, 그것은 진나라 사람이 공을 제지해서였다. 그 사실을 경문에 쓰지 않은 것은 쓰기를 꺼려서였다.

제나라 군주가 서나라를 쳤다.

초나라 군주가, 만(蠻)나라에 난리가 났고, 만나라 군주 자작의 신의 없음을 듣자, 연단(然丹)에게 만나라 군주인 자작 가(嘉)를 유인하여 그를 죽이고 마침내는 만나라를 차지했으나, 그뒤에 다시 그의 아들을 군주로 세워 복구시켰다. 그것은 예의에 맞는 일이었다.

2월 병신날에, 제나라 군사가 포수(蒲隧) 땅에 이르니, 서나라 사람이 화평을 제기했다. 서나라 군주인 자작과 담(郯)나라 사람·거나라 사람이 제나라 군주와 회합을 가져 포수에서 맹약을 맺고, 서나라 군주는 제나라 군주에게 옛날의 갑보(甲父)나라가 지녔던 솥[鼎]을 기증했다. 이 일을 두고 노나라의 숙손소자(叔孫昭子 : 숙손착)는 말했다. "제후국들간에 패자(覇者)가 없는 것은 해로운 일이다. 제나라 군주가 무도하여 군사를 내어 먼 곳의 나라를 치고, 제후국을 회합시켜 화평을 맺고 돌아갔지만, 이를 막아낼 자가 없는 것은 패자가 없어서인 것이다. 시에 이르기를, '종가(宗家)인 주나라 이미 쇠퇴하여, 세상의 어지러움 막고 안정케 할 자 없네. 의뢰할 집정대부(執政大夫) 멀리 떨어져 있어 우리들의 노고(勞苦) 알아줄 이 없구나.'라고 했는데, 이 시는 이런 경우를 말한 것일 게다."

주해 ○ 無質(무질)—신의가 없음.

○蒲隧(포수)―지금의 안휘성 사현(泗縣) 땅.
○甲父(갑보)―고대의 나라 이름. 지금의 산동성 금향(金鄕) 부근에 위치
  했었다 한다.
○詩曰(시왈)―《시경》 소아에 있는 우무지지편(雨無止之篇)의 구절.

三月,에 晉韓起聘于鄭,하니 鄭伯享之.라 子産戒曰, 苟有位於
朝,면 無有不共恪.하라 孔張後至,하여 立於客間,하니 執政禦之.
라 適客後,에 又禦之,하여 適縣間,하니 客從而笑之.라 事畢,에
富子諫曰, 夫大國之人,이니 不可不愼也.라 幾爲之笑,이어늘 而
不陵我.리오 我皆有禮,라도 夫猶鄙我,어늘 國而無禮,에 何以求
榮.가 孔張失位,는 吾子之恥也.라

3월에, 진나라의 한기(韓起)가 정나라를 예방하니, 정나라 군자가
그에게 향연을 베풀었다. 그때 정나라 자산(子産)이 사람들을 단속하
여 말하기를, "조정의 일정한 관직에 있는 사람이면 공경스럽지 못한
짓이 없도록 하시오."라고 했다. 그랬는데도 공장(孔張)이 그 향연에
늦게 참여하여 빈객(賓客)들 사이에 서자, 의식을 맡은 관리가 그를
제지했다. 그러자 공장이 빈객의 뒤로 가니 다시 제지하여 공장이 걸
어 놓은 악기(樂器)들 사이로 가니, 빈객을 따르고 있는 사람이 웃었
다. 향연이 끝나고 나서, 부자(富子)가 자산에게 충고하였다. "손님은
큰 나라의 사람이니, 우리는 근신의 태도를 취하지 않을 수가 없는
것입니다. 그런데도 우리측 사람이 웃음거리가 되었는데 그 사람이
우리를 무시하지 않겠습니까? 우리가 다 예를 잘 지킨다 하더라도 그
는 우리를 낮게 볼 것인데, 나라로서 무례했으니 어떻게 면목(面目)

을 세울 수 있겠습니까? 공장이 자신의 위치를 잃었던 것은 님의 수
치였습니다."

주해 ｜ ○孔張(공장)―정나라 목공(穆公)의 아들 자공(子孔)의 손자였다.
○執政(집정)―여기에서는 의식(儀式)을 맡은 관리.

子産怒曰, 發命之不衷,하고 出令之不信,하며 刑之頗類,하고
獄之放紛,하면 會朝之不敬,하고 使命之不聽,하며 取陵於大國,하
고 罷民而無功,하며 罪及而弗知,면 僑之恥也.라 孔張君之昆孫,
이요 子孔之後也,며 執政之嗣也.라 爲嗣大夫,하여 承命以使周
於諸侯,에 國人所尊,이요 諸侯所知.라 立於朝而祀於家,하고 有
祿於國,하며 有賦於軍,하고 喪祭有職,하며 受脤歸脤,하고 其祭在
廟,에 己有著位,하며 在位數世,에 世守其業,나 而忘其所.라 僑
焉得取之.리오 辟邪之人,하여 而皆及執政,이면 是先王無刑罰
也.라 子寧以他規我.하라
　　　宣子有環,에 其一在鄭商.이라 宣子謁諸鄭伯,이나 子産弗與
曰, 非官府之守器也,니 寡君不知.라 子大叔·子羽謂子産曰,
韓子亦無幾求,요 晉國亦未可以貳,니 晉國韓子不可偸也.라 若
屬有讒人交鬪其間,하고 鬼神而助之,하여 以興其凶怒,면 悔之
何及.가 吾子何愛於一環,하여 其以取憎於大國也.아 盡求而與

之.오 子産曰, 吾非偸晉而有二心,이오 將終事之.라 是以로 弗
與.라 忠信故也.라 僑聞,하되 君子非無賄之難,하고 立而無令名
之患.이라 僑聞,하되 爲國非不能事大字小之難,하고 無禮以定其
位之患.이라 夫大國之人,이 令於小國,하여 而皆獲其求,면 將何
以給之.리오 一共一否,면 爲罪滋大.라 大國之求,에 無禮以斥
之,면 何厭之有.아 吾且爲鄙邑,이면 則失位矣.리라 若韓子奉命
以使,하여 而求玉焉,이면 貪淫甚矣,이어늘 獨非罪乎.아 出一玉以
起二罪,하여 吾又失位,하고 韓子成貪,이어늘 將焉用之.리오 且吾
以玉賈罪,는 不亦銳乎.아

　　韓子買諸賈人,하여 旣成賈矣.라 商人曰, 必告君大夫.하라 韓
子請諸子産曰, 日,에 起請夫環,에 執政弗義,라하여 弗敢復也.라
今買諸商人,이어늘 商人曰, 必以聞.이라 敢以爲請.이라 子産對
曰, 昔,에 我先君桓公與商人,이 皆出自周,하여 庸次比耦以艾殺
此地,하고 斬之蓬蒿·藜藋,하여 而共處之,하고 世有盟誓,하되
以相信也.라 曰, 爾無我叛,하고 我無强賈,하고 毋或匄奪,하며 爾
有利市寶賄,라도 我勿與知.리라 恃此質誓.라 故로 能相保,하여
以至于今.이라 今, 吾子以好來辱,하여 而謂敝邑强奪商人,이면
是敎敝邑背盟誓也,니 毋乃不可乎.아 吾子得玉,하여 而失諸侯,

은 必不爲也.리라 若大國令而共,하여 求而無藝,면 鄭鄙邑也,로
되 亦弗爲也.라 僑若獻玉,이면 不知所成.이라 敢私布之.라 韓子
辭玉曰, 起不敏.이라 敢求玉以徼二罪.라 敢辭之.라

그러자 자산은 노해서 말했다. "명령을 낸 것이 잘못되었고, 명령 내림이 불성실했으며, 형벌 행함이 불공평했고, 소송에 대한 판결이 신중하지 못했으며, 회합과 조회(朝會)에서 공손치 못했고, 아랫사람이 내린 사명(使命)에 따르지 않으며, 큰 나라한테 능멸을 받고, 백성들을 피로케만 하여 아무런 공을 이루지 못하며, 죄를 짓고서도 그것을 알지 못했다면, 교(僑) 나의 수치요. 공장(孔張)은 우리나라 군주셨던 어른의 자손이요, 자공(子孔)의 후사(後嗣)이며, 나라의 정사를 맡았던 분의 사손(嗣孫)이오. 그이는 대부(大夫)의 지위를 계승하고 있어 군주의 명을 받들어 제후국에 두루 사신으로 갔었으니, 나라 사람들이 존경하는 대상이고 제후들이 다 잘 알고 있는 인물이오. 그는 조정에서 관직을 맡아 가문에 사당을 모시고 있고, 나라에서 녹읍(祿邑)을 받고 있으며, 자신이 독자적으로 이끄는 군대를 소유하고, 상(喪)을 당하고 제사를 지낼 때에 그 일을 담당하는 가신(家臣)을 거느리고 있으며, 국가 제사를 지낸 뒤에 군주한테 제물(祭物)을 하사받기도 하고, 또 자기 가문의 제사를 지내고 난 뒤에 제물을 군주에게 드리기도 하고, 공실(公室)의 사당에 제사 지낼 때에 참여하여 차지할 자리가 있으며, 조정의 높은 자리를 여러 대(代) 지키어 대대로 맡아왔지만, 이번 일에는 자신이 차지할 자리를 잊었던 것이오. 그런데 그 일이 어찌 교 나의 수치란 말이오? 사람들이 잘못을 저질렀다고 해서 그 잘못이 다 정사를 맡고 있는 이에게 돌아간다면, 그것은 옛날의 어진 임금이 정한 형벌이 없는 것이 되는 게요. 당신은 차라리 다른 일로 나를 훈계해 주시오."

진나라의 한선자가 옥환(玉環)을 가지고 있는데, 한쌍 중 그 한짝이 정나라 상인(商人)의 손에 있었다. 정나라를 예방한 한선자가 정나라 군주에게 그 한짝을 차지하게 해달라고 요구했으나, 자산은 구해 주지 않으려 하여 말하기를, "그것은 우리 정나라 조정에서 간수하고 있는 것이 아니라서 우리 군주께서는 그것을 아시지 못합니다."라고 했다. 그러자 자대숙(子大叔)과 자우(子羽)가 자산에게 말하기를, "진나라의 한씨는 옥환 이외에 다른 것을 달라고 요구하지 않고, 진나라는 우리가 배반할 수 없는 처지이니 진나라와 한씨를 소홀히 할 수는 없습니다. 만일 어느 모략자가 있어 우리와의 사이를 좋지 못하게 얽어매고, 또 신명(神明)이 저편을 돕기나 하여 흉하게 노하는 일이나 일어나게 한다면, 그때는 후회한들 무슨 소용이 있겠습니까? 님은 어찌 하나의 옥환을 애석히 여기어 큰 나라한테 미움을 받으려 하십니까? 어찌 옥환을 상인한테서 구하여 한씨에게 주지 않으시렵니까?"라고 했다. 그러자 자산이 말했다. "나는 진나라에 대해서 소홀히 하고 두 마음을 지니고 있는 것이 아니라 끝내 잘 섬기려 하고 있소이다. 그러기에 그것을 구해 주지 않는 게요. 주지 않는 그것이 충성스럽고 성실한 일이기 때문이오. 교(僑) 나는 들었거니와, '군자(君子)는 자신에게 증여(贈與) 없음을 걱정하지 않고, 윗자리에 있어서 좋은 이름이 없음을 걱정한다.'라 하오. 그리고 또, 교 나는 들었거니와, '나라의 정사를 함에는 큰 나라를 잘 섬기고 작은 나라에게 혜택을 줄 수가 없는 것이 걱정이라 하지 않고, 예의로 자기의 지위를 확고히 하지 못함을 걱정한다.'고 하오. 큰 나라의 사람이 작은 나라에게 무얼 내라고 영을 내려 그 요구한 대로 다 얻는다면, 장차 어떻게 그 요구를 들어 주겠소? 한번은 요구대로 주고 한번은 주지 않는다면 오히려 죄 됨이 아주 큰 것이오. 큰 나라가 요구함에 대하여 예로써 물리침이 없고서야, 요구함에 어찌 한이 있을 것이오? 요구에 응하기만 했다가, 우리나라가 진나라의 변방의 한 지방으로 되는 날에는, 우리는 제후국의 지위를 상실하고 말 것이오. 만약 한씨가 진나라 군주의 명을 받들고서 사신으로 와 옥을 내놓으라 요구할 것 같으면, 그것은 탐욕(貪欲)이 심한 것이 되는데 그만이 죄가 되지 않겠소? 하나의 옥을 내어주어 두 가지 죄가 있게 하여, 나는 집정자의 지위를 잃고 한씨는 탐욕한 사람이 되는데, 어찌 그런 짓을 하겠소? 그리고 내가 옥으로 미움을 산다는 것은, 작은 일이 아니오?"

한선자는 상인한테 한짝의 옥환을 사기로 하여 이미 가격 결정이 다 되었다. 그런데 상인이 말하기를, "이 일은 꼭 집정관(執政官)인 대부에게 알려주십시오."라고 했다. 그래서 한선자가 자산에게 요청해서 말하기를, "전날 한기(韓起) 제가 옥환을 요청함에 대하여, 집정관인 귀하는 구해 주는 일은 의롭지 못하다고 하였기에, 다시는 감히 말씀드리지 못했습니다. 이제 상인한테서 사기로 하였는데, 그 상인이 말하기를, '이 일은 반드시 집정관에게 알리시오.'라고 하였습니다. 그래서 감히 그리 아시기를 요청드립니다."라고 하니, 자산은 말했다. "옛날에, 우리 정나라 선대 군주이신 환공(桓公)께서 상인(商人)들과 주나라 기내(畿內)로부터 같이 이 땅으로 나오셔서 서로 차례를 지어 함께 따비밭을 일고 갈아 이 황폐한 땅을 풀을 깎고 다듬으며 쑥대와 납가새 등 약초를 캐내는 등 옥토를 만들어 같이 정착하시고, 대대로 지킬 맹서를 맺어 서로 믿어왔습니다. 그 맹서에 이르기를, '너희들은 나를 배반함이 없고, 나는 너희들한테 무리하게 사지 않고, 혹 요구하고 뺏지 않으며, 너희들이 이익이 날 귀중한 물건을 가지고 있다 하더라도, 나는 관여하지 않으리라.'라고 하였습니다. 우리는 이 맹서를 믿어왔습니다. 그러므로 서로 협조할 수가 있어, 오늘까지 잘해 나왔습니다. 그런데 이제, 님이 양국의 우호(友好)의 일로 오셔서 저희 나라보고 상인한테서 억지로 뺏으라고 하신다면, 그것은 저희 나라보고 상인들과의 맹서를 어기라고 가르치는 것이 되니, 그래서야 안되지 않습니까? 님은 하나의 옥을 입수하여, 한 제후국을 잃는 일은 반드

시 하시지 않을 것입니다. 만약 큰 나라가 재화(財貨)를 바치게 명하
여 그 요구가 기준이 없다면, 우리 정나라는 작은 나라지만 그 명대
로 하지는 않을 것입니다. 교(僑) 제가 그 옥환을 드린다면, 그 결과
가 어찌 될지 모릅니다. 이에, 감히 사사로이 의견을 드립니다.” 이
말을 듣고 난 한선자는 옥환을 사양하고 말하기를, “한기 저는 불민
한 사람입니다. 어찌 감히 옥환을 요구하여, 두 가지 죄를 짓겠습니
까? 저는 그 옥환 입수를 그만두겠습니다.”라고 했다.

주해┃ ○偸晉(투진)―진나라를 소홀히 대함.
○字小(자소)―작은 나라에게 혜택을 베풂.
○不亦銳乎(불역예호)―사소한 일이 아니오.
○成賈(성고)―가격에 대한 말이 다 되었음.
○必告君大夫(필고군대부)―반드시 집정관인 대부에게 알려라. 군 대부는
  집정관을 말했다. 한선자가 싼값으로 사려 하자, 상인은 자산이 잘 해결
  해 줄 것이라 믿고, 집정관인 자산에게 말할 것을 요구한 것이었으리라.

夏四月,에 鄭六卿餞宣子於郊.라 宣子曰, 二三君子,여 請皆
賦.라 起亦以知鄭志.라 子齹賦野有蔓草,하니 宣子曰, 孺子善
哉.라 吾有望矣.라 子產賦鄭之羔裘,하니 宣子曰, 起不堪也.라
子大叔賦褰裳,하니 宣子曰, 起在此,에 敢勤子至於他人乎.아 子
大叔拜,하니 宣子曰, 善哉.라 子之言是.여 不有是事,면 其能終
乎.아 子游賦風雨,하고 子旗賦有女同車,하며 子柳賦蘀兮,하니
宣子喜曰, 鄭其庶乎.인저 二三君子以君命貺起,에 賦不出鄭志,
하여 皆昵燕好也.라 二三君子數世之主也,에 可以無懼矣.리라

宣子皆獻馬焉,하고 而賦我將,하니 子産拜,하고 使五卿皆拜曰,

吾子靖亂.이라 敢不拜德.가 宣子私覿於子産,에 以玉與馬,하고

曰, 子命起舍夫玉.이라 是賜我玉,하여 而免吾死也.라 敢不藉手

以拜.리오

公至自晉.이라 子服昭伯語季平子曰, 晉之公室,은 其將遂卑

矣.리라 君幼弱,하고 六卿彊而奢傲.라 將因是以習.이리라 習實爲

常,이어늘 能無卑乎.아 平子曰, 爾幼,어 惡識國.가

秋八月,에 晉昭公卒.이라

九月,에 大雩,하니 旱也.라

鄭大旱,하여 使屠擊·祝款·竪柎有事於桑山,에 斬其木,에도

不雨.라 子産曰, 有事於山,은 藝山林也,어늘 而斬其木,하니 其

罪大矣.라 奪之官邑.이라

冬十月,에 季平子如晉,하여 葬昭公.이라 平子曰, 子服回之言

猶信.이라 子服氏有子哉.라

여름 4월에, 정나라의 육경(六卿)이 교외에서 진나라 한선자를 송별하는 연회를 열었다. 그 자리에서 한선자가 말하기를, "여러분, 각기 다 시를 노래불러 주십시오. 그러면 한기도 정나라의 기풍(氣風)을 알게 될 것입니다."라고 했다. 그래서 자차(子齹)가 야유만초편(野有蔓草篇)의 시를 노래부르니 한선자는 말하기를, "어린 분이 훌륭하

시오. 나는 기대를 걸겠습니다."라고 하였다. 자산이 정나라의 민요인 고구편(羔裘篇)의 시를 노래부르니 선자는, "한기 저로서야, 그 시를 칭찬받을 수가 없습니다."라고 말했다. 자대숙(子大叔 : 游吉)이 건상편(褰裳篇)의 시를 노래부르니 한선자는, "한기 제가 여기에 있는데, 어찌 감히 님이 다른 이에게 의지하러 가는 수고를 하게 할 것입니까?"라고 말했다. 이에 자대숙이 절하니 한선자가 말하기를, "님이 이 시를 말해 주신 것은 참 좋은 일입니다. 그 시의 말과 같이 함이 없어서야 우리들 두 나라가 끝까지 사이좋게 지낼 수 있겠습니까?"라고 했다. 자유(子游 : 駟偃)가 풍우편(風雨篇)의 시를 노래부르고, 자기(子旗)가 유녀동거편(有女同車篇)의 시를 노래부르며, 자유(子柳)가 택혜편(蘀兮篇)의 시를 노래부르니, 한선자가 기뻐하고 말하기를, "정나라는 아마도 앞으로 흥성할 것입니다. 여러분들은 군주의 명을 받아 한기 저를 전송하고 계시는데, 노래부름에 정나라의 기풍을 말한 시 이외의 것을 부르지 않고, 다 친밀감을 나타내고 우호심을 보이는 것입니다. 여러분은 여러 대(代)를 이어온 가문의 주인공들이신데, 여러분이 계시는 마당에는, 정나라에 걱정할 것이 없겠습니다."라고 했다. 그리고 한선자는 정나라 육경들에게 말을 선사하고, 아장편(我將篇)의 시를 노래부르니, 자산은 자신이 먼저 절하고 다른 오경(五卿)들에게 절을 시키고서 말하기를, "님은 어지러운 세상을 안정시키신다는 말씀을 해주셨습니다. 그런데 어찌 그 덕에 대하여 절하지 않으리오?"라고 했다. 그때 한선자는 자산과 사사로이 만났음에도, 옥과 말을 선사하고 말하기를, "님은 한기 저에게 그 옥환을 포기하라고 명하셨습니다. 그 일은 저에게 옥을 주시고서 제가 죽을 것을 면하게 하신 일입니다. 그런데 옥과 말을 받들어 드리고 사례하지 않으오리까?"라고 했다.

우리 노나라의 소공이 진나라로부터 돌아왔다. 자복소백(子服昭伯)이 계평자(季平子)에게 말하기를, "진나라의 공실(公室)은 장차 곧 쇠약해질 것입니다. 군주는 나이가 적고, 육경(六卿)이 세력이 강한데다가 거만을 부리고 있습니다. 그것은 그들의 습성이 될 것입니다. 사람의 습성은 실로 평상시의 행위가 되는데, 공실이 쇠약하지 않을 수 있겠습니까?"라고 했다. 그러자 계평자는, "자네는 어린데 어찌 나랏일을 안단 말인가?"라고 말하였다.

가을 8월에, 진나라의 소공이 세상을 떠났다.

9월에, 우리 노나라가 큰 기우제를 지냈으니, 그것은 한발이 들어서였다.

정나라에 큰 한발이 들어, 도격(屠擊)·축관(祝款)·수부(豎柎) 등에게 상산(桑山)에서 제사를 지내게 했는데, 그들이 산의 나무를 베었으나 비는 오지 않았다. 그러자 자산은, "산에서 제사를 지냄은 산림을 무성케 하자는 것인데, 나무를 베었으니 그 죄는 크다." 이렇게 말하고, 그들의 벼슬과 채읍을 빼앗았다.

겨울 10월에, 노나라 계평자가 진나라에 가 소공의 장례식에 참석했다. 그때, 계평자는 말했다. "자복회(子服回 : 자복소백)의 말이 역시 옳았구나. 자복씨는 어진 아들을 두었구나!"

주해 ｜　ㅇ知鄭志(지정지) — 정나라의 기풍을 알게 됨.

ㅇ子齹(자차) — 자피(子皮)의 아들로, 이름은 영제(嬰齊)였다.

ㅇ野有蔓草(야유만초) —《시경》풍(風 : 민요시) 정풍(鄭風 : 정나라 민요)에 있는 시편 이름. 이 편의 시에는 정다운 좋은 사람을 만날 수가 있어 기쁘다는 뜻이 들어 있다.

ㅇ鄭之羔裘(정지고구) — 고구는 시편 이름인데, 이 이름의 시는 정풍에도 있고, 당풍(唐風)에도 있다. 그래서 정나라의 민요인 고구편의 시라는 것을 밝히어 정나라의 고구편 시라 했다. 이 편의 시에는 신의가 두터운 것을 칭찬하고 있다.

ㅇ褰裳(건상) —《시경》정풍에 있는 시편 이름. 이 편의 시에는, '만일 당신이 그런 생각이 없다면, 당신 외에 또 다른 사람이 있다.'라는 뜻이

들어 있다. 자대숙은 이 시에 의탁해서, 진나라가 맹주로서 노력해 주
기를 바란다는 뜻을 표명한 것이다.

○風雨(풍우)―《시경》정풍에 있는 시편 이름. 이 편의 시에는 군자를 찬
양하고, 그에게 기대를 건다는 뜻이 들어 있다.

○有女同車(유녀동거)―《시경》정풍에 있는 시편 이름. 이 편의 시에는,
좋은 인물을 알았고, 그 덕을 잊지 않겠다는 뜻이 들어 있다.

○蘀兮(택혜)―《시경》정풍에 있는 시편 이름. 이 편의 시에는 바람이 불
어 시든 나뭇잎을 산산이 날린다는 뜻이 들어 있는데, 이것으로 맹주인
진나라의 통솔력을 기대한다는 뜻을 표명했다.

○我將(아장)―《시경》송(頌)의 주송(周頌)에 있는 시편 이름. 이 편의
시에는 천명(天命)을 받들어, 주야로 힘써 천하의 안녕을 유지한다는
뜻이 들어 있다. 그러기에 자산(子産)이, 님은 세상의 어지러움을 안정
시킨다는 말을 했다고 절한 것이다.

○賜我玉(사아옥)―여기에서의 옥(玉)은 옥과 같이 귀중한 도의(道義)를
두고 말한 것이다.

○子服昭伯(자복소백)―자복혜백(子服惠伯)의 아들로, 이름은 회(回).

經| ○十有七年春,에 小邾子來朝.라

○夏六月甲戌朔,에 日有食之.라

○秋,에 郯子來朝.라

○八月,에 晉荀吳帥師,하여 滅陸渾之戎.이라

○冬,에 有星孛于大辰.이라

○楚人及吳戰于長岸.이라

17년 봄에, 소주나라 군주인 자작이 우리 노나라를 찾아왔다.

여름 6월 갑술날인 초하루에, 일식이 있었다.

가을에, 담나라 군주인 자작이 우리 노나라를 찾아왔다.

8월에, 진나라 순오(荀吳)가 군사를 이끌고, 육혼(陸渾)의 융(戎) 오랑캐를 멸망시켰다.

겨울에, 혜성(彗星)이 있어 대화성(大火星)의 위치에 나타났다.

초나라 사람이 오나라와 장안(長岸)에서 싸웠다.

주해 ㅇ陸渾(육혼)—지금의 하남성 숭현(崇縣) 북방을 말했다. 당시에 주나라의 서울과 인접해 있어, 융족(戎族)이 많이 살았었다.

ㅇ星孛(성패)—혜성(慧星).

ㅇ大辰(대진)—대화성(大火星). 28수(宿)로 말하면, 방(房)·심(心)·미(尾)의 세 성수(星宿)를 합하여, 대진의 위치라 했다.

傳 十七年春,에 小邾穆公來朝,하여 公與之燕,에 季平子賦采叔,하니 穆公賦菁菁者莪.라 昭子曰, 不有以國,이면 其能久乎.아 夏六月甲戌朔,에 日有食之.라 祝史請所用幣.라 昭子曰, 日有食之,엔 天子不擧,하여 伐鼓於社,가 諸侯用幣於社,하고 伐鼓於朝,하니 禮也.라 平子禦之曰, 止也.라 唯正月朔,에 慝未作,하여 日有食之,면 於是乎有伐鼓用幣,가 禮也,로되 其餘則否.라 大史曰, 在此月也.라 日過分而未至,어늘 三辰有災.라 於是乎,에 百官降物,하고 君不擧,하며 辟移時,하고 樂奏鼓,하며 祝用幣,하고 史用辭.라 故로 夏書曰, 辰不集于房,에 瞽奏鼓,하고 嗇夫馳,하며 庶人走.라 此月朔之謂也.라 當夏四月,하여 是謂孟夏.라 平

자 불 종 　　　　소 자 퇴 왈 　부 자 장 유 이 지 　　　　불 군 군 의
子弗從.이라 **昭子退曰, 夫子將有異志.**리라 **不君君矣.**라

17년 봄에 소주나라의 목공이 우리 노나라를 찾아와, 공은 그와 더불어 향연을 가졌는데, 그 자리에서 계평자(季平子 : 季孫意如)가 채숙편(采叔篇)의 시를 노래부르니, 소주나라 목공은 청청자아편(菁菁者莪篇)의 시를 노래불렀다. 그러자 소자(昭子 : 숙손착)는 말하기를, "목공께서 노래부른 시의 내용과 같은 정성으로 나라를 다스리지 않고서야, 나라가 오래갈 수 있겠는가?"라고 했다.

여름 6월 갑술날인 초하루에 일식이 있었다. 그래서 비는 일을 맡고 있는 관리가 해가 없게 해달라고 비는 일에 쓸 폐백(幣帛)을 요구했다. 그 자리에서 소자가 말하기를, "일식이 있을 때에는, 천자는 드시는 음식을 풍부히 들지 않고, 토지신에게 제사 지내는 사(社)에서 북을 치고, 제후는 사에서 폐백을 드리어 기도를 올리고 조정에서 북을 치는 것이 예의입니다."라고 했다. 그러나 계평자가 말하기를, "그만두시오. 오직 정월 초하루에 한하여, 음기(陰氣)가 일어나지 않고 있는데도 일식이 있으면, 그때 북을 치고 폐백을 드려 기도 올리는 것이 예의로되, 그 외에는 그렇게 하지 않는 것이오."라고 하였다. 그러자 태사(大史)가 말했다. "이 달이야말로 정양(正陽)의 달이어서, 그렇게 할 달입니다. 춘분을 지나 아직 하지가 되지 않고 있는데도 해[日]·달[月]·대지[地球]의 삼신(三辰)간에 재앙이 있게 되었습니다. 이에는 조정의 백관(百官)은 복장의 장식물을 떼고, 군주는 풍성한 음식을 들지 마시며, 거처를 옮기시어 일식 시간을 지내시고, 악인(樂人)은 북을 치며, 비는 일을 맡고 있는 관원은 폐백을 드리어 빌고, 사관(史官)은 제문(祭文)을 지어 읽어야 합니다. 그러므로 하서(夏書)에 이르기를, '해와 달이 제자리를 잃음에는 악사(樂師)는 북을 치고, 비는 데에 쓰는 폐백을 맡은 자는 수레를 타고 달리며, 하부(下部)의 사람들은 비는 일로 달린다.'고 했는데, 이는 이 6월 초하루에

일식이 있을 때의 일을 말한 것입니다. 이 6월은 하력(夏曆)의 4월에 해당하여, 이 달을 맹하(孟夏)라 부릅니다." 이렇게 말했지만, 계평자는 듣지 않았다. 소자는 그 자리에서 물러나와 말하기를, "계평자는 앞으로 다른 마음을 가질 것이다. 저분은 군주를 군주로 여기지 않고 있다."라고 했다.

주해 ㅇ采叔(채숙) -《시경》 소아에 있는 시편 이름. 전해지고 있는 시경에는 '채숙(采菽)'으로 되어 있다.

ㅇ菁菁者莪(청청자아) -《시경》 소아에 있는 시편 이름.

ㅇ不擧(불거) - 풍성한 음식을 들지 않음.

ㅇ正月(정월) - 계평자는 1년 중 처음 달을 두고 말했지만, 다음에 말한 태사(大史)는 정양(正陽)의 달 6월을 말하는 것이라고 해서, 두 사람간에 착오가 있었다.

ㅇ夏書(하서) - 전하지 않는다. 일서(逸書).

ㅇ不君君矣(불군군의) - 일식은 고대의 군주가 가장 중요시하는 일이었다. 그런데도 계평자는 아무렇지도 않게 여겼기에, 군주를 군주로 여기지 않는다고 말한 것이다.

秋,에 郯子來朝,하여 公與之宴.이라 昭子問焉曰, 少皥氏鳥名官,은 何故也.인가 郯子曰, 吾祖也,니 我知之.라 昔者,에 黃帝氏以雲紀.라 故로 爲雲師而雲名.이라 炎帝氏以火紀.라 故로 爲火師而火名.이라 共工氏以水紀.라 故로 爲水師而水名.이라 大皥氏以龍紀.라 故로 爲龍師而龍名.이라 我高祖少皥摯之立也, 에 鳳鳥適至.라 故로 紀於鳥,하여 爲鳥師而鳥名.이라 鳳鳥氏歷正也,요 玄鳥氏司分者也,며 伯趙氏司至者也,요 靑鳥氏司啓者

也,며 丹鳥氏司閉者也,요 祝鳩氏司徒也,며 鴡鳩氏司馬也,요
鳲鳩氏司空也,며 爽鳩氏司寇也,요 鶻鳩氏司事也.아 五鳩鳩民
者也,요 五雉爲五工正,하여 利器用,하고 正度量,하여 夷民者也.
라 九扈爲九農正,하여 扈民無淫者也.라 自顓頊氏以來,로 不能
紀遠,하고 乃紀於近,하여 爲民師而命以民事,하니 則不能故也.라
仲尼聞之,하고 見於郯子而學之.라 旣而告人曰, 吾聞之,하되 天
子失官,에 學在四夷.라 猶信.이라

가을에, 담나라 군주가 우리 노나라를 찾아와 공이 그와 함께 연회를 베풀었다. 그 자리에서 소자(昭子)가, "소호씨(少皞氏) 시대에 새 이름을 가지고 벼슬 이름으로 한 것은 무엇 때문이었나이까?"라고 묻자, 담나라 군주는 말했다. "나의 조상이시니, 내 그 일을 알고 있소. 옛날에 황제(黃帝)는 구름을 수호신으로 삼았소. 그래서 황제 자신이 구름을 부리는 존재가 되어 구름 이름을 벼슬 이름으로 썼소. 염제(炎帝)는 불을 수호신으로 삼았었소. 그리하여 그는 불을 부리는 존재가 되어 불 이름을 벼슬 이름으로 삼았었소. 공공씨(共工氏)는 물을 수호신으로 삼았었소. 그래서 그는 물을 부리는 존재가 되어 물 이름을 가지고 벼슬 이름으로 삼았었소. 태호씨는 용(龍)을 수호신으로 삼았었소. 그래서 그는 용을 부리는 존재가 되어 용 이름을 벼슬 이름으로 삼았었소. 그리고 나의 선조, 소호지(少皞摯)께서 임금이 되시어, 봉(鳳)새가 날아왔소. 그랬으므로 나의 선조께서는 새를 수호신으로 삼아, 새를 부리는 존재가 되셔서 새 이름으로 벼슬 이름을 삼으셨던 것이오. 봉조씨(鳳鳥氏)는 역(歷)을 주관하는 관장(官員)이었고, 현조씨(玄鳥氏)는 춘분과 추분의 시기를 구별하는 일을 맡았으

공자(孔子, 李公麟聖賢圖)

며, 백조씨(伯趙氏)는 하지와 동지를 구별하는 일을 맡았고, 청조씨(靑鳥氏)는 양기(陽氣)가 만물의 힘을 열어주는 일을 관장했으며, 단조씨(丹鳥氏)는 음기(陰氣)가 만물의 힘을 정지케 하는 것을 관장했고, 축구씨(祝鳩氏)는 사도(司徒)가 되었으며, 저구씨(鴡鳩氏)는 사마(司馬)가 되었고, 시구씨(鳲鳩氏)는 사공(司空)이 되었으며, 상구씨(爽鳩氏)는 사구(司寇)가 되었고, 골구씨(鶻鳩氏)는 농(農)·공(工)을 관장했소. 다섯 구(鳩)의 관(官)은 백성들을 모아 영도했고, 또 다섯 치(雉)의 관은 다섯 분야 공인(工人)을 맡는 관장(官長)이 되어, 도구를 편리하게 하고 도량(度量)의 법을 바르게 하여 백성들을 편하게 했소. 그리고 또 아홉의 호(扈)의 관은 아홉 가지 농사일을 맡는 관장이 되어, 백성들을 안착시켜 게으르지 않게 했던 것이오. 그러나 그후, 전욱씨(顓頊氏) 시대로부터는, 우리 인간 사회에서 떨어져 있는 것을 수호자로 삼지 못하고 사람 신변의 가까운 것을 수호자로 삼아, 임금은 백성만을 거느리는 존재가 되어 민간의 일을 가지고 벼슬 이름으로 삼았으니, 그것은 사람 밖의 것을 부릴 수가 없어서 그랬던 것이오."
공자(孔子)께서는 이 일을 들으시고, 담나라 군주를 찾아가 배웠다. 그리고 나서 다른 사람에게 말씀하시기를, "내 들었으되, '천자가 관제(官制)의 정당(正當)을 취하지 못하게 되어져, 학문은 사방의 오랑캐들에게 있다.'고 한다. 이 말은 역시 옳은 말이다."라고 하셨다.

주해 ○以雲紀(이운기)─구름을 가지고 수호신을 삼아, 사회를 통제함.
○雲師(운사)─구름을 부리는 사람.
○司分(사분)─분은 춘분과 추분.

ㅇ鳩民者(구민자)—사람들을 모아 가르치는 자.
ㅇ扈民無淫者(호민무음자)—사람들을 안정시켜 나쁜 짓을 시키지 않음.

진후사도괴여주　　　　청유사어락여삼도　　　　장홍위류자왈
晉侯使屠蒯如周,하여　請有事於雒與三塗.라　萇弘謂劉子曰,

객용맹　　　비제야　　　기벌융호　　　육혼씨심목어초　　　필
客容猛,하니　非祭也,요　其伐戎乎.인저　陸渾氏甚睦於楚,어늘　必

시고야　　　　군기비지　　　　내경융비
是故也.리이다　君其備之.하소서　乃警戎備.라

구월정묘　　　진순오솔사　　　섭자극진　　　사제사선용생우
九月丁卯,에　晉荀吳帥師,하여　涉自棘津,하여　使祭史先用牲于

락　　육혼인불지　　　사종지　　　경오　　　수멸육혼　　　수지
雒.이라　陸渾人弗知,에　師從之,하여　庚午,에　遂滅陸渾,하고　數之

이기이어초야　　　육혼자분초　　　기중분감록　　　주대획
以其貳於楚也.라　陸渾子奔楚,하고　其眾奔甘鹿,하니　周大獲.이라

선자몽　　　문공휴순오　　　이수지육혼　　　고　　　사목자솔사
宣子夢,에　文公攜荀吳,하여　而授之陸渾.이라　故로　使穆子帥師,

　　　헌부우문궁
하고　獻俘于文宮.이라

동　　　유성패우대신서　　　급한　　　신수왈　혜소이제구포
冬,에　有星孛于大辰西,하여　及漢.이라　申須曰,　彗所以除舊布

신야　　　천사항상　　　금제어화　　　화출　　　필포언　　　제
新也.라　天事恒象,에　今除於火,하니　火出,이면　必布焉,이어늘　諸

후기유화재호　　　재신왈　　　왕년　　　오견지　　　시기징야
侯其有火災乎.인저　梓愼曰,　往年,에　吾見之,어늘　是其徵也.라

화출이현　　　금자화출이장　　　필화입이복　　　기거화야
火出而見,하고　今茲火出而章.이라　必火入而伏.하리라　其居火也

구의　　　기여불연호　　　화출어하위삼월　　　어상위사월
久矣,니　其與不然乎.아　火出於夏爲三月,하고　於商爲四月,하며

어주위오월　　　하수득천　　　약화작　　　기사국당지　　　재
於周爲五月.이라　夏數得天이니　若火作,이면　其四國當之,하며　在

송　위　진　정호　　　송대신지허야　　　진태호지허야　　　정
宋·衛·陳·鄭乎.인저　宋大辰之虛也,요　陳大皞之虛也,며　鄭

축융지허야　　　개화방야　　　성패급한　　　한수상야　　　위전
祝融之虛也,로　皆火房也.라　星孛及漢,이어늘　漢水祥也,요　衛顓

項之虛也.라 故로 爲帝丘,이었거늘 其星爲大水.라 水火之牡也.

라 其以丙子若壬午作乎.인저 水火所以合也.라 若火入而伏,이면

必以壬午,하고 不過其見之月.이라 鄭裨竈言於子産曰, 宋·

衛·陳·鄭將同日火,나 若我用瓘斝玉瓚,이면 鄭必不火.리라

子産弗與.라

吳伐楚,에 陽匄爲令尹,하여 卜戰,하니 不吉.이라 司馬子魚曰,

我得上流,어늘 何故不吉.가 且楚故,는 司馬令龜,니 我請改卜.이

라 令曰, 鮒也以其屬死之,하고 楚師繼之,이리니 尙大克之.라

吉.이라 戰于長岸,하여 子魚先死,하고 楚師繼之,하여 大敗吳師.

라 獲其乘舟餘皇,하여 使隨人與後至者守之,하고 環而塹之,하여

及泉,하고 盈其隧炭,하여 陳以待命.이라 吳公子光請於其衆曰,

喪先王之乘舟,어늘 豈唯光之罪.아 衆亦有焉.이라 請藉取之,하여

以救死.라 衆許之.라 使長鬣者三人潛伏於舟側,하고 曰, 我呼

餘皇,이면 則對.하다 師夜從之,에 三呼,하니 皆迭對.라 楚人從

而殺之,하여 楚師亂,에 吳人大敗之,하여 取餘皇,하여 以歸.라

진나라 군주가 도괴(屠蒯)에게 주(周)나라로 가게 하여, 낙수(洛水)
와 삼도산(三塗山)에서 제사를 지내게 해달라고 요청했다. 이에 주나
라의 장홍(萇弘)이 주나라 정사를 맡고 있는 유(劉)나라 군주에게 말
하기를 "주나라를 찾아온 진나라의 빈객(賓客)의 얼굴이 용맹스러운

기운을 띠고 있으니, 진나라는 정말로 제사를 지내자는 것은 아니고, 융족(戎族) 나라를 치자는 속셈일 것이옵니다. 육혼(陸渾) 땅의 융족 나라가 초나라에 대해서 아주 화목하고 있는데, 반드시 그 때문에 치자는 것이옵니다. 그러니 군주께서는 대비하소서."라고 했다. 그래서 융족을 경비했다.

9월 정묘날에, 진나라의 순오(荀吳)가 군사를 이끌고, 극진(棘津)으로부터 황하(黃河)를 건너, 제관(祭官)으로 하여금 먼저 낙수의 신에게 희생(犧牲)을 드리게 했다. 그때 육혼 땅의 사람들은 진나라 군사가 자기들을 치리라고 알지 못하고 있었는데, 진군은 육혼으로 쳐들어가 경오날에 결국 육혼의 융족 나라를 멸망시키고, 그들이 초나라에 대해서 화목하고 진나라를 배반하고 있다고 책망했다. 그러자 육혼의 융족 나라 군주 자작은 초나라로 도망갔고, 그의 백성들이 감록(甘鹿) 땅으로 달아나니 주나라가 그들을 많이 잡았다. 진나라의 한선자(韓宣子)가 꿈을 꾸니, 진나라 문공(文公)이 순오의 손을 잡고 육혼 땅을 준다는 것이었다. 그래서 그는 목자(穆子 : 순오)에게 군사를 이끌게 했고, 그리고 그는 그때 잡은 포로들을 문공을 모시는 사당에 바쳤다.

겨울에, 혜성(彗星)이 대화성(大火星) 위치의 서쪽에 떠, 은하수를 넘나들었다. 그러자 우리 노나라의 신수(申須)가 말하기를, "혜성은 낡은 것을 제거하고 새로운 것을 내는 것이다. 천문(天文) 현상은 언제나 징조를 보이는 것인데, 이제 혜성이 대화성의 자리를 침범하고 있으니, 대화성이 출현하게 되는 시기에는 반드시 새로운 일이 나타날 것인데, 제후국에 화재가 있을 것이다."라고 했다. 그리고 재신(梓愼)은 말했다. "나는 왕년(往年)에 보았는데, 그것은 지금의 징조와 같았다. 그때는 대화성이 나타나는 때에 보였고, 금년은 대화성이 나타난 뒤에 혜성이 밝게 빛나고 있다. 대화성이 들어가면, 혜성은 반드시 자취를 감출 것이다. 혜성이 대화성의 위치에 있은 지 오래되었으니, 역시 화재가 없을 것인가? 대화성이 나타나는 것은 하(夏)나라 시대의 역(曆)으로는 3월이고, 상(商 : 殷)나라 시대의 역으로 4월이며, 주(周)나라 역으로 5월이다. 그 중에서도, 하나라 역이 천문상 잘된 것이니 만일 화재가 일어난다면 네 나라에 해당하여, 송나라·위나라·진(陳)나라·정나라일 것이다. 송나라는 대화성과 관계가 있었던 옛나라의 자리이고, 진(陳)나라는 태호성(大皞星)과 관계가 있었던 옛나라의 자리이며, 정나라는 축융성(祝融星)과 관계가 있었던 옛 나라의 자리로, 다 불을 안고 있는 자리이다. 혜성이 은하수를 넘나들고 있는데 은하수는 물의 상징이고, 위나라는 옛날의 임금 전욱(顓頊)이 차지했던 옛터인 것이다. 그래서 제구(帝丘)라 일렀었는데, 그 땅을 지배하는 별은 대수(大水)다. 물은 불의 남편이다. 화재는 병자날이나 임오날에 일어날 것이다. 그날은 수(水)와 화(火)가 만나는 날이다. 만일, 대화성이 들어가고 혜성이 자취를 감춘다면, 그것은 반드시 임오날일 것이고, 화재가 나는 것은 결국 혜성이 보인 달을 지나지 않을 것이다." 정나라의 비조가 자산(子産)에게 말하기를, "송나라·위나라·진나라·정나라에는 같은 날에 화재가 날 것이나, 우리가 옥으로 만든 잔과 옥으로 만든 종묘 제사 때에 쓰는 잔을 가지고 재난을 물리친다면, 우리 정나라에는 반드시 화재가 나지 않을 것입니다."라고 했다. 그러나 자산은 듣지 않았다.

　오나라가 초나라를 치니, 양개(陽匄)가 초나라의 영윤(令尹)이 되어 싸울 것을 가지고 거북등을 구워 점을 쳤더니 불길하였다. 그러자 초나라 사마(司馬)인 자어(子魚)가 말하기를, "우리나라는 강물의 상류에 위치하고 있는데, 무엇 때문에 불길하단 말입니까? 그리고 우리 초나라의 전례(前例)로는 전쟁의 일은 사마가 점을 치는 것이니, 제가 다시 점치기를 원합니다."라고 했다. 그리고는 점을 치며 말하기를, "방(魴 : 자어) 내가 나가 죽고, 그 뒤를 우리 초나라 군사가 따를 것이니, 크게 이기게 하시오."라고 했다. 점을 치니 길하다는 징조가 나타났다. 초군은 오군과 장안(長岸)에서 싸워, 자어가 먼저 죽었고, 초나라 군사가 그 뒤를 이어 쳐 오나라 군사를 대파했다. 오나라 국왕이 탄 배 여황(餘皇)을 뺏어, 수(隨)의 사람들과 뒤에 도우러 온 사람들에게 지키게 하고, 그 주위에 참호를 파 샘의 깊이로 하고, 그 배에 통하는 굴길에는 숯을 채워 막고서 그 근처에 진을 치고 별도의 명령을 기다리게 했다. 그때 오나라의 공자 광(光)이 사람들에게 요청하기를, "선대 국왕이 타셨던 배를 잃었는데, 그것은 어찌 다만 나 광만의 죄이겠소? 여러분에게도 또한 죄가 있는 것이오. 나는 여러분의 힘을 빌어서 빼앗아, 죽을 죄를 면해야겠소."라고 했다. 그러자 여러 사람들은 그러자고 했다. 이에 머리가 긴 세 사람을 여황 옆으로 몰래 가 잠복하게 하고 말하기를, "우리가 여황 하고 소리쳐 부르면, 너희들은 대답해라."라고 했다. 그리고 오나라 군사가 저녁에 초군의 진으로 가까이 가 세번 "여황!"하고 부르니, 잠복하고 있던 자들이 번갈아 대답하였다. 이에, 초나라 사람들은 그 소리를 따라 그 세 사람을 죽이려 하여 초나라 군사가 혼란스러워지자 오나라 사람들이 쳐 크게 패배시켜, 여황을 도로 빼앗아 가지고 돌아갔다.

주해 ○三塗(삼도)─산 이름. 소공 4년조에 나왔다.

○棘津(극진)─지금의 하남성 급현(汲縣) 남쪽에 있는 황하(黃河) 나루.

○甘鹿(감록)─지금의 하남성 의양(宜陽) 부근.

○文宮(문궁)─문공의 사당.

○漢(한)─은하수.

○陽匄(양개)─초나라 목왕(穆王)의 증손인 공자 하(瑕).

○長岸(장안)─초나라 지명으로, 지금의 안휘성 당도(當塗) 부근.

經 ○十有八年春王三月,에 曹伯須卒.이라

○夏五月壬午,에 宋·衛·陳·鄭災.라

○六月,에 邾人入鄅.라

○秋,에 葬曹平公.이라

○冬,에 許遷于白羽.라

18년 봄 천자가 쓰는 역으로 3월에, 조나라 군주인 백작 수(須)가 세상을 떠났다.

여름 5월 임오날에, 송나라·위나라·진(陳)나라·정나라에 화재(火災)가 있었다.

6월에, 주(邾)나라 사람이 우(鄅)나라로 쳐들어갔다.

가을에 조나라 평공을 장사 지냈다.

겨울에 허(許)나라가 백우(白羽)로 옮겨갔다.

주해 ○鄅(우)―지금의 산동성 임기(臨沂) 근방에 위치했던 작은 나라.

○白羽(백우)―전에는 석(析)이라 했는데, 그것은 백우였다고도 했다.

傳 十八年春王二月乙卯,에 周毛得殺毛伯過,하여 而代之.라
萇弘曰, 毛得必亡.하리라 是昆吾稔之日也.라 侈故之以,이었거늘
而毛得以濟侈於王都.라 不亡,하고 何待.리오

三月,에 曹平公卒.이라

18년 봄 천자가 쓰는 역으로 2월 을묘날에, 주(周)나라의 모득(毛得)이 모백과(毛伯過)를 죽이고, 자신이 그의 자리를 차지했다. 이에, 장홍(萇弘)이 말했다. "모득은 반드시 망하리라. 을묘라는 날은, 하(夏)나라의 곤오(昆吾)가 포악이 극치에 달해 망한 날이었다. 그것은

곤오가 거만해서였는데, 모득은 거만떠는 일을 천자가 계시는 서울에
서 행했다. 그런데 그가 망하지 않고서 무슨 일이 있기를 기다릴 것
인가?”
　3월에, 조나라의 평공이 세상을 떠났다.

주해┃　○毛得必亡(모득필망)─모득은 소공 26년에 도망가게 되었다.
　　○昆吾(곤오)─하나라 때의 사람으로, 지극히 포악했다고 한다.

　　　　夏五月,에 火始昏見,하고 丙子,에 風.이라 梓愼曰, 是謂融風,
하여 火之始也.라 七日,에 其火作乎.인저 戊寅,에 風甚,하고 壬
午,에 大甚.이라 宋·衛·陳·鄭皆火.라 梓愼登大庭氏之庫,하
여 以望之曰, 宋·衛·陳·鄭也.라 數日皆來,하여 告火.라 禆
竈曰, 不用吾言,이면 鄭又將火.리라 鄭人請用之,나 子産不可.라
子大叔曰, 寶以保民也.라 若有火,면 國幾亡,이어늘 可以救亡,에
子何愛焉.가 子産曰, 天道遠,하고 人道邇.라 非所及也.라 何以
知之.오 竈焉知天道.아 是亦多言矣,에 豈不或信.가 遂不與,하고
亦不復火.라

　　　　鄭之未災也,에 里析告子産曰, 將有大祥,하여 民震動,하고 國
幾亡.하리라 吾身泯焉,이리니 弗良及也.리라 國遷其可乎.인저 子
産曰, 雖可,나 吾不足以定遷矣.라 及火,하여 里析死矣,에 未葬.
이라 子産使輿三十人遷其柩.라 火作,에 子産辭晉公子·公孫于

東門,하고 使司寇出新客,하고 禁舊客,하여 勿出於宮.이라 使子寬·子上巡群屏攝,하여 至于大宮,하고 使公孫登徙大龜,하며 使祝史徙主祏於周廟,하여 告于先君,하고 使府人·庫人各儆其事,하며 商成公儆司宮,하고 出舊宮人,하여 寘諸火所不及.이라 司馬·司寇列居火道,하여 行火所焮,하고 城下之人,은 伍列登城.이라 明日,에 使野司寇各保其徵.이라 郊人助祝史,하여 除於國北,하여 禳火于玄冥回祿,하고 祈于四鄘.이라 書焚室,하여 而寬其征,하고 與之材,하며 三日哭,하고 國不市.라 使行人告於諸侯.라 宋·衛皆如是,나 陳不救火,하고 許不弔災.라 君子是以知陳·許之先亡也.라

여름 5월에, 대화성(大火星)이 비로소 저녁때에 나타나고, 병자날에 큰바람이 불었다. 우리 노나라의 재신(梓愼)이 말하기를, “이것은 융풍(融風)이라 일러, 화재의 전조(前兆)다. 7일 뒤에, 화재가 일어날 것이다.”라고 했다. 무인날에 심한 바람이 불고, 임오날에는 더욱 심하게 불었다. 이날에, 송나라·위나라·진(陳)나라·정나라에 모두 화재가 났다. 그때, 재신은 옛날에 있었던 대정(大庭)나라 도읍터에 지은 창고 위로 올라가 하늘을 바라보고 말하기를, “송나라·위나라·진나라·정나라에 화재가 났겠구나.”라고 했다. 그랬는데 며칠이 지나자, 네 나라 사람이 모두 와, 화재가 있었다고 알렸다. 정나라의 비조가 말하기를, “내 말을 듣지 않으면, 우리 정나라에는 장차 또 화재가 있을 것이다.”라고 했다. 정나라 사람이 그의 말대로 하자고 요청했으

나, 자산은 그럴 수 없다고 했다. 그러자 자대숙(子大叔 : 游吉)이 말하기를, "국가의 보배는 국민을 지키기 위한 것이오. 만약 화재가 있게 되면, 나라가 거의 망하게 될 것인데, 나라가 망하는 것을 구해 낼 수가 있다는데, 님은 어찌 보배를 내주기를 아까워하십니까?"라고 했다. 그러자 자산은 말했다. "천도(天道)는 심원(深遠)하고, 인도(人道)야 천근(淺近)한 것이오. 그래서 천도는 사람이 잘 알 수 있는 것이 아니오. 그런데 어떻게 천도를 알겠소? 비조가 대체 어떻게 천도를 안단 말이오? 그이도 말이 많은 사람이니, 어찌 어찌하다가 믿을 말을 하지 않겠소?" 자산은 끝내 보물을 써서 화재 막음을 하게 내주지 않았고, 또 다시 화재가 나지도 않았다.

정나라에 아직 화재가 나지 않았을 때, 이석(里析)이 자산에게 말하기를, "장차 큰 화재가 있어 민심이 진동하고, 나라는 거의 망하게 될 것입니다. 나야 그때에 죽어 없을 것이니, 실로 그 일을 보지는 못할 것입니다. 도읍을 다른 곳으로 옮기는 것이 좋을 것입니다."라고 하니 자산은, "비록 좋다 하더라도 나는 새 국도(國都)를 정할 수는 없소."라고 말했다. 그후, 화재가 나려고 했을 때 이석은 죽었고, 아직 장사를 지내지 않고 있었다. 자산은 인부 30명을 시켜 그의 영구(靈柩)를 다른 곳으로 옮기게 했다. 화재가 나자, 자산은 진(晉)나라에서 간 공자와 공손(公孫)들을 도읍의 동문(東門)으로부터 피해 나가게 하고, 사구(司寇)에게 새로 찾아온 빈객(賓客)들을 성밖으로 나가게 하고, 전부터 있었던 빈객들은 함부로 행동하기를 금하여 있는 집에서 나오지 못하게 했다. 그리고 자관(子寬)·자상(子上)에게 여러 사당을 돌아보게 하여, 종묘(宗廟)까지 돌게 했고, 공손등(公孫登)에게 점을 치는 거북등을 다른 안전한 곳으로 옮기게 했으며, 축사관(祝史官)에게 역대 군주의 신주를 정나라 군주의 선조인 조나라 여왕(厲王)의 사당으로 옮겨, 그 사유를 전대 군주의 신령(神靈)에게 고하게 하고, 궁중 창고를 지키는 사람과 무기고를 지키는 사람들로 하여금 맡은 바를 잘 지키게 했으며, 상성공(商成公)은 공궁(公宮)을 잘 지키고, 나이든 궁인(宮人)들을 궁중에서 피해 나가게 하여 불길이 닿지 않는 곳에 있게 했다. 그리고 사마(司馬)와 사구에 소속되는 사람들은 불길 닿는 곳에 늘어서서 불 잡는 일에 힘쓰고, 성하(城下)의 사람들은 대열을 지어 성 위로 올라가 경비하게 했다. 화재가 난 그 다음날에는, 민간의 경찰직을 맡은 사람들로 하여금 각기 거느린 사람들을 잘 단속하게 했다. 그리고 성밖의 사람들은 축사관을 도와 도읍의 북쪽 지점을 깨끗이 청소하여, 수신(水神)인 현명(玄冥)과 화신(火神)인 회록(回祿)에게 화기(火氣)가 없어지도록 해달라고 빌고, 도성(都城) 사방의 신에게 빌었다. 그리고 난 뒤, 불에 집을 잃은 사람들을 기록하여, 그들의 세금 내는 일을 관대히 보아주고, 집을 지을 재료를 대어 주며, 3일 간 애곡(哀哭)하는 예를 행하고, 도읍 안에 장을 열지 않았다. 정나라는 외교 담당관인 행인(行人)에게 각 제후국에 화재가 난 일을 알렸다. 송나라·위나라도 다 정나라와 같이 했지만, 진(陳)나라에서는 불이 난 것을 제대로 잡지 않았고, 허나라는 화재가 있은 나라들을 위문하지 않았다. 그래서 군자는 이 일을 가지고 진(陳)나라와 허나라가 다른 나라들보다 먼저 망할 것임을 알게 되었다.

주해   ㅇ融風(융풍)—두예는 그의 주에서, '동북풍으로, 목성(木性)의 바람이다. 오행설(五行說)에는 목(木)이 화(火)의 모태(母胎)이니, 융풍은 곧 불을 가져오는 바람이다.'라고 말했다.

ㅇ大庭氏之庫(대정씨지고)—대정은 옛 나라 이름. 노나라 도읍 안에 대정나라 도읍의 옛터가 있었고, 그 자리에다 창고를 높이 지었던 것 같다.

ㅇ群屛攝(군병섭)—여러 사당.

ㅇ大宮(태궁)—종묘.

ㅇ周廟(주묘)—정나라 군주인 주나라 여왕(厲王)을 모신 사당을 일렀다.

ㅇ玄冥(현명)—수신(水神).

ㅇ回祿(회록)—화신(火神).

ㅇ四鄙(사용) ─성의 사방신(四方神).

六月,에 郈人藉稻.라 邾人襲鄅,하니 鄅人將閉門.이라 邾人羊
羅攝其首焉,에 遂入之,하여 盡俘以歸.라 鄅子曰, 余無歸矣.라
從帑於邾,하니 邾莊公反鄅夫人,이나 而舍其女.라

秋,에 葬曹平公,하고 往者見周原伯魯焉,하여 與之語,하니 不
說學.이라 歸以語閔子馬,하니 閔子馬曰, 周其亂乎.인저 夫必多
有是說,하여 而後及其大人.이리라 大人患失而惑,하고 又曰, 可
以無學,이요 無學不害.라하리라 不害而不學,이면 則苟而可.라 於
是乎, 下陵上替,이어늘 能無亂乎.인저 夫學殖也,이니 不學,이면
將落.이라 原氏其亡乎.인저

七月,에 鄭子産爲火故,로 大爲社,하고 祓禳於四方,하여 振除
火災.라 禮也.라 乃簡兵大蒐.라 將爲蒐除,에 子大叔之廟在道
南,하고 其寢在道北.이라 其庭小,하고 過期三日.이라 使除徒陳於
道南廟北曰, 子産過女,하여 而命速除,면 乃毁於而鄕.하라 子産
朝,에 過而怒之.라 除者南毁,하니 子産及衝,하여 使從者止之曰,
毁於北方.하라

火之作也,에 子産授兵登陴.라 子大叔曰, 晉無乃討乎.아 子
産曰, 吾聞之,하되 小國忘守,면 則危.라 況有災乎.아 國之不可

小,는 有備故也.라 旣,에 晉之邊吏讓鄭曰, 鄭國有災,엔 晉君大
夫不敢寧居,하여 卜筮走望,하여 不愛牲玉.이라 鄭之有災,는 寡
君之憂也.라 今, 執事擱然授兵登陴,어늘 將以誰罪.아 邊人恐
懼,에 不敢不告.라 子産對曰, 若吾子之言.이라 敝邑之災,는 君
之憂也.라 敝邑失政,하여 天降之災.라 又懼,하되 讒慝之閒謀之,
하여 以啓貪人,하여 荐爲敝邑不利,하여 以重君之憂.라 幸而不
亡,이면 猶可說也,나 不幸而亡,이면 君雖憂之,라도 亦無及也.라
鄭有他竟,이나 望走在晉.이라 旣事晉矣,에 其敢有二心.가
楚左尹王子勝言於楚子曰, 許於鄭仇敵也.이오니다 而居楚地,
하여 以不禮於鄭,하옵고 晉・鄭方睦.이오니다 鄭若伐許,하고 而
晉助之,면 楚喪地矣.리이다 君盍遷許.이오니까 許不專於楚,하옵
고 鄭方有令政.이오니다 許曰, 余舊國也.라하옵고 鄭曰, 余俘邑
也.라하오니다 葉在楚國,에 方城外之蔽也.이오니다 土不可易,이옵
고 國不可小.라소이다 許不可俘,이옵고 讎不可啓,이오니 君其圖
之.하소서 楚子說,하여 冬,에 楚子使王子勝遷許於析,하니 實白
羽也.라

6월에, 우나라 군주가 국중을 순행하여 벼를 심은 곳을 일일이 기
록하였다. 그 틈에, 주나라 사람이 우나라를 습격하니, 우나라 사람이

성문을 닫으려 했다. 그러자 주나라 사람 양라(羊羅)가 달려가, 성문을 닫고 있는 자의 머리를 잡아당겨, 그 틈에 다른 사람들이 성안으로 들어가, 우나라 사람들을 다 포로로 하여 돌아갔다. 우나라 군주인 자작은, "나는 의지할 곳이 없구나!"라고 말했다. 그리고 처자의 뒤를 따라 주나라로 가니, 주나라의 장공(莊公)은 우나라 군주에게 그의 부인을 돌려주었으나, 그의 딸만은 억류했다.

가을에, 조나라 평공을 장사 지내고, 그 장례식에 참석하러 간 노나라 사람이 주(周)나라 대부인 원(原)을 다스리는 백작 노(魯)를 만나 그와 같이 이야기를 나누었는데, 그는 학문을 좋아하지 않았다. 그 사람이 노나라로 돌아와, 그 일을 민자마(閔子馬)에게 말하니, 민자마는 말했다. "주나라는 혼란스럽게 될 것이오. 주나라에는 학문을 경시하는 설(說)이 많아, 그리하여 그 설은 주나라 대부들에게 영향을 주고 있을 것이오. 상부(上部)의 사람들은 자신들의 지위를 잃을 것을 걱정하여 그 기풍(氣風)에 물들어 갈피를 못잡고 말하기를, '학문을 할 필요가 없다. 학문이 없어도 해됨은 없다.'고 말하고 있는 것이오. 해됨이 없다고 학문을 하지 않으면, 일이 소홀해도 좋다고 하게 되오. 그렇게 되면 아랫사람이 윗사람을 능멸할 것인데, 혼란이 없을 수가 있겠소? 학문은 덕을 기르는 것이니, 학문을 닦지 않으면 몰락하게 되오. 그러니 원씨(原氏)는 망할 것이오."

7월에, 정나라 자산은 화재가 있었던 일로, 사(社)에서 큰 제사를 지내고, 사방에 비는 일을 하여 화재의 액(厄)을 털어냈다. 그것은 예의에 맞는 일이었다. 그리고 나서 그는 대대적인 열병식을 벌였다. 그 열병식을 가질 장소를 정리함에, 자대숙(子大叔)의 집 사당은 군대가 지나갈 길의 남쪽에 있고, 그의 집은 길 북쪽에 있었다. 그런데 길이 될 그의 집 뜰이 협소하여, 아무래도 사당이나 집을 헐어야 했다. 그래서 어느 것이건 헐어내라고 명령하여, 그 기일이 3일이나 지났다. 그러자 자대숙은 정리 작업을 하는 일꾼들을 통로인 남쪽, 즉 사당의 북쪽에 열을 지게 하고 말하기를, "자산께서 너희들 앞을 지나시면서, 속히 정리하라고 하시면, 너희들은 면(面)하고 있는 쪽(사당)을 헐어라."라고 했다. 자산이 조정으로 가면서 그 앞을 지났는데 아직도 일을 다하지 않았다고 노했다. 그러자 정리 작업을 하는 일꾼들이 남쪽, 즉 사당을 헐으니, 자산은 십자로(十字路)에 이르러, 따르고 있는 사람을 시켜 사당 허는 일을 중지시키게 하고, "북쪽(집)을 헐게 하라."고 말했다.

화재가 났을 때, 자산은 (진나라와의 접경 지대) 사람들에게 무기를 나누어 주어 성 위의 담으로 올라가 지키게 했다. 그러자 자대숙이 말하기를, "진(晉)나라에서 항의하지 않을까요?"라고 했다. 그러자 자산은, "내 들었거니와, '작은 나라가 잘 지키기를 잊는다면, 위험하다.'고 하오. 그런데 하물며 화재를 겪고 있는 처지에서야 다시 말할 것이 있소? 나라가 작다고 무시 못하게 되는 것은, 항상 만약의 일에 대비를 하고 있어야 그러는 것이오."라고 했다. 그러고 나자 진나라의 변방을 지키고 있는 관리가 정나라에 대하여 이의(異議)를 내어 말하기를, "정나라가 화재를 당함에, 우리 진나라의 대부들은 편안히 있지를 못하여 거북등으로 점을 치고, 산가지점을 치며 사방으로 가 무사를 빌어, 희생의 제물과 옥(玉) 쓰기를 아끼지 않고 있습니다. 정나라에 화재가 난 것은, 우리나라 군주의 근심거리입니다. 그런데도 이제 정나라의 집정관(執政官)께서는 살벌하게도 사람들에게 무기를 나누어 주어 성의 담 위로 오르게 하고 계시는데, 누구에게 잘못이 있어서입니까? 변방을 지키고 있는 저는 두려워져, 감히 말씀드리지 않을 수가 없습니다."라고 하였다. 이에 대하여, 자산은 대답했다. "당신의 말과 같소이다. 우리나라의 화재는 귀국 군주의 걱정거리요. 우리나라가 정치를 잘못하여, 하늘이 재앙을 내리었소. 이에, 우리는 또 두려워하기를, 헐뜯고 간악한 자가 모략을 하여 탐욕(貪欲)의 자를 이끌어 넣어, 우리나라에게 손해를 더하게 하여, 귀국의 군주 걱정을 더하게 할까 하는 것이오. 우리나라가 요행히 망하지 않는다면 잘못된 점에 대해서 변명할 수 있지만, 불행히도 망해버린다면 귀국의 군주께서 걱정해 주신다 하더라도 어찌 할 도리는 없는 것이오. 정나라는 다른 나라들과도 접경하고 있으나, 의지하여 달려갈 나라는 진나라인 것이오. 우리나라는 이제까지 진나라를 섬기어 왔는데, 이제 감히 다른 마음을 가질 것이오?"

초나라의 좌윤(左尹)인 왕자 승(勝)이 초나라 군주에게 말하기를, "허나라는 정나라에 대해서 원수로 여기고 있나이다. 허나라는 우리 초나라의 영역 안에 있으면서 정나라에 대해서 예의를 지키지 않삽고, 진나라와 정나라는 한창 화목하고 있사옵니다. 정나라가 만일 허나라를 치고, 진나라가 정나라를 돕는다면, 초나라는 결국 땅을 잃게 될 것이옵니다. 그런데도 군주께서는 어찌 허나라를 다른 곳으로 옮기지 않으시렵니까? 허나라는 지금 우리 초나라에게만 충성을 다하지 않사옵고, 정나라는 바야흐로 충실한 정치를 하고 있사옵니다. 허나라는 말하기를, '정나라는 우리의 옛땅이다.'라 하옵고, 정나라에서는 말하기를, '허나라는 우리의 포로가 되었던 나라다.'라고 하옵니다. 섭(葉) 땅은 초나라에서 방성(方城) 북방을 방위하는 요지(要地)이옵니다. 그 국가의 토지는 가볍게 여길 수 없삽고, 정나라는 작다고 깔볼 수 없사옵니다. 그리고 허나라는 다른 나라에게 뺏길 수 없삽고, 적이 영역 내에 들어오도록 길을 터줄 수 없으니, 군주께서는 잘 헤아리소서."라고 했다. 이 말을 들은 초나라 군주는 좋아하여, 겨울에 왕자 승에게 허나라를 석(析)으로 옮겼으니, 석은 실로 백우(白羽)다.

주해 ㅇ鄅人(우인)－우나라 군주[鄅子]의 오기로 본다.

ㅇ大人(대인)－높은 계급의 사람.

ㅇ爲社(위사)－사는 국토(國土)의 신을 제사 지내는 곳. 위(爲)는 여기에서는 제사 지냄의 뜻을 나타낸다.

ㅇ乃毁於而鄕(내훼어이향)—곧 너희들이 면하고 있는 쪽(사당)을 헐어라. 대숙은 사당을 헐 수 없다는 생각으로, 일부러 사당을 헐라 하고, 자산이 중지시킴을 기대했던 것이다.

ㅇ授兵(수병)—다음의 글을 보아서는, 도읍 사람들에게 무기를 나누어 준 것이 아니라, 진나라와 접경하고 있는 곳의 사람들에게 무기를 내어 주어 경비시킨 것이었다.

ㅇ余俘邑也(여부읍야)—허나라는 은공 11년에 정나라한테 일단 멸망당했다가, 정나라에 의해서 복구되었다. 그래서 이렇게 말한 것이다.

經| ㅇ十有九年春,에 宋公伐邾.라

ㅇ夏五月戊辰,에 許世子止弑其君買.라

ㅇ己卯,에 地震.이라

ㅇ秋,에 齊高發帥師,하여 伐莒.라

ㅇ冬,에 葬許悼公.이라

19년 봄에, 송나라 군주인 공작이 주(邾)나라를 쳤다.

여름 5월 무진날에, 허나라 세자인 지(止)가, 그의 군주 매(買)를 죽였다.

기묘날에, 지진이 있었다.

가을에, 제나라 고발(高發)이 군사를 이끌고 거나라를 쳤다.

겨울에, 허나라 도공(悼公)을 장사 지냈다.

傳| 十九年春,에 楚工尹赤遷陰于下陰,하고 令尹子瑕城郟.이라

叔孫昭子曰, 楚不在諸侯矣.라 其僅自完也,하여 以持其世而

已.라

楚子之在蔡也,에 郹陽封人之女奔之,하여 生太子建.이라 及

卽位,하여 使伍奢爲之師,하고 費無極爲少師.라 無寵焉,에 欲譖

諸王曰, 建可室矣.라 王爲之聘於秦,하여 無極與逆,이어늘 勸王

取之.라 正月,에 楚夫人嬴氏至自秦.이라

郹夫人宋向戌之女也.라 故로 向寧請師.라 二月,에 宋公伐邾,

하여 圍蟲,하고 三月,에 取之,하니 乃盡歸邾俘.라

19년 봄에, 초나라의 공윤(工尹) 벼슬에 있는 적(赤)이 음(陰) 고을 사람들을 하음(下陰) 고을로 옮겨 살게 했고, 영윤인 자하(子瑕)는 겹(郟)에다 성을 쌓았다. 그러자 노나라의 숙손소자(叔孫昭子 : 숙손착)는, "초나라는 제후국들을 통합시킴에 뜻이 있지 않다. 초나라는 겨우 자기 나라만을 완전하게 하여 세대(世代)를 이어나가자는 뜻일 따름이다."라고 말했다.

초나라의 군주가 채나라 땅에 있을 때, 채나라 격양(郹陽) 땅을 지키는 사람의 딸이 임의로 따라가, 태자 건(建)을 낳았다. 본국으로 돌아가 초나라 군주가 되자, 오사(伍奢)를 태자 건의 사(師)가 되게 하고, 비무극(費無極)은 소사(少師)의 관에 취임했다. 그런데 비무극이 태자한테 신임을 받지 못하자, 그는 태자를 헐뜯고자 하여 국왕에게, "태자 건을 결혼시킴이 좋사옵니다."라고 건의했다. 그래서 국왕은 태자를 위하여 진(秦)나라에서 여자를 맞아들이도록 하여, 비무극도 맞이하러 간 사람들 중에 끼었는데, 그는 맞아들이는 여자를 국왕이 차지하도록 권했다. 정월에 초나라 왕의 새 부인 영씨(嬴氏)가 진나라로부터 도착했다.

우(鄅)나라 군주의 부인은, 송나라 상술(向戌)의 딸이었다. 그러므로 상술의 아들 상녕(向寧)이 전에 우나라를 친 주(邾)나라에 대해서 출군할 것을 군주에게 요청했다. 2월에, 송나라 군주는 주나라를 쳐, 충(蟲)을 포위하고 3월에 점령하니, 주나라는 우나라의 포로를 다 돌려보냈다.

주해 | ○遷陰于下陰(천음우하음)―음(陰) 고을에는 융족(戎族)이 살고 있었다. 초나라는 융족을 다스림에 있어 편리를 위하여 하음으로 옮겼다. 하음은 지금의 호북성 광화(光化) 부근이었다. 음의 융(戎)은 소공 9년조에 나왔다.

○郟(겹)―지금의 하남성 겹현(郟縣) 땅.

○郹陽(격양)―채나라 읍 이름으로 지금의 하남성 신채(新蔡) 부근.

○蟲(충)―주(邾)나라의 읍으로, 지금의 산동성 제녕(濟寧) 부근.

夏,에 許悼公瘧.이라 五月戊辰,에 飲太子止之藥,하고 卒.이라

太子奔晉.이라 書曰止弑其君.이라 君子曰, 盡心力以事君,에는

舍藥物可也.라

邾人·郳人·徐人會宋公,하여 乙亥,에 同盟于蟲.이라

楚子爲舟師,하여 以伐濮.이라 費無極言於楚子曰, 晉之伯也,

는 邇於諸夏,이오나 而楚僻陋.이오니다 故로 弗能與爭.이로소이다

若大城城父,하여 而寘太子焉,하여 以通北方,하시고 王收南方,하

면 是得天下也.라 王説,하여 從之.라 故로 太子建居于城父.라

令尹子瑕聘于秦,하니 拜夫人也.라

秋,에 齊高發帥師,하여 伐莒.라 莒子奔紀鄣,하니 使孫書伐之.라

初,에 莒有婦人,이어늘 莒子殺其夫,에 已爲嫠婦.라 及老,에 託於紀鄣,하여 紡焉以度而去之.라 及師至,인 則投諸外.라 或獻諸子占,하니 子占使師夜縋而登.이라 登者六十人,에 縋絶.이라 師鼓譟,하고 城上之人亦譟,하니 莒共公懼,하여 啓西門而出.이라

七月丙子,에 齊師入紀.라

여름에, 허나라 도공(悼公)이 학질에 걸렸다. 5월 무진날에, 도공은 태자 지(止)가 올린 약을 마시고 세상을 떠났다. 그러자 태자가 진(晉)나라로 도망갔다. 그래서, 경문에 그의 군주를 죽였다고 쓴 것이다. 군자(君子)는 말하기를, "마음과 힘을 다하여 군주를 섬기는 바에는, 약 같은 물건의 일이야 관계하지 않아도 좋은 것이다."라고 했다.

주(邾)나라 사람·예(郳)나라 사람·서(徐)나라 사람이, 송나라 군주와 회합을 가져, 을해날에 충(蟲)에서 동맹을 맺었다.

초나라 군주가 수군(水軍)을 편성하여 복(濮)나라를 쳤다. 그때 비무극이 초나라 군주에게 제의했다. "진(晉)나라가 패자(覇者)가 된 것은 중원(中原)의 여러 제후국과 가까이 있어서이오나, 우리 초나라는 중원에서 떨어진 벽지에 있사옵니다. 그러므로 진나라와 패자 되기를 다툴 수가 없사옵니다. 만일 성보(城父)에 큰 성을 쌓아, 그곳에 태자를 두시어 북방과 통하게 하시고, 임금께서 남방을 장악하옵신다면, 천하를 쥐게 될 것이옵니다." 초왕은 이 말에 기뻐하여, 그의 말대로 하기로 했다. 그래서 태자 건은 성보에 있게 되었다. 초나라 영윤 자하(子瑕)가 진(秦)나라를 예방했으니, 그것은 부인을 보내준 일에 대

하여 감사드리는 일이었다.

가을에, 제나라의 고발(高發)이 군사를 이끌고 거나라를 쳤다. 거나라의 군주인 자작이 기(紀)나라의 도읍인 장(郡)으로 달아나니, 손서(孫書)에게 쫓아가 치게 했다.

전에, 거나라에 한 부인이 있었는데, 거나라의 군주가 그의 남편을 죽여 그녀는 과부가 되었다. 나이를 먹어 늙게 되자, 그 부인은 기나라의 도읍 장으로 가 몸을 의지하면서, 삼[麻]으로 성 높이를 재어 노를 꼬아 넣어두었다. 제나라 군대가 쳐들어오자, 그 부인은 삼의 노를 성밖으로 던졌다. 제나라 군대 중의 어느 자가 그 노를 자점(子占: 손서)에게 주니, 자점은 군대로 하여금 밤중에 그 노를 타고 올라가게 했다. 성 위로 오른 자가 60명이 되었을 때, 그 노의 줄이 끊어졌다. 그러자 성 아래의 군대들이 북을 치며 고함을 질러 시끄럽게 하고, 성 위에 올라간 자들 또한 소리쳐 시끄럽게 하니, 거나라의 공공(共公)은 겁을 내어 성의 서문을 열고 도망갔다. 7월 병자날에, 제나라 군사는 기나라 도읍으로 입성(入城)했다.

주해 | ㅇ城父(성보)−지금의 하남성 양성(襄城) 부근.
ㅇ紀郡(기장)−기나라의 도읍인 장. 장은 지금의 강소성(江蘇省) 감유현(贛楡縣) 땅이었다.
ㅇ孫書(손서)−진무우(陳無宇)의 아들로 자는 점(占)이었다.

是歲也,에 鄭駟偃卒.이라 子游娶於晉大夫,하여 生絲.라 弱하여 其父兄立子瑕.라 子産憎其爲人也,하고 且以爲不順,하여 弗許,하고 亦弗止,하니 駟氏聳.이라 他日,에 絲以告其舅.라 冬,에 晉人使以幣如鄭,에 問駟乞之立故.라 駟氏懼,하고 駟乞欲逃,하

니 子産弗遣,하고 請龜以卜,이나 亦弗予.라 大夫謀對.라 子産不
待,하고 而對客曰, 鄭國不天,하여 寡君之二三臣,이 札瘥夭昏.이
라 今又喪我先大夫偃,이어늘 其子幼弱.이라 其一二父兄,이 懼隊
宗主,하여 私族於謀,하여 而立長親.이라 寡君與其二三老曰, 抑
天實剝亂是,어늘 吾何知焉.가 諺曰, 無過亂門.이라 民有亂兵,이
라도 猶憚過之,어늘 而況敢知天之所亂.가 今, 大夫將問其故,나
抑寡君實不敢知,어늘 其誰實知之.리오 平丘之會,에 君尋舊盟
曰, 無或失職.하라 若寡君之二三臣其卽世者,에 晉大夫而專制
其位,면 是晉之縣鄙也.라 何國之爲.아 辭客幣,하여 而報其使.라
晉人舍之.라

　　楚人城州來,하니 沈尹戌曰, 楚人必敗.리라 昔,에 吳滅州來,하
니 子旗請伐之,이었거늘 王曰, 吾未撫吾民.이라 今亦如之,어늘
而城州來,하여 以挑吳,하니 能無敗乎.아 侍者曰, 王施舍不倦,하
여 息民五年,이니 可謂撫之矣.라 戌曰, 吾聞,하되 撫民者,는 節
用於內,하고 而樹德於外,하여 民樂其性,하고 而無寇讐.라 今, 宮
室無量,하고 民人日駭,하며 勞罷死轉,하고 忘寢與食,하니 非撫之
也.라

　　鄭大水,에 龍鬪于時門之外洧淵.이라 國人請爲禜焉,에 子産

弗許曰, 我鬪,에 龍不我覿也,이어늘 龍鬪,에 我獨何覿焉.고 襄之,인들 則彼其室也.라 吾無求於龍,하고 龍亦無求於我.라 乃止也.라

令尹子瑕言蹶由於楚子曰, 彼何罪.인가 諺所謂,에 室於怒,하여 市於色者,는 楚之謂矣.이오니다 舍前之忿可也.라소이다 乃歸蹶由.라

이 해에, 정나라의 사언(駟偃)이 세상을 떠났다. 자유(子游 : 사언)는 진(晉)나라 대부의 딸을 아내로 맞아 아들 사(絲)를 낳았다. 사가 어려, 그 가문의 어른들이 언(偃)의 동생인 자하(子瑕)를 후계자로 삼았다. 자산은 자하의 사람됨을 미워하고, 또 순하지 않다고 여겨 그 일을 허락하지 않고, 못하게 중지시키지도 않으니, 사씨(駟氏)네 집 사람들은 걱정이 되었다. 후일, 사는 진(晉)나라의 외숙(外叔)에게 그 사정을 말했다. 겨울에 진나라 사람이 사람을 시켜 선사품을 가지고 정나라로 가게 하였는데, 간 그 사람은 사걸(駟乞 : 자하)이 사씨 가문의 후계자가 된 내용을 물었다. 그러자 사씨네 사람들은 두려워하고, 사걸은 도망치려 하니, 자산은 떠나보내지 않고, 사씨 측에서 거북등을 구워 점을 쳐 후계자를 정하기를 청했어도, 허락하지 않았다. 그때 정나라의 대부들은 진나라에서 간 사자에게 무어라 답변할 것인가를 상의하고 있었다. 그런데 자산은 그들의 결론을 기다리지 않고, 진나라 사자에게 답변했다. "우리 정나라는 천복(天福)을 받지 못하여, 군주의 몇몇 신하가 병으로 요절(夭折)했습니다. 이번에 또 전에 대부였던 사언이 죽었는데, 그의 아들이 어립니다. 그래서 그의 집안 몇몇 윗사람들이 종가(宗家)가 쇠퇴해질 것을 걱정하여, 일족이 상의

하여 나이가 들고 가장 가까운 사람을 후계자로 삼은 것입니다. 우리 군주께서는 두서넛 원로(元老)와 말씀하시기를, '정녕 하늘이 사씨네 가문을 어지럽게 할 모양인데, 우리가 어찌 알아 참견할 것인가?'라고 하셨습니다. 속담에 이르기를, '혼란스러운 집의 앞은 지나지 말라.'고 하였습니다. 민간에서 흉기로 난투를 함이 있더라도, 사람들은 그 앞을 지나기를 꺼리는데, 하물며 하늘이 혼란케 하는 집안의 일이야 어찌 알려 하겠습니까? 이제 대부께서는 그 집안 내력을 캐물으려 하시지만, 우리 군주께서도 감히 아시려고 하시지 않는데, 그 누가 그 집 일을 확실히 알겠습니까? 평구(平丘)에서 제후들이 회합을 가졌을 때에, 귀국의 군주께서는 전에 맺은 맹약을 다져 말씀하시기를, '각자 직분을 게을리 마시오.'라고 하셨습니다. 우리 군주의 몇몇 신하가 세상을 떠남에 진나라의 대부로서 그 자리를 가지고 마음대로 이리저리 한다면, 정나라는 진나라의 한 고을이 되고 말 것입니다. 그래서야 어찌 독립하는 나라라 하겠습니까?" 이렇게 말한 그는, 진나라 사자가 가지고 온 선물을 사양하여 돌려보내고, 그 사자를 보낸 데 대한 답사(答使)를 보냈다. 이에, 진나라 사람은 그 일을 더 상관하지 않고 덮어두었다.

초나라 사람이 주래(州來)에 성을 쌓으니, 심(沈) 고을 장관인 술(戌)이 말하기를, "초나라 사람은 반드시 실패할 것이다. 지난날, 오나라가 주래를 멸망시키니, 자기(子旗)가 오나라를 칠 것을 요청했는데 그때 국왕께서 말씀하시기를, '나는 나의 백성들을 아직 안정시키지 못했소.'라고 하셨다. 지금도 역시 그때와 같은데도, 주래에 성을 쌓아 오나라에게 도전하니, 실패하지 않을 수가 있겠느냐?"라고 했다. 그때 시중들고 있는 자가, "국왕께서는 백성들을 편히 쉬게 함을 게을리하시지 않아, 백성들을 5년 간이나 쉬게 하셨으니, 백성들을 안정시켰다고 이를 수 있습니다."라고 말하니, 술은 말했다. "내 들었거니와, '국민을 안정시킬 자는, 안으로 절약하고, 밖으로 좋은 덕을 세워, 국민이 그들의 생명을 즐거워하게 하고, 외부의 적이 없게 한다.'고 한다. 그런데 지금, 초나라는 궁전 짓기를 끝없이 하고, 인민은 날로 무슨 일이 일어날까 하고 무서워하며, 피로에 지쳐 죽고 쓰러져 뒹굴고, 단잠 자고 편히 식사 드는 일을 잊고 있으니 안정된 것이 아니다."

정나라에 큰물이 나, 용(龍)이 도읍 성의 시문(時門) 밖의 유연(洧淵)에서 싸웠다. 그래서 나라 사람들이 몰아내는 액땜을 하자고 요청하니, 자산은 허락하지 않고 말하기를, "우리 인간들이 싸우는 마당에 용이 우리를 본 체 하지 않는데, 용이 싸우는 마당에 우리만 어찌 본 체 할 것인가? 몰아내는 일을 한다 한들 유연, 저곳은 용이 사는 곳이다. 우리가 용에게 요구하는 것이 없고, 용 또한 우리에게 요구하는 것이 없다."라고 했다. 그래서 그만두었다.

영윤인 자하(子瑕)가 초나라 군주에게 궐유(蹶由)에 대해서 말하기를, "궐유 그에게 무슨 죄가 있사옵니까? 속담에 이르기를, '집에서 화내고서, 시장에서 사람들에게 노색(怒色)을 보인다.'는 것은, 우리 초나라의 경우를 두고 말하는 것이옵니다. 이제 전의 분함은 버려야 되옵니다."라고 했다. 이에 궐유를 돌려보냈다.

주해 ㅇ不天(불천) ─ 하늘의 복을 받지 못함.
ㅇ平丘之會(평구지회) ─ 소공 13년의 일이었다.
ㅇ卽世(즉세) ─ 죽어감.
ㅇ州來(주래) ─ 지금의 안휘성 수현(壽縣) 땅. 성공 7년조 참고.
ㅇ洧淵(유연) ─ 유수(洧水)와 진수(溱水)가 합쳐지는 곳을 일렀다. 성공 17년조 참고.
ㅇ蹶由(궐유) ─ 오나라 국왕의 동생으로, 소공 5년에 초나라 영왕(靈王)한테 잡혀 억류되어 있었다.

經 ㅇ二十年春王正月.이라
이 십 년 춘 왕 정 월

ㅇ夏,에 曹公孫會自鄸出奔宋.이라

ㅇ秋,에 盜殺衛侯之兄縶.이라

ㅇ冬十月,에 宋華亥·向寧·華定,이 出奔陳.이라

ㅇ十有一月辛卯,에 蔡侯廬卒.이라

20년 봄 천자가 쓰는 역으로 정월.

여름에, 조나라의 공손회(公孫會)가 몽(鄸)으로부터 나가 송나라로 달아났다.

가을에, 악한(惡漢)이 위나라 군주인 후작의 형 집(縶)을 죽였다.

겨울 10월에, 송나라의 화해(華亥)·상녕(向寧)·화정(華定)이 진(陳)나라로 달아났다.

11월 신묘날에, 채나라 군주인 후작 여(廬)가 세상을 떠났다.

주해 ㅇ鄸(몽)—조나라의 읍으로, 지금의 산동성 하택(荷澤) 부근.

ㅇ蔡侯廬(채후려)—'여(廬)'가 '노(盧)'로 된 판본도 있다. 소공 13년 경(經)에는 '여'로 되어 있다.

傳 二十年春王二月己丑,에 日南至.라 梓愼望氣曰, 今兹,에 宋有亂,하여 國幾亡,하고 三年而後弭.리라 蔡有大喪.하리라 叔孫昭子曰, 然則戴·桓也.리라 汰侈無禮已甚,하여 亂所在也.라

20년 봄 천자가 쓰는 역으로 2월 기축날에, 해가 정남(正南)에 이르렀다. 노나라의 재신(梓愼)이 하늘을 바라보고 말하기를, "금년에 송나라에는 난리가 있어 거의 망하게 되고, 3년 뒤에라야 회복될 것

이다. 그리고 채나라에는 큰 상(喪)이 날 것이다."라고 했다. 그러자, 숙손소자(叔孫昭子)가 말하기를, "그렇다면 송나라의 난리를 일으키는 자는, 대씨(戴氏)와 환씨(桓氏)일 것이다. 그들은 거만 떨고 무례함이 아주 심해, 난리를 안고 있는 자들이다."라고 했다.

주해 | ○戴(대)·桓(환)―송나라 대공(戴公)에서 갈려진 화씨(華氏)와, 환공(桓公)에서 갈려진 상씨(向氏)를 말했다.

費無極言於楚子曰, 建與伍奢,는 將以方城之外叛.이리이다
自以爲猶宋·鄭也,라하고 齊·晉又交輔之,하여 將以害楚.이오
니다 其事集矣.이오니다 王信之,하여 問伍奢,하니 伍奢對曰, 君
一過多矣.이오니다 何信於讒.인가 王執伍奢,하고 使城父司馬奮
揚殺太子.라 未至而使遣之.라 三月,에 太子建奔宋.이라 王召奮
揚,하니 奮揚使城父人執己以至.라 王曰, 言出於余口,하여 入於
爾耳,어늘 誰告建也.아 對曰, 臣告之.였나이다 君王命臣曰, 事
建如事余.하라하셨나이다 臣不佞,하여 不能苟貳,하고 奉初以還,에
不忍後命.이었나이다 故로 遣之.하였나이다 旣而悔之,나 亦無及
已.었나이다 王曰, 而敢來何也.오 對曰, 使而失命,하고 召而不
來,면 是再奸也.로소이다 逃無所入.이오니다 王曰, 歸,하여 從政
如他日.하라

無極曰, 奢之子材.이오니다 若在吳,면 必憂楚國.이리이다 盡以

免其父召之.인가 彼仁,이니 必來.리이다 不然,이면 將爲患.이리이
다 王使召之曰, 來,면 吾免而父.하리라 不來,면 吾殺而父.리라
棠君尚謂其弟員曰, 爾適吳.하라 我將歸死.리라 吾知不逮.라 我
能死,리니 爾能報.하라 聞免父之命,하고 不可以莫之奔也.라 親
戚爲戮,에 不可以莫之報也.라 奔死免父,는 孝也,요 度功而行,
은 仁也,며 擇任而往,은 知也,요 知死不辟,는 勇也.라 父不可
棄,요 名不可廢.라 爾其勉之.하라 相從爲愈.라 伍尚歸.라 奢聞
員不來,하고 曰, 楚君大夫其旰食乎,인저 楚人皆殺之.라

員如吳,하여 言伐楚之利於州于.라 公子光曰, 是宗爲戮,하여
而欲反其讐,이오니 不可從也.라소이다 員曰, 彼將有他志.라 余
姑爲之求士,하여 而鄙以待之.하리라 乃見鱄設諸焉,하고 而耕於
鄙.라

비무극이 초나라 군주에게 말하기를, "태자 건(建)과 오사(伍奢)는
방성(方城)에서 북방의 세력을 이끌고 배반하려 하고 있사옵니다. 그
들은 자신들이 송나라나 정나라와 같은 제후국과 동등한 처지라 여기
고, 제나라와 진나라가 서로 도와 우리 초나라를 해치려고 하옵니다.
그들의 계획은 다 있나이다."라고 했다. 초왕은 이 말을 믿어 오사에
게 물으니 오사는 대답하기를, "군주께는 전에 범하신 그 한 가지로
써 과실은 많은 것이 되옵니다. 어찌 참언(讒言)을 믿으시옵니까?"라
고 했다. 이에 초왕은 오사를 체포하고, 성보(城父)의 사마(司馬)인

분양(奮揚)에게 태자를 죽이게 했다. 그러나 분양은 자신이 성보에 도달하기 전에 태자를 도망치게 했다. 3월에, 태자 건은 송나라로 달아났다. 초왕이 분양을 소환하니, 분양은 성보 사람으로 하여금 자기를 체포하여 왕에게로 데리고 가게 했다. 그리하여 초왕과 분양 사이에 말이 오고갔다.

초왕─내 입에서 나와 너의 귀에 들어간 것인데, 그 말을 누가 건(建)에게 알렸느냐?

분양─신이 고했나이다. 군주께서 신에게 말씀하시기를, '태자 건 섬기기를 나를 섬김과 같이 하라.'고 하셨나이다. 신은 불민하여 추호도 다른 마음을 가질 수 없삽고, 처음의 명령을 받들어 끝까지 지키어 온 바에, 차마 뒤에 죽이라고 명하신 것을 그대로 행할 수가 없었나이다. 그래서 떠나도록 하였나이다. 그리고 나서 그렇게 한 것을 후회했사오나, 어찌 할 도리가 없었나이다.

초왕─그런 짓을 하고서도, 네 감히 내 앞으로 왔단 말이냐?

분양─사명(使命)을 받고도 명대로 하지 못하고, 소환하시는데도 오지 않으면 재차 죄를 짓게 되옵니다. 그리고 도망간들 갈 곳이 없사옵니다.

초왕─돌아가, 전대로 공사(公事)를 보아라.

비무극은 또 국왕에게 말하기를, "오사의 아들들은 유능한 인재이옵니다. 그들이 만약 오나라로 가게 된다면 반드시 우리 초나라에 걱정을 끼칠 것이옵니다. 그러하온데 군주께서는 어찌 아비를 용서한다는 구실로써 그들을 부르시지 않으십니까? 그들은 어진 바 반드시 부름에 쫓아올 것이옵니다. 그렇게 하시지 않으면, 장차 근심거리가 될 것이옵니다."라고 했다. 그러자 초왕은 사람을 시켜 불러 이르기를, "오면, 내 너희들의 아비를 용서하리라. 그러나 오지 않으면, 나는 너희들의 아비를 죽이리라."라고 했다. 국왕의 부름을 받자, 당읍(棠邑)을 채읍(采邑)으로 차지하고 있는 오사의 큰아들 오상(伍尚)은, 동생

오원(伍員)에게 말했다. "너는 오나라로 가거라. 나는 도읍으로 돌아가 죽으리라. 나의 지혜는 너의 지혜에 미치지 못한다. 나는 죽을 것이니, 너는 복수를 해라. 아버지의 죽음을 면하게 된다는 것을 듣고는 달려가지 않을 수 없고, 친척이 살육을 당했음에 복수하지 않을 수 없는 것이다. 죽음의 길을 달려가 아버지의 죽음을 면하게 하는 것은 효(孝)이고, 성공될 것을 잘 헤아리어 행함은 인(仁 : 어짊)이며, 자신에게 알맞는 소임을 맡고 나감은 지(知 : 지혜로움)이고, 죽는 것을 알고서도 피하지 않는 것은 용(勇 : 용맹)인 것이다. 아버지를 죽게 내버려둘 수 없고, 명예를 내던질 수도 없다. 너는 내가 할 일을 힘써야 한다. 우리 둘이 죽는 일보다 그렇게 하는 것이 좋다." 그리고 오상은 도읍으로 갔다. 아버지 오사는 오원이 오지 않았다는 것을 듣고 말하기를, "초나라의 군주나 대부들은 제때에 식사를 들지 못할 것이다."라고 했다. 초나라 사람은 오사·오상을 다 죽였다.

오원이 오나라에 가, 오왕 주우(州于)에게 초나라를 치면 이롭다는 것을 말했다. 그러자 공자 광(光)이, "저 사람은 부형(父兄)이 살육을 당하여 그 복수를 하려고 하는 것이오니, 그의 말을 따라서는 아니되옵니다."라고 말하였다. 그래서 오원은, "저이는 딴 속셈을 가지고 있구나. 내 저이를 위하여 용사(勇士)를 구해주고, 나는 잠시 시골에서 기다리리라."라고 말했다. 그리고는 전설제(鱄設諸)를 공자 광에게 보내고, 자신은 시골에서 농경(農耕)에 종사했다.

주해 ○如他日(여타일) - 종전과 같이.

○不來(불래), 吾殺而父(오살이부) - 이 여섯 자가 없는 본(本)도 있다.

○棠(당) - 오씨(伍氏)네의 채읍으로, 지금의 강소성 육합(六合) 부근.

○其旰食乎(기간식호) - 간식은 늦게 저녁밥을 먹음. 하루 종일 바삐 다니다가 늦게서야 저녁밥을 먹는다는 말이나, 제때에 밥을 먹지 못한다고 번역했다.

○彼將有他志(피장유타지) - 저이는 장차 국왕을 죽일 것이라는 뜻이다.

宋元公無信多私,하여 而惡華·向.이라 華定·華亥與向寧謀

曰, 亡愈於死,니 先諸.라 華亥僞有疾,하여 以誘群公子.라 公子

問之,하니 則執之.라

夏六月丙申,에 殺公子寅·公子御戎·公子朱·公子固·公

孫援·公孫丁,하고 拘向勝·向行於其廩.이라 公如華氏,하여 請

焉,에 弗許,하고 遂劫之.라 癸卯,에 取太子欒與母弟辰·公子地,

하여 以爲質,하고 公亦取華亥之子無慼·向寧之子羅·華定之

子啓,하여 與華氏盟以爲質.이라

송나라 원공(元公)은 신의를 지키지 않고 불공평하여, 화씨(華氏)와 상씨(向氏)를 미워했다. 그러자 화정(華定)·화해(華亥)와 상녕(向寧)은 공모하여 말하기를, "도망치는 것이 죽는 것보다 낫다. 우리가 선수를 치자."라고 했다. 그리고는 화해가 거짓으로 병이 났다고 하여 여러 공자(公子)를 유인했다. 공자들이 그를 방문하니 잡았다.

여름 6월 병신날에, 공자 인(寅)·공자 어융(御戎)·공자 주(朱)·공자 고(固)·공손원(公孫援)·공손정(公孫丁)을 죽이고, 상승(向勝)·상행(向行)을 곡식 창고에 구금했다. 군주 원공이 화씨네 집으로 가, 공자 공손들을 풀어 달라고 청하니 듣지 않고, 원공을 협박했다. 계묘날에, 태자 난(欒)과 군주의 친형제 신(辰)·공자 지(地)를 인질로 삼았고, 군주 역시 화해의 아들 무척(無慼)·상녕의 아들 나(羅)·화정의 아들 계(啓)를 잡아, 화씨와 맹약을 맺고 인질로 삼았다.

주해 ○其廩(기름)─화씨 집의 곡식 창고

ㅇ公如華氏(공여화씨), 請焉(청언)―공자·공손들이 이미 죽었는데도, 원 공은 그 사실을 모르고서 풀어 달라고 청했었다.

衛公孟縶狎齊豹,하여 奪之司寇與鄄,하여 有役,이면 則反之,하 고 無,면 役則取之.라 公孟惡北宮喜·褚師圃,하여 欲去之.라 公 子朝通于襄夫人宣姜,하여 懼而欲以作亂.이라 故로 齊豹·北宮 喜·褚師圃·公子朝作亂.이라

初,에 齊豹見宗魯於公孟,하여 爲驂乘焉.이라 將作亂,하여 而 謂之曰, 公孟之不善,은 子所知也.라 勿與乘.하라 吾將殺之.리라 對曰, 吾由子事公孟,하고 子假吾名焉.이라 故로 不吾遠.이라 雖 其不善吾亦知之,나 抑以利故不能去,는 是吾過也.라 今聞難而 逃,면 是僭子也.라 子行事乎.아 吾將死之.리라 以周事子.하고 而歸死於公孟,는 其可也.라

丙辰,에 衛侯在平壽,하고 公孟有事於蓋獲之門外.라 齊子氏 帷於門外而伏甲焉,하고 使祝鼃寘戈於車薪以當門,하고 使一乘 從公孟以出.이라 使華齊御公孟,하고 宗魯驂乘,하여 及閎中.이라 齊氏用戈擊公孟,에 宗魯以背蔽之,라가 斷肱,하고 以中公孟之 肩,하여 皆殺之.라 公聞亂,하고 乘驅自閱門入.이라 慶比御公,하 고 公南楚驂乘,하며 使華寅乘貳車.라 及公宮,하여 鴻駵魋駟乘

于公,하고 公載寶以出.이라 褚師子申遇公于馬路之衢,하여 遂從公.이라 過齊氏,에 使華寅肉袒執蓋以當其闕,이나 齊氏射公,에 中南楚之背.라 公遂出.이라 寅閉郭門,하고 踰而從公,이라 公如死鳥.라 析朱鉏宵從寶出,하여 徒行從公.이라

위나라 공맹(公孟) 집(縶)은 제표(齊豹)를 무시하여 제표의 관직인 사구(司寇)와 그의 채읍(采邑)인 견(鄄)을 빼앗아서, 일이 있을 때에는 돌려주고, 일이 없으면 다시 뺏고 했다. 또 공맹은 북궁희(北宮喜)와 저사포(褚師圃)를 미워하여, 그들을 제거하려고 했다. 그때 공자 조(朝)는 선대 군주인 양공(襄公)의 부인 선강(宣姜)과 간통하여, 무슨 벌이나 당할까 무서워하여 난리를 일으키려 했다. 그리하여 제표·북궁희·저사포·공자 조는 난을 일으켰다.

전에, 제표는 종로(宗魯)를 공맹에게 추천하여, 공맹이 수레에 탈 때 그 오른쪽에 타서 경호하는 임무를 맡았다. 제표 등이 난동을 일으키려 하여, 제표가 종로에게 말하기를, "공맹이 좋지 못하다는 것은 자네가 잘 알고 있는 터일세. 자네는 앞으로 그와 같이 수레에 타지 말게. 나는 장차 그를 죽일 것일세."라고 했다. 그러자 종로는 말했다. "나는 님으로 말미암아 공맹을 섬기고, 님은 내가 좋은 사람이라고 칭찬하셨습니다. 그래서 그 어른은 나를 멀리하지 않고 계십니다. 그 어른의 좋지 못한 것은 나 역시 비록 알고 있으면서도, 이익관계로 그 어른 옆을 떠나지 못하는 것은 나의 잘못입니다. 그런데 이제 곤란하게 될 처지를 듣고서 그 옆을 떠난다면 님이 나를 칭찬했던 것을 거짓으로 만드는 일입니다. 님은 그 어른 죽이는 일을 행하시렵니까? 그렇다면 나는 그 일에 죽겠습니다. 그 일을 비밀에 붙여 님을 위하고, 공맹을 위하여 죽는 것이 옳은 일입니다."

　병진날에, 위나라 군주는 평수(平壽)에 가 있었고, 공맹은 개획문(蓋獲門) 밖에서 제사를 지내기로 했다. 제씨족(齊氏族)은 그 성문 밖에다 막(幕)을 쳐, 복병(伏兵)을 숨겼다. 그리고 제사 일을 담당하는 와(䡅)에게 땔나무를 실은 수레에 창을 감추어 그 수레를 성문가에 두게 하고, 사람을 시켜 수레를 타고 공맹이 집에서 나올 때에 그 뒤를 따르게 했다. 화제(華齊)가 공맹의 수레를 조종하고, 종로가 그의 오른쪽에 타 경호하고서 개획문 안에 들어갔다. 그 순간에 제씨의 한 사람이 창으로 공맹을 후려치니, 종로가 등으로 막아내다가 팔이 끊어지고, 그 창은 공맹의 어깨에 맞아 둘 다 죽었다. 위나라 군주는 난리가 났다는 소식을 듣자 수레를 타고 달려 도읍 성 열문(閱門)을 통하여 들어갔다. 그때 경비(慶比)가 군주의 수레를 조종하고, 공남초(公南楚 : 공자 荊)가 군주의 오른쪽에 타 경호했으며, 화인(華寅)을 시종차(侍從車)를 타고 따르게 했다. 궁전에 도착하여서는, 홍류퇴(鴻騮魋)가 더 끼어 군주의 수레에 넷이 타고, 군주는 보물들을 싣고 궁중을 나섰다. 저사씨(褚師氏)의 아들 신(申)은 마차길의 네거리에서 군주를 만나서는 바로 군주를 따랐다. 그리하여 제씨네 집 앞을 지나니 군주는 화인에게 윗옷을 벗고 대항할 의사가 없다는 것과 수레의 포장을 벗기어 빈자리에 놓아 아무런 무기도 없다는 것을 보이게 했으나, 제씨측은 군주 일행을 향하여 활을 쏘아, 남초의 어깨에 맞았다. 군주는 그길로 곧 도읍을 나갔다. 화인은 외곽 성문을 닫아 잠그고, 성을 넘어 군주를 따랐다. 그리하여 군주는 사조(死鳥)로 갔다. 그때 석주서(析朱鉏)는 성문 밑으로 있는 수문(水門)으로 빠져나가 걸어서 군주를 따라갔다.

주해　ㅇ鄄(견)―제표의 채읍으로, 지금의 산동성 복현(濮縣) 땅.
　ㅇ平壽(평수)―읍 이름. 당시 위나라의 도읍은 제구(帝邱)로, 지금의 복현 땅이었고, 평수는 그 남쪽에 있었다.

ㅇ死鳥(사조) —복양(濮陽) 동남쪽 땅이었다 한다.

齊侯使公孫靑聘于衛.라 旣出,에 聞衛亂,하여 使請所聘.이라
公曰, 猶在竟內,면 則衛君也,이니 乃將事焉.하라 遂從諸死鳥,하
여 請將事,하니 辭曰, 亡人不佞,하여 失守社稷,하고 越在草莽,이
니 吾子無所辱君命.하라 賓曰, 寡君命下臣於朝曰, 阿下執事.하
라 臣不敢貳.이오니다 主人曰, 君若惠顧先君之好,하여 照臨敝
邑,하고 鎭撫其社稷,이면 則有宗祧在.라 乃止.라 衛侯固請見之,
에 不獲命,하여 以其良馬見,하니 爲未致使故也.라 衛侯以爲乘
馬.라 賓將揖,에 主人辭曰, 亡人之憂,는 不可以及吾子,요 草莽
之中,은 不足以辱從者,이니 敢辭.라 賓曰, 寡君之下臣,은 君之
牧圉也.이오니다 若不獲扞外役,이면 是不有寡君也.라소이다 臣懼
不免於戾,하여 請以除死.이오니다 親執鐸,하고 終夕與於燎.라

제나라 군주가 공손청(公孫靑)에게 위나라를 예방케 했다. 명을 받
은 공손청은 출발하고 나서, 위나라에 난리가 있다는 소식을 듣고는
사람을 시켜 위나라의 누구를 찾을 것인가를 조정에 묻게 했다. 그러
자 제나라 군주는, "위나라 군주가 아직 나라에 있거든 위나라 군주
를 예방할 것이니, 군주가 계시는 곳을 찾아가 예방의 일을 행하라."
고 명했다. 그래서 곧장 사조(死鳥)로 가 예방의 예식 올릴 것을 청
하니, 위나라 군주는 사절해서 말하기를, "도읍에서 도망나온 나는 불
민하여 국가 사직을 지키지 못하고, 잡초 우거진 곳에 머물고 있으니,

그대는 귀국 군주의 명하신 말씀을 더럽히지 말게 하시오.”라고 했다.
이에 빈객(賓客)인 제나라 사자(使者)가, “저희 군주의 아래 신(臣)인
저에게 명하시기를, ‘위나라 아래 신하와 같이 여기어 삼가라.’고 하셨
나이다. 신은 감히 군주의 명을 어길 수 없나이다.”라고 말하자 주인
인 위나라 군주는, “제나라 군주께서 선대부터의 우호관계를 잊지 않
으시어, 나의 나라를 돌보시어 사직을 안정케 해주실 양이면, 나에게
는 도읍에 종묘가 있으니, 도읍에서 예방의 예를 받겠소.”라고 말하였
다. 그래서 예방의 예식을 올리지 않았다. 그러나 위나라 군주는 굳이
제나라의 사자를 만나 보자고 청하기에 사명(使命)대로 하지 못하였
기에, 좋은 말[馬]을 선사하고 만났으니, 사신의 예절을 제대로 행하
지 못했던 때문에 그런 방식을 취한 것이다. 위나라 군주는, 제나라
사자가 선사한 말을 자기가 타는 수레를 끄는 말로 삼았다. 빈객인
제나라 사자가 야경(夜警)꾼 노릇을 하겠다고 하니, 주인인 위나라
군주는 사절해서 말하기를, “도읍에서 도망 나온 나의 근심은 사자로
온 그대에게 끼칠 수 없는 것이고, 이 잡초 우거진 곳은 그대를 따라
온 사람들을 수고롭게 할 수가 없으니 사절하겠소.”라고 했다. 그러
자 빈객인 사자는, “저희 군주의 아래 신하인 저는 군주의 말먹이와
같은 처지이옵니다. 바깥 지키는 일을 하지 않는다면 그것은 제가 저
희 군주를 무시하는 것이 되옵니다. 신은 죄를 면하지 못할까 두려워
하옵고, 죽음을 면하기 위하여 그 일을 할 것을 청하는 것이옵니다.”
라고 말했다. 그리고는 그 자신 야경 때 치는 목탁을 가지고 치고, 밤
새도록 모닥불 옆에서 경비하는 일에 참가했다.

주해   ○阿下執事(아하집사)―아래 신하와 같이 여김.
　○宗祧(종조)―종묘.
　○乘馬(승마)―타는 수레를 끄는 말.
　○鐸(탁)―군대의 호령을 전하는 큰 방울이나, 치는 목탁을 탁이라 했다.
　여기에서는 목탁으로 보고 번역했다.

○燎(요)-모닥불.

齊氏之宰渠子召北宮子,에 北宮氏之宰不與聞,하여 謀殺渠子,

하고 遂伐齊氏,하여 滅之.라 丁巳晦,에 公入,하여 與北宮喜盟于

彭水之上,하고 秋七月戊午朔,에 遂盟國人.이라

八月辛亥,에 公子朝·褚師圃·子玉霄·子高魴出奔晉.이라

閏月戊辰,에 殺宣姜.이라 衛侯賜北宮喜諡曰貞子,하고 賜析朱

鉏諡曰成子,하며 而以齊氏之墓予之.라

위나라의 제씨(齊氏) 가문의 가신장(家臣長)인 거자(渠子)가 북궁자(北宮子)를 데리러 가니, 북궁씨 가문의 가신장은 난리에 관여하지 않고, 사람들과 상의하여 거자를 죽이고, 이어 제씨 가문을 쳐 멸망시켰다. 그래서 정사날인 그믐날에 군주는 도읍으로 들어가, 북궁희(北宮喜)와 팽수(彭水) 가에서 맹약을 맺고, 가을 7월 무오날인 초하루에는, 나라 사람들과 맹약을 맺었다.

8월 신해날에, 위나라의 공자 조(朝)·저사포(褚師圃)·자옥소(子玉霄)·자고방(子高魴)이 진(晉)나라로 달아났다.

윤달 무진날에, 양공의 부인이었던 선강(宣姜)을 죽였다. 위나라 군주는 뒤에 북궁희에게 정자(貞子)라는 시호를 주었고, 석주서(析朱鉏)에게는 성자(成子)라는 시호를 주었으며, 제씨 가문의 묘지를 그들에게 하사했다.

주해 ○彭水(팽수)-지금의 하남성 남부를 흐르는 강을 일렀다 한다.

○賜北宮喜諡曰貞子(사북궁희시왈정자)-이것은 북궁희가 죽은 뒤에 정

자라는 시호를 주었다는 것이다. 석주서에 대해서도 마찬가지였고, 그들에게 묘지를 준 것 또한 그들이 죽은 뒤의 일이었다.

衛侯告寧于齊,하고 且言子石.이라 齊侯將飮酒,라가 徧賜大夫曰, 二三子之敎也.라 苑何忌辭曰, 與於靑之賞,이면 必及於其罰.이오니다 在康誥曰, 父子兄弟,는 罪不相及.이라하였나이다 況在群臣.인가 臣敢貪君賜以干先王.이리오 琴張聞宗魯死,하고 將往弔之.라 仲尼曰, 齊豹之盜,하여 而孟縶之賊,이어늘 女何弔焉.가 君子不食姦,하고 不受亂,하며 不爲利疚於回,하고 不以回待人,하며 不蓋不義,하고 不犯非禮.니라

위나라 군주가 국가의 안녕을 되찾았음을 제나라에게 알리고, 그 편에 제나라의 자석(子石 : 公孫靑)의 훌륭함을 칭찬하여 말했다. 제나라 군주는 마침 술을 마시려다가, 그 소식을 듣고는 대부들에게 술을 내리고 말하기를, "여러분들이 청(靑)을 잘 가르친 덕택이오."라고 했다. 그러자 원하기(苑何忌)가 그 칭찬을 사양하여 말하기를, "저희들이 공손청님을 칭찬하시는 일에 낀다면, 반드시 그분이 벌을 받을 때에도 끼게 될 것이옵니다. 강고편(康誥篇)에 이르기를, '부자(父子)·형제는 죄에 서로 연루(連累)되지 않는다.'고 하였나이다. 하물며 조정의 백관들간에 있어서야 다시 말할 나위가 있겠나이까? 신들이 어찌 군주께 내리심을 탐내어, 전대(前代) 임금의 말씀을 어기오리까?"라고 했다. 금장(琴張)이 위나라의 종로(宗魯)가 죽었다는 소식을 듣자, 조문을 가려고 했다. 그러자 공자(孔子)께서는 말씀하셨다. "그를 추천한 제표(齊豹)가 악한 노릇을 하고, 그를 썼던 위나라

공맹 집(縶)이 살해당했는데, 그 일에 끼었던 그의 죽음을, 네 어찌 조문한단 말이냐? 군자(君子)는 악한 자의 것을 받아먹지 않고, 난동에 관여하지 않으며, 이익에 끌려 악(惡)에 말려들지 않고, 악의로 사람을 대하지 않으며, 불의(不義)를 덮어주지 않고, 예에 맞지 않는 일을 범하지 않는다. (그런데 종로는 이런 것들을 범했다.)"

주해 | ㅇ康誥(강고)-《서경(書經)》에 있는 편 이름.

ㅇ臣敢貪君賜以干先王(신감탐군사이간선왕)-'부자형제(父子兄弟), 죄불상급(罪不相及)'은 주(周)나라 강왕(康王)의 말인데, 신하인 우리는 군주께서 내려주시는 칭찬을 받아, 또 후일 공손청이 벌을 받게 된다면 같이 벌을 받아, 강왕의 말을 어기는 짓은 할 수가 없다는 뜻.

ㅇ琴張(금장)-두예는 그의 주에, 금장은 공자의 제자인 금뢰(琴牢)였다고 했다.

宋華·向之亂,에 公子城·公孫忌·樂舍·司馬彊·向宜·
向鄭·楚建·郳甲出奔鄭.이라 其徒與華氏戰于鬼閻.이라 敗子
城,에 子城適晉.이라 華亥與其妻,는 必盟而食所質公子者而後
食,하고 公與夫人,은 每日必適華氏,하여 食公子而後歸.라 華亥
患之,하여 欲歸公子.라 向寧曰, 唯不信.이라 故로 質其子.라 若
又歸之,면 死無日矣.이라 公請於華費遂,하여 將攻華氏,하니 對
曰, 臣不敢愛死.이오니다 無乃求去憂而滋長乎.인가 臣是以懼.라
소이다 敢不聽命.이리오 公曰, 子死亡有命.이라 余不忍其詢.라
冬十月,에 公殺華·向之質而攻之.라 戊辰,에 華·向奔陳,하

고 華登奔吳.라 向寧欲殺太子,하니 華亥曰, 干君而出,이어늘 又
殺其子,면 其誰納我.리오 且歸之,면 有庸.이리라 使少司寇䪫以
歸曰, 子之齒長矣,에 不能事人.이라 以三公子爲質,이면 必免.이
리라 公子旣入.이라 華䪫將自門行,에 公遽見之,하고 執其手曰,
余知而無罪也.라 入復而所.하라

  송나라 화씨(華氏)·상씨(向氏)의 난리에, 공자 성(城)·공손기(公
孫忌)·악사(樂舍)·사마강(司馬彊)·상의(向宜)·상정(向鄭)·초나
라의 태자였던 건(建)·예(郳)의 갑(甲) 등은 정나라로 달아났었다.
그들은 화씨(華氏)와 귀엽(鬼閻)에서 싸웠다. 그래서 자성이 패하니,
그는 진(晉)나라로 갔다. 화해(華亥)와 그의 아내는 식사 때면 반드시
손을 씻고 인질로 있는 공자(公子)들에게 식사를 시킨 뒤에야 식사를
들었고, 송나라 군주와 부인은 매일 화씨 집으로 가 먹을 것을 공자
들에게 먹이고서야 돌아갔다. 화해는 그 상황이 마음에 걸려, 공자들
을 돌려보내려 했다. 그러자 상녕(向寧)이 말하기를, "우리는 군주를
믿지 못하고 있을 따름이오. 그래서 군주의 아들들을 인질로 삼았소.
그런데 만일 돌려보낸다면 우리는 언제 죽을는지 모를 것이오."라고
하였다. 송나라 군주는 화비수(華費遂)에게 청하여 화씨를 공격하려
하니 화비수가 대답하기를, "신이야 죽음을 감히 애석히 여기지는 않
사옵니다. 걱정거리를 제거하려다가 오히려 걱정거리를 더 크게 함이
아니겠나이까? 신은 이 점을 두려워하옵니다. 신이 어찌 감히 명을
받아들이지 않으오리까?"라고 하니 군주는, "아들들의 죽음은 천명에
달려 있소. 나는 수치를 견디지 못하겠소."라고 했다.
  겨울 10월에, 송나라 군주는 화씨와 상씨의 인질을 죽이고서 양씨
(兩氏)를 공격했다. 무진날에, 화씨와 상씨는 진(陳)나라로 달아나고,

화등(華登)은 오나라로 달아났다. 상녕이 인질인 태자를 죽이려 하니 화해는 말하기를, "군주를 거역하고서 다른 나라로 나가는데 게다가 군주의 아들까지 죽인다면, 그 누가 우리를 받아줄 것이오. 돌려보내면 좋은 일이 있을 것이오."라고 했다. 그리고 화해는, 그의 서형(庶兄)으로 소사구(少司寇) 관직을 지닌 경(輕)을 돌려보내게 하고 말하기를, "형님이 나이가 많아서, 다른 사람을 위하여 섬겨 일할 수는 없는 처지입니다. 세 공자를 데리고 가시면, 형님은 반드시 화를 면할 것입니다."라고 했다. 화경(華輕)은 공자들을 데려다가 궁중으로 들여보냈다. 그가 궁전 문에서 나가려고 하니 군주가 급히 그를 불러 만나, 손을 꼭 잡고 말하기를, "나는 그대가 죄 없음을 알고 있도다. 그대는 조정으로 들어가 전의 관직에 복직하라."고 했다.

주해 ○子城(자성)―송나라 평공(平公)의 아들.

○樂舍(악사)―악기(樂起)의 손자.

○向宜(상의)・向鄭(상정)―상술(向戌)의 아들.

○楚建(초건)―송나라로 망명했던 초나라 태자 건.

○甲(갑)―소주(小邾)나라 목공(穆公)의 아들.

○鬼閻(귀염)―지금의 하남성 서화현(西華縣) 땅.

○輕(경)―화해(華亥)의 서형(庶兄).

齊侯疥,하고 遂痁,하여 期而不瘳,에 諸侯之賓問疾者多在.라 梁丘據與裔款言於公曰, 吾事鬼神豐,은 於先君有加矣.이오니다 今, 君疾病爲諸侯憂,는 是祝史之罪也.라소이다 諸侯不知,하고 其謂我不敬.이오니다 君盍誅於祝固・史嚚以辭賓.이오니까 公說, 하여 告晏子.라 晏子曰, 日宋之盟,에 屈建問范會之德於趙武,하

오니 趙武曰, 夫子之家事治,하고 言於晉國,에 竭情無私,하여 其

祝史祭祀,에 陳信不愧,하고 其家事無猜,에 其祝史不祈.라하였나

이다 建以語康王,하니 康王曰, 神人無怨,에 宜夫子之光輔五君,

하여 以爲諸侯主也.라하였나이다 公曰, 據與款謂寡人能事鬼神.

이라 故로 欲誅於祝史.라 子稱是語何故.아 對曰, 若有德之君,

이면 外內不廢,하여 上下無怨,하고 動無違事,하여 其祝史薦信,이

로되 無愧心矣.이오니다 是以로 鬼神用饗,하여 國受其福,하고 祝

史與焉.이오니다 其所以蕃祉老壽者,는 爲信君使也,에 其言忠信

於鬼神.이오니다 其適遇淫君,이면 外內頗邪,하여 上下怨疾,하고

動作辟違,하오며 從欲厭私,하고 高臺深池,하오며 撞鍾舞女,하고

斬刈民力,하오며 輸掠其聚,하여 以成其違,하여 不恤後人,하고 暴

虐淫從,하여 肆行非度,하고 無所還忌,하오며 不思謗讟,하고 不憚

鬼神,하오며 神怒民痛,이나 無悛於心.이오니다 其祝史薦信,이면

是言罪也.이오니다 其蓋失數美,이면 是矯誣也.이오니다 進退無

辭,면 則虛以求媚.이오니다 是以로 鬼神不饗,하여 其國以禍之,하

고 祝史與焉.이오니다 所以夭昏孤疾者,는 爲暴君使也,하여 其言

僭嫚於鬼神.이오니다 公曰, 然則若之何.오 對曰, 不可爲也.이오

니다 山林之木,은 衡鹿守之,하고 澤之萑蒲,는 舟鮫守之,하오며

藪之薪蒸,은 虞侯守之,하고 海之鹽蜃,은 祈望守之.이오니다 縣
鄙之人,이 入從其政,하고 偪介之關,이 暴征其私,하오며 承嗣大
夫,가 强易其賄,하고 布常無藝,하오며 徵斂無度,하고 宮室日更,
하오며 淫樂不違,하고 內寵之妾,이 肆奪於市,하오며 外寵之臣,이
僭令於鄙,하여 私欲養求,하여 不給則應.이오니다 民人苦病,하여
夫婦皆詛.이오니다 祝有益也,나 詛亦有損.이오니다 聊攝以東, 姑
尤以西,는 其爲人也多矣.이오니다 雖其善祝,이로되 豈能勝億兆
人之詛.리이까 君若欲誅於祝史,시면 脩德而後可.라소이다 公說,
하고 使有司寬政,하고 毁關去禁,하며 薄斂已責.이라

제나라 군주가 옴이 나고, 이어 부스럼이 생겨, 1년이 되어도 낫지
않으니, 제후국에서 찾는 사자(使者)로 문병하는 사람이 많이 있었다.
그러자 양구거(梁丘據)와 예관(裔款)이 군주에게 말하기를, "우리나
라가 신(神)을 섬김의 풍성함은, 선대 군주 때보다도 더하옵니다. 지
금 군주께서 병환에 걸려 있음이 제후들의 근심거리가 됨은, 축관(祝
官)과 제사관(祭祀官)의 죄이옵니다. 제후들은 이 사실을 알지 못하
고, 우리가 신에게 공경스럽지 않아서라고 말하옵니다. 군주께서는 어
찌 축관 고(固)와 제사관 은(嚚)을 처형하시어 찾아오는 외국 사자들
에게 변명하지 않사옵니까?"라고 했다. 이 말에 군주는 좋아하여, 안
자(晏子)에게 말했다. 그러자 안자는 말했다. "전의 송나라에서의 맹
약 때에, 초나라의 굴건(屈建)이 진(晉)의 범회(范會 : 士會)에 대해
서 진나라의 조무(趙武)에게 물으니, 조무는 '그는 집안을 잘 다스리
고 있고, 나랏일을 말함에는 정성을 다하여 사심(私心)이 없어서, 축

관과 제사관이 국가의 제사를 지냄에, 그의 진실을 신에게 칭찬하여 고하더라도 하나도 부끄럽지 않고, 그의 집안일에 의아스러운 점이 없어서, 그의 집 제사에 축관이나 제사관이 특별히 빌 것도 없습니다.' 라고 말했었나이다. 굴건이 그 말을 그의 군주인 초나라 강왕(康王) 에게 말하니 초나라 강왕은, '신과 사람들이 원망함이 없으니, 그 사 람이 자기 나라의 다섯 군주를 빛나게 도와 제후국을 통솔하는 주인 공이 되게 한 것은 마땅한 일이다.'라고 했었나이다." 이 말을 들은 군 주가, "양구거와 예관은 내가 신을 잘 모셔 왔다고 말했소. 그래서 나 는 축관과 제사관을 처형하려 하오. 그런데 그대가 이 말을 하는 것 은 무엇 때문이오?"라고 말했다. 이에 안자는 대답했다. "덕 있는 군 주가 있을 것 같으면 국가나 개인의 집안일이 잘 되어져 상하가 서로 원망함이 없고, 행하여 어긋나는 일이 없사오며, 축관(祝官)이 그 진 실을 신에게 칭찬하여 고하더라도 부끄러운 마음이 없는 것이옵니다. 그래서 신은 그 제사를 받아 나라가 신이 내리는 복을 받고, 축관과 제사관도 복 받음에 끼어지옵니다. 많은 복을 받고 장수(長壽)를 누 리는 것은 축관과 제사관이 진실한 군주한테 쓰이어 충실하고 진실함 을 신에게 고하는 데서 오는 것이옵니다. 부덕한 군주를 만나면 국가 나 개인의 집안일이 잘못되어 상하가 서로 원망하고 미워하고 행동함 에는 도리에 어긋나는 일을 하오며, 욕심을 마음대로 부려 사욕을 마 음껏 채우고, 높은 집을 짓고 깊은 못을 파오며, 악기를 울려 음악을 주(奏)하고, 무녀(舞女)가 춤추고, 민력(民力)을 약화시키오며, 사람들 의 것을 강탈하여서 비위(非違) 행위를 하여 뒷사람들을 생각하지 않 고, 포악스럽고 음탕스러워 법에 어긋나는 짓을 자행하고, 반성하여 두려워함이 없사오며, 사람들의 비방을 불고하고, 신의 존재를 불고하 오며, 신이 노하고 백성들이 고통스러워하나 마음에 회개하려 함이 없게 되옵니다. 그런 경우에 축관과 제사관이 신에게 그 사실대로 진 실하게 고한다면 그것은 군주의 죄를 일러바침이 되옵니다. 그렇다고 과실을 덮어두고 좋다고만 들어 고한다면, 그것은 거짓으로 잘못 고함이 되옵니다. 이렇게도 못하고 저렇게도 못하여 신에게 고할 말이 없으면, 결국은 없는 일을 거짓으로 꾸며 신에게 아첨하게 되옵니다. 그러므로 신은 그 제사를 받지 않아 나라는 화(禍)를 받고, 축관과 제사관도 그 화를 받는 것이옵니다. 어려서 죽고 부모를 잃어 외로운 신세가 되며 병에 걸리는 것은, 축관과 제사관이 난폭한 군주에게 쓰여, 신에게 공손하지 못하고 거짓을 고하기 때문이옵니다." 군주가, "그렇다면 어찌 하면 된단 말이오?"라고 하자, 안자는 대답했다. "축관과 제사관을 처형해서는 아니되옵니다. 산림의 나무는 형록(衡鹿)이라는 관원이 지키옵고, 택변(澤邊)의 추포(萑蒲)는 주교(舟鮫)라는 관원이 지키오며, 수풀의 땔나무감은 우후(虞侯)라는 관원이 지키옵고, 바닷가의 소금과 패류(貝類)는 기망(祈望)이라는 관원이 지키옵니다. (그래서 사람들이 함부로 그것들을 취하지 못하는 것이옵니다.) 지방 고을이나 변방 사람들이 도읍으로 들어와 시키는 일에 종사하고, 도읍 근처의 관문(關門)에서 통과하는 사람들한테 무리한 세금을 징수하오며, 세습(世襲)의 대부들이 상인들과 강제적으로 물건을 바꾸옵고, 일상의 정치가 무궤도적(無軌道的)이오며, 징세(徵稅)에 일정한 법이 없삽고, 궁실은 날로 새로 단장되오며, 음탕한 음악이 끊임없이 연주되옵고, 군주의 사랑을 받는 여인이 마음대로 시장에서 물건을 빼앗으며, 군주의 총애를 받는 신하가 거짓으로 군주의 명이라 하여 시골에다 영을 내려 사사로이 요구하옵고, 주지 않으면 죄를 씌우고 있나이다. 그래서 백성이 괴로워하여 남녀들이 다 저주하고 있나이다. 축관이 제사 때에 군주께 복을 빈다 할지라도 백성들의 저주에는 화가 있게 되옵니다. 요(聊)와 섭(攝) 지방 동쪽과, 고수(姑水)와 우수(尤水) 서쪽에는 사람들이 많이 살고 있나이다. 축관과 제사관이 제사 때에 비록 잘 빈다 하더라도, 어떻게 그 수많은 사람들의 저주를 이겨낼 수가 있으오리까? 군주께서 만약 축관과 제사관에게 처형을 가하려 하시옵는다면, 그것은 군주께서 덕을 닦으신 연후에라야 그러실 수 있사옵니다." 군주는 이 말을 듣고 기뻐하여, 조정의 각 담당관들로 하여금 정치를 너그럽게 하게 하고, 도읍 근처의 관문을 폐지하고 출입금지 구역을 공개하며, 세금을 적게 내고 밀린 것을 그만두게 했다.

주해 ○疥(개)—옴.

○外內不廢(외내불폐)—외는 국가이고 내는 집안. 즉 나랏일이나 집안일에 잘못이 없음.

○蕃祉(번지)—다복(多福).

○老壽(노수)—장수(長壽).

○辟違(벽위)—도리에서 벗어남.

○還忌(환기)—돌아봐 삼감.

○薦信(천신)—사실을 그대로 말함.

○夭昏(요혼)—어려서 죽음.

○孤疾(고질)—부모와 사별(死別)하여 외롭게 되거나, 병이 듦.

○萑蒲(추포)—왕골이나 띠 따위.

○衡鹿(형록)·舟鮫(주교)·虞侯(우후)·祈望(기망)—관직 이름.

○聊攝(요섭)—요는 지금의 산동성 요성현(聊城縣) 땅이고, 섭은 박평현(博平縣) 땅으로, 당시 제나라의 서쪽 국경지대에 해당했다.

○億兆(억조)—다수(多數)를 말한다.

○已責(이책)—밀린 것의 독촉을 그만둠.

十二月_{십이월}에 齊侯田于沛_{제후전우패}라 招虞人以弓_{초우인이궁}하니 不進_{부진}이라 公使執_{공사집}之_지하니 辭曰_{사왈} 昔_석에 我先君之田也_{아선군지전야}엔 旃以招大夫_{전이초대부}하시고 弓以_{궁이}招士_{초사}하시며 皮冠以招虞人_{피관이초우인}이었나이다 臣不見皮冠_{신불견피관}이었나이다 故로_고不敢進_{불감진}이었나이다 乃舍之_{내사지}라 仲尼曰_{중니왈}, 守道不如守官_{수도불여수관}이라 君子_{군자}

虺之.라

齊侯至自田,에 晏子侍于遄臺,이어늘 子猶馳而造焉.이라 公曰,

唯據與我和夫.여 晏子對曰, 據亦同也.이오니다 焉得爲和.리오

公曰, 和與同異乎.아 對曰, 異.라소이다 和如羹焉.이오니다 水火

醯醢鹽梅以烹魚肉,에 燀之以薪,하여 宰夫和之,에 齊之以味,하

여 濟其不及,하여 以洩其過.이오니다 君子食之,하여 以平其心.이

오니다 君臣亦然.이오니다 君所謂可,나 而有否焉,이면 臣獻其否,

하여 以成其可,하옵고 君所謂否,나 而有可焉,이면 臣獻其可,하여

以去其否.이오니다 是以로 政平而不干,하옵고 民無爭心.이오니다

故로 詩曰, 亦有和羹,에 旣戒旣平.이라 鬷嘏無言,이나 時靡有

爭.이라 하였나이다 先王之濟五味,와 和五聲也,는 以平其心成其

政也.였나이다 聲亦如味.이오니다 一氣·二體·三類·四物·五

聲·六律·七音·八風·九歌以相成也,요 淸濁·小大·短

長·疾徐·哀樂·剛柔·遲速·高下·出入·周疏以相濟也,

이옵거늘 君子聽之,하여 以平其心,하고 心平에 德和.이오니다 故로

詩曰, 德音不瑕.라 하였나이다 今, 據不然.이오니다 君所謂可,는

據亦曰可,라하옵고 君所謂否,는 據亦曰否.라하오니다 若以水濟

水,면 誰能食之,이오며 若琴瑟之專壹,이면 誰能聽之.이리오 同之

不可也,는 如是.이오니다

飮酒樂,하여 公曰, 古而無死,면 其樂若何.오 晏子對曰, 古而

無死,면 則古之樂也.라소이다 君何得焉.이리인가 昔,에 爽鳩氏始

居此地,하고 季萴因之,하며 有逢伯陵因之,하고 蒲姑氏因之,하며

而後,에 大公因之.하였나이다 古者無死,면 爽鳩氏之樂,으로 非君

所願也.라소이다

12월에, 제나라 군주가 패(沛)에서 사냥했다. 그때 군주가 활로 사냥터를 지키는 관원을 오라고 부르니, 그 관원이 군주 앞으로 나가지 않았다. 그러자 군주가 그를 체포하니, 그는 이유를 말하였다. "옛날, 우리 선대 군주께서 사냥을 하심에는 깃발로써 대부(大夫)를 부르시었고, 활로써 사(士)를 부르시었으며, 가죽 관(冠)으로써 사냥터를 지키는 관원을 부르셨나이다. 신(臣)은 군주께서 가죽 관으로 부르심을 보지 못하였나이다. 그래서 감히 앞으로 나오지 못했던 것이옵니다." 그래서 그를 놓아주었다. 공자(孔子)께서 말씀하시기를, "신하의 도리를 지킴이 자신이 차지하고 있는 관직을 제대로 지키는 것보다 더 좋은 길은 없다."고 하셨다. 군자는 사냥터를 지키는 자가 취한 행동이 옳다고 여긴 것이다.

제나라 군주가 사냥에서 돌아오는데, 안자(晏子)가 천대(遄臺)에서 옆에 모시고 있었는데, 자유(子猶:梁丘據)가 수레로 달려왔다. 그때 군주가, "양구거만이 나와 마음이 맞단

고대의 군기(軍旗)

말이야!"라고 했다. 이 말에 대하여 안자가, "양구거 역시 군주에게 맞장구치는 사람이옵니다. 그가 어찌 군주의 마음을 맞추는 사람이 되오리까?"라고 말하니 군주는, "마음을 맞춘다는 것[和]과 맞장구친다는 것[同]은 다른가?"라고 물었다. 안자는 대답했다. "다르옵니다. 마음을 맞추는 화(和)는 마치 국을 만드는 일과 같은 것이옵니다. 국은 물·불[火]·초·장·소금·매실(梅實)의 신맛을 넣어 물고기나 고기를 삶음에, 나무를 때서 삶아 요리사가 맛을 맞춤에, 조미료로 맞추어 맛의 부족함을 채우고 지나친 점을 덜게 하옵니다. 그리하여 위에 계시는 어른이 그 국을 드시고서는, 그 마음에 화평스러운 것을 느끼는 것이옵니다. 군신 사이도 또한 마찬가지이옵니다. 군주가 좋다고 하더라도 혹 좋지 못한 점이 있으면 신하는 그 좋지 못한 점을 말씀드려 시정토록 하옵고, 군주가 좋지 않다 하더라도 좋은 점이 있으면, 그 좋은 점을 말씀드려 그릇된 점을 제거토록 하는 것이옵니다. 그래야 정치는 공평하게 되어 도를 벗어나지 않삽고, 백성들이 다투는 마음을 갖지 않는 것이옵니다. 그러므로 시에 이르기를, '이에 또한 입맛 맞는 국 있거늘, 이같이 조화 이루어져 태평하였세라. 신에게 복 빌어 말 없으시었건만, 때에 다툼이 있지 않았네.'라고 하였나이다. 옛날의 어진 임금들의 신맛·쓴맛·매운맛·단맛·짠맛의 오미(五味)를 갖추게 하고, 궁(宮)·상(商)·각(角)·치(徵)·우(羽)의 오성(五聲)을 갖추게 한 것은, 사람들의 마음을 상쾌하게 하고 좋은 정치를 이룩하기 위해서였나이다. 음악 소리 또한 맛을 갖춤과 같은 것이옵니다. 한 원기(元氣), 음과 양의 두 성질, 상·중·하의 세 소리 구분·사방에서 모은 악기 만드는 재료, 궁·상·각·치·우의 다섯 가락, 황종(黃鍾)·태주(太簇)·고선(姑洗)·유빈(㽔賓)·이칙(夷則)·무역(無射) 등의 여섯 가지 음률과 다섯 가락에 변궁(變宮)과 변치(變徵)를 더 넣은 일곱 가락, 금(金)·석(石)·사(絲)·죽(竹)·포(匏)·목(木)·토(土)·혁(革) 등의 여덟 종류의 악기, 수(水)·화

(火)·금(金)·목(木)·토(土)·곡(穀) 등의 육부(六府)와 정덕(正德)·이용(利用)·후생(厚生) 등의 삼사(三事)를 찬양한 노래로써 이루어지는 것이옵고, 맑음·흐림, 작음·큼, 짧음·길음, 긴장·완화, 슬픔·즐거움, 굳셈·부드러움, 늦음·빠름, 높음·낮음, 숨의 내쉼·숨의 들이마심, 기교(技巧) 등으로 조화되옵는데, 윗분은 그것을 들어 마음을 평온하게 하고, 마음이 평온함에는 인품이 온화하게 되옵니다. 그러므로 시에 이르기를, '덕 있는 음성에는 티가 없네.'라고 하였나이다. 지금 양구거의 경우는 그렇지가 않사옵니다. 군주께서 좋다고 이르시는 것은 양구거도 무조건 좋다고 말하고, 군주께서 좋지 않다고 이르시는 것은 양구거 또한 무조건 좋지 않다고 말하옵니다. 만약 물을 물로 맛을 맞춘대서야, 누가 그것을 맛있게 먹을 수 있을 것이오며, 만약 금(琴)이나 슬(瑟)의 어느 한 가지만을 똑같은 소리로 탄다면, 그 소리를 누가 좋게 들을 수 있으오리까? 맞장구치는 동(同)이 안된다는 것은, 이와 같은 것이옵니다."

제나라 군주가 술을 마시며 즐거워하고 말하기를, "옛날부터 죽는 일이 없다면, 그 즐거움은 어떠할까?"라고 했다. 그러자 안자가 대답했다. "옛날부터 죽는다는 일이 없다면, 이 즐거움은 옛날 분의 즐거움인 것이옵니다. 그런데 군주께서 어떻게 이 즐거움을 얻을 수가 있겠나이까? 옛날에 상구씨(爽鳩氏)가 처음으로 이 땅을 차지하여 살았삽고, 계즉씨(季蒯氏)가 그 뒤를 이어받았으며, 봉백릉(逢伯陵)이 이어받았고, 포고씨(蒲姑氏)가 이어받았으며, 그 뒤에 태공(太公)께서 이어받아 차지했나이다. 옛날부터 죽는 일이 없었다면 오늘날까지의 즐거움은 다 상구씨가 향유하는 즐거움으로, 군주로서는 원할 것이 못되는 것이옵니다."

주해 ㅇ沛(패)―사냥 장소의 이름. 《사기(史記)》 제세가(齊世家)의 장공(莊公) 8년조에는 패구(沛丘)라는 사냥 장소가 나온다. 패구는 '패구

(貝丘)'와 동일하다. 패구는 지금의 산동성 박홍(博興) 부근.

○邅臺(천대)—지명이나 불분명하다.

○亦有和羹(역유화갱), 旣戒旣平(기계기평)—《시경》송(頌) 상송(商頌)에 있는 열조편(烈祖篇)의 구절.

○德音不瑕(덕음불하)—《시경》풍 빈풍(豳風)에 있는 낭발편(狼跋篇)의 구절.

○爽鳩氏(상구씨)—전설시대의 소호씨(少皡氏) 밑에서 사구(司寇)였던 호족(豪族)이었다 한다.

○季萴(계즉)—요(堯)·순(舜)·우(禹)시대의 제후 이름.

○有逢伯陵(유봉백릉)—유(有)는 무의미한 접두사(接頭辭)다. 봉백릉은 은(殷)나라 때의 제후였다 한다.

○蒲姑氏(포고씨)—은나라 때의 제후였다 한다.

○大公(태공)—강태공(姜太公)으로, 제나라 군주의 시조.

鄭子産有疾,에 謂子大叔曰, 我死,면 子必爲政.이리라 唯有德

者,라야 能以寬服民,이요 其次莫如猛.이라 夫火烈,하여 民望而畏

之.라 故로 鮮死焉.이라 水懦弱,하여 民狎而翫之,에 則多死焉.이

라 故로 寬難.이라 疾數月而卒.이라 大叔爲政,하여 不忍猛而寬.

이라 鄭國多盜,하여 取人於萑苻之澤.이라 大叔悔之曰, 吾早從

夫子,면 不及此.라 興徒兵,하여 以攻萑苻之盜,하여 盡殺之,하니

盜少止.라 仲尼曰, 善哉.라 政寬,이면 則民慢.이라 慢,이면 則糾

之以猛.이라 猛,이면 則民殘.이라 殘,이면 則施之以寬.이라 寬以

濟猛,하고 猛以濟寬.이라 政是以和.라 詩曰, 民亦勞止,니 汔可

小康.이라 惠此中國,하여 以綏四方.하리라 施之以寬也.라 毋從詭隨,하여 以謹無良,하고 式過寇虐憯不畏明.이라 糾之以猛也.라 柔遠能邇,하여 以定我王.이라 平之以和也.라 又曰, 不競不絿,하고 不剛不柔,하여 布政優優,하여 百祿是遒.라 和之至也.라 及子産卒,에 仲尼聞之,하여 出涕曰, 古之遺愛也.라

　정나라 자산(子産)이 병이 나자, 자대숙(子大叔)에게 말하기를, "내가 죽으면 당신은 꼭 집정관(執政官)이 될 것이오. 덕이 있는 사람이라야 관대한 정치로 국민을 굴복시킬 수 있고, 그 다음가는 사람으로는 엄하게 다스리는 길보다 좋은 수가 없는 것이오. 불〔火〕은 격렬한 것이어서, 백성들은 그것을 무서워하오. 그래서 불을 범(犯)해서 죽는 일이 적은 것이오. 물〔水〕은 연약한 것이어서, 사람들이 친근히 여겨 가지고 놀아, 물 때문에 죽는 일이 많소. 그러기에 관대한 정치로 백성들을 굴복시키기는 어려운 것이오."라고 했다. 몇달간 앓다가 자산은 세상을 떠났다. 그래서 대숙이 집정관이 되어 차마 엄격한 정치를 하지 못하고 관대한 정치를 했다. 그러자 정나라에는 도둑이 많아져, 환부(萑苻)의 택지(澤池) 지역에서 사람 목숨을 빼앗는 일이 있었다. 그러자 대숙은 후회하고 말하기를, "내 일찍이 자산, 그분의 말씀대로 했었더라면 이런 경우를 만나지 않았을 것이다."라고 했다. 그리하여 보병을 출동시켜, 환부 지방의 도둑을 토벌하여 다 잡아 죽이니, 도둑이 조금 뜸해졌다. 공자(孔子)가 이 일을 두고 말했다. "정당하도다. 정치가 관대하면 국민이 방자(放恣)해진다. 방자하면 엄한 것으로 다스리어 버릇을 교정하게 된다. 정치가 엄하면 국민이 잔학을 받는다. 국민이 잔학을 받게 되면 관대를 베풀게 된다. 관대로 엄함을 늦추고, 엄함으로써 관대했음을 조이는 것이다. 정치는 이렇게 해서 조화되는

것이다. 시에 이르기를, '백성들이 또한 피로하니, 이에 잠시 쉬게 하노라. 먼저 중원(中原) 나라에 은혜 베풀고, 사방을 평안케 하리라.'라고 하였는데, 이것은 관대를 베풂을 말한 것이다. '아첨하는 자를 따르지 않아 좋지 못한 자를 경계하고, 나라를 어기고 백성을 학대하며 바른 도(道)를 두려워하지 않는 자를 제거한다.'라고도 했는데, 이것은 엄함으로 부정(不正)을 다스림을 말한 것이다. 그리고 '먼 자를 부드럽게 대하고 가까운 자를 친히 하여, 우리 왕국을 안정케 하네.'라고 했는데, 관대와 엄격을 잘 조화시킴으로써 세상을 평화롭게 함을 말한 것이다. 시에 또 이르기를, '다투지 않고 조급히 하지 않고, 강경하기만 하지 않고 부드럽기만 하지 않고서, 조화된 정치 베푸니 백복(百福) 다 모여드네.'라고 하였는데, 지극히 잘 조화된 정치를 말한 것이다." 자산이 세상을 떠나게 되자, 공자께서 그의 죽음을 들으시어 눈물을 흘리시고 말씀하시기를, "그는 옛날의 진실한 사랑을 안 사람이었다."라고 하셨다.

주해 ○崔苻之澤(환부지택)—지금의 하남성 중모(中牟) 부근의 택지.

○民亦勞止(민역로지), 汔可小康(흘가소강). 惠此中國(혜차중국), 以綏四方(이유사방)—《시경》 대아에 있는 민로편(民勞篇)의 시 구절.

○毋從詭隨(무종궤수), 以謹無良(이근무량), 式遏寇虐慘不畏明(식알구학참불외명)—《시경》 대아에 있는 민로편의 시 구절.

○柔遠能邇(유원능이), 以定我王(이정아왕)—《시경》 대아에 있는 민로편의 시 구절.

○不競不絿(불경불구), 不剛不柔(불강불유). 布政優優(포정우우), 百祿是遒(백록시주)—《시경》 송 상송(商頌)에 있는 장발편(長發篇)의 시 구절.

○古之遺愛也(고지유애야)—자산의 인애(仁愛)는 옛날의 진실한 인애를 깨달아 안 사람이었다는 말.

제19

소공 하
昭公 下

양공(襄公)의 아들. 어머니는 제귀(齊歸).
재위 기원전 541~510년

經 | ○二十有一年春王三月,에 葬蔡平公.이라

○夏,에 晉侯使士鞅來聘.이라

○宋華亥·向寧·華定,이 自陳入于宋南里,하여 以叛.이라

○秋七月壬午朔,에 日有食之.라

○八月乙亥,에 叔輒卒.이라

○冬,에 蔡侯朱出奔楚.라

○公如晉,에 至河,하여 乃復.이라

21년 봄 천자가 쓰는 역으로 3월에, 채나라 평공을 장사 지냈다.

여름에, 진(晉)나라 군주인 후작이 사앙(士鞅)에게 우리 노나라를 예방케 했다.

송나라 화해(華亥)·상녕(向寧)·화정(華定)이, 진(陳)나라로부터 송나라의 남리(南里)로 들어가, 반란을 일으켰다.

가을 7월 임오날인 초하루에, 일식이 있었다.

8월 을해날에, 노나라의 숙첩(叔輒)이 세상을 떠났다.

겨울에, 채나라의 군주인 후작 주(朱)가 초나라로 달아났다.

공이 진나라에 가, 황하(黃河) 가에 이르렀다가 곧 돌아왔다.

傳 二十一年春,에 天王將鑄無射.이라 泠州鳩曰, 王其以心疾
死乎.인저 夫樂天子之職也.라 夫音樂之輿也,요 而鐘音之器也.
라 天子省風,하사 以作樂,하시고 器以鍾之,하고 輿以行之.라 小
者不窕,하고 大者不槬,면 則和於物.이라 物和,면 則嘉成.이라 故
로 和聲入於耳,하여 而藏於心.이라 心億,이면 則樂,이어늘 窕則不
咸,하고 槬則不容.이라 心是以感,이어늘 感實生疾.이라 今鐘槬
矣.라 王心弗堪,이시어늘 其能久乎.아

21년 봄에, 천자이신 주(周)나라 왕께서 무역(無射)의 음률을 맞추
는 소리를 내는 종을 주조하시려 했다. 그러자 악관인 주구(州鳩)가
말했다. "천자이신 왕께서는 마음의 병으로 돌아가실 것이다. 음악은
천자께서 장악하시는 것이다. 그리고 소리는 곧 음악을 싣는 것이고,
종은 곧 악기인 것이다. 천자께서는 세상의 풍속을 헤아리시어, 음악
을 짓고, 악기로써 그 음악 소리를 갖추고, 그 소리들에 그 음악을
실어 연주하는 것이다. 작은 소리가 들리지 않게 희미하지 않고, 큰
소리가 너무 시끄럽지 않으면 악기 소리가 조화되어진다. 악기 소리
가 조화되어지면 좋은 음악이 이루어진다. 그러므로 조화된 음악소리
는 사람들의 귀에 들어가 마음에 아름답게 담아지는 것이다. 마음이
편안하게 되면 즐거운 것인데, 소리가 들리지 않게 희미하면 듣는 사

람의 마음에 맞지 않고, 소리가 너무 커 시끄러우면 그 음악은 마음에 용납되어지지 않는다. 마음이 이 때문에 나쁜 자극을 받는데, 나쁜 자극은 실로 병이 생기게 한다. 이제 너무나도 시끄러운 소리를 내는 종을 만드신다면 천자의 마음은 그 소리를 견디지 못하실 것인데, 오래 사실 수가 있으랴?"

주해│ ○泠(영) - 악관(樂官).

○心億(심억) - 마음이 편안함.

三月,에 葬蔡平公,이었거늘 蔡太子朱失位,하여 位在卑.라 大夫送葬者,가 歸見昭子.라 昭子問蔡故,하여 以告.라 昭子歎曰, 蔡其亡乎.인저 若不亡,이면 是君也必不終.이리라 詩曰, 不解于位,라야 民之攸墍.라 今,에 蔡侯始卽位,하여 而適卑,하니 身將從之.리라

夏,에 晉士鞅來聘,에 叔孫爲政.이라 季孫欲惡諸晉,하여 使有司以齊鮑國歸費之禮爲士鞅.이라 士鞅怒曰, 鮑國之位下,요 其國小,나 而使鞅從其牢禮,는 是卑敝邑也.라 將復諸寡君.하리라 魯人恐,하여 加四牢焉,하여 爲十一牢.라

　　3월에, 채나라 평공을 장사 지냈는데, 채나라의 태자 주(朱)가 장례식에서 차지할 자리를 잘못 차지하여 아랫자리를 차지했다. 노나라의 대부로 그 장례식에 참석했던 사람이 귀국하여 소자(昭子 : 叔孫婼)를 찾아뵈었다. 소자가 채나라의 사정을 묻기에, 그 일을 고했다. 그러자

소자는 탄식하며 말했다. "채나라는 망할 것이오. 망하지 않을 것 같
으면, 새로 된 그 군주는 반드시 제 명대로 살지 못할 것이오. 시에
이르기를, '군주가 제자리를 확보해야 국민이 따라 의지하네.'라고 했
소. 이제 채나라 군주가 군주 자리에 새로 올라 아랫자리로 물러가
차지했으니, 그의 신분이 그렇게 될 것이오."

　여름에, 진나라의 사앙(士鞅)이 노나라에 와 예방했는데 숙손씨(叔
孫氏 : 叔孫婼)가 집정하고 있었다. 그때 계손씨(季孫氏 : 季孫意如)
가 숙손씨를 진나라한테 나쁘게 보이도록 하려고 담당관에게 제나라
의 포국(鮑國)이 비(費) 땅을 반환하러 왔을 때에 대접했던 예식으로
사앙을 대접하게 했다. 사앙이 노하여 말하기를, "제나라의 포국은 나
보다 지위가 낮고 제나라는 우리 진나라보다 작은데도, 사앙 나를 그
를 대접했던 예식대로 대접한다는 것은, 우리나라를 무시하는 짓이오.
나는 귀국해서 우리 군주께 이 일을 보고해야겠소."라고 했다. 노나
라 사람들은 이 말에 두려워하여 사뢰(四牢)를 더 붙여, 11뢰의 예로
써 대접했다.

주해　○詩曰(시왈)—《시경》 대아에 있는 가락편(假樂篇)의 시 구절.
　○鮑國歸費(포국귀비)—소공 14년의 일.

宋華費遂生華貙·華多僚·華登,하여 　貙爲少司馬,하고 　多僚
爲御士,하여 　與貙相惡.라 　乃譖諸公曰, 　貙將納亡人.이라 　亟言
之,하니 公曰, 司馬以吾故亡其良子.라 死亡有命,에 吾不可以再
亡之.라 對曰, 君若愛司馬,면 則如亡.이오니다 死如可逃,면 何遠
之有.리오 公懼,하여 使侍人召司馬之侍人宜僚,하여 飲之酒,하여

이사고사마　　사마탄왈　필다료야　　오유참자　　이불능살
而使告司馬.라 司馬歎曰, 必多僚也.라 吾有讒子,나 而弗能殺,

　　오우불사　　역군유명　가약하　　내여공모　　축
하고 吾又不死.로다 抑君有命,에 可若何.리오 乃與公謀,하여 逐

화추　　장사전맹제　　이견지　　공음지주　　후수지
華貙,에 將使田孟諸,하여 而遣之.라 公飮之酒,에 厚酬之,하고

사급지종자　　사마역여지　　장개우지왈　필유고　　사자피
賜及之從者.라 司馬亦如之.라 張匄尤之曰, 必有故.라 使子皮

승의료이검이신지　　의료진이고　장개욕살다료　　자피
承宜僚以劍以訊之,하니 宜僚盡以告.라 張匄欲殺多僚,하니 子皮

왈　사마로의　　등지위심　　오우중지　　불여망야
曰, 司馬老矣,에 登之謂甚.라 吾又重之,는 不如亡也.라

오월병신　　자피장견사마이행　　즉우다료어사마이조
五月丙申,에 子皮將見司馬而行,할제 則遇多僚御司馬而朝.라

장개불승기노　　수여자피　구임　정편살다료　　겁사마
張匄不勝其怒,하여 遂與子皮·白任·鄭翩殺多僚,하고 劫司馬,

이반　　이소망인　　임인　화　상입　　악대심
하여 以叛,하여 而召亡人.이라 壬寅,에 華·向入,하니 樂大心·

풍건　화경　어저횡　　화씨거로문　　이남리반
豊愆·華牼,이 禦諸橫.이라 華氏居盧門,하여 以南里叛.이라

유월경오　　송성구용　　급상림지문　　이수지
六月庚午,에 宋城舊鄘,하여 及桑林之門,하여 而守之.라

송나라의 화비수(華費遂)는 화추(華貙)·화다료(華多僚)·화등(華
登)의 삼형제를 낳아, 화추는 소사마(少司馬) 벼슬을 하고, 화다료는
군주의 측근으로 있었는데, 그는 화추와 서로 미워했다. 그래서, 군주
에게 거짓말하여 말하기를, "화추는 죄를 짓고 외국으로 망명한 자들
을 불러들이려 하옵니다."라고 했다. 화다료가 자주 이 말을 하니 군
주는 말하기를, "그대의 아버지 사마(司馬)는 나 때문에 좋은 자식을
외국으로 내보내고 있다. 사람의 죽음은 천명(天命)에 달려 있는 것
이니, 나는 그대의 아버지의 자식을 다시 없앨 수는 없도다."라고 했
다. 그러자 화다료는 대답하기를, "군주께서 만일 사마 관직에 있는
저희 아버지를 사랑하옵신다면, 차라리 외국으로 망명하시는 것이 좋

사옵니다. 죽음을 피할 수 있을 것 같다면, 먼 곳인들 어찌 싫다할 것이옵니까?"라고 말했다. 이 말에 군주는 겁이 나, 시종(侍從)에게 사마 화비수의 시종인 의료(宜僚)를 부르게 해서 그에게 술을 먹이어, 사마 화비수에게 군주 자신의 심중(心中)을 고하게 했다. 그러자 사마는 탄식하고 말하기를, "반드시 다료(多僚)가 거짓말을 하여 이런 일이 있게 한 것이다. 나는 참언하는 자식이 있으면서도 죽일 수가 없고, 나 또한 죽지 못하고 있도다. 군주의 명령이 있는데 어떻게 하랴?"라고 했다. 그리고는 군주와 상의하여 화추를 국외로 추방하니, 맹제(孟諸)에서 사냥을 시키고서, 그길로 나가게 하려고 했다. 군주는 화추에게 술을 먹였는데 풍성하게 차려 주고, 그를 따르고 있는 자들에게까지도 물품을 내렸다. 그리고 사마 역시 군주와 같이 후하게 대했다. 그러자 화추를 모시고 있는 장개(張匄)가 이상하게 여겨 말하기를, "반드시 까닭이 있습니다."라 하고, 자피(子皮 : 華貙)에게 검(劍)으로 의료(宜僚)를 협박하여 묻게 했더니, 의료가 사실을 고하였다. 장개가 화다료를 죽이려 하자 자피가 말하기를, "아버지 사마께서는 늙으신 마당에, 동생 화등(華登)이 외국으로 망명한 것만으로도 슬픔이 심하다고 말할 것이다. 또 내가 아들을 다시 죽인다는 것은 외국으로 나가는 것보다 좋은 일이 아닐세."라고 했다.

5월 병신날에, 자피가 아버지 사마를 뵙고 떠나려 하는데, 화다료가 사마를 수레에 모시고 조정으로 나가 만났다. 그때 장개는 분노를 이기지 못하고서 결국은 자피·구임(臼任)·정편(鄭翩)과 다료를 죽이고, 사마를 협박하여 반란을 일으켜 외국으로 나가 있는 사람들을 불렀다. 임인날에 화씨와 상씨가 국내로 들어가니, 악대심(樂大心)·풍건(豊愆)·화경(華牼) 등이 횡(橫)에서 막았다. 화씨(華氏)는 노문(盧門) 가에 살았는데, 남리(南里)를 근거지로 하여 반란을 일으켰다.

6월 경오날에, 송나라는 옛날 용(鄘)나라가 쌓은 성지(城趾)에다 성을 쌓아, 상림문(桑林門)이라는 성문까지 이어대어 수비했다.

주해 ○如亡(여망)-망명하는 것이 더 좋음.

○華登(화등)-전에 외국으로 망명했다.

○橫(횡)-지명으로, 지금의 하남성 상구현(商邱縣) 서남 땅.

○盧門(노문)·桑林之門(상림지문)-송나라 도읍의 성문 이름.

○南里(남리)-송나라 도읍 근처의 땅 이름.

○舊鄘(구용)-옛날의 용나라. 여기에서는 옛날 용나라 성터를 말한다.

秋七月壬午朔,에 日有食之.라 公問於梓愼曰, 是何物也.아

禍福何爲.오 對曰, 二至二分,에 日有食之,는 不爲災.이오니다 日

月之行也,에 分同道也,이옵고 至相過也.이오니다 其他月則爲災,

이옵거늘 陽不克也.라소이다 故로 常爲水.이오니다 於是,에 叔輒哭

日食.이라 昭子曰, 子叔將死.리라 非所哭也.라

八月,에 叔輒卒.이라

冬十月,에 華登以吳師救華氏.라 齊烏枝鳴戍宋,에 廚人濮曰,

軍志有之,하되 先人,이면 有奪人之心,하고 後人,이면 有待其衰.

라 盡及其勞且未定也伐諸.아 若入而固,면 則華氏衆矣,에 悔無

及也.리라 從之.라 丙寅,에 齊師·宋師敗吳師于鴻口,하여 獲其

二帥公子苦雉·偃州員.이라 華登帥其餘,하여 以敗宋師.라 公欲

出,하니 廚人濮曰, 吾小人可藉死,나 而不能送亡.이오니다 君請

待之.하소서 乃徇曰, 揚徽者,는 公徒也.라 衆從之.라 公自揚門

見之,하고 下而巡之曰, 國亡,하고 君死,는 二三子之恥也.라 豈
專孤之罪也.리오 齊烏枝鳴曰, 用少,는 莫如齊致死,요 齊致死,
는 莫如去備.라 彼多兵矣,니 請皆用劍.이라 從之.라 華氏北,에
復卽之.라 廚人濮以裳裹首,하여 而荷以走曰, 得華登矣.라 遂敗
華氏于新里.라 翟僂新居于新里,하여 旣戰,에 說甲于公而歸.라
華妵居于公里,하여 亦如之.라

가을 7월 임오날인 초하루에, 일식이 있었다. 우리 노나라 군주 소
공이 재신(梓愼)에게 묻기를, "이것은 무슨 징조요? 화(禍)와 복 어
느 것이 올 것이오?"라고 하니 재신이 대답하기를, "하지와 동지, 그
리고 춘분과 추분에 일식이 있는 것은 재해가 되지 않사옵니다. 해와
달의 이동함에 있어, 춘분·추분에는 같이 황도(黃道)에 있삽고, 하
지·동지에는 서로 남과 북의 끝에 있는 것입니다. 그러나 기타의 달
에 일식이 있으면 재해가 있게 되옵는데, 양기(陽氣)가 음기(陰氣)를
이기지 못해서이옵니다. 그래서 언제나 수해가 나게 되옵니다."라고
했다. 이때 숙첩(叔輒)이 일식에 대하여 곡(哭)을 올렸다. 그러자 소
자(昭子)가, "자숙(子叔 : 叔輒)은 곧 죽을 것이다. 일식에 곡할 것이
아니다."라고 말했다.

8월에, 숙첩이 세상을 떠났다.

겨울 10월에, 송나라의 화등(華登)이 오나라 군대를 이끌고 가 본
국의 화씨를 구원했다. 그때 제나라의 오지명(烏枝鳴)이 송나라 도읍
에서 지키고 있었는데, 주읍(廚邑) 사람인 복(濮)이 오지명에게 말하
기를, "병서(兵書)에 말해 있기를, '상대 사람보다 먼저 행동하면 상
대 사람의 넋을 뺏음이 있게 되고, 상대 사람보다 늦게 행동한다면

그 세력이 쇠퇴함을 기다리는 수가 있다.'고 했습니다. 님은 어찌 저들이 피로했고, 또 아직 대열을 정비하지 못한 틈에 치지 않으시옵니까? 저 오나라 군대가 들어와 태세가 굳건해지면, 화씨편은 군세가 많아질 것이므로, 그때는 후회를 한들 소용없지 않겠습니까."라고 했다. 그러자 그는 이 말을 따랐다. 병인날에, 제나라 군사와 송나라 군사가 오나라 군대를 홍구(鴻口)에서 패배시키어, 오나라의 두 장수, 즉 공자 고금(苦雉)과 언주원(偃州員)을 잡았다. 화등은 패잔병을 이끌고서 송나라 군사를 쳐부수었다. 군주가 나라 밖으로 나가려 하니 주읍 사람 복이 말하기를, "저희들 하찮은 사람들은 군주를 위해서 죽을지라도, 군주께서 망명하시도록 보낼 수는 없사옵니다. 군주께서는 원하오니 기다리소서."라고 했다. 그리고는 군대 대열 속을 돌아다니며 외쳐 말하기를, "등에 붙인 작은 기(旗)를 높이 올리는 사람은 군주의 편이오."라고 하니, 다들 그의 말대로 했다. 송나라 군주는 양문(揚門)에서 그것을 보고 아래로 내려가, 군대 대열 속을 돌며 말하기를, "나라가 망하고 군주가 죽는다는 것은 그대들의 수치다. 그것이 어찌 오직 나의 죄만 된단 말인가?"라고 했다. 제나라의 오지명이 말하기를, "적은 군세(軍勢)를 써 싸움에는 다 같이 죽는다는 각오를 갖는 것보다 더 좋은 수가 없고, 다 같이 죽겠다는 데는 모든 군비를 버리는 수보다 더 좋은 수는 없습니다. 저편은 군병이 많으니, 우리편은 다 칼만 가지고 싸우기를 원합니다."라고 해서, 그의 제안을 따르기로 했다. 화씨편이 싸워 도망하니, 송·제의 연합군은 추격했다. 주읍 사람인 복이 사람의 목을 아래 옷으로 싸서 등에 메고 달리면서 외쳐 말하기를, "화등의 목을 쳤다!"라고 했다. 결국에는 화씨를 신리(新里)에서 패배시켰다. 적누신(翟僂新)은 화씨의 땅인 신리에 살았는데 군주편에 서서 싸우고서, 갑옷을 벗어 군주에게 주고 돌아갔다. 그리고 화씨의 일족인 화주(華姓)는 공리(公里)에서 살았는데, 그도 역시 그렇게 했다.

주해ㅣ ㅇ廚(주)—읍 이름으로, 지금의 상구현(商邱縣) 북쪽 땅.

ㅇ鴻口(홍구)—송나라 지명으로, 지금의 상구현 동쪽 땅.

ㅇ揚門(양문)—송나라 도읍의 성문 이름.

ㅇ新里(신리)—지금의 개봉(開封) 부근.

ㅇ公里(공리)—송나라 도읍 근처의 땅 이름.

十一月癸未,에 公子城以晉師至.라 曹翰胡會晉荀吳·齊苑

何忌·衛公子朝,하여 救宋.이라 丙戌,에 與華氏戰于赭丘.라 鄭

翩願爲鸛,에 其御願爲鵝.라 子祿御公子城,하고 莊菫爲右.라 干

犨御呂封人華豹,하고 張匄爲右,하여 相遇城還.이라 華豹曰, 城

也.아 城怒而反之.라 將注,에 豹則關矣.라 曰, 平公之靈,이여

尚輔相余.하소서 豹射,에 出其間.이라 將注,에 則又關矣.라 曰,

不狎鄙.라 抽矢.라 城射之,에 殪.라 張匄抽殳而下,에 射之折股.

라 扶伏而擊之,하여 折軫.이라 又射之,하니 死.라 干犨請一矢,에

城曰, 余言女於君.하리라 對曰, 不死伍乘,은 軍之大刑也.라 干

刑而從子,에 君焉用之.리오 子速諸.하라 乃射之,하니 殪.라 大敗

華氏,하고 圍諸南里.라 華亥搏膺而呼,하고 見華貙曰, 吾爲欒氏

矣.라 貙曰, 子無我迋.하라 不幸而後亡.이라 使華登如楚乞師.라

華貙以車十五乘徒七十人,하여 犯師而出,하여 食於睢上,하고 哭

而送之,하여 乃復入.이라

楚薳越帥師,하여 將逆華氏,에 大宰子犯諫曰, 諸侯唯宋事其

君,이었거늘 今又爭國.이오니다 釋君而臣是助,는 無乃不可乎.인가

王曰, 而告我也後.라 旣許之矣.라

蔡侯朱出奔楚.라 費無極取貨於東國,하여 而謂蔡人曰, 朱不

用命於楚,에 君王將立東國.이라 若不先從王欲,이면 楚必圍蔡.

리라 蔡人懼,하여 出朱而立東國.이라 朱愬于楚,하니 楚子將討蔡.

라 無極曰, 平侯與楚有盟.이었나이다 故로 封,이었거늘 其子有二

心.이오니다 故로 廢之.하였나이다 靈王殺隱太子,로 其子與君同

惡.이오니다 德君必甚,이어늘 又使立之,는 不亦可乎.인가 且廢置

在君,에 蔡無他矣.리이다

公如晉,하여 及河.라 鼓叛晉,에 晉將伐鮮虞.라 故로 辭公.이라

　11월 계미날에, 송나라의 공자 성(城)이 진(晉)나라의 군대를 이끌
고 송나라로 들어갔다. 조나라의 한호(翰胡)가 진(晉)나라의 순오(荀
吳) · 제나라의 원하기(苑何忌) · 위나라 공자 조(朝) 등과 회합을 가
져 송나라를 구원하기로 했다. 그리하여 병술날에, 지구(赭丘)에서 송
나라 화씨와 싸웠다. 그때, 화씨 편의 정편(鄭翩)이 관진법(鸛陣法)을
쓰기를 원했는데, 그의 전차를 조종하는 자는 아진법(鵝陣法) 쓰기를
원했다. 자록(子祿 : 向宜)이 공자 성이 탄 전차를 조종하고 장근(莊
董)이 그의 오른쪽 전사가 되었다. 그때 간주(干犨)가 여(呂)라는 변
경의 수비관(守備官)인 화씨 무리의 화표(華豹)의 전차를 조종하고,

장개(張匄)가 그의 오른쪽 전사가 되었는데, 그들은 공자 성이 본국으로 돌아가는 길에서 만났다. 그때 화표가, "성(城)아!" 이렇게 말했다. 그러자 공자 성은 노하여 앞으로 가던 자세를 돌렸다. 그리고는 활에 화살을 매겼는데, 화표는 이미 활을 당기고 있었다. 그래서 공자 성은, "아버지 평공(平公)의 신령이시여! 원하오니 저를 도와주소서." 이렇게 빌어 말했다. 표가 활을 쏘니, 그 화살은 공자 성과 다른 사람 사이를 통과하였다. 공자 성이 활에 화살을 매기려 하니, 화표는 또 다시 활을 당기고 있었다. 그 순간 공자 성이, "활쏘기를 교대로 하지 않는 것은 비겁한 일이다."라고 말했다. 그러자 화표는 화살을 활에서 떼었다. 공자 성이 활을 쏘니, 화표는 거꾸러졌다. 그러자 장개가 창을 빼들고 전차에서 내렸는데, 공자 성은 활을 쏘아 장개의 다리를 맞혀 부상을 입혔다. 부상 당한 장개는 기어가 덤벼, 공자 성이 탄 전차의 뒤턱나무를 끊었다. 그래서 다시 활을 쏘니 죽고 말았다. 화표의 전차를 조종하던 간주가 자기에게도 활을 쏘라고 말하니 공자 성이, "내 너를 군주께 잘 말해 올리마!"라고 말했다. 간주는 대답하기를, "전차에 같이 탄 사람들과 같이 죽지 않는다는 것은 군법상 대죄(大罪)입니다. 죄를 범하여 공자를 따르니, 군주께서 어찌 저를 써 주시겠습니까? 님은 빨리 쏘십시오."라고 했다. 그래서 활을 쏘았더니 거꾸러졌다. 화씨네를 대패시키고 남리(南里)에서 포위작전을 폈다. 그때, 화해(華亥)가 가슴을 치며 큰 소리로 외치고, 화추(華貙)를 보고 말하기를, "나는 진(晉)나라 난씨(欒氏) 꼴이 되었네!"라고 했다. 그러자 화추는, "님은 나를 겁내게 하지 마시오! 불행하게 되면 외국으로 망명하지요."라고 말했다. 그리고 화추는 화등(華登)에게 초나라에 가 구원군을 청하게 했다. 그때, 화추는 전차 15대와 보병 70명을 이끌고 상대편의 군열을 뚫고 나가, 수수(睢水) 가에서 식사하고, 울면서 화등을 떠나보내고서 곧 다시 들어갔다.

초나라의 위월(薳越)이 군대를 이끌고 송나라 화씨네를 구원하러 가려 하니 태재(太宰) 자범(子犯)이 초왕에게 충간(忠諫)하기를, "제후국 중에서 송나라만이 군주를 잘 섬겨 왔었는데, 이제 그 나라도 나라를 놓고 다투고 있사옵니다. 그러하온데 그 나라의 군주를 버리고서 그 신하를 돕는다는 것은, 안될 일이 아니오리까?"라고 했다. 그러자 초왕은, "그대가 내게 말하는 것이 늦었도다. 나는 이미 화씨를 구원할 것을 허락했노라."라고 말하였다.

채나라 군주인 후작 주(朱)가 초나라로 도망갔다. 초나라의 비무극(費無極)은 채나라의 동국(東國)한테 재화(財貨)의 뇌물을 받고서, 채나라 사람에게 일러 말하기를, "주(朱)가 우리 초나라의 명을 듣지 않기에, 우리 군왕(君王)께서는 동국을 채나라 군주로 삼으려 하시오. 만일 무엇보다도 먼저 우리 군왕의 뜻을 따르지 않는다면, 초나라는 채나라를 포위할 것이오."라고 했다. 이 말에, 채나라 사람이 겁을 먹어, 주를 축출하고 동국을 군주로 세웠다. 주가 초나라에게 그 사태를 호소하니, 초나라 군주는 채나라를 치려고 했다. 그러자 비무극이 말했다. "채나라의 평공(平公)이 우리 초나라와 맹약 맺음이 있었나이다. 그래서 우리 초나라는 그를 채나라의 군주로 삼았는데, 그의 아들 주(朱)는 우리나라를 배반하는 마음을 지니고 있사옵니다. 그러므로 그를 군주 자리에서 몰아낸 것이옵니다. 우리 초나라의 영왕(靈王)께서 채나라의 태자 은(隱)을 죽였기로, 은 태자의 아들인 동국은 군주와 같이 영왕을 미워하고 있사옵니다. 동국 그는 군주의 덕 입음을 반드시 매우 크다고 여길 것이온데, 그를 군주로 세우는 것은 좋은 일이 아니겠나이까? 그리고 채나라의 군주를 폐위시키고 세우는 일은 군주의 손에 달려 있으니 채나라는 별 말이 없을 것이옵니다."

우리 노나라 군주 소공이 진나라에 가, 황하(黃河) 가에 이르렀다. 그런데 고(鼓)나라가 진(晉)나라를 배반하여 진나라는 고나라를 돕는 선우(鮮虞)나라를 치려 하였다. 그래서 진나라는 소공이 방문하는 일을 사절했다.

주해 ㅇ赭丘(자구)―지금의 하남성 서화(西華) 부근.

ㅇ鸛(관)·鵝(아)―진법(陣法) 이름.

ㅇ呂(여)―지금의 강소성 동산(銅山) 부근.

ㅇ吾爲欒氏矣(오위난씨의)―진(晉)나라 난영(欒盈)이 망명했다가 본국으로 들어가, 반란을 일으켰다가 실패했는데, 그 신세가 되었다는 말. 난영의 일은, 양공 23년조에 나왔다.

ㅇ睢上(수상)―수수(睢水) 가. 수수는 지금의 상구현(商邱縣) 서남쪽을 흐른다.

ㅇ東國(동국)―채나라 은 태자의 아들. 평공의 동생이며, 주(朱)의 숙부였다. 그는 주를 축출하고 군주가 되었다. 즉 채나라 도공(悼公).

ㅇ鼓(고)·鮮虞(선우)―둘 다 나라 이름. 소공 12년·15년조에도 나왔다.

經 ㅇ二十有二年春,에 齊侯伐莒.라

ㅇ宋華亥·向寧·華定,이 自宋南里出奔楚.라

ㅇ大蒐于昌間.이라

ㅇ夏四月乙丑,에 天王崩.이라

ㅇ六月,에 叔鞅如京師,하여 葬景王.이라

ㅇ王室亂,하여 劉子·單子以王猛居于皇.이라

ㅇ秋,에 劉子·單子以王猛入于王城.이라

ㅇ冬十月,에 王子猛卒.이라

ㅇ十有二月癸酉朔,에 日有食之.라

22년 봄에, 제나라 군주인 후작이 거나라를 쳤다.

송나라의 화해(華亥)·상녕(向寧)·화정(華定) 등이, 송나라의 남리(南里)로부터 초나라로 달아났다.

우리 노나라가 창간(昌間)에서 대대적인 군사연습을 행했다.

여름 4월 을축날에, 천자이신 주나라 왕이 붕어하였다.

6월에, 우리 노나라의 숙앙(叔鞅)이 서울에 가, 경왕(景王)의 장례식에 참석했다.

주나라 왕실이 난잡하여, 유(劉)의 군주인 자작과 선(單)의 군주인 자작이 새 천자인 맹(猛)을 모시고 황(皇)에서 지냈다.

가을에, 유의 군주인 자작과 선의 군주인 자작이 새로 왕이 된 맹을 모시고 왕성(王城) 안으로 들어갔다.

겨울 10월에, 왕자 맹이 세상을 떠났다.

12월 계유날인 초하루에, 일식이 있었다.

주해 | ○王猛(왕맹)·王子猛(왕자맹) ─ 왕맹은 새 왕이 된 맹이고, 왕자맹은 새로 왕이 되기는 했지만 아직 선왕(先王)의 복을 벗지 못하여, 정식으로 왕이 되지 못했기에 왕자라 한 것이다.

傳 | 二十二年春王二月甲子,에 齊北郭啓帥師,하여 伐莒.하니 莒子將戰.이라 苑羊牧之諫曰, 齊師賤.이오니다 其求不多,리니 不如下之.니이다 大國不可怒也.라소이다 弗聽,하고 敗齊師于壽餘.라 齊侯伐莒,에 莒子行成,하여 司馬竈如莒,하여 涖盟,하고 莒子如齊,하여 涖盟,이어늘 盟于稷門之外.이라 莒於是乎大惡其君.이라 楚薳越使告于宋曰, 寡君聞君有不令之臣爲君憂.이오니다 無寧以爲宗羞.리오 寡君請受而戮之.이오니다 對曰, 孤不佞,하여

不能媚於父兄,하여 以爲君憂,하여 拜命之辱.이라 抑君臣日戰,에
君曰余必臣是助,이면 亦唯命.이라 人有言,하되 曰, 唯亂門之無
過.라 君若惠保敝邑,이면 無亢不衷以獎亂人,을 孤之望也.라 唯
君圖之.하라 楚人患之.라 諸侯之戍謀曰, 若華氏知困而致死,하
고 楚恥無功而疾戰,이면 非吾利也,니 不如出之以爲楚功,하고
其亦無能爲也已.라 救宋而除其害,이면 又何求.리오 乃固請出
之,에 宋人從之.라 己巳,에 宋華亥·向寧·華定·華貙·華
登·皇奄·傷省·臧士平,이 出奔楚.라
宋公使公孫忌爲大司馬,하고 邊邛爲大司徒,하며 樂祁爲司城,
하고 仲幾爲左師,하며 樂大心爲右師,하고 樂輓爲大司寇,하여 以
靖國人.이라

22년 봄 천자가 쓰는 역으로 2월 갑자날에 제나라의 북곽계(北郭啓)가 군사를 이끌고 거나라를 치니, 거나라 군주가 나가 싸우려 했다. 그러자 원양목지(苑羊牧之)가 충간하기를, "제나라의 장수는 지위가 낮사옵니다. 많은 것을 구하고 있는 것이 아닐 것이니, 제나라 군사에게 머리 숙이는 것이 좋사옵니다. 큰 나라는 노하게 해서는 아니되옵니다."라고 했다. 그러나 군주는 듣지 않고, 제나라 군사를 수여(壽餘)에서 패배시켰다. 그 뒤에 제나라 군주가 거나라를 치자 거나라 군주가 화평을 청하여, 제나라의 사마조(司馬竈)가 거나라에 가 맹약에 참가하고 거나라 군주가 제나라에 가 맹약에 참가했는데, 제나라 도읍의 성문인 직문(稷門) 밖에서 맹약을 맺었다. 거나라는 이

일로 군주를 크게 미워하게 되었다.

초나라의 위월(遠越)이 사자(使者)를 송나라에 보내어, "저희 군주께서는 귀국에 나쁜 신하가 있어 군주께 걱정을 끼치고 있다는 것을 듣고 계시옵니다. 그 일은 어찌 군주의 조종(祖宗)에게 수치를 끼침이 되지 않으오리까? 저희 군주께서는 그 나쁜 자들을 인수(引受)받아 벌 줄 것을 원하옵니다."라고 말하게 했다. 그러자 송나라 군주는 대답했다. "내 못나서 부형(父兄)의 항렬이 되는 친척들에게 비위를 맞추어 줄 수가 없어서, 귀국의 군주에게 걱정을 끼쳐 이번의 고마운 명(命)을 받게 되었소이다. 군주와 신하가 매일 싸우고 있는 마당에 귀국의 군주가 반드시 신하인 사람들을 도와야겠다고 말씀하신다면, 나로서는 그것을 그대로 받아들일 수밖에 도리가 없소이다. 그러나 어느 사람이 한 말이 있는데, '난잡한 집의 문 앞만은 지나서 가지 말라.'고 했소. 귀국의 군주께서 우리나라를 보호하는 은혜를 베풀어주신다면, 불충한 자를 옹호하여 난동을 부리는 자들을 돕지 말기를, 나는 바라고 있소. 군주께서 잘 헤아리도록 해주시오." 송나라 군주의 이 말에, 초나라 사람들은 걱정했다. 송나라를 수비하고 있는 제후국의 사람들이 상의하여 결론지어 말하기를, "만일 화씨 사람들이 곤란한 입장을 인식하여 죽기를 결심하고, 초나라 군사가 군공(軍功)이 없음을 수치로 알고서 격전을 벌인다면 우리에게 불리하니, 화씨 편의 사람들을 내보내어 초군의 공(功)을 삼게 하고, 화씨 사람들도 어찌할 수 없게 할 따름이다. 송나라를 구해 내고, 해가 되는 자들을 제거한다면 그 이상 또 무엇을 구하랴?"라고 했다. 그리하여 화씨 편의 사람들을 내보내기를 굳이 요청하자, 송나라 사람은 그 요청을 들었다. 그래서 기사날에, 송나라의 화해(華亥)·상녕(向寧)·화정(華定)·화추(華貙)·화등(華登)·황엄(皇奄)·상성(傷省)·장사평(臧士平) 등이 초나라로 달아났다.

송나라 군주는 공손기(公孫忌)를 대사마가 되게 하고, 변공(邊卬)

을 대사도가 되게 하며, 악기(樂祁)는 사성이 되게 하고, 중기(仲幾)는 좌사가 되게 하며, 악대심(樂大心)이 우사가 되게 하고, 악만(樂輓)이 대사구가 되게 하여 나라 사람들을 안정시켰다.

주해 │ ○壽餘(수여)―지금의 산동성 안구(安邱) 부근.

○稷門(직문)―제나라 도읍 성의 성문 이름.

○公孫忌(공손기)―화비수(華費遂) 대신 대사마가 되었다.

○邊邛(변공)―송나라 평공(平公)의 증손(曾孫)으로, 화정(華定) 대신 대사도가 되었다.

○樂祁(악기)―송나라 자한(子罕)의 손자.

○仲幾(중기)―중강(仲江)의 현손(玄孫)으로 상녕(向寧) 대신 좌사가 되었다.

○樂大心(악대심)―주현(周玄) 대신 우사가 되었다.

○樂輓(악만)―자한(子罕)의 손자.

왕자조 빈기 유총어경왕 왕여빈맹세지 욕립
王子朝·賓起,가 有寵於景王.이라 王與賓孟説之,하여 欲立
지 유헌공지서자백분사선목공 오빈맹지위인야 원
之.라 劉獻公之庶子伯蚡事單穆公,하여 惡賓孟之爲人也,에 願
살지 우오왕자조지언 이위란 원거지 빈맹적
殺之,하고 又惡王子朝之言,하여 以爲亂,하여 願去之.라 賓孟適
교 견웅계자단기미 문지시자 왈 자탄기희야
郊,하여 見雄鷄自斷其尾,하고 問之侍者,하니 曰, 自憚其犧也.라
거귀고왕 차왈 계기탄위인용호 인이어시
遽歸告王,하고 且曰, 鷄其憚爲人用乎.인저 人異於是.이오니다
희자실용인 인희 실난 기희 하해 왕불응
犧者實用人,이옵고 人犧,면 實難,이나 己犧,에 何害.리오 王弗應.
이다

하사월 왕전북산 사공경개종 장살선자 유자
夏四月,에 王田北山,하사 使公卿皆從.이라 將殺單子·劉子,나
왕유심질 을축 붕우영기씨 무진 유자지졸
王有心疾,하사 乙丑,에 崩于榮錡氏.하시다 戊辰,에 劉子摯卒.이

라 無子,에 單子立劉蚡.이라

五月庚辰,에 見王,하고 遂攻賓起,하여 殺之,하고 盟群王子于
單氏.라

晉之取鼓也,에 旣獻而反鼓子焉,이었거늘 又叛於鮮虞.라

六月,에 荀吳略東陽,하여 使師偁羅者,나 負甲以息於昔陽之
門外,하고 遂襲鼓滅之,하여 以鼓子鳶鞮歸,하여 使涉佗守之.라

주(周)나라 왕자 조(朝)와 빈기(賓起)가 천자 경왕(景王)한테 총애를 받았다. 왕과 빈맹(賓孟 : 빈기)은 왕자 조를 좋아하여, 그를 태자로 삼으려 했다. 유(劉)나라 군주 헌공(獻公)의 서자인 백분(伯蚡 : 劉狄)은 선(單)나라 목공(穆公)을 섬기고 있어, 빈맹의 사람됨을 미워하여 죽이기를 원했고, 또 왕자 조의 말함을 미워하여 난리를 일으키려 한다고 여기어 제거하기를 원했다. 빈맹이 교(郊)로 나갔다가, 수탉이 스스로 꼬리를 물어뜯어 끊는 것을 보고 시종에게 그 까닭을 물으니 말하기를, "저것은 제물(祭物)에 희생되기를 싫어해서입니다." 라고 했다. 그러자 빈맹은 급히 돌아가 왕에게 그 일을 고하면서 말했다. "닭은 사람이 제물로 쓰는 것을 싫어할 것이옵니다. 그러나 사람은 그와 다르옵니다. 천자의 신분은 일종의 희생과 같은 입장이온데, 그 신분이 되어 희생감으로 정해진 것이 귀중히 여겨짐과 같이, 사람들한테 귀중히 취급되오면 실로 다른 사람들을 쓰옵고, 다른 사람이 그 희생의 입장에 서게 되오면 실로 어찌 하기는 어려우나, 자신이 희생의 입장에 서게 됨에는, 무슨 해를 당하겠습니까?" 그러나 천자께서는 그가 바로 공자 조를 태자로 지명하기를 원하는 뜻의 이 말을 듣지 않으셨다.

여름 4월에, 천자께서 북산(北山)에서 사냥을 하여, 조정의 공경(公卿)들에게 다 따르도록 명하였다. 그때 선의 군주와 유의 군주를 죽이려 하였지만, 천자께서 신경병(神經病)이 나시어 을축날에 영기(榮錡)의 집에서 붕거하셨다. 무진날에, 유의 군주 지(摯 : 獻公)가 세상을 떠났다. 그에게 아들이 없었으므로, 선의 군주는 유분(劉蚠)을 후계자로 삼았다.

5월 경진날에, 유의 군주 유분은 새 왕을 찾아뵙고 곧이어 빈기(賓起)를 공격하여 죽이고, 여러 왕자들과 선의 군주 앞에서 맹약을 맺었다.

진(晉)나라가 고(鼓)나라를 쳐 점령하고서, 그 결과를 종묘에다 보고하고 나서 고나라 군주인 자작을 돌려보냈는데, 선우나라에 붙어서 또 배반했다.

6월에, 진나라의 순오(荀吳)가 동양(東陽) 땅을 순찰하고서, 군사로 하여금 거짓으로 양식을 메어 운반하여 들이는 듯이 보이게 했으나, 실은 갑옷을 메고서 석양(昔陽)의 성문 밖으로 가 쉬게 하고, 곧이어 고나라를 습격하여 멸망시키어, 고나라 군주인 자작 연제(鳶鞮)를 데리고 돌아가, 섭타(涉佗)에게 지키게 했다.

주해 ○欲立之(욕립지)—지(之)는 왕자 조(朝)를 가리킨다. 주나라 경왕(景王)은 소공 15년에 태자 수(壽)를 잃고, 그의 동생 맹(猛)을 후계자로 정했으나, 이때에 와서는 서장자(庶長子)였던 조를 태자로 삼으려 했다.

○東陽(동양)—진나라 땅으로, 지금의 하남성 기현(淇縣) 땅.

○昔陽(석양)—고나라 땅. 소공 12년조에 나왔다.

丁巳,에 葬景王.이라 王子朝因舊官百工之喪職秩者與靈·景

之族以作亂,하여 帥郊·要·餞之甲,하여 以逐劉子.라 壬戌,에

劉子奔揚,하고 單子逆悼王于莊宮以歸.라 王子還夜取王,하여 以

如莊宮,하니 癸亥,에 單子出.이라 王子還與召莊公謀曰, 不殺單

旗,면 不捷.이라 與之重盟,이면 必來.리라 背盟而克者多矣.라

從之.라 樊頃子曰, 非言也.라 必不克.이리라 遂奉王以追單子,하

여 及領,하여 大盟而復,에 殺摯荒以説.이라 劉子如劉,하고 單子

亡,하여 乙丑,에 奔于平畤.라 群王子追之,어늘 單子殺還 · 姑 ·

發 · 弱 · 鬷 · 延 · 定 · 稠.라 子朝奔京.이라 丙寅,에 伐之,하여

京人奔山,하고 劉子入于王城.이라 辛未,에 鞏簡公敗績于京,하고

乙亥,에 甘平公亦敗焉.이라

叔鞅至自京師,하여 言王室之亂也,에 閔馬父曰, 子朝必不克.

하리라 其所與者,는 天所廢也.라

單子欲告急於晉,하여 秋七月戊寅,에 以王如平畤,하고 遂如圈

車,하여 次于皇.이라 劉子如劉.라 單子使王子處守于王城,하고

盟百工于平宮.이라 辛卯,에 鄩肸伐皇,에 大敗,하고 獲鄩肸,하여

壬辰,에 焚諸王城之市.라 八月辛酉,에 司徒醜以王師敗績于前

城,하니 百工叛.이라 己巳,에 伐單氏之宮,이나 敗焉.이라 庚午,에

反伐之,하여 辛未,에 伐東圉.라

冬十月丁巳,에 晉籍談 · 荀躒帥九州之戎及焦 · 瑕 · 溫 · 原

之師,하여 以納王于王城.이라 庚申,에 單子·劉蚡以王師敗績于

郊,하고 前城人敗陸渾于社.라

十一月乙酉,에 王子猛卒.이라 不成喪也.라 己丑,에 敬王卽位,

하여 館于子旅氏.라

十二月庚戌,에 晉籍談·荀躒·賈辛·司馬督帥師,하여 軍于

陰于侯氏于谿泉,하고 次于社.라 王師軍于氾于解,하고 次于任

人.이라 閏月,에 晉箕遺·樂徵·右行詭,가 濟師,하여 取前城,하

여 軍其東南,하고 王師軍于京楚.라 辛丑,에 伐京,하여 毁其西南.

이라

정사날에, 천자 경왕(景王)을 장사 지냈다. 왕자 조(朝)는 옛날부터 관직을 차지했던 집안의 사람, 백공(百工)으로 직위를 잃고 있는 자들과, 영왕(靈王)과 경왕에서 갈려나간 친족들을 규합하여 의지해서 난리를 일으켜, 교(郊)·요(要)·전(餞) 땅에 있는 군병을 이끌고, 유(劉)의 군주를 조정에서 축출했다. 그러자 유의 군주는 임술날에 양(揚)으로 도망가고, 선(單)의 군주는 도왕(悼王 : 왕자 맹)을 장왕(莊王)의 사당인 장궁(莊宮)에서 맞이하여 자기 저택으로 돌아갔다. 그러나 왕자 선(還)이 저녁에 왕을 탈취하여 장궁으로 들어가자, 계해날에 선의 군주는 서울에서 빠져나갔다. 왕자 선은 소(召)의 군주 장공(莊公)과 상의해서 말하기를, "선의 군주 기(旗)를 죽이지 않고서는 이기지 못합니다. 그와 맹약 맺기를 단단히 하겠다면, 그는 반드시 찾아올 것입니다. (그때에 죽이기로 하십시다.) 맹약을 배반하고서 뜻을 이룬 사람이 많이 있었습니다."라고 하니, 소의 장공은 그 의견을 따

르기로 했다. 그러나 선·유의 군주 무리였던 번경자(樊頃子)는, "그것은 말이 되지 않는다. 그들은 반드시 실패할 것이다."라고 말했다. 왕자 선 등은 바로 왕을 받들어 모시고서 선의 군주의 뒤를 쫓아가 영(領)에 이르러 단단한 맹약을 맺고 선의 군주를 복귀시키겠다는 조건을 내세움에 있어, 왕을 탈취한 죄는 지황(摯荒)에게 있다고 하여 그를 죽이어 구실을 삼았다. 그때 유의 군주는 유 땅으로 갔고, 선의 군주는 (왕자 선 등이 거짓말을 한다고 간파하여) 도망하여, 을축날에 평치(平峙)로 갔다. 그러자 여러 왕자들이 그를 쫓았는데, 선의 군주편은 선(還)·고(姑)·발(發)·약(弱)·종(鬷)·연(延)·정(定)·주(稠) 등을 죽였다. 자조(子朝)는 경(京)으로 달아났다. 병인날에, 선의 군주는 그를 쳐 경 사람들은 산으로 도망갔고, 유의 군주는 왕성(王城) 안으로 들어갔다. 신미날에는 공(鞏)의 군주로 주나라 경사(卿士)였던 간공(簡公)이 경(京)에서 자조한테 패하고, 을해날에는 감(甘)의 군주 평공(平公)이 또한 패했다.

　우리 노나라의 숙앙(叔鞅)이 주나라 서울로부터 돌아와, 왕실의 난잡을 말하니 민마보(閔馬父)가 말하기를, "자조는 반드시 실패할 것이다. 그를 따르는 자들은 하늘에게서 버림받은 자들이다."라고 했다.

　선의 군주는 그 다급한 사정을 진(晉)나라에게 알리려 하여, 가을 7월 무인날에 왕을 모시고 평치로 갔고, 바로 다시 포거(圃車)로 가서, 황(皇)에 머물렀다. 그때, 유의 군주는 유 땅으로 갔다. 선의 군주는 왕자 처(處)에게 왕성을 지키게 하고, 백공(百工)들과 평왕(平王)의 사당인 평궁(平宮)에서 맹약을 맺었다. 신묘날에, 심힐(鄩肸)이 선의 군주가 있는 황(皇)을 공격하여, 선의 군주를 크게 쳐부수고, 심힐을 잡아, 임진날에 왕성 안의 시장에서 불에 태워 죽였다. 8월 신유날에, 주나라 사도(司徒)인 추(醜)가 왕의 군사를 이끌고 전성(前城)에서 패배하자 백공들이 배반했다. 그리하여 기사날에, 서울에 있는 선의 군주 저택을 공격했지만, 패하고 말았다. 경오날에는 선의 군주 측이 반대로 백공들을 쳐, 신미날에 그들이 사는 동어(東圉)를 공격했다.

겨울 10월 정사날에, 진(晉)나라의 적담(籍談)·순역(荀躒)이 아홉 고을의 융족(戎族)과 초(焦)·하(瑕)·온(溫)·원(原) 등의 군병을 이끌고 가, 왕을 왕성 안으로 들어가게 했다. 경신날에 선의 군주와 유분(劉蚡)이 왕의 군사를 이끌고 교(郊)에서 싸워 패배했고, 전성(前城) 사람들이 육혼(陸渾)의 융족을 사(社)에서 패배시켰다.

11월 을유날에, 왕자 맹(猛)이 세상을 떠났다. 붕거(崩去)했다고 말하지 않고 졸(卒)했다고 경문에 말한 것은, 경왕(景王)의 상기(喪期)를 마치지 못하여 정식 왕이 아니었기 때문이었다. 기축날에, 경왕(敬王)이 즉위하여, 대부인 여(旅)의 집에 머물러 계셨다.

12월 경술날에, 진나라의 적담·순역·가신(賈辛)·사마독(司馬督) 등이 군사를 이끌고, 음(陰)·후씨(侯氏)·계천(谿泉) 등에 진을 치고, 한 부대는 사(社)에 머물렀다. 그리고 왕군은 범(氾)·해(解)에 진을 치고, 한 부대는 임인(任人)에 머물렀다. 윤달에, 진나라의 기유(箕遺)·악징(樂徵)·우행궤(右行詭) 등이 군사를 강을 건너가게 하여 전성을 점령하고, 그 동남쪽에 진을 쳤고, 왕의 군사는 경초(京楚)에 진을 쳤다. 그리하여 신축날에, 경(京)을 공격하여 그 서남쪽 성을 무너뜨렸다.

주해 ○郊(교)·要(요)·餞(전)—지금의 낙양(洛陽) 서쪽, 신안현(新安縣) 땅.

○揚(양)—왕의 직할 지명으로, 지금의 낙양 동쪽, 언사현(偃師縣) 땅.

○領(영)·劉(유)—양(揚) 근처의 땅.

○平時(평치)—지금의 언사현과 공현(鞏縣) 사이의 땅.

○圃車(포거)·皇(황)—지금의 공현 근방의 땅이었다.

○九州之戎(구주지융)—원래 육혼(陸渾)의 융족. 소공 17년에 진나라가 육혼의 융족을 정벌하여, 그 거주지를 아홉 고을로 나누었다.

○前城(전성)—지금의 낙양 남쪽 땅.

○社(사)-지금의 공현 근방의 땅.

○敬王(경왕)-왕자 맹(猛)의 동생으로, 이름은 개(句)였다.

○陰(음)-지금의 맹진(孟津) 부근.

○侯氏(후씨)-지금의 언사현 근방의 땅.

○谿泉(계천)-지금의 공현 근처의 땅.

○氾(범)·解(해)·任人(임인)·京楚(경초)-모두 지금의 낙양 부근의 땅.

經| ○二十有三年春王正月,에 叔孫婼如晉.이라

○癸丑,에 叔鞅卒.이라

○晉人執我行人叔孫婼.이라

○晉人圍郊.라

○夏六月,에 蔡侯東國卒于楚.라

○秋七月,에 莒子庚輿來奔.이라

○戊辰,에 吳敗頓·胡·沈·蔡·陳·許之師于雞父.라 胡子
髡·沈子逞滅,하여 獲陳夏齧.이라

○天王居于狄泉.이라

○尹氏立王子朝.라

○八月乙未,에 地震.이라

○冬,에 公如晉,에 至河有疾,하여 乃復.이라

23년 봄 천자가 쓰는 역으로 정월에, 우리 노나라 숙손착(叔孫婼)
이 진나라에 갔다.

계축날에, 우리 노나라 숙앙(叔鞅)이 세상을 떠났다.

진나라 사람이 우리나라의 행인(行人)인 숙손착을 체포했다.

진나라 사람이 교(郊)를 포위했다.

여름 6월에, 채나라 군주인 후작 동국(東國)이 초나라에서 세상을 떠났다.

가을 7월에, 거나라 군주인 자작 경여(庚輿)가 우리 노나라로 도망왔다.

무진날에, 오나라가 돈(頓)·호(胡)·심(沈)·채(蔡)·진(陳)·허(許) 등의 각국 군을 계보(雞父)에서 쳐부셨다. 호나라의 군주인 자작 곤(髠)과 심나라의 군주인 자작 영(逞)이 전사하고, 진나라의 하설(夏齧)을 잡았다.

천자이신 왕이 적천(狄泉)에 거처하셨다.

윤씨(尹氏)가 왕자 조(朝)를 왕으로 세웠다.

8월 을미날에, 지진이 있었다.

겨울에, 우리나라 군주 소공이 진나라에 갔는데, 황하(黃河) 가에 이르러 병이 나서 곧 돌아왔다.

傳| 二十三年春王正月壬寅朔,에 二師圍郊.라 癸卯,에 郊·鄩潰.라 丁未,에 晉師在平陰,하고 王師在澤邑,이었거늘 王使告間,하여 庚戌,에 還.이라

邾人城翼,하고 還將自離姑.라 公孫鉏曰, 魯將御我.리라 欲自武城還循山而南.이라 徐鉏·丘弱·茅地曰, 道下,하니 遇雨,면 將不出,이리니 是不歸也.라 遂自離姑.라 武城人塞其前,하고 斷其後之木而弗殊,하여 邾師過之,에 乃推而蹶之.라 遂取邾師,하

여 獲鉏·弱·地.라 邾人愬于晉,에 晉人來討,하고 叔孫婼如晉,

에 晉人執之.라 書曰, 晉人執我行人叔孫婼,은 言使人也.라

晉人使與邾大夫坐.라 叔孫曰, 列國之卿,이 當小國之君,은

固周制也.라 邾又夷也.라 寡君之命介子服回在,하니 請使當之.

라 不敢廢周制故也.라 乃不果坐.라 韓宣子使邾人聚其衆,하여

將以叔孫與之.라 叔孫聞之,하고 去衆與兵而朝.라 士彌牟謂韓

宣子曰, 子弗良圖,하여 而以叔孫與其讐,면 叔孫必死之.리라 魯

亡叔孫,이면 必亡邾.리라 邾君亡國,이면 將焉歸.리오 子雖悔之,

라도 何及.가 所謂盟主,는 討違命也.라 若皆相執,이면 焉用盟

主.리오 乃弗與,하고 使各居一館.이라 士伯聽其辭,하여 而愬諸宣

子,에 乃皆執之.라 士伯御叔孫,에 從者四人,하고 過邾館以如

吏.라 先歸邾子.라 士伯曰, 以寪莬之難從者之病,이리니 將館子

於都.라

　　叔孫旦而立期焉.이라 乃館諸箕,하고 舍子服昭伯於他邑.이라

范獻子求貨於叔孫,에 使請冠焉.이라 取其冠法,하여 而與之兩冠

曰, 盡矣.라 爲叔孫故,로 申豊以貨如晉,에 叔孫曰, 見我.하라

吾告女所行貨.리라 見而不出.이라 吏人之與叔孫居於箕者,가 請

其吠狗,나 弗與,하고 及將歸,에 殺而與之食之.라 叔孫所館者,가

<ruby>雖<rt>수</rt></ruby> <ruby>一<rt>일</rt></ruby> <ruby>日<rt>일</rt></ruby> <ruby>必<rt>필</rt></ruby> <ruby>葺<rt>즙</rt></ruby> <ruby>其<rt>기</rt></ruby> <ruby>牆<rt>장</rt></ruby> <ruby>屋<rt>옥</rt></ruby>

雖一日必葺其牆屋,하여 **去之,**엔 **如始至.**라

23년 봄 천자가 쓰는 역으로 정월 임인날인 초하루에, 주나라 왕의 군사와 진(晉)나라 군의 두 군사가 교(郊)를 포위했다. 그리하여 계묘날에, 교와 심(鄩)의 세(勢)가 무너지고 말았다. 정미날에, 진나라 군사는 평음(平陰)에 주둔하고, 왕의 군사는 택읍(澤邑)에 주둔하고 있었는데, 왕이 이제는 걱정이 없다고 진나라 군사에게 말하게 하여, 경술날에 진나라 군사는 본국으로 돌아갔다.

주(邾)나라 사람들이 익(翼) 땅에다 성을 쌓고, 이고(離姑)라는 곳으로부터 (노나라 땅을 통과하여) 돌아가려고 했다. 당시에 주나라 대부인 공손서(公孫鉏)가 말하기를, "그리로 돌아가기로 한다면, 노나라가 우리를 못가게 막을 것이오."라고 했다. 그리고는 무성(武城)에서 돌아서서 산을 따라 남쪽으로 빠져나가려 했다. 그러자 서서(徐鉏)·구약(丘弱)·모지(茅地) 등이 말하기를, "그리 돌아가기로 한다면 가는 길이 낮으니, 비를 만나면 빠져나가지 못할 것이니, 그길로는 돌아갈 수가 없습니다."라고 했다. 그래서 결국은 이고에서 빠져나가기로 했다. 그런데 무성 사람이 그들의 앞길을 막아놓고, 그들이 통과할 길목의 나무 밑을 끊어 넘어뜨리지 않고 두었다가 주나라 군사가 지나간 뒤에, 곧 그 나무들을 밀어 넘어뜨려 돌아갈 길을 막았다. 그리고는 바로 주나라 군사를 몰아 손아귀에 넣고, 서서·구약·모지를 잡았다. 주나라 사람이 그 일을 가지고 진나라에게 호소하니, 진나라 사람이 와 문책하고, 노나라의 숙손착(叔孫婼)이 진나라에 가니, 진나라 사람이 그를 체포했다. 경문에 진나라 사람이 우리나라의 외교관으로 간 숙손착을 체포했다고 써 말한 것은, 나라의 사자(使者)인데도 체포했다는 것을 밝혀 말한 것이다.

진나라 사람이 숙손착과 주나라 대부와 같이 시비를 가리는 자리에 앉게 했다. 그러자 숙손착이 말하기를, "당당한 제후국의 경(卿)이 작

은 나라의 군주와 동격(同格)으로 보는 것은 실로 주(周)나라의 법도
입니다. 게다가 주(邾)나라는 오랑캐 나라입니다. 우리 군주께서 임명
한 부사(副使) 자복회(子服回)가 와 있으니, 그를 주나라 사람과 상
대하게 해주시기를 청합니다. 이것은 우리가 감히 주(周)나라 법도를
짓밟을 수가 없어서입니다."라고 했다. 그리고는 주나라 대부와 상대
하는 자리에 나가지 않았다. 그러자 진나라의 한선자(韓宣子)는 주나
라 사람에게 그의 무리를 모이게 하여 숙손착을 그들에게 내주려 했
다. 숙손착은 이 소식을 듣고, 그를 따라간 사람과 무기를 버리고 진
나라 조정으로 나갔다. 그때 진나라의 사미모(士彌牟)가 한선자에게
말하기를, "님은 좋은 계책을 내시지 않고 노나라 숙손착을 원수들에
게 내주신다면 숙손착은 반드시 죽게 될 것입니다. 노나라는 숙손착
이 죽는다면 반드시 주나라를 멸망시킬 것입니다. 주나라 군주가 나
라를 잃는다면 장차 어디로 의지하여 갈 것입니까? 그때 가서 님은
비록 후회를 하신들 어찌 할 것입니까? 맹주(盟主)라는 입장은 명을
어긴 자를 응징하는 것입니다. 그런데 제후국 사람들이 제각기 서로
상대를 잡을 것 같으면 맹주를 어디에 이용할 것입니까?"라고 했다.
그래서 숙손착을 주나라 사람에게 내주지 않고, 숙손착과 부사인 자
복회를 각각 다른 숙소에 있게 했다. 사백(士伯 : 사미모)이 숙손착과
자복회의 하는 말을 듣고는 그들이 불복(不服)함을 한선자에게 이르
니, 곧 그들을 체포하기로 했다. 사백이 숙손착을 맡아, 숙손착에게
시중드는 자를 넷으로 한정시켰고, 숙손착을 데리고 주나라 사람들의
숙사(宿舍) 앞을 지나 옥리(獄吏)에게 넘기러 갔다. 그리고 진나라는
주나라의 군주를 먼저 돌려보냈다. 그때 사백은, "땔나무와 말먹이를
구하기가 어려워 시중드는 사람들이 괴로울 것이니, 님을 앞으로 다
른 큰 곳에서 지내게 하렵니다."라고 말했다.
　숙손착은 매일 아침 일찍부터 문간에 서서 진나라측의 다른 명이
있기를 기다렸다. 얼마 안되어, 숙손착을 기(箕)에 옮겨 있게 하고,

자복소백(子服昭伯)은 다른 읍에 있게 했다. 진나라의 범헌자(范獻子 : 사앙)는 숙손착에게 뇌물을 요구함에 있어, 우선 사람을 시켜 관(冠)을 요구케 했다. 그러자 숙손착은 범헌자가 쓰는 관의 치수를 적어 오라 해서, 관 둘을 내주고 말하기를, "이것뿐입니다."라고 했다. 숙손착을 위하는 일 때문에, 숙손씨 가문의 가신(家臣)인 신풍(申豊)이 여러 물건을 가지고 진나라에 가니 숙손착은, "나를 찾아오너라. 내 네가 누구에게 주어야 할 것인가를 말해 주리라."라며 그를 불렀다. 그래서 신풍이 가 만나자, 그는 신풍을 밖으로 내보내지 않았다. 그를 지키는 진나라의 관원(官員)으로 숙손착과 같이 기에 있었던 자가 그의 개[犬]를 달라고 요구하였으나, 주지 않고 뒤에 귀국하게 되어서야 그 개를 죽여 그 관원에게 주어 먹게 했다. 숙손착은 자기가 머문 숙소가 단 하루밖에 안된다 할지라도 반드시 그 지붕이나 담을 손질하여, 그가 떠날 때에는 처음 들어갔을 때와 조금도 다름이 없게 했다.

주해 ○鄩(심) ─ 지금의 공현(鞏縣) 땅.

○平陰(평음) ─ 다만 음(陰)이라고도 했다. 지금의 맹진현(孟津縣) 동쪽 땅.

○澤邑(택읍) ─ 지금의 낙양(洛陽) 부근.

○翼(익)·離姑(이고) ─ 지금의 산동성 비현(費縣) 땅.

○武城(무성) ─ 노나라 지명으로 지금의 산동성 비현 땅.

○箕(기) ─ 지금의 산서성 포현(蒲縣) 땅.

夏四月乙酉,에 單子取訾,하고 劉子取牆人·直人.이라

六月壬午,에 王子朝入于尹氏.라 癸未,에 尹圉誘劉佗,하여 殺

之.라 丙戌,에 單子從阪道,하고 劉子從尹道,하여 伐尹.이라 單子

先至而敗,에 劉子還.이라 己丑,에 召伯奐·南宮極以成周人戍

尹.이라 庚寅,에 單子·劉子·樊齊以王如劉.라 甲午,에 王子朝

入于王城,하고 次于左巷.이라

秋七月戊申,에 鄩羅納諸莊宮.이라 尹辛敗劉師于唐,하고 丙

辰,에 又敗諸鄩.이라 甲子,에 尹辛取西闈,하고 丙寅,에 攻蒯,하니

蒯潰.라

莒子庚輿虐而好劍,하여 苟鑄劍,이면 必試諸人.이라 國人患之,

하고 又將叛齊,에 烏存帥國人,하여 以逐之.라 庚輿將出,에 聞烏

存執殳而立於道左,하고 懼,하여 將止死.라 苑羊牧之曰, 君過

之.하소서 烏存以力聞可矣,어늘 何必以弑君成名.이리오 遂來奔.

이라 齊人納郊公.이라

여름 4월 을유날에, 선(單)의 군주가 자(訾) 땅을 차지하고, 유(劉)
군주는 장(牆) 사람들과 직(直) 사람들을 자기의 지배하에 두었다.
　6월 임오날에, 주(周)나라 왕자 조(朝)가 윤씨(尹氏)의 영읍(領邑)
으로 들어갔다. 계미날에, 윤어(尹圉)가 유타(劉佗 : 劉蚡의 친족)를
꾀어내어 그를 죽였다. 그래서 병술날에, 선의 군주는 판도(阪道)로부
터 가고, 유의 군주는 윤도(尹道)로부터 가서, 윤씨를 쳤다. 그러나
선의 군주가 먼저 갔다가 패하여 유의 군주는 돌아갔다. 기축날에, 소
(召)의 군주인 백작 환(奐 : 莊公)과 남궁극(南宮極)이 성주(成周) 사
람들을 이끌고 윤씨 영읍을 지켰다. 경인날에, 선의 군주·유의 군
주·번제(樊齊)가 왕을 모시고 유(劉)로 갔다. 갑오날에, 왕자 조는
왕성 안으로 들어갔고, 군대는 좌항(左巷)에 주둔했다.

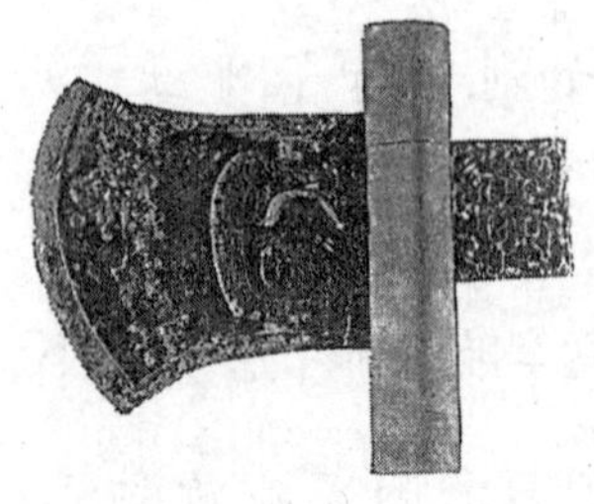

주(周)나라 때의 도끼〔斧〕

가을 7월 무신날에, 심라(郮羅)가 왕자 조를 장궁(莊宮)으로 들어가게 했다. 윤신(尹辛)이 유의 군대를 당(唐)에서 패배시키고, 병진날에 다시 심에서 패배시켰다. 갑자날에 윤신이 서위(西闈)를 점령하고, 병인날에 괴(劋)를 공격하니 괴는 무너졌다.

거나라 군주인 자작 경여(庚興)는 포학하고 칼쓰기를 좋아하여, 칼을 새로 만들기만 하면 반드시 그 칼을 사람에게 시험하였다. 그래서 나라 사람들이 걱정했고, 또 그가 제나라에 대해서 배반하려고 하자 오존(烏存)이 나라 사람들을 이끌고 군주를 내쫓았다. 그래서 경여는 나라 밖으로 나가려는데, 오존이 창을 들고 길 왼쪽에 서 있다는 말을 듣고, 놀라 도망가기를 그만두고 죽으려 했다. 그때 원양목지(苑羊牧之)가 말하기를, "군주께서는 그의 앞을 지나가소서. 오존은 힘으로 이름이 나면 된다고 여기고 있는데, 어찌 꼭 군주를 죽여 이름을 낼 것이옵니까?"라고 했다. 그래서 그는 바로 우리나라로 도망해 왔다. 제나라 사람은 교공(郊公)을 그의 후계자로 들였다.

주해 ○眥(자)─지금의 공현(鞏縣) 땅.

○牆(장)·直(직)─지금의 신안현(新安縣) 땅.

○尹(윤)·阪道(판도)·尹道(윤도)·左巷(좌항)·唐(당)·西闈(서위)·劋(괴)─모두 지금의 낙양 부근.

○齊人納郊公(제인납교공)─경여(庚興)는 저구공(著丘公)의 동생이었고, 교공은 저구공의 아들이었다. 교공은 소공 14년의 거나라 내란 때 제나라로 망명했었다.

오 인 벌 주 래 　　　　초 위 월 솔 사 급 제 후 지 사 　　　　분 명 구 주 래
吳人伐州來,에 　**楚薳越帥師及諸侯之師**,하여 　**奔命救州來**.라

吳人禦諸鍾離.라 子瑕卒,하니 楚師熠.이라 吳公子光曰, 諸侯之

從於楚者衆,이나 而皆小國也.라소이다 畏楚,하여 而不獲已.이오

니다 是以로 來.라소이다 吾聞之,하되 曰, 作事,에 威克其愛,면 雖

小必濟.라하오니다 胡·沈之君幼而狂,하옵고 陳大夫齧壯而頑.이

오니다 頓與許·蔡疾楚政,하옵고 楚令尹死,하여 其師熠,이오며

帥賤,하고 多寵,하여 政令不壹.이오니다 七國同役,이나 而不同心,

하옵고 帥賤而不能整,하여 無大威命,이오니 楚可敗也.라소이다 若

分師先以犯胡·沈與陳,이면 必先奔.이리이다 三國敗,면 諸侯之

師乃搖心矣.리이다 諸侯乖亂,이면 楚必大奔.이리이다 請先者去

備薄威,하고 後者敦陳整旅.이오니다 吳子從之.라

戊辰晦,에 戰于雞父.라 吳子以罪人三千先犯胡·沈與陳,에

三國爭之.라 吳爲三軍,하여 以繫於後.라 中軍從王,하고 光帥右,

하며 掩餘帥左.라 吳之罪人,이 或奔,하고 或止,에 三國亂.이라

吳師擊之,하니 三國敗,하고 獲胡·沈之君及陳大夫.라 舍胡·

沈之囚,하여 使奔許與蔡·頓曰, 吾君死矣.라 師譟而從之,하니

三國奔,하고 楚師大奔.이라 書曰, 胡子髡·沈子逞滅,하고 獲陳

夏齧,이라함은 君臣之辭也.라 不言戰,은 楚未陳也.라

오나라 사람이 주래(州來)나라를 치니, 초나라 위월(遠越)이 초나

라 군사와 제후국들의 군사를 이끌고 주래를 구원하라는 명으로 급히 갔다. 그러자 오나라 사람이 그 군사를 종리(鍾離)에서 맞아 막았다. 때마침, 초나라 영윤(令尹)인 자하(子瑕)가 세상을 떠나니, 초나라 군사의 사기가 떨어졌다. 그러자 오나라의 공자 광(光)은 군주에게 말하였다. "제후국들이 초나라에 복종하고 있음이 많으오나, 그것은 다 작은 나라들이옵니다. 그 나라들은 초나라의 힘을 두려워하여 부득이 따르고 있는 것이옵니다. 그래서 제후들의 군대가 이 싸움에 온 것이옵니다. 저는 들었거니와, '전쟁을 함에, 위엄이 친애(親愛)함보다 더 하면 비록 작은 세력이라 할지라도 반드시 일이 잘 되어진다.'라 하옵니다. 호(胡)·심(沈)의 군주는 나이가 적어서 일정한 주관(主觀)이 서 있지 않사옵고, 진(陳)나라의 대부인 설(囓)은 용감하기는 하나 완고하옵니다. 그리고 돈(頓)·허(許)·채(蔡)나라는 초나라의 정치를 싫어하옵고, 초나라 영윤이 죽어 초군의 사기가 약해졌사오며, 군사를 통솔하는 장수의 지위가 낮고, 초나라의 조정에는 국왕의 총애를 받는 신하가 많아 정령(政令)이 통일되어 있지 않사옵니다. 현재 초·돈·호·심·채·진(陳)·허 등의 일곱 나라가 협력하여 같이 싸우고 있기는 하오나, 마음이 같지 않사옵고, 군사 통솔자의 지위가 낮아서 군사를 한결같이 정비할 수가 없어서 큰 위력 있는 군령(軍令)이 시행되지 않사오니, 초나라군은 패배시킬 수가 있사옵니다. 우리가 만일 군사를 나누어서 먼저 호·심·진 세 나라 군대를 무찌를 것 같으면, 그 세 나라 사람들은 반드시 앞장서 달아날 것이옵니다. 그 세 나라 군대가 패하고 나면, 다른 제후국들의 군대는 마음이 요동될 것이옵니다. 초나라를 따르고 있는 제후국들의 군세가 혼란해지면, 초나라 군사는 반드시 크게 당황하여 달아날 것이옵니다. 그러하오니 우리 군사의 전부대열(前部隊列)에서는 군비를 제거하여 위력이 없게 하여 깔보게 하고, 후부대열은 단단히 준비를 갖추어 군열을 정비케 하시옵기를 원하옵니다." 오나라 군주는 이 의견을 받아들였다.

무진날인 그믐날에, 계보(雞父)에서 양군은 싸움을 벌였다. 그때 오나라 군주는 죄인 3천 명을 먼저 호·심·진의 군대에 대해서 도전하니, 세 나라의 군대가 그들을 앞다투어 상대하였다. 그러는 터에, 오나라는 본군(本軍)을 세 부대로 나누어 죄인 3천 명의 선발군의 뒤에 붙였다. 그 중군(中軍)은 오왕(吳王)을 따랐고, 공자 광은 우군(右軍)을 이끌고, 오왕 수몽(壽夢)의 아들인 엄여(掩餘)는 좌군(左軍)을 이끌었다. 오나라의 선발군인 죄인부대(罪人部隊)가 달아나기도 하고 제자리에 멈추어 서기도 하니, 세 나라의 군대가 혼란에 빠졌다. 그러는 틈에 오나라의 본군이 공격하니, 세 나라 군대는 패하고, 오군은 호·심의 군주와 진나라 대부를 죽였다. 오군은 호·심 두 나라의 포로를 석방하여, 허·채·돈의 군진으로 달아나 우리들의 군주는 죽었다고 소리쳐 말하게 했다. 그리고서 오군은 시끄럽게 떠들어대면서 그 포로들의 뒤를 따르니, 허·채·돈의 세나라 군대가 도망하고 초나라 군사가 크게 당황하여 달아났다. 경문에, 호나라 군주인 자작 곤과 심나라 군주인 자작 영이 전사당했고, 진나라의 하설을 잡았다고 따로 써서 말한 것은, 군주와 신하의 신분을 분별하여 말하기 위해서였다. 그리고 경문에 양군이 싸웠다고 말하지 않은 것은 그때 초나라군이 아직 군진(軍陣)을 미처 치지 못했기 때문이었다.

┃주해┃ ○州來(주래)－초나라의 속국이었다. 성공 7년, 양공 31년조 등에 나왔다.

○鍾離(종리)－초나라 지명으로, 성공 15년조에 나왔다.

○威克其愛(위극기애)－사람들이 지도자에 대해서 친애함보다 위엄을 더 강하게 느낌을 말한 것이다.

○君臣之辭也(군신지사야)－군주와 신하인 대부의 신분을 구별하기 위하여 따로 써 말했다는 것인데, 두 군주의 경우는 같은 전사(戰死)라도 멸망당했다고 말하고 있다.

八月丁酉,에 南宮極震.이라 萇弘謂劉文公曰, 君其勉之.하소

서 先君之力可濟也.이오니다 周之亡也,에 其三川震.이었나이다

今, 西王之大臣亦震,은 天棄之矣.이오니다 東王必大克.하리이다

楚太子建之母在鄅,하여 召吳人,하여 而啓之.라

冬十月甲申,에 吳太子諸樊入鄅,하여 取楚夫人與其寶器,하여

以歸.라 楚司馬蔿越追之,나 不及.이라 將死,에 衆曰, 請遂伐吳,

하여 以徼之.라 蔿越曰, 再敗君師,면 死且有罪.라 亡君夫人,에

不可以莫之死也.라 乃縊於薳澨.라

公爲叔孫婼故如晉,에 及河,하여 有疾而復.이라

楚囊瓦爲令尹,하여 城郢.이라 沈尹戌曰, 子常必亡郢.하리라

苟不能衛,면 城無益也.라 古者,에 天子守在四夷,하고 天子卑,에

守在諸侯.라 諸侯守在四鄰,이나 諸侯卑,에 守在四竟.이라 愼其

四竟,하여 結其四援,하고 民狎其野,하며 三務成功,하고 民無內

憂,하여 而又無外懼,면 國焉用城.가 今吳是懼,하여 而城於郢,는

守已小矣.라 卑之不獲,에 能無亡乎.아 昔,에 梁伯溝其公宮,하여

而民潰.라 民棄其上,이면 不亡,하고 何待.리오 夫正其疆場,하고

脩其土田,하며 險其走集,하고 親其民人,하며 明其伍候,하고 信

其鄰國,하며 愼其官守,하고 守其交禮,하며 不僭不貪,하고 不懦不

者,하며 完其守備,하여 以待不虞,면 又何畏矣.리오 詩曰, 無念爾祖.아 聿脩厥德.하라 無亦監乎.아 若敖·蚡冒至于武·文.가 土不過同,이로되 愼其四竟,하여 猶不城郢.이라 今土數圻,나 而郢是城,이어늘 不亦難乎.아

8월 정유날에 주(周)나라 왕자 조(朝)의 무리인 남궁극(南宮極)이 지진(地震)으로 죽었다. 그러자 장홍(萇弘)이 유(劉)의 문공(文公)에게 말하기를, "군주께서는 노력하옵소서. 전의 군주 헌공(獻公)께서 왕자 맹(猛)을 천자로 삼으시려고 애쓰셨던 일이 좋은 결과가 나게 하셔야 하옵니다. 주(周)나라가 쇠퇴해지려 했을 때, 경수(涇水)·위수(渭水)·낙수(洛水)의 세 강의 변두리에 지진이 있었나이다. 이제 서왕(西王 : 왕자 조를 말한다)을 섬겨 온 대신인 남궁극이 지진으로 죽은 것은, 하늘한테 버림을 받은 것이옵니다. 동왕(東王 : 敬王을 두고 말한다)은 반드시 크게 승리하실 것이옵니다."라고 했다.

초나라 태자였던 건(建)의 생모가 격(郹)에 살고 있어, 오나라 사람을 불러 인도했다.

겨울 10월 갑신날에, 오나라 태자 제번(諸樊)이 격으로 들어가, 초나라 군주의 부인(태자 건의 생모)과 그가 지녔던 보배로운 기물들을 가지고 돌아갔다. 그래서 초나라의 사마인 위월이 그를 쫓아갔으나 따르지 못했다. 위월이 책임감이 들어 죽으려 하니, 부하들이 말하기를, "이제부터 바로 오나라를 쳐, 요행스러운 결과를 구하도록 하시기를 바랍니다."라고 하였다. 그러나 위월은, "다시 군주의 군사를 패하게 한다면 죽어도 죄가 남게 된다. 군주의 부인을 빼앗긴 바에야 죽지 않을 수가 없다."라 말하고, 곧 위서(薳澨)에서 목을 매어 죽었다.

우리 노나라 군주 소공이 진나라에 잡혀 있는 숙손착의 일을 위하

여 진나라에 갔는데, 황하 가에 이르러 병이 나서 곧 돌아왔다.

초나라의 낭와(囊瓦 : 子常)가 영윤이 되어 영(郢)에 성을 쌓았다. 그러자 심(沈) 고을의 장관 술(戌)이 말했다. "자상(子常 : 낭와)은 반드시 영을 잃을 것이다. 실력으로 지킬 수가 없다면 성은 아무런 도움이 되지 않는다. 옛날 천자가 천하를 지킴에는 사방의 오랑캐들이 힘썼고, 천자의 세력이 쇠약해지자 천하를 지키는 책임이 제후들에게 있었다. 제후들은 각기 사방의 이웃나라를 지키는 책임을 가지고 있었으나, 제후국의 세력이 약해지자 자기 나라 사방의 국경만을 지켰다. 사방의 국경에 대해서 조심하여 사방의 이웃나라와 서로 돕기를 약속하고, 백성들이 살고 있는 땅을 사랑하며, 춘(春)·하(夏)·추(秋)의 세 농사철의 하는 일이 좋은 결과를 내고, 백성들이 안으로 걱정할 일이 없고 또 밖에서 오는 두려운 일이 없으면, 나라의 도읍에 어찌 성이 필요하겠는가? 그런데 지금, 그는 오나라를 두려워하여 영에다 성을 쌓는다는 것은 나라를 지키는 도량이 작은 것이다. 이것은 쇠약해진 제후가 나라를 지키는 도리에도 미치지 못한데, 영을 잃지 않을 수가 있으랴? 옛날에 양백(梁伯)이 군주의 궁전 가에 성지(城池)를 팠다가, 백성들이 떨어져나가고 말았다. 백성들이 윗사람을 버린다면 망하지 않고 무엇을 기다린단 말인가? 나라의 국경을 바르게 다스리고, 토지와 경작지를 잘 정리하며, 변경의 보루(保壘)를 엄히 하고, 다스리는 인민을 친하게 대하며 민간의 조직체가 나라 지킬 일을 밝히고, 이웃나라와 신의를 지키며, 관원으로 지켜야 할 일을 착실히 하고, 교제(交際)의 예의를 지키며, 거짓을 취하지 않고 탐욕을 부리지 않고, 약한 체 않고 강한 체 않으며, 수비를 완전히 하여 의외로 닥쳐오는 일에 대비한다면 무엇이 두려우랴? 시에 이르기를, '그대의 조상을 생각지 않는가? 조상의 그 덕 그대 닦아야 하는 것이다.'라고 하였다. 그리고 초나라의 선대 현군(賢君) 약오(若敖)·분모(蚡冒)에서 무왕(武王)·문왕(文王)에 이르기까지의 일을 거울로 삼지 않는단 말인가? 그때의

초나라 국토는 사방 백리에 지나지 않았지만 사방의 국경에 마음을 잘
쓰시어, 도읍인 영에 성 쌓는 일을 하지 않으셨다. 지금의 국토는 사방
천리나 되건만 영에 성을 쌓았는데, 이것은 곤란한 일이 아닌가?”

▋주해▏ ㅇ三川(삼천)－경수·위수·낙수의 세 강.

ㅇ郹(격)－지금의 하남성 신채현(新蔡縣) 땅.

ㅇ邍滋(위서)－초나라 지명으로, 지금의 호북성 중부의 서수(滋水) 가 경
산(京山)과 천문(天文) 사이의 땅.

ㅇ郢(영)－초나라 도읍지로, 지금의 강릉(江陵).

ㅇ三務(삼무)－춘·하·추 세 농사철의 하는 일.

ㅇ昔(석), 梁伯(양백)－희공 19년조 참고.

ㅇ伍候(오후)－다섯 집을 한 조(組)로 하는 조직을 두어 나라 지킬 일을
맡음.

ㅇ詩曰(시왈)－《시경》 대아에 있는 문왕편(文王篇)의 구절.

▋經▏ ㅇ二十有四年春王二月丙戌,에 仲孫貜卒.이라
이십유사년춘왕이월병술　중손확졸

ㅇ婼至自晉.이라
착지자진

ㅇ夏五月乙未朔,에 日有食之.라
하오월을미삭　일유식지

ㅇ秋八月,에 大雩.라
추팔월　대우

ㅇ丁酉,에 杞伯郁釐卒.이라
정유　기백욱리졸

ㅇ冬,에 吳滅巢.라
동　오멸소

ㅇ葬杞平公.이라
장기평공

　24년 봄 천자가 쓰는 역으로 2월 병술날에, 노나라의 중손확(仲孫
貜)이 세상을 떠났다.

(숙손)착이 진나라로부터 돌아왔다.

여름 5월 을미날인 초하루에, 일식이 있었다.

가을 8월에, 큰 기우제를 지냈다.

정유날에, 기나라 군주인 백작 욱리(郁釐)가 세상을 떠났다.

겨울에, 오나라가 소(巢)나라를 멸망시켰다.

기나라의 평공을 장사 지냈다.

傳│ 二十四年春王正月辛丑,에 召簡公·南宮囂以甘桓公見王

子朝.라 劉子謂萇弘曰, 甘氏又往矣.라 對曰, 何害.리오 同德度

義.이오니다 大誓曰, 紂有億兆夷人,이나 亦有離德.이라 余有亂

臣十人,하여 同心同德.이라 此周所以興也.라소이다 君其務德,하

시고 無患無人.하소서 戊午,에 王子朝入于鄔.라

晉士彌牟逆叔孫于箕.라 叔孫使梁其踁待于門內曰, 余左顧

而欬,면 乃殺之,하고 右顧而笑,면 乃止.하라 叔孫見士伯,하니 士

伯曰, 寡君以爲盟主之故,로 是以久子.라 不腆敝邑之禮,나 將

致諸從者,하여 使彌牟逆吾子.라 叔孫受禮而歸.라

二月,에 婼至自晉,은 尊晉也.라

三月庚戌,에 晉侯使士景伯涖問周故.라 士伯立于乾祭,하여

而問於介衆.이라 晉人乃辭王子朝,하여 不納其使.라

24년 봄 천자가 쓰는 역으로 정월 신축날에, 소(召)의 간공과 남궁

극(南宮極)의 아들인 남궁은(南宮嚚)이 감(甘)의 환공(桓公)을 데리고 왕자 조(朝)를 찾아갔다. 유나라 군주가 장홍(萇弘)에게 말하기를, "감나라 군주도 왕자 조의 편으로 갔구려."라고 했다. 그러자 장홍이 대답하기를, "무슨 해될 것이 있사오리까? 마음을 같이하기에는 의리를 헤아려 하옵니다. 태서(大誓)의 글에 이르기를, '은(殷)의 주왕(紂王)에게는 수많은 평민이 따르고 있으나, 그들간에는 서로 마음이 떨어져 있도다. 나에게는 어진 신하 열 사람이 있어서, 서로 마음과 덕이 똑같도다.'라고 하여 있사옵니다. 이것이야말로 주(周)나라가 흥하게 된 근본이었나이다. 군주께서는 덕 닦기에 힘쓰시고, 사람이 적은 것을 걱정마옵소서."라고 했다. 무오날에, 주나라 왕자 조가 오(鄔)로 들어갔다.

진(晉)나라의 사미모(士彌牟)가 숙손착(叔孫婼)을 맞이하러 기(箕)로 갔다. 이때 숙손착은 그의 가신(家臣) 양기경(梁其踁)을 방문 안에서 기다리게 하고 말하기를, "내가 왼쪽으로 고개를 돌리며 기침을 하면 그대는 사미모를 죽이고, 오른쪽으로 돌리며 웃으면 그만두게나."라고 했다. 숙손착이 사백(士伯 : 사미모)을 만나니 사백은 말하기를, "저희 군주는 제후들을 통솔하는 맹주(盟主)의 입장이시라, 그 책임을 완수하기 위하여 님을 오래 있게 하신 것입니다. 풍부하지 못한 우리나라의 예의이기는 하나 님을 따르고 있는 이들에게 대접하려 하여 사미모 저로 하여금 님을 맞이하게 한 것입니다."라고 하였다. 숙손착은 진나라가 베푸는 예를 받고 귀국했다.

2월에, 착(婼)이 진나라로부터 돌아왔다고 경문에 써 말했을 뿐, 숙손(叔孫)의 씨족(氏族)을 밝혀 말하지 않은 것은 진나라를 높여서였다.

3월 경술날에, 진나라 군주는 사경백(士景伯 : 士伯)에게 주(周)나라에 가 실지로 그 소관을 조사케 했다. 주나라에 간 사백은 왕성(王城)의 북문인 건제문(乾祭門)에 서서, 대중의 회합을 열어 물었다. 그

래서 진나라 사람은 왕자 조를 물리쳐 왕자 조의 사자(使者)를 받아
들이지 않는 조치를 취했다.

주해 ○大誓(태서)—원래 주서(周書)에 태서편이 있었으나, 없어져 전하
지 않는다. 현존의 《서경(書經)》에 태서편(泰誓篇)이 들어있기는 하나,
원래의 태서편이 아니며 후인이 위작(僞作)한 것으로, 그 안에도 여기
에 인용한 구절이 들어 있다.
○夷人(이인)—평민.
○鄔(오)—지금의 언사(偃師) 부근.
○叔孫(숙손)……門內(문내)—숙손착은 진나라 사백이 와서 자기를 죽이
지나 않나 하고, 그의 가신에게 만일의 경우를 위하여 죽일 태세를 취
하게 했던 것이다.
○乾祭(건제)—왕성의 북문 이름.

夏五月乙未朔,에 日有食之.라 梓愼曰, 將水.이라 昭子曰, 旱
也.이라 日過分,이나 而陽猶不克.이라 克,이면 必甚.하리라 能無
旱乎.아 陽不克莫,에 將積聚也.라

六月壬申,에 王子朝之師,가 攻瑕及杏,하여 皆潰.라 鄭伯如晉,
에 子大叔相.이라 見范獻子,하니 獻子曰, 若王室何.오 對曰, 老
夫其國家不能恤,이어늘 敢及王室.가 抑人亦有言,하되 曰, 嫠不
恤其緯,하여 而憂宗周之隕.이라하니 爲將及焉.이라 今, 王室實蟲
蟲焉,에 吾小國懼矣.라 然이나 大國之憂也.라 吾儕何知焉.가 吾
子其早圖之.하라 詩曰, 缾之罄矣,는 惟罍之恥.라 王室之不寧,

은 晉之恥也.라 獻子懼,하여 而與宣子圖之,하여 乃徵會於諸侯,하되 期以明年.이라

秋八月,에 大雩,는 旱也.라

冬十月癸酉,에 王子朝用成周之寶珪沈于河.라 甲戌,에 津人得諸河上,이었거늘 陰不佞以溫人南侵,하여 拘得玉者,하여 取其玉,하고 將賣之,에 則爲石.이라 王定而獻之,하니 與之東訾.라

楚子爲舟師,하여 以略吳疆.이라 沈尹戌曰, 此行也,로 楚必亡邑.하리라 不撫民而勞之,하여 吳不動,이나 而速之.라 吳踵楚,하고 而疆場無備,면 邑能無亡乎.아 越大夫胥犴,이 勞王於豫章之汭,하고 越公子倉,이 歸王乘舟,하며 倉及壽夢帥師,하여 從王,에 王及圉陽而還.이라 吳人踵楚,하여 而邊人不備,로 遂滅巢及鍾離而還.이라 沈尹戌曰, 亡郢之始,는 於此在矣.라 王壹動而亡二姓之帥.라 幾如是而不及郢.가 詩曰, 誰生厲階.아 至今爲梗.이라 其王之謂乎.인저

　여름 5월 을미날인 초하루에, 일식이 있었다. 재신(梓愼)이 말하기를, "장차 큰물이 나리라."라고 했는데, 소자(昭子)는 말했다. "한발이 들 것이다. 태양은 춘분을 지냈으나, 양기(陽氣)가 아직도 음기(陰氣)를 이겨내지 못하고 있다. 양기가 음기를 이기게 되면 양기의 세력은 반드시 심할 것이다. 그런데 한발이 들지 않을 수가 있으랴? 양기가

음기를 이기지 못하는 일이 없으니, 양기의 세력이 모여 쌓아지려 하고 있는 것이다.”

6월 임신날에, 주나라 왕자 조(朝)의 군대가 하읍(瑕邑)과 행읍(杏邑)을 공격하여 두 읍이 다 무너졌다. 정나라 군주가 진나라에 가니, 자대숙(子大叔 : 游吉)이 도와 따라갔다. 자대숙이 진나라의 범헌자(范獻子 : 士鞅)를 방문하니 범헌자가, “주나라 왕실은 어찌 하면 좋습니까?”라고 말하였다. 그래서 자대숙은 대답했다. “이 늙은 것은 내 나라조차도 돌봐 걱정할 수가 없는 처지인데, 어찌 감히 왕실 일을 걱정하겠습니까? 그러나 어느 사람이 한 말이 있는데, ‘과부가 베짜는 북실이 끊어질 것은 걱정하지 않고, 천자의 주(周)나라가 망할 것을 걱정한다.’고 합니다. 이것은 주나라가 망하게 되면 그 화가 과부 자신에게도 미친다고 여겨서인 것입니다. 지금 왕실은 실로 크게 혼란스러워 우리 작은 나라로서도 걱정이 됩니다. 그러나 그것은 결국 큰 나라인 귀국이 걱정할 일입니다. 나 같은 것이 어찌 알 수 있겠습니까? 님은 빨리 도모하십시오. 시에 이르기를, ‘작은 술병의 술이 떨어짐은 큰 술통의 수치로세.’라고 하였습니다. 왕실의 안녕치 못함은, 곧 진나라의 수치입니다.” 이 말에 범헌자는 (제후들이 진나라를 무시할 것을) 두려워하여, 한선자(韓宣子 : 韓起)와 상의하여 제후들을 회합에 부르기로 하되, 다음해로 그 날짜를 잡기로 했다.

가을 8월에, 큰 기우제를 지낸 것은, 한발이 들어서였다.

겨울 10월 계유날에, 왕자 조가 성주(成周)의 보물인 규옥(珪玉)을 황하(黃河)에 던져 복을 빌었다. 갑술날에, 나루터를 맡고 있는 사람이 황하 가에서 왕자 조가 던졌던 규옥을 주웠는데, 마침 경왕(敬王)을 받드는 대부인 음불녕(陰不佞)이 온(溫) 사람들을 이끌고 남쪽으로 침입하여 규옥을 주운 자를 잡아 그 규옥을 빼앗고 그것을 팔려 하니, 그 규옥은 정말로 옥이 아니라 돌이었다. 뒷날에, 경왕이 주나라의 난리를 평정하게 되어 나루를 맡고 있던 자가 진짜 규옥을 바치니, 왕은 그에게 동자(東訾) 읍을 주었다.

초나라 군주가 수군(水軍)을 편성하여 오나라의 국경지대를 공략했다. 그러자 심(沈) 고을 장관인 술(戍)은 말했다. "이번의 군사 행동으로 초나라는 반드시 소유한 읍을 잃을 것이다. 군주는 백성들을 애무(愛撫)함이 없이 부려, 오나라가 가만히 있는데도 싸움을 걸었다. 오나라 군사가 초나라 군사의 뒤를 따라 붙어오고, 국경지대에 방비가 없는 바라면, 읍을 잃지 않을 수 있으랴." 그때 월(越)나라 대부 서안(胥犴)이 예장(豫章)의 강물이 굽어 흐르는 곳에서 초왕을 위로했고, 월나라 공자 창(倉)이 초왕에게 타는 배를 선사하며, 공자 창과 월의 대부 수몽(壽夢)이 군사를 이끌고 초왕을 따르니, 초왕은 어양(圉陽)까지 갔다가 돌아갔다. 그때 오나라 사람이 초군의 뒤를 따라 붙어, 국경을 지키는 사람에게 방비가 갖추어져 있지 않았기로, 곧 소(巢)와 종리(鍾離)를 멸망시키고 되돌아갔다. 이 일을 두고, 심의 장관 술은 말했다. "국도(國都) 영(郢)을 잃게 되는 징조는 여기에 있도다. 국왕이 한번 움직여 두 곳을 지키는 장수를 잃었다. 이같이 몇번 하면 그 결과는 영에 미치지 않겠는가? 시에 이르기를, '그 어느 누가 재난의 단서를 낳게 했단 말인가? 이제 와서는 앞뒤가 꽉 막히게 되었어라.'라고 했는데, 이것은 국왕과 같은 존재를 두고 말한 것일 게다."

▮주해▮ ㅇ瑕(하)·杏(행)—주나라 서울 낙읍(洛邑) 부근에 있었던 읍.
ㅇ缾之罄矣(병지경의), 惟罍之恥(유뇌지치)—《시경》 소아에 있는 요아편(蓼莪篇)의 구절.
ㅇ成周(성주)—주나라 성왕(成王) 때, 낙읍에 왕성(王城)을 쌓았는데, 낙읍 동쪽에 별도(別都)를 설치하여, 성주라 칭했다.
ㅇ東訾(동자)—지금의 공현(鞏縣)에 있었던 읍 이름.
ㅇ豫章(예장)—지금의 강서성 여간현(餘干縣) 근방의 땅.
ㅇ圉陽(어양)—지금의 안휘성 소현(巢縣) 땅.

ㅇ誰生厲階(수생여계), 至今爲梗(지금위경)—《시경》 대아에 있는 상유편
 (桑柔篇)의 구절.

|經| ㅇ二十有五年春,에 叔孫婼如宋.이라

ㅇ夏,에 叔詣會晉趙鞅·宋樂大心·衛北宮喜·鄭游吉·曹人·
 邾人·滕人·薛人·小邾人于黃父.라

ㅇ有鸜鴿來巢.라

ㅇ秋七月上辛,에 大雩,하고 季辛又雩.라

ㅇ九月己亥,에 公孫于齊,하여 次于陽州.라 齊侯唁公于野井.이라

ㅇ冬十月戊辰,에 叔孫婼卒.이라

ㅇ十有一月己亥,에 宋公佐卒于曲棘.이라

ㅇ十有二月,에 齊侯取鄆.이라

25년 봄에, 숙손착이 송나라에 갔다.

여름에, 우리 노나라의 숙예(叔詣)가 진나라의 조앙(趙鞅)·송나
라의 악대심(樂大心)·위나라의 북궁희(北宮喜)·정나라의 유길(游
吉)·조나라 사람·주나라 사람·등나라 사람·설나라 사람·소주나
라 사람 등과 황보(黃父)에서 회합을 가졌다.

구욕(鸜鴿)이라는 새가 노나라로 와 둥지를 만들어 살다.

가을 7월 처음의 신(辛) 일진(日辰)에 큰 기우제를 지내고, 마지막
신 일진에 다시 기우제를 지냈다.

9월 기해날에, 우리 노나라의 군주 소공이 제나라로 도망나가, 양주
(陽州)에서 머물렀다. 제나라의 군주인 후작이 야정(野井)에서 소공

을 위문했다.

　겨울 10월 무진날에, 노나라 숙손착이 세상을 떠났다.

　11월 기해날에, 송나라 군주인 공작 좌(佐)가 곡극(曲棘)에서 세상을 떠났다.

　12월에 제나라 군주인 후작이 운(鄆)을 차지했다.

주해｜ ㅇ鸜鵒(구욕)－새 이름. 원래 노나라의 북방에 살았다.

　ㅇ陽州(양주)－제나라 읍으로, 지금의 산동성 동평(東平) 부근.

　ㅇ野井(야정)－지금의 동평 동북에 있는 장청(長淸) 부근.

傳｜ 二十五年春,에 叔孫婼聘于宋.이라 桐門右師見之,하여 語,하되 卑宋大夫,하고 而賤司城氏.라 昭子告其人曰, 右師其亡乎.인저 君子貴其身,하여 而後能及人.이라 是以로 有禮.라 今, 夫子卑其大夫,하고 而賤其宗,이어늘 是賤其身也.라 能有禮乎.아 無禮,면 必亡.이라

　宋公享昭子,하여 賦新宮,하고 昭子賦車轄.이라 明日宴,하여 飲酒樂,에 宋公使昭子右坐,하고 語相泣也.라 樂祁佐,하고 退而告人曰, 今茲,에 君與叔孫,은 其皆死乎.인저 吾聞之,하되 哀樂而樂哀,는 皆喪心也.라 心之精爽,은 是謂魂魄,이어늘 魂魄去之,에 何以能久.아

　25년 봄에 숙손착이 송나라를 예방했다. 송나라 동문(桐門) 가에

사는 우사(右師)가 그를 만나 말하는데, 송나라의 대부들을 깎아서 말하고, 그의 본가(本家)인 사성(司城)댁을 깔보아 말하였다. 그래서 소자(昭子：叔孫婼)는 그를 따르고 있는 자에게 말했다. "송나라의 우사인 악대심(樂大心)은 그의 몸을 망칠 것일세. 군자(君子)는 그의 신변을 높이며, 그리고 나서야 다른 사람들을 높이네. 그러므로 예의가 갖추어져 있는 것이 되네. 그는 지금 그의 대부들을 낮추어 평하고, 그의 종가(宗家) 사람을 천히 여기는데, 그것은 그 자신을 천하게 하는 것이네. 그런데 예의가 있다고 할 수 있겠는가? 예의가 없으면 반드시 망하고 마느니."

송나라 군주가 소자에게 향연을 베풀어, 신궁편(新宮篇)의 시를 노래불렀고, 소자는 거할편(車轄篇)의 시를 노래불렀다. 다음날에 연회를 열어 술을 마시며 즐기니, 송나라 군주는 소자를 오른쪽에 앉히고, 말을 하다가 서로 울었다. 송나라의 악기(樂祁)가 그 연회자리의 일을 돕다 물러나가 다른 사람에게 말했다. "금년에 군주와 노나라의 숙손씨는 둘 다 죽을 것이다. 내 들었거니와, '슬퍼할 때에 즐거워하고 즐거워할 때에 슬퍼하는 것은 다 마음을 잃은 노릇이다.'라고 한다. 마음의 정(精)을 혼백(魂魄)이라 이르는데, 혼백이 나가서야 어찌 오래 살 수가 있단 말인가?"

 ㅇ新宮(신궁)－시편 이름. 이 편의 시는 상실되어, 《시경》에 들지 않은 일시(逸詩)다.
   ㅇ車轄(거할)－《시경》 소아에 있는 시편 이름. 군자와 어진 여자의 결혼을 말하고 있다.

계공약지자위소주부인　　생송원부인　　생자　　이처
季公若之姊爲小邾夫人,하여　生宋元夫人.이라　生子,하여　以妻

계평자　　소자여송빙　　차역지　　공약종　　위조씨
季平子.라　昭子如宋聘,하고　且逆之.라　公若從,하여　謂曹氏,하되

勿與.하라 魯將逐之.라 曹氏告公.이라 公告樂祁,하니 樂祁曰, 與

之.하소서 如是,면 魯君必出.이리이다 政在季氏三世矣,이옵고 魯

君喪政四公矣.이오니다 無民而能逞其志者,는 未之有也.라소이다

國君是以鎭撫其民.이오니다 詩曰, 人之云亡,하여 心之憂矣.라하

였나이다 魯君失民矣,이어늘 焉得逞其志也.이리오 靖以待命,이면

猶可,로되 動,이면 必憂.이리이다

   노나라 계공약(季公若)의 누나는 소주(小邾)나라 군주의 부인이 되어, 송나라 원공(元公)의 부인을 낳았다. 그리고 원공의 부인이 공녀(公女)를 낳아, 노나라의 계평자(季平子 : 季孫意如)의 처로 삼았다. 소자는 송나라로 가 예방하고, 한편으로는 공녀를 맞이하기로 했다. 그때 계공약이 그 일행을 따라가 송 원공의 부인 조씨(曹氏)에게 이르기를, "공녀를 시집보내지 마시오. 노나라에서는 계평자를 축출(逐出)하려 하고 있소이다."라고 했다. 조씨가 군주에게 그 말을 고했다. 군주가 악기(樂祁)에게 말하니, 악기는 말했다. "공녀를 그리로 시집보내소서. 노나라가 계평자를 축출하려 할 것 같으면, 노나라 군주는 반드시 몰려나갈 것이옵니다. 노나라 정권이 계씨(季氏)에게 있은 지 3대이옵고, 노나라 군주가 정권을 상실한 지가 네 군주에 이르렀사옵니다. 지지하는 백성들이 없고서 뜻을 마음대로 펼 수 있는 일은, 이제까지 그 예가 없사옵니다. 나라의 군주는 그러기에 그의 백성들을 애무(愛撫)하는 것이옵니다. 시에 이르기를, '지지할 사람들을 잃고서, 마음에 걱정하는도다.'라 하였나이다. 노나라 군주는 백성들을 잃고 있사온데, 어떻게 마음먹은 뜻을 성취시킬 수가 있사오리까? 조용히 천명(天命)을 기다리고 있으면 그래도 괜찮을 것이오나, 행동을 취했

다가는 반드시 근심하게 될 것이옵니다.”

■주해│ ○季公若(계공약)—그도 계평자의 동족이었다.
○四公(사공)—선공(宣公)·성공(成公)·양공(襄公)·소공(昭公)의 4대 군
주를 말한다.
○詩曰(시왈)—《시경》 대아에 있는 첨앙편(瞻卬篇)의 구절.

夏會于黃父,는 謀王室也.라 趙簡子令諸侯之大夫輸王粟,하고
具成人曰, 明年將納王.이라 子大叔見趙簡子,하니 簡子問揖讓
周旋之禮焉.이라 對曰, 是儀也,요 非禮也.라 簡子曰, 敢問,하노
니 何謂禮.아 對曰, 吉也聞諸先大夫子産.이라 曰, 夫禮天之經
也,요 地之義也,며 民之行也.라 天地之經,이오 而民實則之.라
則天之明,하고 因地之性,하여 生其六氣,하고 用其五行.이라 氣
爲五味,하고 發爲五色,하며 章爲五聲.이라 淫則昏亂,하여 民失
其性.이라 是故로 爲禮以奉之.라 爲六畜·五牲·三犧,하여 以
奉五味,하고 爲九文·六采·五章,하여 以奉五色,하며 爲九歌·
八風·七音·六律,로 以奉五聲,하고 爲君臣上下,하여 以則地
義,하며 爲夫婦外內,하여 以經二物,하고 爲父子·兄弟·姑姉·
甥舅·昏媾·姻亞,하여 以象天明,하며 爲政事·庸力·行務,하
여 以從四時,하고 爲刑罰威獄,하여 使民畏忌,하여 以類其震曜

殺戮,하며 爲溫慈惠和,하여 以效天之生殖長育.이라 民有好惡喜

怒哀樂,하여 生于六氣.라 是故로 審則宜類,하여 以制六志.라 哀

有哭泣,하고 樂有歌舞,하며 喜有施舍,하고 怒有戰鬪,하며 喜生

於好,하고 怒生於惡.라 是故로 審行信令,하고 禍禮賞罰,하여 以

制死生.이라 生好物也,요 死惡物也,며 好物樂也,요 惡物哀也.

라 哀樂不失,이면 乃能協于天地之性.이라 是以로 長久.라 簡子

曰, 甚哉,라 禮之大也.여 對曰, 禮上下之紀,요 天地之經緯也,

며 民之所以生也.라 是以로 先王尚之.라 故로 人之能自曲直以

赴禮者,는 謂之成人.이라 大不亦宜乎.아 簡子曰, 鞅也請終身守

此言也.라

　　宋樂大心曰, 我不輸粟.하리라 我於周爲客,이어늘 若之何使

客.가 晉士伯曰, 自踐土以來,로 宋何役之不會,하고 而何盟之

不同.가 曰同恤王室,이었거늘 子焉得辟之.리오 子奉君命,하여 以

會大事,이어늘 而宋背盟,이면 無乃不可乎.아 右師不敢對,하고 受

牒而退.라 士伯告簡子曰, 宋右師必亡.하리라 奉君命以使,하여

而欲背盟以干盟主,하니 無不祥大焉.이라

　여름에 황보(黃父)에서 회합을 가진 것은 주나라 왕실에 대해서 상
의함이었다. 그 회합에서 진(晉)의 조간자(趙簡子 : 趙鞅)가 각 제후

국의 대부들에게 천자인 주나라 왕에게 쌀을 보내도록 명하고, 천자를 호위할 군대를 창설하기로 하고서 말하기를, "내년에 천자님을 서울로 모시려 하오."라고 했다. 정나라의 자대숙(子大叔 : 游吉)이 조간자를 찾으니, 조간자는 인사하고 행동거지를 취하는 예(禮)를 물었다. 자대숙이 대답하기를, "그런 일은 의식(儀式)이고, 예는 아닌 것입니다."라고 하니 조간자가, "내 묻거니와, 무엇을 예라 하는 것입니까?"라고 했다. 그래서 자대숙은 대답했다. "유길(游吉) 저는 돌아가신 우리나라 대부였던 자산(子産)한테 들었는데, 그분은 말했습니다. '예(禮)라는 것은 하늘의 도(道)이고, 땅의 덕(德)인 것이며, 사람의 행해야 할 일이다. 예는 천지의 상도(常道)이고, 사람들은 실로 이것을 본받아 따르는 것이다. 하늘의 밝음에 의하고 땅의 성품에 의지하여, 음(陰)·양(陽)·풍(風)·우(雨)·어둠·밝음의 육기(六氣)가 생기고, 목(木)·화(火)·토(土)·금(金)·수(水)의 오행(五行)을 이용하는 것이다. 기(氣)는 시고 짜고 맵고 쓰고 단 오미(五味)가 되기도 하고, 빛을 내어 청(靑)·황(黃)·적(赤)·백(白)·흑(黑)의 오색(五色)이 되며, 소리로 나타나서는 궁(宮)·상(商)·각(角)·치(徵)·우(羽)의 오성(五聲)이 된다. 오미·오색·오성 이것들에 빠지면 곧 마음이 어두워지고 어지러워져, 사람은 그 본성을 잃는다. 그래서 예(禮)를 제정하여 그 본성을 지키는 것이다. 말·소·양·닭·개·돼지의 육축(六畜)과, 소·양·돼지·개·닭의 오생(五牲), 소·양·돼지의 삼희(三犧)를 가지고 오미(五味)를 갖추고, 산(山)·용(龍)·화(華)·충(蟲)·조(藻)·화(火)·분(粉)·미(米)·보불(黼黻)의 구문(九文)과, 청(靑)·백(白)·적(赤)·흑(黑)·현(玄)·황(黃)의 육채(六采)와 오색을 조화시킨 무늬, 즉 오장(五章)을 가지고 오색을 나타내며, 구가(九歌)·팔풍(八風)·칠음(七音)·육률(六律)을 가지고 오성(五聲)을 갖추고, 군신 상하의 구별을 가지고 땅의 덕을 따르며, 부부가 내외를 잘 지키어 음(陰)·양(陽)의 도를 근본 삼고, 부자·형제·고모·누나·생질·외삼촌·혼인 사이 인척간의 도리를 지키어 하늘의 밝음을 본따며, 군주의 정치, 신하의 관무(官務), 백성들의 할 일을 잘하여, 춘·하·추·동의 사시절에 따라 맞추고, 형벌을 가하고 재판을 하여, 백성들을 근신하게 하여 하늘의 벼락침과 번갯불이 살육(殺戮)함과 같이하며, 친절과 혜택을 베풀어, 하늘이 만물을 생식(生殖)시키고 성장케 하는 것을 본받는 것이다. 사람에게는 좋아하고 미워하고 기뻐하고 노하고 슬퍼하고 즐거워함이 있는데, 이것들은 육기(六氣)에서 나는 것이다. 그래서 기본삼을 것을 잘 살피고 따를 것을 잘 정해서 좋아하고, 미워하고, 기뻐하고, 노하고, 슬퍼하고, 즐거워하는 육지(六志)를 적절히 제약하는 것이다. 슬픔에는 소리내어 울고 눈물 흘리는 울음이 있고, 즐거움에는 노래와 춤이 있게 되며, 기쁨에는 혜택 베풂이 있고, 노함에는 싸움이 있으며, 기쁨은 좋아함을 낳고, 노함은 미워함을 낳는다. 그래서 행동을 잘 살피고 명령을 잘 받들고, 화(禍)를 주고 복을 주며 상을 주고 벌을 주어, 죽고 나는 것을 제정하는 것이다. 산다는 것은 좋은 것이고, 죽는다는 것은 미운 것이며, 좋은 것은 즐겁게 하는 것이고, 미운 것은 슬프게 한다. 슬픔과 즐거움이 그 정당함을 잃지 않는다면, 즉 천지의 본성에 맞을 수가 있다. 그래서 자신을 오래 보존할 수가 있다.'" 이 말을 듣고 난 조간자가, "대단합니다. 예의 뜻의 크기란!" 이렇게 말하자 자대숙은 대답하기를, "예는 상하간의 기본이 되는 것이고, 천지간의 기본이며, 참다운 사람의 낳아짐인 것입니다. 그래서 옛날의 어진 임금들이 존중하셨습니다. 그러므로 사람이 스스로 잘 헤아려서 예에 맞도록 할 수 있는 자는 완성된 사람이라 이르는 것입니다. 그러니 예는 큰 것이 아니겠습니까?"라고 했다. 조간자는 말하기를, "조앙 나는 죽을 때까지 말씀해 주신 말을 지키도록 하겠습니다."라고 했다.

송나라의 악대심이 회합에서 말하기를, "우리 송나라는 천자에게 쌀을 보내지 않겠습니다. 은(殷)나라 임금의 후손국(後孫國)인 우리 송나라는 주(周)나라에 대해서 손님격이 되는데, 어떻게 손님을 부린단 말입니까?"라고 했다. 그러자 진나라의 사백(士伯 : 士彌牟)이 말했다. "천토(踐土)에서 맹약 맺은 이래, 송나라가 어느 싸움에 참가하지 않았고, 어느 맹약 맺음에 자리를 같이하지 않은 일이 있습니까? 우리는 다같이 주나라 왕실을 돕자고 말해 왔었는데, 님이 어떻게 그 맹약을 무시하고 피할 수 있겠습니까? 님은 송나라 군주의 명을 받들고 이 큰 일에 참가하셨는데, 송나라가 맹약을 배반한다면 안되지 않겠습니까?" 이 말에 송나라의 우사(右師)인 악대심은 대답을 못하고, 지시의 문서를 받고 물러났다. 사백은 이 일을 조간자에게 말하기를, "송나라의 우사는 반드시 망할 것입니다. 군주의 명을 받들고 사자(使者)로 와서 맹약을 배반하여 맹주국을 어기려고 하였으니, 불길한 짓이 이보다 더 큰 것이 없습니다."라고 했다.

주해 ○黃父(황보)—진나라 지명으로, 지금의 산서성 심수(沁水) 부근.

○九歌(구가)·八風(팔풍)·七音(칠음)·六律(육률)—소공 20년조 참고.

○禍禮(화례)—'행화(行禍)'로 된 판본도 있다.

○我於周爲客(아어주위객)—주나라가 은나라를 멸망시킨 뒤에, 전 세대의 왕의 혈통을 존중해서 송의 제후국을 세워, 주 왕실은 손님과 같이 우대했음을 가지고 이렇게 말한 것이다.

○踐土(천토)—천토에서 맹약을 맺은 것은, 희공 28년의 일이었다.

有鸜鵒來巢,는 書所無也.라 師己曰, 異哉.라 吾聞,하되 文成之世,에 童謠有之,하되 曰, 鸜之鵒之,에 公出辱之.리 鸜鵒之羽,에 公在外野,하여 往饋之馬.리로다 鸜鵒跦跦,에 公在乾侯,하여 徵褰與襦.하리라 鸜鵒之巢,에 遠哉遙遙.리라 稠父喪勞,하고 宋

父以驕.하리라 鸜鵒鸜鵒,이여 往歌來哭.하리라 童謠有是.라 今,

鸜鵒來巢,니 其將及乎.아

秋,에 書再雩,어늘 旱甚也.라

구욕이라는 새가 노나라로 와 둥지를 만들어 살았다는 것은, 전에는 없었던 일이기에 경에 쓴 것이다. 그때 악사(樂師)인 기(己)가 말했다. "이상도 하다. 내 들었거니와, 문공(文公) 시대에서 성공(成公) 시대까지에 동요가 있어, 그 동요에 이르기를, '구욕새 오니, 군주는 나라 밖으로 나가 욕을 보시리. 구욕새 날개 칠 때에, 군주 들판에 계셔 말[馬] 보내 드릴 것일세. 구욕새 뛰어다니니, 군주 건후(乾侯)에 계셔 옷을 달라 구할 것이리. 구욕새 둥지 지어 살 제, 멀리 멀리에 가 계실 것이다. 조보(稠父)님 고생 중에 돌아가시고, 송보(宋父)님 거만 떠실 걸! 구욕새, 구욕새! 나가는 님 노래부르고 가셔도, 다시 오실 땐 우시리!'라고 했었다. 이제 구욕새가 노나라로 와 둥지를 만들어 살고 있으니 동요에서 말한 일이 닥칠 것인가?"

가을에 두번 기우제를 지냈다고 경문에 썼는데, 한발이 심해서였다.

▌주해│ ○公出(공출)―이 동요의 내용은 소공 25년 이후의 노나라 군주의 운명을 예언한 것이 된다.

○跦跦(주주)―뛰며 다님.

○乾侯(건후)―진나라 지명으로, 지금의 하북성 성안(成安) 부근.

○褰(건)·襦(유)―건은 바지이고, 유는 속에 입는 옷. 옷으로 번역했다.

○稠父(조보)―소공의 이름.

○宋父(송보)―소공의 동생인 정공(定公)의 이름.

初,에 季公鳥娶妻於齊鮑文子,하여 生甲.이라 公鳥死,하여 季

公亥與公思展,이 與公鳥之臣申夜姑相其室.이라 及季姒與饔人
檀通,하여 而懼.라 乃使其妾抶己,하여 以示秦遄之妻也曰, 公若
欲使余,에 余不可,어늘 而抶余.라 又訴於公甫曰, 展與夜姑將要
余.라 秦姬以告公之,하니 公之與公甫告平子.라 平子拘展於下,
하고 而執夜姑,하여 將殺之.라 公若泣而哀之曰, 殺是,면 是殺
余也.라 將爲之請,에 平子使豎勿內,하여 日中不得請,하고 有司
逆命,에 公之使速殺之.라 故로 公若怨平子.라

季·郈之雞鬪,에 季氏介其雞,하니 郈氏爲之金距.라 平子怒,
하여 益宮於郈氏,하고 且讓之.라 故로 郈昭伯亦怨平子.라 臧昭
伯之從弟會爲讒於臧氏,하여 而逃於季氏.라 臧氏執旃,하니 平
子怒,하여 拘臧氏老.라 將禘於襄公,에 萬者二人,이오 其衆萬於
季氏.라 臧孫曰, 此之謂不能庸先君之廟.라 大夫遂怨平子.라

전에, 노나라의 계공조(季公鳥)는 제나라 포문자(鮑文子) 집에서
아내를 맞이하여 갑(甲)을 낳았다. 공조가 죽자, 계공해(季公亥:公
若)와 공사전(公思展)이, 공조의 집 신하인 신야고(申夜姑)와 같이
공조의 집을 돌보았다. 그런데 공조의 아내인 계사(季姒)와 요리사인
단(檀)이 간통을 하게 되어 계공해 등을 두려워하였다. 그래서 단은
자기 첩에게 자신의 몸을 치게 하여, 그 맞은 자국을 공조의 동생인
진천(秦遄)의 아내에게 보이고 말하기를, "공약(公若:공해)이 나를
마음대로 부리려고 하기에 제가 안된다고 했는데, 그는 저를 이렇게

쳤습니다."라고 했다. 그리고 다시 계평자(季平子)의 동생인 공보(公甫)에게 호소하기를, "공사전과 신야고가 저에게 부당한 짓을 했습니다."라고 했다. 진천의 아내인 진희(秦姬)가 계평자의 다른 동생인 공지(公之)에게 그 일을 말하니, 공지와 공보는 계평자에게 말했다. 그러자 계평자는 공사전을 잡아 변(卞)에다 억류하고, 신야고를 잡아죽이려고 했다. 그러자 공약이 울며 슬퍼하고서 말하기를, "그를 죽인다는 것은, 나를 죽이는 일이다."라고 했다. 그리고는 살려달라고 간청을 드리려 하니, 계평자는 사환에게 공약이 집안으로 들어오지 못하게 하여 대낮이 되기까지 간청을 할 수가 없었고, 신야고의 일을 맡고 있는 관원(官員)이 계평자의 명령을 받으러 가니 공지는 빨리 신야고를 죽이게 했다. 그러므로 공약은 계평자를 원망하게 되었다.

계씨(季氏)와 후씨(郈氏)의 닭이 싸움을 하는데, 계씨가 닭의 털에다 겨자를 발라 상대 닭이 찍기 어렵게 하니, 후씨는 닭의 발톱에 금속으로 만든 것을 끼웠다. 그러자 계평자는 노하여 자기 집을 후씨의 집터까지로 늘리고, 전에 후씨가 자기집 터를 침범했었다고 꾸중하였다. 그러므로 후소백(郈昭伯) 또한 계평자를 원망하게 되었다. 장소백(臧昭伯)의 종제인 회(會)가 장소백에 대한 참언을 하고, 계씨네로 도망했다. 장소백이 틈을 보아 전(㑋)을 잡으니, 계평자가 노하여 장씨 가문의 오래된 가신(家臣)을 잡아 구속하였다. 양공(襄公)의 사당에서 제사를 지내려는데, 만무(萬舞)를 추는 자가 두 사람뿐이었고, 다른 무인(舞人)들은 계씨 집에서 만무를 추고 있었다. 그래서 장손(臧孫)은 말하기를, "이는 선대 군주의 사당에서는 예의를 갖추어 행할 수 없다고 이를 일이다."라고 했다. 이 일로, 노나라 대부들은 계평자를 원망하게 되었다.

┃주해┃ ○季公鳥(계공조)─계공해의 형.
　○公思展(공사전)─공사(公思)는 성(姓). 계씨의 친족이었다.

○季姒(계사)—계는 남편의 성이고, 사는 친정 포씨(鮑氏)의 본성(本姓)
   이었다.
○秦姬(진희)—계씨의 본성은 희(姬)였고, 남편이 진씨였기에 진희라 했다.
○卞(변)—지금의 산동성 사수현(泗水縣) 땅.
○此之謂不能庸先君之廟(차지위불능용선군지묘)—'공가(公家)의 분가(分
   家)인 계씨네 집에서는 만무의 예의를 갖출 수 있지만, 선대 군주의 사
   당에서야 예의를 갖추어 행할 수는 없는 일이라고 이를 것이다'로, 계
   씨의 참월(僭越)을 비방한 것이다.

公若獻弓於公爲,하고 且與之出,하여 射於外,하여 而謀去季氏.
라 公爲告公果·公賁,하니 公果·公賁使侍人僚租告公.이라 公
寢,이라가 將以戈擊之,하니 乃走.라 公曰執之,나 亦無命也.라 懼
而不出,하여 數月不見,이라도 公不怒.라 又使言,하니 公執戈以
懼之,에 乃走.라 又使言,하니 公曰, 非小人之所及也.라 公果自
言.이라 公以告臧孫,하니 臧孫以難.이라 告郈孫,하니 郈孫以可,
라하여 勸.이라 告子家懿伯,하니 懿伯曰, 讒人以君徼幸.이오니다
事若不克,이면 君受其名,이리니 不可爲也.라소이다 舍民數世,하여
以求克事,는 不可必也.이오니다 且政在焉,이니 其難圖也.라소이다
公退之,하니 辭曰, 臣與聞命矣,에 言若洩,면 臣不獲死.리이다
乃館於公宮.이라

叔孫昭子如闞,에 公居於長府.라 九月戊戌,에 伐季氏,하여 殺

公之于門,하고 遂入之.라 平子登臺而請曰, 君不察臣之罪,하시고 使有司討臣以干戈.이오니다 臣請待於沂上以察罪.이오니다 弗許.라 請囚于費,라도 弗許,하고 請以五乘亡,이라도 弗許.라 子家子曰, 君其許之.하소서 政自之出久矣,에 隱民多取食焉,하여 爲之徒者眾矣.이오니다 日入願作,도 弗可知也.라소이다 眾怒不可蓄也,이옵고 蓄而弗治,면 將蘊.이오니다 蘊蓄,에는 民將生心,이옵고 生心,이면 同求將合,이어늘 君必悔之.리이다 弗聽.이라 郈孫曰, 必殺之.라 公使郈孫逆孟懿子.라

叔孫氏之司馬鬷戾言於其眾曰, 若之何.오 莫對.라 又曰, 我家臣也.아 不敢知國,로되 凡有季氏與無,는 於我孰利.오 皆曰, 無季氏,는 是無叔孫氏也.라 鬷戾曰, 然則救諸.리라 帥徒以往,하여 陷西北隅以入.이라 公徒釋甲,하고 執冰而踞,에 遂逐之.라 孟氏使登西北隅以望季氏,할새 見叔孫氏之旌,하여 以告.라 孟氏執郈昭伯,하여 殺之于南門之西,하고 遂伐公徒.라 子家子曰, 諸臣僞劫君者,하여 而負罪以出,하고 君止.하소서 意如之事君也,는 不敢不改.리이다 公曰, 余不忍也.라 與臧孫如墓謀,하고 遂行.이라 己亥,에 公孫于齊,하여 次于陽州.라

계공약(季公若 : 季公亥)이 활을 소공의 아들 공위(公爲)에게 바치

고 같이 나가 도읍 밖에서 활쏘기를 하면서, 계씨(季氏)를 제거할 것을 상의했다. 공위가 그 일을 동생인 공과(公果)와 공분(公賁)에게 말하니, 공과와 공분은 군주의 측근자인 요사(僚柤)로 하여금 공에게 말하게 했다. 그러자 공은 잠자리에 누워 있다가 창으로 치려 하니, 요사는 도망쳤다. 군주는, "저놈 잡아라!"라고 말했지만, 다른 명을 내리지 않았다. 요사는 두려워서 공의 앞으로 나가지 않아 몇 달을 뵙지 않아도, 공은 노하지 않았다. 그래서 다시 그 말을 하게 했더니, 공은 창을 들어 위협하니, 요사는 곧 그자리에서 피해 달아났다. 그 후 다시 말하게 했더니 공은, "너 같은 자가 할 일이 아니다."라고 말했다. 그리하여 공과가 가서 말했다. 공은 그 일을 장손(臧孫)에게 말하니, 장손은 성공하기 어려운 일이라고 했다. 공이 후손(郈孫)에게 말했더니 후손은 할 수 있는 일이라 하여 거사(擧事)를 권하였다. 공은 다시 자가의백(子家懿伯)에게 말하니 의백은 말하기를, "못된 사람이 군주를 끼고 요행을 구하는 일이옵니다. 일이 만약 실패하면, 군주께서 그 누명을 입으실 것이니, 할 수 없는 일이옵니다. 몇 대를 두고 국민을 장악하시지 못하시고서, 일의 성공을 원하시는 것은, 반드시 성공한다고 할 수가 없사옵니다. 그리고 나라의 정권이 계씨에게 있으니만치 그 일은 도모하기가 어렵사옵니다."라고 했다. 공이 의백에게 물러가라고 하자, 의백은 물러가지 않겠다면서, "신은 군주의 명을 받았사온데, 이 말이 만약 새어 나간다면 신은 제대로 죽지 못하옵니다."라고 했다. 그리고는 공의 궁전 안에 머물렀다.

숙손소자(叔孫昭子 : 叔孫婼)가 감(闞)으로 갔을 때, 공은 장부(長府)에서 거처했었다. 9월 무술날에, 계씨를 공격하여 계손공지(季孫公之)를 집 문에서 죽이고 바로 쳐들어갔다. 계평자(季平子 : 季孫意如)가 높은 대(臺)로 올라가 용서를 청해서 말하기를, "군주께서는 신의 죄를 살피시지도 않으시고, 일을 맡고 있는 관원(官員)에게 신을 무기로 치게 하고 계시옵니다. 신은 기수(沂水) 가에 가 있게 하시고서 신의 죄를 살펴 주시기를 원하옵니다."라고 했다. 그러나 공은 허락하지 않았다. 계평자는 비(費)에 가두어지기를 청했지만 허락하지 않고, 다섯대의 수레를 이끌고 외국으로 망명하게 해달라 청했지만 허락하지 않았다. 자가자가 말하기를, "군주는 그의 청원을 들어주소서. 나라의 정령(政令)이 그로부터 나온 지가 오래이니, 곤궁한 백성이 많이 먹고 살 것을 받아, 그를 위하는 사람이 많사옵니다. 해가 지면 간계(姦計)가 꾸며질는지도 알 수 없사옵니다. 군중의 분노는 누르기 어렵고, 누르더라도 잘 다스리지 않으면 그 분노는 크게 쌓입니다. 분노가 쌓이면 백성들은 배반의 마음이 생길 것이옵고, 배반의 마음이 생기면 같은 결과를 원하는 자들이 결합할 것이옵는데, 그때는 군주께서는 반드시 후회하실 것이옵니다."라고 했지만, 공은 듣지 않았다. 이때 후손(郈孫)은, "반드시 죽여야 하옵니다."라고 말했다. 공은 후손에게 맹의자(孟懿子 : 仲孫何忌)를 데려오게 했다.

숙손씨(叔孫氏) 가문의 가신(家臣)인 사마종려(司馬鬷戾)가 숙손씨 가문 사람들에게 말하기를, "이 일을 어찌 할까?"라고 했다. 그러나 대답하는 사람이 없었다. 그래서 그는 다시 말하기를, "나는 이 가문의 가신밖에 안 되는 주제요. 나는 나랏일을 감히 알 수야 없으나, 대체 계씨가 있는 것과 없는 것은, 우리편으로서는 어느 것이 이로움이 되오?"라고 했다. 그러자 다들 말하기를, "계씨가 없는 것은 숙손씨가 없게 되는 일이오."라고 하였다. 그래서 사마종려는 말하기를, "그렇다면 계씨를 구합시다."라고 했다. 그리고 숙손씨 가문의 사람들을 이끌고 가, 계씨 집의 서북쪽 구석을 무너뜨리고 집안으로 들어갔다. 그때 군주편의 사람들은 갑옷을 벗고, 화살통을 손에 든 채 편히 앉아 있었기에, 숙손씨 사람들은 바로 군주편의 사람들을 몰아냈다. 그때 맹씨(孟氏 : 仲孫氏)는 사람을 시켜 계씨 집의 서북쪽 구석으로 올라가 계씨 집안의 사정을 보게 했는데, 그 사람은 집안에 숙손씨 가문의 깃발이 있음을 보고 가서 맹씨에게 말했다. 그러자 맹씨는 후소백(邱昭伯 : 邱孫)을 잡아, 도읍 남문의 서쪽에서 그를 죽이고, 곧 군주편을 공격했다. 자가자(子家子)가 말하기를, "모든 신하는 군주를 협박해서 이 일을 일으켰다고 가장하여 그 죄를 쓰고 나라를 떠났고, 군주께서는 남아 계시옵소서. 계손의여(季孫意如 : 계평자)의 군주 섬기는 태도는 감히 고쳐지지 않을 수가 없을 것이옵니다."라고 했다. 그러나 공은, "내 차마 그러지는 못하오."라고 말했다. 그리고 장손과 묘지로 가서 상의하고, 곧 국외로 나갔다. 기해날에, 공은 제나라로 달아나 양주(陽州)에서 머물렀다.

주해 ㅇ亦無命也(역무명야)－소공은 입으로는 찬성하지 않았지만, 마음으로는 찬동하였기에 다른 명은 내리지 않았다.

ㅇ闞(감)－지금의 산동성 문현(汶縣) 땅. 환공 11년조에도 나왔다.

ㅇ長府(장부)－관부(官府)의 이름.

ㅇ沂(기)－강 이름으로, 노나라 도읍이었던 곡부(曲阜)의 남쪽을 흐른다.

ㅇ費(비)－계손씨의 영유읍. 지금의 산동성 어대현(魚臺縣) 땅.

ㅇ陽州(양주)－제나라 읍으로, 지금의 산동성 동평(東平) 부근. 양공 31년조에도 나왔다.

齊侯將唁公于平陰,할새 公先至于野井.이라 齊侯曰, 寡人之
罪也.라 使有司待于平陰,하니 爲近故也.라 書曰公孫于齊,하여
次于陽州,하고 齊侯唁公于野井,는 禮也.라 將求於人,이면 則先
下之,가 禮之善物也.라 齊侯曰, 自莒疆以西,로 請致千社以待
君命.이라 寡人將帥敝賦,하여 以從執事,하여 唯命是聽.이라 君
之憂,는 寡人之憂也.라 公喜.라 子家子曰, 天祿不再.이오니다 天

若胙君,이나 不過周公.이옵고 以魯足矣.이라소이다 失魯,하여 而以

千社爲臣,이면 誰與之立.이리오 且齊君無信,이오니 不如早之晉.

이오니다 弗從.이라 臧昭伯率從者,하여 將盟.이라 載書曰, 戮力壹

心,하여 好惡同之,하고 信罪之有無,하며 纏綣從公,하고 無通外

內.하라 以公命示子家子.라 子家子曰, 如此,라면 吾不可以盟.이

라 羈也不佞,하여 不能與二三子同心,하고 而以爲皆有罪也.라

或欲通外內,하여 而且欲去君,하고 二三子好亡,하여 而惡定.이라

焉可同也.리오 陷君於難,하니 罪孰大焉.가 通外內,하여 而去君,

이면 君將速入.이라 弗通,하여 何爲,하고 而何守焉.가 乃不與盟.

이라

昭子自闕歸,하여 見平子,하니 平子稽顙曰, 子若我何.오 昭子

曰, 人誰不死.오 子以逐君成名,하니 子孫不忘.이리라 不亦傷乎.

아 將若子何.오 平子曰, 苟使意如得改事君,이면 所謂生死而肉

骨也.라 昭子從公于齊,하여 與公言.이라 子家子命適公館者執

之.라 公與昭子言於幄內,에 曰, 將安衆而納公.하리이다 公徒將

殺昭子,하여 而伏諸道.라 左師展告公,하니 公使昭子自鑄歸.라

平子有異志.라

冬十月辛酉,에 昭子齊於其寢,하고 使祝宗祈死.라 戊辰,에

卒.이라 左師展將以公乘馬而歸,에 公徒執之.라

壬申,에 尹文公涉于鞏,하여 焚東訾,나 弗克.이라

제나라 군주가 평음(平陰)에서 소공을 위로하려 했는데, 공이 먼저 야정(野井)으로 가 있었다. 제나라 군주가 말하기를, "여기까지 오시게 한 것은 나의 죄입니다."라고 했다. 제나라 군주가 일을 맡은 관원에게 공을 평음에서 기다리게 하도록 했으니, 그것은 평음 땅이 야정보다 양주에서 가까워서였다. 경문에, 공이 제나라로 달아나 양주에서 머물고, 제나라 군주가 공을 야정에서 위로했다고 써 말한 것은, 예에 맞는 일이라는 뜻이다. 남에게 도움을 청하려면 자신이 먼저 고개를 숙이는 것이 예의상 좋은 일이다. 이때 제나라 군주가, "거나라와의 국경에서 서쪽 땅으로, 천사(千社)의 땅을 드리어 군주께서 지배하여 주시기를 원합니다. 나는 나라의 군세(軍勢)를 이끌고 귀국의 담당관을 따라 군주의 명을 받기로 하겠습니다. 군주의 걱정이 나의 걱정입니다."라고 말하자, 공은 기뻐하였다. 그때 자가자가 말하기를, "천복(天福)은 두번 다시 오지 않는 것이옵니다. 하늘이 만약 군주에게 복을 준다 하더라도 주공(周公)이 받으셨던 천복을 넘지 못할 것이옵고, 노나라를 계속 차지하시는 것으로 족한 것이옵니다. 노나라를 잃으시고서 천사(千社)를 얻어 제나라의 신하가 되신다면, 그 누가 군주와 같이 제나라 조정에 설 것이옵니까? 그리고 제나라 군주는 신의가 없사오니, 빨리 진(晉)나라로 가시는 것만 못하옵니다."라고 했지만 듣지 않았다. 장소백(臧昭伯)이 군주를 따르고 있는 사람을 데리고 맹약을 맺으려 했다. 그 맹약문에는, '힘을 합쳐 마음을 하나로 하여 좋건 밉건 같이 대하고, 죄의 유무를 명백히 인식하며, 굳게 군주를 따르고, 본국 내의 사람들과 통함이 없을지어다'라고 써 있었다. 그는 군주의 명이라 하여 맹약문을 자가자에게 보였다. 자가자는 말했다.

"이같은 것이라면 나는 맹약을 맺을 수가 없소이다. 자가기(子家羈) 나는 못나서, 당신들과는 마음을 같이 가질 수가 없고, 또한 나는 군주를 따르고 있는 사람들이나, 본국에 있는 자나 다 죄가 있다고 여기오. 혹은 본국의 자들과 통하고자 하고, 또 군주 곁을 떠나려 하고, 몇분들은 외국으로 망명하기를 좋아하여 본국으로 정착하기를 싫어하고 있소이다. 그런데 내 어찌 마음을 같이 할 수가 있겠소? 군주를 어려운 지경에 빠뜨렸으니 무슨 죄가 이보다 더 크단 말이오? 본국에 있는 자들과 통하여 군주의 곁을 떠나간다면, 군주는 장차 빨리 나라로 들어가실 것이오. 본국과 통하지 않고서 어떻게 군주를 지키겠소?" 이렇게 말한 그는 맹약 맺음에 참여하지 않았다.

숙손소자(叔孫昭子)가 감(闞)에서 돌아와 계평자를 만나니, 계평자는 땅에 이마를 대고 말하기를, "님은 나를 어떻게 보시오?"라고 하였다. 소자가, "사람으로서 어느 누가 죽지 않소이까? 님은 군주를 축출했다는 것으로 유명해졌으니, 자손들이 이 일을 잊지 못할 것이오. 어찌 마음 아픈 일이 아니겠소? 장차 어찌하면 좋을까요?"라고 말하니 계평자는, "정말이지, 계손의여 저에게 새로운 마음으로 군주를 섬기게 해준다면, 그야말로 죽은 사람을 살려 뼈에다 살을 붙여준 은인이라고 할 것입니다."라고 말하였다. 숙손소자는 공을 제나라에서 만나 공과 같이 말했다. 그때 자가자는 군주가 있는 집으로 가는 자를 잡으라고 명했다. 공은 숙손소자와 장막을 친 안에서 말했는데 숙손소자는, "앞으로 군중을 안정시키고 나서 군주를 모시어 들이겠나이다."라고 말했다. 그러나 공을 따르고 있던 사람들이 숙손소자를 죽이려 하여 지나갈 길가에다 복병(伏兵)을 숨겨두었다. 좌사전(左師展)이 그 사실을 공에게 고하니, 공은 숙손소자를 주(鑄)로부터 돌아가게 했다. 그뒤, 계평자는 소공을 불러들이지 않겠다는 다른 마음을 가졌다.

겨울 10월 신유날에 숙손소자는 자기 집에서 몸을 깨끗이 씻고, 기도드리는 사람에게 죽음을 빌게 했다. 무진날에 그는 죽었다. 좌사전이 공을 모시고 말을 타고 본국으로 돌아오는데, 공을 따랐던 사람들이 그를 잡았다.

임신날에, 윤(尹)의 문공(文公)이 공(鞏)에서 강[洛水]을 건너가 동자(東訾) 읍을 불살랐지만, 승리하지 못했다.

주해 ㅇ平陰(평음)―지금의 동평(東平) 동북쪽 땅.

ㅇ千社(천사)―25가(家)를 1사(社)라 했다. 천사는 1만 5천 세대가 사는 땅.

ㅇ羈(기)―자가의백. 그는 노나라 장공의 현손(玄孫)이었다.

ㅇ鞏(공)―지금의 공현(鞏縣) 땅.

ㅇ東訾(동자)―당시 주나라 경왕(敬王)이 장악하고 있던 읍.

十一月(십일월),에 宋元公(송원공)將爲公故如晉(장위공고여진),이어늘 夢(몽),에 太子欒卽位於(태자란즉위어) 廟(묘),하고 己與平公服而相之(기여평공복이상지).라 旦召六卿(단소륙경),하여 公曰(공왈), 寡人不佞(과인불녕),하여 不能事父兄(불능사부형),하여 以爲二三子憂(이위이삼자우),하니 寡人之罪也(과인지죄야).라 若以群(약이군)子之靈獲保首領以歿(자지령획보수령이몰),이면 唯是楄柎所以藉幹者(유시편부소이자간자),는 請無及先君(청무급선군).이라 仲幾對曰(중기대왈), 君若以社稷之故(군약이사직지고),로 私降昵宴(사강닐연).이면 群臣弗敢知(군신불감지),나 若夫宋國之法死生之度(약부송국지법사생지도),는 先君有命矣(선군유명의),이니 群臣以死守之(군신이사수지),하여 弗敢失隊(불감실대).이오니다 臣之失職(신지실직),에는 常刑不赦(상형불사).이오니다 臣不忍(신불인)其死(기사),로 君命祗辱(군명기욕).이오니다 宋公遂行(송공수행),하여 己亥(기해),에 卒于曲棘(졸우곡극).이라

十二月庚辰(십이월경진),에 齊侯圍鄆(제후위운).이라

初(초),에 臧昭伯如晉(장소백여진),이어늘 臧會竊其寶龜僂句(장회절기보귀루구),하여 以卜爲信與(이복위신여)

僭,하니 僭吉.이라 臧氏老將如晉問,에 會請往.이라 昭伯問其家

故,하니 盡對,로되 及內子與母弟叔孫,하니 則不對.라 再三問,이

나 不對.라 歸及郊,하여 會逆,에 問,하니 又如初.라 至,하여 次於

外,하고 而察之,나 皆無之.라 執而戮之,에 逸奔郈.라 郈魴假使

爲賈正焉.이라 大送計於季氏,에 臧氏使五人以戈楯伏諸桐汝之

閭.라 會出,에 逐之,하니 反奔.이라 執諸季氏中門之外,하니 平子

怒曰, 何故以兵入吾門.가 拘臧氏老.라 季臧有惡.라 及昭伯從

公,하여 平子立臧會.라 會曰, 傄句不余欺也.라

楚子使薳射城州屈,하여 復茄人焉,하고 城丘皇,하여 遷訾人焉,

하며 使熊相祺郭巢,하고 季然郭卷.이라 子大叔聞之曰, 楚王將

死矣.리라 使民不安其土,하니 民必憂.하리라 憂將及王,이리니 弗

能久矣.리라

11월에 송나라 원공(元公)이 우리 노나라 군주 소공을 위하는 일로 진나라에 가려 했는데, 꿈을 꾸니 태자 난(欒)이 종묘에서 즉위하고, 자신은 선대 군주인 평공(平公)과 예복을 입고 태자의 즉위식을 돕는 것이었다. 그래서 다음날 아침에 육경(六卿)을 불러놓고 말하기를, "나는 못나 일가 사람들에게 잘 대하지 못하여, 여러분에게 걱정을 끼쳤으니 나의 죄요. 만일 여러분 덕택으로 온전한 몸으로 제대로만 죽게 된다면, 시체 밑에 까는 칠성판 같은 것은 선대 군주보다 못한 것으로 해주기 바라오."라고 했다. 그러자 중기(仲幾)가 대답했다.

"군주께서 만일 국가 사직의 사정으로 친한 분들과 연회를 여는 일을 간단히 하신다면, 조정의 군신(群臣)은 감히 참견할 수 없사오나, 우리 송나라의 법이나, 죽어서 하는 일 또는 낳아서 행할 일 같은 것은 전의 군주 이래 지켜져 왔사오니, 저희들 군신은 목숨을 걸고 지키어, 감히 실수가 없게 해야 하옵니다. 신하가 할 일을 못하는 데는, 전해져 시행되어온 법이 용서하지 않사옵니다. 신들은 그런 일로 차마 죽을 수 없삽기로, 군주의 그 명은 받들지 못하겠나이다." 송나라 군주는 그뒤 곧 진나라로 떠나, 기해날에 곡극(曲棘)에서 세상을 떠났다.

12월 경진날에, 제나라 군주가 운(鄆)을 포위했다.

전에, 장소백(臧昭伯)이 진나라에 갔는데, 사촌동생인 장회(臧會)가 그의 집 보물인 점치는 누구(僂句)라는 거북등을 남몰래 꺼내, 정직하게 행할 것과 참람(僭濫)한 행동을 취하는 것 중에서 어느 쪽이 좋은가를 점치니, 참람히 행동하는 쪽이 길하다는 징조가 보였다. 장씨 가문의 중신(重臣)이 장소백을 찾아가, 문안하려고 진나라에 가려는데, 장회가 가기를 원했다. 장소백이 집 사정을 물으니 다 제대로 대답했으나, 아내와 친동생인 숙손(叔孫)에 대해서 물으니 대답하지 않았다. 장소백이 재삼 물었으나 역시 대답하지 않았다. 장소백이 진나라에서 돌아와 교외에 이르자 장회가 마중을 나갔는데, 처와 친동생에 대하여 물으니, 역시 진나라에서와 같이 대답하지 않았다. 그는 도읍에 이르러 다른 곳에서 머물면서 알아보니, 아내나 친동생에게 다 아무 일이 없었다. 그래서 장회를 잡아죽이려 하니, 장회는 후읍으로 도망했다. 그러자 후읍의 지배자인 방가(魴假)는 장회를 시장을 주관하는 관원으로 삼았다. 그리하여 회계에 관한 서류를 그를 시켜 계씨(季氏)에게 보냈는데, 그때 장소백은 다섯 사람에게 창과 방패를 가지고 동여(桐汝)라는 동네 안에 숨어 대기하게 했다. 장회가 계씨 집에서 나오니, 숨어 있던 사람들이 몰아 장회는 계씨 집으로 도로 도망갔다. 그러나 몰아 계씨 집의 중문(中門)에서 잡으니, 계평자(季平

子 : 季孫意如)는 노해서 말하기를, "무엇 때문에 무기를 들고 내 집 문으로 들어왔느냐?"라 하고, 장씨 가문의 중신을 잡아 구속했다. 그래서 계씨와 장씨는 서로 미워하게 되었다. 장소백이 군주 소공을 따라 나가게 되자, 계평자는 장회를 장씨 가문의 주재자(主宰者)로 삼았다. 장회는, "점치는 거북등 누구는 나를 속이지 않았다."라고 말했다.

초나라의 군주는 위역(薳射)에게 주굴(州屈)에 성을 쌓게 하여, 가(茄) 사람들을 그곳으로 돌아가게 하고, 구황(丘皇)에 성을 쌓아 자(訾) 사람들을 그곳으로 옮겨가게 하며, 웅상매(熊相禓)에게 소(巢)에 외곽 성을 쌓게 하고, 계연(季然)에게 권(卷)에 외곽 성을 쌓게 했다. 정나라 자대숙(子大叔)은 이 소식을 듣고 말하기를, "초나라 왕은 곧 죽을 것이다. 백성들을 사는 땅에 안착하지 못하게 구니, 백성들이 반드시 걱정에 빠질 것이다. 그 걱정은 국왕에게도 미칠 것이니, 국왕은 오래 살지 못할 것이다."라고 했다.

주해 ○曲棘(곡극)—지금의 하남성 기현(杞縣) 땅.
○鄆(운)—지금의 운성현(鄆城縣). 성공 4년조 참고.
○桐汝之閭(동여지려)—곡부(曲阜)에 있던 동여라는 동네.
○州屈(주굴)—초나라 지명으로, 지금의 안휘성 봉양(鳳陽) 부근.
○茄(가)—지금의 안휘성 무위(無爲)였다고도 하고, 회원(懷遠) 부근이었다고도 한다.
○丘皇(구황)—초나라 지명으로, 지금의 하남성 신양현(信陽縣) 땅.
○訾(자)—구황 부근이었다.
○卷(권)—지금의 하남성 섭현(葉縣) 근처의 땅.

經 ○二十有六年春王正月,에 葬宋元公.이라

○三月,에 公至自齊,하여 居于鄆.이라

○夏,에 公圍成.이라

○秋,에 公會齊侯·莒子·邾子·杞伯,하여 盟于鄟陵.이라

○公至自會,하여 居于鄆.이라

○九月庚申,에 楚子居卒.이라

○冬十月,에 天王入于成周,하고 尹氏·召伯·毛伯以王子朝,하여 奔楚.라

26년 봄 천자가 쓰는 역으로 정월에, 송나라 원공을 장사 지냈다.

3월에, 소공이 제나라로부터 돌아와, 운(鄆)에 거처했다.

여름에, 공이 성(成)을 포위했다.

가을에, 공이 제나라 군주인 후작·거나라 군주인 자작·주나라 군주인 자작·기나라 군주인 백작 등과 회합을 가져 전릉(鄟陵)에서 맹약을 맺었다.

공이 회합에서 돌아와, 운에 거처했다.

9월 경신날에, 초나라 군주인 자작 거(居)가 세상을 떠났다.

겨울 10월에, 천자인 주나라 왕이 성주(成周)로 들어가시고, 윤씨·소의 군주인 백작·모의 군주인 백작이 왕자 조(朝)를 데리고, 초나라로 달아났다.

傳| 二十六年春王正月庚申,에 齊侯取鄆.이라 葬宋元公,이 如先君.이라 禮也.라

三月,에 公至自齊,하여 處于鄆,은 言魯地也.라

夏,에 齊侯將納公,에 命,하되 無受魯貨.라 申豊從女賈,하여 以
幣錦二兩縛一如瑱,하여 而適齊師,하여 謂子猶之人高齕,하되 能
貨子猶,면 爲高氏後,하여 粟五千庚.리라 高齕以錦示子猶,하니
子猶欲之.라 齕曰, 魯人買之,이어늘 百兩一布.라 以道之不通,으
로 先入幣財.라

26년 봄 천자가 쓰는 역으로 정월 경신날에, 제나라 군주가 운을
점령했다. 송나라 원공을 장사 지냈는데 선군(先君)과 같게 했다. 예
에 맞는 일이었다.

3월에, 소공이 제나라로부터 돌아와 운에 거처했다는 것은, 운이 노
나라 땅임을 밝혀 말한 것이다.

여름에, 제나라 군주가 우리 노나라의 소공을 본국으로 들어오게
하려 해서 신하들에게 명하기를, "노나라에서 뇌물을 받지 말라."고
했다. 노나라 계씨 가문의 가신(家臣)인 신풍(申豊)이 여자 장사꾼같
이 위장하여, 선사품으로 비단 두 필을 작게 묶어 가지고 제나라 군
진(軍陣)으로 가, 제나라 자유(子猶 : 梁丘據)의 가신인 고기(高齕)에
게 말하기를, "이것을 자유에게 잘 전해주기만 하면, 당신이 제나라
귀족 고씨(高氏) 가문의 사람이라 하여, 노나라에서 5천유(庚)의 좁
쌀을 주리라."고 했다. 고기는 그 비단을 자유에게 보이니, 자유는 그
것을 갖고자 했다. 그래서 고기가 말했다. "노나라 사람이 이 비단을
사온 것인데, 한 필에 값이 백량이나 합니다. 많이 가져오려 해도, 길
이 막혀 우선 이것만을 선물한다고 하옵니다."

주해 ㅇ幣錦(폐금)―선물로 삼는 비단.
ㅇ二兩(이량)―2장(丈)을 1단(端)이라 했고, 2단을 1량(兩) 또는 1필(匹)

이라 했다.
ㅇ庾(유) ─ 곡식 16두(斗).
ㅇ幣財(폐재) ─ 선물.

子猶受之,하여 言於齊侯曰, 群臣不盡力于魯君者,는 非不能
事君也.이오니다 然.이나 據有異焉.이오니다 宋元公爲魯君如晉,하
여 卒於曲棘,하고 叔孫昭子求納其君,하여 無疾而死.였나이다 不
知天之棄魯耶.인저 抑魯君有罪於鬼神故,로 及此也.인가 君若
待于曲棘,이면 使群臣從魯君,하여 以卜焉,이리이다 若可,면 師有
濟也,이리니 君而繼之,면 茲無敵矣.리다 若其無成,이라도 君無
辱焉.이리이다 齊侯從之,하여 使公子鉏帥師從公.이라

제나라의 자유(子猶)는 가신 고기한테 그 비단을 받고 제나라 군주에게 말하기를, "여러 신하들이 노나라 군주에게 진력(盡力)하지 않는 것은, 결코 군주를 잘 받들어 섬기지 않는 것이 아니옵니다. 그러하온데 양구거(梁丘據) 저는 이상히 여기나이다. 송나라 원공께서 노나라 군주를 위하여 진나라에 가시다가, 곡극(曲棘)에서 세상을 떠나시고, 노나라의 숙손소자(叔孫昭子 : 숙손착)가 그의 군주를 본국으로 모시려다가 병도 없이 죽어갔나이다. 하늘이 노나라를 버리고 있는지도 모를 일이옵니다. 그렇지 않으면 노나라 군주께서 신(神)에게 지은 죄가 있기 때문에 현재의 처지에 이른 것이 아니오리까? 군주께서 곡극에서 기다리고 계실 것 같으면, 저는 여러 신하들로 하여금 노나라 군주를 따르게 하여, 앞으로의 운수를 거북등을 구워 점을 쳐보이겠습니다. 만일 좋다면 군사는 출동될 것이오니 그때 군주께서 그 군

사를 이끄신다면 대항할 적은 없을 것이옵니다. 만약 성공함이 없다 하더라도, 군주께는 아무런 치욕(恥辱)이 있게 되지 않으오리다."라고 했다. 제나라 군주는 이 의견을 따라, 공자 서(鉏)에게 군사를 이끌고 우리 노나라 군주를 따르게 했다.

주해 o曲棘(곡극)―제나라 땅이었던 극(棘)의 오기일 것이다. 극은 제 나라 도읍이었던 지금의 임치(臨淄) 서북쪽 땅.
　　o公子鉏(공자서)―당시 제나라의 대부였다.

成大夫公孫朝,가 謂平子曰, 有都以衛國也.라 請我受師.라
許之.라 請納質,이나 弗許曰, 信女足矣.라 告於齊師曰, 孟氏魯
之敝室也.라 用成已甚,하여 弗能忍也.라 請息肩于齊.라 齊師圍
成.이라 成人伐齊師之飮馬于淄者曰, 將以厭衆.이라 魯成備而
後告曰, 不勝衆.이라 師及齊師戰于炊鼻.라 齊子淵捷從洩聲子,
하여 射之,하여 中楯瓦,에 繇胏汰輈,하여 匕入者三寸.이라 聲子
射其馬,하여 斬鞅,하니 殪,하고 改駕.라 人以爲鬷戾也,라하여 而
助之.라 子車曰, 齊人也.라 將擊子車,에 子車射之,하니 殪.라
其御曰, 又之.하라 子車曰, 衆可懼也,요 而不可怒也.라 子囊帶
從野洩,하여 叱之,하니 洩曰, 軍無私怒.라 報乃私也.라 將亢子.
라 又叱之,하니 亦叱之.라 冉豎射陳武子,하여 中手,하니 失弓而
罵.라 以告平子曰, 有君子,하여 白晳鬢鬚眉,하고 甚口.라 平子

日, 必子彊也.리라 無乃尢諸.아 對日, 謂之君子,에 何敢尢之.리

오 林雍羞爲顔鳴右,하여 下.라 苑何忌取其耳,어늘 顔鳴去之.라

苑子之御日, 視下顧.하라 苑子刜林雍,하여 斷其足.이라 鑿而乘

於他車以歸.라 顔鳴三入齊師,하여 呼日, 林雍乘.하라

맹씨(孟氏 : 仲孫氏) 가문의 소유읍인 성(成)을 지배한 대부 공손조(公孫朝)가 계평자에게 말하기를, "지방에 도시가 있음은 나라를 지키기 위한 것입니다. 저에게 제나라 군사를 막을 군사를 맡겨 주시기를 원합니다."라고 하니, 계평자는 허락했다. 조(朝)가 보증하는 인질을 넣겠다고 말했으나, 계평자는 허락하지 않고 말하기를, "너를 믿는 것으로 족하다."라고 했다. 공손조는 제나라 군사에게 (거짓으로) 제의하기를, "맹씨 가문은 노나라의 빈약한 가문입니다. 그런데 계씨(季氏)는 아주 심하게 부려 참을 수가 없습니다. 그래서 제나라 편으로 들어가 편안하게 되기를 원합니다."라고 했다. 그러자 제나라 군사는 성을 접수할 생각으로 성을 포위했다. 그런데 성의 사람은 제나라 군사로 치수(淄水)에서 말에게 물을 먹이는 자들을 공격하고서 말하기를, "읍(邑) 안의 군중을 싫증나게 하기 위해서요."라고 했다. 노나라는 모든 대비를 갖추고 나서는, "도저히 읍내의 군중들이 제나라에 의지하지 않겠다는 뜻을 이기지 못하겠소."라고 했다. 그래서 노나라 군사와 제나라 군사는 취비(炊鼻)에서 싸우게 되었다. 그때 제나라의 공자 연첩(淵捷)이 노나라의 대부인 설성자(洩聲子)를 몰아, 활을 쏘아서 방패를 맞혔는데, 그 화살은 말에 맨 멍에를 거쳐 수레채에서 미끄러져서 방패에 맞아, 세치[三寸]나 뚫고 들어가 박혔다. 설성자는 연첩의 말을 쏘아 말의 배띠를 자르니 말은 쓰러졌고, 연첩은 다른 말로 갈아 채웠다. 그때 노나라 사람이 숙손씨 편의 종려(鬷戾)인

줄 알고는 연첩을 도왔다. 제나라의 자거(子車 : 연첩)가, “나는 제나라 사람이다.”라고 말하자, 노나라 사람이 자거를 치려 하니, 자거가 그를 쏘아 한 사람이 거꾸러졌다. 자거의 전차를 조종하는 사람이, “또 쏘십시오.”라고 말하니 자거는, “많은 상대는 겁내게 하기만 하면 되고, 성내게 해서는 안된다.”라고 말했다. 제나라 대부인 자낭대(子囊帶)가 야설(野洩 : 설성자)을 몰아 나무라 호통을 치니 설성자는, “전쟁에서는 개개인의 성냄은 있지 않는 것이오. 대꾸를 하면 개인 싸움이 되오. 내 당신에게 맞서리라.”라고 말했다. 그래도 자낭대가 다시 꾸짖어 호통을 치니, 그때는 설성자도 꾸짖어 호통을 쳤다. 계평자의 가신인 염수(冉豎)가 진무자(陳武子)를 쏘아 손을 맞추니, 진무자는 손에 든 활을 놓치고 욕하였다. 염수가 계평자에게 말하기를, “훌륭한 분이 있는데, 얼굴이 희고 수염이 많고, 입이 큰 분이었습니다.”라고 했다. 그러자 계평자는, “그는 반드시 자강(子彊)이었을 것이다. 그를 상대하지 않았느냐?”라고 말하였다. 그래서 염수는, “군자라고 여겼는데, 어찌 감히 상대했겠습니까?”라고 거짓말을 했다. 노나라의 임옹(林雍)은 안명(顏鳴)의 전차에 오른쪽 전사(戰士) 노릇함을 부끄럽게 여겨, 그 전차에서 내렸다. 그러자 제나라의 원하기(苑何忌)가 그를 쳐 귀를 떼어버렸다. 그러나 안명은 모르는 척하고 그곳을 지나가버렸다. 원하기가 탄 전차를 조종하는 자가, (임옹이 덤벼드는 것을 보고) “아래를 살펴보십시오.”라고 말하였다. 그래서 원하기는 임옹을 쳐 그의 발을 잘랐다. 그러자 임옹은 왼발로 걸어가 다른 사람의 전차를 타고 돌아왔다. 그 뒤 (그 일을) 안명은 세 차례나 제나라 군중으로 달려 들어가, “임옹은 전차에 타라!”라고 외치며 다녔다.

주해 ㅇ成(성)—맹씨의 영유읍으로, 지금의 영양(寧陽) 부근.

ㅇ淄(치)—성(成)의 북쪽을 흐르는 강으로, 지금은 소문하(小汶河)라 한다.

ㅇ炊鼻(취비)—성의 부근 땅.

四月,에 單子如晉,하여 告急.이라

五月戊午,에 劉人敗王城之師于尸氏.라 戊辰,에 王城人·劉
人戰于施谷,하여 劉師敗績.이라

秋,에 盟于鄩陵,은 謀納公也.라

七月己巳,에 劉子以王出,하여 庚午,에 次于渠.라 王城人焚劉.
라 丙子,에 王宿于褚氏,하고 丁丑,에 王次于萑谷.이라 庚辰,에
王入于胥靡.라 辛巳,에 王次于滑.이라 晉知躒·趙鞅帥師,하여
納王,에 使女寬守闕塞.라

九月,에 楚平王卒.이라 令尹子常欲立子西,하여 曰, 太子壬弱,
하고 其母非適也.라 王子建實聘之.라 子西長而好善.이라 立長,
이면 則順,하고 建善,이면 則治.라 王順國治,에 可不務乎.아 子西
怒曰, 是亂國而惡君王也.라 國有外援,이니 不可瀆也,요 王有
適嗣,하니 不可亂也.라 敗親速讐,하고 亂嗣不祥.이라 我受其名.
이리라 賂吾以天下,라도 吾滋不從也,이어늘 楚國何爲.오 必殺令
尹.하리라 令尹懼,하여 乃立昭王.이라

4월에, 선(單)의 군주가 진나라에 가, 왕실이 다급하게 되었음을 알
렸다.

5월 무오날에, 유(劉)의 사람이 왕성(王城)을 차지하고 있는 왕자
조(朝) 일당의 군사를 시씨(尸氏)에서 무찔렀다. 무진날에는, 왕성의

사람과 유의 사람이 시곡(施谷)에서 싸워, 유의 군사가 패배했다.

가을에 전릉에서 맹약을 맺은 것은, 우리 노나라 소공을 본국 도읍으로 들어오게 함을 꾀해서였다.

7월 기사날에, 유의 군주가 주나라 왕[敬王]을 모시고 (狄泉에서) 나가, 경오날에 거(渠)에 진을 쳤다. 왕성을 차지하고 있는 사람이 유를 불로 공격했다. 병자날에, 왕이 저씨(褚氏)에 머무셨다. 정축날에, 왕이 환곡(萑谷)에 진을 치셨다. 경진날에, 왕이 서미(胥靡)로 들어가셨다. 신사날에, 왕이 활(滑)에 진을 치셨다. 진나라의 지력(知躒)과 조앙(趙鞅)이 군사를 이끌고, 왕을 서울로 모시려 하여 여관(女寬)에게 궐(闕)의 요새를 지키게 했다.

9월에, 초나라의 평왕(平王)이 세상을 떠났다. 영윤 자상(子常)이 자서(子西)를 세우려 하여 말하기를, "태자 임(壬)은 어리고, 그의 어머니는 전왕의 정부인(正夫人)이 아니었다. 왕자 건(建)이 실로 부인을 삼으려고 맞이했던 분이다. 자서는 서열이 위이고, 선(善)을 좋아하신다. 서열이 위인 분을 국왕으로 삼으면 도리에 맞고, 선한 분을 왕으로 삼으면 나라가 잘 다스려진다. 왕이 될 도리에 맞고 나라가 잘 다스려질 것인데, 그분을 왕으로 세우는 일에 힘쓰지 않을 것인가?"라고 했다. 이 말을 전해 들은 자서는 노하여 말했다. "그의 말은 나라를 어지럽히고, 돌아가신 국왕을 악군(惡君)으로 평하는 것이 된다. 우리나라는 다른 나라의 도움을 받고 있는 터인데, 그 일을 소홀히 할 수 없고, 돌아가신 국왕이 정하신 후계자가 있으니 바꿀 수가 없다. 배후(背後)의 친척을 무시하는 것은 원수를 초래하는 일이고, 후계자를 바꿈은 상서롭지 못한 일이다. 내가 국왕이 되었다가는 악명을 받게 될 것이다. 나에게 천하를 준다 하더라도, 나는 결코 받지 않을 것인데, 초나라를 무엇하랴? 반드시 영윤을 죽이리라." 이 말에 영윤은 두려워하여, 곧 소왕(昭王 : 임)을 국왕으로 세웠다.

주해 ㅇ尸氏(시씨)·施谷(시곡)—주 왕실 직할지의 땅 이름으로, 지금의 언사(偃師) 부근.

ㅇ郟陵(전릉)—지금의 기수(沂水) 동북쪽 땅이라 한다.

ㅇ渠(거)·褚氏(저씨)—낙양(洛陽) 부근.

ㅇ萑谷(환곡)·胥靡(서미)·滑(활)—모두 언사(偃師) 부근.

ㅇ闕塞(궐새)—궐의 요새. 궐은 낙양 서남쪽의 이궐(伊闕)을 말했다.

ㅇ王子建實聘之(왕자건실빙지)—이 일에 대해서는 소공 19년조 참고.

ㅇ惡君王也(악군왕야)—영윤이 태자 임(壬)의 어머니가 전왕의 정식 부인이 아니고 실은 왕자 건의 부인으로 맞이했던 사람이라고 말한 것은, 죽은 평왕이 나쁜 왕이었다고 악평한 것이 된다는 말.

ㅇ國有外援(국유외원)—태자 임의 어머니는 진(秦)나라 딸이어서, 진나라가 돌본다는 말.

ㅇ敗親速讐(패친속수)—태자에게는 진나라 공실(公室)이라는 외가 친척이 있는데, 태자를 폐해서 그 배후의 친척을 무시하는 일은, 결국 원수를 사는 일이 된다는 말.

^{동 시 월 병 신}　　　　^{왕 기 사 우 활}　　　^{신 축}　　^{재 교}　　　^{수 차 우}
冬十月丙申,에 **王起師于滑**,하사 **辛丑**,에 **在郊**,하시고 **遂次于**

^시
尸.하시다

^{십 일 월 신 유}　　^{진 사 극 공}　　^{소 백 영 축 왕 자 조}　　^{왕 자 조 급}
十一月辛酉,에 **晉師克鞏**,하고 **召伯盈逐王子朝**.라 **王子朝及**

^{소 씨 지 족}　^{모 백 득}　^{윤 씨 고}　^{남 궁 은}　　^{봉 주 지 전 적}　　^{이 분}
召氏之族·毛伯得·尹氏固·南宮嚚,이 **奉周之典籍**,하여 **以奔**

^초　　　^{음 기 분 거}　　^{이 반}　　^{소 백 역 왕 우 시}　　^{급 류 자 선}
楚,하고 **陰忌奔莒**,하여 **以叛**.이라 **召伯逆王于尸**,하여 **及劉子·單**

^{자 맹}　　^{수 군 어 택}　　^{차 우 제 상}　　^{계 유}　　^{왕 입 우 성 주}
子盟.이라 **遂軍圉澤**,하여 **次于隄上**.이라 **癸酉**,에 **王入于成周**,하

^{갑 술}　　^{맹 우 양 궁}　　　^{진 사 사 성 공 반 수 주 이 환}
시고 **甲戌**,에 **盟于襄宮**.하시다 **晉師使成公般戍周而還**.이라

^{십 이 월 계 미}　　^{왕 입 우 장 궁}
十二月癸未,에 **王入于莊宮**.하시다

王子朝使告于諸侯曰, 昔,에 武王克殷,하시고 成王靖四方,하시

며 康王息民,하시고 竝建母弟,하사 以蕃屛周.하시다 亦曰, 吾無

專享文武之功,하고 且爲後人之迷敗傾覆,하여 而溺入于難,이면

則振救之.라 至于夷王,하여 王愆于厥身,에 諸侯莫不竝走其望

以祈王身,하고 至于屬王,하얀 王心戾虐,하니 萬民弗忍,하여 居王

于彘,에 諸侯釋位,하여 以間王政,이러니 宣王有志而後效官.이라

至于幽王,하여 天不弔周,하여 王昏不若,하사 用愆厥位,하고 攜王

奸命,에 諸侯替之,하여 而建王嗣,하여 用遷郟鄏,이었거늘 則是兄

弟之能用力於王室也.라 至于惠王,하여 天不靖周,에 生頹禍心,

하고 施于叔帶,하여 惠·襄辟難,하여 越去王都,하니 則有晉·鄭,

하여 咸黜不端,하여 以綏定王家,이었거늘 則是兄弟之能率先王之

命也.라 在定王六年,에 秦人降妖曰, 周其有頹王,하여 亦克能脩

其職,하고 諸侯服享,하여 二世共職,이러니와 王室其有間王位,에

도 諸侯不圖,하여 而受其亂災.리라 至于靈王,에 生而有頹,하시고

王甚神聖,하사 無惡於諸侯,하시고 靈王·景王克終其世.하시다

今, 王室亂,하여 單旗·劉狄剝亂天下,하여 壹行不若,하고 謂,하

되 先王何常之有.아 唯余心所命,이라도 其誰敢討之.리오 帥群不

弔之人,하여 以行亂于王室,하여 侵欲無厭,하고 規求無度,하며

貫瀆鬼神,하고 慢棄刑法,하며 倍奸齊盟,하고 傲很威儀,하며 矯誣
先王,이어늘 晉爲不道,하여 是攝是贊,하여 思肆其罔極.이라 玆,에
不穀震盪播越,하여 竄在荊蠻,하여 未有攸底.라 若我一二兄弟甥
舅,가 獎順天法,하여 無助狡猾,하여 以從先王之命,하여 毋速天
罰,하고 赦圖不穀,이면 則所願也.라 敢盡布其腹心,하여 及先王
之經.이라 而諸侯實深圖之.라 昔,에 先王之命曰, 王后無適,이면
則擇立長.하라 年鈞以德,하고 德鈞,이면 則以卜.하라 王不立愛,
하고 公卿無私,는 古之制也.라 穆后及太子壽早夭卽世,에 單·
劉贊私立少,하여 以間先王.이라 亦唯伯仲叔季圖之.하라 閔馬父
聞子朝之辭曰, 文辭以行禮也.라 子朝干景之命,하고 遠晉之大,
하여 以專其志.라 無禮甚矣,에 文辭何爲.오

　　겨울 10월 병신날에, 경왕(敬王)이 활(滑)에서 거병(擧兵)하시어
신축날에 교(郊)에 계셨고, 곧 이어서 시(尸)에 포진(布陣)하셨다.
　　11월 신유날에, 진나라 군사가 공(鞏)을 쳐부수었고, 소(召)의 군주
인 백작 영(盈)이 왕자 조(朝)를 축출했다. 그러자 왕자 조 및 소(召)
의 일족·모의 군주인 백작 득(得)·윤(尹)의 고(固)·남궁은(南宮囂)
등이 주나라의 소중한 책들을 가지고 초나라로 도망갔고, 음기(陰忌)
는 거(莒)로 도망해서, 그곳에서 반항하였다. 소의 군주는 경왕을 시
(尸)에서 맞이하여 유·선의 군주와 맹약을 맺었다. 그리고는 곧 어택
(圉澤)에 군대를 모으고, 제상(隄上)으로 진출하여 머물렀다. 계유날
에, 경왕께서는 성주(成周)로 들어가셨고, 갑술날에는 양왕(襄王)의

사당에서 맹서를 맺으셨다. 진나라 군사는 진나라 대부인 성공(成公) 반(般)에게 주나라를 지키게 하고 돌아갔다.

12월 계미날에, 경왕께서는 왕성(王城) 안의 장왕(莊王)의 사당으로 들어가셨다.

왕자 조는 제후들에게 말하게 했다. "옛날, 주 무왕(武王)께서는 은(殷)나라를 정벌하시고, 성왕(成王)께서는 천하의 사방을 안정시키셨으며, 강왕(康王)께서는 천하의 백성들을 안식케 하셨고, 친형제들을 다 제후로 봉(封)하시어 주나라의 울타리로 삼으셨소. 그리고 말씀하시기를, '나는 문왕(文王) 무왕께서 세우신 공을 혼자서 차지하자는 것이 아니라, 또 후손이 실패하여 나라가 기울어 어려운 경지에 빠지면 떨쳐 일어나 구하게 함이라.'고 하셨소. 이왕(夷王) 대에 이르러, 왕께서 그 몸에 나쁜 병이 걸리셔, 사자(使者)를 산천(山川)으로 보내어 왕의 몸을 위하여 기도 드리지 않는 제후가 없었고, 여왕(厲王) 때가 되어서는 왕의 마음이 포악하니, 천하 만민이 참지 못하여, 왕을 체(彘)에다 모시니, 제후들이 자신들의 신분을 불고하여, 왕정(王政)에 참여했었는데, 선왕(宣王)께서 천하를 잘 다스리는 뜻을 두시고서야, 제후들은 자기들이 맡고 있던 왕정의 일을 내놓았소. 유왕(幽王) 대에 이르러서는 하늘이 우리 주나라에 은혜를 내리지 않아, 왕은 우매하고 도리를 따르지 않으시어서 왕위를 잃으셨고, 휴왕(攜王)은 아버지와 할아버지의 명을 따르지 않아, 제후들이 왕을 바꾸어 왕의 후계자를 세워, 겹욕(郟鄏)으로 천도(遷都)했는데, 그것은 왕가(王家)와 형제지간인 제후들이 왕실에게 진력한 일이었소. 혜왕(惠王) 대에 이르러서는, 하늘이 주나라를 무사 평안케 하지 않아, 왕자 퇴(頹)에게 환난을 일으키는 마음을 갖게 하고, 또 숙대(叔帶)에게도 그렇게 하게 하여 혜왕과 양왕(襄王)은 그들이 일으킨 환난을 피하여 서울을 떠나시니, 진나라와 정나라가 배후에 있어서, 그 불충한 자들을 다 몰아내어 왕가(王家)를 안정케 했는데, 그것은 왕가와 형제지간의 제후

국들이 옛 어진 임금님들의 명을 잘 따른 일이었소. 정왕(定王) 6년
에 진(秦)나라 사람이 요망한 말을 내기를, '주나라에는 수염이 많은
왕이 있게 되어, 왕으로서 할 일을 잘 하실 수 있고, 제후들이 복종하
여 2대(代) 왕이 왕위를 잘 지키실 것이지만, 왕실에는 왕위를 노리
는 자가 있으나, 제후들은 그 일에 대해서 도모하지 않아 그가 일으
키는 난리를 당하게 될 것이다.'라고 했던 것이오. 영왕(靈王) 대에
이르러, 왕께서는 나서부터 수염이 있으시었고, 아주 신성(神聖)하셔
서 제후들한테 호감을 얻으시었고, 영왕과 경왕(景王)께서는 편안히
생애를 누리시다가 돌아가셨소. 그런데 지금 왕실이 난잡하여, 선(單)
의 군주 기(旗 : 穆公)와 유(劉)의 군주 적(狄)이 천하를 어지럽혀, 오
직 도리에 어긋나는 짓만 하고 이르기를, '옛 어진 임금의 제도라는
것이 다 무엇이란 말인가? 내 마음대로 행하더라도 누가 감히 책망할
것인가?'라고 하고 있소. 그들은 하늘이 돌보지 않는 사람들을 이끌
고 왕실에 대하여 난잡한 짓을 하여, 욕심부림에 한이 없고, 탐내어
구함이 끝이 없으며, 신을 모독하고, 나라의 형법을 버리며, 신성한
맹약(盟約)을 어기고, 거만을 부리어 분수에 넘는 위엄을 보이며, 옛
어진 임금의 법도를 굽히고 있거늘, 진나라도 도리를 어겨 그들을 도
와 방자한 짓을 끝까지 하려 하고 있는 것이오. 지금 나는 지위가 동
요되어 먼 곳으로 옮겨 초나라 땅에 몸을 숨기고 있어, 아직 일정한
거처를 잡지 못하고 있는 터요. 만일 나의 친척·인척의 한두 나라라
도 하늘의 법도를 따라 교활한 자들을 돕지 않고, 옛 어진 임금들의
명을 좇아서, 천벌(天罰)을 받지 않도록 나를 받아들이어 도모해 준

고대 중국의 전사(戰士)

다면 내 소원은 이루어질 것이오. 이에, 나는 감히 나의 속마음을 다 밝힌 데다가, 옛 어진 임금들의 법도를 말했소. 그러니 제후들은 실로 깊이 헤아려 주오. 옛 어진 임금의 명에 이르시기를, '왕후에게 적자(適子)가 없으면, 서자(庶子) 중에서 나이가 많은 자를 택하여 왕으로 삼아라. 나이가 같으면 덕 있는 자로 정하고, 덕이 같으면 거북등을 구워 점 쳐서 정하라.'고 했소이다. 왕은 사랑하는 자라고 해서 세우지 말고, 공경(公卿)은 공평무사해야 한다는 것은 옛날부터의 법도인 것이오. 목후(穆后)와 태자 수(壽)께서 젊어서 죽었는데, 선과 유의 군주가 자기들 마음에 맞는 자를 도와 어린 사람을 왕으로 옹립하여, 옛 어진 임금들의 법도를 문란케 한 것이오. 그러니만큼 친척의 모든 제후들은 잘 헤아리시오." 우리 노나라의 민마보(閔馬父)는 자조가 제후들에게 이른 이 말을 전해 듣자 말했다. "아름다운 말을 하는 것은 예의를 행하기 위한 것이다. 자조는 경왕(景王)의 명을 어기고, 진나라의 큰 힘을 무시하고 자기 뜻대로 한다. 무례하기가 심한데, 아름다운 말이 무슨 소용에 닿으랴."

주해 ㅇ尸(시) - 앞에서 나온 시씨(尸氏)와 같다.
ㅇ莒(거) - 주나라 직할지역의 읍 이름.
ㅇ圉澤(어택)·隄上(제상) - 다 낙양 부근.
ㅇ彘(체) - 지금의 산서성 곽현(霍縣) 땅.
ㅇ郟鄏(겹욕) - 낙읍(洛邑 : 洛陽)의 다른 이름.
ㅇ不端(부단) - 악한 자.

齊有彗星,하니 齊侯使禳之.라 晏子曰, 無益也.라소이다 祇取
誣焉.이오니다 天道不謟,하고 不貳其命,이옵거늘 若之何禳之.리오
且天之有彗也,는 以除穢也.라 君無穢德,이면 又何禳焉,이고 若

德之稿,에는 禳之何損.이오 詩曰, 惟此文王,이 小心翼翼.이라

昭事上帝,하여 聿懷多福.이라 厥德不回,하여 以受方國.이라하였나

이다 君無違德,이면 方國將至.리이다 何患於彗.리오 詩曰, 我無

所監.가 夏后及商,이 用亂之故,로 民卒流亡.이라하였나이다 若德

回亂,이면 民將流亡.하리이다 祝史之爲,는 無能補也.이오니다 公

說,하여 乃止.라

齊侯與晏子坐于路寢,에 公歎曰, 美哉室.이여 其誰有此乎.아

晏子曰, 敢問,하옵건대 何謂也.인가 公曰, 吾以爲在德.이라 對曰,

如君之言,면 其陳氏乎.인저 陳氏雖無大德,이나 而有施於民.이오

니다 豆區釜鍾之數,에 其取之公也,에 薄,하고 其施之民也厚.하

오니다 公厚斂焉,하고 陳氏厚施焉,하여 民歸之矣.이오니다 詩曰,

雖無德與女,나 式歌且舞,하리라 하였나이다 陳氏之施,에 民歌舞

之矣.이오니다 後世若少惰,하고 陳氏而不亡,이면 則國其國也已.

리이다 公曰, 善哉.라 是可若何.오 對曰, 唯禮可以已之.이니다

在禮,에 家施不及國,하고 民不遷,하며 農不移,하고 工賈不變,하

며 士不濫,하고 官不滔,하며 大夫不收公利.이오니다 公曰, 善哉.

라 我不能矣.라 吾今而後知禮之可以爲國也.라 對曰, 禮之可以

爲國也久矣.이오니다 與天地竝,으로 君令臣共,하고 父慈子孝,하

며 兄愛弟敬,하고 夫和妻柔,하며 姑慈婦聽,함이 禮也.이오니다 君

令而不違,하고 臣共而不貳,하며 父慈而敎,하고 子孝而箴,하며

兄愛而友,하고 弟敬而順,하며 夫和而義,하고 妻柔而正,하며 姑慈

而從,하고 婦聽而婉,함은 禮之善物也.이오니다 公曰, 善哉.라 寡

人今而後聞此禮之上也.로다 對曰, 先王所稟於天地以爲其民

也.라소이다 是以로 先王上之.였나이다

제나라 하늘에 혜성(彗星)이 나타나니, 제나라 군주가 제사를 지내며 빌어 없애게 했다. 그러자 안자(晏子)가 말했다. "제사를 지내며 빌어 없애게 하는 일은 무익한 일이옵니다. 그것은 공연히 신을 속이는 일이옵니다. 천도(天道)는 거짓이 없고, 하늘이 내리는 운수에는 두 가지가 없사온데, 어떻게 그것을 제사 지내며 빌어서 털어 없앨 것이옵니까? 그리고 하늘에 혜성이 나타남은 더러운 것을 제거하자는 것이옵니다. 군주께서 더러운 점이 없으시다면 어찌 제사 지내며 빌어 털어내실 것이고, 군주께 만일 더러운 점이 있다면, 제사 지내며 빌어 턴들 어찌 없어질 것이옵니까? 시에 이르기를, '문왕(文王) 공손한 심정으로 세세(細細)히도 마음을 쓰셨도다. 하느님을 잘 모시어 많은 복 비셨네. 덕에 어긋남 없으시어, 사방의 나라 차지하셨어라.'라 하였나이다. 군주께서 비덕(非德)이 없으시면, 사방의 나라가 따를 것이옵니다. 그런데 어찌 혜성을 걱정하시옵니까? 시에 이르기를, '내게 어찌 거울 됨이 없을손가? 하(夏)나라 걸왕(桀王)과 상(商:殷)나라 주왕(紂王)이 어지러운 정치를 한 고로, 세상 사람들 떨어져 도망갔네.'라고 하였나이다. 군주께서 만일 악덕하고 난폭하오면 백성은 떨어져 달아날 것이옵니다. 축관(祝官)이나 제관(祭官)의 하는 짓은 보

탬이 될 수가 없사옵니다." 제나라 군주가 이 말을 듣고는, 기뻐하여 제사를 지내며 빌어 없애는 일을 중지시켰다.

제나라 군주와 안자가 궁중의 정전(正殿)에 같이 앉아 있으면서 말했다.

군주—(한숨을 쉬고) 아아, 아름다운 집이다! 누가 이것을 차지할 것인고?

안자—감히 묻사옵건대, 무슨 뜻의 말씀이옵니까?

군주—나는 덕이 있는 자가 이 집을 차지한다고 여기고 있소.

안자—군주의 말씀대로라면 진씨(陳氏)일 것이옵니다. 진씨는 비록 큰 덕은 없사오나, 백성들에게 은혜를 베풀고 있나이다. 그는 두(豆)·구(區)·부(釜)·종(鍾) 등으로 곡식을 되는 일에 있어, 받을 때는 공식(公式)의 것보다 적게 받고, 백성들에게 줄 때에는 공식의 것보다 크게 된 것으로 후하게 주옵니다. 조정에서는 많이 거두어 받고, 진씨는 후하게 혜택을 베풀어 백성들이 그를 따르고 있나이다. 시에 이르기를, '당신에게 큰 덕 없다고는 하나, 노래불러 주고 춤추어 주리.'라고 하였나이다. 진씨가 혜택을 베풂에 대하여 백성들은 그를 기리어 노래부르고 춤추고 있나이다. 후세에 조정이 만일 정치를 게을리하고 그때에 진씨가 망하지 않고 있다면, 이 나라는 진씨의 나라가 될 따름이옵니다.

군주—옳소! 그럼, 어찌하면 되오?

안자—오직 예의만이 그렇게 되지 않게 할 수 있사옵니다. 예의에 있어서는 대부(大夫)가 혜택 베풂은 군주보다 더하지 않고, 백성들은 함부로 거주지를 옮기지 않으며, 농민은 토지를 떠나지 않고, 공상인(工商人)은 하는 일을 바꾸지 않으며, 사(士)는 도(道)를 벗어나지 않고, 관리는 태만하지 않으며, 대부는 나라의 이익을 자신이 취하지 않는 것이옵니다.

군주—옳은 말이오! 나로서는 그렇게 되게 못할 것 같소. 나는 이

제서야 예의가 나라를 잘 다스리게 할 수 있다는 것을 알았소이다.

안자―예의가 나라를 잘 다스리게 할 수 있다는 것은 오래 전부터 이옵니다. 예의는 천지와도 어깨를 나란히 하는 것으로, 군주가 바르게 명령하면 신하는 공손히 받들고, 아비는 자애(慈愛)하고 자식은 효도하며 형은 사랑하고 아우는 공경하고, 남편은 화(和)하게 하고 아내는 고분고분하며, 시어미는 자애하고 며느리는 말을 듣는다는 것이, 곧 예의이옵니다. 그리고 군주는 명령을 내리어 도리에 어긋나지 않고, 신하는 공손히 받들어 두 마음을 갖지 않으며, 아비는 자애하여 잘 가르치고, 자식은 효도하여 때로는 충고를 하며, 형은 사랑하여 우애를 하고, 동생은 공경하여 따르고, 남편은 화하게 하여 의리를 지키고, 아내는 고분고분하여 마음이 바르고, 시어미는 자애하여 도리를 따르고, 며느리는 말을 잘 들어 모나지 않는다는 것은, 예의의 좋은 나타냄이 되옵니다.

군주―좋은 말이오. 나는 이제서야 예의를 존중해야 한다는 것을 들었소.

안자―예의는 옛 어진 임금들이 천지에서 배워 얻어 백성들을 가르치는 데 중요한 것이었나이다. 그래서 옛 어진 임금들께서는 예의를 존중하셨나이다.

주해┃ ○惟此文王(유차문왕)―《시경》 대아에 있는 대명편(大明篇)의 구절.
○小心翼翼(소심익익)―공손한 심정으로 세세(細細)히 마음을 씀.
○我無所監(아무소감)―《시경》에 있지 않은 일시(逸詩)의 구절.
○豆(두)・區(구)・釜(부)・鍾(종)―두는 4승(升)이고, 구는 4두(豆)이며, 부는 4구(區)이고, 종은 10부(釜)였다. 소공 3년조 참고.
○雖無德與女(수무덕여여), 式歌且舞(식가차무)―《시경》 소아에 있는 거할편(車轄篇)의 구절.
○家施不及國(가시불급국)―대부가 혜택 베풂이 군주보다 더하지 않음. 가는 대부를, 국은 군주를 의미한다.

經 ○二十有七年春,에 公如齊.라

○公至自齊,하여 居于鄆.이라

○夏四月,에 吳弒其君僚.라

○楚殺其大夫郤宛.이라

○秋,에 晉士鞅·宋樂祁犁·衛北宮喜·曹人·邾人·滕人會
于扈.라

○冬十月,에 曹伯午卒.이라

○邾快來奔.이라

○公如齊.라

○公至自齊,하여 居于鄆.이라

27년 봄에, 공이 제나라에 갔다.

공이 제나라로부터 돌아와 운(鄆)에 거처했다.

여름 4월에, 오나라가 군주 요(僚)를 죽였다.

초나라가 그 나라의 대부 극완(郤宛)을 죽였다.

가을에, 진(晉)나라의 사앙(士鞅)·송나라의 악기리(樂祁犁)·위나
라의 북궁희(北宮喜)·조나라 사람·주나라 사람·등나라 사람들이
호(扈)에서 회합을 가졌다.

겨울 10월에, 조나라 군주인 백작 오(午)가 세상을 떠났다.

주(邾)나라의 쾌(快)가 우리 노나라로 도망왔다.

공이 제나라에 갔다.

공이 제나라로부터 돌아와, 운에서 거처했다.

傳| 二十七年春,에 公如齊.라 公至自齊,하여 處于鄆,은 言在外也.라

吳子欲因楚喪而伐之.라 使公子掩餘·公子燭庸帥師圍潛,하고 使延州來季子聘于上國,에 遂聘于晉,하여 以觀諸侯.라 楚薳尹然·工尹麇帥師,하여 救潛,하고 左司馬·沈尹戌帥都君子與王馬之屬,하여 以濟師,하여 與吳師遇于窮.이라 令尹子常以舟師,하여 及沙汭而還,이나 左尹郤宛·工尹壽帥師,하여 至于潛,하니 吳師不能退.라 吳公子光曰, 此時也弗可失也.라 告鱄設諸曰, 上國有言曰, 不索,에 何獲.가 我王嗣也.라 吾欲求之.라 事若克,이면 季子雖至,라도 不吾廢也.라 鱄設諸曰, 王可弑也,로되 母老子弱,에 是無若我何.라 光曰, 我爾身也.라

27년 봄에, 공이 제나라에 갔다. 공이 제나라로부터 돌아와 운에서 거처했다는 것은, 공이 도읍 밖의 땅에 있었다는 것을 말한 것이다.

오나라 군주인 자작은 초나라의 상(喪)을 틈타 치려고 했다. 그래서 공자 엄여(掩餘)·공자 촉용(燭庸)에게 군사를 이끌고 잠(潛)을 포위케 하고, 연릉(延陵)에 봉되었다가 주래(州來)에 봉된 계자(季子)로 하여금 중원(中原)의 제후국을 예방케 하니, 계자는 곧 진나라를 예방하여 제후국들의 사정을 살폈다. 초나라는 유(薳) 고을 장관 연(然)과 공윤(工尹) 관직을 맡고 있는 균(麇)이 군사를 이끌고 잠을 구원했고, 좌사마(左司馬) 관직에 있는 사람과 심(沈) 고을 장관 술(戌)은, 도읍 내에 살고 있는 사(士)들과 국왕이 소유하는 말을 관리

하는 무리들을 이끌고 증원군(增援軍)이 되어, 오나라 군사와 궁(窮)에서 만나게 되었다. 그리고 영윤인 자상(子常)이 수군(水軍)을 이끌고서, 사예(沙汭)까지 갔다가 돌아갔지만, 좌윤(左尹)인 극완(郤宛)과 공윤인 수(壽)가 군사를 이끌고 잠에 당도하니, 오나라 군사는 퇴군(退軍)할 수가 없게 되었다. 그때 오나라의 공자 광(光)은, "이때를 놓칠 수가 없다."라고 말했다. 그리고 전설제(鱄設諸)에게 말하기를, "중원(中原)에 돌아다니는 말이 있는데, '구하지 않으면 무엇을 얻으랴?'라 하는 것일세. 나는 국왕 자리를 이어받을 사람이네. 나는 지금 그 자리를 얻으려 하고 있네. 일이 잘 될 것 같으면, 계자가 비록 돌아오더라도 그는 나를 폐위(廢位)시키지는 않을 걸세."라고 했다. 이에 전설제가, "국왕이야 죽일 수가 있지만 어머니가 늙었고, 자식이 어리니, 저는 어찌 할 도리가 없습니다."라고 말하니 공자 광은, "나는 곧 자네의 몸과 같네."라고 말했다.

주해 ｜ ○楚喪(초상)―전해에 초나라 평왕이 죽었다.

○掩餘(엄여)·燭庸(촉용)―둘 다 오왕 요(僚)의 친형제였다.

○延州來季子(연주래계자)―계자는 연릉(延陵)에 봉되었다가, 뒤에 주래(州來)에 봉되었다.

○潛(잠)―초나라의 읍(邑)으로, 지금의 안휘성 곽산(霍山) 부근.

○都君子(도군자)―도읍 내에 있는 사(士)들.

○窮(궁)―지금의 안휘성 육안(六安) 부근.

○沙汭(사예)―지금의 회원(懷遠) 부근의 회하(淮河) 가 땅.

○我爾身也(아이신야)―그대가 나를 위하여 일을 한다면, 나는 곧 그대의 몸이 되어 내가 그대 대신 노모와 어린 자식을 잘 돌봐주겠다는 말.

夏四月,에 光伏甲於堀室而享王.이라 王使甲坐於道及其門,하고 門階戸席皆王親也,요 夾之以鈹,하여 羞者獻體改服於門外,

하고 執羞者坐行而入,에 執鈹者夾承之,하여 及體以相授也.라 光僞足疾,하여 入于堀室,에 鱄設諸寘劍於魚中以進,하여 抽劍刺王,에 鈹交於胸,이나 遂弑王.이라 闔廬以其子爲卿.이라 季子至曰, 苟先君無廢祀,하고 民人無廢主,하며 社稷有奉,하고 國家無傾,이면 乃吾君也.라 吾誰敢怨.가 哀死事生,하여 以待天命.하리라 非我生亂.이라 立者從之,는 先人之道也.라 復命哭墓,하고 復位而待.라 吳公子掩餘奔徐,하고 公子燭庸奔鍾吾.라 楚師聞吳亂而還.이라

여름 4월에, 오나라의 공자 광(光)은 지하실에다 무장병을 숨겨 두고서 왕에게 향연(享宴)을 베풀었다. 왕은 무장병들을 길가와 공자 광의 집 문에까지 늘어앉아 호위하게 하고, 그 집의 대문·계단·방문·연회자리 등에는 다 국왕의 친척들이 있었고, 날이 선 창을 가진 사람이 양쪽에서 국왕을 호위하여, 음식을 나르는 자는 문밖에서 옷을 갈아입어야 했고, 음식을 받아 올리는 자는 앉아 무릎으로 방안으로 들어가니, 창을 든 자들이 양쪽에서 그 사람들 사이에 끼어 겨누어, 몸에 창날이 닿을락말락하는 사이에서 올리게 했다. 공자 광이 거짓으로 발이 아프다고 핑계를 대어 지하실로 들어가자, 전설제가 생선 요리 속에 칼을 감추어 가지고 들어가서, 그 칼을 빼어 왕을 찌르니, 그의 가슴에는 양쪽에서 창이 들어갔으나 결국은 왕을 죽였다. 합려(闔廬 : 공자 광)는 그의 아들을 경(卿)으로 삼았다. 중원의 제후국을 예방하고 돌아가 계자는 말했다. "진실로 돌아가신 군주의 제사를 잘 지내고, 국민이 지금의 군주를 폐하지 않으며, 사직(社稷)의 신이

잘 받들어지고, 국가에 기울어짐이 없다면 우리의 군주로 받들어야 한다. 나야 누구를 원수로 삼을 것인가? 돌아가신 분을 슬프게 여기고, 살아 있는 분을 섬기어, 천명(天命)을 기다리리라. 내가 난리를 있게 한 것이 아니다. 군주로 있는 이를 따른다는 것은 우리 조상부터의 도(道)다.” 이렇게 말한 그는, 죽은 군주의 묘 앞에 복명(復命)하여 울고, 전의 벼슬자리에 있으면서 새 국왕의 명령을 기다렸다. 오나라의 공자 엄여는 서(徐)나라로 도망갔고, 공자 촉용은 종오(鍾吾)나라로 도망갔다. 그리고 초나라 군사는 오나라의 난리를 듣고 돌아갔다.

주해 | ㅇ闔廬(합려)—공자 광이 군주가 되어서의 칭호(稱號).

ㅇ徐(서)—지금의 안휘성 사현(泗縣)에 있었던 작은 나라.

ㅇ鍾吾(종오)—지금의 강소성 숙천현(宿遷縣)에 있었던 작은 나라.

郤宛直而和,하여 國人説之.라 鄢將師爲右領,하여 與費無極比而惡之.라 令尹子常賄而信讒.이라 無極譖郤宛焉,에 謂子常曰, 子惡欲飮子酒.라 又謂子惡,하되 令尹欲飮酒於子氏.라 子惡曰, 我賤人也,로 不足以辱令尹.이라 令尹將必來辱,이면 爲惠已甚,이로되 吾無以酬之.라 若何.리오 無極曰, 令尹好甲兵,하니 子出之.하라 吾擇焉.이리라 取五甲五兵曰, 寘諸門.하라 令尹至,하여 必觀之,이리니 而從以酬之.하라 及饗日,하여 帷諸門左.라 無極謂令尹曰, 吾幾禍子.라 子惡將爲子不利.라 甲在門矣.라 子必無往.하라 且此役也,에 吳可以得志,였거늘 子惡取賂焉而還,

하여 又誤群帥,하고 使退其師曰, 乘亂不祥.이라 吳乘我喪,이었거
늘 我乘其亂,은 不亦可乎.아 令尹使視郤氏,하니 則有甲焉.이라
不往,하고 召鄢將師,하여 而告之.라 將師退,하여 遂令攻郤氏,하
고 且藝之.라 子惡聞之,하여 遂自殺也.라 國人弗藝,하니 令曰,
不藝郤氏,면 與之同罪.라 或取一編菅焉,하고 或取一秉秆焉,이
나 國人投之,하여 遂弗藝也.라 令尹炮之,하고 盡滅郤氏之族黨,
하며 殺陽令終與其弟完及佗與晉陳及其子弟.라 晉陳之族呼於國
曰, 鄢氏·費氏自以爲王,하여 專禍楚國,하여 弱寡王室,하고 蒙
王與令尹,하여 以自利也,어늘 令尹盡信之矣.라 國將如何.오 令
尹病之.라

초나라의 극완(郤宛)은 정직하고도 부드러워서, 나라 사람들이 그
를 좋아했다. 그런데 언장사는 우령(右領) 관직에 있어, 비무극과 짝
이 되어 그를 미워했다. 영윤인 자상은 뇌물을 좋아해 참언을 잘 믿
었다. 비무극이 극완을 모함하여 자상에게 말하기를, "자악(子惡 : 극
완)이 님에게 술대접을 하려 합니다."라 했다. 그리고 자악에게는 이
르기를, "영윤께서 자네 집에서 술을 마시고자 하시네."라고 했다. 이
말을 들은 자악이, "나야 지위가 낮은 사람으로 영윤을 모실 수가 없
습니다. 영윤께서 꼭 오시겠다고 하신다면 영광됨이 아주 크나, 내게
는 선사할 것이 없습니다. 어찌 하면 될까요?"라고 말했다. 그러자 비
무극은 말하기를, "영윤께서는 갑옷과 무기를 좋아하시니, 자네는 그
것들을 내놓게. 내 좋은 것을 고름세."라고 했다. 그리고는 갑옷 다섯

벌과 무기 다섯 가지를 골라내어 말하기를, "그날 이것들을 대문 가에다 놓아두게. 영윤이 와서는 반드시 이것들을 볼 것이니, 자네는 그분의 눈치를 보아 선사하게."라고 했다. 영윤을 대접하는 날이 되어, 극완은 갑옷과 무기를 대문 왼쪽에 막(幕)을 치고 정돈하여 놓았다. 그날 비무극은 영윤에게 말하기를, "저는 하마터면 님에게 화를 당하게 할 뻔했습니다. 자악은 님에게 좋지 못한 짓을 하려 하고 있습니다. 갑옷이 그의 집 문간에 있습니다. 그러니 님은 가지 마십시오. 그리고 이번 싸움에서는 오나라는 이길 수 있었는데도, 자악은 오나라에게서 뇌물을 받고 귀환했고, 또 여러 장수들을 잘못 이끌어 군사로 하여금 퇴군하게 하고 말하기를, '상대국의 내란을 틈탄다는 것은 상서롭지 않다.'고 했습니다. 오나라가 우리나라의 상을 틈탔었는데, 우리나라가 그 나라의 내란을 틈타는 것은, 또한 좋지 않습니까?"라고 했다. 영윤이 사람을 시켜 극완의 집을 살펴보게 했더니, 과연 갑옷이 놓여 있었다. 그래서 영윤은 극완의 집에 가지 않고, 언장사를 불러 그 일을 말했다. 언장사는 영윤의 앞을 물러나가 극완의 집을 공격하라 명하고, 또 그의 집을 태우라 했다. 자악은 그 사실의 내력을 듣고는 곧 자살했다. 나라 사람들이 그의 집을 불태우지 않으니, 언장사는 영을 내려 말하기를, "극씨 집을 태우지 않으면, 너희들도 그와 같은 죄에 걸린다."라고 했다. 이 말에 어느 사람은 한다발의 띠를 손에 들고, 어느 사람은 한다발의 짚을 손에 들었으나 나라 사람들은 그것들을 내던지고, 결국 불을 지르지 않았다. 그러자 영윤이 자기 사람을 시켜 그의 집을 태우고, 극씨 가문의 친족을 다 죽여 없애며, 양영종(陽令終)과 그의 동생 완(完)·타(佗) 및 진진(晉陳)과 그의 자제들을 죽였다. 그러자 진진의 일가 사람이 도읍 안에서 소리쳐 말하기를, "언씨와 비씨는 스스로 국왕인 체하여 초나라에 제멋대로 화를 일으키어 왕실을 약화시키고, 국왕과 영윤을 속이어 자신들의 이익을 취하고 있는데, 영윤은 그들의 말을 그대로 다 믿고 있소. 나라가 장차 어찌될 것이오?"라고 했다. 이에, 영윤은 걱정이 되었다.

주해 ○令尹炮之(영윤포지)―윤(尹)을 도읍 내의 마을을 다스리는 이윤(里尹)으로 보고, '이윤으로 하여금 태우게 했다.'로 해석한 이도 있지만, 영윤이 직접 사람을 시켜 태웠다로 본다.

○陽令終(양영종)·晉陳(진진)―다 극완의 편이었다.

秋,에 會于扈,는 令成周,하고 且謀納公也.라 宋·衛皆利納公,하여 固請之.라 范獻子取貨於季孫,하여 謂司城子梁與北宮貞子曰, 季孫未知其罪,이나 而君伐之,에 請囚,하고 請亡,에도 於是乎不獲.이라 君又弗克,하여 而自出也.라 夫豈無備而能出君乎.아 季氏之復,은 天救之也,요 休公徒之怒,하고 而啓叔孫氏之心.이라 不然,이면 豈其伐人而說甲執氷以游.아 叔孫氏懼禍之濫,하여 而自同於季氏,어늘 天之道也.라 魯君守齊,하여 三年而無成,이나 季氏甚得其民,하고 淮夷與之.라 有十年之備,하고 有齊·楚之援,하며 有天之贊,하고 有民之助,하며 有堅守之心,하고 有列國之權.이라 而弗敢宣也,하고 事君如在國.이라 故로 鞅以爲難.이라 二子皆圖國者也.라 而欲納魯君.이라 鞅之願也,이니 請從二子以圍魯.라 無成,이면 死之.리라 二子懼,하여 皆辭.라 乃辭小國,하여 而以難復.이라

孟懿子·陽虎伐鄆.이라 鄆人將戰,에 子家子曰, 天命不慆久

矣.라 使君亡者,는 必此衆也.리라 天旣禍之,어늘 而自福也.라

不亦難乎.아 猶有鬼神,이라도 此必敗也.리라 嗚呼,라 爲無望也夫.

아 其死於此乎.인저 公使子家子如晉.이라 公徒敗于且知.라

가을에 호에서 회합을 가진 것은, 주(周)나라를 지킬 것을 명함이 었고, 또 우리 노나라 군주 소공을 도읍으로 들여보낼 일을 상의함이 었다. 그때 송나라와 위나라는 소공을 도읍으로 들여보냄이 이로운 일이라 하여, 그렇게 하자고 청했다. 그러나 진나라 범헌자(范獻子 : 士鞅)는 노나라 계손씨(季孫氏)로부터 재화(財貨)를 뇌물로 받고는 송나라의 사성(司城)인 자량(子梁 : 樂祁犁)과 위나라 북궁정자(北宮 貞子 : 北宮喜)에게 말하였다. "계손씨는 자기가 무슨 죄가 있는지를 알지 못하고 있는데도 노나라 군주는 그를 치니, 계손씨는 죄인으로 잡힐 것을 요청했고, 또 외국으로 망명하게 해달라고 청원했음에도, 이것저것 다 허락되지 못했습니다. 노나라 군주는 그를 공격했으나 이기지 못하고는 자신이 나라를 나왔던 것입니다. 전부터 대비가 없 고서야 어떻게 군주를 몰아낼 수 있겠습니까? 계손씨가 전의 위치를 잃지 않은 것은 하늘이 그를 구한 것입니다. 그리고 노나라 군주를 따랐던 사람들의 분노를 가라앉히고, 숙손씨(叔孫氏)편의 정당한 마 음을 불러일으켰던 것입니다. 그렇지 않고서야 계손씨를 치는 사람들 이 어찌 갑옷을 벗고 화살통을 손에 쥐고 놀고 있었단 말입니까? 숙 손씨 편이 화가 자기들에게도 미칠 것을 두려워하여 자진하여 계손씨 편이 되었던 것인데, 그것은 하늘의 인도(引導)였던 것입니다. 노나라 군주가 제나라한테 비호를 받아 3년이나 되었으나 아무런 좋은 결과 를 내지 못하고 있지만, 계손씨는 노나라 백성의 인망(人望)을 얻고 있고, 동편 땅에 살고 있는 이(夷) 오랑캐들도 그의 편이 되어 있습

니다. 10년을 지탱할 것이 구비되어 있고, 제나라·초나라의 후원이 있으며, 하늘의 도움이 있고, 백성들의 협조가 있으며, 자신을 굳게 지켜 나가자는 마음이 서 있고, 제후국의 권세를 쥐고 있습니다. 그런데도 그는 그의 위력을 감히 나타내지 않고, 군주를 섬기는 마음가짐이 군주가 도읍에 있는 경우와도 같습니다. 그러므로 사앙(士鞅) 나는 그를 치고 노나라 군주를 도읍으로 들어가게 하는 일은 어렵다고 여깁니다. 두 분은 다 각기 나랏일을 도모하고 계십니다. 그래서 노나라 군주를 도읍으로 들여보내려고 하십니다. 노나라 군주를 노나라 도읍으로 들여보내자는 것은 사앙 나의 소원이니, 두 분을 따라가 노나라 도읍을 포위하기를 원합니다. 성공하지 못하면 죽게 되는 것이지요." 이 말에 송나라 자량과 위나라 북궁정자는 겁이 나, 다 주장을 취소했다. 그래서 작은 나라 사람들에게 말하여 돌려보내고, 범헌자는 진나라 군주에게 어려운 일이라고 보고했다.

　우리 노나라 맹의자(孟懿子 : 仲孫何忌)와 양호(陽虎)가 운(鄆)을 쳤다. 운에 있는 사람들이 대전(對戰)하려 하니, 자가자(子家子 : 子家駒)는 말했다. "천명(天命)은 예로부터 거짓이 없다. 우리 군주를 도읍으로 들어가시지 못하고 다른 나라로 나가시게 하는 자는 틀림없이 이들일 것이다. 하늘이 이미 화(禍)를 내리고 있는데도 이들은 자신들이 복(福)을 만들어 내려 한다. 그것은 어렵지 않을손가? 신(神)의 도움이 있다 하더라도 이들은 반드시 패하리라. 아아, 희망이 없다고 할 것인가? 여기서 죽을 것인가!" 소공은 자가자를 진나라에 가게 했다. 소공을 따르고 있던 사람들이 저지(且知)에서 패배당했다.

주해　ㅇ扈(호)─정나라 지명으로, 지금의 하남성 원무(原武) 부근.
　ㅇ有齊·楚之援(유제·초지원)─소공이 제나라의 후원을 받고 있으나 제나라가 적극적으로 돕지 않으니, 제는 결국 계손씨를 돕는 일이라 말했다.
　ㅇ陽虎(양호)─맹의자의 가신(家臣)이었다.

ㅇ且知(저지)―노나라 지명으로, 운(鄆) 부근.

楚郤宛之難,에 國言未已,하고 進胙者莫不謗令尹.이라 沈尹戌
言於子常曰, 夫左尹與中廐尹,이 莫知其罪,이었거늘 而子殺之,
하여 以興謗讟,하여 至于今不已,하니 戌也惑之.라 仁者殺人以掩
謗,도 猶弗爲也,이어늘 今, 吾子殺人以興謗,이나 而弗圖.라 不亦
異乎.아 夫無極楚之讒人也,로 民莫不知.라 去朝吳,하고 出蔡侯
朱,하며 喪太子建,하고 殺連尹奢,하여 屛王之耳目,하여 使不聰
明.이라 不然,이면 平王之溫惠共儉,은 有過成·莊,이요 無不及
焉,이었거늘 所以不獲諸侯,은 邇無極也.라 今又殺三不辜,하여
以興大謗,하여 幾及子矣,어늘 子而不圖,하고 將焉用之.리오 夫鄢
將師矯子之命,하여 以滅三族.이라 國之良也,요 而不愆位.라 吳
有新君,하여 疆場日駭.라 楚國若有大事,면 子其危哉.라 知者除
讒以自安也,어늘 今, 子愛讒以自危也.라 甚矣其惑也.라 子常
曰, 是瓦之罪也.라 敢不良圖.리오 九月己未,에 子常殺費無極
與鄢將師,하고 盡滅其族,하여 以說于國,하니 謗言乃止.라

冬,에 公如齊.라 齊侯請饗之,하니 子家子曰, 朝夕立於其朝,어
늘 又何饗焉.이리오 其飮酒也.이오니다 乃飮酒,에 使宰獻,하고 而
請安.이라 子仲之子曰重,하여 爲齊侯夫人.이라 曰, 請使重見,하

니 子家子乃以君出.이라

十二月,에 晉籍秦致諸侯之戍于周,어늘 魯人辭以難.이라

초나라 극완(郤宛)의 환난에, 나라의 비난이 그치지 않고, 제사 때 신에게 제육(祭肉)을 바치는 자가 영윤을 비방하지 않음이 없었다. 그러자 심 고을 장관인 술(戌)이 영윤인 자상(子常)에게 말했다. "좌윤(左尹)이었던 극완과 중구윤(中廏尹)이었던 양영종(陽令終)이 자신들이 무슨 죄가 있는지를 알지 못하고 있는데도, 님은 그들을 죽여 비방이 일어나게 해서, 그 비방은 지금에 와서도 그치지 않고 있으니, 술(戌) 저는 의심스럽습니다. 어진 사람은 사람을 죽여야 비방을 막는다 하더라도, 사람 죽이는 일을 하지 않는데, 이제 님은 사람을 죽여 비방이 나게 하셨으나, 그 일에 대한 도모를 하지 않고 계십니다. 그것은 이상하지 않습니까? 비무극(費無極)은 우리 초나라의 유명한 모함자로, 국민으로서 모르는 자가 없습니다. 그는 조오(朝吳)를 제거했고, 채나라 군주 주(朱)를 몰아냈으며, 태자 건(建)을 도망가게 했고, 연(連) 고을 장관 사(奢)를 죽이게 하여, 국왕의 이목(耳目)을 가리어 총명하지 못하게 했습니다. 그렇지 않았더라면, 우리 평왕(平王)의 온화하시고 공경스러움은 성왕(成王)·장왕(莊王)보다도 더하면 더했지, 그만 못함이 없었지만, 평왕께서 제후들을 장악하시지 못했던 것은 비무극을 가까이하셔서였습니다. 그는 이번에 또 세 죄 없는 사람을 죽이게 하여 나라에 큰 비방을 일으키어서, 그 비난이 님에게 미치고 있는데도, 님이 그 사람에 대하여 도모를 안하시고, 장차 그를 어디에 쓰려 하십니까? 그리고 언장사(鄢將師)는 님의 명령을 제멋대로 고쳐 세 가문을 멸망케 했습니다. 멸망한 세 가문은 우리나라의 명문(名門)이고, 그 세 가문의 사람들은 지위를 잘 지키어 어긋남이 없었습니다. 오나라에는 지금 새 군주가 즉위하였기에, 국경지대에서는 날로 무슨 일이 있을까 하고 두려워하고 있습니다. 초나라가 만일 무슨 큰 일이 있게 된다면, 님의 처지는 위험해질 것입니다. 지혜로운 사람은 모함하는 자를 제거하여 자신을 편안하게 하는데, 지금 님은 모함하는 자를 사랑하여 자신을 위태롭게 하고 계십니다. 의심스럽기가 짝이 없습니다." 이 말에 자상은, "그것은 와(瓦) 나의 죄요. 내 어찌 도모하지 않겠소?"라고 말했다. 9월 기미날에, 초나라의 영윤 자상은 비무극과 언장사를 죽이고, 그들의 일족을 다 멸망시켜, 나라 사람들에게 변명하니, 비방하는 여론이 그쳤다.

겨울에, 소공이 제나라에 갔다. 제나라 군주가 향연에 초대하겠다고 하니, 자가자(子家子)가 말하기를, "우리 군주께서는 조석으로 제나라 조정에 나서서 군주를 뵙는데, 어찌 향연을 받으오리까? 간단히 같이 술을 드실 일이옵니다."라고 했다. 그래서 간단히 술자리를 열고 술을 마시니, 제나라 군주는 재신(宰臣)에게 술잔을 드리게 하고, 편한 자세를 취하도록 권하였다. 우리 노나라의 자중(子仲)의 딸을 중(重)이라 했는데, 그녀는 제나라 군주의 부인이 되었다. 그런데 자리에서 제나라 군주는 부인 중을 나와 뵙게 하니, 자가자는 곧 군주 소공을 모시고 나왔다.

12월에, 진나라의 적진(籍秦)이 제후들에게 주(周)나라로 수비대를 내게 했지만, 우리 노나라 사람은 난처한 처지를 핑계삼아 사절했다.

▌**주해**▐　o國言(국언) - 나라 안의 비평.

　o吳有新君(오유신군) - '오신유군(吳新有君)'으로 된 판본도 있다.

　o瓦(와) - 자상(子常)의 이름.

　o子仲(자중) - 자중은 곧, 공자 은(慭)이었다. 그는 소공 12년에 제나라로 망명했었다.

　o子家子乃以君出(자가자내이군출) - 자가씨는, 부인을 그 자리로 불러낸다는 것은 무례한 일이라 여겨, 소공을 데리고 그 자리를 떠난 것이다.

　o籍秦(적진) - 적담(籍談)의 아들.

經│ ○二十有八年春王三月,에 葬曹悼公.이라

○公如晉,하여 次于乾侯.라

○夏四月丙戌,에 鄭伯寧卒.이라

○六月,에 葬鄭定公.이라

○秋七月癸巳,에 滕子寧卒.이라

○冬,에 葬滕悼公.이라

28년 봄 천자가 쓰는 역으로 3월에, 조나라 도공을 장사 지냈다.

공이 진나라에 가, 건후(乾侯)에서 머물렀다.

여름 4월 병술날에, 정나라 군주인 백작 영(寧)이 세상을 떠났다.

6월에, 정나라 정공을 장사 지냈다.

가을 7월 계사날에, 등나라 군주인 자작 영(寧)이 세상을 떠났다.

겨울에, 등나라 도공을 장사 지냈다.

傳│ 二十八年春,에 公如晉,에 將如乾侯.라 子家子曰, 有求於
人,하여 而卽其安,이면 人孰矜之.리오 其造於竟.하소서 弗聽,하고
使請逆於晉.이라 晉人曰, 天禍魯國,하여 君淹恤在外.라 君亦不
使一个辱在寡人,하여 而卽安於甥舅,였거늘 其亦使逆君.가 使公
復于竟,하고 而後逆之.라

28년 봄에 공이 진나라에 갔는데, 바로 건후(乾侯)로 가려 했다. 그

래서 자가자가 말하기를, "다른 나라 분에게 도움을 요청하는 마당에, 먼저 안식처로 가 있으면 누가 불쌍히 여기겠습니까? 우선 국경 땅으로 가소서."라고 했다. 그러나 소공은 듣지 않고, 건후로 가서 사람을 진나라로 보내어 맞이해 주기를 요청케 했다. 그러자 진나라 사람이 말하기를, "하늘이 노나라에 화를 내리어, 노나라 군주는 오랫동안 외국에서 고생하고 계시는도다. 그러나 노나라 군주는 한 사람도 나에게 보내지 않고서, 인척이 되는 나라에 계셨는데, 이제 와서는 노나라 군주를 맞이하라고 한단 말인가?"라고 했다. 그리고는 소공을 국경까지 돌아가게 하고, 그 뒤에야 맞이하였다.

주해 │ ○乾侯(건후) ― 진나라 읍으로, 지금의 하북성 성안(成安) 부근.
○甥舅(생구) ― 제나라를 두고 말한 것이다.

晉祁勝與鄔臧通室.이라 祁盈將執之,에 訪於司馬叔游.라 叔

游曰, 鄭書有之,하되 惡直醜正,하니 實蕃有徒.라 無道立矣.라

子懼不免.하리라 詩曰, 民之多辟,에 無自立辟.하라 姑已若何.오

盈曰, 祁氏私有討,에 國何有焉.가 遂執之.라 祁勝賂荀躒,에 荀

躒爲之言於晉侯,하니 晉侯執祁盈.이라 祁盈之臣曰, 鈞將皆死.

하리라 憖使吾君聞勝與臧之死也以爲快.하라 乃殺之.라

夏六月,에 晉殺祁盈及楊食我.라 食我祁盈之黨也,로 而助亂.

이라 故로 殺之,하고 遂滅祁氏·羊舌氏.라

初,에 叔向欲娶於申公巫臣氏,나 其母欲娶其黨.이라 叔向曰,

吾母多而庶鮮.이라 吾懲舅氏矣.라 其母曰, 子靈之妻,는 殺三夫
一君一子,하고 而亡一國兩卿矣.라 可無懲乎.아 吾聞之,하되 甚
美必有甚惡.이라 是鄭穆少妃姚子之子,요 子貉之妹也.라 子貉
早死,하여 無後,이어늘 而天鍾美於是.라 將必以是大有敗也.리라
昔,에 有仍氏生女,어늘 黰黑而甚美,하여 光可以鑑.이라 名曰玄
妻.라 樂正后夔取之,하여 生伯封,에 實有豕心,하여 貪惏無饜,하
고 忿類無期,하여 謂之封豕,러니 有窮后羿滅之,하여 夔是以不
祀.라 且三代之亡.라 共子之廢,는 皆是物也.라 女何以爲哉.아
夫有尤物,은 足以移人,하여 苟非德義,이면 則必有禍.라 叔向懼,
하여 不敢取.라 平公强使取之,하여 生伯石.이라 伯石始生,에 子
容之母,가 走謁諸姑曰, 長叔姒生男.이라 姑視之,에 及堂,하여
聞其聲而還.이라 曰, 是豺狼之聲也.라 狼子野心.이라 非是,면
莫喪羊舌氏矣.리라 遂弗視.라

진나라 기영(祁盈)의 가신(家臣)인 기승(祁勝)과 오장(鄔臧)이 서
로 상대편의 아내와 간통하면서 지내었다. 그래서 기영은 그들을 체
포하려는 참에, 사마숙유(司馬叔游)를 찾았다. 숙유가 말하기를, "정
나라의 책에 있는 말인데, '곧은 사람을 싫어하고, 바른 사람을 미워
하니, 세상에는 실로 그런 무리가 많이 있다.'고 하오. 이 세상은 무도
한 사람이 판치오. 그들을 체포했다가는, 당신은 아마도 화를 면치 못
할 것이오. 시에 이르기를, '백성들 중에 무도한 자 많으면, 자신의 법

도 내세우지 말지어다.'라 하였소. 그러니 당신은 잠시 참고 있는 것이 어떠하오?"라고 하였다. 그래서 기영은, "기씨(祁氏) 내 가문의 나쁜 자를 내가 벌주는데, 국가야 무슨 상관이 있습니까?"라고 말했다. 그리고 바로 그들을 체포했다. 이에 기승이 순역(荀躒)에게 뇌물을 바치니, 순역은 그를 위하여 군주에게 잘 말하여, 군주는 기영을 체포했다. 그러자 기영의 가신들이, "우리는 다 주인과 같이 죽자. 아아, 우리는 기승과 오장이 죽었다는 것을 듣고 기분이 상쾌하게 해드리자!"라고 말하고는, 곧 그들을 죽였다.

여름 6월에, 진나라는 기영과 양(楊) 읍을 차지하고 있는 이아(食我)를 죽였다. 이아는 기영의 무리로, 기영이 저지른 일을 도왔다. 그래서 그를 죽였던 것이고, 그뒤 바로 기씨와 양설씨(羊舌氏) 가문을 멸망시켰다.

전에, 이아의 아버지인 숙향(叔向 : 羊舌肸)은 초나라의 신공(申公)이었다가 진나라로 망명한 무신(巫臣)의 집에서 아내를 맞이하려 했으나, 그의 어머니는 친정 사람을 그의 아내로 삼으려 했다. 그러자 숙향은, "저에게는 서모(庶母)가 여러분 있지만, 어머니의 질투로 그 분들이 아들을 많이 못낳아, 서형제(庶兄弟)가 적습니다. 저는 질투심이 심한 외갓집 사람은 싫습니다."라고 말했다. 그러자 어머니는 말했다. "초나라 자령(子靈 : 무신)의 아내〔夏姬〕는 세 남편·한 군주·한 아들이 죽는 꼴을 보았고, 한 나라와 두 경(卿)의 가문을 망하게 했다. 징그럽지 않느냐? 내 들었거니와, '매우 아름다운 사람은 반드시 심한 악(惡)을 지닌다.'고 한다. 하희(夏姬)는 목공(穆公)의 둘째부인이었던 요성(姚姓)인 사람의 딸이고, 자맥(子貊)의 누이동생이었다. 자맥은 일찍 죽어 후사(後嗣)가 없었는데, 하늘은 아름다움을 그의 누이동생에게만 쏟아놓았다. 그의 딸을 아내로 맞이하면, 반드시 그 여자 때문에 낭패가 크게 있게 될 것이다. 옛날, 잉씨(仍氏)라는 제후가 딸을 낳았는데, 머리가 새까맣고 아주 아름다워, 그 아름다운 빛은 거울과도 같았다. 이름을 현처(玄妻)라 했다. 순(舜)임금의 악사장(樂師長)이었던 기(夔)가 그 여자를 아내로 맞이하여, 백봉(伯封)을 낳으니, 실로 돼지의 마음을 가져, 탐욕부리기에 한이 없고, 불평하고 무례한 짓 함이 끝이 없어서, 그를 봉시(封豕 : 큰돼지)라고 일렀었는데, 궁(窮)나라의 군주 예(羿)가 그를 멸망시켜, 기는 제사를 받지 못하게 되었다. 그리고 하(夏)·은(殷)·주(周)의 세 나라가 망하게 된 것과, 진(晉)나라 공자(共子 : 獻公의 태자 申生)가 쫓겨난 것은 다 아름다운 여자 때문이었다. 그런데 네 어찌 그렇게 하려고 하느냐? 뛰어난 미색의 여자는 사람의 마음을 혹하게 할 수가 있는 것이어서, 정말로 덕이 있고 의리가 있는 사람이 아니라면 반드시 화(禍)가 있게 마련이다." 어머니의 이 말을 들은 숙향은 겁이 나, 감히 무신의 딸을 아내로 맞이하지 못하고 있었다. 그랬는데 진나라 군주 평공(平公)이 강제로 무신의 딸을 아내로 맞이하게 하여, 백석(伯石)을 낳았다. 백석이 출생하자마자, 숙향의 형인 백화(伯華)의 아들인 용(容)의 어머니가 시어머니인 숙향의 어머니에게 달려가 말하기를, "큰서방님의 동서가 아들을 낳았습니다."라고 했다. 시어머니인 숙향의 어머니가 내당으로 가, 아기의 소리를 듣자 자기의 거처로 돌아갔다. 그리고 말하기를, "저것은 승냥이와 이리의 소리다. 이리 새끼는 기른 사람을 해치는 마음을 갖는 것이다. 저 아이가 아니면, 우리 양설씨(羊舌氏)가 망하지 않을 텐데!"라고 했다. 그녀는 끝내 백석을 마주보지 않았다.

 ○詩曰(시왈)─《시경》 대아에 있는 판편(板篇)의 구절.
○楊食我(양이아)─양은 숙향(叔向) 가문의 영유읍이었고, 이아(食我)는 숙향의 아들 이름이었다. 이아는 자(字)를 백석(伯石)이라 했다. 숙향의 성은 양설(羊舌)이었다.
○申公巫臣(신공무신)─신은 초나라 지명으로 무신은 원래 신에 봉되어

신공(申公)이라 했다. 무신은 초나라 굴무(屈巫)로 하희(夏姬)를 아내
로 삼았다. 그는 성공 2년에 진나라로 망명했었다. 신공 무신은 당시
죽어 없었다.

○子貉(자맥)−두예(杜預)는 정나라 영공(靈公)의 자(字)였다고 했다. 정
나라 목공(희공 33년~선공 3년)은 제7대 군주였고, 영공은(선공 4년의
한 해만 군주로 있었다.) 제8대 군주였다. 두예의 말대로라면, 그 계보
는 다음과 같다.

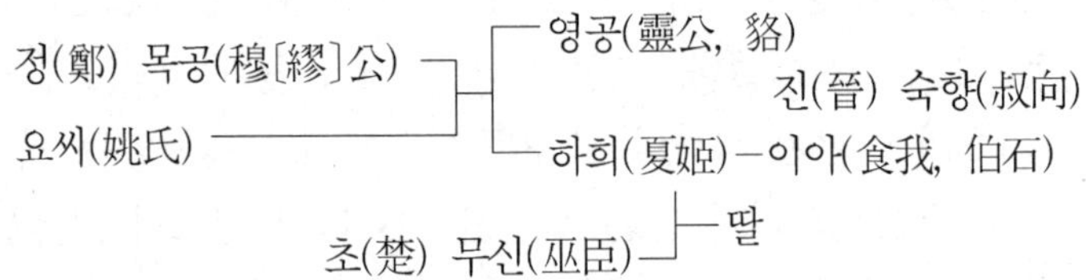

○有仍(유잉)−다만 잉(仍)이라고도 한다. 고대의 제후였다 한다.
○封豕(봉시)−큰돼지라는 말이다.
○子容(자용)−숙향의 형 백화(伯華)의 아들이었다.
○長叔(장숙)−큰시동생.
○姒(사)−형제 아내들끼리의 호칭. 동서.

秋,에 晉韓宣子卒.이라 魏獻子爲政,하여 分祁氏之田,하여 以
爲七縣,하고 分羊舌氏之田,하여 以爲三縣.하라 司馬彌牟爲鄔大
夫,하고 賈辛爲祁大夫,하며 司馬烏爲平陵大夫,하고 魏戊爲梗陽
大夫,하며 知徐吾爲塗水大夫,하고 韓固爲馬首大夫,하며 盂丙爲
盂大夫,하고 樂霄爲銅鞮大夫,하며 趙朝爲平陽大夫,하고 僚安爲
楊氏大夫.라 謂賈辛・司馬烏爲有力於王室.이라 故로 擧之.라
謂知徐吾・趙朝・韓固・魏戊餘子之不失職,하고 能守業者也.

라 其四人者皆受縣,하고 而後見於魏子.라 以賢擧也.라

魏子謂成鱄,하되 吾與戊也縣,이어늘 人其以我爲黨乎.아 對曰,

何也.오 戊之爲人也,는 遠不忘君,하고 近不偪同,하매 居利思義,

하고 在約思純,하여 有守心矣,하여 而無淫行.이라 雖與之縣,이라

도 不亦可乎.아 昔,에 武王克商,하사 光有天下,하심에 其兄弟之

國者十有五人,하고 姬姓之國者四十人,이었거늘 皆擧親也.라 夫

擧無他,요 唯善所在,로 親疏一也.라 詩曰, 唯此文王,을 帝度其

心,하고 莫其德音.이라 其德克明,하고 克明克類,하여 克長克君.이

라 王此大國,하여 克順克比.라 比于文王,이면 其德靡悔.라 旣受

帝祉,하여 施于孫子.라 心能制義曰度,요 德正應和曰莫,이며

照臨四方曰明,이요 勤施無私曰類,이며 敎誨不倦曰長,이요 賞慶

刑威曰君,이며 慈和徧服曰順,이요 澤善而從之曰比,이며 經緯天

地曰文.이라 九德不愆,이면 作事無悔.라 故로 襲天祿,하여 子孫

賴之.라 主之擧也,는 近文德矣.이라 所及其遠哉.리라

가을에, 진나라의 한선자(韓宣子 : 韓起)가 세상을 떠났다. 위헌자
(魏獻子 : 魏舒)가 그 대신 집정관(執政官)이 되어, 멸망당한 기씨(祁
氏) 가문의 토지를 나누어 일곱 현(縣)으로 하고, 양설씨(羊舌氏) 가
문의 토지를 나누어 세 현으로 했다. 그리고 사마미모(司馬彌牟)는
오현(鄔縣)을 차지하는 대부로 삼고, 가신(賈辛)은 기현(祁縣)을 차

지하는 대부로 삼았으며, 사마오(司馬烏)는 평릉현(平陵縣)을 차지하는 대부로 삼고, 위무(魏戊)는 경양현(梗陽縣)을 차지하는 대부로 삼았으며, 지서오(知徐吾)는 도수현(塗水縣)을 차지하는 대부로 삼았으며, 한고(韓固)는 마수현(馬首縣)을 차지하는 대부로 삼았으며, 우병(盂丙)은 우현(盂縣)을 다스리는 대부로 삼고, 악소(樂霄)는 동제현(銅鞮縣)을 차지하는 대부로 삼았으며, 조조(趙朝)는 평양현(平陽縣)을 차지하는 대부로 삼고, 요안(僚安)은 양씨현(楊氏縣)을 차지하는 대부로 삼았다. 이들 중에서 가신과 사마오는 주나라 왕실에 대해서 힘을 쓴 사람이라고 일러졌다. 그래서 그들을 등용하였다. 그리고 지서오·조조·한고·위무 등은 경(卿)의 서자(庶子)로서 자신들의 직분에서 벗어나지 않고, 자기들의 할 일을 잘 해왔다고 일러졌다. 네 사람은 다 현을 영유지로 받고, 그뒤에야 위헌자를 비로소 찾아뵈었다. 그랬으므로 위헌자는 어진 사람을 등용한 것이다.

위헌자가 성전(成鱄)에게 말하기를, "나는 위무(魏戊)에게 현을 주어 대부로 삼았는데, 사람들이 나보고 친척 두둔을 한다고 하겠는가?"라고 했다. 그러자 성전은 대답했다. "어찌 그렇겠습니까? 위무의 사람됨은, 멀리 떨어져 있어도 군주를 잊지 않고, 가까이한다고서 동료들에게 위세를 떨지 않으며, 이로운 일에 있어도 의리를 생각하고, 궁한 처지에서도 바른 것을 생각하여, 지조를 지킴이 있어 음란한 행위를 하지 않습니다. 그러니 현을 준다 하더라도 좋지 않겠습니까? 옛날에 주나라 무왕(武王)께서 상(商 : 殷)나라를 치시어, 천하를 크게 차지하시어, 형제로서 나라를 차지한 분이 열다섯 분이었고, 같은 희성(姬姓)으로서 나라를 차지한 분이 마흔 분이었는데, 다 친척을 등용하셨던 것입니다. 사람을 등용함에는 다른 것이 없고, 다만 선한 사람을 등용하는 것이어서, 친척이네 타인이네의 구별이 없는 것입니다. 시에 이르기를, '우리 문왕〔우리 왕계(王季)의 잘못〕 하늘이 마음을 잘 규제케 하고, 덕 발라 사람 감화시키게 했네. 그 덕 사방을 밝

히고, 그 밝은 덕 혜택 널리 베풀어, 어른 노릇 잘하고 군주 노릇 잘
하셨네. 이 큰 나라 군주 되시어 백성 두루 따르게 하시고, 선(善)한
일만 택해 하셨네. 문왕의 덕에 비하여서, 그 덕은 부족하다 후회할
것 없으리. 하늘의 복받아, 그 복 자손에게 미치네.'라고 하였습니다.
마음으로 의리를 잘 규제함을 도(度)라 하고, 지닌 덕이 밝아서 타인
이 응하여 감화됨을 막(莫)이라 하며, 사방을 밝게 비침을 명(明)이라
하고, 힘써 남에게 혜택 베풀어 사심(私心) 없음을 유(類)라 하며, 남
을 가르치어 게을리하지 않음을 장(長)이라 하고, 좋은 일을 포상하고
잘못을 벌줌을 엄정히 함을 군(君)이라 하며, 인자하고 부드러워 누구
나 두루 따름을 순(順)이라 하고, 선(善)을 택해서 따름을 비(比)라
하며, 천지의 도(道)를 법도로 삼음을 문(文)이라 합니다. 이것들 아
홉 가지 덕을 어기지 않는다면, 무슨 일이건 해서 후회됨이 없는 것
입니다. 그리하여 하늘에게서 받은 녹(祿)을 대대로 물려, 자손들이
힘입게 되는 것입니다. 님이 사람들을 등용하신 덕은, 문왕(文王)의
덕에도 가까운 것입니다. 그 덕은 먼 훗날까지 미치게 될 것입니다."

주해 ㅇ鄔(오)-지금의 산서성 휴현(休縣) 땅.
ㅇ祁(기)-지금의 산서성 기현(祁縣) 동남쪽.
ㅇ平陵(평릉)-지금의 산서성 문수현(文水縣) 동북쪽.
ㅇ梗陽(경양)-지금의 산서성 청원현(淸遠縣) 남쪽.
ㅇ塗水(도수)-지금의 산서성 유차현(楡次縣) 서남쪽.
ㅇ馬首(마수)-지금의 산서성 수양현(壽陽縣) 동남쪽.
ㅇ盂丙(우병)-다른 판본에는 '우(盂)'가 '맹(孟)'으로 되어 있다.
ㅇ盂(우)-지금의 산서성 양곡현(陽曲縣) 동북쪽.
ㅇ銅鞮(동제)-지금의 산서성 심현(沁縣) 남쪽.
ㅇ平陽(평양)-지금의 산서성 임분현(臨汾縣) 서남쪽.
ㅇ楊氏(양씨)-지금의 산서성 홍동현(洪洞縣) 남쪽.
ㅇ詩曰(시왈)-《시경》 대아에 있는 황의편(皇矣篇)의 구절. 전해지는 《시

경》에는 '유차문왕(唯此文王)'의 구절이 '유차왕계(維此王季)'라 하여 있다. 이것이 맞고, 《좌씨전》의 글귀가 잘못되었다. 이 시는 문왕의 아들 왕계(문왕의 막내아들)의 덕을 말한 것이다. '유차왕계'라야 뒤의 '비우문왕(比于文王)'의 구절과 연결된다.

賈辛將適其縣,에 見於魏子.라 魏子曰, 辛來.하라 昔,에 叔向
適鄭.이라 饑萐惡.이라 欲觀叔向,하여 從使之收器者,하여 而往立
於堂下,하여 一言而善.이라 叔向將飮酒,라가 聞之曰, 必饑明也,
라 하고 下執其手以上曰, 昔,에 賈大夫惡,이나 娶妻而美.라 三
年不言不笑.라 御以如皋,하여 射雉獲之,하니 其妻始笑而言.이라
賈大夫曰, 才之不可以已.라 我不能射,이면 女遂不言不笑夫.아
今, 子少不颺,이나 子若無言,이면 吾幾失子矣.라 言之不可以已
也如是.라 遂如故知.라 今, 女有力於王室.이라 吾是以擧女,니
行乎敬之哉.라 母墮乃力.하라
仲尼聞魏子之擧也,하여 以爲義曰, 近不失親,하고 遠不失擧,
하니 可謂義矣.라 又聞其命賈辛也,하여 以爲忠,하고 詩曰, 永言
配命,하고 自求多福.이라 忠也.라 魏子之擧也,는 義,요 其命也,
는 忠.이라 其長有後於晉國乎.인저

가신(賈辛)이 받은 현(縣)을 다스리러 감에 있어, 위헌자를 찾았다. 위헌자가 말했다. "신(辛) 자네는 들어 보게. 지난날 숙향(叔向)이 정

나라에 갔을 때였네. 정나라의 종멸(鬷蔑)이라는 사람은 못생긴 사람이었지. 그런데 종멸이 우리나라의 숙향을 만나려고, 심부름꾼이 숙향을 대접하는 상의 그릇을 치우러 들어가는 자의 뒤를 따라가 당하(堂下)에 서서는 한마디 말하였는데, 그 말소리가 아주 듣기 좋은 것이었다네. 그때 숙향은 술을 마시려는 참이었는데 종멸의 말소리를 듣고는, '저 사람은 틀림없이 종명(鬷明)일 것이다.'라고 말하고, 당하로 내려가 그의 손을 잡고 자리로 올라가서 말하기를, '옛날에 가(賈)땅을 차지하고 있는 대부가 못생겼으나, 아내를 얻고 보니 아름다웠소. 그런데 그 아내가 결혼한 지 3년이 되어도 대부에게 한마디 말을 하지 않고, 웃어 보이지도 않았답니다. 그래서 그는 어느 때에 아내를 태우고 수레를 조종하여 택변(澤邊)으로 가서 활을 쏘아 꿩을 잡았더니, 그의 아내는 그때서야 비로소 웃고 말을 하더라는 것이오. 그러자 가의 대부는 한 가지 재주가 없어서는 안되는 것이군. 내 활을 쏘지 못했더라면, 그대는 끝내 말하지 않고 웃지 않을 것 아닌가라고 했다는 거요. 현재 당신은 외모가 다소 좋지 않으나, 그렇다고 해서 당신이 만일 아까 한 말을 하지 않았더라면, 나는 하마터면 당신을 만나지 못할 뻔했소이다. 말은 하지 않으면 안된다는 것은 이 경우와도 같소이다.'라 했었다네. 그리하여 그들은 마치 전부터 친한 사람같이 사귀었다고 하네. 이제 자네는 왕실에 대하여 공을 세운 사람일세. 나는 그 때문에 자네를 등용한 것이니, 가서는 모든 일을 정성껏 하게. 그래서 자네의 공로를 헛되게 하지 말게."

공자(孔子)께서 위헌자가 사람들을 등용한 일을 들으시고는 의롭다고 여기시어 말씀하시기를, "위헌자는 가까이 있는 사람들 중에서 친척의 좋은 사람을 놓치지 않았고, 먼 타인 중에서 좋은 사람을 인재 등용에서 빼놓지 않았으니, 그가 한 일은 의롭다고 이를 수 있는 것이다."라고 하셨다. 그리고 위헌자가 가신에게 이른 일을 들으시고는 위헌자를 충성스럽다고 여기시어, "시에 이르기를, '언제나 천명(天命)

을 따르고, 스스로 힘써 많은 복 구하네.'라고 했다. 이것은 충성스러
움을 말한 것이다. 위헌자의 인재 등용은 의롭고, 그가 등용한 사람에
게 타이른 것은 충성스러운 것이다. 그의 가문은 진나라에서 길이 보
존되리라."라고 말씀하셨다.

주해 | ○鬷蔑(종멸)—자(字)를 명(明)이라 했고, 성은 연(然)이었다. 양
공 24·31년조에는 연명(然明)으로 나왔다. 종(鬷)은 그가 차지한 읍
이름이었다.

○賈大夫(가대부)—가는 원래 나라 이름이었다. 춘추시대 초기에 가나라
는 진(晉)나라한테 멸망당하고, 그 국토는 진나라의 현(縣)이 되었다.
여기에서 가대부는 진나라의 가현(賈縣)을 차지했던 대부라는 말이다.
가나라는 본래 포성(蒲城) 근방의 땅을 차지했었으나, 뒤에는 임분(臨
汾) 땅으로 옮겼다고 한다.

冬,에 梗陽人有獄,에 魏戊不能斷,하여 以獄上.이라 其大宗賂
以女樂,하니 魏子將受之.라 魏戊謂閻沒·女寬曰, 主以不賄聞
於諸侯.라 若受梗陽人,이면 賄莫甚焉,이니 吾子必諫.하라 皆許
諾.이라 退朝,를 待於庭.이라 饋入,에 召之.라 比置三歎.이라 旣
食,에 使坐,하고 魏子曰, 吾聞諸伯叔,하되 諺曰, 唯食忘憂.이라
吾子置食之間三歎,이었거늘 何也.오 同辭而對曰, 或賜二小人
酒,하여 不夕食.이라 饋之始至,에 恐其不足.라 是以로 歎.이라 中
置,에 自咎曰, 豈將軍食之而有不足.가 是以로 再歎.이라 及饋
之畢,에 願以小人之腹爲君子之心屬厭而已.라 獻子辭梗陽人.
이라

  겨울에 경양(梗陽) 사람의 소송이 있었는데, 위무(魏戊)는 그 일을 딱부러지게 판결을 내릴 수가 없어서, 그 사건을 조정으로 올렸다. 그 일을 소송한 장본인이 여자 악인(樂人)을 뇌물로 바치니, 위헌자는 받으려 하였다. 그러자 위무는 위헌자의 가신(家臣)인 염몰(閻沒)과 여관(女寬)에게 말하기를, "우리들의 윗분은 타인의 뇌물을 받지 않는 것으로 제후국들 사이에 이름 나 있소. 그런데 그 어른이 만일 경양 사람의 뇌물을 받으신다면, 뇌물받는 허물이 그보다 더 심함이 없는 것이오. 그러니 당신들은 꼭 충고를 하시오."라고 했다. 그러자 두 사람은 다 응낙하였다. 위헌자가 조정으로부터 물러나옴을, 그들 두 사람은 뜰에서 기다리고 있었다. 식사 때가 되자, 위헌자가 그들을 불러들여 식사를 시켰다. 그런데 그들은 밥상을 차릴 때부터 식사를 마칠 때까지 세 차례나 한숨을 쉬었다. 식사를 마치고 나자, 위헌자는 그들을 앉혀 놓고 말하기를, "내 어른들한테서 들었거니와 속담에, '식사를 할 때만은 걱정을 잊는다.'고 하였다. 그대들은 식사를 하는 동안에 세 차례나 한숨을 쉬었는데, 왜 그랬는가?"라고 했다. 이에 두 사람은 입을 모아 대답했다. "어느 분이 두 소인들에게 술을 먹여서 어제 저녁을 들지 않았습니다. (그래서 배가 고팠었습니다.) 밥상이 들어올 때에 저희들은 혹 먹을 것이 부족하지 않나 하고 걱정되었습니다. 그래서 저희들은 한숨을 쉬었던 것입니다. 밥상을 차리고 난 뒤에는, 저희들 자신은 속으로 말하기를, '그러면 그렇지, 장군께서 먹이시는데 어찌 부족하게 먹일 것이냐?'라 했습니다. 그래서 저희들은 재차 한숨을 쉬었던 것입니다. 그리고 다 먹고 나서는 한숨을 쉬어 배가 불러 만족하게 여기는 소인들의 마음과 같이 주인 어른도 만족함을 아시는 마음을 가지시어 욕심내시지 않기를 원했던 따름이었습니다." (자신의 만족을 알고, 욕심부리지 말라는) 이 말을 들은 위헌자는 경양 사람의 뇌물을 사절했다.

주해 ㅇ大宗(대종)―소송을 한 장본인.

ㅇ伯叔(백숙)―백부와 숙부이나, 어른들이라 해석했다.

ㅇ將軍(장군)―진나라의 육경(六卿)은 평상시는 정치를 분담했지만, 전쟁시에는 상군(上軍)·중군(中軍)·하군(下軍)의 대장과 부장(副將)이 되었다. 그래서 경(卿)인 위헌자를 장군이라 칭한 것이다.

經 ㅇ二十有九年春,에 公至自乾侯,하여 居于鄆.이라

ㅇ齊侯使高張來唁公.이라

ㅇ公如晉,하여 次于乾侯.라

ㅇ夏四月庚子,에 叔詣卒.이라

ㅇ秋七月.

ㅇ冬十月,에 鄆潰.라

29년 봄에 공이 건후(乾侯)로부터 돌아와 운(鄆)에서 거처했다.

제나라 군주인 후작이 고장(高張)에게 우리나라에 와 공을 위로케 했다.

공이 진나라에 가, 건후에서 머물렀다.

여름 4월 경자날에, 숙예(叔詣)가 세상을 떠났다.

가을 7월.

겨울 10월, 운(鄆)이 공격을 받아 사람들이 산산이 흩어졌다.

傳 二十九年春,에 公至自乾侯,하여 處于鄆.이라 齊侯使高張來唁公,에 稱主君.이라 子家子曰, 齊卑君矣.오니다 君祇辱焉.이리

다 公如乾侯.라

三月己卯,에 京師殺召伯盈·尹氏固及原伯魯之子.라 尹固之

復也,에 有婦人遇之周郊,하여 尤之曰, 處則勸人爲禍,하고 行則

數日而反,하니 是夫也其過三歲乎.아 夏五月庚寅,에 王子趙車

入于鄻以叛,이나 陰不佞敗之.라

29년 봄에, 소공이 건후로부터 돌아와 운에 거처했다. 제나라 군주가 고장에게 와 공을 위로하니, 소공을 주군(主君)이라 불렀다. 그러자 자가자(子家子)가 말하기를, "제나라는 군주를 얕보고 있사옵니다. 군주께서는 앞으로 모욕을 당하실 것이옵니다."라고 했다. 소공이 건후로 갔다.

3월 기묘날에, 주나라 서울에서 소(召)의 군주 백작 영(盈)·윤(尹) 사람 고(固) 및 원(原)의 군주인 백작 노(魯)의 아들을 죽였다. 윤의 고가 (초나라로 도망가다가) 주나라로 돌아가니, 어느 부인이 그를 주나라 서울의 교외에서 만나 그를 나무라 말하기를, "국내에 있어서는 사람들에게 권유하여 화를 일으키고, 외국으로 도망감에는 며칠만에 돌아오니, 이런 분이 3년을 넘길까?"라고 했다. 여름 5월 경인날에, 왕자 조차(趙車)가 연(鄻)으로 들어가 반란을 일으켰으나, 음불녕(陰不佞)이 그를 패배시켰다.

주해 ○主君(주군)−당시에 제후를 군(君)이라 했고, 제후국의 경(卿)이나 대부(大夫)를 주(主)라 호칭했다. 주군은 확실히 제후를 부르는 말도 아니고, 또 경대부를 부르는 말도 아닌 그 중간의 말이었다.

○尹氏高(윤씨고)−윤의 고는 소공 26년에 왕자 조를 따라 초로 떠났으나, 도중 주나라로 돌아가 경왕(敬王)에게 붙들렸다가, 이 해에 죽었다.

ㅇ酇(연)-지금의 하남성 의양(宜陽) 부근.

平子每歲賈馬,하고 具從者之衣屨,하여 而歸之于乾侯,하되 公
執歸馬者,하고 賣之,하니 乃不歸馬.라 衛侯來獻其乘馬.라 曰啓
服,이어늘 塹而死,에 公將爲之槥.이라 子家子曰, 從者病矣,니
請以食之.이오니다 乃以帷裏之.라
公賜公衍羔裘,하고 使獻龍輔於齊侯,러니 遂入羔裘.라 齊侯
喜,하여 與之陽穀.이라 公衍・公爲之生也,에 其母偕出.이라 公
衍先生.이었거늘 公爲之母曰, 相與偕出,이니 請相與偕告.라 三
日,에 公爲生,하니 其母先以告,하여 公爲爲兄.이라 公私喜於陽
穀,하여 而思於魯曰, 務人爲此禍也.라 且後生而爲兄,하여 其誣
也久矣.라 乃黜之,하여 而以公衍爲太子.라

계평자(季平子 : 季孫意如)는 해마다 말을 사들이고, 소공을 따르
고 있는 사람들의 의복과 신발 등을 갖추어서 공이 있는 건후(乾侯)
로 보냈는데, 공이 말을 끌고 간 사람을 잡고, 그 말을 팔고 하므로
말 보내기를 그만두었다. 위나라의 군주가 공에게 타는 말을 선사했
다. 그 말 이름을 계복(啓服)이라 했는데, 그 말이 구덩이에 빠져 죽
자, 공은 그 말을 위하여 관(棺)에 넣어 묻으려 했다. 그러자 자가자
(子家子 : 子家駒)가 말하기를, "군주를 따르고 있는 자들이 다 못먹
어 피로해 있사오니, 그 말을 먹게 해주시기를 원하옵니다."라고 했다.
(곤경에 있으면서, 말의 시체를 관에 넣어 묻으려는 호사스러운 생각

에 대해서 화가 나 한) 이 말에, 헌 장막(帳幕)의 베로 싸서 묻었다.

공이 공자 공연(公衍)에게 어린 양가죽으로 만든 옷을 주고, 그에게 기우제(祈雨祭)에 쓰는 옥(玉)을 제나라 군주에게 드리게 했더니, 공연은 결국 공한테 하사받은 가죽옷까지 드렸다. 그러자 제나라 군주가 기뻐하고, 그에게 양곡(陽穀)이라는 읍을 떼어 주었다. 공연과 공위(公爲) 두 형제가 태어날 때, 그들의 어머니들이 동시에 산실(産室)로 아기를 낳기 위하여 갔다. 공연이 먼저 태어났는데, 공위의 어머니가 공연의 어머니에게 말하기를, "우리는 서로 같이 아기를 낳으러 산실로 왔으니, 내가 아기를 낳은 뒤에 같이 군주에게 아기를 낳았다는 것을 고하기로 하십시다."라고 했다. 사흘 뒤에 공위가 태어나니, 공위의 어머니는 자신이 약속한 것을 깨고 먼저 아기를 낳았다고 공에게 고하여 공위가 형이 되었다. 소공은 공연이 양곡 읍을 얻은 일에 대하여 속으로 기뻐하여, 그곳을 근거로 삼아 노나라를 다시 차지할 것을 생각하고서 말하기를, "무인(務人 : 공위)이 이 화를 일으킨 것이다. 그리고 공위는 뒤에 태어났으면서도 형이 되어, 속인 지가 오래되었다."라고 했다. 그리고 공위를 태자 자리에서 몰아내고, 공연을 태자로 삼았다.

주해 ○龍輔(용보)—기우제를 지낼 때에 제물로 쓴 옥.
○陽穀(양곡)—제나라 읍으로, 지금의 양곡(陽穀) 부근.

秋,에 龍見于絳郊.라 魏獻子問於蔡墨曰, 吾聞之,하되 蟲莫知
於龍.이라 以其不生得也,니 謂之知.라 信乎.아 對曰, 人實不知.
라 非龍實知.라 古者畜龍.이라 故로 國有豢龍氏,하고 有御龍氏.
라 獻子曰, 是二氏者,는 吾亦聞之,나 而不知其故.라 是何謂也.

오 對曰, 昔有飂叔安,이 有裔子,하여 曰董父.라 實甚好龍,하여

能求其耆欲,하여 以飲食之,하니 龍多歸之.라 乃擾畜龍以服事

帝舜.이라 帝賜之姓曰董,하고 氏曰豢龍,하여 封諸鬷川.이라 鬷夷

氏其後也.라 故로 帝舜氏世有畜龍.이라 及有夏孔甲,하여 擾于

有帝,하여 帝賜之乘龍,에 河漢各二,어늘 各有雌雄.이라 孔甲不

能食,하고 而未獲豢龍氏.라 有陶唐氏旣衰,나 其後有劉累,하여

學擾龍于豢龍氏,하여 以事孔甲,하여 能飲食之.라 夏后嘉之,하여

賜氏曰御龍氏,하여 以更豕韋之後.라 龍一雌死,하니 潛醢以食

夏后.라 夏后饗之,하여 旣而使求之,하니 懼而遷于魯縣.이라 范

氏其後也.라 獻子曰, 今何故無之.오 對曰, 夫物,은 物有其官.

이라 官脩其方,하여 朝夕思之.라 一日失職,이면 則死及之,하고

失官,이면 不食.이라 官宿其業,이면 其物乃至.라 若泯棄之,면 物

乃坻伏,하여 鬱湮不育.이라 故로 有五行之官,하니 是謂五官.이라

實列受氏姓,하여 封爲上公,하고 祀爲貴神,하며 社稷五祀,로 是

尊是奉.이라 木正曰句芒,하고 火正曰祝融,하며 金正曰蓐收,하고

水正曰玄冥,하며 土正曰后土.라 龍水物也,어늘 水官棄矣.라 故

로 龍不生得.이라 不然,이면 周易有之.리오 在乾☰☰之姤☰☰

曰, 潛龍勿用.하라하고 其同人☰☰曰, 見龍在田.이라하며 其大有

≡≡曰, 飛龍在天.이라하고 其夬≡≡曰, 亢龍有悔.라하며 其

坤≡≡≡≡曰, 見群龍無首,이면 吉.이라하고 坤之剝≡≡≡≡曰, 龍戰于

野.라 若不朝夕見,이면 誰能物之.리오 獻子曰, 社稷五祀,는 誰

氏之五官也.오 對曰, 少暤氏有四叔,하니 曰重,하고 曰該,하며

曰脩,하고 曰熙,하여 實能金木及水.라 使重爲句芒,하고 該爲蓐

收,하며 脩及熙爲玄冥,에 世不失職,하여 遂濟窮桑.이라 此其三

祀也.라 顓頊氏有子,하여 曰犁.라 爲祝融.이라 共工氏有子,하여

曰句龍.이라 爲后土.라 此其二祀也.라 后土爲社,요 稷田正也.

라 有烈山氏之子曰柱.라 爲稷.이라 自夏以上祀之.라 周棄亦爲

稷,하여 自商以來祀之.라

가을에, 용이 진(晉)나라 도읍 강(絳)의 교외에 나타났다. 그 일로 위헌자(魏獻子)와 태사(大史)였던 채묵(蔡墨)이 말했다.

위헌자―내 들었거니와, 기는 짐승 중에서 용과 같이 지혜로운 것은 없다고 하오. 용을 산 채로 잡지 못하므로, 지혜롭다 이르오. 그것은 정말이오?

채묵―그렇게 말하는 사람은 실로 용을 모르고 있는 것입니다. 용은 실로 지혜로운 것이 아닙니다. 옛날 사람은 용을 길렀습니다. 그러므로 나라에 환룡씨(豢龍氏)가 있었고, 어룡씨(御龍氏)가 있었습니다.

위헌자―환룡씨와 어룡씨의 두 씨족이 있었다는 것은 나도 들었지만, 그 두 성이 있게 된 까닭은 알지 못하고 있소. 어째서였소?

채묵―옛날 요(颺)나라 숙안(叔安)의 후손이 있어, 이름을 동보(董

父)라 했습니다. 그는 정말로 용을 좋아하여, 용이 무엇을 좋아하는 가를 알아낼 수가 있어, 용에게 좋아하는 것을 먹이니, 용이 많이 그를 따랐습니다. 그래서 그는 용을 길들이고 기르는 일로 순(舜)임금을 섬겼습니다. 그러자 순임금은 그에게 동(董)의 성(姓)을 하사하고, 씨(氏)를 환룡(豢龍)이라 하여, 종천(鬷川) 가의 땅에 제후로 봉했습니다. 후세의 종이씨(鬷夷氏)는 그의 후손입니다. 그래서 순임금 시대에는 용 기르는 이가 있었던 것입니다. 하(夏)나라 공갑(孔甲) 때에 이르러, 그가 하늘의 상제(上帝)에게 잘 보여, 상제는 그에게 네 마리의 용을 주니, 황하(黃河)와 한수(漢水)에 각각 두 마리씩을 두었는데, 두 곳에 다 암수가 있었습니다. 그러나 공갑은 그 용을 먹여 기를 수가 없었고, 용을 기를 수 있는 환룡씨의 사람을 구하려 했으나 얻지 못했습니다. 그때 도당씨(陶唐氏 : 堯임금)가 다스리던 땅은 쇠퇴했었으나, 뒤에 유루(劉累)라는 이가 있어, 용 길들이는 법을 환룡씨한테 배워서, 공갑을 섬기어, 그 용들을 먹여 기를 수가 있었습니다. 그래서 하나라 임금은 그를 좋아하여 씨(氏)를 주어 어룡씨(御龍氏)라 하여, 시위(豕韋)의 후계자 대신이 되게 했습니다. 그랬는데 네마리 용 중에서 한마리의 암놈이 죽자, 유루는 남몰래 소금에 절이어 하나라 임금에게 먹였습니다. 하나라 임금은 그것을 받아먹고 맛이 있다 하여, 다 먹고 나서는 다시 그것을 요구했습니다. 그래서 그는 겁이 나 노현(魯縣)으로 옮겨가 살았습니다. 범씨(范氏)는 그의 후손입니다.

위헌자─그런데 오늘날에는 어찌하여 그 씨족이 없는 거요?

채묵─세상에는 모든 것을 맡는 관(官)이 있습니다. 그리고 세상의 물건을 담당하는 관은, 그 기술을 닦아 조석으로 관무(官務)를 잘 수행할 것을 생각합니다. 일단 그 직책을 다하지 못하면 죽음이 닥치고, 벼슬을 잘 지키지 못하면 관록(官祿)을 받아먹지 못합니다. 담당하는 벼슬에 있는 자가 오래도록 그 일을 이어받으면, 그 물건은 자연히 그를 따라붙는 것입니다. 그러나 만일 그 사물을 버린다면, 그 물건은 숨어 지내어, 번식이 침체되고 번식 길이 막히어 제대로 기르지 못하는 것입니다. 그러므로 다섯 가지의 관(官)이 있어, 그것을 오관(五官)이라 일렀습니다. 그 오관은 실로 다같이 씨(氏)·성(姓)을 받아, 봉되어 상공(上公)이 되고, 죽으면 제사를 받아 귀한 신(神) 대접을 받으며, 사직의 다섯 사신(祀神)으로서 높여지고 받들어졌습니다. 목(木)을 담당하는 장관을 구망(句芒)이라 했고, 화(火)를 담당하는 장관을 축융(祝融)이라 했으며, 금(金)을 담당하는 장관을 욕수(蓐收)라 했고, 수(水)를 담당하는 장관을 현명(玄冥)이라 했으며, 토(土)를 담당하는 장관을 후토(后土)라 했습니다. 용은 수(水)에 속하는 것인데, 수를 담당한 관이 버림을 받게 되었습니다. 그래서 용은 산 채로 잡을 수가 없습니다. 그렇지 않고서야, 《주역(周易)》에 용을 언급했겠습니까? 건괘(乾卦)가 구괘(姤卦)로 변한 것의 괘사(卦辭)에, '숨어 있는 용은 써먹지 말라.'라 했고, 동인괘(同人卦)에는 '나타난 용 밭에 있다.'라 일렀으며, 대유괘(大有卦)에는 '나는 용이 하늘에 있다.'라 일렀고, 쾌괘(夬卦)에는 '높이 있는 용 후회함이 있으리라.'라 일렀으며, 곤괘(坤卦)에는 '떼를 지은 용이 머리 없음을 보면 길하다.'라 일렀고, 곤괘가 박괘(剝卦)로 변하는 것에는, '용이 들에서 싸운다.'라 일렀습니다. 만일 용을 조석으로 대해 보지 않았다면, 누가 이렇게 형용해서 말할 수 있었겠습니까?

위헌자―사직의 다섯 사신(祀神)에서 누가 오관을 지냈소?

채묵―소호씨(少暤氏)는 네 동생이 있었으니, 그들의 이름은 중(重)·해(該)·수(脩)·희(熙)라 했고, 그들은 실로 금(金)·목(木)·수(水)를 잘 다룰 수 있었습니다. 그래서 소호씨는 중을 구망(句芒)으로 삼았고, 해는 욕수(蓐收)로 삼았으며, 수와 희는 현명(玄冥)으로 삼았는데, 세세(世世)로 그 관직을 잘 지키어, 결국 궁상(窮桑)을 근거지로 했던 소호씨의 정치가 잘되게 했습니다. 이들이 곧 다섯 사신

중의 세 사신입니다. 그리고 전욱씨(顓頊氏)가 아들을 두어, 이름을 이(犁)라 했습니다. 그는 축융(祝融)이 되었습니다. 그리고 또 공공씨(共工氏)가 아들을 두었는데, 구룡(句龍)이라 했습니다. 그는 후토(后土)가 되었습니다. 이들이 다섯 사신 중 두 사신이 되었습니다. 후토가 사(社)이고, 직(稷)은 곧 전지(田地)를 장악하는 장관이었습니다. 열산씨(烈山氏)의 아들을 주(柱)라 했습니다. 그는 직(稷)이 되었습니다. 하(夏)나라로부터 그 윗대에서는 주(柱)를 사신삼아 제사를 지내었습니다. 그뒤, 주(周)나라 시조인 기(棄) 또한 직(稷)이 되어, 상(商 : 殷) 이후로는 그를 사신삼아 제사를 지내 왔습니다.

주해 ㅇ有鬲(유요)—다만 요라고도 한다. 고대의 나라 이름. 지금의 하남성 당현(唐縣)에 있었다고 한다.

ㅇ灊川(종천)—강 이름.

ㅇ豕韋(시위)—성은 팽(彭)이었다 한다. 유루(劉婁)가 시위의 나라를 차지하여 일단 나라를 잃었고, 유루가 노현(魯縣)으로 간 뒤에 다시 나라를 회복하였다가, 은나라 시대에 들어 망했다는 것이다. 그뒤, 유루의 후손이 그의 국토를 계승하여, 유루의 자손이 시위씨가 되었다고 한다. 여기에 대해서는 양공 24년조 참고.

ㅇ魯縣(노현)—지금의 하남성 노양(魯陽).

ㅇ窮桑(궁상)—소호씨의 근거지로, 지금의 산동성 곡부(曲阜)의 북방 땅이었다고 한다. 이것은 소호씨의 별칭(別稱)으로도 쓰였다.

冬,에 晉趙鞅·荀寅帥師,하여 城汝濱,하고 遂賦晉國一鼓鐵,하여 以鑄刑鼎,하여 著范宣子所爲刑書焉.이라 仲尼曰, 晉其亡乎. 失其度矣.라 夫晉國將守唐叔之所受法度,하여 以經緯其民,하고 卿大夫以序守之.라 民是以能尊其貴,하고 貴是以能守

其業,하며 貴賤不愆.이라 所謂度也.라 文公是以作執秩之官,하고
爲被廬之法,하여 以爲盟主.라 今棄是度也,하고 而爲刑鼎.이라
民在鼎矣,에 何以尊貴,하고 貴何業之守.리오 貴賤無序,면 何以
爲國.가 且夫宣子之刑,은 夷之蒐也,요 晉國之亂制也.라 若之
何以爲法.가 蔡史墨曰, 范氏·中行氏其亡乎.인저 中行寅爲下
卿,나 而干上令,하여 擅作刑器,하여 以爲國法,이어늘 是法姦也.
라 又加范氏焉,하여 易之亡也.라 其及趙氏,이리니 趙孟與焉.이라
然,이나 不得已.라 若德,이면 可以免.이리라

　　겨울에, 진나라의 조앙(趙鞅)과 순인(荀寅)이 군사를 이끌고, 여수(汝水) 연안에다 성을 쌓고, 그뒤를 이어 곧 진나라 전국 각 고을에 1고(鼓) 양(量)의 쇠를 부과하여 내게 하여, 형법의 조항을 새겨 넣은 큰 솥을 주조(鑄造)해서, 전에 범선자(范宣子 : 士匄)가 지어 낸 형벌문(刑罰文)을 새겼다. 이 일에 대해서 공자(孔子)께서 말씀하셨다. "진나라는 망할 것이다. 법도를 잃고 있다. 진나라는 진나라 군주의 시조인 당숙(唐叔)이 천자한테 받았던 법도를 지키어 백성을 다스리고, 경(卿)·대부(大夫)들은 자신들의 지위를 잘 지켜야 할 것이다. 백성은 그래야 윗사람을 존중하고, 윗사람은 그래야 그들 가문의 업(業)을 지킬 수 있으며, 귀천간(貴賤間)이 어긋나지 않는다. 이것을 법도라 이르는 것이다. 진나라의 문공(文公)은 이를 위하여 질서를 확립시키는 관(官)을 두고, 피려(被廬)에서 군사연습을 했을 때에 법을 지어, 맹주(盟主)가 되었던 것이다. 진나라는 이제 지켜 온 법도를 버리고, 형법을 새긴 솥을 만들었다. 백성의 마음이 그 형법을 새긴

솥에만 쏠릴 것이니, 어찌 윗사람을 존중하고, 높은 사람들이 어찌 가문의 업을 지켜 나갈 것이랴? 귀천간에 질서가 없으면 어찌 나랏일이 잘되랴? 그리고 범선자의 형법은 이(夷)에서 군사연습을 했을 때에 지은 것이요, 당시 진나라 처지를 잘 돌려 나갈 방편을 위한 법제(法制)였다. 그런데 그것이 어떻게 떳떳한 법이 된단 말인가?" 그리고 진나라의 태사(大史)인 채묵(蔡墨)이 말했다. "범씨(范氏)와 중행씨는 망할 것이다. 중행인(中行寅)은 하경(下卿)이면서도, 위의 영(令)을 어겨, 함부로 형법을 새긴 그릇을 만들어 국법이라 하고 있는데, 이것은 그른 것을 법으로 하는 짓이다. 그리고 그는 범씨를 끌어넣어 덩달아 따라 망하게 하고 있다. 그것은 조씨(趙氏)에게도 미칠 것이니, 조맹(趙孟)도 그 일에 참여했기 때문이다. 그러나 조맹은 할 수 없이 참여했던 것이다. 그러니 만약 덕을 닦으면, 그는 망하는 일을 면할 수가 있으리라."

주해 ｜ ○汝濱(여빈)―여수(汝水) 연안.

○一鼓(일고)―고는 중량(重量)의 단위로 480근(斤). 30근을 1균(鈞)이라 했고, 4균을 1석(石)이라 했으며, 4석을 1고(鼓)라 했다.

○被廬之法(피려지법)―희공 27년조 참고.

○夷之蒐(이지수)―문공 6년조 참고.

○晉國之亂制也(진국지란제야)―주(周)나라의 전통적인 제도를 무시하고, 진나라가 시국에 알맞게 방편적으로 정한 법제라는 말.

○易之亡也(이지망야)―이는 뻗친다는 뜻이 있으나, 덩달아, 따라로 번역했다. 직접적으로는 상관이 없지만, 범선자가 지은 형법을 새긴 것 때문에 범씨도 그 죄에 걸려서, 따라 망하게 된다는 말.

經｜ ○三十年春王正月,에 公在乾侯.라

○夏六月庚辰,에 晉侯去疾卒.이라

ㅇ秋八月,에 葬晉頃公.이라

ㅇ冬十有二月,에 吳滅徐.라 徐子章羽奔楚.라

30년 봄 천자가 쓰는 역으로 정월에, 공이 건후에 거처했다.

여름 6월 경진날에, 진나라 군주인 후작 거질(去疾)이 세상을 떠났다.

가을 8월에, 진나라 경공을 장사 지냈다.

겨울 12월에, 오나라가 서나라를 멸망시켰다. 서나라의 군주인 자작 장우(章羽)가 초나라로 달아났다.

傳| 三十年春王正月,에 公在乾侯.라 不先書鄆與乾侯,요 非公,

하고 且徵過也.라

夏六月,에 晉頃公卒,하고 秋八月,에 葬.이라 鄭游吉,이 弔且送

葬.이라 魏獻子使士景伯詰之曰, 悼公之喪,에 子西弔,하고 子蟜

送葬,이었거늘 今, 吾子無貳.라 何故.오 對曰, 諸侯所以歸晉君,

은 禮也.라 禮也者,는 小事大,하고 大字小之謂.라 事大在共其時

命,이오 字小在恤其所無.라 以敝邑居大國之間,으로 共其職貢,

하고 與其備御不虞之患,이어늘 豈忘共命.이라 先王之制,에 諸侯

之喪,은 士弔,하고 大夫送葬,하며 唯嘉好·聘享·三軍之事,에는

於是乎使卿.이라 晉之喪事,에는 敝邑之間,에는 先君有所助執紼

矣,이오 若其不間,이면 雖士大夫有所不獲數矣,라도 大國之惠,

하여 亦慶其加,하고 而不討其乏,하여 明底其情,하여 取備而已,라
하여 以爲禮也.라 靈王之喪,에 我先君簡公在楚,하여 我先大夫
印段實往.이라 敝邑之少卿也,이었거늘 王吏不討,하고 恤所無也.
라 今, 大夫曰, 女盡從舊,나 舊有豊有省,이어늘 不知所從.이라
從其豊,이면 則寡君幼弱,이니 是以不共.이라 從其省,이면 則吉在
此矣.라 唯大夫圖之.하라 晉人不能詰.이라

30년 봄 천자가 쓰는 역으로 정월에, 공이 건후(乾侯)에서 거처했다. 전에 운(鄆)과 건후에서 거처했던 일을 경문에 쓰지 않은 것은, 소공이 한 일을 비난한 일이었고, 또 그 과실을 징계하는 일이었다.

여름 6월에, 진나라의 경공이 세상을 떠났다. 가을 8월에 장사 지냈다. 정나라의 유길(游吉 : 子大叔)이 진나라에 가 조문했고, 또 장례식에 참석했다. 그때 진나라의 위헌자(魏獻子 : 魏舒)는 사경백(士景伯 : 士彌牟)에게 추궁하여 말하기를, "우리나라 도공(悼公)의 상을 당했을 때, 귀국의 자서(子西)가 조문했고, 자교(子蟜)가 장례식에 참석했었는데, 이번에 님은 부사(副使)를 데리고 오시지 않았습니다. 그것은 어째서입니까?"라고 했다. 이에 대하여 유길은 대답했다. "제후들이 진나라 군주를 따르는 것은 진나라에 예의가 있어서입니다. 그 예의라는 것은 작은 나라가 큰 나라를 섬기고, 큰 나라가 작은 나라에게 혜택을 줌을 이르는 것입니다. 작은 나라가 큰 나라를 섬긴다는 것은 그때그때의 명을 공손히 받드는 데 있고, 큰 나라가 작은 나라에게 혜택을 준다는 것은 작은 나라에 없는 것을 걱정해 주는 데 있는 것입니다. 우리 정나라는 큰 나라의 사이에 끼어 있으므로, 큰 나라가 명하는 것을 잘 지키고 공물(貢物)을 잘 내고 불의의 일에 대비

함을 사명으로 삼고 있는데, 우리가 어찌 진나라의 명을 잊겠습니까? 옛날의 어진 임금이 제정한 법도에, 제후의 상에는 사(士) 신분의 사람이 가 조문하고, 대부가 가 장례식에 참석하는 것이며, 다만 수호(修好)의 일·상대편 나라 군주에 대한 예방·삼군(三軍)을 내는 일에만은 경(卿)을 보낸다고 쓰여 있습니다. 진나라의 상사에 우리나라가 참석함에는, 선대 군주가 직접 장례식에 참석하여 상여줄을 친히 잡아끄는 일이 있었고, 만일 한가롭지 못할 것 같으면 사와 대부가 오는 일행의 인원수가 모자라더라도 큰 나라인 진나라는 은혜를 베풀어 법도에 넘게 신분이 높은 분이 더 오면 좋아했고, 인원수가 적은 것을 책하지 않고서, 그 실정을 밝게 살펴 예의가 법도상 구비되었음만을 취하여 예의를 준수한다고 인정했던 것입니다. 주나라의 영왕(靈王)이 돌아가셨을 때, 우리나라의 선대 군주 간공(簡公)께서 초나라에 계시어 직접 못가시고, 우리의 세상을 떠난 대부였던 인단(印段)이 대신 갔었습니다. 그는 그때 우리 정나라의 소경(少卿)이었지만, 천자를 모시고 있던 관리들은 그 일을 문책하지 않고 우리나라에 부족한 것을 걱정해 주었습니다. 지금 대부께서 말씀하시기를, '너희 나라는 어찌 옛날의 예대로 하지 않느냐?'라고 하셨지만, 전례(前例)에는 정해진 법도보다 더한 일도 있었고, 그만 못한 일도 있었는데, 그 어느 편을 따르라는 것인지 알 수가 없습니다. 법도에 정해진 바보다 더해서 군주가 참석하셨던 예를 따르기로 한다면 지금의 우리나라 군주께서는 어리시니, 그 때문에 귀국의 명대로 하지 못하고, 참석한 인원수가 적었던 예를 따르기로 한다면 유길 제가 여기에 있으니 되는 것입니다. 그러니 대부께서는 잘 살펴 주십시오." 이 말에, 진나라 사람은 더 추궁하지 못했다.

■ **주해** │ ○不先書鄆與乾侯(불선서운여건후)─소공이 27년·28년의 정월에는 운에서 지냈고, 29년 정월에는 건후에서 지냈지만, 해당년의 경우

기사에 써넣지 않았다는 것을 말한 것이다.

ㅇ靈王之喪(영왕지상) ─ 양공 29년의 일이었다.

吳子使徐人執掩餘,하고 使鍾吾人執燭庸,하니 二公子奔楚.라 楚子大封,하여 而定其徙,하여 使監馬尹大心逆吳公子,하여 使居養,하고 蒍尹然·左司馬沈尹戌城之,하고 取於城父與胡田以與之,하여 將以害吳也.라 子西諫曰, 吳光新得國,하여 而親其民,하고 視民如子,하며 辛苦同之,하여 將用之也.이오니다 若好吳邊疆,하여 使柔服焉,이라도 猶懼其至,이옵거늘 吾又彊其讐,하여 以重怒之,는 無乃不可乎.인가 吳周之冑裔也,나 而棄在海濱,하여 不與姬通.이었나이다 今而始大,하여 比于諸華,하고 光于甚文,하여 將自同於先王.이오니다 不知天將以爲虐乎.인저 使翦喪吳國,하여 而封大異姓乎.인저 其抑亦將卒以祚吳乎.인저 其終不遠矣.리이다 我盡姑億吾鬼神而寧吾族姓以待其歸.리오 將焉用自播揚焉.이리오 王弗聽.이라 吳子怒.라

冬十二月,에 吳子執鍾吾子,하고 遂伐徐,하여 防山以水之,하여 己卯,에 滅徐.라 徐子章禹,가 斷其髮,하고 攜其夫人,하여 以逆吳子.라 吳子唁而送之,하고 使其邇臣從之.라 遂奔楚.라 楚沈尹戌師師,하여 救徐,나 弗及.이라 遂城夷,하여 使徐子處之.라 吳子問

於伍員曰, 初,에 而言伐楚.라 余知其可也,로되 而恐其使余往

也,요 又惡人之有余之功也.라 今, 余將自有之矣,어늘 伐楚何

如.아 對曰, 楚執政者衆而乖,하여 莫適任患.이오니다 若爲三師

以肄焉,에 一師至,라도 彼必皆出.이리이다 彼出,인 則歸,하고 彼

歸,인 則出,이면 楚必道敝.리이다 亟肄以罷之,에 多方以誤之,하

고 旣罷而後以三軍繼之,면 必大克之.리이다 闔廬從之.라 楚於

是乎始病.이라

오나라 군주가 서나라 사람에게 엄여(掩餘)를 잡으라 하고, 종오나
라 사람에게 촉용(燭庸)을 잡으라 했더니, 그 두 공자가 초나라로 달
아났다. 그러자 초나라의 군주는 그들을 큰 땅에 봉하여 옮겨 살 곳
을 정해 놓고서, 감마윤(監馬尹)인 악대심(樂大心)에게 오나라 공자
들을 맞이하게 하여 양(養)에서 거주케 하고, 유(莠) 고을 장관인 연
(然)·좌사마(左司馬)인 심 고을 장관 술(戌)이 성을 쌓고, 성보(城
父)와 호(胡) 땅을 갈라 그들에게 주어, 장차 오나라를 해치려 했다.
그러자 자서(子西)가 충간했다. "오나라 군주 광(光)은 이제 새로 나
라를 차지하여 백성을 친하게 대하옵고, 백성 대하기를 자식같이 하
오며, 백성과 고생을 같이하여, 장차 백성을 동원하려 하고 있사옵니
다. 우리나라가 만일 오나라 국경 사람들과 사이좋게 지내어 그들로
하여금 말을 잘 듣게 한다 하더라도, 오나라가 쳐들어올 것이 두렵사
온데, 우리가 더구나 오나라 군주의 원수를 강하게 하여, 그의 화를
이중으로 나게 한다는 것은 안될 일이 아니오리까? 오나라 군주는 주
나라 천자의 후예나, 바다의 변두리 땅으로 버려져, 이때까지는 희성
(姬姓)의 나라들과는 통하지 못했나이다. 그러나 이제 와서는 커져서,

중원(中原)의 여러 나라와 비견되옵고, 군주 광이 또한 마음이 아주 넓어, 옛날의 어진 임금과 같이 훌륭한 업적을 쌓으려 하고 있나이다. 하늘이 앞으로 무슨 잔악한 짓을 하게 할는지도 모르옵니다. 오나라를 꺾어 망하게 하여, 그 국토를 다른 큰 나라가 차지하게 할런지, 끝내는 오나라에 복을 내릴런지도 모르옵니다. 그 결과를 알게 될 날이 머지 않으오리다. 그런데 우리나라가 어찌 잠시 우리나라의 신을 편히 해드리고 우리의 백성들을 편안하게 하여 그 귀결되는 사태를 기다리지 않을 것이옵니까? 이 마당에 어찌 우리가 자진해서 일을 일으켜야 하오리까?” 그러나 초나라 왕은 그의 말을 듣지 않았다. 이에, 오나라 군주는 노했다.

　겨울 12월에, 오나라 군주는 종오나라의 군주를 잡고, 곧이어 서나라를 쳐, 산을 이용하고 물을 이용하여, 기묘날에 서나라를 멸망시켰다. 그때 서나라 군주인 장우(章禹)가 오나라의 풍속대로 머리를 자르고, 그의 부인을 데리고서 오나라 군주를 맞이했다. 그러자 오나라 군주는 그를 위로하여 보내고, 가까운 신하에게 시종하게 했다. 서나라 군주는 곧 초나라로 달아났다. 당시에, 초나라 심 고을 장관 술(戌)이 군사를 이끌고 서나라를 구원하러 갔으나, 서나라가 멸망하기 전에 당도하지 못했다. 그래서 곧 이(夷 : 성보)에다 성을 쌓고, 서나라 군주를 거처하게 했다. 오나라 군주가 오원(伍員)에게 묻기를, “전에 그대가 초나라를 칠 것을 말했다. 나는 그때 그러는 것이 옳다고 알았지만, 국왕이 나보고 군사를 이끌고 가라 할까 두려웠고, 또 다른 사람이 가 내가 차지해야 할 공을 차지하는 것도 싫었다. 그러나 이제야 스스로 쳐 초나라를 차지하려 한다. 초나라를 치는 것이 어떠한가?”라고 하니, 오원은 대답했다. “초나라는 정치를 한 사람이 하지 못하고, 여러 사람들이 관여하는 데다가, 그들의 뜻이 맞지 않아 국난(國難)을 책임질 자가 없사옵니다. 만일 삼군(三軍)을 편성하여 호되게 침에 있어, 일군(一軍)이 간다 하더라도, 저쪽은 반드시 전군(全

軍)이 출동할 것이옵니다. 그때 초군이 앞으로 나오면 우리편은 뒤로 물러나고, 저편이 뒤로 물러나면 우리가 진격하면, 초군은 반드시 도중에서 피로하게 될 것이옵니다. 우리가 자주 돌격하여 적군을 피로케 한 데다가, 이쪽저쪽에서 군대를 내어 적이 갈피를 잡지 못하게 하고, 그들이 완전히 피로해진 뒤에 우리의 삼군이 일제히 공격한다면, 반드시 대승(大勝)할 것이옵니다.” 오나라 왕 합려(闔廬)는 그의 의견을 따랐다. 초나라는 이에 처음으로 큰 괴로움을 겪게 되었다.

주해┃ ○養(양)―지금의 하남성 보풍(寶豊) 부근.

○城父(성보)·胡(호)―지금의 안휘성 박현(亳縣) 땅.

○光于甚文(광우심문)―오나라 왕 광(光)은 또한 아주 마음이 넓음.

○自播揚(자파양)―스스로 일을 일으킴.

○防山以水(방산이수)―서나라 도읍 밖의 산들을 제방(堤防)삼아, 물을 끌어넣어 물바다를 만들었다는 뜻이다.

○章禹(장우)―경문에는 ‘장우(章羽)’로 되어 있다.

○伍員(오원)―오나라로 도망간 초나라 사람. 그가 오나라 군주에게 초나라를 치라고 권한 사실은, 소공 20년조 참고.

○肆(이)―호되게 침. 돌격함.

經┃ ○三十有一年春王正月,에 公在乾侯.라

○季孫意如會晉荀躒于適歷.이라

○夏四月丁巳,에 薛伯穀卒.이라

○晉侯使荀躒唁公于乾侯.라

○秋,에 葬薛獻公.이라

○冬,에 黑肱以濫來奔.이라

ㅇ十有二月辛亥朔,에 日有食之.라

31년 봄 천자가 쓰는 역으로 정월에, 공이 건후에 거처하였다.

우리 노나라의 계손의여(季孫意如)가 진나라의 순역(荀躒)과 적력(適歷)에서 만났다.

여름 4월 정사날에, 설나라 군주인 백작 곡(穀)이 세상을 떠났다.

진나라 군주인 후작이 순역에게 건후에서 우리의 군주 소공을 위로케 했다.

가을에 설나라 헌공을 장사 지냈다.

겨울에 주(邾)나라의 흑굉(黑肱)이 남(濫) 땅을 소유한 채 우리 노나라로 도망왔다.

12월 신해날인 초하루에, 일식이 있었다.

주해ㅣ ㅇ適歷(적력) —지금의 하북성 대명(大名) 지방.

ㅇ黑肱(흑굉) —주(邾)나라 사람.

ㅇ濫(남) —지금의 산동성 등현(藤縣) 땅.

傳ㅣ 三十一年春王正月,에 公在乾侯,는 言不能外內也.라 晉侯將以師納公.이라 范獻子曰, 若召季孫而不來,면 則信不臣矣.이오니까 然後伐之,에 若何.이오 晉人召季孫,에 獻子使私焉曰, 子必來.하라 我受其無咎.하리라 季孫意如會晉荀躒于適歷.이라 荀躒曰, 寡君使躒謂吾子,하실새 何故出君.가 有君不事,엔 周有常刑.이라 子其圖之.하라 季孫練冠麻衣跣行,하여 伏而對曰, 事君,이나 臣之所不得也.라 敢逃刑命.이리오 君若以臣爲有

罪,이면 請囚于費以待君之察也.라 亦唯君.이라 若以先臣之故,
로 不絶季氏,하여 而賜之死,하고 若弗殺弗亡,이면 君之惠也,로
死且不朽.리라 若得從君而歸,면 則固臣之願也.라 敢有異心.가
夏四月,에 季孫從知伯如乾侯.라 子家子曰, 君與之歸.하소서
一慙之不忍,하시고 而終身慙乎.인가 公曰, 諾.이라 衆曰, 在一言
矣,이오니 君必逐之.하소서 荀躒以晉侯之命唁公,하고 且曰, 寡
君使躒以君命討於意如,이었거늘 意如不敢逃死.이오니다 君其入
也.하소서 公曰, 君惠顧先君之好,하여 施及亡人.이라 將使歸糞
除宗祧以事君,이나 則不能見夫人.이라 己所能見夫人者,라면 有
如河.라 荀躒掩耳而走曰, 寡君其罪之恐,이었거늘 敢與知魯國之
難.이리오 臣請復於寡君.이오니다 退而謂季孫,하되 君怒未怠.라
子姑歸祭.하라 子家子曰, 君以一乘入于魯師.하소서 季孫必與君
歸.하리이다 公欲從之,나 衆從者脅公,하여 不得歸.라

薛伯穀卒.이라 同盟.이라 故로 書.라

　31년 봄 천자가 쓰는 역으로 정월에, 공이 건후에 거처하였다고 경
에 쓴 것은, 공이 노나라 국내나 제나라 및 외국에도 있을 수 없는 처
지였음을 말한 것이다.

　진나라 군주가 군대를 출동시켜 노나라 소공을 도읍으로 들어가게
하려 했다. 그러자 범헌자(范獻子 : 范鞅)가 말하기를, "만일 노나라

의 계손의여(季孫意如)를 불러도 오지 않을 것 같으면, 정말로 그는 신하 노릇을 못한 자이옵니다. 그뒤에 그를 치는 것이 어떠하오리까?"라고 했다. 그래서 진나라 사람이 계손의여를 불렀는데, 범헌자는 개인적인 심부름꾼을 보내 말을 전하기를, "님은 부름을 받고 꼭 오도록 하시오. 아무런 벌이 없도록 보장하리다."라고 했다. 계손의여는 적력(適歷)으로 가 진나라의 순역을 만났다. 순역이 말하기를, "우리 군주께서 순역 나로 하여금 님에게 이르게 하시기를, '무엇 때문에 군주를 나가게 했는가? 군주가 엄연히 있는데 잘 섬기지 않음에는, 주(周)나라 천하에는 그런 자를 처벌하는 일정한 형법이 있느니라.'라고 하셨소. 그러니 님은 잘 헤아리시오."라고 했다. 그러자 계손의여는 상(喪) 당한 사람이 쓰는 관(冠)과 상복차림에 맨발로 앞으로 나가 엎드려 대답했다. "군주를 섬기는 신하인 저는 군주를 모실 수가 없습니다. 제가 어찌 감히 형벌에 대한 명령을 거부하고 빠져나가겠습니까? 우리 군주께서 만일에 신인 제가 죄가 있다고 여기신다면, 비(費)에 갇혀 있으면서 군주의 죄 살피심을 기다리게 해주십시오. 군주의 마음대로 처분하심을 따를 뿐입니다. 만일 저의 선대 분들의 공을 생각하셔서, 저의 계손씨(季孫氏) 가문을 멸망시키시지 않고 저에게만 죽음을 명하시고, 또는 만일 죽이시지 않거나 국외로 내쫓지 않으신다면, 그것은 군주의 은혜로, 제가 죽더라도 그 은혜는 길이 남을 것입니다. 만약 제가 우리 군주를 따라 도읍으로 돌아가게 될 수 있다면, 그야말로 신하인 저의 소원이옵니다. 제가 어찌 감히 다른 마음을 가지겠습니까?"

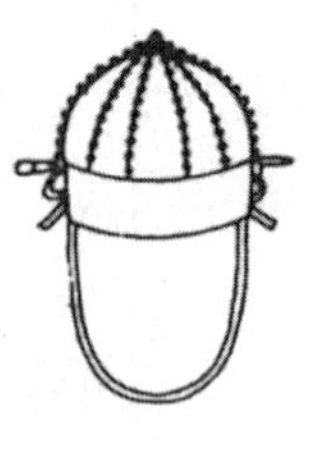

고깔〔弁〕

여름 4월에, 계손의여는 지백(知伯 : 순역)을 따라 건후로 갔다. 그때 소공을 따르고 있던 자가자(子家子)가 소공에게 말하기를, "군주는 계손의여와 같이 돌아가옵소서. 일시의 수치를 참지 않으시고, 종신토록 수치를 당하실 것이옵니까?"라고 하니 소공은, "그렇게 하겠소."라고 말했다. 그러나 공을 따르고 있는 뭇사람들은, "(진나라 군주가 군주를 걱정하고 계시는 마당에) 진나라에 대하여 잘 도와 달라고 한말씀만 하시면 되오니, 군주께서는 계손의여를 꼭 쫓아보내소서."라고 하였다. 진나라의 순역은 진나라 군주의 명을 받들어 소공을 위로하고, "저희 군주께서는 순역 저에게 저희 군주의 말씀으로 계손의여를 책망케 하셨사온대, 계손의여는 죽음의 벌도 감히 거부하지 않을 것이옵니다. 그러하오니 군주께서는 도읍으로 돌아가옵소서."라고 말했다. 소공은, "귀국의 군주는 선대 군주 때부터의 우호관계를 생각하셔서, 밖으로 나와 있는 사람에게까지 은혜를 베푸시고 계시오. 귀국의 군주께서는 나보고 돌아가 종묘를 깨끗이 하여 받들고 귀국 군주를 섬기라는 것이지만, 나는 계손의여를 만날 수가 없소이다."라고 말했다. 그러자 순역은 손으로 귀를 막고 달리며 말하기를, "저희 군주께서는 군주를 노나라 도읍으로 들어가시지 않는 것이 죄가 된다고 두려워하셨는데, 그러시다면 감히 노나라의 환난에 관여하실 것이옵니까? 신은 그대로 저희 군주께 보고하겠사옵니다."라고 하였다. 순역은 소공의 앞을 물러나가 계손의여에게 이르되, "군주의 분노는 아직 가라앉지 않았소이다. 그러니 님은 잠시 돌아가 종묘의 제사를 지내며 기다리시오."라고 했다. 그때 자가자가, "군주께서 한 대의 수레에 타시고 노나라 군중(軍中)으로 들어가옵소서. 그러시면 계손의여는 반드시 군주를 모시고 돌아갈 것이옵니다."라고 말했다. 소공은 그대로 하려 했으나, 공을 따르고 있는 사람들이, 그렇게 하지 못하게 공을 위협하여 나라로 돌아갈 수가 없었다.

설나라 군주 곡(穀)이 세상을 떠났다. 설나라는 우리 노나라의 동맹국이었다. 그러므로 경에 그 일을 썼다.

 ○言不能外內也(언불능외내야)─국내나 국외에서도 안착할 수가

없는 처지였다.
ㅇ練冠麻衣(연관마의)－상복 차림.

秋_추,에 吳人侵楚_{오인침초},하여 伐夷_{벌이},하고 侵潛·六_{침잠육}.이라 楚沈尹戍帥師_{초심윤술솔사},

하여 救潛_{구잠}.이라 吳師還_{오사환},하니 楚師遷潛於南岡而還_{초사천잠어남강이환}.이라 吳師圍_{오사위}

弦_현,하니 左司馬戌_{좌사마술}·右司馬稽帥師救弦_{우사마계솔사구현},하여 及豫章_{급예장},에 吳師還_{오사환}.

이라 始用子胥之謀也_{시용자서지모야}.라

冬_동,에 邾黑肱以濫來奔_{주흑굉이람래분}.이라 賤而書名_{천이서명},은 重地故也_{중지고야}.라 君子曰_{군자왈},

名之不可不愼也如是_{명지불가불신야여시}.라 夫有所有名而不如其已_{부유소유명이불여기이}.라 以地叛_{이지반},은

雖賤必書地_{수천필서지},하고 以名其人_{이명기인},이어늘 終爲不義_{종위불의},하여 弗可滅已_{불가멸이}.라

是故_{시고}로 君子動則思禮_{군자동즉사례},하고 行則思義_{행즉사의},하며 不爲利回_{불위리회},하고 不爲_{불위}

義疚_{의구}.라 或求名而不得_{혹구명이부득},하고 或欲蓋而名章_{혹욕개이명장},은 懲不義也_{징불의야}.라 齊豹_{제표}

爲衛司寇_{위위사구},하고 守嗣大夫_{수사대부},나 作而不義_{작이불의},에 其書爲盜_{기서위도},하고 邾庶_{주서}

其·莒牟夷·邾黑肱以土地出_{기거모이주흑굉이토지출},하여 求食而已_{구식이이},요 不求其名_{불구기명},이나

賤而必書_{천이필서}.라 此二物者_{차이물자}는 所以懲肆而去貪也_{소이징사이거탐야}.라 若艱難其身_{약간난기신},하

여 以險危大人_{이험위대인},하고 而有名章徹_{이유명장철},이면 攻難之士_{공난지사},가 將奔走之_{장분주지}.리

라 若竊邑叛君_{약절읍반군},하여 以徼大利_{이요대리},나 而無名_{이무명},이면 貪冒之民_{탐모지민},이 將寘_{장치}

力焉_{력언}.이리라 是以_{시이}로 春秋書齊豹曰盜_{춘추서제표왈도},하고 三叛人名_{삼반인명},하여 以懲不_{이징불}

義_의,하고 數惡無禮_{수악무례},하니 其善志也_{기선지야}.라 故_고로 曰_왈, 春秋之稱_{춘추지칭},은 微而_{미이}

顯,하고 婉而辨.이라 上之人,이 能使昭明,이면 善人勸焉,이요 淫
人懼焉.이리라 是以로 君子貴之.라

十二月辛亥朔,에 日有食之.라 是夜也,에 趙簡子夢,하니 童子
贏而轉以歌.라 旦占諸史墨曰, 吾夢如是,어늘 今而日食何也.오
對曰, 六年及此月也,에 吳其入郢乎.인저 終亦弗克.이리라 入郢
必以庚辰.이리라 日月在辰尾,하고 庚午之日,에 日始有謫.이라
火勝金.이라 故로 弗克.이라

가을에 오나라 사람이 초나라를 침공하여 이(夷)를 치고, 잠(潛)과 육(六)을 침범했다. 초나라 심 고을 장관인 술(戌)이 군사를 이끌고 잠을 구원했다. 오나라 군사가 돌아가니, 초나라 군사는 잠 사람들을 남강(南岡)으로 옮겨놓고 돌아갔다. 오나라 군사가 현(弦)을 포위하니, 초나라의 좌사마 술과 우사마 계(稽)가 군사를 이끌고, 예장(豫章)에 이르자, 오나라 군사는 돌아갔다. 오나라가 자서(子胥 : 伍員)의 계략을 쓰기 시작한 것이다.

겨울에, 주(邾)나라의 흑굉(黑肱)이 남(濫) 땅을 소유한 채 우리 노나라로 도망왔다. 그는 지위가 낮은 사람이었지만 그의 이름을 경문에 쓴 것은 토지를 중히 여긴 때문이었다. 군자(君子)는 이 일을 두고 말했다. "사람 이름이 신중히 다루어지지 않을 수 없음은 이와 같은 것이다. 이름이 나타나 있으면서도 나타나지 않은 것만 같지 못한 일이 있다. 토지를 지니고 군주를 배반한 일은, 그 사람이 비록 지위가 낮다 할지라도 반드시 그 땅 이름을 써 밝히고, 그리고 그 사람을 말했는데, 그것은 결국 불의(不義)가 되어, 그 불의가 없어질 수가 없을 따름이다. 그러므로 군자는 몸을 움직이면 예의를 생각하고, 무슨

일을 행하면 의리를 생각하며, 이익을 위해서 비뚤어지지 않고, 의리를 위해서 괴로워하지 않는다. 혹은 이름나기를 원하나 이름나지지 못하게 하고, 혹은 이름을 감추려 하나 이름이 나타나게 한 것은 다 불의를 징계한 것이다. 제표(齊豹)는 위나라의 사구(司寇) 관직에 있었고, 대대로 대부 지위를 지킨 가문의 사람이었으나, 한 짓이 불의(不義)하였기에 경문에 써서 도적으로 삼았고, 주(邾)나라의 서기(庶其)·거나라의 모이(牟夷)·주나라의 흑굉이 토지를 소유한 채 자기들의 본국을 떠나와, 녹(祿)을 받아먹기만을 원했을 뿐이고, 이름나기를 원하지 않았으나 그들의 지위가 낮았건만 반드시 그들의 이름을 경문에 적은 것이다. 이 두 가지 예(例)는 사람의 방자스러움을 징계하고 탐욕부림을 배격한 것이다. 만일 자신을 어려운 처지에 빠뜨려서 윗사람을 위험에 몰아넣고 그의 이름이 빛남이 있게 된다면, 어려운 일을 잘하는 용사(勇士)가 그런 일 하기를 다툴 것이다. 그리고 만일 나라의 읍을 훔쳐가지고서 군주를 배반하여 큰 이익을 구하나 그의 이름 밝힘이 없다면, 탐욕부리는 백성이 그 일에 열중할 것이다. 그러므로《춘추(春秋)》에는 제표를 도적이라 써 말했고, 세 배반자의 이름을 밝히어 그 불의를 징계하고, 악(惡)과 무례(無禮)를 책망한 것이니, 그것은 정당하게 일을 기록한 것이다. 그래서 말하기를, '《춘추》에 일러진 것은, 가볍게 취급했으면서도 큰 뜻이 나타나 있고, 순하게 말해 있으면서도 선악의 구별이 확실하다. 위에 있는 사람이 이 정신을 아랫사람들에게 잘 밝힐 수만 있다면 착한 사람은 더욱 힘쓰고, 음탕한 사람은 두려워할 것이다. 그러므로 군자는《춘추》의 필법(筆法)을 귀히 여기는 것이다.'라고 하는 것이다."

12월 신해날인 초하루에 일식이 있었다. 그날 밤에 진(晉)나라의 조간자(趙簡子 : 趙鞅)가 꿈을 꾸니, 동자(童子)가 발가벗고서 뒹굴며 노래를 불렀다. 다음날 아침에 태사(大史) 묵(墨)에게 점치게 하여 말하기를, "내 이같은 꿈을 꾸었는데, 이제 일식이 있다는 것은 웬일이오?"라고 했다. 채묵(蔡墨)이 대답했다. "지금부터 여섯 해 뒤의 이 달에, 오나라는 초나라의 도읍 영(郢)으로 들어갈 것입니다. 그러나 결국 승리하지 못할 것입니다. 그리고 오나라가 영으로 들어가는 것은 반드시 경진날일 것입니다. 해와 달이 진성(辰星)의 끝에 해당하는 자리에서 마주쳐 있어 일식이 있었고, 경오날에 해가 비로소 변할 기운을 나타냈습니다. 화(火)는 금(金)을 이깁니다. 그러니 화(火)의 위치에 있는 초나라를 이기지 못합니다."

▌주해┃ ㅇ夷(이)―성보(城父).

ㅇ潛(잠)·六(육)―초나라의 읍으로, 잠은 지금의 안휘성 곽산현(霍山縣) 땅이고, 육은 지금의 안휘성 육안(六安).

ㅇ弦(현)―지금의 하남성 황천(潢川) 부근.

ㅇ豫章(예장)―지금의 수현(壽縣) 땅. 소공 24년에도 예장이 나왔는데, 그것은 지금의 강서성 여간(餘干) 부근이었다.

ㅇ濫(남)―지금의 산동성 등현(藤縣) 땅.

ㅇ齊豹(제표)―소공 20년조 참고.

ㅇ庶其(서기)―양공 21년조 참고.

ㅇ牟夷(모이)―소공 5년조 참고.

ㅇ火(화)―경오(庚午)의 오(午)는 남방이자 화(火)를 나타내어, 초나라를 두고 한 말이다.

▌經┃ ㅇ三十有二年春王正月,에 公在乾侯,하여 取闞.이라

ㅇ夏,에 吳伐越.이라

ㅇ秋七月.

ㅇ冬,에 仲孫何忌會晉韓不信·齊高張·宋仲幾·衛世叔申· 鄭國參·曹人·莒人·薛人·杞人·小邾人,하고 城成周.라

ㅇ十有二月己未,에 公薨于乾侯.라

32년 봄 천자가 쓰는 역으로 정월에, 공이 건후에 있어 감(闞)을 점령했다.

여름에, 오나라가 월나라를 쳤다.

가을 7월.

겨울에, 우리 노나라의 중손하기(仲孫何忌)가 진나라의 한불신(韓不信)·제나라의 고장(高張)·송나라의 중기(仲幾)·위나라의 세숙신(世叔申)·정나라의 국참(國參)·조나라 사람·거나라 사람·설나라 사람·기나라 사람·소주나라 사람 등과 회합을 갖고, 성주(成周)에 성을 쌓았다.

12월 기미날에, 소공이 건후에서 훙거(薨去)했다.

傳 三十二年春王正月,에 公在乾侯,는 言不能外内,하고 又不能用其人也.라

夏,에 吳伐越,하니 始用師於越也.라 史墨曰, 不及四十年,에 越其有吳乎.인저 越得歲,에 而吳伐之,면 必受其凶.이리라

秋八月,에 王使富辛與石張如晉請城成周.라 天子曰, 天降禍于周,하여 俾我兄弟竝有亂心,하여 以爲伯父憂,하고 我一二親昵甥舅,가 不遑啓處,함이 於今十年,이요 勤戍五年.이라 余一人無日忘之,하고 閔閔焉如農夫之望歲,하여 懼以待時.라 伯父若肆大惠,하여 復二文之業,하여 弛周室之憂,하고 徼文武之福,하여

以固盟主,하고 宣昭令名,이면 則余一人有大願矣.라 昔成王合

諸侯,하사 城成周,하시어 以爲東都,하시고 崇文德焉.하시다 今, 我

欲徼福,하고 假靈于成王,하여 脩成周之城,하여 俾成人無勤.이라

諸侯用寧,하고 蟊賊遠屛,이면 晉之力也.라 其委諸伯父,하여 使

伯父實重圖之.라 俾我一人無徵怨于百姓,하여 而伯父有榮施,

면 先王庸之.리라 范獻子謂魏獻子曰, 與其成周不如城之.라 天

子實云.이시라 雖有後事,라도 晉勿與知可也.라 從王命,하여 以紓

諸侯,면 晉國無憂.리라 是之不務,하고 而又焉從事.리오 魏獻子

曰, 善.이라 使伯音對曰, 天子有命,에 敢不奉承以奔告於諸侯.

리오 遲速衰序,는 於是焉在.라

32년 봄 천자가 쓰는 역으로 정월에, 공이 건후에 거처하고 있었다는 것은, 공이 국내와 국외에서 있을 수가 없고, 그리고 좋은 사람의 계책을 받아들여 쓰지 못했음을 두고 말한 것이다.

여름에 오나라가 월나라를 쳤으니, 오나라가 월나라에 대해서 처음으로 군사를 출동시켰음이다. 진나라의 태사(大史)인 채묵(蔡墨)은 말하기를, "40년이 채 못되어서, 월나라는 오나라 국토를 차지할 것이다. 월나라 땅을 수호하는 별자리에 세성(歲星)이 자리잡은 해에, 오나라가 월나라를 치면, 반드시 오나라는 흉악을 받으리라."라고 했다.

가을 8월에, 천자(天子)께서 부신(富辛)과 석장(石張)에게 진나라에 가 성주(成周)에 성을 쌓기를 요청하게 하셨다. 그때 천자께서는 진나라 군주에게 말씀하셨다. "하늘이 주나라에 화를 내리어, 나의 형

제들로 하여금 서로 어지러운 마음을 갖게 하여, 백부(伯夫)로 하여금 근심하게 했고, 여러 친척과 인척 나라가 편안히 지낼 겨를이 없은 지가 어언 10년이었고, 주왕실을 지키기에 힘쓴 지가 5년이나 되었소이다. 나는 그 공을 잊은 날이 없었고, 조마조마하며 마치 풍년을 바라는 것과 같은 마음으로 두려워하면서 평화스럽게 되어짐을 기다리고 있습니다. 이 게제에, 백부가 만일 큰 혜택을 베풀어, 진나라의 문후(文侯)와 문공(文公)의 두 군주가 쌓았던 공과 같은 큰 공을 다시 쌓아 주나라 왕실의 걱정을 덜게 하고, 우리의 선조이신 문왕(文王)·무왕(武王)께서 누리셨던 복을 받아, 맹주(盟主)의 지위를 굳게 하고, 좋은 명성을 떨쳐주신다면, 그거야말로 내가 크게 바라는 것입니다. 옛날에 성왕(成王)께서는 제후들을 모으시어, 성주에 성을 쌓으시어 동도(東都)로 삼으시고, 문왕의 덕을 높이셨습니다. 이제 나는 복을 빌고, 성왕의 도우심을 빌어서 성주의 성을 수축(修築)하여, 주왕실을 수비하는 노고(勞苦)가 없게 하고자 하는 바입니다. 그래서 제후들이 편안하고, 독충 같은 해를 끼치는 적이 멀리 물리쳐진다면 그것은 곧 진나라의 공이 되는 것입니다. 그래서 그 일을 백부에게 위임하여, 백부가 진실로 거듭거듭 도모하게 하는 것입니다. 나로 하여금 백성들한테서 원망받지 않게 하고서, 백부가 영예스러운 혜택 베풀은 결과를 차지한다면, 선대 왕들의 영혼은 큰 공이라 하실 것입니다." 이 말씀을 놓고, 범헌자(范獻子 : 士鞅)는 위헌자(魏獻子 : 魏舒)에게 말하기를, "우리로서는 주나라를 수비하는 일보다 성주에 성을 쌓는 것이 좋습니다. 천자께서 실로 수비는 그만두고 성을 쌓으라고 말씀하셨습니다. 성을 쌓은 뒤에는, 주나라 왕실에 무슨 일이 있더라도, 우리 진나라는 아는 체하지 않아도 좋은 것입니다. 우리가 이제 천자의 명령을 따라 제후들을 편하게 한다면, 진나라도 근심이 없어질 것입니다. 이 일을 힘쓰지 않고, 무슨 일을 하겠습니까?"라고 했다. 이 말을 들은 위헌자는, "좋습니다."라고 했다. 그리고는 백음(伯

晉 : 韓不信)에게 답변하게 했다. "천자께서 명을 내리셨는데, 어찌 감히 그 명을 받들어 달려 제후들에게 알리지 않겠습니까? 성을 늦게 쌓거나 빨리 쌓거나, 또는 그 일의 순서야 제후들에게 알려 상의함에 있습니다."

주해┃ ㅇ不及四十年(불급사십년)─38년 후인 애공(哀公) 22년에, 월나라가 오나라를 멸망시키게 된다.

ㅇ成周(성주)─왕자 조(朝)의 난리에, 왕자 조의 무리가 왕성(王城)을 점령했고, 난이 진정된 뒤에도 그 여당(餘黨)이 많이 왕성 안에 있었으므로, 경왕(敬王)이 소공 23년 이래 성주(成周)에 있었다.

ㅇ於今十年(어금십년)─소공 23년 이후.

ㅇ勤成五年(근수오년)─소공 28년 이후.

ㅇ伯父(백부)─주나라 왕이 동성(同姓)인 진나라 군주에 대한 칭호였다.

ㅇ二文(이문)─진나라 문후(文侯) 구(仇)와 문공(文公) 중이(重耳)를 말한 것이다.

ㅇ俾我一人舞徵怨于百姓(비아일인무징원우백성)─주나라 왕이 혼자 힘으로 성주에 성을 쌓으면 백성들이 왕을 원망할 것이나, 진나라가 제후들과 협력하여 쌓으면, 왕에게 아무런 원망이 없게 된다는 것이다.

冬十一月,에 晉魏舒·韓不信如京師,하여 合諸侯之大夫于狄泉,하여 尋盟,하고 且令城成周,이어늘 魏子南面.이라 衛彪傒曰, 魏子必有大咎.리라 干位以令大事,는 非其任也.라 詩曰, 敬天之怒,하여 不敢戲豫.라 敬天之渝,하여 不敢馳驅.라 況敢干位以作大事乎.아 己丑,에 士彌牟營成周,하여 計丈數,하고 揣高卑,하며 度厚薄,하고 仞溝洫,하며 物土方,하고 議遠邇,하며 量事期,하고

計徒庸,하며 慮財用,하고 書餱糧,하여 以令役於諸侯,하되 屬役

賦丈,하고 書以授帥,하고 而效諸劉子.라 韓簡子臨之,하여 以爲

成命.이라

十二月,에 公疾.이라 徧賜大夫,하니 大夫不受.라 賜子家子雙

琥·一環·一璧·輕服,하니 受之.라 大夫皆受其賜.라 己未,에

公薨.이라 子家子反賜於府人曰, 吾不敢逆君命也.라 大夫皆反

其賜.라 書曰公薨于乾侯,는 言失其所也.라 趙簡子問於史墨曰,

季氏出其君,이나 而民服焉,하고 諸侯與之,하며 君死於外,나 而

莫之或罪,는 何也.오 對曰, 物生,에 有兩,하고 有三,하며 有五,하

고 有陪貳.라 故로 天有三辰,하고 地有五行,하며 體有左右,하고

各有妃耦,하며 王有公,하고 諸侯有卿,하여 皆有貳也.라 天生季

氏,하여 以貳魯侯,가 爲日久矣.라 民之服焉,은 不亦宜乎.아 魯

君世從其失,하고 季氏世脩其勤.라 民忘君矣,에 雖死於外,라도

其誰矜之.리오 社稷無常奉,하고 君臣無常位,는 自古以然.이라

故로 詩曰, 高岸爲谷,이요 深谷爲陵.이라 三后之姓,이 於今爲

庶,는 主所知也.라 在易卦,하되 雷乘乾曰大壯☳☰.이라 天之道

也.라 昔,에 成季友,는 桓之季也,요 文姜之愛子也.라 始震而卜,

하니 卜人謁之曰, 生有嘉聞,하고 其名曰友,며 爲公室輔.라 及

生,에 而如卜人之言.이라 有文在其手,하여 曰友.라 遂以名之.라
旣而有大功於魯,하여 受費,하여 以爲上卿,하고 至於文子·武子,
에 世增其業,하여 不廢舊績.이라 魯文公薨,하여 而東門遂殺適,
하고 立庶,이었거늘 魯君於是乎失國.이라 政在季氏,가 於此君也
四公矣.라 民不知君,이어늘 何以得國.가 是以로 爲君,하여는 愼
器與名,하여 不可以假人.이라

　겨울 11월에, 진나라의 위서(魏舒)와 한불신(韓不信)이 주나라의 서울로 가, 제후들의 대부들을 적천(狄泉)에서 회합시켜 동맹을 다지고, 성주에 성을 쌓게 했는데, 그때 위서가 두 군주의 자리를 차지하고 지시하였다. 그러자 위나라의 표혜(彪傒)가 말하기를, "위씨는 반드시 큰 벌을 당할 것이다. 군주의 위치를 범하고서 큰 일을 지시한다는 것은, 그의 할 일이 아닌 것이다. 시에 이르기를, '하늘의 노여움을 두려워하여, 감히 날뛰어 놀지 않는도다. 하늘의 변화를 두려워하여 감히 수레 타고 달려 다니지 않는도다.'라 하였다. 하물며 군주의 위치를 범하면서 큰 일을 할 수 있단 말인가?"라고 했다. 기축날에, 진나라의 사미모(士彌牟)는 성주의 성 쌓기를 계획하여 길이·높이·두께를 계산하고, 성 가의 뜰을 계산하며, 흙 취할 곳을 물색하고, 그 거리를 재며, 일할 기간을 헤이리고, 인부 수를 계산하며, 쓰여질 재료를 짐작하고, 식량의 필요한 양을 적어, 각 제후국에게 일거리를 명하되, 각국에게 그 책임량을 할당하고, 문서로 총 책임자인 위서에게 주고, 그 내용을 왕실측인 유(劉)의 군주인 자작에게 알렸다. 이에, 한간자(韓簡子 : 한불신)가 공사장에 나가, 지휘 명령을 했다.
　12월에, 소공이 병에 걸렸다. 공은 따르고 있는 대부들에게 두루

물품을 하사하니, 대부들은 받지 않았다. 공이 자가자(子家子 : 子家駒)에게 한 쌍의 옥기(玉器)·옥환(玉環) 하나·벽옥(璧玉) 하나·가벼운 옷 한 벌을 하사하니 그는 아무 말 없이 받았다. 그러자 다른 대부들도 다 그 하사품을 받았다. 기미날에 소공이 훙거했다. 공이 훙거하고 나서 자가자는 하사받은 물건들을 창고를 맡고 있는 사람에게 반납하면서 말하기를, “내 감히 군주의 받으라는 명을 어기지 못하고 받았네.”라고 하였다. 그러자 다른 대부들도 다 하사받은 물건을 반납하였다. 경문에 공이 건후에서 훙거했다고 써 말한 것은, 군주로서 세상을 떠날 정당한 곳을 차지하지 못했음을 밝혀 말한 것이다. 진나라의 조간자(趙簡子 : 趙鞅)가 태사 채묵(蔡墨)에게 묻기를, “노나라의 계씨(季氏 : 季孫意如)는 그의 군주를 국외로 나가게 했으나 노나라 국민이 그에게 복종하고, 제후들이 그의 편이 되며, 군주가 국외에서 죽었으나 그에게 죄가 있다고 하는 자가 없는 것은, 웬일이오?”라고 했다. 그러자 채묵은 대답했다. “만물이 생겨남에 둘이 있기도 하고, 셋이 있기도 하며, 다섯이 있기도 하고, 따라 돕는 자가 있는 것입니다. 그러므로 하늘에는 일(日)·월(月)·성(星)의 세 가지가 있고, 땅에는 금(金)·목(木)·수(水)·화(火)·토(土)의 오행(五行)이 있으며, 신체에는 좌우가 있고, 각각에 짝이 있으며, 왕에게 공(公)이 있고, 제후에게는 경(卿)이 있어, 각각에 따라 모시어 도와주는 자가 있습니다. 하늘이 노나라의 계씨를 낳아, 노나라 군주를 따라 돕게 한 지가 오래됩니다. 그러니 노나라 국민이 그에게 복종하는 것은 마땅한 일이 아니겠습니까? 노나라 군주는 대대로 자꾸만 위신을 잃었고, 계씨 가문은 대대로 공을 닦아왔습니다. 국민이 군주의 존재를 잊고 있는데, 군주가 밖에서 죽었다 하더라도 그 누가 불쌍히 여기겠습니까? 사직(社稷)에 일정한 떠받들 주인이 없고, 군신간에는 일정한 구별이 없다는 것은 옛날부터 그러했습니다. 노나라의 경우와 같은 일이 있기에 시에도 이르기를, ‘높은 언덕 골짜기가 되었고, 깊은 골짜기 큰 언덕 되었네.'라고 했습니다. 순(舜)임금의 우(虞)나라·하(夏)나라·상(商 : 殷)나라의 세 나라 임금의 자손이, 오늘날에 서민이 되어 있는 것은 님이 잘 알고 계시는 터입니다.《주역(周易)》의 괘(卦)에 있기를, '뇌(雷)가 건(乾)을 타는 것을 대장(大壯)이라 한다.'라 하였습니다. 그것은 천도(天道)인 것입니다. 옛날에, 성읍(成邑)을 채읍(采邑)으로 차지했던 계우(季友)는 노나라 환공(桓公)의 막내아들이었고, 부인 문강(文姜)의 사랑하는 아들이었습니다. 그를 잉태한 당초에 점을 치니, 점을 친 사람이 말하기를, '세상에 태어나시어 좋은 이름 세상에 떨치고, 그 이름은 우(友)라 일러질 것이며, 공실의 보필자가 될 것이옵니다.'라고 했습니다. 그분이 태어나니, 점친 사람의 말과 같았습니다. 그분의 손바닥에 무늬가 있었는데, 우(友)자였습니다. 그래서 결국 우라 이름지었던 것입니다. 그분은 성장하여 노나라에 대해서 큰 공을 세워, 비읍(費邑)을 받고서 상경(上卿)이 되었고, 계문자(季文子 : 季孫行父)와 계무자(季武子 : 季孫宿)의 대에 이르도록 세세로 가문의 공업(功業)을 넓히어, 선조의 업적이 헛되게 하지 않았습니다. 노나라의 문공(文公)이 훙거(薨去)하여서, 동문수(東門遂 : 襄仲)가 적자(適子)를 죽이고 서자를 군주로 세웠는데, 노나라 군주는 그때 나라를 잃고 만 것입니다. 노나라의 정권이 계씨에게 있은 지가, 소공까지 네 군주의 시대나 계속되었습니다. 국민이 군주의 존재를 알지 못하는데, 군주가 어떻게 나라를 장악할 수 있겠습니까? 그러므로 군주가 되어서는, 군주가 차지하고 있는 기물(器物)과 작(爵)을 소중히 하여, 그것들을 다른 사람에게 빌려주어서는 안되는 것입니다."

┃주해┃ ㅇ南面(남면)―군주 자리.

　ㅇ敬天之怒(경천지노), 不敢戲豫(불감희예). 敬天之渝(경천지투), 不敢馳驅(불감치구)―《시경》 대아에 있는 판편(板篇)의 구절.

○雷乘乾曰大壯(뇌승건왈대장)—《주역》에서는, 건괘(乾卦)가 하늘을 상징하는데, 그 괘의 위에 진(震 : 雷를 의미함)괘가 놓여지면 대장괘(大壯卦)가 된다. 이 글에서는 이렇게 되는 것이 천도라는 말이다.

○高岸爲谷(고안위곡), 深谷爲陵(심곡위릉)—《시경》 소아에 있는 교편(交篇)의 구절.

○有文在其手(유문재기수)—민공 2년조 참고.

○不廢舊績(불폐구적)—‘폐(廢)’자가 다른 판본에는 ‘비(費)’ 또는 ‘비폐(費廢)’로 되어 있다.

○東門遂殺適(동문수살적), 立庶(입서)—양중(襄仲)이 문공의 적자 악(惡)과 시(視)를 죽이고, 선공(宣公)을 세운 일.

○四公(사공)—선공 · 성공 · 양공 · 소공.

◐ 소공 시대 연표(昭公時代年表)

기원전	周	燕	鄭	曹	蔡	陳	衛	宋	楚	秦	晉	齊	魯	중 요 사 항
541	景王 4	惠公 4	簡公 25	武公 14	靈公 2	哀公 28	襄公 3	平公 35	郟敖 4	景公 36	平公 17	景公 7	昭公 1	진(秦) 공자 후자(后子)가 진(晉)으로 도망하다 정나라 유초(游楚)를 추방하다 초나라 영윤 위가 국왕을 죽이고 국왕이 되다
540	5	5	26	15	3	29	4	36	靈王 1	37	18	8	2	노나라의 숙궁(叔弓)이 진나라에 가다 정나라의 공손흑이 죄로 죽다
539	6	6	27	16	4	30	5	37	2	38	19	9	3	제나라의 안영(晏嬰)이 제나라의 앞날을 평하다 제나라 사람 노포별을 북연으로 추방하다
538	7	7	28	17	5	31	6	38	3	39	20	10	4	초왕이 제후들을 집합시키고 오나라를 치다 노나라 숙손목자의 사환 우(牛)가 숙손씨 가문을 어지럽히다
537	8	8	29	18	6	32	7	39	4	40	21	11	5	노나라가 중군(中軍)을 폐지하다 초나라가 오나라를 쳤다가 실패하다
536	9	9	30	19	7	33	8	40	5	哀公 1	22	12	6	정나라가 형법서를 만들다 송나라 우사(右師) 화합비가 위나라로 도망가다
535	10	哀公 1	31	20	8	34	9	41	6	2	23	13	7	소공이 초나라에 가다 노나라 맹희자(孟僖子)가 아들들을 공자(孔子)의 제자가 되게 하다 위나라 공성자가 영공을 군주로 세우다
534	11	2	32	21	9	35	靈公 1	42	7	3	24	14	8	제나라의 진환자가 자량(子良)의 집과 자기(子旗)의 집을 화목케 하다 초나라가 진(陳)나라를 멸망시키다

기원전	周	燕	鄭	曹	蔡	陳	衛	宋	楚	秦	晉	齊	魯	중 요 사 항
533	12	3	33	22	10	36	2	43	8	4	25	15	9	주나라 왕이 진나라 군주에게 항의하다 진나라의 도리가 군주의 마음을 돌리게 하다
532	13	4	34	23	11	37	3	44	9	5	26	16	10	제나라 대부들이 노나라로 도망오다
531	14	5	35	24	12	38	4	元公 1	10	6	昭公 1	17	11	초나라가 채나라를 멸망시키다 진나라의 숙향이 노나라 소공의 앞날을 예언하다
530	15	6	36	25	盧公 1	39	5	2	11	7	2	18	12	초나라 군주는 여러 가지로 욕심을 부리다
529	16	7	定公 1	26	2	40	6	3	12	8	3	19	13	초나라 영왕이 피살되다 진나라가 노나라의 계손의여를 체포하다
528	17	共公 1	2	27	3	惠公 1	7	4	平王 1	9	4	20	14	초나라 평왕이 선정(善政)을 베풀다 거나라에 혁명이 일어나다 진나라 숙향이 선행을 하다
527	18	2	3	平公 1	4	2	8	5	2	10	5	21	15	진나라 순오가 고(鼓)를 쳐 이기다 진나라 숙향이 주나라 경왕(景王)을 평하다
526	19	3	4	2	5	3	9	6	3	11	6	22	16	제나라 사람이 서나라를 치다 진나라 한기가 정나라를 예방하다
525	20	4	5	3	6	4	10	7	4	12	頃公 1	23	17	진나라가 육혼의 융족(戎族)나라를 멸망시키다 초나라와 오나라가 싸우다
524	21	5	6	4	7	5	11	8	5	13	2	24	18	정나라 등에 화재가 나다 초나라가 허나라를 석(析)으로 옮기다
523	22	平公 1	7	悼公 1	8	6	12	9	6	14	3	25	19	제나라가 거나라를 치다 초나라가 오나라의 궐유를 돌려보내다

기원전	周	燕	鄭	曹	蔡	陳	衛	宋	楚	秦	晉	齊	魯	중요사항
522	23	2	8	2	9	7	13	10	7	15	4	26	20	송나라와 위나라에 난리가 나다 정나라 자산(子産)이 죽다
521	24	3	9	3	悼公 1	8	14	11	8	16	5	27	21	송나라에 화씨(華氏)의 난이 나다 초나라 비무극(費無極)이 모략하여 채나라에 정변(政變)이 나다
520	25	4	10	4	2	9	15	12	9	17	6	28	22	제나라가 거나라를 치다 주(周)나라에 난리가 나다
519	昭王 1	5	11	5	3	10	16	13	10	18	7	29	23	진나라가 노나라의 숙손착을 잡다 초나라와 오나라가 싸우다
518	2	6	12	6	昭公 1	11	17	14	11	19	8	30	24	노나라 숙손착이 석방되어 귀국하다 오나라가 초군의 뒤를 따라 소(巢)나라를 멸망시키다
517	3	7	13	7	2	12	18	15	12	20	9	31	25	노나라 소공이 계평자(季平子)를 토벌하다가 실패하고 제나라로 도망하다
516	4	8	14	8	3	13	19	景公 1	13	21	10	32	26	제나라가 노나라 군주를 위하여 성(成) 땅을 점령하다 제나라 안자(晏子)가 진씨(陳氏)를 논평하다
515	5	9	15	9	4	14	20	2	昭王 1	22	11	33	27	오나라 공자 광(光)이 군주를 죽이고 군주가 되다 진나라의 사앙(士鞅)이 계손씨의 뇌물을 받고 노나라 소공의 일을 그르치다
514	6	10	16	襄公 1	5	15	21	3	2	23	12	34	28	진나라의 기씨(祁氏)·양설씨(羊舌氏)의 가문이 멸망하다 위헌자(魏獻子)가 진나라의 집정관이 되다
513	7	11	獻公 1	2	6	16	22	4	3	24	13	35	29	제나라가 노나라 공자에게 양곡(陽穀) 읍을 주다 진나라가 형법을 새겨넣은 솥을 주조하다

기원전	周	燕	鄭	曹	蔡	陳	衛	宋	楚	秦	晉	齊	魯	중 요 사 항
512	8	12	2	3	7	17	23	5	4	25	14	36	30	정나라 유길(游吉)이 진나라에 가 예의를 논하다 오나라가 오원(伍員)의 작전 계획대로 초나라를 치기로 하다
511	9	13	3	4	8	18	24	6	5	26	定公1	37	31	진나라 순역이 건후로 소공을 찾고 도읍으로 돌아갈 것을 권했으나 불응하다 주나라 흑굉이 노나라로 도망오다
510	10	14	4	5	9	19	25	7	6	27	2	38	32	주(周)나라 왕이 진나라 군주에게 성주에 성을 쌓게 하다 노나라 소공이 건후에서 훙거하다

제20

정 공
定 公

이름은 송(宋). 양공(襄公)의 아들.
소공(昭公)의 동생. 재위 기원전 509~495

經│ ○元年春王三月,에 晉人執宋仲幾于京師.라

○夏六月癸亥,에 公之喪至自乾侯.라

○戊辰,에 公卽位.라

○秋七月癸巳,에 葬我君昭公.이라

○九月,에 大雩.라

○立煬宮.이라

○冬十月,에 隕霜殺菽.이라

　원년(元年) 봄 천자가 쓰는 역으로 3월에, 진나라 사람이 송나라의
중기(仲幾)를 주(周)나라 서울에서 체포했다.
　여름 6월 계해날에, 공(소공)의 시체가 건후로부터 운반되어 왔다.
　무진날에 공(정공)이 즉위했다.
　가을 7월 계사날에, 우리의 소공을 장사 지냈다.

9월에, 큰 기우제를 지냈다.
양공(煬公)의 사당을 세웠다.
겨울 10월에, 서리가 내려 콩이 말라죽었다.

傳| 元年春王正月辛巳,에 晉魏舒合諸侯之大夫于狄泉,하여 將以城成周.라 魏子涖政.이라 衛彪傒曰, 將建天子,하여 而易位以令,은 非義也.라 大事奸義,하니 必有大咎.리라 晉不失諸侯,면 魏子其不免乎.인저 是行也,에 魏獻子屬役於韓簡子及原壽過,하여 而田於大陸,하되 焚焉.이라 還卒於甯.이라 范獻子去其柏椁, 하니 以其未復命而田也.

　　원년 봄 천자가 쓰는 역으로 정월 신사날에, 진나라의 위서(魏舒)가 제후국의 대부들을 적천(狄泉)에서 회합시켜, 성주에 성을 쌓기를 착수하려 하였다. 그때 위씨가 전적으로 제후국의 대부들을 지배하였다. 그러자 위나라의 표혜(彪傒)가 말하기를, "천자께서 거처하실 곳의 성을 쌓으려 하면서, 자기가 나설 자리가 아닌데도 대신 나와 호령하는 것은, 의리에 맞지 않는다. 큰 일을 함에 있어 의리를 범했으니, 그는 반드시 큰 벌을 당할 것이다. 진나라가 따르고 있는 제후들을 잃지 않는다면, 위씨가 화를 면하지 못할 것이다."라고 했다. 이 성 쌓는 일에 있어, 위헌자는 공사를 한간자(韓簡子 : 韓不信)와 주(周)나라 대부인 원수과(原壽過)에게 위촉하고는, 자신은 대륙(大陸)이라는 곳에서 사냥을 하되 그곳 산야에 불을 질러 태워 사냥하였다. 사냥에서 돌아가는 도중 영(甯)에서 세상을 떠났다. 진나라의 범헌자(范獻子 : 士鞅)는 그를 장사 지내는 절차에 잣나무의 덧널〔外

棺]을 생략했으니, 그것은 위헌자가 공사 완료 보고를 하기도 전에 사냥을 한 허물 때문이었다.

주해 | ○狄泉(적천)—낙읍(洛邑)의 동북쪽 땅.

○大陸(대륙)—지금의 하남성 수무(修武) 부근.

○甯(영)—대륙 근방.

○柏椁(백곽)—잣나무로 만든 외관(外棺). 당시의 상례상(喪禮上), 군주의 경우는 송곽(松椁)·대부의 경우는 백곽·사(士)의 경우는 잡목곽(雜木椁)을 썼다.

孟懿子會城成周.라 庚寅,에 栽.라 宋仲幾不受功曰, 滕·薛·郳吾役也.라 薛宰曰, 宋爲無道,하여 絶我小國於周,하여 以我適楚.라 故로 我常從宋.이라 晉文公爲踐土之盟,하여 曰, 凡我同盟,은 各復舊職.하라 若從踐土.가 若從宋.가 亦唯命.이라 仲幾曰, 踐土固然.이라 薛宰曰, 薛之皇祖奚仲居薛,하여 以爲夏車正,하고 奚仲遷于邳,하여는 仲虺居薛,하여 以爲湯左相.이라 若復舊職,이면 將承王官,이어늘 何故以役諸侯.오 仲幾曰, 三代各異物,이어늘 薛焉得有舊.리오 爲宋役亦其職也.라 士彌牟曰, 晉之從政者新.이라 子姑受功.하라 歸,하여 吾視諸故府.리라 仲幾曰, 縱子忘之,나 山川鬼神,이야 其忘諸乎.아 士伯怒,하여 謂韓簡子曰, 薛徵於人,이나 宋徵於鬼,하니 宋罪大矣.라 且己無辭,하여 而抑我以神,하여 誣我也.라 啓寵納侮,는 其此之謂矣.라 必以

仲幾爲戮.이라 乃執仲幾,하여 以歸,하고 三月歸諸京師.라 城三
旬而畢,하여 乃歸諸侯之戍.라 齊高張後,하여 不從諸侯.라 晉女
叔寬曰, 周萇弘·齊高張皆將不免.이리라 萇叔違天,하고 高子
偉人.이라 天之所壞,는 不可支也,요 衆之所爲,는 不可奸也.라

우리 노나라에서는 맹의자(孟懿子 : 仲孫何忌)가 성주의 성 쌓는
일에 참가했다. 경인날에, 양쪽에 목판을 대고 그 사이에 흙을 넣어
다지는 일이 시작되었다. 그때 송나라의 중기(仲幾)가 공사의 할당을
받지 않고 말하기를, "등나라·설나라·예나라는 우리 송나라에 할당
된 일을 거들어야 합니다."라고 했다. 이에 대해서 설나라의 대부가
말하기를, "송나라가 전에 무도한 짓을 하여, 우리 작은 나라들을 주
(周)나라에서 떼어, 우리를 거느리고 초나라에 붙었습니다. 그런 일이
있었기에, 그후로 우리는 언제나 송나라를 따르게 된 것입니다. 그러
나 진나라 문공께서 천토(踐土)의 동맹을 체결하시고서 말씀하시기를,
'모든 우리 동맹국은, 각기 전의 지위로 돌아가 그 직분을 다 하시오.'
라고 하셨습니다. 천토에서의 맹약을 따라야 합니까? 그렇지 않으면
송나라를 따라야 합니까? 우리는 다만 명하는 대로 하겠습니다."라고
했다. 이에 중기는, "천토에서 맺은 맹약 내용이 실로 귀국은 우리를
따르게 되어 있소."라고 말했다. 그러자 설나라 대부는 말했다. "우리
설나라 군주의 조상이신 해중(奚仲)께서 설 땅에 계셔서, 하(夏)나라
의 수레를 관리하는 장관인 거정(車正) 관직을 맡으셨고, 해중께서
비(邳)로 옮겨가서서는, 그 어른의 자손이신 중훼(仲虺)께서 설 땅에
계셔서, 탕왕(湯王)의 좌상(左相)이 되셨습니다. 만약 옛날의 직분으
로 돌아가기로 한다면, 우리 군주께서는 천자의 조정에서 벼슬을 맡
으시기도 할 것인데, 무엇 때문에 제후한테 부림을 받아야 합니까?"

이 말을 들은 중기는, "하(夏)·상(商 : 殷)·주(周) 3대는 각기 제도
가 다른데, 설나라가 이 주나라 천하에서 어떻게 옛날의 직분을 차지
할 수가 있단 말입니까? 지금은 송나라를 위하여 일하는 것이 설나라
의 직분입니다."라고 말하였다. 진나라의 사미모(士彌牟 : 士伯)가 말
하기를, "진나라의 집정관이 새분으로 바뀌어진 참입니다. 님은 우선
공사의 할당을 받아 주십시오. 제가 돌아가서, 옛 문서를 넣어둔 문서
고(文書庫)에서 서류를 찾아보겠습니다."라고 했다. 그러자 중기는,
"님은 비록 잊고 계시겠지만, 산천의 신명이야 그 일을 잊고 있겠습
니까?"라고 대꾸하였다. 그러자 사백(士伯)이 노하여 한간자에게 말
하기를, "설나라는 인간의 사실을 가지고 증거를 대고 있는데, 송나라
는 신명(神明)을 들먹거려 증거를 대려 하고 있으니, 송나라가 신(神)
을 모독하는 죄 큽니다. 그리고 송나라 사람은 자신이 할 말이 없자,
신을 가지고 우리를 억눌러, 우리를 속이려 합니다. 지나치게 사랑하
면 모욕을 받는다는 말은, 이런 경우를 두고 하는 것입니다. 반드시
중기를 벌주어야 합니다."라고 했다. 그리하여 그는 곧 중기를 체포하
여 진나라로 돌아갔고, 3월에야 주나라 서울로 돌려보냈다. 성 쌓는
공사는 30일이 걸려 다 끝나, 주나라를 수비하던 제후국의 군대를 돌
려보냈다. 제나라의 고장(高張)은 늦게 가, 각국 사람들이 하는 일을
같이 하지 못했다. 진나라의 여숙관(女叔寬)은 말했다. "주나라 왕실
을 돕고 있는 장홍(萇弘)과 제나라의 고장은 둘 다 화를 면하지 못할
것이다. 장숙(萇叔 : 장홍)은 (하늘이 주나라를 버리고 있는데도, 억지
로 주나라의 명맥을 잇기 위하여 성주의 성 쌓는 일을 주장하여) 하
늘을 어겼고, 고자(高子 : 고장)는 사람을 어겼다. 하늘이 무너뜨리는
것은 지탱할 수가 없는 것이고, 뭇사람들의 하는 일은 어길 수 없는
것이다."

주해 ○宋爲無道(송위무도)―이 일에 대해서는, 성공 2년조와 양공 27

년조 참고.

○踐土之盟(천토지맹)—희공 28년조의 일.

○邳(비)—지금의 산동성 등(滕) 부근.

○仲虺(중훼)—해중의 자손으로, 탕왕(湯王)의 현신(賢臣)이었다고 한다.

夏,에 叔孫成子逆公之喪于乾侯.라 季孫曰, 子家子亟言於

我,이었거늘 未嘗不中吾志也.라 吾欲與之從政.이라 子必止之,하

고 且聽命焉.이라 子家子不見叔孫,하고 易幾而哭.이라 叔孫請見

子家子,하니 子家子辭曰, 羈未得見,하여 而從君以出,에 君不命

而薨.이라 羈不敢見.이라 叔孫使告之曰, 公衍·公爲實使群臣

不得事君.이라 若公子宋主社稷,이면 則群臣之願也.라 凡從君

出而可以入者,는 將唯子是聽.이라 子家氏未有後,요 季孫願與

子從政.라 此皆季孫之願也,로 使不敢以告.라 對曰, 若立君,은

則有卿士大夫與守龜在,이니 羈弗敢知.라 若從君者,는 則貌而

出者,라면 入可也,로 寇而出者,는 行可也.라 若羈也,는 則君知

其出也,나 而未知其入也.라 羈將逃也.리라 喪及壞隤,에 公子宋

先入,하고 從公者皆自壞隤反.이라

六月癸亥,에 公之喪至自乾侯.라 戊辰,에 公卽位.라 季孫使役

如闞公氏,하여 將溝焉.이라 榮駕鵝曰, 生不能事,하고 死又離之,

하여 以自旌也.라 縱子忍之,로되 後必或恥之.리라 乃止.라 季孫

問於榮駕鵞曰, 吾欲爲君諡使子孫知之.라 對曰, 生弗能事,하고
死又惡之,하여 以自信也.라 將焉用之.리오 乃止.라

秋七月癸巳,에 葬昭公於墓道南.이라 孔子之爲司寇也,에 溝
而合諸墓.라 昭公出故,로 季平子禱于煬公.이라 九月,에 立煬宮.
이라

周鞏簡公棄其子弟,하여 而好用遠人.이라

여름에, 숙손성자(叔孫成子)가 소공의 시체를 건후로 가 맞이했다. 그가 떠날 때 계손의여가 말하기를, "자가자(子家子)는 전에 자주 나에게 의견을 말했었는데, 그의 말이 내 뜻에 맞지 않는 일이 없었소. 나는 그와 같이 정치를 하고 싶으오. 그러니 님은 가 반드시 그가 외국으로 가지 못하게 붙들고, 그의 말을 들어 주시오."라고 부탁했다. 그러나 자가자는 숙손씨를 만나지 않고, 곡(哭)하는데도 숙손씨와 시간을 달리했다. 숙손씨가 자가자 만나기를 요청하니, 자가자는 사절하여 말하기를, "기(羈), 나는 국내에서 님을 만나 알게 되기 전에, 군주를 따라나왔는데, 군주께서 나에게 어찌 하라는 명하심도 없이 홍거하셨습니다. 그러니 기 나는 감히 내 마음대로 만나지 못하겠습니다."라고 했다. 숙손씨가 사람을 시켜 자가자에게 이르기를, "공연(公衍)과 공위(公爲) 두 공자가 실로 일을 일으켜, 뭇신하들이 군주를 섬기지 못하게 했습니다. 만일 공자 송(宋)이 국가 사직을 맡으시면, 그것은 뭇신하들의 바라는 바가 될 것입니다. 대저 돌아가신 군주를 따라나왔으나 나라로 들어갈 수 있는 처지의 사람들은, 오직 님의 말을 들을 것입니다. 국내에서는 지금 님이 나온 뒤 자가씨 가문의 후계자를 정하지 않았고, 계손씨는 님과 같이 정치 하기를 원하고 있습니다.

내가 이제 말하는 것은, 다 계손씨가 님에게 하고자 하는 말인 것으로, 불감(不敢) 저에게 고하게 했습니다."라고 했다. 이에 대하여 자가자는 대답하였다. "새 군주를 세우는 일은, 경과 사대부와 나랏일을 점치는 거북등에 매여진 일이니, 기 나야 감히 알 일이 아닙니다. 돌아가신 군주를 따라나온 자들을 말할 것 같으면, 곁으로 따라나온 자라면 들어가도 좋지만, 계손씨를 적으로 삼고 나온 자들은 외국으로 가는 것이 옳습니다. 기 나로 말할 것 같으면, 돌아가신 군주께서 내가 나온 것을 알고 계시나 들어가는 일은 알지 못하고 계십니다. 그러니 기 나는 다른 나라로 도망갈 것입니다." 소공의 시체가 괴퇴(壞隤)에 이르자, 공자 송이 먼저 국내로 들어갔고, 소공을 따랐던 자들은 다 괴퇴에서 되돌아섰다.

6월 계해날에, 소공의 시체가 건후로부터 도읍에 당도했다. 무진날에, 새 군주 정공(定公)이 즉위했다. 계손의여는 일꾼을 공실(公室)의 묘지가 있는 감(闞)으로 보내어, 소공을 묻을 자리의 둘레에 도랑을 파게 했다. 그러자 영가아(榮駕鵝)가 말하기를, "군주께서 살아계셨을 때에 잘 섬기지 못하고, 돌아가셨는데도 또 선대 군주들의 묘와 떼어놓아, 스스로 나빴다는 것을 밝히는 일입니다. 님이야 비록 아무렇지 않게 여기시겠지만, 후손은 반드시 부끄럽게 여기기도 할 것입니다."라고 했다. 그래서 중지했다. 계손의여가 영가아에게 묻기를, "내 돌아가신 군주께 좋지 못한 시호(諡號)를 붙여서 자손들로 하여금 내력을 알게 하고자 하는데 어떠하오?"라고 하니 영가아는 대답하기를, "군주께서 살아계셨을 때에 잘 섬기지 못하고, 돌아가셨는데도 또 나쁜 시호를 드려서, 자신의 잘못을 사실화시키는 짓입니다. 어찌 그런 짓을 하시렵니까?"라고 했다. 그래서 그렇게 하지 않기로 했다.

가을 7월 계사날에, 소공을 선대 군주들의 묘로 가는 길의 남쪽에다 장사 지냈다. 공자(孔子)께서 노나라 사구(司寇)가 되시자, 묘지 밖에 도랑을 파서, 소공의 묘가 선대 군주들의 묘와 같은 영역 내에 들게

했다. 소공이 나라를 나간 일로, 계평자(季平子 : 계손의여)는 자기가
죄에서 벗어나게 해달라고 양공(煬公)의 신령에게 빌었다. 9월에 양공
의 사당을 세웠다.

　주(周)나라 경사(卿士)인 공(鞏)나라 간공(簡公)이, 그의 자제는 멀
리하고, 타인을 등용하기를 좋아했다.

주해｜　o叔孫成子(숙손성자)－숙손착(叔孫婼)의 아들.

　o公子宋(공자송)－소공의 동생으로 정공(定公)이 되었다.

　o不敢(불감)－숙손성자의 이름.

　o壞隤(괴퇴)－성공 16년조에 나왔다. 운(鄆) 부근인 국경 땅이었다.

　o公氏(공씨)－공실의 묘지.

　o煬公(양공)－노나라 제4대 군주였다. 계손의여는, 소공이 밖에서 죽은
　　것은 양공의 영이 자기에게 복을 준 것이라 여기어, 양공의 사당을 지
　　었다.

經｜　o二年春王正月.
　　　　　이 년 춘 왕 정 월

　o夏五月壬辰,에 雉門及兩觀災.라
　　하 오 월 임 진　　　치 문 급 량 관 재

　o秋,에 楚人伐吳.라
　　추　　초 인 벌 오

　o冬十月,에 新作雉門及兩觀.이라
　　동 시 월　　　신 작 치 문 급 량 관

　2년 봄 천자가 쓰는 역으로 정월.

　여름 5월 임진날에, 치문(雉門)과 그 양쪽에 있는 높은 다락[樓]에
화재가 일어났다.

　가을에, 초나라 사람이 오나라를 쳤다.

　겨울 10월에, 치문과 그 양쪽의 높은 다락을 새로 지었다.

주해 ㅇ雉門(치문)—공궁(公宮)의 남문(南門) 이름.
ㅇ兩觀(양관)—양쪽의 높은 다락.

傳 二年夏四月辛酉,에 鞏氏之群子弟賊簡公.이라
桐叛楚.라 吳子使舒鳩氏誘楚人曰, 以師臨我.하라 我伐桐,이
리니 爲我使之無忌.하라
秋,에 楚囊瓦伐吳,하여 師于豫章.이라 吳人見舟于豫章,하여
而潛師于巢.라
冬十月,에 吳軍楚師于豫章,하여 敗之,하고 遂圍巢,하여 克之,
하고 獲楚公子繁.이라
邾莊公與夷射姑飮酒,에 私出,하니 閽乞肉焉.이라 奪之杖以敲
之.라

2년 여름 4월 신유날에, 공(鞏)의 군주 자제들이 간공을 죽였다.

동(桐)나라가 초나라를 배반했다. 그러자 오나라 군주가 서구(舒鳩)나라 군주에게 초나라 사람을 유인(誘引)케 해서 말하기를, "군사를 이끌고 우리나라를 향해서 오시오. 우리는 동나라를 칠 것이니, 우리를 위해서 초나라가 우리를 꺼려 피하지 않게 하시오."라고 했다.

가을에 초나라의 낭와(囊瓦 : 영윤 子常)가 오나라를 치기로 해, 군사를 예장으로 출동시켰다. 그러자 오나라 사람은 수군의 배를 예장 부근에 나타냈다가, 살며시 군사를 소(巢)로 돌렸다.

겨울 10월에 오나라 군사가 예장으로 출동하여, 초나라군을 패배시키고, 바로 소를 포위하여 승리하고, 초나라 공자 번(繁)을 잡았다.

주(邾)나라 장공이 이역고(夷射姑)와 같이 술을 마셨는데, 이역고가 소변을 보러 나가니, 문지기가 고기를 좀 달라고 했다. 그러자 이역고는 문지기가 가지고 있는 지팡이를 빼앗아 그를 때렸다.

주해 o桐(동)—나라 이름으로, 지금의 안휘성 동성현(桐城縣)에 위치했다.

o舒鳩(서구)—초나라의 속국(屬國) 이름.

o巢(소)—지금의 소현(巢縣) 땅.

o私出(사출)—소변보러 나감.

經 o三年春王正月,에 公如晉,이라가 至河,하여 乃復.이라

o二月辛卯,에 邾子穿卒.이라

o夏四月.

o秋,에 葬邾莊公.이라

o冬,에 仲孫何忌及邾子盟于拔.이라

3년 봄 천자가 쓰는 역으로 정월에, 공이 진나라에 갔다가, 황하(黃河) 가에 이르러서, 되돌아왔다.

2월 신묘날에, 주(邾)나라 군주인 자작 천(穿)이 세상을 떠났다.

여름 4월.

가을에, 주나라 장공을 장사 지냈다.

겨울에, 우리 노나라의 중손하기(仲孫何忌)가 주나라 군주인 자작과 발(拔)에서 맹약을 맺었다.

傳 三年春二月辛卯,에 邾子在門臺,하여 臨廷.이라 闍以缾水沃

廷.이라 邾子望見之,하여 怒.라 闇曰, 夷射姑旋焉.이오니다 命執
之,나 弗得.이라 滋怒,하여 自投于牀,하여 廢于鑪炭爛,하여 遂
卒.이라 先葬以車五乘殉五人.이라 莊公卞急而好潔.이라 故로
及是.라

秋九月,에 鮮虞人敗晉師于平中,하여 獲晉觀虎.라 恃其勇也.라

冬,에 盟于郯,은 脩邾好也.라

蔡昭侯爲兩佩與兩裘,하여 以如楚,하여 獻一佩一裘於昭王.이
라 昭王服之,하여 以享蔡侯,에 蔡侯亦服其一.이라 子常欲之,나
弗與,하니 三年止之.라 唐成公如楚.라 有兩肅爽馬,에 子常欲之,
나 弗與,하니 亦三年止之.라 唐人或相與謀,하여 請代先從者,하
니 許之.라 飮先從者酒,하여 醉之,하고 竊馬而獻之子常,하니 子
常歸唐侯.라 自拘於司敗曰, 君以弄馬之故,로 隱君身,하고 棄
國家.라 群臣請,하되 相夫人,하여 以償馬,하되 必如之.하리이다
唐侯曰, 寡人之過也.라 二三子無辱.하라 皆賞之.라 蔡人聞之,
하고 固請,하여 而獻佩于子常.이라 子常朝,하여 見蔡侯之徒,하고
命有司曰, 蔡君之久也,는 官不共也.라 明日,에 禮不畢,이면 將
死.리라 蔡侯歸,에 及漢,하여 執玉而沈曰, 余所有濟漢而南者,면
有若大川.이라 蔡侯如晉,하여 以其子元與其大夫之子爲質焉,하

고 이 청 벌 초 **而請伐楚.**라

　3년 봄 2월 신묘날에, 주나라 군주가 궁문(宮門)의 높은 대(臺)에 올라가, 궁정(宮庭)을 내려다보고 있었다. 그때 궁문을 지키는 자가 항아리의 물을 궁정에다 쏟았다. 주나라 군주는 그것을 보고는 노했다. 문지기가 하는 말이, "이역고(夷射姑)가 소변을 본 것이옵니다."라고 하였다. 군주는 그 말을 듣고 이역고를 체포하라 명했지만 체포하지 못했다. 그러자 군주는 더욱 노하여, 분에 못이겨 방바닥에 굴러 화로의 숯불에 화상(火傷)을 입어, 결국은 세상을 떠났다. 그를 장사 지내기 전에, 수레 다섯대와 순사자(殉死者) 다섯 사람을 묻었다. 주나라의 장공은 성질이 급하고 청결함을 좋아했다. 그래서 이런 일을 당했던 것이다.

　가을 9월에, 선우(鮮虞) 사람이 진나라 군사를 평중(平中)에서 패배시켜, 진나라의 관호(觀虎)를 잡았다. 관호는 자신의 용기를 믿었던 것이다.

　겨울에 우리 노나라와 담(郯)에서 맹약을 맺은 것은, 주(邾)나라와 우호관계를 닦음이었다.

　채나라의 소공이 두 개의 패옥(佩玉)과 두 벌의 가죽옷을 마련하여 초나라에 가, 하나의 패옥과 한 벌의 가죽옷을 초나라 소왕에게 바쳤다. 소왕이 그것을 몸에 차고서 채나라 군주에게 향연을 베풀었는데, 채나라 군주도 그 패옥을 차고 있었다. 그것을 본 초나라의 영윤 자상(子常)이 갖고자 했지만 주지 않았더니, 자상은 채나라 군주를 3년 간이나 붙들어 두었다. 그리고 당(唐)나라의 군주 성공이 초나라에 갔다. 당나라 성공이 두 필의 명마(名馬)를 가지고 있어, 초나라 영윤 자상이 욕심을 내었지만 주지 않았더니, 또 성공을 3년 간 붙들어 두었다. 당나라 사람들 가운데 어느

패옥(佩玉 : 璜)

사람들이 상의하여 초나라에게 전에 시종(侍從)하고 있던 자들로 성공의 시종자를 교체하게 해달라고 요청하니, 허락하였다. 그래서 교대로 간 사람들이 전에 시종했던 자들에게 술을 먹여, 그들을 취하게 하고, 군주의 말을 훔쳐서 자상에게 바치니, 자상은 당나라 군주를 돌려보냈다. 귀국한 뒤, 말을 훔쳐 자상에게 바친 사람들은, 자진하여 사패(司敗) 관직을 맡고 있는 사람에게로 나가 체포된 몸이 되어 말하기를, "군주께서 말[馬]을 좋아하시는 일이, 몸이 억류되시고, 국가를 버리게 되었습니다."라고 했다. 이에 조정의 모든 신하들이 청원하기를, "저희들이 저 사람들을 도와 잃은 군주의 말을 배상하되, 꼭 잃으신 말과 같은 것으로 하오리다."라고 했다. 그러자 당나라 군주는, "나의 잘못이었소. 여러분은 그런 수고를 마시오." 이렇게 말하고, 말을 훔쳐 자상에게 바쳤던 사람들에게 상을 주었다. 채나라 사람들이 이 일을 전해 듣고, 초나라에 억류되어 있는 채나라 군주에게 굳이 요청하여, 패옥을 초나라 자상에게 바쳤다. 그러자 자상은 조정으로 나가, 채나라 군주를 따르고 있는 사람들을 만나보고, 담당관에게 명하여 말하기를, "채나라 군주께서 우리나라에 오래 계시게 된 것은, 담당관이 공손히 일하지 않아서였다. 내일 중에, 채나라 군주를 돌려보내는 예를 마치지 못하면 그대는 죽으리라."라고 했다. 채나라 군주가 돌아가는 길에 한수(漢水)에 이르러, 옥을 강물에 던지며 말하기를, "내 이후로 다시 이 한수를 건너 남하(南下)하여 초나라에 가면, 이 큰 강의 신에게 벌을 받으리라."라며 다시는 초나라에 가지 않겠다고 맹서했다. 그뒤에 채나라 군주는 진(晉)나라에 가, 그의 아들 원(元)과 대부의 아들을 인질로 삼고, 초나라를 칠 것을 원했다.

  ○平中(평중)―정나라 지명. 지금의 하북성 당현(唐縣) 근처의 땅. ○郯(담)―경문에 발(拔)이라 하여 있다. 담과 발은 같은 땅 이름으로, 지금의 산동성 자양(滋陽) 부근.

經| ○四年春王二月癸巳,에 陳侯吳卒.이라

○三月,에 公會劉子·晉侯·宋公·蔡侯·衛侯·陳子·鄭伯·

許男·曹伯·莒子·邾子·頓子·胡子·滕子·薛伯·杞

伯·小邾子·齊國夏于召陵,하여 侵楚.라

○夏四月庚辰,에 蔡公孫姓帥師,하여 滅沈,하고 以沈子嘉歸,하여

殺之.라

○五月,에 公及諸侯盟于皐鼬.라

○杞伯成卒于會.라

○六月,에 葬陳惠公.이라

○許遷于容城.이라

○秋七月,에 公至自會.라

○劉卷卒.이라

○葬杞悼公.이라

○楚人圍蔡.라

○晉士鞅·衛孔圉帥師,하여 伐鮮虞.라

○葬劉文公.이라

○冬十有一月庚午,에 蔡侯以吳子及楚人戰于柏擧,하여 楚師敗

績.이라 楚囊瓦出奔鄭.이라 庚辰,에 吳入郢.이라

4년 봄 천자가 쓰는 역으로 2월 계사날에, 진(陳)나라 군주인 후작 오(吳)가 세상을 떠났다.

3월에 우리 노나라 정공이 유(劉)나라 군주인 자작·진(晉)나라 군주인 후작·송나라 군주인 공작·채나라 군주인 후작·위나라 군주인 후작·진(陳)나라 군주인 자작·정나라 군주인 백작·허나라 군주인 남작·조나라 군주인 백작·거나라 군주인 자작·주나라 군주인 자작·돈나라 군주인 자작·호나라 군주인 자작·등나라 군주인 자작·설나라 군주인 백작·기나라 군주인 백작·소주나라 군주인 자작·제나라 국하(國夏) 등과 소릉(김陵)에서 회합을 갖고, 초나라를 침공했다.

여름 4월 경진날에, 채나라 공손성(公孫姓)이 군사를 이끌고 심(沈)나라를 멸망시키고, 심나라 군주인 자작 가(嘉)를 데리고 돌아가, 그를 죽였다.

5월에, 공이 제후들과 고유(皐鼬)에서 맹약을 맺었다.

기나라 군주인 백작 성(成)이 회합(會合)에서 세상을 떠났다.

6월에, 진(陳)나라 혜공을 장사 지냈다.

허나라가 도읍을 용성(容城)으로 옮겼다.

가을 7월에, 공이 회합에서 돌아왔다.

유(劉)나라 군주 권(卷)이 세상을 떠났다.

기나라 도공을 장사 지냈다.

초나라 사람이 채나라 도읍을 포위했다.

진나라의 사앙(士鞅)과 위나라의 공어(孔圉)가 군사를 이끌고, 선우(鮮虞)를 쳤다.

유나라 문공을 장사 지냈다.

겨울 11월 경오날에, 채나라 군주인 후작이 오나라 군주인 자작을 데리고 백거(柏擧)에서 초나라와 싸워, 초나라 군사가 패배했다. 초나라의 낭와(囊瓦 : 子常)가 정나라로 도망갔다. 경진날에, 오나라 군사가 초나라의 도읍 영(郢)으로 들어갔다.

傳 四年春三月,에 劉文公合諸侯于召陵,하여 謀伐楚也.라 晉荀寅求貨於蔡侯,나 弗得,하니 言於范獻子曰, 國家方危,하고 諸侯方貳,어늘 將以襲敵.이라 不亦難乎.아 水潦方降,이오 疾癘方起,하며 中山不服,이어늘 棄盟取怨,이면 無損於楚,하고 而失中山,이리니 不如辭蔡侯.라 吾自方城以來,로 楚未可以得志.라 祇取勤焉.이리라 乃辭蔡侯.라

晉人假羽旄於鄭,에 鄭人與之.라 明日,에 或旆以會.라 晉於是乎失諸侯.라

4년 봄 3월에, 유(劉)나라 문공이 제후들을 소릉(召陵)에 회합시켜, 초나라 칠 일을 상의했다. 진나라의 순인(荀寅)이 채나라 군주에게 재화(財貨)를 요구했으나 받지를 못하니, 그는 범헌자에게 말했다. "우리나라가 바야흐로 위험하고, 제후국들이 우리나라에 대해서 다른 마음을 가지고 있는데, 적을 습격하려 하고 있습니다. 그것은 곤란한 일이 아니겠습니까? 큰 비가 곧 내릴 것이고, 질병이 일어날 것이며, 중산(中山)이 복종하지 않고 있는데, 초나라와 맺은 맹약을 저버리고 원한 사는 일을 했다가는, 초나라에 아무런 타격을 주는 일이 없을 뿐만 아니라, 중산까지 잃게 될 것이니, 채나라 군주의 요구를 사절하는 것이 좋습니다. 우리는 초나라의 방성(方城)을 침공했던 이래, 초나라는 우리 뜻대로 된 일이 없었습니다. 초나라를 치는 일은 공연한 수고일 것입니다." 그래서 채나라 군주에게 초나라 칠 것을 사절했다.

진나라 사람이 정나라에게 깃[羽]으로 꾸민 깃발을 빌리니, 정나라 사람이 그것을 주었다. 다음날, 진나라의 어느 사람이 그 깃발을 보란 듯이 들고 회합에 나왔다. 진나라는 이에 제후들한테 인심을 잃었다.

주해 ○召陵(소릉) — 지금의 하남성 언성(郾城) 부근.
○中山(중산) — 선우(鮮虞)의 다른 이름으로, 지금의 하북성 정현(定縣) 땅. 전국시대(戰國時代)에 중산나라가 생겼다.
○方城(방성) — 지금의 호북성 감리현(監利縣) 동쪽 땅.

將會,에 衛子行敬子言於靈公曰, 會同難.이오니다 嘖有煩言,하여 莫之治也.리이다 其使祝佗從.하소서 公曰, 善.이라 乃使子魚, 하니 子魚辭曰, 臣展四體,하여 以率舊職,이라도 猶懼不給而煩刑書.이오니다 若又共二,면 徵大罪也.라소이다 且夫祝社稷之常隸也,로 社稷不動,이면 祝不出竟,이 官之制也.이오니다 君以軍行,에 祓社釁鼓,하시면 祝奉以從,이오니 於是乎出竟.이오니다 若嘉好之事,로 君行師從,하고 卿行旅從,이면 臣無事焉.이오니다 公曰, 行也.하라 及皐鼬,에 將長蔡於衛.라

衛侯使祝佗私於萇弘曰, 聞諸道路,하니 不知信否.라 若聞,이면 蔡將先衛.라 信乎.아 萇弘曰, 信.이라 蔡叔康叔之兄也.라 先衛不亦可乎.아 子魚曰, 以先王觀之,면 則尚德也.라 昔,에 武王克商,하시고 成王定之,하사 選建明德,하시어 以蕃屛周.하시다 故

로 周公相王室,하여 以尹天下,하고 於周爲睦,으로 分魯公以大

路·大旂·夏后氏之璜·封父繁弱·殷民六族條氏·徐氏·

蕭氏·索氏·長勺氏·尾勺氏,하여 使帥其宗氏,하고 輯其分族,

하며 將其類醜,하여 以法則周公,하고 用卽命于周,하며 是以使之

職事于魯,하여 以昭周公之明德,하고 分之土田陪敦·祝·宗·

卜·史·備物·典策·官司彝器,하며 因商奄之民,하고 命以伯

禽,하여 而封於少皞之虛.라 分康叔以大路·少帛·綪茷·旃

旌·大呂·殷民七族陶氏·施氏·繁氏·錡氏·樊氏·饑氏·

終葵氏,하여 封畛土略,에 自武父以南及圃田之北竟,하고 取於

有閻之土,하여 以共王職,하고 取於相土之東都,하여 以會王之東

蒐,하고 聃季授土,하고 陶叔授民,하며 命以康誥,하여 而封於殷

虛.라 皆啓以商政,하고 疆以周索.이라 分唐叔以大路·密須之

鼓·闕鞏·姑洗·懷姓九宗·職官五正,하고 命以唐誥,하여 而

封於夏虛,에 啓以夏政,하고 疆以戎索.이라 三者皆叔也.라 而有

令德.이라 故로 昭之以分物.이라 不然,이면 文武成康之伯猶多,

나 而不獲是分也,이니 唯不尚年也.라 管·蔡啓商,하여 惎間王

室,하니 王於是乎殺管叔,하시고 而蔡蔡叔,에 以車七乘徒七十

人.이시라 其子蔡仲改行帥德,에 周公擧之,하여 以爲己卿士,하고

見諸王,하여 而命之以蔡.라 其命書云,하되 王曰, 胡無若爾考之

違王命也.이니라 若之何其使蔡先衛也.리오 武王之母弟八人,으

로 周公爲大宰,하고 康叔爲司寇,하며 聃季爲司空,이나 五叔無

官.이라 豈尙年哉.리오 曹文之昭也,요 晉武之穆也,로되 曹爲伯

甸.이라 非尙年也.라 今將尙之,는 是反先王也.라 晉文公爲踐土

之盟,에 衛成公不在,하고 夷叔其母弟也,나 猶先蔡.라 其載書云,

하되 王若曰, 晉重·魯申·衛武·蔡甲午·鄭捷·齊潘·宋王

臣·莒期.라 藏在周府,하여 可覆視也.라 吾子欲復文武之略,하

여 而不正其德,이면 將如之何.오 萇弘說,하여 告劉子與范獻子,

하고 謀之,하여 乃長衛侯於盟.이라

제후들의 회합이 정해져, 위나라의 자행경자(子行敬子)가 군주 영
공에게 말하기를, "이번 회합은 어려운 점이 있사옵니다. 여러 가지로
알력이 있어 순조롭지 못할 것이옵니다. 그러하오니 대축(大祝)의 관
직에 있는 타(佗 : 子魚)를 따라가게 하옵소서."라고 했다. 영공은,
"그게 좋다."라 말하고, 자어(子魚 : 타)에게 따라가게 명하니, 자어는
사양했다. "신(臣)은 사지를 힘껏 부리어 본직(本職)인 대축의 자리를
착실히 지킨다 하더라도, 책무를 완전히 수행하지 못하여 벌을 받을
까 염려하고 있나이다. 그런데다가 만약 또 다른 일까지 맡는다면, 그
것은 큰 죄를 맞이하는 일이 되옵니다. 그리고 대축 관직은 사직(社
稷)의 신에게 늘 붙어 있는 종으로, 사직의 신이 움직이지 않는 한,
국경을 넘어 외국으로 가지 않는 것이 관제상(官制上)의 법도이옵니

다. 군주께서 손수 군사를 이끌고 출군(出軍)하심에 있어 사제(社祭)를 지내시고 희생의 제물의 피를 군고(軍鼓)에 바르시는 경우라면, 대축의 관은 사(社)의 신을 받들고 따르는 것이니, 그때는 국경을 넘어 나가게 되옵니다. 그러나 다른 제후와 수호(修好)를 위한 회동(會同)의 일로, 군주께서 가심에 2천5백명의 군대가 따르고, 또는 경(卿)이 감에 5백명의 군대가 따라가는 경우일 것 같으면, 대축의 관에 있는 신은 할 일이 없는 것이옵니다."라고 말했지만 영공은, "가게 하라."고 명했다. 위나라 일행이 고유(皐鼬)에 당도하여 들으니, 맹약을 맺는 순서에 있어, 채나라가 위나라보다 앞이 될 것이라고 했다.

위나라 군주는 대축인 타(佗)로 하여금 주나라 조정에서 장홍(萇弘)에게 말하게 했다. "길에서 들었으니, 참말인지 거짓인지 알 수 없습니다. 들은 바에 의할 것 같으면, 맹약 맺는 순서에 있어 채나라가 위나라의 앞이 될 것이라 합니다. 정말입니까?" 이 말에 장홍은, "정말입니다. 채나라 군주의 선조인 채숙(蔡叔)께서는, 위나라 군주의 선조인 강숙(康叔)님의 형님이셨습니다. 그러니 채나라가 위나라보다 앞서는 것이 옳지 않습니까?"라고 말하였다. 그래서 자어는 말했다. "옛날의 어진 임금님 때를 가지고 본다면, 덕을 존중했던 것입니다. 옛날에, 주나라 무왕(武王)께서는 상(商 : 殷)나라를 쳐 이기셨고, 성왕(成王)께서는 천하를 안정시키시사, 밝은 덕이 있는 분을 골라 봉(封)하시어, 주나라 왕실의 울타리로 삼으셨습니다. 그래서 주공(周公)께서는 왕실을 도와, 천하를 바르게 하였고, 주나라 왕실에서 가장 친한 분이 되었으므로, 주공의 아들 노공(魯公)에게 천자가 타시는 수레인 대로(大路) · 용(龍)을 그려 넣은 깃발 · 하(夏)나라 임금이 지녔던 옥(玉) · 옛날의 제후였던 봉보(封父)가 가졌던 번약(繁弱)이라는 큰 활 · 은(殷)나라가 거느렸던 백성 중의 여섯 씨족인 조씨(條氏) · 서씨(徐氏) · 소씨(蕭氏) · 삭씨(索氏) · 장작씨(長勺氏) · 미작씨(尾勺氏)를 나누어 주시어 종족을 거느리고, 갈려나간 친족들을 모아 다스리며, 따르고 있는 무리들을 이끌고 주공을 본받게 하고, 주나라 천자의 명을 따르게 하며, 그리하여 노나라를 다스리는 일을 맡게 하여, 주공의 밝은 덕을 밝히게 하고, 기름진 땅과 대축(大祝)·종인(宗人)·태복(大卜)·태사(大史) 등의 관원·여러 가지 기물·서책(書冊)·조정과 사당에 필요한 기물 등을 나누어 주었으며, 상(商)과 엄(奄)나라가 다스렸던 백성들을 이어받아 다스리게 하고, 백금(伯禽)이라는 훈계(訓戒)의 글로 훈계하여 소호(少皞)의 도읍 터에 봉했습니다. 그리고 강숙(康叔)에게는 대로(大路)·회색 베로 둘레를 장식한 깃발·붉은 큰 기·깃털을 매단 기·대려(大呂)라는 악기의 종(鐘)·은나라가 다스렸던 백성 중의 일곱 씨족인 도씨(陶氏)·시씨(施氏)·번씨(繁氏)·기씨(錡氏)·번씨(樊氏)·기씨(饑氏)·종규씨(終葵氏) 등을 나누어 주어서는, 봉토(封土)의 한계를 정하니, 무보(武父)에서 남쪽 땅으로부터 포전(圃田)의 북쪽 경계까지로 하고, 이밖에 유염(有閻) 땅을 차지하여, 그 땅에서 얻어지는 수입으로 왕실을 받드는 비용으로 쓰게 하고, 또 은나라 상후(商侯)였던 상토(相土)의 동방(東方) 도읍이었던 상구(商邱)를 차지하여, 천자가 동방에서 제후들을 회합시킬 때에 편리를 제공하게 하고, 담계(聃季)가 토지 문서를 내주고, 도숙(陶叔)이 차지할 백성에 관한 문서를 주었으며, 강고(康誥)라는 훈계의 글로 훈계하여, 은나라의 옛터에 봉했습니다. 노(魯)나라와 위(衛)나라는 다같이 은나라의 정치방식을 이용하여 백성들을 이끌었고, 토지의 경계를 정함에는 주나라의 자를 썼습니다. 그리고 또, 당숙(唐叔)에게는 대로(大路)·밀수(密須)나라가 지녔던 북·궐공(闕鞏)이라 불리운 갑옷·고선(姑洗)이라 불려진 악기 종·회성(懷姓)의 아홉 씨족·다섯 관직의 장관을 나누어 주고, 당고(唐誥)라는 훈계의 글로 훈계하여, 하(夏)나라의 옛터에 봉하니, 당숙은 하나라의 정치방식으로 백성들을 이끌었고, 토지의 경계를 정함에는 융(戎) 오랑캐가 쓰는 자를 이용했습니다. 이 세분은 모두 왕의 동생들이었습니다. 그러나 좋은 덕이 있었습니다. 그러므로 왕께서 물건을 나누어 주시어 그 덕을 나타나게 하셨던 것입니다. 그렇지 않았다면, 문왕(文王)·무왕(武王)·성왕(成王)·강왕(康王)의 형님되시는 분들이 많이 계셨는데도, 이러한 물건들을 나누어 받지 못했는데, 어찌 유별나게 여러 가지를 나누어 받았겠습니까? 그것은 나이가 많은 것을 존중해서가 아니었습니다. 관숙(管叔)과 채숙(蔡叔)이, 상(商:殷)나라의 사람을 인도하여 주나라 왕실을 곤란케 하니, 천자께서는 이에 관숙을 죽이고, 채숙을 채 땅으로 내쫓으시어, 수레 일곱대와 시종하는 자 70명만을 주셨습니다. 채숙의 아들 채중(蔡仲)이 행위를 바르게 하고 덕을 존중하니 주공께서 그를 등용하여 자신의 신하로 삼고, 천자를 뵙게 하여 그뒤에, 채나라의 제후로 명하게 되었던 것입니다. 그 제후로 명한 글에 이르기를, '왕께서 말씀하시기를, 호(胡) 그대는 그대 아버지의 왕명(王命)을 거역했던 일과 같은 짓을 하지 말지어다 라고 하셨다.'라고 했습니다. 그런데 어찌하여 채나라가 위나라의 앞이 된단 말입니까? 무왕의 친형제로는 여덟 분이 있어, 그 중에서 주공은 태재(大宰)가 되었고, 강숙(康叔)은 사구(司寇)가 되었으며, 담계(聃季)는 사공(司空)이 되었으나, 그 외의 다섯 동생은 관직이 없었습니다. 나이를 존중했다면 어찌 그랬겠습니까? 조(曹)나라 군주의 선조는 문왕의 아들이었고, 진(晉)나라 군주의 선조는 무왕의 아들이었으되, 조나라 군주는 백작(伯爵)으로서 떨어진 곳의 제후가 되었습니다. 그것은 항렬을 따져서 윗분을 존중한 처사는 아니었습니다. 그런데 이제 항렬을 따져 윗분을 존중한다는 것은, 옛 어진 임금들의 처사에 위반되는 일입니다. 진나라 문공이 천토(踐土)의 맹약을 주재함에 있어, 위나라 군주였던 성공께서 그 자리에 나가지 않고, 대리로 갔던 이숙(夷叔)은 성공의 친형제였지만, 그분을 채나라 군주보다 먼저 맹약케 했습니다. 그때의 맹약서에 이르기를, '왕께서 이와 같이 말씀하셨도다. 진나라의 중(重)·노나라의 신(申)·위나라의 무(武)·

채나라의 갑오(甲午)·정나라의 첩(捷)·제나라의 번(潘)·송나라의
왕신(王臣)·거나라의 기(期)라.' 이런 순서로 하였습니다. 그 서류가
주나라의 서류창고에 있어서, 언제든지 또 보고 또 볼 수 있는 것입
니다. 님이 문왕·무왕의 법도를 회복케 하려 하시면서, 덕을 바르게
세우시지 않는다면, 장차 어떻게 되겠습니까?" 이 말을 들은 장홍은
좋아하여, 유나라 군주와 진나라의 범헌자에게 그 일을 말하고 상의
하여, 위나라 군주가 맹약 맺는 일에서 윗자리에 서게 했다.

주해 ○舊職(구직)-본래의 관직.
○師(사)-2천5백명의 군대.
○旅(여)-5백명의 군대.
○皐鼬(고유)-지금의 하남성 임영(臨潁) 부근.
○封父(봉보)-지금의 하남성 봉구(封丘) 땅을 차지했던 옛나라의 이름이
  었다 한다.
○伯禽(백금)-주공 단(旦)의 아들로, 노나라의 초대 군주였다. 그가 봉(封)
  되었을 때, 천자에게서 훈계의 글을 받았는데, 그 글을 백금이라 했다.
○少皡之虛(소호지허)-소호씨 나라의 도읍의 옛터. 노나라의 도읍이었던
  곡부(曲阜)가 그 터였다 한다.
○聃季(담계)-주공(周公)의 동생.
○陶叔(도숙)-당시 주나라 사도(司徒)였다.
○唐叔(당숙)-진나라 군주의 선조.
○土略(토략)-땅의 경계.
○武父(무보)-위나라의 북쪽 경계로, 지금의 하북성 동명(東明) 부근 땅.
○圃田(포전)-정나라의 숲 이름으로, 지금의 하남성 중모(中牟) 부근에
  있었다.
○相土之東都(상토지동도)-《사기(史記)》 은본기(殷本紀)에 의하면 설(契)
  의 아들은 소명(昭明)이라 했고, 소명의 아들은 상토(相土)라 했는데,
  그는 상후(商侯)였고, 그는 도읍을 상구(商邱)로 옮겼는데, 상구를 동
  도(東都)라 했었다.

o康誥(강고)−성왕이 강숙을 위나라에 봉했을 때에 준 훈계의 글. 이것
  은 《서경(書經)》에 들어 있다.

o殷虛(은허)−위나라 최초의 도읍지로 조가(朝歌)라 했다. 지금의 하남
  성 기현(淇縣) 땅.

o密須(밀수)−지금의 감숙성(甘肅省) 영대(靈臺) 부근 땅을 차지했던 옛
  나라.

o夏虛(하허)−지금의 산서성 하현(夏縣) 땅.

o胡(호)−채중(蔡仲)의 이름.

o踐土之盟(천토지맹)−희공 28년의 일이었다.

o可覆視(가복시)−언제든지 거듭 볼 수 있음.

反自召陵,에 鄭子大叔未至而卒.이라 晉趙簡子爲之臨,하여 甚

哀曰, 黃父之會,에 夫子語我九言曰, 無始亂,하고 無怙富,하며

無恃寵,하고 無違同,하며 無敖禮,하고 無驕能,하며 無復怒,하고

無謀非德,하며 無犯非義.하라 하였다

沈人不會于召陵,에 晉人使蔡伐之.라

夏,에 蔡滅沈.이라

秋,에 楚爲沈故圍蔡.라 伍員爲吳行人,하여 以謀楚.라 楚之殺

郤宛也,에 伯氏之族出.이라 伯州犁之孫嚭,가 爲吳大宰,하여 以

謀楚.라 楚自昭王卽位無歲不有吳師.라 蔡侯因之,하여 以其子

乾與其大夫之子爲質於吳.라

冬,에 蔡侯·吳子·唐侯伐楚,에 舍舟于淮汭,하고 自豫章與

楚夾漢.이라 左司馬戌謂子常曰, 子沿漢而與之上下.하라 我悉
方城外,하여 以毁其舟,하고 還塞大隧·直轅·冥阨.하리라 子濟
漢而伐之,하고 我自後擊之,면 必大敗之.리라 旣謀而行.이라 武
城黑謂子常曰, 吳用木也,나 我用革也,하여 不可久也.라 不如
速戰.이라 史皇謂子常,하되 楚人惡子,나 而好司馬.라 若司馬毁
吳舟于淮,하고 塞城口而入,이면 是獨克吳也,리니 子必速戰.하라
不然,이면 不免.이리라 乃濟漢而陳,하여 自小別至于大別三戰.이
라 子常知不可,하고 欲奔,하니 史皇曰, 安求其事,하고 難而逃之,
인들 將何所入.가 子必死之.하라 初罪必盡説.이리라

소릉(召陵)의 회합에서 돌아갔는데, 정나라 자대숙(子大叔 : 游吉)
이 자기 나라에 도착하지 못한 채 도중에서 세상을 떠났다. 그러자
진나라 조간자(趙簡子 : 趙鞅)가 조문하여 아주 슬퍼하며 말했다. "황
보(黃父)의 회합에서 돌아가신 분은 아홉 가지의 말을 하기를, '난리
를 꾸미지 말라·부(富)함을 믿지 말라·총애(寵愛)를 믿어 날뛰지
말라·동료와 다투지 말라·예의에서 벗어나 오만하지 말라·자신의
능력을 뽐내지 말라·타인을 거듭 노하게 하지 말라·예의가 아닌 일
을 계획하지 말라·의리가 아닌 일을 행하지 말라'고 했다."

심(沈)나라 사람이 소릉의 회합에 참가하지 않자, 진나라 사람이
채나라에게 치게 했다.

여름에, 채나라가 심나라를 멸망시켰다.

가을에, 초나라가 심나라를 위하여 채나라의 도읍을 포위했다. 오원

(伍員)이 오나라의 외교관인 행인(行人)이 되어, 초나라를 괴롭힐 일을 도모했다. 초나라가 극완(郤宛)을 죽였을 때, 극완 편이었던 백씨(伯氏) 일족이 초나라 밖으로 도망갔는데, 백주리(伯州犁)의 손자인 비(嚭)가 오나라의 태재(太宰)가 되어, 초나라를 괴롭힐 일을 도모했다. 초나라는 소왕(昭王)이 즉위한 뒤로, 오나라 군사한테 공격받지 않는 해가 없었다. 채나라 군주는 그런 사정의 틈을 타서 그의 아들 건(乾)과 그의 대부의 아들을 오나라에 인질로 넣었다.

겨울에, 채나라 군주인 후작·오나라 군주인 자작·당(唐)나라 군주인 후작이 초나라를 치니, 배들을 채나라의 서부(西部)로 여수(汝水)가 회수(淮水)에 합쳐지는 곳에다 매어 두고, 예장(豫章)으로부터 진군하여 초나라와 한수(漢水)를 사이에 두고 대치했다. 그때 초나라의 좌사마(左司馬)인 술(戌)이 영윤인 자상(子常)에게 말하기를, “님은 군사를 이끌고 한수 가를 올라갔다 내려갔다 하십시오. 그러면 나는 방성(方城) 밖에 있는 군대를 전부 모아 이끌고 가, 적군이 매어 놓은 배를 다 부수고, 돌아와서는 대수(大隧)·직원(直轅)·명액(冥阨) 등의 좁은 골목길을 막겠습니다. 그런 뒤에, 님은 한수를 건너 치시고, 내가 그 뒤를 따라 공격하면, 우리는 반드시 적을 패배시킬 것입니다.”라고 했다. 그는 이렇게 계획하고 떠났다. 그랬는데 무성(武城)을 영유하고 있는 대부 흑(黑)이 자상에게 말하기를, “오나라의 전차(戰車)는 나무로 만들었고, 우리 전차는 가죽으로 만들어, 습한 경우에 오래 견디어내지 못합니다. 그러니 속전(速戰)을 감행하는 것이 좋습니다.”라 했다. 그리고 사황(史皇)은 자상에게 말하기를, “초나라 사람들이 님을 싫어하나, 사마인 술(戌)은 좋아합니다. 만약 사마 술이 오나라 배를 회수 가에서 부수고, 방성으로 드는 길목인 대수·직원·맹약 등을 막고 들어오는 경우라면, 그것은 그가 혼자 오나라 군사에게 이긴 결과가 되는 것이니, 님은 반드시 속전을 감행하십시오. 그렇게 하지 않으면, 뒤에 닥쳐오는 화를 면하지 못할 것입니다.”라고 했다. 그래서 자상은 군사를 이끌고 한수를 건너, 소별산(小別山)이 있는 곳으로부터 대별산(大別山)이 있는 곳에 이르는 사이에서 세 차례 싸웠다. 자상이 오나라와의 싸움에서 이길 수 없다는 것을 알고 달아나려 하니 사황(史皇)이 말하기를, "태평한 때에는 국정(國政)을 담당하겠다 하고, 처지가 곤란하게 되자 도망간들, 어디로 들어간단 말입니까? 님은 반드시 이 싸움에서 필사적으로 싸우십시오. 그러면 전에 지었던 죄가 다 없어질 것입니다."라고 했다.

주해 ○黃父之會(황보지회)−소공 25년의 일.

○殺郤宛(살극완)−소공 27년의 일.

○淮汭(회예)−채나라의 서부로, 여수(汝水)가 회하(淮河)로 합쳐지는 곳. 지금의 하남성 고시현(固始縣) 북쪽 땅을 말했다.

○城口(성구)−방성으로 드는 입구. 즉 대수·직원·명액을 통칭한 것이다.

○初罪(초죄)−뇌물이나 좋아하고 하여, 나라의 적을 만들어, 나라의 처지를 좋지 못하게 한 전의 죄.

十一月庚午,에 二師陳于柏擧.라 闔廬之弟夫槩王,이 晨請於

闔廬曰, 楚瓦不仁,하여 其臣莫有死志,이리니 先伐之,면 其卒必

奔.하리이다 而後,에 大師繼之,면 必克.이리이다 弗許.라 夫槩王

曰, 所謂臣義而行,하여 不待命者,는 其此之謂也.라 今日, 我死,

면 楚可入也.리라 以其屬五千,하여 先擊子常之卒,하니 子常之卒

奔,하여 楚師亂,에 吳師大敗之.라 子常奔鄭,하고 史皇以其乘廣

死.라 吳從楚師,하여 及淸發.이라 將擊之,에 夫槩王曰, 困獸猶

鬪,이어늘 況人乎.인가 若知不免而致死,면 必敗我.하리이다 若使

先濟者知免,하여 後者慕之,면 蔑有鬪心矣,리니 半濟而後可擊
也.이니이다 從之,하여 又敗之.라

楚人爲食,에 吳人及之,하니 奔.이라 食而從之,하여 敗諸雍澨,
하고 五戰,하여 及郢.이라 己卯,에 楚子取其妹季芈畀我以出,하여
涉睢,에 鍼尹固與王同舟.라 王使執燧象以奔吳師.라 庚辰,에 吳
入郢,하여 以班處宮.이라 子山處令尹之宮,어늘 夫槩王欲攻之,에
懼而去之,하니 夫槩王入之.라 左司馬戌及息而還,하여 敗吳師
于雍澨,이나 傷.이라 初,에 司馬臣闔廬.라 故로 恥爲禽焉,하여 謂
其臣曰, 誰能免吾首.아 吳句卑曰, 臣賤,이나 可乎.아 司馬曰,
我實失子.라 可哉.라 三戰皆傷,하니 曰, 吾不可用也已.라 句卑
布裳,하여 刎而裹之,하고 藏其身,하여 而以其首免.이라

11월 경오날에, 두 편의 군사가 백거(柏擧)에 진을 쳤다. 오나라 합
려왕의 동생이자 나중의 부개왕(夫槩王)이 새벽에 합려왕에게 요청해
서 말하기를, "초나라 영윤 와(瓦:囊瓦)는 어질지 못하여, 그의 부하
가 그를 위하여 죽을 뜻을 갖고 있지 않을 것이니, 우리가 먼저 공격
하여 치면, 그의 보병들은 반드시 도망갈 것이옵니다. 그뒤에 우리의
대군이 공격한다면, 우리는 꼭 승리할 것이옵니다."라고 했지만, 듣지
않았다. 그러자 부개왕은 말하기를, "일러지고 있는 '신하는 의로운
일이라면 행하여서, 군주의 명을 기다리지 않는다.'는 것은, 이런 경우
를 두고 말하는 것일 게다. 오늘 내가 죽으면, 초나라 도읍은 들어갈
수 있을 것이다."라고 했다. 그리고는 부하 5천명을 이끌고 먼저 초나

라 자상의 보병대(步兵隊)를 치니, 자상의 보병들이 도망가, 초나라 군사의 진영이 헝클어지니, 오나라 군사가 크게 패배시켰다. 초나라 영윤 자상은 정나라로 도망갔고, 사황(史皇)은 자상의 전차를 타고 싸워 죽었다. 오나라 군사가 초나라 군사를 쫓아 청발수(淸發水) 가에 다다랐다. 오나라 군사가 초군을 공격하려 하자, 부개왕은 말했다. "곤경에 빠진 짐승도 사투(死鬪)를 하는 것인데, 하물며 사람이야 다시 말할 것 있사옵니까? 초군이 만일에 죽음을 면할 수가 없다고 여기어 사투를 한다면, 반드시 우리 군을 패배시킬 것이오니, 저들의 일부가 먼저 강물을 건너가 죽음을 면한 것을 알게 하고, 뒤에 있는 자들이 자기들도 건너가겠다고 애쓰게 할 것 같으면, 그들은 싸울 마음을 상실할 것이오니, 저들이 반절쯤 건너간 뒤에 치는 것이 좋사옵니다." 오왕은 이 말을 따라, 또 초군을 쳐부셨다.

강을 먼저 건너간 초나라 사람들이 식사 준비를 하고 있을 때, 오나라군이 육박하니 달아났다. 그래서 오군은 초군이 준비한 식사를 하고서 뒤쫓아 옹서(雍澨) 가에서 패배시키고, 다섯 차례 싸운 끝에 초나라의 도읍 영(郢)에 이르렀다. 기묘날에 초나라 군주는 그의 누이동생 계미비아(季芈畀我)를 데리고 도읍을 나가 수수(睢水)를 건너갔는데, 침(鍼) 고을 장관인 고(固)가 초왕과 같이 배를 탔다. 초왕은 그때 코끼리 뒤에 불을 붙인 나무뭉치를 달아 오나라 군중(軍中)으로 몰아 달리게 했다. 경진날에 오나라 군사가 영으로 들어가, 신분의 차례대로 초나라 궁전을 차지하기로 했다. 오나라의 자산(子山)은 영윤이 거처했던 궁전을 차지하여 거처했는데, 부개왕이 공격하여 뺏으려 하여, 그는 놀라 다른 곳으로 가니, 부개왕이 그 궁전으로 들어갔다. 초나라의 좌사마인 술(戌)이 식(息)까지 갔다가 돌아가, 오나라 군사를 옹서에서 패배시켰으나 부상당했다. 전에 좌사마 술은 오나라 합려왕의 신하로 있었다. 그래서 오나라군한테 포로가 됨을 수치로 알고는 부하들에게 말하기를, "그대들 중에서 내가 죽으면 나의 머리를 적이 발로

차지 않도록 해주겠느냐?"라고 했다. 그러자 오구비(吳句卑)라는 자
가 말하기를, "저는 천한 자이오나 그렇게 해도 좋을까요?"라고 하였
다. 좌사마 술은, "나는 실로 이제까지 너를 몰라보았구나. 좋다마다!"
라 했다. 그뒤 그는 세 번 싸워 번번이 부상을 당하니, "나는 이제 아
무데도 쓸데없는 사람이다."라고 말하였다. 그러자 오구비는 자기의
아래 옷을 땅에 깔고서 술의 목을 쳐 싸고, 몸은 숨겨두고서 그의 목
을 가지고 피해갔다.

주해 ○柏擧(백거)─초나라 지명으로, 지금의 호북성 마성현(麻城縣) 땅.
○夫槩王(부개왕)─부개는 왕호(王號)였다.
○淸發(청발)─강 이름으로, 호북성 안륙현(安陸縣) 서남땅에서 흘러내리
　기 시작한다.
○季羋畀我(계미비아)─미는 초나라 왕의 성(姓)이었고, 비아는 이름이었
　다. 초왕의 막내딸 비아.
○雍澨(옹서)─지금의 호북성 천문현(天門縣) 서방을 흐르는 물줄기 이름.

楚子涉睢,하고 濟江,하여 入于雲中.이라 王寢,에 盜攻之,하여
以戈擊王.이라 王孫由于,가 以背受之,하여 中肩.이라 王奔鄖,에
鍾建負季羋以從,하고 由于徐蘇而從.이라 鄖公辛之弟懷將弑王,
하여 曰, 平王殺吾父.라 我殺其子,는 不亦可乎.아 辛曰, 君討
臣,에 誰敢讐之.리오 君命天也.라 若死天命,이면 將誰讐.아 詩
曰, 柔亦不茹,하고 剛亦不吐,하며 不侮矜寡,하고 不畏彊禦.라
唯仁者能之.라 違彊陵弱,은 非勇也,요 乘人之約,은 非仁也,며
滅宗廢祀,는 非孝也,요 動無令名,은 非知也.라 必犯是,라면 余

將殺女.리라

鬪辛與其弟巢,가 以王奔隨.라 吳人從之,하여 謂隨人曰, 周之
子孫在漢川者,는 楚實盡之.라 天誘其衷,하여 致罰於楚,어늘 而
君又竄之.라 周室何罪.아 君若顧報周室,하고 施及寡人,하여 以
獎天衷,하면 君之惠也.라 漢陽之田,은 君實有之.하라 楚子在公
宮之北,하고 吳人在其南.이라 子期似王.이라 逃王,하여 而己爲
王曰, 以我與之,면 王必免.이라 隨人卜與之,하니 不吉.이라 乃
辭吳曰, 以隨之辟小,하여 而密邇於楚,어늘 楚實存之,하고 世有
盟誓,하여 至于今未改.라 若難而棄之,면 何以事君.가 執事之
患,은 不唯一人.이리라 若鳩楚竟,이면 敢不聽命.가 吳人乃退.라
鑪金初宦於子期氏,하여 實與隨人要言.이라 王使見,이나 辭曰,
不敢以約爲利.라 王割子期之心,하여 以與隨人盟.이라

初,에 伍員與申包胥友.라 其亡也,에 謂申包胥曰, 我必復楚
國.하리라 申包胥曰, 勉之.하라 子能復之,면 我必能興之.하리라
及昭王在隨,에 申包胥如秦,하여 乞師曰, 吳爲封豕長蛇,하여 以
荐食上國,에 虐始於楚.이오니다 寡君失守社稷,하여 越在草莽,이
옵거늘 使下臣告急曰, 夷德無厭.이라 若鄰於君,이면 疆場之患
也.리라 逮吳之未定,에 君其取分焉.하라 若楚之遂亡,이면 君之

土也.리라 若以君靈撫之,면 世以事君.하리라 하였나이다 秦伯使

辭焉曰, 寡人聞命矣.라 子姑就館.하라 將圖而告.하리라 對曰,

寡君越在草莽,하여 未獲所伏,이옵거늘 下臣何敢卽安.이리오 立

依於庭牆而哭,하여 日夜不絶聲,하고 勺飮不入口七日.이라 秦哀

公爲之賦無衣,하니 九頓首而坐.라 秦師乃出.이라

초나라 군주가 수수(雎水)를 건너고, 양자강(揚子江)을 건너서 운중(雲中)으로 들어갔다. 초왕이 잠을 자고 있는데, 어느 악한(惡漢)이 덤벼들어 창으로 초왕을 쳤다. 그때 초나라 왕손인 유우(由于)가 그 창을 등으로 막았다가, 어깨를 맞았다. 초왕이 운(鄖)으로 도망하니 종건(鍾建)은 국왕의 누이동생 계미비아를 업고 따랐고, 유우는 조금 뒤에 소생하여서는 그 뒤를 따랐다. 운 땅을 차지하고 있는 신(辛)의 동생 회(懷)가 초왕을 죽이려 하여 말하기를, "평왕(平王)이 우리 아버지를 죽였습니다. 내가 그의 아들을 죽이는 것은 옳은 일이 아닙니까?"라고 했다. 그러자 형인 신은 말했다. "군주가 신하를 죽임에, 누가 감히 군주를 원수로 삼을 것이냐? 군주의 명은 곧 하늘의 명인 것이다. 만일 천명(天命)으로 죽는다면, 누구를 원수로 삼는단 말이냐? 시에 이르기를, '부드럽다고 해서 탐식(貪食)하지 않고, 단단하다고 해서 토하지 않으며, 홀아비·홀어미를 업신여기지 않고, 강한 적을 두려워하지 않는다.'고 했다. 어진 사람만이 이럴 수가 있는 것이다. 강한 상대는 피하고 약한 상대는 능멸하는 것은 용맹함이 못되고, 타인의 궁한 처지를 이용함은 어질지 못하며, 종가(宗家)의 사람을 죽여 조상에게 제사 지냄이 끊어지게 한다는 것은 효도가 아니고, 행동하여 좋은 이름을 내지 못함은 지혜롭지 못한 것이다. 네 반드시 그 일을 범한다면, 나는 너를 죽일 것이다.”

투신(鬪辛)과 그의 동생 투소(鬪巢)는 국왕을 모시고 수(隨)나라로 도망갔다. 오나라 사람이 그들의 뒤를 쫓아가, 수나라 사람에게 말하기를, “주(周)나라 왕실 자손의 나라로서 한수(漢水) 동녘에 있었던 나라들은, 초나라가 그야말로 다 멸망시켰습니다. 하늘이 주나라의 마음을 도와 초나라에게 벌을 주고 있는데, 수나라 군주께서 초왕을 숨기고 계십니다. 생각해 보시면 아시겠지만, 주나라에 무슨 죄가 있단 말입니까? 귀국의 군주께서 만약 주나라 왕실을 돌보시고, 우리 군주에게까지 돌보시는 마음을 베푸시어서, 천심(天心)을 도우신다면, 그야말로 귀국 군주의 혜택인 것입니다. 이후로 한수에서 동방의 초나라 땅은, 귀국 군주께서 실권(實權)을 행사하시도록 하십시오.”라고 했다. 그때 초나라 군주는 수나라 공궁(公宮)의 북쪽에 있었고, 오나라 사람은 그 남쪽에 있었다. 초나라 국왕의 형인 자기(子期)는 모습이 국왕과 똑같았다. 그래서 자기는 국왕을 도망치게 하고서, 자신이 국왕인 체 하여 말하기를, “나를 오나라 사람에게 넘겨주면, 국왕은 화를 면하게 되오.”라고 했다. 수나라 사람이 그 일을 가지고 거북등을 구워 점을 치니, 불길하다는 징조가 나타났다. 이에 수나라 사람은 오나라에게 사절하여 말하기를, “우리 수나라는 편벽한 곳에 있고 나라가 작아, 초나라에 복종하여 가까이해왔는데, 초나라는 실로 우리나라를 잘 보존시켰고, 대대로 친밀히 할 것을 맹서하여, 지금도 그 사이는 변하지 않고 있습니다. 우리가 만일 초나라가 어려운 지경에 처해 있다고 전의 관계를 버린다면, 의리가 없는 나라가 되는데, 의리 없는 나라로서 어떻게 귀국의 군주를 섬기겠습니까? 귀국의 일을 맡고 계시는 분의 걱정거리는 다만 초나라 국왕 한 분을 처치하는 데 있는 것은 아닐 것입니다. 귀국이 만일 초나라 영토를 덕으로 잘 수습한다면, 누가 감히 귀국의 명을 듣지 않겠습니까?”라고 했다. 그러자 오나라 사람은 물러갔다. 노금(鑪金)이란 자는 전에 자기의 가신

(家臣)으로 있었기에, 그가 실로 수나라 사람과 국왕과 자기를 숨겨 줄 것을 약속했었다. 뒤에 그 일을 안 초왕이 그에게 만나보라고 했으나, 그는 사양하고 말하기를, "제가 감히 국왕을 위해서 수나라 사람과 약속했던 일로 개인의 이익이 되게 할 수는 없사옵니다."라고 했다. 초왕은 자기의 가슴을 갈라낸 피로 수나라 사람과 굳은 맹서를 맺었다.

전에, 오원(伍員)과 신포서(申包胥)는 친한 벗이었다. 오원이 나라 밖으로 도망갈 때 신포서에게 말하기를, "내 반드시 초나라를 뒤집을 것일세."라고 했다. 그러자 신포서는, "힘써 잘 해보게. 자네가 우리 초나라를 전복하게 한다면, 나는 반드시 그 뒤집어진 나라를 부흥시키겠네."라고 응수했다. 초나라 소왕(昭王)이 수나라로 가 있게 되자, 신포서는 진(秦)나라로 가 군사를 내줄 것을 요청하여 말했다. "오나라가 큰 돼지, 큰 뱀과 같이 욕심부리게 되어, 중원(中原) 땅을 차지하고 있는 나라들을 잠식(蠶食)하는데, 오나라의 모진 행패는 초나라에서부터 시작하고 있나이다. 저희 군주께서는 사직을 지키지 못하여, 현재 초원 땅으로 몸을 옮기고 있사온데, 아래 신하인 저로 하여금 군주께 급한 사정을 고하게 하여 말씀하시기를, '오랑캐는 심정(心情)이 욕심을 한없이 부리고 있습니다. 오나라가 우리 초나라를 점령하여, 만일 군주의 나라와 국경을 접(接)하여 이웃나라가 된다면, 국경상의 근심거리가 될 것입니다. 그러니 오나라가 아직 저희 초나라를 완전히 장악하지 못하고 있을 때, 군주께서 저희 초나라 땅을 점령하여 나누어 가지십시오. 앞으로 만일에 초나라가 완전히 망하게 된다면 군주가 점령한 땅은 곧 군주의 영토가 될 것입니다. 그리고 만일에 군주의 덕택으로 초나라가 무사히 안정될 것 같으면, 초나라는 세세(世世)로 군주를 섬길 것입니다.'라고 했사옵니다." 이 말을 들은 진나라 군주는 그를 물러가게 하여 말하기를, "내 그대의 군주가 한 말을 들었도다. 그대는 잠시 객관(客館)으로 가 있도록 하라. 내 헤아려 답을 하겠노라."라고 했다. 그러자 그는 대답하기를, "저희 군주가 지금 초원 땅으로 옮겨가 있어, 편히 엎드릴 곳을 정하지 못한 형편이옵는데, 아래 신하인 제가 감히 편안한 곳으로 가 있으오리까?"라고 했다. 그리고는 궁정(宮庭)의 담에 기대서서 울어, 주야로 우는 소리를 그치지 않고, 물 한 모금도 마시지 않고 7일 동안을 버텼다. 그 모습을 본 진나라 애공(哀公)이 무의편(無衣篇)의 시를 노래부르니, 그는 아홉번 머리를 땅에 조아리고서 앉았다. 진나라 군사가 비로소 출동했던 것이다.

주해 | ○睢(수)－강 이름으로, 저수(沮水)라고도 한다. 지금의 호북성 중부를 남쪽으로 흘러, 원안(遠安)·당양(當陽)을 거쳐, 강릉(江陵) 근처에서 양자강으로 든다.

○雲中(운중)－강남(江南)의 운몽택(雲夢澤)을 말한 것으로, 지금의 지강현(枝江縣) 근처.

○柔亦不茹(유역불여), 剛亦不吐(강역불토), 不侮矜寡(불회긍과), 不畏彊禦(불외강어)－《시경》 대아에 있는 증민편(蒸民篇)의 구절.

○周之子孫(주지자손)－오나라나 수나라의 군주도 주왕실과 같은 성이었다.

○漢陽之田(한양지전)－한수 동편의 땅.

○子期(자기)－초나라 소왕의 형인 공자 결(結).

○封豕(봉시)－큰 돼지.

○夷德(이덕)－오랑캐의 심정.

○無衣(무의)－《시경》 풍 진풍(秦風)에 있는 시편 이름. 이 편의 시는 3장(章)으로 되어 있고, 적을 치기 위해서 같이 군사를 내자는 뜻이 들어 있다.

經 | ○五年春王三月辛亥朔,에 日有食之.라
오 년 춘 왕 삼 월 신 해 삭   일 유 식 지

○夏,에 歸粟于蔡.라
하   귀 속 우 채

○ 於越入吳.라

○ 六月丙申,에 季孫意如卒.이라

○ 秋七月壬子,에 叔孫不敢卒.이라

○ 冬,에 晉士鞅帥師,하여 圍鮮虞.라

5년 봄 천자가 쓰는 역으로 3월 신해날인 초하루에, 일식이 있었다.

여름에, 우리 노나라의 조를 채나라로 보내주었다.

월나라가 오나라로 들어갔다.

6월 병신날에, 노나라의 계손의여가 세상을 떠났다.

가을 7월 임자날에, 노나라의 숙손불감이 세상을 떠났다.

겨울에, 진(晉)나라의 사앙(士鞅)이 군사를 이끌고, 선우를 포위했다.

傳 五年春,에 王人殺子朝于楚.라

夏,에 歸粟于蔡,하여 以周亟,하고 矜無資.라

越入吳,는 吳在楚也.라

六月,에 季平子行東野,하여 還,이라가 未至,하여 丙申卒于房.이라 陽虎將以璵璠斂,할새 仲梁懷弗與曰, 改步,하고 改玉.가 陽虎欲逐之,하여 告公山不狃,하니 不狃曰, 彼爲君也,어늘 子何怨焉.가 旣葬,에 桓子行東野,하여 及費.라 子洩爲費宰,하여 逆勞於郊.라 桓子敬之.라 勞仲梁懷,에 仲梁懷弗敬.이라 子洩怒,하여

위 양 호　　　자 행 지 호
謂陽虎,하되 **子行之乎.**아

　5년 봄에, 주(周)나라 천자의 신하가 자조(子朝)를 초나라에서 죽였다.

　여름에, 우리 노나라가 채나라에 조를 보내주어, 급한 사정을 구하고, 식량이 없음을 동정했다.

　월나라가 오나라로 들어간 것은, 오나라 사람들이 초나라로 몰려가 있어서였다.

　6월에, 노나라 계평자(季平子：季孫意如)가 동야(東野)를 순행하고 돌아오다가, 도읍에 닿지 못하고 병신(丙申)일에 방(房)에서 세상을 떠났다. 양호(陽虎)가 좋은 옥(玉)을 써서 염(斂)하려 하는데, 계손씨의 가신인 재물을 맡고 있는 중량회(仲梁懷)가 좋은 옥을 내주지 않고 말하기를, "군주와 신하들의 보행(步行)하고 옥을 차는 제한이 정해져 있는데, 그 제한을 고쳤단 말인가?"라 했다. 그러자 양호는 중량회를 쫓아내려 하여, 공산불뉴(公山不狃：子洩)에게 말하니 불뉴는 말하기를, "그는 주인어른을 위해서였는데, 자네는 어째서 원망하는가?"라 했다. 계평자의 장사가 끝나고 나서, 계평자의 아들인 환자(桓子)가 동야를 순찰하고 비(費)로 갔다. 자설(子洩)이 비읍(費邑)의 책임자가 되어, 환자를 교외에서 맞이하여 위로했다. 그러자 환자는 자설에게 공경스럽게 대하였다. 중량회에게도 위로하자, 중량회는 공경스러운 태도를 취하지 않았다. 그러자 자설은 노하여 양호에게 이르기를, "자네가 마음 먹었던 대로 중량회를 내쫓을텐가?"라 했다.

주해　○周亟(주극)－급한 처지를 구함.
　○東野(동야)－계씨의 소유 읍으로, 비(費) 부근.
　○房(방)－방(防)이라고도 했다. 곡부(曲阜) 동쪽에 있는 방산(防山) 근처.

申包胥以秦師至.라 秦子蒲·子虎帥車五百乘,하여 以救楚.라

子蒲曰, 吾未知吳道.라 使楚人先與吳人戰,하고 而自稷會之,하

여 大敗夫槩王于沂.라 吳人獲薳射於柏擧,하니 其子帥奔徒,하여

以從子西,하여 敗吳師於軍祥.이라

秋七月,에 子期·子蒲滅唐.이라

九月,에 夫槩王歸,하여 自立也,하여 以與王戰而敗,하고 奔楚,

하여 爲堂谿氏.라 吳師敗楚師于雍澨,하고 秦師又敗吳師,에 吳

師居麇.이라 子期將焚之,에 子西曰, 父兄親暴骨焉,이나 不能

收,이거늘 又焚之,는 不可.라 子期曰, 國亡矣.라 死者若有知也,

면 可以歆舊祀.라 豈憚焚之.아 焚之而又戰,에 吳師敗.라 又戰

于公壻之谿,하여 吳師大敗,하고 吳子乃歸.라 因閭輿罷,어늘 閭

輿罷請先,하여 遂逃歸.라 葉公諸梁之弟后臧,이 從其母於吳,어

늘 不待而歸.라 葉公終不正視.라

초나라의 신포서가 진(秦)나라 군사를 데리고 초나라에 당도했다. 진나라의 자포(子蒲)와 자호(子虎)가 전차 5백대를 이끌고 초나라를 구원하였다. 자포가, "우리는 아직 오나라의 전법(戰法)을 모르고 있소."라 말했다. 그리고는 초나라 사람에게 먼저 오나라 사람과 싸우게 하고, 그뒤에 직(稷)으로부터 가세하여, 초나라 부개왕의 군을 기(沂)에서 대파했다. 오나라 사람이 초나라의 위역(薳射)을 백거에서 잡으니, 위역의 아들은 패잔병들을 모아 이끌고 자서(子西)를 따라, 오나

고대의 전차(戰車)

라 군사를 군상(軍祥)에서 쳐부셨다.

가을 7월에, 초나라 자기(子期)와 진나라 자포가 당(唐)나라를 멸망시켰다.

9월에, 오나라의 부개왕이 본국으로 돌아가 스스로 국왕이 되어, 합려왕과 싸워 패하고, 초나라로 도망가 당계(堂谿)의 사람이 되었다. 오나라 군사가 초나라 군사를 옹서에서 패배시키고, 진나라 군사는 다시 오나라 군사를 패배시키니, 오나라 군사는 균(麇)에 주둔하였다. 초나라 자기가 균을 불로 태우려 하자 자서는 말하기를, "우리 국민의 부형들이 균에서 싸우다가 죽어, 그 뼈가 널려 있으나, 우리는 아직도 그 뼈를 거두지 못하고 있습니다. 그런데다, 불까지 질러 그 뼈를 태운다는 것은 안될 일입니다."라고 했다. 그러자 자기는, "나라가 망했소. 죽은 사람들이 만약 아는 능력이 있다면, 우리가 불을 질러 적을 이겨야 제사를 받을 수가 있다고 여길 것이오. 그런데 어찌 불태워짐을 두려워하겠소?"라 말하고는 불을 지르고 싸우니, 오나라 군사가 패배했다. 양군은 공서(公壻)의 골짜기에서 또 싸워, 오나라 군사는 대패하고, 오나라 군주는 본국으로 돌아갔다. 오나라군이 초나라 대부인 인여피(閵興罷)를 잡았는데, 인여피가 오나라 군주보다 먼저 오나라로 보내줄 것을 청해서 가다가 도중에서 도망하여 초나라로 돌아갔다. 그리고 초나라 섭(葉) 땅을 차지하고 있는 섭공(葉公) 제량(諸梁)의 동생 후장(后臧)이, 그의 어머니를 따라 오나라에 있었는데, 어머니를 귀국케 할 시기를 기다리지 않고 홀로 돌아가버렸다. 그래서 섭공은 죽을 때까지 동생을 바로 쳐다보지 않았다.

주해 ｜ ○ 吳道(오도) — 오나라의 전법.

○ 稷(직) — 지금의 하남성 동백(桐柏) 부근.

○沂(기)—초나라의 지명으로, 하남성 정양(正陽) 부근.

○軍祥(군상)—지금의 호북성 종상(鍾祥) 부근.

○堂谿(당계)—지금의 하남성 수평(遂平) 부근.

○麇(균)—옛날에는 작은 나라였으나, 나중에는 초나라의 읍이었다.

○公壻(공서)—균(麇)과 백거(柏擧) 근방이었다.

乙亥,에 陽虎囚季桓子及公父文伯,하고 而逐仲梁懷.라

冬十月丁亥,에 殺公何藐.이라 己丑,에 盟桓子于稷門之內.라

庚寅,에 大詛,하여 逐公父歜及秦遄,하니 皆奔齊.라

楚子入于郢.이라 初,에 鬪辛聞吳人之爭宮也,하고 曰, 吾聞之,하되 不讓,이면 則不和.라 不和,면 不可以遠征.이라 吳爭於楚,하니 必有亂.이리라 有亂,이면 則必歸,어늘 焉能定楚.오

王之奔隨也,에 將涉於成臼,할새 藍尹亹涉其帑,하여 不與王舟.라 及寧,에 王欲殺之,하니 子西曰, 子常唯思舊怨以敗.였나이다 君何效焉.인가 王曰, 善.이라 使復其所.하라 吾以志前惡.하리라 王賞鬪辛·王孫由于·王孫圉·鍾建·鬪巢·申包胥·王孫賈·宋木·鬪懷.라 子西曰, 請舍懷也.이오니다 王曰, 大德滅小怨道也.라 申包胥曰, 吾爲君也,요 非爲身也.라 君旣定矣,에 又何求.리오 且吾尤子旗,었거늘 其又爲諸.아 遂逃賞.이라 王將嫁季芈,에 季芈辭曰, 所以爲女子,는 遠丈夫也,이옵거늘 鍾建負我

矣.였나이다 以妻鍾建,하여 以爲樂尹.이라

王之在隨也,에 子西爲王輿服,하여 以保路,하고 國于脾洩,하고
聞王所在,하여 而後從王.이라 王使由于城麇.이라 復命,에 子西
門高厚焉,하니 弗知.라 子西曰, 不能,이면 如辭.라 城不知高厚
小大,면 何知.오 對曰, 固辭不能,이나 子使余也.라 人各有能有
不能也.라 王遇盜於雲中,에 余受其戈,하여 其所猶在.라 袒而示
之背曰, 此余所能也,나 脾洩之事,는 余亦弗能也.라

晉士鞅圍鮮虞,는 報觀虎之役也.라

을해날에, 계손씨 가문의 가신인 양호(陽虎)가 계환자(季桓子 : 季孫斯)와 공보문백(公父文伯)을 잡아 가두고, 중량회를 쫓아냈다.

겨울 10월 정해날에, 양호는 공하묘(公何藐)를 죽였다. 그리고 기축날에는, 계환자와 직문(稷門)의 안쪽에서 맹약을 맺었다. 또 경인날에는, 큰 맹서 맺는 행사를 행하고 공보촉(公父歜)과 진천(秦遄)을 쫓아내니, 두 사람은 제나라로 달아났다.

초나라 군주가 도읍 영(郢)으로 들어갔다. 전에, 투신(鬪辛)이 오나라 사람들이 초나라 도읍의 궁전을 가지고 다투었다는 일을 듣고 말하기를, "내 들었거니와, '서로 겸양(謙讓)하지 않는다면, 불화하게 된다. 불화하면, 원정(遠征)할 수는 없다.'고 한다. 오나라 사람들이 초나라에 와 다투고 있으니, 오나라에는 반드시 내란이 있을 것이다. 내란이 있게 되면, 오나라 사람들은 반드시 돌아갈 것인데, 그들이 어떻게 초나라를 평정할 수가 있겠는가?"라고 했다.

초나라 왕이 수나라로 달아났을 때, 성구(成臼)에서 한수(漢水)를

건너려는데, 남(藍) 고을의 장관인 미(亹)가 자기의 처자(妻子)를 건너게 하느라고, 배를 왕에게 양보하지 않았다. 나라 사정이 진정되자, 왕이 미를 죽이려 하니 자서(子西)가 말하기를, "영윤이었던 자상(子常)은 전의 원한만을 생각했다가 패망하고 말았나이다. 그런데 군주께서는 어찌 그와 같은 일을 하시옵니까?"라고 하니 국왕은, "옳은 말이다. 전의 관직으로 복직케 하라. 나는 나의 전의 과실을 잘 기억하도록 하겠다."라고 말했다. 초왕이 투신·왕손(王孫)인 유우(由于)·왕손인 어(圉)·종건(鍾建)·투소·신포서(申包胥)·왕손인 가(賈)·송목(宋木)·투회 등에게 포상했다. 그러자 자서가 말하기를, "투회만은 포상에서 제외하시기를 바라옵니다."라고 하니 국왕은, "큰 덕은 작은 원한을 없앤다는 것이 도(道)이다."라고 말하였다. 그때 신포서는, "나는 군주를 위했었지, 나 자신을 위해서 일하지 않았다. 군주의 처지가 이제 안정되었는데, 내 또 무엇을 원할 것인가? 그리고 나는 전에 자기(子旗)를 꾸짖었는데, 내가 그와 같은 짓을 하겠는가?"라고 말하고, 결국 포상받기를 피했다. 초왕이 누이동생 계미를 시집보내려 하자 계미가 사절하여 말하기를, "여자 된 몸은 남자를 멀리해야 하옵는데, 종건(鍾建)이 전에 저를 업었나이다."라고 하였다. 그래서 국왕은 계미를 종건의 아내로 삼고, 종건을 음악을 장악하는 장관인 악윤(樂尹)에 임명했다.

초왕이 수나라에 있을 때, 자서는 (국왕이 다른 나라로 가 있다는 것을 알면, 국민들이 흩어질까 염려되어) 자신이 국왕이 타는 가마를 타고 국왕 복장을 차려 입고서 행렬을 지어 지나가는 길가의 사람들을 안심시키고 비설(脾洩)에다 조정을 꾸며 국왕이 있는 곳을 알고 가서 국왕을 모시어 따랐다. 국왕이 유우(由于)에게 균(麇)에다 성을 쌓게 했다. 유우가 공사를 마치고 보고하니, 자서가 성의 높이와 부피가 얼마나 되느냐고 물으니, 유우는 알지 못하였다. 자서가, "일을 잘할 수 없는 바라면, 일의 담당을 사절하는 것이 좋은 것이오. 자기가 쌓은 성의 높이가 얼마나 되고 부피가 어느 정도이고 그 크기가 어떠한가를 알지 못한대서야, 무엇을 안단 말이오.”라 하니, 유우가 대답하였다. “그 일을 할 수 없다고 사양했지만, 님이 나를 시키셨소. 사람은 각기 할 수 있는 것이 있고, 할 수 없는 것이 있소이다. 국왕께서 운중(雲中)에서 악한(惡漢)을 만났을 때, 국왕을 찌르려는 그 창을 내 몸에 받아 그 흔적은 지금도 있소이다.” 이렇게 말한 그는, 윗옷을 벗고 등을 보이며 말했다. “이런 꼴 당하는 일이야, 내 잘 할 수 있는 것이오. 비설에서 당신이 한 일 같은 것은, 나로서는 할 수가 없소이다.”

진나라의 사앙이 선우를 포위한 것은 관호(觀虎)의 싸움에 대한 보복이었다.

 ㅇ公父文伯(공보문백)·公何藐(공하묘)·秦遄(진천)−다 계손씨 가문의 사람이었다. 공보문백의 이름은 촉(歜)이었다.

ㅇ稷門(직문)−노나라 도읍의 남문 이름.

ㅇ成臼(성구)−구수(臼水)의 나루터 이름. 구수는 지금의 종상현(鍾祥縣) 동남에서 한수(漢水)로 들어 합쳐진다.

ㅇ請舍懷也(청사회야)−전년에 투신의 동생인 투회는 왕을 죽이려 했었기에, 포상에서 제외하라고 요청한 것이었다.

ㅇ大德滅小怨道也(대덕멸소원도야)−대덕은 투회가 처음에는 초왕을 죽이려 했으나, 뒤에는 형과 같이 초왕을 위하여 힘써 공을 세운 일을 두고 말한 것이고, 소원은 국왕을 죽이려고 했던 일을 두고 말한 것이다.

ㅇ吾尤子旗(오우자기)−자기는 투성연(鬪成然). 투성연이 공을 앞세워 탐욕부림을 꾸짖었다는 것이다. 투성연의 일은 소공 14년조에 나왔다.

ㅇ脾洩(비설)−초나라 읍으로, 지금의 강릉(江陵) 부근.

ㅇ觀虎之役(관호지역)−정공 3년에, 선우가 진나라의 관호를 쳐 빼앗았던 싸움.

 정공 5년에는 노나라의 실권자인 계손의여(季孫意如)가 죽고,

그의 가문에 분란이 생겼다. 그리고 초나라가 멸망 직전이었는데도, 진
(秦)나라의 구원으로 회복되었다. 이 해의 기사(記事)에는 교훈적인 것
이 여러 가지 있다. 인화(人和)를 잃으면 집안이 문란해지고 국가가 흔
들린다는 것을 알 수 있고, 탐욕을 부리는 자는 자기 한몸을 망치고 사
회 국가에 해를 끼치게 된다는 것을 알 수 있다. 그리고 초나라 투신·
신포서의 의리와 충성은, 가히 본받을 만한 것이다.

經 ○六年春王正月癸亥,에 鄭游速帥師,하여 滅許,하고 以許男

斯歸.라

○二月,에 公侵鄭.이라

○公至自侵鄭.이라

○夏,에 季孫斯·仲孫何忌如晉.이라

○秋,에 晉人執宋行人樂祁犁.라

○冬,에 城中城.이라

○季孫斯·仲孫忌帥師,하여 圍鄆.이라

　6년 봄 천자가 쓰는 역으로 정월 계해날에, 정나라 유속(游速)이
군사를 이끌고 허나라를 멸망시키고, 허나라 군주인 남작 사(斯)를 데
리고 돌아갔다.

　2월에 공이 정나라를 침공했다.

　공이 정나라를 침공하는 일에서 돌아왔다.

　여름에, 노나라 계손사와 중손하기가 진(晉)나라에 갔다.

　가을에, 진나라 사람이 송나라의 행인(行人)인 악기리를 체포했다.

겨울에, 중성의 보수공사를 했다.

계손사와 중손기(하기)가 군사를 이끌고, 운(鄆)을 포위했다.

주해 ㅇ中城(중성)－노나라 도읍의 내성(內城).

ㅇ仲孫忌(중손기)－중손하기(仲孫何忌).

傳 六年春,에 鄭滅許,는 因楚敗也.라

二月,에 公侵鄭,하여 取匡,은 爲晉討鄭之伐胥靡也.라 往不假

道於衛,하고 及還,에 陽虎使季孟自南門入,하고 出自東門,하여

舍於豚澤.이라 衛侯怒,하여 使彌子瑕追之.라 公叔文子老矣,나

輦而如公曰, 尤人而效之,는 非禮也.이오니다 昭公之難,에 君將

以文之舒鼎·成之昭兆·定之鞶鑑,하사 苟可以納之,면 擇用一

焉,하고 公子與二三臣之子,를 諸侯苟憂之,면 將以爲之質.이었나

이다 此群臣之所聞也.이오니다 今將以小忿蒙舊德,이면 無乃不

可乎.인가 太姒之子,는 唯周公·康叔爲相睦也.였나이다 而效小

人以棄之,면 不亦誣乎.인가 天將多陽虎之罪以斃之,이리니 君姑

待之若何.인가 乃止.라

夏,에 季桓子如晉,은 獻鄭俘也.라 陽虎强使孟懿子往報夫人

之幣.라 晉人兼享之,할새 孟孫立于房外,하여 謂范獻子曰, 陽虎

若不能居魯,하여 而息肩於晉,에 所不以爲中軍司馬者,면 有如

先君.하라 獻子曰, 寡君有官,이니 將使其人.하시리라 鞅何知焉.
고 獻子謂簡子曰, 魯人患陽虎矣.라 孟孫知其釁,하여 以爲必適
晉.이라 故로 强爲之請,하여 以取入焉.이라

6년 봄에, 정나라가 허나라를 멸망시킨 것은, 초나라가 패전(敗戰)한 틈을 탄 것이었다.

2월에, 우리 노나라의 정공이 정나라를 침공하여 광(匡) 땅을 취한 것은, 진(晉)나라를 위하여 정나라가 천자의 주나라 서미(胥靡)를 쳤던 일을 응징함이었다. 정나라를 침공하러 갈 때에는 위나라에 대해서 길을 빌리라는 요청도 없이 통과하여 갔고, 돌아올 때에는 양호(陽虎)가 계씨(季氏 : 季孫斯)와 맹씨(孟氏 : 仲孫何忌)에게 위나라 도읍의 남문으로부터 들어가고, 동문으로부터 나가서 돈택(豚澤)에서 머물게 했다. 그러자 위나라 군주가 노하여, 미자하(彌子瑕)에게 뒤를 쫓게 했다. 그때 위나라의 공숙문자(公叔文子)는 은퇴하고 있었으나, 손수레를 타고 군주에게로 가 말했다. "타인의 잘못을 꾸짖으셨다가 그 잘못을 본따시는 것은 예의가 아니옵니다. 노나라 소공(昭公)이 곤경에 처했을 때, 군주께서는 우리 문공(文公)의 사당에 있는 서(舒)나라가 주조한 솥과, 성공(成公)의 사당에 있는 신령스러운 점치는 거북등과, 정공(定公)의 사당에 있는 거울로 장식한 큰 띠를 상으로 내걸고, 실로 노나라 소공을 도읍 안으로 들어가게 할 수만 있다면, 이 세가지 보불 중 한가지를 택하여 갖게 한다 하셨고, 공자와 몇몇 대신의 아들을 내놓는 것을, 제후들이 조금이라도 의심한다면, 인질로 삼겠다고 하셨나이다. 이 사실은 우리들 뭇 신하가 다 들어 알고 있나이다. 그랬는데, 이제 작은 분한 일로 지난날의 덕을 가리게 하신다면, 안되지 않으오리까? 주나라 문왕(文王)의 비(妃)이신 태사(太姒)

의 아들로는, 노나라 군주의 선조인 주공(周公)과 우리 위나라 군주의 선조이신 강숙(康叔)만이 서로 화목하게 지내셨나이다. 그러하온데 소인(小人)이 하는 짓을 본따서서 조상들의 우애를 버리신다면, 죄가 없는 노나라 군주를 모함하는 일이 되지 않으오리까? 하늘이 양호의 죄를 크게 하였다가 타도(打倒)하려 하오니, 군주께서는 잠시 기다려 보심이 어떠하오리까?" 이에 뒤쫓는 일을 중지했다.

여름에, 계환자(季桓子)가 진나라에 간 것은, 정나라의 포로를 바치기 위해서였다. 그때 양호가 억지로 맹의자(孟懿子 : 仲孫何忌)에게 진나라에 같이 가 전에 진나라 군주의 부인이 사람을 시켜 예방케 한 일에 대한 답례를 하게 했다. 진나라 사람이 계환자와 맹의자를 한자리에서 대접함에 있어, 맹손씨가 방의 밖에 서서, 진나라의 범헌자(范獻子 : 士鞅)에게 말하기를, "노나라의 양호가 만약 노나라에 있을 수가 없어, 진나라로 와 쉬게 될 때, 중군(中軍)의 사마(司馬)를 삼을 수 없는 바라면 선대 군주 때의 예대로 대우하여 주십시오."라고 했다. 그러자 범헌자는, "저희 군주께서는 일정한 관직이 있으니, 정당히 쓰실 것입니다. 사앙 저야 무엇을 알 수 있겠습니까?"라고 말했다. 이렇게 말한 범헌자가 그 일을 조간자(趙簡子)에게 말하기를, "노나라 사람들이 양호를 걱정거리로 여기고 있소. 맹손씨는 그 기미를 알아 양호가 반드시 진나라로 갈 것이라고 여기고 있는 것이오. 그래서 그는 억지로 우리에게 요청하여, 우리가 받아들이도록 하는 것이오."라고 했다.

주해 ○胥靡(서미) ─ 주나라 직할지역 내의 읍으로, 지금의 언사현(偃師縣).

○兼享之(겸향지) ─ 계환자(季桓子)와 맹의자(孟懿子)는 둘 다 노나라의 정경(正卿)이었으므로, 따로따로 대접하는 것이 예의에 맞으나, 진나라가 그들을 무시하여 한꺼번에 대접했던 것이다.

四月己丑,에 吳太子終纍敗楚舟師,하여 獲潘子臣·小惟子及
大夫七人.이라 楚國大惕,하고 懼亡,에 子期又以陵師敗于繁揚.
이라 令尹子西喜曰, 乃今可爲矣.라 於是乎遷郢於鄀,하여 而改
紀其政,하여 以定楚國.이라

周儋翩率王子朝之徒,하고 因鄭人,하여 將以作亂于周.라 鄭於
是乎伐馮·滑·胥靡·負黍·狐人·闕外.라 六月,에 晉閻沒戍
周,하고 且城胥靡.라

秋八月,에 宋樂祁言於景公曰, 諸侯唯我事晉,에 今使不往,이
면 晉其憾矣.리이다 樂祁告其宰陳寅,하니 陳寅曰, 必使子往.이
리라 他日,에 公謂樂祁曰, 唯寡人説子之言.이라 子必往.하라 陳
寅曰, 子立後而行,이라야 吾室亦不亡,하고 唯君亦以我爲知難而
行也.라 見溷而行.이라 趙簡子逆,하여 而飮之酒於綿上,에 獻楊
楯六十於簡子.라 陳寅曰, 昔,에 吾主范氏,이었거늘 今,에 子主趙
氏,하고 又有納焉.이라 以楊楯賈禍,는 弗可爲也已.라 然,이나 子
死晉國,이면 子孫必得志於宋.이리라 范獻子言於晉侯曰, 以君命
越疆而使,하여 未致使而私飮酒,는 不敬二君,이오니 不可不討
也.라소이다 乃執樂祁.라

陽虎又盟公及三桓於周社,하고 盟國人于亳社,하여 詛于五父

^{지 구}
之衢.라

^{동 십 이 월}   ^{천 왕 처 우 고 유}   ^{피 담 편 지 란 야}
冬十二月,에 天王處于姑猶,하시니 辟儋翩之亂也.라

　4월 기축날에, 오나라 태자 종루(終纍)가 초나라의 수군(水軍)을 패배시키어, 초나라 수군 장수 반자신(潘子臣)과 소유자(小惟子) 및 대부 일곱 사람을 잡았다. 그래서 초나라는 크게 두려워하고, 나라가 망하지 않나 하고 떨었는데, 자기(子期)가 다시 육군을 이끌고 싸워 번양(繁揚)에서 패배당했다. 그때 영윤(令尹)인 자서(子西)는 기뻐하고 말하기를, "이제야 일을 할 수 있게 되었다."라 했다. 그리고는 그 틈에 도읍을 영(郢)에서 약(鄀)으로 옮겨, 정치의 기강을 일신(一新)하여, 초나라를 안정시켰다.

　주(周)나라의 담편(儋翩)이 왕자 조(朝)의 무리를 이끌고, 정나라 사람에게 의지하여 주나라에서 난리를 일으키려 했다. 정나라는 이 기회에 주나라 읍인 풍(馮)·활(滑)·서미(胥靡)·부서(負黍)·호인(狐人)·궐외(闕外) 등을 쳤다. 6월에, 진나라의 염몰(閻沒)이 주나라를 수비하고 서미에 성을 쌓았다.

　가을 8월에, 송나라의 악기(樂祁)가 군주 경공(景公)에게 말하기를, "제후국 중에서 우리만이 진나라를 잘 섬기고 있사온데, 이제 사자(使者)가 가지 않으면, 진나라는 유감스럽게 생각할 것이옵니다."라고 했다. 악기가 군주에게 이렇게 말했다는 것을 그의 가신장(家臣長)인 진인(陳寅)에게 말하니 진인은, "군주께서는 반드시 님보고 사자가 되어 가라고 하실 것입니다."라고 말하였다. 뒷날 경공이 악기에게 말하기를, "나는 전날에 그대가 한 말을 좋다고 여기고 있소. 그대가 꼭 진나라에 가오."라고 하였다. 이에 진인은 악기에게, "님이 후사(後嗣)를 정하신 뒤에 떠나가셔야, 우리 가문이 망하지 않고, 군주께서도 님이 곤란한 일이 있을 것이라는 것을 알고 떠났다고 여기시게 될 것입니다."라고 말했다. 그래서 악기는 아들 혼(渾)을 자기의 후계자임을 말하여 군주를 뵙게 하고 떠났다. 진나라로 들어가니 조간자가 그를 맞이하여 면상(綿上)에서 술을 냈는데, 악기는 조간자에게 버드나무로 만든 방패 60벌을 선물로 주었다. 그러자 진인이 말하기를, "지난날에는 우리 가문은 범씨(范氏) 댁을 주인으로 삼았었는데, 이제 님은 조씨 댁을 주인으로 삼으시고, 게다가 선물까지 바치시는군요. 버드나무 방패로 화를 사는 짓은 할 일이 아닙니다. 그러나 님이 이 진나라에서 죽으신다면 님의 자손은 송나라에서 득세할 것입니다."라고 했다. 범헌자는 진나라 군주에게 말하되, "군주의 명을 받들고 국경을 넘어 사자로 나와, 사자의 임무를 완수하지 못하고서 사사로이 술을 마신 것은 두 나라의 군주에 대한 불경죄를 지은 일이니, 불가불 죄로써 다스려야 하옵니다."라고 했다. 그리고는 악기를 체포했다.

양호는 공 및 삼환(맹손씨·숙손씨·계손씨)과 주사(周社)에서 맹약을 맺고, 나라의 대부들과 박사(亳社)에서 맹서를 맺었으며, 오보(五父) 거리에서 큰 맹서를 맺었다.

겨울 12월에, 천자께서 고유(姑蕕)에 거처하셨으니, 그것은 담편의 난동을 피하여서였다.

주해 ○陵師(능사)―육군(陸軍).

○郡(약)―지금의 호북성 자충현(自忠縣) 땅.

○馮(풍)·滑(활)·胥靡(서미)·負黍(부서)·狐人(호인)·闕外(궐외)―다 주나라 직할지역 내의 읍이었다.

○綿上(면상)―지금의 산서성 기성(冀城) 서쪽 땅.

○周社(주사)―노나라 사직의 사(社).

○亳社(박사)―은(殷)나라 사직의 신을 제사 지내는 사(社)로, 공궁(公宮)의 옆에 있었다.

○詛(조)―대중들과 맺는 큰 맹서.

○五父(오보)―노나라 도읍의 거리 이름.

○姑蕕(고유)―지금의 언사현(偃師縣) 땅.

經 ○七年春王正月.

○夏四月.

○秋,에 齊侯·鄭伯盟于鹹.이라

○齊人執衛行人北宮結,하여 以侵衛.라

○齊侯·衛侯盟于沙.라

○大雩.라

○齊國夏帥師,하여 伐我西鄙.라

○九月,에 大雩.라

○冬十月.

7년 봄 천자가 쓰는 역으로 정월.

여름 4월.

가을에, 제나라의 군주인 후작과 정나라의 군주인 백작이, 함(鹹)에서 맹약을 맺었다.

제나라 사람이 위나라의 행인(行人) 북궁결(北宮結)을 잡고서, 위나라를 침공했다.

제나라의 군주인 후작과 위나라의 군주인 후작이 사(沙)에서 맹약을 맺었다.

큰 기우제를 지냈다.

제나라의 국하(國夏)가 군사를 이끌고, 우리 노나라의 서쪽 변방 땅을 쳤다.

9월에, 큰 기우제를 지냈다.

겨울 10월.

傳| 七年春二月,에 周儋翩入于儀栗,하여 以叛.이라

齊人歸鄆·陽關,에 陽虎居之,하여 以爲政.이라

夏四月,에 單武公·劉桓公,이 敗尹氏于窮谷.이라

秋,에 齊侯·鄭伯盟于鹹,하여 徵會于衛.라 衛侯欲叛晉,이나

諸大夫不可.라 使北宮結如齊,하여 而私於齊侯曰, 執結以侵

我.하소서 齊侯從之,하여 乃盟于瑣.라

齊國夏伐我.라 陽虎御季桓子,하고 公斂處父御孟懿子,하여

將宵軍齊師.라 齊師聞之,하고 墮伏而待之.라 處父曰, 虎不圖

禍,하니 而必死.리라 苦夷曰, 虎陷二子於難,이면 不待有司,하

고 余必殺女.하리라 虎懼,하여 乃還,에 不敗.라

冬十一月戊午,에 單子·劉子逆王于慶氏,하고 晉籍秦送王.

이라 己巳,에 王入于王城,하여 館于公族黨氏而後朝于莊宮.이라

7년 봄 2월에, 주나라 담편이 의율(儀栗)로 들어가 반란을 일으켰다.

제나라 사람이 운(鄆)과 양관(陽關)을 우리 노나라에 반환하여, 양호(陽虎)가 그곳에 가 있으면서 다스렸다.

여름 4월에, 선(單)나라의 무공과 유(劉)나라의 환공이 윤(尹) 사람

들을 궁곡에서 패배시켰다.

가을에, 제나라의 군주와 정나라의 군주가 함(鹹)에서 맹약을 맺고서, 위나라에 대해서 같은 편이 될 것을 요구했다. 위나라 군주는 진나라를 배반하려 했지만, 여러 대부들은 안된다고 했다. 그래서 위나라 군주는 북궁결을 제나라에 보내어 제나라 군주에게 비밀로, "저를 체포하고서 저희 나라를 침공하옵소서." 이렇게 말하게 했다. 제나라 군주가 그의 말대로 하여, 결국은 두 나라 군주가 쇄(瑣)에서 맹약을 맺었다.

제나라의 국하(國夏)가 우리 노나라를 쳤다. 양호가 계환자의 전차를 조종하고, 공렴처보(公斂處父)가 맹의자의 전차를 조종하여, 저녁에 제나라 군사를 공격하려 했다. 제나라 군사가 이것을 들어 알고, 전차부대를 풀어 보병(步兵)을 잠복하여 우리 군사의 공격을 기다리고 있었다. 이에 공렴처보가 말하기를, "양호는 화 당할 것을 염두에 두지 않고 있으니, 너는 반드시 죽으리라."라 했다. 그리고 점이(苫夷)는 말하기를, "양호 네가 계환자와 맹의자 두 분을 곤란에 빠뜨린다면, 담당 관리의 처리를 기다릴 것 없이, 내 반드시 너를 죽일 것이다."라고 했다. 그러자 양호는 두려워하여 돌아갔으므로 패하지 않았다.

겨울 11월 무오날에, 선나라 군주인 자작과 유나라 군주인 자작이 천자를 경씨(慶氏)네한테서 맞이하고, 진나라의 적진(籍秦)이 천자를 호위하여 돌아가시게 했다. 기사날에 천자께서는 왕성으로 들어가시어, 조정 일을 담당하는 씨족인 당씨(黨氏)네 집에 숙박하시고서 장왕(莊王)의 사당에 들르시어 참배하셨다.

○儀栗(의율)－주나라 직할지역 내의 읍으로, 지금의 하남성 의양(宜陽) 부근.

○鄆(운)－지금의 운성(運城).

○陽關(양관)－지금의 영양(寧陽).

○窮谷(궁곡)－낙읍(洛邑). 남쪽의 읍이었다.

ㅇ鹹(함)—위나라 땅으로, 지금의 복양(濮陽) 부근.

ㅇ墮(타)—전차 부대를 풀어 보병으로 삼았음을 말한 것이다.

經 ㅇ八年春王正月,에 公侵齊.라

ㅇ公至自侵齊.라

ㅇ二月,에 公侵齊.라

ㅇ三月,에 公至自侵齊.라

ㅇ曹伯露卒.이라

ㅇ夏,에 齊國夏帥師,하여 伐我西鄙.라

ㅇ公會晉師于瓦.라

ㅇ公至自瓦.라

ㅇ秋七月戊辰,에 陳侯柳卒.이라

ㅇ晉士鞅帥師,하여 侵鄭,하고 遂侵衛.라

ㅇ葬曹靖公.이라

ㅇ九月,에 葬陳懷公.이라

ㅇ季孫斯·仲孫何忌帥師,하여 侵衛.라

ㅇ冬,에 衛侯·鄭伯盟于曲濮.이라

ㅇ從祀先公.이라

ㅇ盜竊寶玉·大弓.이라

8년 봄 천자가 쓰는 역으로 정월에, 공이 제나라를 침공했다.

공이 제나라를 침공하는 일에서 돌아왔다.

2월에, 공이 제나라를 침공했다.

3월에, 공이 제나라를 침공하는 일에서 돌아왔다.

조나라 군주인 백작 노(露)가 세상을 떠났다.

여름에, 제나라의 국하(國夏)가 군사를 이끌고, 우리 노나라의 서쪽 변방 땅을 쳤다.

공이 진(晋)나라의 군사를 와(瓦)로 가 만났다.

공이 와로부터 돌아왔다.

가을 7월 무진날에, 진(陳)나라의 군주인 후작 유(柳)가 세상을 떠났다.

진나라의 사앙(士鞅)이 군사를 이끌고 정나라를 침공하고, 곧이어 위나라를 침공했다.

조나라의 정공(靖公)을 장사 지냈다.

9월에, 진(陳)나라 회공(懷公)을 장사 지냈다.

우리 노나라의 계손사(季孫斯)와 중손하기(仲孫何忌)가 군사를 이끌고 위나라를 침공했다.

겨울에, 위나라 군주인 후작과 정나라 군주인 백작이 곡복(曲濮)에서 맹약을 맺었다.

전의 군주(소공)를 종묘에 모시어 제사 지내기로 했다.

도적이, 보배인 옥과 큰 활을 훔쳐갔다.

┃**주해**┃ ○瓦(와)―위나라 땅으로, 지금의 하남성 활현(滑縣) 동남쪽의 땅.

○曲濮(곡복)―복수(濮水)가 구부러져 흐르는 곳. 당시 위나라 땅이었다.

○盜(도)―양호(陽虎)를 말한다.

┃**傳**┃ 八年春王正月,에 公侵齊,하여 門于陽州.라 士皆坐列曰, 顔

高之弓六鈞.이라 皆取而傳觀之.라 陽州人出,하니 顏高奪人弱
弓.이라 籍丘子鉏擊之,하여 與一人俱斃,에 偃且射子鉏,하여 中
頰殪.라 顏息射人,하여 中眉.라 退曰, 我無勇.이라 吾志其目也.
라 師退,에 冉猛僞傷足而先,하니 其兄會乃呼曰, 猛也殿.이라
　二月己丑,에 單子伐穀城,하고 劉子伐儀栗.이라 辛卯,에 單子
伐簡城,하고 劉子伐盂,하여 以定王室.이라

　8년 봄 천자가 쓰는 역으로 정월에, 공이 제나라를 침공하여, 제나라 양주(陽州)의 성문을 공격하기로 했다. 그런데 병사들이 다 앉아서 줄지어 있으면서 말하기를, "안고(顏高)의 활은 6균(鈞)의 무게다!"라고 하였다. 그리고는 그들은 그 활을 달라고 하여 서로 전해 가면서 보았다. 그러는 틈에 양주 사람들이 쳐나오니, 안고는 옆사람의 약한 활을 뺏었다. 양주의 적구자서(籍丘子鉏)가 그를 쳐 다른 한 사람과 같이 거꾸러뜨리니, 안고는 거꾸러지면서 적구자서를 쏘아 볼을 맞혀 넘어뜨렸다. 그때 노나라의 안식(顏息)이 양주 사람을 쏘아 눈썹 가를 맞추었다. 퇴군(退軍)하면서 그는 말하기를, "나는 용기가 없는 사람이다. 나는 그 사람의 눈알을 겨누었는데!"라고 하였다. 노나라 군사가 퇴군하여 염맹(冉猛)은 거짓으로 발을 다쳤다고 핑계대어 먼저 떠나니, 그의 형 회(會)가 큰 소리로 불러 말하기를, "맹아! 너는 맨 뒤에 서야 한다!"라고 했다.

　2월 기축날에, 선(單)나라 군주는 곡성(穀城)을 치고, 유나라 군주는 의율을 쳤다. 그리고 신묘날에, 선나라 군주는 간성(簡城)을 치고, 유나라 군주는 우(盂)를 쳐서, 주나라 왕실을 안정시켰다.

주해┃ ○陽州(양주)-지금의 동평현(東平縣).

○六鈞(육균)-1균(鈞)은 30근(斤).

○穀城(곡성)·盂(우)-모두 주나라 직할지역 내의 땅이었다.

趙鞅言於晉侯曰, 諸侯唯宋事晉.이오니다 好逆其使,라도 猶懼

不至,이옵거늘 今又執之,는 是絶諸侯也.라소이다 將歸樂祁,에 士

鞅曰, 三年止之,하고 無故而歸之,면 宋必叛晉.이리이다 獻子私

謂子梁曰, 寡君懼不得事宋君.라 是以止子.라 子姑使溷代子.하

라 子梁以告陳寅,하니 陳寅曰, 宋將叛晉,이리니 是棄溷也.라 不

如待之.라 樂祁歸,에 卒于大行.이라 士鞅曰, 宋必叛,이리니 不

如止其尸以求成焉.이라 乃止諸州.라

公侵齊,하여 攻廩丘之郭.라 主人焚衝,에 或濡馬褐以救之,하여

遂毁之.라 主人出,에 師奔.이라 陽虎僞不見冉猛者曰, 猛在此

者,면 必敗.리라 猛逐之,라가 顧而無繼,하니 僞顚.이라 虎曰, 盡

客氣也.라

苦越生子,하여 將待事而名之,에 陽州之役獲焉,하여 名之曰陽

州.라

夏四月,에 齊國夏·高張伐我西鄙.라 晉士鞅·趙鞅·荀寅救

我.라 公會晉師于瓦,어늘 范獻子執羔,하고 趙簡子·中行文子

^{개 집 안}　　　^{노 어 시 시 상 고}
皆執鴈.이라 **魯於是始尚羔.**라

　조앙(趙鞅)이 진나라 군주에게 의견을 제출하여 말하기를, "제후국 중에서 송나라만이 진실하게 우리 진나라를 섬기고 있나이다. 우리가 송나라의 사자(使者)를 잘 맞이한다 하더라도, 뒤로는 오지 않을까 하고 걱정이 되옵는 처지이온데, 이제 그 나라의 사자를 체포하고 있다는 것은, 우리나라가 제후국들과 인연을 끊는 것이 되옵니다."라고 했다. 그래서 송나라의 악기(樂祁)를 돌려보내려는데, 사앙(士鞅)이 말하기를, "세 해에 걸쳐 잡아두었다가 아무런 이유도 붙이지 않고 돌려보낸다면, 송나라는 반드시 우리 진나라를 배반할 것이옵니다."라고 했다. 그리고는 헌자(獻子 : 사앙)는 송나라의 자량(子梁 : 악기)에게 남이 듣지 않게 말하기를, "우리 군주는 송나라 군주를 가까이 모시지 못하게 될까 염려하고 계십니다. 그래서 님을 머물게 한 것입니다. 그러니 님은 앞으로 잠시 아드님 혼(溷)을 대신 보내주십시오."라고 했다. 자량이 진인(陳寅)에게 그 말을 하니 진인은 말하기를, "우리 송나라는 앞으로 진나라와는 담을 쌓을 것이니, 그렇게 하시면 혼 님을 버리는 일이 됩니다. 그러니 그렇게 하지 마시고 기다리고 계시는 것이 좋습니다."라고 하였다. 악기는 본국으로 돌아가다가, 태행산(大行山) 근처에서 세상을 떠났다. 그 소식을 들은 진나라의 사앙은 말하기를, "송나라는 반드시 우리나라를 배반할 것이니, 악기의 시체를 우리가 간직하고 있으면서 송나라에 대해서 화평하게 지낼 것을 제의하는 것이 좋다."라 했다. 그리고는 악기의 시체를 주(州)에서 간수하기로 했다.

　우리 노나라 군주가 제나라를 침공하여, 늠구(廩丘)의 외성(外城)을 공격했다. 늠구 사람이 우리의 전차에 불을 지르니, 누군가 말등에 덮는 베를 물에 적시어 그 불을 끄고서, 곧 늠구의 외성을 쳐 무너뜨렸다. 그러자 늠구 사람들이 싸우러 나와, 노나라 군사는 달아났다.

그때 양호(陽虎)는 거짓으로 염맹(冉猛)을 못본 체하고 말하기를, "염맹이 여기에 있다면, 그는 꼭 적을 패배시킬 것이다."라고 했다. 이 말을 들은 염맹은 나서서 적군을 몰다가, 뒤를 돌아다보고 자기 뒤를 따르는 자가 없음을 알고는 거짓으로 땅에 넘어져 뒹굴었다. 그 것을 본 양호는, "다 객기(客氣)로 저러는 것이다."라고 말했다.

점월(苫越 : 苫夷)이 아들을 낳고서, 어느 일을 따서 이름으로 삼으려 했는데, 그가 양주(陽州)의 싸움에서 적을 잡고서는 아들에게 이름 지어 부르기를 양주(陽州)라 했다.

여름 4월에, 제나라의 국하(國夏)와 고장(高張)이 우리 노나라의 서쪽 변방을 쳤다. 그러자 진나라의 사앙(士鞅 : 范獻子)·조앙(趙鞅 : 趙簡子)·순인(荀寅 : 中行文子)이 우리나라를 구원했다. 그래서 정공(定公)은 진나라의 군사를 와(瓦)로 가서 만났는데, 그때 범헌자(范獻子)는 어린 양(羊)을 바치고, 조간자와 중행문자는 다 기러기를 바쳤다. 노나라는 이에 비로소 어린 양을 존중하게 되었다.

주해 │ ○大行(태행)―태행산. 산서성 남부에 있다.

○州(주)―태행산의 남쪽, 지금의 하남성 심양(沁陽) 부근의 진나라 읍이었다.

○廩丘(늠구)―지금의 산동성 범현(范縣) 동남쪽 땅.

○僞顚(위전)―정월의 양주(陽州) 싸움에서 도망쳤던 염맹이, 객기로 적을 몰고 나갔다가 자기 뒤를 따르는 우군이 없는 것을 보고는, 겁이 나 부상한 체하고 땅에 넘어져 뒹굴었다.

○夏四月(하사월)―'사월(四月)' 두 자가 없는 판본도 있다.

진 사 장 맹 위 후 우 전 택
晉師將盟衛侯于鄟澤.이라

조 간 자 왈　군 신 수 감 맹 위 군 자
趙簡子曰, 群臣誰敢盟衛君者.아

섭 타　성 하 왈　아 능 맹 지
涉佗·成何曰, 我能盟之.라

위 인 청 집 우 이
衛人請執牛耳,하니

성 하 왈　위 오
成何曰, 衛吾

溫·原也,어늘 焉得視諸侯.오 將歃,에 涉佗捄衛侯之手,하여 及
捥.이라 衛侯怒,하니 王孫賈趨進曰, 盟以信禮也.라 有如衛君,에
其敢不唯禮是事而受此盟也.아 衛侯欲叛晉,이나 而患諸大夫.라
王孫賈使次于郊.라 大夫問故,하니 公以晉詬語之,하고 且曰, 寡
人辱社稷.이라 其改卜嗣.하라 寡人從焉.이리라 大夫曰, 是衛之
禍.이오니다 豈君之過也.리오 公曰, 又有患焉,하니 謂寡人,하되
必以而子與大夫之子爲質.이라 大夫曰, 苟有益也,에 公子則往,
이어늘 群臣之子,가 敢不皆負羈絏以從.이리오 將行,에 王孫賈曰,
苟衛國有難,이면 工商未嘗不爲患.이라 使皆行而後可.라 公以
告大夫,하여 乃皆將行之.라 行有日.이라 公朝國人,하여 使賈問
焉曰, 若衛叛晉,하여 晉五伐我,면 病何如矣.리오 皆曰, 五伐我,
라도 猶可以能戰.이리이다 賈曰, 然則如叛之.라 病而後質焉,이라
도 何遲之有.아 乃叛晉.이라 晉人請改盟,이나 弗許.라

진나라 군사가 위나라 군주와 전택(鄟澤)에서 맹약을 맺으려고 하
였다. 그때 조간자가, "우리들 뭇 신하 중에서 누가 위나라 군주와 맹
약 맺는 일을 담당할 수가 있겠소?"라고 했다. 그러자 섭타(涉佗)와
성하(成何)가 나서서, "우리가 위나라 군주와 맹약 맺는 일을 해내겠
습니다."라고 말하였다. 그들이 가 맹약을 맺었는데, 위나라 사람이
맹서 맺을 때에 쓰는 소의 귀를 잡는 윗사람 노릇을 하겠다고 하니
성하가 말하기를, "위나라는 우리 진나라의 온(溫)이나 원(原) 같은

한 고을에 불과한 처지인데, 어찌 제후 행세를 할 수가 있단 말이오?"
라고 했다. 맹서한다는 뜻을 표하기 위하여 소의 피를 핥는 절차에서,
섭타는 위나라 군주의 손을 밀어 피가 팔에 묻게 했다. 그래서 위나
라 군주가 노하니, 왕손가(王孫賈)가 앞으로 달려나가 말하기를, "맹
약을 맺는 일은 예의를 밝히는 일이오. 그래서 우리 위나라 군주께서
맹서 맺는 일을 담당하고 계시는데, 감히 맹약 맺는 예의를 준수하지
않는단 말이오?"라고 했다. 위나라 군주는 진나라에 대해서 등지려
했으나, 여러 대부들이 어떻게 생각할 것인가를 걱정했다. 그러자 왕
손가는 군주에게 곧장 도읍으로 들어가지 말고, 교외에서 머물게 했
다. 대부들이 마중을 나가 그 까닭을 물으니, 군주는 진나라한테 모욕
당한 일을 말하고 이어 말하기를, "나는 사직(社稷)을 욕되게 했소.
그러니 후계자를 거북등을 구워 점을 쳐 정하시오. 나는 그 결정에
따르리다."라고 했다. 그러자 대부들은, "그것은 우리 위나라의 화(禍)
이옵니다. 어찌 군주의 과실이오리까?"라고 말하였다. 이에 군주가 다
시 말하기를, "내게는 또 다른 걱정이 있으니, 그것은 진나라가 나에
게 말하기를, '반드시 그대의 아들과 대부(大夫)의 아들을 인질(人質)
로 보내라'고 한 것이오."라고 했다. 대부들은, "만일 나라에 이익됨
이 있어서 공자(公子)께서 인질로 가시는 마당인데, 뭇 신하들의 자
식이 감히 다 공자의 수레를 끄는 말끈을 쥐고 따르지 않으오리까?"
라고 말하였다. 그리하여 인질이 가게 되었는데 왕손가가 말하기를,
"만일 우리 위나라에 어려움이 있게 된다면, 공(工)·상(商)에 종사하
고 있는 사람들도 걱정이 되지 않을 수가 없소. 그런 바에야, 공·상
인의 자제도 다 인질로 가게 해야만 되는 것이오."라고 했다. 군주가
그 말을 대부들에게 말해서, 공·상인의 아들들도 다 인질로 가게 되
었다. 그리고 그 날짜도 정해졌다. 군주가 나라의 중요한 인사들을 조
정에 불러서, 왕손가에게 물어보게 했다. "만약 우리 위나라가 진나라
를 배반하여, 진나라가 우리나라를 다섯 차례나 정벌한다면, 우리나라

사람들이 받는 그 고통은 어떠하겠는가?” 이 말에 대하여 다들 말하기를, “진나라가 우리를 다섯 번 친다 하더라도, 우리는 역시 대전(對戰)할 수가 있을 것이옵니다.”라고 하였다. 그러자 왕손가가 말하기를, “그렇다면 진나라를 배반하고 나서는 것이 좋습니다. 배반하여 진나라한테 고통을 받고 난 뒤에 인질을 보낸다 하더라도 어찌 늦다고 하겠습니까?”라고 했다. 그래서 위나라는 진나라를 등지게 되었다. 이에 진나라 사람이 내용을 고쳐 다시 맹약 맺기를 요청하였지만, 위나라는 듣지 않았다.

▌주해 │ ○鄄澤(전택) ─ 위나라 도읍이었던 지금의 복양(濮陽) 부근.
　　○王孫賈(왕손가) ─ 대부로 왕손은 그의 씨(氏) 이름이었다.

秋,에 晉士鞅會成桓公,하고 侵鄭,하여 圍蟲牢,하니 報伊闕也.라 遂侵衛.라

九月,에 師侵衛,는 晉故也.라 季寤·公鉏極·公山不狃,가 皆不得志於季氏,하고 叔孫輒無寵於叔孫氏,하며 叔仲志不得志於魯.라 故로 五人因陽虎.라 陽虎欲去三桓,하여 以季寤更季氏,하고 以叔孫輒更叔孫氏,하며 己更孟氏.라

冬十月,에 順祀先公而祈焉.이라 辛卯,에 禘于僖公,하고 壬辰,에 將享季氏于蒲圃,하여 而殺之.라 戒都車曰, 癸巳至.하라 成宰公斂處父告孟孫曰, 季氏戒都車,어늘 何故.리오 孟孫曰, 吾弗聞.이라 處父曰, 然則亂也.리라 必及於子,리니 先備諸.하

라 與孟孫以壬辰爲期.라 陽虎前驅,하여 林楚御桓子,하고 虞人

以鈹盾夾之,하며 陽越殿.이라 將如蒲圃,에 桓子咋謂林楚曰,

而先皆季氏之良也.라 爾以是繼之.하라 對曰, 臣聞命後.라 陽

虎爲政,하여 魯國服焉,에 衛之,면 徵死.라 死,라도 無益於主.

라 桓子曰, 何後之有.아 而能以我適孟氏乎.아 對曰, 不敢愛

死,나 懼不免主.라 桓子曰, 往也.니라 孟氏選圉人之壯者三百

人,하여 以爲公期築室於門外.라 林楚怒馬,하여 及衢而騁,에

陽越射之,나 不中.이라 築者闔門,하고 有自門間射陽越,하여 殺

之.라 陽虎劫公與武叔,하여 以伐孟氏.라 公斂處父帥成人,하여

自上東門入,하여 與陽氏戰于南門之內,나 弗勝,하고 又戰于棘

下,에 陽氏敗.라 陽虎脫甲,하고 如公宮,하여 取寶玉・大弓以

出,하여 舍于五父之衢,하여 寢而爲食.이라 其徒曰, 追其將至.

라 虎曰, 魯人聞余出,이면 喜於徵死,이어늘 何暇追余.오 從者

曰, 嘻,라 速駕.하라 公斂陽在.라 公斂陽請追之,나 孟孫弗許.

라 陽欲殺桓子,에 孟孫懼而歸之.라 子言辨舍爵於季氏之廟而

出.이라 陽虎入于讙・陽關以叛.이라

鄭馬四歇嗣子大叔爲政.이라

가을에, 진나라 사앙(士鞅)이 성(成)나라의 환공(桓公)과 회합을

갖고, 정나라를 침공하여 충뢰(蟲牢)를 포위하였는데, 그것은 (정공 6년에 정나라가 주 왕실의 땅인) 이궐(伊闕)을 친 일에 대한 보복이었다. 진나라 군사는 이어 위나라를 침공했다.

9월에, 우리 노나라 군사가 위나라를 침공한 것은, 진나라를 돕기 위한 일이었다. 노나라의 계오(季寤 : 계환자의 동생)·공서극(公鉏極 : 季氏族 사람)·공산불뉴(公山不狃 : 계씨의 가신) 등은, 다 계씨에게 잘못 보였고, 숙손첩(叔孫輒 : 叔孫無叔의 庶子)은 숙손씨(叔孫氏 : 숙손무숙)한테 사랑을 받지 못했으며, 숙중지(叔仲志 : 叔孫氏族 사람)는 노나라 조정에 대해서 불만이었다. 그러므로 이들 다섯 사람은 양호(陽虎)에게 의지하고 있었다. 양호는 계손씨·숙손씨·맹손씨의 세 가문의 주인을 제거하여 계오를 계손씨 가문의 주인으로 바꾸고, 숙손첩을 숙손씨 가문의 주인으로 바꾸며, 자신이 맹손씨 가문의 주인이 되려 했다.

겨울 10월에, (양호의 일당은) 노나라 선대 군주들에게 차례로 제사를 지내면서 자기들의 뜻대로 되어지게 빌었다. 신묘날에 그들은 희공(僖公)의 사당에서 큰제사인 체제(禘祭)를 지내고, 임진날에는 양호가 계환자를 포포(蒲圃)에 초대하여 대접하고, 그자리에서 계환자를 죽이려 했다. 그래서 양호는 계손씨 가문 휘하의 전차 부대에게 명을 내리기를, "계사날에 다 모이라."고 했다. 성(成)을 다스리고 있는 맹손씨 가문의 가신(家臣)인 공렴처보(公斂處父)가 그 소식을 듣고 맹손씨에게 말하기를, "계손씨 가문에서는 휘하 전차 부대에게 명을 내리고 있는데 무엇 때문일까요?"라고 했다. 맹손씨가 이에 대해서, "나는 그런 일을 듣지 못했는걸."하고 말하니 공렴처보는, "그렇다면 난리를 일으키려는 것입니다. 난리가 나면 화가 반드시 님에게 미칠 것이니, 먼저 대비를 하십시오."라고 했다. 그리하여 맹손씨와 임진날에 대비하기로 약속했다. 그날에, 양호는 일행의 선구(先驅)가 되었고, 임초(林楚)가 계환자가 탄 수레를 조종하고, 산림(山林)의 경비원들이 창과 방패를 들고 계환자를 둘러쌌으며, 양월(陽越 : 양호의 동생)이 맨 뒤를 따랐다. 막 포포를 향해 가려는데, 계환자가 갑자기 임초에게 말하여 다음과 같은 대화가 있게 되었다.

계환자—너의 선대는 다 우리 계손씨 가문의 좋은 가신이었다. 그러니 이제부터는 네가 우리 가문을 맡도록 해라.

임초—신(臣)인 제가 그 명을 받기에는 때가 늦었습니다. 양호가 국가의 정권을 쥐어, 이 노나라 전체가 그에게 복종하고 있는 마당에, 그의 뜻을 어기면 죽음을 초래합니다. 제가 그를 어기어 죽는다 한들 주인님에게는 아무런 이익이 없습니다.

계환자—어찌 늦었다고 하겠느냐? 네가 나를 데리고 맹손씨의 집으로 갈 수 있겠느냐?

임초—저야 죽는 것이 아깝지 않습니다마는 주인님이 화를 면하지 못하실까 걱정됩니다.

계환자—자! 갈 것이니라.

그때 맹손씨는 가축 먹이는 자들 중에서 강한 자 3백명을 골라 아들 공기(公期)를 위해서라는 이유로 대문 밖에다 집을 짓기 시작했다. 임초는 말을 기운 내어 달리게 하여, 시내 거리로 나가서는 쏜살같이 맹손씨네 집으로 달리어 뒤에 따르고 있던 양월이 활을 쏘았으나 맞지 않았다. 맹손씨의 집 짓는 사람들이 대문을 닫고, 어느 자가 대문 틈으로 양월을 향해 활을 쏘아, 그를 죽였다. 그러자 양호는 군주 정공과 숙손무숙(叔孫武叔)을 협박하여 같이 맹손씨 집을 공격했다. 당시 공렴처보가 성(成) 사람들을 이끌고 도읍의 상동문(上東門)으로부터 들어가, 양호 일당과 남문의 안쪽에서 싸웠으나 이기지 못하고, 다시 성안의 극하(棘下)라는 곳에서 싸웠는데 양호측이 패했다. 양호는 갑옷을 벗고 공궁(公宮)으로 가, 궁내의 보옥·큰 활 등을 꺼내가지고서, 오보(五父) 거리에서 머물러 하루 저녁을 자기로 하고 식사를 시켰다. 그러자 그를 따르고 있던 자가 말하기를, "우리를 쫓는 자들이 곧 올 것입니다."라고 하자 양호는, "노나라 사람들이 내가 도망나 간다는 것을 들으면, 죽음이 올 것이라고서 두려워했던 차에 좋아할 텐데 나를 쫓을 틈이 어찌 있겠느냐?"라고 말하였다. 따르고 있던 자 가, "아이고, 빨리 수레에 말을 채우도록 하십시오. 공렴양(公斂陽 : 공렴처보)이 있습니다!"라고 말했다. 공렴양이 양호를 쫓게 해달라고 요청했지만, 맹손씨는 허락하지 않았다. 그리고 공렴양이 계환자를 죽 이려 하자, 맹손씨는 겁이 나 계환자를 돌려보냈다. 자언(子言 : 계오) 은 계손씨 가문의 사당에 술잔을 죽 늘어놓고, 그 술잔마다에 다 술 을 따라올리고 난 뒤에 여유있게 국외로 도망나갔다. 양호는 환(讙) 과 양관(陽關)으로 들어가 반항했다.

정나라의 사천(駟歂)이 자대숙(子大叔)의 뒤를 이어 정치를 했다.

주해 ○蟲牢(충뢰)─정나라 땅으로 지금의 봉구현(封邱縣) 북쪽 땅.
○伊闕(이궐)─주나라 왕실의 직할지였다.
○蒲圃(포포)─노나라 도읍의 동문 밖에 있었던 농원(農園).
○咋(사)─갑자기.
○讙(환)·陽關(양관)─노나라 땅으로, 환은 지금의 태안현(泰安縣) 서남 쪽 땅이고, 양관은 태안현 동남쪽 땅이었다.

經 ○九年春王正月.
구 년 춘 왕 정 월

○夏四月戊申,에 鄭伯蠆卒.이라
하 사 월 무 신   정 백 채 졸

○得寶玉·大弓.이라
득 보 옥   대 궁

○六月,에 葬鄭獻公.이라
유 월   장 정 헌 공

○秋,에 齊侯·衛侯次于五氏.라
추   제 후   위 후 차 우 오 씨

○秦伯卒.이라
진 백 졸

ㅇ冬,에 葬秦哀公.이라

9년 봄 천자가 쓰는 역으로 정월.

여름 4월 무신날에, 정나라 군주인 백작 채(蠆)가 세상을 떠났다.

우리 노나라가 (양호가 훔쳐갔던) 보옥과 큰 활을 입수했다.

6월에, 정나라 헌공을 장사 지냈다.

가을에, 제나라 군주인 후작과 위나라 군주인 후작이 오씨(五氏)에
서 머물렀다.

진(秦)나라 군주인 백작이 세상을 떠났다.

겨울에, 진(秦)나라 애공을 장사 지냈다.

주해 ㅇ寶玉(보옥)·大弓(대궁)―전해에, 양호(陽虎)가 공궁에서 훔쳐갔
　었다.

　ㅇ五氏(오씨)―지금의 하북성 한단(邯鄲) 서쪽 땅. 한씨(寒氏)라고도 한다.

傳 九年春,에 宋公使樂大心盟于晉,하고 且逆樂祁之尸,에 辭僞
有疾.이라 乃使向巢如晉盟,하고 且逆子梁之尸.라 子明謂桐門右
師出曰, 吾猶衰絰,이어늘 而子擊鐘何也.오 右師曰, 喪不在此
故也.라 旣而告人曰, 己衰絰而生子,어늘 余何故舍鐘.가 子明
聞之怒,하여 言於公曰, 右師將不利戴氏.리이다 不肯適晉,은 將
作亂也.리이다 不然,이면 無疾.에인가 乃逐桐門右師.라

鄭駟歂殺鄧析,이나 而用其竹刑.이라 君子謂子然,하되 於是
不忠.이라 苟有可以加於國家者,면 棄其邪可也.라 靜女之三

章,은 取彤管焉,하고 竿旄何以告之,는 取其忠也.라 故로 用其

道,에는 不棄其人.이라 詩云,하되 蔽芾甘棠,을 勿翦勿伐.하라

召伯所茇.이다 思其人,에 猶愛其樹,어늘 況用其道,하여 而不恤

其人乎.아 子然無以勸能矣.라

　夏,에 陽虎歸寶玉·大弓.이라 書曰得,은 器用也.라 凡獲器

用曰得,하고 得用焉曰獲.이라

　9년 봄에, 송나라 군주가 악대심에게 진나라에 가 맹약을 맺고, 악기(樂祁)의 시체를 받아오게 하여, 악대심은 거짓으로 병이 났다고 핑계대어 사절했다. 그래서 상소(向巢)에게 진나라에 가 맹약을 맺고, 자량(子梁 : 樂祁)의 시체를 받게 했다. 악기의 아들 자명(子明 : 溷)이 동문(桐門) 가에 사는 우사(右師)인 악대심에게 조정으로 나오게 하여 말하기를, "나는 아직 복상(服喪)중인데, 님이 악기 종을 치며 연주하는 것은 어쩐 일입니까?"라고 하니 우사는 말하기를, "아버님의 시체가 나라 안에 있지 않은 마당이기에 종을 쳐 울려 연주를 했었네."라고 했다. 그리고 나서 악대심은 다른 사람에게, "자기는 복상 중에 자식을 낳고 하는데, 내 어찌 종을 쳐 음악 연주함을 그만둔단 말인가?"라고 했다. 자명은 이 말을 전해 듣고 노하여 군주에게 말하기를, "우사는 우리들 대공(戴公)의 자손들에게 이익됨이 없을 것이옵니다. 그가 진나라에 가기를 응하지 않은 것은, 장차 난리를 꾸미려는 것이옵니다. 그렇지 않고서야 병도 없는데, 어찌 가지 않았을 것이옵니까?"라고 했다. 그래서 드디어 동문 가에 사는 우사를 몰아냈다.
　정나라의 사천(駟歂)이 등석(鄧析)을 죽이고서도, 그가 죽간(竹簡)에 쓴 형법을 채용하여 썼다. 군자(君子)는 자연(子然 : 사천)을 평해

말했다. "이 일로써 보아, 그는 불성실한 사람이다. 만일 국가에 이익될 수 있는 점이 있는 자라면, 그의 못된 점이야 모르는 체 하면 된다. 정녀편(靜女篇)의 3장 시는 남녀의 밀회를 말한 것이나, 여자가 정숙하여 붉은 붓대를 가지고 경계를 표시했음을 취하여 교훈적인 것으로 삼고, 간모편(竿旄篇)에 무슨 좋은 것을 말해 줄까라 했는데, 우리는 그 시에서 성실한 점을 취한다. 그러니만치 어느 사람의 기능을 채용함에 있어서는 그 사람을 버리지 않는 것이다. 시에 이르기를, '무성한 감당나무를 꺾지 말고, 치지 말라. 소백(召伯)이 그 나무 그늘에서 쉬시었느니라.'라 하였다. 사람을 사모함에 있어서 나무까지 아끼는데, 하물며 사람의 기능을 이용하면서 그 사람을 돌보지 않는단 말인가? 자연은 현능(賢能)한 사람을 권장함이 없는 사람이다."

여름에, 양호가 훔쳐간 보옥과 큰 활을 돌려보냈다. 경문에 득(得 : 입수)했다고 쓴 것은, 그것들이 쓰여지는 기물(器物)이기에 이렇게 썼다. 무릇 쓰여지는 기물을 입수함을 득(得)이라 하고, 기물을 사용하여 취함을 획(獲)이라 한다.

주해 ○桐門(동문)—송나라 도읍 성의 북문(北門) 이름.

○靜女(정녀)—《시경》 풍 패풍(邶風)에 있는 시편 이름으로, 3장으로 되어 있다.

○竿旄(간모)—《시경》 풍 용풍(鄘風)에 있는 시편 이름.

○詩云(시운)—《시경》 풍 소남(召南)의 감당편(甘棠篇) 구절.

六月,에 伐陽關,에 陽虎使焚萊門,하고 師驚,에 犯之而出,하

여 奔齊.라 請師以伐魯曰, 三加必取之.이오니다 齊侯將許之,에

鮑文子諫曰, 臣嘗爲隸於施氏矣,어니와 魯未可取也.라소이다 上

下猶和,하옵고 衆庶猶睦,하오며 能事大國,하옵고 而無天菑,이옵

거늘 若之何取之.리이까 陽虎欲勤齊師也.이오니다 齊師罷,엔 大
臣必多死亡,이리옵거늘 己於是乎奮其詐謀.하리이다 夫陽虎有寵
於季氏,이나 而將殺季孫,하고 以不利魯國,하여 而求容焉.이오니
다 親富,하고 不親仁,이온데 君焉用之.리오 君富於季氏,하고 而
大於魯國,에 茲陽虎所欲傾覆也.이오니다 魯免其疾,이었거늘 而
君又收之,면 無乃害乎.리오 齊侯執陽虎,하여 將東之,에 陽虎
願東.이라 乃因諸西鄙,러니 盡借邑人之車,하여 鍥其軸,하여 麻
約而歸之,하고 載葱靈,하여 寢於其中而逃.라 追而得之,하여 囚
於齊,러니 又以葱靈逃,하여 奔宋,하고 遂奔晉,하여 適趙氏.라
仲尼曰, 趙氏其世有亂乎.인저

　6월에 노나라가 양호가 근거지로 삼고 있는 양관(陽關)을 치니, 양
호는 양관읍의 내문(萊門)을 불질러 태우고, 군사가 놀라고 있는 틈
에 군중(軍中)을 뚫고 빠져나가 제나라로 도망갔다. 그래서 제나라
군주에게 제나라 군사로 노나라를 치게 해달라고 요청해서 말하기를,
"세차례만 공격을 가해오면 꼭 점령되옵니다."라고 했다. 제나라 군주
가 그의 요청을 들어주려 하자, 포문자(鮑文子 : 鮑國)가 군주에게 충
간(忠諫)하기를, "신은 전에 노나라 대부 시씨(施氏)에게 신세진 일
이 있어서 알고 있사옵건대, 노나라는 아직 쳐 차지할 수가 없사옵니
다. 위아래가 사이 좋사옵고, 국민 대중들이 화목하오며, 큰 나라인
진(晉)나라를 잘 섬기옵고, 천재(天災)도 없사옵는데, 어떻게 그 나라
를 차지할 수 있으오리까? 양호는 지금 우리 제나라 군사를 부려 힘

고대 무사지궁도
(古代 武士持弓圖)

을 빼려는 것이옵니다. 제나라 군사가 싸움에서 피로하게 되면 반드시 대신(大臣)들이 많이 죽게 될 것이옵는데, 양호는 그 기회에 속여넘기는 꾀를 발휘할 것이옵니다. 저 양호는 노나라의 계손씨한테 총애를 받았으나 계손씨를 죽이려 했고, 노나라를 불리하게 하려 하여, 우리나라에 용납되기를 구하고 있나이다. 그는 이익이 있는 편을 친하게 대하고, 어진 사람을 친하게 대하지 않사온데, 군주께서 그를 쓴단 말씀이옵니까? 군주께서는 노나라의 계손씨보다 부유하옵고, 노나라보다 큰 나라를 소유하고 계시옵는데, 저 양호는 우리나라를 전복시키려는 것이옵니다. 노나라는 그의 해를 면하게 되었사온데, 군주께서 그를 용납하시오면 해가 없사오리까?”라고 했다. 이에 제나라 군주가 양호를 체포하여 동방(東方)으로 축출하려는데, 양호가 동방으로 가겠다고 원하였다. 제나라는 그를 서쪽 변방에다 억류했는데, 그는 읍 사람들의 수레를 되는대로 다 빌려 수레바퀴의 축(軸)을 끊어 삼〔麻〕끈으로 묶어서 돌려주고, 창(窓)이 있는 짐차에다 짐을 싣고, 그 짐 속에 누워 도망했다. 그러나 제나라 사람들이 그를 몰아 잡아 제나라 도읍 안에다 가두었더니, 그는 또 창이 있는 짐차로 도망쳐 송나라로 달아났고, 곧이어 진나라로 달아나 진나라의 조씨(趙氏)에게 의지했다. 공자(孔子)께서 이 일을 두고 말씀하셨다. “진나라 조씨는 대대로 소란이 있을 것이다.”

주해 ○萊門(내문) — 양관읍의 성문 이름.

○蔥靈(총령) — 창이 있는 짐차.

○奔宋(분송), 遂奔晉(수분진) — ‘분진(奔晉)’으로 된 판본도 있다.

秋,에 齊侯伐晉夷儀.라 敝無存之父將室之,에 辭以與其弟

曰, 此役也,에 不死反,하여 必娶於高·國.하리라 先登,하여 求

自門出,이라가 死於霤下.라 東郭書讓登,이어늘 犁彌從之曰, 子

讓而左,하고 我讓而右,하여 使登者絶而後下.하라 書左,에 彌先

下.라 書與王猛息,에 猛曰, 我先登.이라 書斂甲曰, 曩者之難,

이었거니와 今又難焉.이리라 猛笑曰, 吾從子,는 如驂之有靳.이라

晉車千乘,이 在中牟.라 衛侯將如五氏,하여 卜過之,하니 龜

焦.라 衛侯曰, 可也.라 衛車當其半,하고 寡人當其半,이면 敵

矣.리라 乃過中牟.라 中牟人欲伐之,에 衛褚師圃亡,하여 在中

牟曰, 衛雖小,나 其君在焉,이니 未可勝也.라 齊師克城而驕,하

고 其帥又賤,하여 遇必敗之,리니 不如從齊.라 乃伐齊師,하여

敗之.라

齊侯致禚·媚·杏於衛,하고 齊侯賞犁彌,하니 犁彌辭曰, 有

先登者,이옵고 臣從之.이었나이다 皙幘而衣貍製.이오니다 公使視

東郭書,에 曰, 乃夫子也.라 吾貺子.라 公賞東郭書,하니 辭曰,

彼賓旅也.이오니다 乃賞犁彌.라 齊師之在夷儀也,에 齊侯謂夷

儀人曰, 得敝無存者,는 以五家免.하리라 乃得其尸,하여 公三

襚之,하고 與之犀軒與直蓋,하여 而先歸之,에 坐引者,하여 以師

哭之,하고 親推之三.이라

가을에, 제나라 군주가 진나라의 이의(夷儀)를 쳤다. 당시 제나라의 폐무존(敝無存)의 아버지가 그에게 장가들게 하자, 폐무존은 그 혼사처를 동생에게 양보하고 사절하여 말하기를, "이번의 싸움에 나가 공을 세우고 죽지 않고 돌아와서, 저는 꼭 명문(名門)인 고씨(高氏)나 국씨(國氏)의 문중에서 아내를 맞겠습니다."라고 했다. 그는 싸움에 나가, 이의성을 맨 먼저 올라가 성안으로 내려가서 성문을 열고 나오려다가 성문의 처마 밑에서 전사했다. 이의를 공격하는 싸움에서, 동곽서(東郭書)는 다른 사람들이 먼저 성을 올라가게 양보했다가, 다른 사람들이 올라가지 못하는 것을 보고서야 올라갔는데, 그 뒤를 이미(犁彌 : 王猛)가 따라 올라가며 말하기를, "당신이 성 위의 왼쪽으로 비껴 서 기다리고, 나는 오른쪽에 비껴 있다가 다른 사람들이 다 올라온 뒤에 성안으로 내리기로 합시다."라 했다. 그래서 동곽서는 그의 말대로 성 위의 왼쪽으로 비껴 서 있었는데, 이미가 먼저 뛰어내리는 것이었다. 싸움이 끝나, 동곽서와 왕맹(王猛 : 이미)이 같이 쉬고 있는데 왕맹이, "내가 제일 먼저 성을 올라왔소."라고 말하였다. 이에 동곽서가 (화를 내고) 갑옷을 차리면서 말하기를, "아까 성을 올라올 때에도 고통을 겪었겠지만, 이제 내가 그대를 칠 것이니 그대는 또 한번 고통을 겪으리라."라고 하자 왕맹은 웃으며 말하기를, "내가 당신을 따르고 있는 것은, 수레를 끄는 곁말이 멍에는 메지 못하고, 가슴걸이로 매여져 따르고 있는 격입니다."라며 겸손함을 내보였다.

진(晉)나라의 전차 천대가 중모(中牟)에 주둔하고 있었다. 위나라 군주가 (제나라 군주를 돕기 위하여) 오씨(五氏)로 가려 하여, 중모를 잘 통과할 수 있을까를 거북등을 구워 점을 쳤더니, 거북등이 불에 타서 점을 치지 못했다. 그러자 위나라 군주는, "좋다. 우리 위나라의 전차부대가 진군의 절반을 상대하고, 내가 이끄는 군대로 진군의 절반을 상대하면 진군과 맞설 수 있다."라고 말했다. 위나라 군주는 과연 그렇게 하여 중모를 통과했다. 중모 사람이 위나라 군사를 치려고 하자, 위나라 사람으로 망명하여 중모에 있었던 저사포(褚師圃)가 말하기를, "위나라는 비록 미약한 나라지만, 그 군주가 나와 있으니 이길 수가 없을 것이오. 그러나 제나라 군사는 성을 이겨 빼앗아 교만을 부리고, 그 군사의 장수는 지위가 낮아, 대적한다면 꼭 패배시킬 것이니, 제나라 군사를 치는 것이 좋소."라고 했다. 그래서 제나라 군사를 쳐 패배시켰다.

제나라 군주는 위나라 군주가 구원한 것에 대하여 감사하여, 작(禚)·미(媚)·행(杏)의 세 읍을 위나라에게 주고, 제나라 군주가 이미에게 상을 주니, 이미는 그 상을 사양하여 말하기를, "저보다 먼저 성을 오른 이가 있삽고, 신은 그의 뒤를 따라 올랐나이다. 그는 얼굴빛이 희고, 이[齒]가 났사오며, 삵[貍]의 가죽옷을 입었나이다."라고 했다. 군주가 그 사람인 동곽서를 찾게 했더니 이미는, "아아, 이분이군요! 나는 당신에게 이 상을 사양해 드리겠소."라고 했다. 그래서 군주가 동곽서에게 상을 주니, 동곽서는 사양하여 말하기를, "저 사람은 외국에서 온 군이오니, 저 사람에게 상을 주어야 하옵니다."라고 했다. 그래서 결국 이미에게 상을 주었다. 제나라 군사가 이의(夷儀)에 있을 때, 제나라 군주가 이의 사람들에게 말하기를, "폐무존의 시체를 발견하는 자에게는, 다섯 집안이 살아나갈 상을 주고, 부세(賦稅)를 면하게 하리라."라고 했다. 그리하여 폐무존의 시체를 찾아서는 군주는 폐무존이 입고 갈 수의(襚衣)를 세차례나 주고, 무소가죽으로 꾸민 경(卿)이 타는 수레에 시체를 모시고, 높은 일산(日傘)을 달게 하여 먼저 나라로 돌려보냈는데, 그때 군주는 그 수레를 끌고 갈 사람들을 길에 앉히고, 자신은 군사를 이끌고서 곡(哭)을 한 뒤, 친히 그 수레를 세번 밀어 출발시켰다.

▌주해▐ ○夷儀(이의)－원래 제나라 읍이었으나, 진나라가 차지하고 있었다. 지금의 산동성 요성(聊城) 서남쪽 땅.

ㅇ今又難焉(금우난언)―성을 오르는 일도 어려웠지만, 이제부터 너와 내가 맞서 싸우는 일도 어려울 것이다. 즉 '내 너를 칠테니 각오해라'라는 말이었다.

ㅇ如驂之有靳(여참지유근)―나는 당신의 부속(附屬)에 불과하다고 이렇게 말한 것이다.

ㅇ中牟(중모)―지금의 하남성 탕음현(湯陰縣) 서쪽 땅.

ㅇ褚師圃(저사포)―여기에 대해서는 소공 20년조에 나왔다.

ㅇ禚(작)·媚(미)·杏(행)―다 제나라 서쪽 변경의 읍으로, 작은 지금의 장청현(長淸縣), 미는 우성현(禹城縣), 행은 박평현(博平縣)에 있었다.

ㅇ以五家免(이오가면)―다섯 집안이 먹고 지낼 땅을 주고, 부세(賦稅)를 면제하여 줌.

ㅇ直蓋(직개)―높은 일산(日傘).

經 ㅇ十年春王三月, 에 及齊平. 이라
(십 년 춘 왕 삼 월 / 급 제 평)

ㅇ夏, 에 公會齊侯于夾谷. 이라
(하 / 공 회 제 후 우 협 곡)

ㅇ公至自夾谷. 이라
(공 지 자 협 곡)

ㅇ晉趙鞅帥師, 하여 圍衛. 라
(진 조 앙 솔 사 / 위 위)

ㅇ齊人來歸鄆·讙·龜陰田. 이라
(제 인 래 귀 운 / 환 / 귀 음 전)

ㅇ叔孫州仇·仲孫何忌帥師, 하여 圍郈. 라
(숙 손 주 구 / 중 손 하 기 솔 사 / 위 후)

ㅇ秋, 에 叔孫州仇·仲孫何忌帥師, 하여 圍郈. 라
(추 / 숙 손 주 구 / 중 손 하 기 솔 사 / 위 후)

ㅇ宋樂大心出奔曹. 라
(송 악 대 심 출 분 조)

ㅇ宋公子地出奔陳. 이라
(송 공 자 지 출 분 진)

ㅇ冬, 에 齊侯·衛侯·鄭游速會于安甫. 라
(동 / 제 후 / 위 후 / 정 유 속 회 우 안 보)

○<ruby>叔孫州仇如齊<rt>숙손주구여제</rt></ruby>.라

○<ruby>宋公之弟辰曁仲佗<rt>송공지제진기중타</rt></ruby>·<ruby>石彄出奔陳<rt>석구출분진</rt></ruby>.이라

10년 봄 천자가 쓰는 역으로 3월에, 우리 노나라가 제나라와 화평을 맺었다.

여름에, 공이 제나라 군주인 후작과 협곡(夾谷)에서 만났다.

공이 협곡으로부터 돌아왔다.

진나라의 조앙(趙鞅)이 군사를 이끌고 위나라 도읍을 포위했다.

제나라 사람이 우리 노나라에게 운(鄆)·환(讙)·귀음(龜陰)의 땅을 반환했다.

우리 노나라의 숙손주구(叔孫州仇)와 중손하기(仲孫何忌)가 군사를 이끌고 후읍(郈邑)을 포위했다.

가을에, 숙손주구와 중손하기가 군사를 이끌고 후읍을 포위했다.

송나라의 악대심이 조(曹)나라로 달아났다.

송나라의 공자 지(地)가 진(陳)나라로 달아났다.

겨울에, 제나라 군주인 후작·위나라 군주인 후작·정나라 유속(游速)이 안보(安甫)에서 회합을 가졌다.

숙손주구가 제나라에 갔다.

송나라 군주인 공작의 동생 진(辰)·중타(仲佗)·석구(石彄)가 진(陳)나라로 달아났다.

┃주해┃ ○龜陰(귀음)─지금의 태안현(泰安縣) 문수(汶水) 북쪽 땅.
○安甫(안보)─지금의 역성현(歷城縣) 서쪽 땅.

┃傳┃ <ruby>十年春<rt>십년춘</rt></ruby>,에 <ruby>及齊平<rt>급제평</rt></ruby>.이라 <ruby>夏<rt>하</rt></ruby>,에 <ruby>公會齊侯于祝其<rt>공회제후우축기</rt></ruby>,하니 <ruby>實夾谷<rt>실협곡</rt></ruby>.이라 <ruby>孔丘相<rt>공구상</rt></ruby>.이라 <ruby>犁彌言於齊侯曰<rt>이미언어제후왈</rt></ruby>, <ruby>孔丘知禮<rt>공구지례</rt></ruby>,나 <ruby>而無勇<rt>이무용</rt></ruby>.이오니다

若使萊人以兵劫魯侯,면 必得志焉.이리이다 齊侯從之.라 孔丘以

公退曰, 士兵之.하라 兩君合好,어늘 而裔夷之俘,가 以兵亂之,는

非齊君所以命諸侯也.라 裔不謀夏,요 夷不亂華,며 俘不干盟,이

요 兵不偪好.라 於神爲不祥,하고 於德爲愆義,하며 於人爲失禮,

이니 君必不然.이리라 齊侯聞之,하고 遽避之.라 將盟,에 齊人加

於載書曰, 齊師出境,에 而不以甲車三百乘從我者,면 有如此盟.

이라 孔丘使玆無還揖對曰, 而不反我汶陽之田,이면 吾以共命

者,를 亦如之.라

　齊侯將享公,에 孔丘謂梁丘據曰, 齊·魯之故吾子何不聞焉,

이리온 事旣成矣,어늘 而又享之,는 是勤執事也.라 且犧象不出

門,이요 嘉樂不野合.이라 饗而旣具,면 是棄禮也,요 若其不具,면

用秕稗也.라 用秕稗也,면 君辱,하고 棄禮,면 名惡.이라 子盍圖

之.아 夫享所以昭德也.라 不昭,면 不如其已也.라 乃不果享.이라

　齊人來歸鄆·讙·龜陰之田.이라

10년 봄에 우리 노나라가 제나라와 화평을 맺었다. 여름에 공이 제
나라 군주와 축기(祝其)에서 만났는데, 축기는 곧 협곡이다. 당시에
공구(孔丘), 즉 공자(孔子)께서 노나라 군주를 따라가 도왔다. 이미
(犂彌)가 제나라 군주에게 의견을 내어 말하기를, "노나라 군주를 따
라온 공구는 예의는 알지만, 용기가 없사옵니다. 만일 내(萊) 사람에

게 무기를 가지고 노나라 군주인 후작을 위협케 한다면, 반드시 군주의 뜻대로 할 수 있을 것이옵니다."라고 했다. 이에 제나라 군주는 그의 말대로 했다. 그러자 공구께서는 공을 모시고 그 자리에서 물러나며 말씀하셨다. "사직(司直)의 담당관은 저 무기 가진 자를 치시오. 두 나라 군주께서 우호(友好)를 맺으시는 자리인데, 먼 나라 오랑캐 포로가 무기를 들고 난동을 한다는 것은, 제나라 군주가 다른 나라 군주에게 군림함에 있어서의 도리가 아니오. 먼 곳의 나라는 중화(中華)의 나라를 놓고 이러쿵저러쿵 못하는 것이고, 오랑캐는 중화의 나라를 어지럽히지 못하는 것이며, 포로는 맹약 맺는 장소에 얼씬대지 못하는 것이고, 무기는 우호를 닦는 자리에 가까이하지 못하는 것이오. 이런 일은 신(神)에 대해서 불경(不敬)이 되고, 인도(人道)에 있어서는 의리에 어긋남이 되며, 상대 사람에 대해서는 실례가 되는 것이며, 제나라의 군주는 이렇게 시키지 않았을 것이오." 제나라 군주는 이 말을 듣자, 바로 그 내 사람을 나가게 했다. 맹약을 맺으려는 단계에, 제나라 사람이 맹약문을 희생(犧牲) 위에다 놓았는데 그 글에는, '제나라 군사가 국경 밖으로 출동하는 마당에, 그대 전차 3백대로써 우리를 따르지 않으면, 이 맹약에 의하여 벌을 받을 것이로다.'라고 하였다. 그래서 공구께서는 자무선(玆無還)에게 읍(揖)하게 하고, 대답하게 하셨다. "그대가 우리의 문양(汶陽) 땅을 반환하지 않는 바라면, 우리는 제나라의 이 명을 받드는 자를 또한 그같이 벌을 주리라."

맹약 맺는 일이 끝나고, 제나라 군주가 공에게 향연을 베풀려 하니, 공구께서는 제나라의 양구거(梁丘據)에게 말씀하셨다. "제나라와 노나라 사이의 전의 예(例)는 님께서 모르실 리 없겠지만, 일이 이미 다 끝났는데, 다시 향연을 베푸는 일은, 일을 맡은 분을 수고롭게 할 뿐입니다. 그리고 소나 코끼리 형상으로 된 궁중의 중요한 기물은 궁전 문밖으로 내오지 않는 것이고, 궁중에서 연주하는 아악(雅樂)은 야외에서는 연주하지 않는 것입니다. 이곳에서 향연을 베풀어 모든 것을 제대로 다 갖춘다면, 그것은 지켜야 할 예의를 버리는 것이 되고, 만일 향연을 베풀어 갖출 것을 제대로 다 갖추지 않는다면, 그 향연은 가식적이 됩니다. 가식적인 향연을 베풀면 제나라 군주에게 욕이 돌아가고, 지켜야 할 예의를 버린다면, 나쁜 이름이 나게 되는 것입니다. 그런데 님은 어찌 이 일을 생각하시지 않으십니까? 향연은 향연을 베푸는 분의 덕을 밝히는 것입니다. 덕을 밝히지 못하게 된다면, 그만두는 것만 못합니다." 이 말씀에 결국 향연을 베풀지 않게 되었다.

제나라 사람이, 우리 노나라에게 운·환·귀음 땅을 반환했다.

■주해| ○夾谷(협곡)—지금의 산동성 박산현(博山縣) 남쪽 땅.

○士兵之(사병지)—사(士)는 사직의 담당관을 말한 것이고, 병지(兵之)는 이 자를 치라는 뜻을 나타냄.

○裔夷之俘(예이지부)—제나라한테 멸망된 내(萊) 사람을 낮추어 말한 것이다. 예이(裔夷)는 먼 곳의 오랑캐.

○汶陽之田(문양지전)—지금의 산동성 영양현(寧陽縣) 동북쪽 땅을 말했다. 희공 원년조 참고.

○犧象(희상)—소나 코끼리 형상으로 된 궁중의 중요한 기물.

○野合(야합)—야외에서 연주한다는 뜻을 나타냄.

晉趙鞅圍衛,는 報夷儀也.라 初,에 衛侯伐邯鄲午於寒氏,하니 城其西北,하여 而守之,나 宵熸.이라 及晉圍衛,하여 午以徒七十人門於衛西門,하여 殺人於門中曰, 請報寒氏之役.이라 涉佗曰, 夫子則勇矣.라 然,이나 我往,이면 必不敢啓門.이리라 亦以徒七十人,하여 且門焉.이라 步左右,하여 皆至而立,에 如植.이라 日中

不啓門,하니 乃退.라 反役,이면 晉人討衛之叛故,하니 曰, 由涉
佗·成何.라 於是乎執涉佗,하여 以求成於衛,나 衛人不許.라 晉
人遂殺涉佗,하니 成何奔燕.이라 君子曰, 此之謂棄禮.라 必不
鈞.이라 詩曰, 人而無禮,면 胡不遄死.오 涉佗亦遄矣哉.라

　　진나라의 조앙이 위나라 도읍을 포위한 것은, 이의(夷儀)의 싸움에
대한 보복이었다. 전에 위나라 군주가 한단(邯鄲)의 오(午)를 한씨(寒
氏)에서 치니, 오는 한단 서북쪽에다 성을 쌓고서 지켰으나, 저녁에 그
의 군대가 도망가 흩어져버렸다. 진나라 군사가 위나라 도읍을 포위하
자, 오는 그가 거느리고 있는 군졸 70명으로 위나라 도읍 성의 서문으
로 공격하여 가, 그 성문에서 적군을 죽이고서 말하기를, "한씨에서의
싸움에 대한 보복을 부탁합니다."라고 했다. 이에 진나라의 섭타(涉佗)
가 말하기를, "님은 용감하십니다. 그러나 내가 쳐들어가면, 적은 반드
시 성문을 감히 열지 못할 것입니다."라고 했다. 그리고는 그 역시 70
명의 군졸을 이끌고서 아침 일찍 성문을 공격했다. 그의 군졸은 좌우
로 나누어 열지어 가서, 다들 성문 앞에 이르러 섰는데, 그 서있는 모
양은 마치 길가에 심어져 있는 나무같이 보였다. 그들이 대낮까지 서
있었으나, 성문을 열고 나와 상대하지 않기에, 그들은 물러나고 말았
다. 그 포위전(包圍戰)을 끝내고서, 진나라 사람들이 위나라가 배반하
고 있는 이유를 따지니, 섭타와 성하(成何)가 무례한 짓을 한 때문이
라고 말하였다. 그래서 진나라는 섭타를 체포하고 위나라에 대하여 화
평 맺을 것을 요구했지만, 위나라 사람은 듣지 않았다. 그러므로 진나
라 사람이 섭타를 죽이니 성하는 연나라로 도망갔다. 군자는 말했다.
"(섭타와 성하의 짓) 이것이야말로 예의를 버린 짓이라 이르는 일이
다. 예의를 버린 자의 죽음은 반드시 떳떳한 사람들의 죽음과 같지 않

은 것이다. 시에 이르기를, '사람이면서도 예의가 없으면, 어찌 빨리 죽지 않으랴?'라 했다. 섭타 또한 빨리 죽은 것이 되느니라."

주해 ㅇ寒氏(한씨)―앞에 나온 오씨(五氏).
ㅇ詩曰(시왈)―《시경》 풍 용풍(鄘風)에 있는 상서편(相鼠篇)의 구절.

初,에 叔孫成子欲立武叔.이라 公若藐固諫曰, 不可.라 成子立之而卒.이라 公南使賊射之,나 不能殺.이라 公南爲馬正,하여 使公若爲郈宰.라 武叔旣定,에 使郈馬正侯犯殺公若,이나 弗能.이라 其圉人曰, 吾以劍過朝,면 公若必曰誰之劍也.리라 吾稱子以告,면 必觀之.리라 吾僞固而授之末,이면 則可殺也.라 使如之.라 公若曰, 爾欲吳王我乎.아 遂殺公若.이라 侯犯以郈叛,에 武叔·懿子圍郈.라 弗克.이라

秋,에 二子及齊師復圍郈,나 弗克.이라 叔孫謂郈工師駟赤曰, 郈非唯叔孫氏之憂,요 社稷之患也.라 將若之何.오 對曰, 臣之業在揚水卒章之四言矣.라 叔孫稽首.라 駟赤謂侯犯曰, 居齊·魯之際,하여 而無事,면 必不可矣.리라 子盍求事於齊以臨民.가 不然,이면 將叛.이리라 侯犯從之.라 齊使至,에 駟赤與郈人,이 爲之宣言於郈中曰, 侯犯將以郈易于齊,하니 齊人將遷郈民.이리라 衆兇懼.라 駟赤謂侯犯曰, 衆言異矣,니 子不如易於齊.라 與

其死也,은 猶是郈也,요 而得紓焉.이라 何必此.오 齊人欲以此偪

魯,하니 必倍與子地.리라 且盡多舍甲於子之門以備不虞.오 侯犯

曰, 諾.이라 乃多舍甲焉.이라

　　侯犯請易於齊,하니 齊有司觀郈.라 將至,에 駟赤使周走呼曰,

齊師至矣.라 郈人大駭,하여 介侯犯之門甲,하여 以圍侯犯.이라

駟赤將射之,하니 侯犯止之曰, 謀免我.하라 侯犯請行,에 許之.라

駟赤先如宿,하고 侯犯殿.이라 每出一門,에 郈人閉之.라 及郭門,

에 止之曰, 子以叔孫氏之甲出,이나 有司若誅之,면 群臣懼死.라

駟赤曰, 叔孫氏之甲有物.이라 吾未敢以出.이라 侯犯謂駟赤曰,

子止而與之數.하라 駟赤止,하여 而納魯人.이라 侯犯奔齊,하고

齊人乃致郈.라

전에, 숙손성자(叔孫成子 : 叔孫不敢)는 무숙(武叔 : 叔孫州仇)을 숙
손씨 가문의 후계자로 세우려 했었다. 그러자 공약막(公若藐)이 굳이
충고하기를, "그래서는 아니됩니다."라고 했다. 그러나 성자는 무숙을
후계자로 정하고서 세상을 떠났다. 공남(公南)이 하수인을 시켜 무숙
을 활로 쏘게 했지만 죽이지를 못했다. 공남은 숙손씨 가문의 말〔馬〕
을 관리하는 사람들의 우두머리로 있어, 공약(公若)이 숙손씨의 영유
읍인 후(郈)를 다스리는 자가 되게 했다. 그후 무숙이 자리가 잡히자,
후읍의 말 관리장인 후범(侯犯)에게 공약을 죽이게 했으나 죽이지 못
하였다. 그러자 목장 일을 담당하고 있는 자가 숙손무숙에게 말하기
를, "제가 칼을 가지고 후읍의 관청 앞을 지난다면, 공약은 반드시

'그것은 누구의 칼이냐?'라고 말할 것입니다. 그래서 제가 님의 것이라고 말한다면, 그는 반드시 그 칼을 보자고 할 것입니다. 그때 제가 거짓으로 칼이 칼집에서 잘 안빠지는 체하고, 그 끝을 쥐고 있으라고 하면, 그 칼을 빼어 그를 죽일 수가 있습니다.”라고 하였다. 숙손무숙은 그의 말대로 하게 했다. 그러자 공약은 목장 일을 하는 사람에게 말하기를, “네가 나를 오나라 왕을 죽였던 것처럼 하여 죽이려 하느냐?”라고 하였다. 그 사람은 결국 공약을 죽였다. (공약이 죽자, 전에 숙손무숙의 명을 받고, 공약을 죽이지 못한 이유로 무슨 벌이나 있을까 두려워진) 후범은 후읍 사람들을 이끌고 숙손씨에게 반항하여, 무숙과 의자(懿子 : 仲孫何忌)가 후읍을 포위했으나 이기지 못했다.

가을에 무숙과 의자 두 사람과 제나라 군사가 다시 후읍을 포위했으나 역시 이기지 못했다. 그래서 숙손무숙이 후읍의 공인(工人)들을 장악하는 자리에 있는 사적(駟赤)에게 말하기를, “후읍의 반항은 비단 우리 숙손씨 가문의 근심거리일뿐만 아니라, 노나라 사직의 걱정거리다. 이 일을 어찌 할 거나?”라고 했다. 그러자 사적은, “신의 할 일은 양지수편(揚之水篇)의 끝장에 있는 네 마디의 말을 지킴에 있습니다.”라고 대답하였다. 그래서 숙손무숙은 머리를 조아리고 감사를 표했다. 사적은 후범을 보고 말하기를, “제나라와 노나라 사이에 끼어 있으면서, 섬기는 상대가 없어서는 반드시 좋지 못할 것이오. 님은 어찌 제나라를 섬기면서 읍민(邑民)을 통솔하려 하지 않습니까? 그렇게 하지 않는다면, 읍민이 앞으로 배반할 것입니다.”라고 하니, 후범이 그의 말을 따르기로 했다. 그리하여 제나라의 사자(使者)가 가게 되었는데, 그때 사적은 심복이 되는 후읍의 어느 사람과 함께 후읍 안을 돌아다니며, “후범이 장차 후읍을 제나라 땅과 바꾸려 하니, 제나라는 장차 후읍 백성을 다른 곳으로 옮겨가게 할 것이다.”라고 말하여 퍼뜨렸다. 그러자 군중이 어찌 할 줄 모르고 두려워하였다. 말을 퍼뜨려 군중을 놀라게 한 사적은 후범을 보고 말하기를, “군중의 하는 말이 이상하니, 님은 이 기회에 제나라 땅과 바꾸는 것이 좋습니다. 이곳에서 죽는 것보다는 땅을 바꾸어 가지면, 그것 또한 이 후읍을 지니는 것과 마찬가지이고, 편안할 수 있습니다. 어찌 꼭 이 땅만 지니고 있어야 한단 말입니까? 제나라 사람은 이곳으로 노나라를 위협하려 하고 있으니, 반드시 배나 되는 땅을 님에게 줄 것입니다. 그리고 님은 어째서 갑옷을 많이 집 대문 앞에다 내놓아 불의의 변에 대비하지 않으십니까?"라고 했다. 후범은, "그렇게 함세."라고 하였다. 그리고는 갑옷을 대문 앞에 많이 내놓았다.

후범이 제나라에 대해서 후읍과 제나라 땅과 바꾸자고 청하니, 제나라의 담당관이 후읍을 살펴보기로 했다. 제나라의 담당 관리가 당도하게 되었을 제, 사적은 사람을 시켜 읍 안을 두루 돌아다니며 소리질러 말하게 하기를, "제나라 군사가 온다!"라고 했다. 그러자 후읍 사람들이 크게 놀라, 후범네 집 대문 앞에 있는 갑옷을 입고, 후범의 집을 포위하였다. 그 사태를 보고 있던 사적이 사람들을 쏘려 하자, 후범이 그렇게 하지 못하게 하고 말하기를, "내가 죽음을 면하게끔 도모해주게."라고 하였다. 그래서 사적이 후범에게 후읍에서 떠나갈 것을 요구하자, 후범은 그에 응했다. 사적은 우선 숙(宿)으로 가기로 하고, 후범이 일행의 맨 뒤를 따랐다. 그들이 성문을 빠져나갈 때마다 후읍 사람들은 내보내고는 성문을 닫아버렸다. 외곽 성의 문에 이르렀을 때였다. 성문을 지키고 있던 사람이 후범을 저지하고 말하기를, "님은 지금 숙손씨 가문의 갑옷을 입고 나가시는데, 뒤에 그것을 담당한 분이 갑옷을 입고 나가게 했다고 추궁한다면 곤란합니다. 우리들은 죽기를 두려워하고 있습니다."라고 하였다. 그래서 사적이, "숙손씨 가문의 갑옷에는 표가 붙어 있다. 우리는 숙손씨 가문의 갑옷을 꺼낸 일이 없다."라고 말했다. 후범은 사적에게 말하기를, "자네는 여기에 머물러 사람들과 같이 숙손씨 가문의 갑옷 수를 헤아려 맞추어 보게."라고 하였다. 그래서 사적은 따라 나가지 않고 노나라 사람들을

불러들였다. 후범은 제나라로 도망갔고, 제나라는 곧 후읍에서 손을
떼어 노나라에 넘겨주었다.

주해 ○公若藐(공약막)―공약씨는 숙손씨 가문에서 갈려나간 씨(氏)였
다.

○吳王我(오왕아)―소공 27년조 참고.

○臣之業在揚水卒章之四言矣(신지업재양수졸장지사언의)―양수(揚水)는
양지수(揚之水)라는 시편 이름.《시경》에 양지수편은 풍 왕풍(王風)·
정풍(鄭風)·당풍(唐風)에 각각 있는데, 이 글의 내용과 알맞는 것은 당
풍의 양지수편이다. 당풍의 양지수편은 3장의 시로 되어 있는데, 끝장
(제3장)은 ‘양지수(揚之水), 백석린린(白石粦粦). 아문유명(我聞有命),
불감이고인(不敢以告人)’이다. 여기에서는 ‘아문유명’의 4자구(句)를 두
고 말한 것이다. 이 구절의 뜻은 ‘나는 명을 들었다.’이다. 즉 사적이 숙
손씨의 명을 들었으니, 그 명을 실행하겠다고 표명한 것이다.

○宿(숙)―노나라의 읍으로, 지금의 동평현(東平縣) 동쪽 땅.

宋公子地嬖蘧富獵,하여 十一分其室,하여 而以其五與之.라 公子地有白馬四.라 公嬖向魋,에 魋欲之,하니 公取,하여 而朱其尾鬣以與之.라 地怒,하여 使其徒抶魋而奪之.라 魋懼,하여 將走,일새 公閉門而泣之,하여 目盡腫.이라 母弟辰曰, 子分室以與獵也.이어늘 而獨卑魋.라 亦有頗焉.이라 子爲君禮.하라 不過出竟,에 君必止子.리라 公子地出奔陳,에 公弗止.라 辰爲之請,이나 弗聽.이라 辰曰, 是我迋吾兄也.라소이다 吾以國人出,이면 君誰與處.인가 冬,에 母弟辰曁仲佗·石彄出奔陳.이라

武叔聘于齊,하니 齊侯享之曰, 子叔孫,이여 若使郈在君之他
竟,이면 寡人何知焉.가 屬與敝邑際.라 故로 敢助君憂之.라 對
曰, 非寡君之望也.라소이다 所以事君,은 封疆社稷是以.이오니다
敢以家隷勤君之執事.리오 夫不令之臣,은 天下之所惡也.이오니
다 君豈以爲寡君賜.이오니까

송나라 군주의 동생인 공자 지(地)는 거부렵(蘧富獵)을 사랑하여,
자기의 가산(家産)을 11등분하여 그 다섯 등분을 거부렵에게 주었다.
공자 지는 백마(白馬) 네 필을 소유하고 있었다. 군주는 상퇴(向魋)
를 총애하였는데, 상퇴가 공자 지의 백마를 가지고 싶어하니, 군주는
공자 지의 백마를 빼앗아 말갈기와 꼬리를 붉게 물들여 상퇴에게 주
었다. 그러자 공자 지가 화를 내어, 그의 집 사람들을 시켜 상퇴를 치
고 말을 뺏게 했다. 상퇴가 겁이 나 도망가려 하자, 군주는 그가 도망
가지 못하게 문을 닫고 울어, 두 눈이 다 부었다. 이에 군주의 친형제
인 진(辰)이 형인 공자 지에게 말하기를, "형님은 가산을 나누어 거부
렵에게 주었는데도, 군주의 총신(寵臣)인 상퇴를 유달리 낮게 대하고
있습니다. 그것은 편파적인 일입니다. 형님은 군주에게 예의를 지키십
시오. 예의상 형님이 외국으로 가시기로 하면, 형님이 국경을 넘기 전
에 군주는 못나가게 하실 것입니다."라고 했다. 그래서 공자 지는 군
주에게 죄를 지어 죄송하다는 뜻을 나타내기 위하여 진(陳)나라로 도
망갔는데, 군주는 말리지 않았다. 동생 진이 공자 지를 위하여 말릴
것을 요청했지만, 군주는 듣지 않았다. 그러자 진은, "이것은 형님 지
를 속인 것이 되옵니다. 제가 나라의 중요 인물을 데리고 외국으로
나간다면, 군주께서는 누구와 군주 노릇을 하고 지내시렵니까?"라고
말했다. 겨울에 군주의 친형제 진과 중타(仲佗)·석구(石彄)가 진(陳)

나라로 달아났다.

우리 노나라의 무숙(武叔 : 叔孫州仇)이 제나라를 예방하니, 제나라 군주가 그에게 향연을 베풀고 말하기를, "숙손씨, 만약 후읍(郈邑)이 귀국의 다른쪽 국경지대에 있다면, 내가 어찌 아는 체 할 것이오? 그런데 후읍이 마침 우리나라와 접해진 곳에 있소이다. 그래서 나는 감히 귀국 군주를 도와 걱정을 한 것이오."라고 하였다. 그래서 무숙은 대답했다. "군주께서 저희 나라 일에 대해서 걱정해 주시기를 저희 군주께서 바란 것은 아니옵니다. 우리 노나라가 군주를 섬기고 있는 것은, 국경을 잘 지키고 사직(社稷)을 보전하기 위해서이옵니다. 그런데 어찌 저 개인 가문의 일꾼 일로 군주의 담당관을 애쓰게 할 것이옵니까? 윗사람의 명을 따르지 않은 불량한 신하는 천하의 누구나가 다 미워하는 것이옵니다. 그러하온데 군주는 어찌 저희 군주에게 혜택을 주신 걸로 여기시옵니까?"

주해 ○向魋(상퇴)―사마환퇴(司馬桓魋)라고도 했다. 그는 뒤에 송나라의 권신(權臣)이 되고, 반란을 일으켰다. 《논어(論語)》에 나오는 공자(孔子)의 제자 사마우(司馬牛)는 그의 동생이었다.
○是以(시이)―여기에서는 '이 때문이다'의 뜻으로 읽어진다.
○家隷(가례)―집의 하인. 후범(侯犯)을 지칭한 것이다.

經 ○十有一年春,에 宋公之弟辰及仲佗·石彄·公子地,가 自陳入于蕭,하여 以叛.이라

○夏四月.

○秋,에 宋樂大心自曹入于蕭.라

○冬,에 及鄭平.이라

○叔還如鄭,하여 涖盟.이라

11년 봄에, 송나라 군주인 공작의 동생 진(辰) 및 중타(仲佗)·석구(石彄)·공자 지(地)가, 진(陳)나라로부터 송나라의 읍인 소(蕭)로 들어가서 반란을 일으켰다.

여름 4월.

가을에 송나라의 악대심(樂大心)이 조나라로부터 소로 들어갔다.

겨울에 우리 노나라가 정나라와 화평을 맺었다.

우리 노나라의 숙선(叔還)이 정나라에 가 맹약 맺는 일에 참석했다.

傳 十一年春,에 宋公母弟辰暨仲佗·石彄·公子地,가 入于 蕭,하여 以叛.이라

秋,에 樂大心從之,하여 大爲宋患,하니 寵向魋故也.라

冬,에 及鄭平,은 始叛晉也.라

11년 봄에, 송나라 군주의 친형제인 진 및 중타·석구·공자 지가 소로 들어가 반란을 일으켰다.

가을에 악대심이 그들에게 가세하여, 송나라의 환난을 크게 일으켰는데, 그것은 군주가 상퇴를 너무 총애한 것이 원인이었다.

겨울에 정나라와 화평을 맺은 일은, 우리 노나라가 비로소 진나라를 배반하는 일이었다.

주해 ○蕭(소)—소나라의 읍으로 지금의 강소성 소현(蕭縣) 땅.

○始叛晉(시반진)—노나라는 희공(僖公)시대 이후 진나라를 섬겼다가, 이 해에 배반하게 되었기에 '비로소'라 말했다.

經 | ○十有二年春,에 薛伯定卒.이라

○夏,에 葬薛襄公.이라

○叔孫州仇帥師,하여 墮郈.라

○衛公孟彄帥師,하여 伐曹.라

○季孫斯·中孫何忌帥師,하여 墮費.라

○秋,에 大雩.라

○冬十月癸亥,에 公會齊侯盟于黃.이라

○十有一月丙寅朔,에 日有食之.라

○公至自黃.이라

○十有二月,에 公圍成,하고 公至自圍成.이라

12년 봄에, 설나라 군주인 백작 정(定)이 세상을 떠났다.

여름에 설나라 양공을 장사 지냈다.

숙손주구가 군사를 이끌고 후읍(郈邑) 성을 헐었다.

위나라의 공맹구(公孟彄)가 군사를 이끌고 조나라를 쳤다.

계손사와 중손하기가 군사를 이끌고 비(費) 성을 헐었다.

가을에 큰 기우제를 지냈다.

겨울 10월 계해날에, 공이 제나라의 군주인 후작과 황(黃)에서 만났다.

11월 병인날인 초하루에 일식이 있었다.

공이 황(黃)으로부터 돌아왔다.

12월에, 공이 성(成)을 포위했고, 공이 성을 포위한 일에서 돌아왔다.

주해| ㅇ曹(조)—조나라의 도읍은 지금의 산동성 서남부의 정도(定陶) 부근에 있었다.

ㅇ黃(황)—제나라 땅으로, 지금의 산동성 추평현(鄒平縣) 땅.

ㅇ成(성)—노나라의 읍이었다.

ㅇ公至自圍成(공지자위성)—성은 노나라 읍이었는데도, 공이 성에서 돌아왔다고 써 말한 것은, 당시에 성의 세력이 강해서 마치 한 나라의 세력과 같았기에, 군대의 출입에 있어서 종묘에 고했기에 이렇게 말한 것이다.

傳| 十二年夏,에 衛公孟彄伐曹,하여 克郊.라 還,에 滑羅殿.이라 未出,에 不退於列,하니 其御曰, 殿而在列,이면 其爲無勇乎.인저 羅曰, 與其素厲,은 寧爲無勇.하리라

仲由爲季氏宰,하여 將墮三都,러니 於是,에 叔孫氏墮郈.라 季氏將墮費,에 公山不狃·叔孫輒帥費人,하여 以襲魯.라 公與三子入于季氏之宮,하여 登武子之臺.라 費人攻之,에 弗克,하고 入及公側.이라 仲尼命申句須·樂頎,하되 下伐之.하라 費人北.라 國人追之,하여 敗諸姑蔑.이라 二子奔齊,하고 遂墮費.라 將墮成,에 公斂處父謂孟孫,하되 墮成,이면 齊人必至于北門.하리라 且成孟氏之保障也.라 無成,은 是無孟氏也.라 子僞不知.하라 我將不墮.리라

冬十二月,에 公圍成,이나 不克.이라

12년 여름에, 위나라의 공맹구가 조나라를 쳐, 교읍(郊邑)을 점령했다. 돌아감에 있어, 활라(滑羅)가 맨 뒤를 따르기로 되었다. 그런데 그는 조나라의 국경을 빠져나가기 전에 본대(本隊)에 끼어 뒤로 물러나지 않으니, 그가 탄 전차의 조종자가, "맨 뒤를 지켜야 할 분이면서도 본대의 대열에 끼어 계시면, 용기가 없는 사람이라 할 것입니다."라고 했다. 그러자 활라는, "추격해 오는 자도 없는데, 공연히 용기있는 자인 체하는 것보다는 차라리 용기없는 체하겠다."라고 말하였다.

중유(仲由)가 계손씨 가문의 가신장이 되어, 계손씨·맹손씨·숙손씨 가문의 세 읍성(邑城)을 헐려고 꾀했는데, 그때 마침 숙손씨가 후읍 성을 헐었다. 계손씨가 비읍(費邑) 성을 헐려고 하니, 공산불뉴(公山不狃)와 숙손첩(叔孫輒)이 비읍 사람들을 이끌고서, 노나라의 도읍을 습격했다. 그래서 공은 계손씨·맹손씨·숙손씨와 같이 계손씨의 저택으로 피해 들어가 계무자(季武子:季孫宿)가 지은 대(臺)로 올라 갔다. 당시 비 사람들이 대를 공격하니, 공을 지키는 사람들이 이기지 못하고, 공격자들이 대로 쳐들어가 공의 옆으로 육박하였다. 그러자 중니(仲尼:孔子)께서 신구수(申句須)·악기(樂頎)에게 명하시되, "내려가 쳐라."라고 하셨다. 그래서 비 사람들은 도망갔고, 노나라 사람들이 그들을 추격하여 고멸(姑蔑)에서 패배시켰다. 공산불뉴와 숙손첩은 제나라로 도망갔고, 바로 비 성을 헐었다. 성(成)의 성을 헐려고 하니 공렴처보가 맹손씨에게 이르되, "성의 성을 헐면, 제나라 사람이 반드시 우리 도읍의 북문까지 들이닥치는 일이 있을 것입니다. 그리고 성(成)은 맹손씨 가문의 보루입니다. 성의 성이 없어진다는 것은, 맹손씨 가문이 없어지는 것과 같습니다. 그러니 님은 겉으로 모르는 체 하십시오. 저는 성의 성을 헐지 않도록 하겠습니다."라고 했다.

겨울 12월에, 공이 성읍(成邑)을 포위했으나 이기지 못했다.

┃주해┃ ○郊(교) — 조나라의 읍 이름으로, 지금의 하택현(荷澤縣) 땅.

○在列(재열) ─본대의 대열에 끼어 있음.

○仲由(중유) ─공자의 제자로 자로(子路). 성씨는 중(仲)이고, 이름은 유(由)였으며, 자는 노(路)였다.

○三都(삼도) ─삼씨(三氏) 가문의 본거지. 계손씨의 본거지는 비(費)였고, 맹손씨의 본거지는 성(成)이었으며, 숙손씨의 본거지는 후(郈)였다.

○三子(삼자) ─계손사(季孫斯)·중손하기(仲孫何忌)·숙손주구(叔孫州仇).

○姑蔑(고멸) ─은공 원년에 나온 멸(蔑).

○至于北門(지우북문) ─성(成)은 노나라 북쪽 국경에 가까운 곳이었다. 만일 성의 성을 없앤다면, 이웃의 제나라가 노나라 북쪽으로부터 침입하여, 바로 도읍의 북문에 닿을 수 있을 것이라는 말.

經 ○十有三年春,에 齊侯·衛侯次于垂葭.라

○夏,에 築蛇淵囿.라

○大蒐于比蒲.라

○衛公孟彄帥師,하여 伐曹.라

○秋,에 晉趙鞅入于晉陽,하여 以叛.이라

○冬,에 晉荀寅·士吉射入于朝歌,하여 以叛.이라

○晉趙鞅歸于晉.이라

○薛弑其君比.라

13년 봄에, 제나라 군주인 후작과 위나라 군주인 후작이 수가(垂葭)에서 머물렀다.

여름에, 사연(蛇淵)에다 동물을 기르는 동산을 만들었다.

우리 노나라가 비포(比蒲)에서 큰 군사 연습을 했다.

위나라의 공맹구가 군사를 이끌고 조나라를 쳤다.

가을에, 진나라 조앙(趙鞅)이 진양(晉陽)으로 들어가 반항했다.

겨울에, 진나라의 순인(荀寅)과 사길석(士吉射)이 조가(朝歌)로 들어가 반항했다.

진나라의 조앙이 진나라 도읍으로 돌아갔다.

설나라가 그 나라의 군주 비(比)를 죽였다.

주해 | ○垂葭(수가)─뒤에 격(鄎)이라 했다. 앞에 나온 조나라 교(郊) 부근.

○蛇淵(사연)─지금의 봉안(奉安) 부근.

○比蒲(비포)─노나라 도읍 성의 동문 밖의 땅.

傳 | 十三年春,에 齊侯·衛侯次于垂葭,하니 實鄎氏.라 使師伐晉,하여 將濟河,일세 諸大夫皆曰, 不可,나 邴意茲曰, 可.이오니다 銳師伐河內,면 傳必數日而後及絳,이로되 絳不三月,이면 不能出河,이리니 則我旣濟水矣.이리이다 乃伐河內.라 齊侯皆斂諸大夫之軒,하고 唯邴意茲乘軒.이라 齊侯欲與衛侯乘,하여 與之宴,하여 而駕乘廣,에 載甲焉.이라 使告曰, 晉師至矣.이오니다 齊侯曰, 比君之駕也,를 寡人請攝.이라 乃介而與之乘,하여 驅之,에 或告曰, 無晉師.이오니다라하니 乃止.라

13년 봄에, 제나라 군주와 위나라 군주가 수가(垂葭)에 군사를 주둔시켰는데, 수가는 실로 지금의 격씨(鄎氏)다. 군사를 내어 진나라를 치게 하여 황하(黃河)를 건너가게 하려 하자, 여러 대부들이 다 안된

다 하였으나, 제나라의 병의자(邴意玆)는 말하기를, "괜찮사옵니다. 정예부대가 하내(河內) 지방을 친다면, 적의 전령(傳令)이 수일 뒤에는 진나라 도읍 강(絳)에 닿을 것이오나, 강에서 나오는 진나라 군사는 3개월 뒤가 아니면 하내 땅으로 나올 수는 없을 것이오니, 그때는 치고서 이미 강물을 건너왔을 때일 것이옵니다."라고 했다. 그래서 진나라의 하내 지방을 쳤다. 그때 제나라 군주는 모든 대부들의 수레를 거두어들이고, 다만 병의자(邴意玆)만은 수레를 타게 했다. 제나라 군주는 (친목을 위하여) 위나라 군주와 같이 전차를 타고자 하여, 위나라 군주와 같이 주연(酒宴)을 하고 전차에 탔는데, 전차 안에는 미리 갑옷을 실어두었다. 그리고는 미리 약속해둔 사람에게, "진나라 군사가 오고 있사옵니다."라고 말하게 했다. 그러자 제나라 군주는 위나라 군주에게 말하기를, "군주의 전차가 준비될 때까지 내가 군주를 모시게 해주십시오."라고 했다. 그리고는 무장하고 위나라 군주와 같이 타고서 달렸는데, 어느 사람이, "진나라 군사는 오지 않사옵니다."라고 말해서야 그만두었다.

▌주해▐ ○河內(하내)—지금의 하남성 급현(汲縣) 일대.

○歛諸大夫之軒(염제대부지헌)—여러 대부들이 안된다고 반대하였기에, 그들을 벌주는 것으로 수레를 거두어 타지 못하게 했다.

晉趙鞅謂邯鄲午曰, 歸我衛貢五百家.하라 吾舍諸晉陽.하리라
午許諾,하고 歸告其父兄,하니 父兄皆曰, 不可.라 衛是以爲邯鄲,
이어늘 而寘諸晉陽,이면 絶衛之道也.라 不如侵齊而謀之.라 乃
如之,하고 而歸之于晉陽.이라 趙孟怒,하여 召午,하여 而囚諸晉
陽,하고 使其從者說劍而入,이어늘 涉賓不可.라 乃使告邯鄲人曰,

吾私有討於午也.라 二三子唯所欲立.라 遂殺午.라 趙稷·涉賓

以邯鄲叛.이라

　夏六月,에 上軍司馬籍秦圍邯鄲.이라 邯鄲午荀寅之甥也,요 荀寅范吉射之姻也.라 而相與睦.이라 故로 不與圍邯鄲,하고 將作亂.이라 董安于聞之,하고 告趙孟曰, 先備諸.하라 趙孟曰, 晉國有命,에 始禍者死,니 爲後可也.라 安于曰, 與其害於民,은 寧我獨死,리니 請以我說.하라 趙孟不可.라

　진나라의 조앙(趙鞅)이 한단(邯鄲)의 오(午)에게 말하기를, "전에 위나라가 나에게 주었던 5백가(家)의 사람들을 돌려주게. 나는 그들을 나의 영유읍인 진양(晉陽)으로 옮길 것일세."라고 했다. 오가 승낙하고 돌아가 집안 어른들에게 그 일을 말하니 집안 어른들은 다, "안된다. 위나라는 원래 한단을 위해서 넘겨주었던 것인데, 이제 와서 그들을 진양으로 옮긴다면, 우리가 위나라와 친근하게 지낼 길이 끊어지는 것이다. 우리는 우선 제나라를 침공하고 나서 어떻게 할지를 상의하기로 하자."라고 하였다. (그들은 제나라를 침공하면, 제나라가 응당 한단에 대해서 보복을 할 것인데, 한단이 제나라가 두려워서, 위나라가 넘겨주었던 5백가의 사람들을 진양으로 옮긴다는 구실이라면, 위나라가 오해를 안할 것이라 여겨) 제나라를 침공하고서 진양으로 보낼 작정이었다. 그런데 이런 내막을 모르는 조맹(趙孟 : 조앙)은 노하여 한단의 오를 불러다가 진양에다 가두고, 오를 따라간 사람들에게 차고 있는 칼을 풀어놓고 오가 갇혀 있는 곳으로 들어가라고 했는데, 섭빈(涉賓)은 그렇게 할 수 없다고 했다. 조앙은 사람을 시켜 한단 사람들에게 이르게 하기를, "나는 오를 사사로이 벌주려 하오. 그

러니 집안 어른들은 후계자를 마음대로 정하시오."라고 했다. 그리고
는 곧 오를 죽였다. 그러자 조직(趙稷)과 섭빈은 한단의 세력을 이끌
고 반란을 일으켰다.

 여름 6월에, 진나라 상군(上軍)의 사마(司馬)인 적진(籍秦)이 한단
을 포위했다. 한단의 오는 순인(荀寅)의 생질이고, 순인은 범길석(范
吉射)의 인척이었다. 그래서 그들은 서로 화목하게 지냈다. 그러므로
순인과 범길석은 한단을 포위하는 일에 관여하지 않았고, 그들은 난리
일으킬 것을 계획했다. 그랬는데 동안우(董安于)가 그 내막을 전해 듣
고, 조맹에게 말하기를, "님이 그들에게 선수를 치십시오."라고 했다.
그러자 조맹은, "우리 진나라에 군명(君命)이 있어 화를 시작케 한 자
는 죽는 것이니, 그들이 난리를 일으킨 뒤에 손을 쓰는 것이 좋다."라
고 말하였다. 이에 동안우가, "많은 사람들에게 해를 주는 것보다는 차
라리 제가 혼자 일을 처리하기에 생명을 바칠 것이니, 제가 혼자 그랬
다고 구실 삼기를 원합니다."라고 말했지만, 조맹은 안된다고 했다.

│주해│ ○歸我衛貢(귀아위공)─정공 10년에, 진나라 조앙이 위나라 도읍
   을 포위했을 때, 위나라가 조앙에게 5백가(家)를 넘겨주었는데, 조앙은
   그 5백가를 한단에 맡겼다.
  ○絶衛之道也(절위지도야)─위나라는 넘겨준 5백가가 한단에 있기에 언
   제나 한단을 친하게 여겼는데, 갑자기 옮긴다면 한단이 위나라와 친근
   하게 지낼 길이 끊어진다는 것이다.
  ○午(오)─한단의 주재자. 오는 조오(趙午)로 조앙과 동족이었다.
  ○趙稷(조직)─조오의 아들.
  ○荀寅范吉射之姻也(순인범길석지인야)─순인의 아들이 범길석의 딸을 아
   내로 취했었다.

추 칠 월　　　　범 씨　　　중 행 씨 벌 조 씨 지 궁　　　　　조 앙 분 진 양　　　진 인
秋七月,에 范氏・中行氏伐趙氏之宮,하니 趙鞅奔晉陽,에 晉人

圍之.라 范皐夷無寵於范吉射,하여 而欲爲亂於范氏.라 梁嬰父

嬖於知文子,에 文子欲以爲卿.이라 韓簡子與中行文子相惡,하고

魏襄子亦與范昭子相惡.라 故로 五子謀,하여 將逐荀寅而以梁嬰

父代之,하고 逐范吉射而以范皐夷代之.라 荀躒言於晉侯曰, 君

命大臣,하시되 始禍者死.라하였나이다 載書在河.이오니다 今, 三臣

始禍,이옵거늘 而獨逐鞅,은 刑已不鈞矣.이오니다 請皆逐之.하소서

冬十一月,에 荀躒·韓不信·魏曼多奉公以伐范氏·中行氏,

이나 弗克.이라 二子將伐公,에 齊高彊曰, 三折肱,이라야 知爲良

醫.라 唯伐君爲不可.라 民弗與也.라 我以伐君在此矣.라 三家未

睦,하니 可盡克也.라 克之,면 君將誰與.리오 若先伐君,이면 是使

睦也.라 弗聽,하고 遂伐公.이라 國人助公,하여 二子敗,에 從而伐

之.라 丁未,에 荀寅·士吉射奔朝歌.라 韓·魏以趙氏爲請,하여

十二月辛未,에 趙鞅入于絳,하여 盟于公宮.이라

初,에 衛公叔文子朝,하여 而請享靈公,하고 退見史鰌而告之.라

史鰌曰, 子必禍矣.리라 子富,하고 而君貪,에 罪其及子乎.인저 文

子曰, 然.이라 吾不先告子,하니 是吾罪也.라 君旣許我矣.라 其

若之何.오 史鰌曰, 無害也.라 子臣,이면 可以免.이라 富而能臣,

이면 必免於難,이니 上下同之.라 戌也驕,하니 其亡乎.인저 富而

不驕者鮮,이어늘 吾唯子之見.이라 驕而不亡者,는 未之有也,어늘
成必與焉.이리라 及文子卒,에 衛侯始惡於公叔戌,하니 以其富
也.라 公叔戌又將去夫人之黨,하니 夫人愬之曰, 戌將爲亂.이라

　가을 7월에, 범씨(范氏)와 중행씨(中行氏)가 조씨의 저택을 치니,
조앙이 진양으로 달아나고 진나라 사람들이 진양을 포위했다. 범씨가
의 서자인 범고이(范皐夷)는 범길석(范吉射)한테 사랑을 받지 못하
여, 범씨 가문 내에서 가란(家亂)을 일으키려 했다. 그리고 양영보(梁
嬰父)는 지문자(知文子 : 荀躒)한테 사랑을 받았는데, 지문자는 양영
보를 경(卿)으로 삼으려 했다. 그리고 또 한간자(韓簡子, 韓不信 : 韓
起의 손자)와 중행문자(中行文子 : 荀寅)가 서로 미워했고, 위양자(魏
襄子, 魏曼多 : 魏舒의 손자) 또한 범소자(范昭子 : 범길석)와 서로 미
위했다. 그러므로 범고이·양영보·지문자·한간자·위양자 등의 다
섯 사람은 모의하여, 순인(荀寅)을 몰아내고 양영보를 그 자리에 대
신 앉히려 하고, 범길석을 몰아내고 범고이를 그 자리에 대신 앉히려
했다. 그리고는 순역(荀躒)이 진나라 군주에게 말하기를, "군주께서는
대신(大臣)들에게 명하시되, '화를 일으킨 자는 죽느니라' 하셨나이다.
그 명령을 그대로 시행한다고 맹서한 문서는 지금 황하(黃河)의 물속
에 잠겨 있나이다. 이번에 조씨·범씨·중행씨의 세 신하가 화를 일
으켰사옵는데, 다만 조앙만을 몰아낸 것은 형벌이 불평등하게 시행된
것이옵니다. 원컨대 다 몰아내옵소서."라고 했다.

　겨울 11월에, 순역·한불신·위만다 등이 군주를 받들고서 범씨와
중행씨를 쳤으나, 이기지 못했다. 범씨와 중행씨가 군주를 치려 하자,
제나라의 고강(高彊)이 말하기를, "세 차례 팔[肱]이 끊어지는 부상
을 당하고서야, 좋은 의사가 된다는 것을 알 수 있습니다. 군주를 치
는 것만은 안됩니다. 백성이 따르지 않습니다. 나는 나의 군주를 쳤다

가 망명하여 이곳에 와 있습니다. 지금 순씨(荀氏)·한씨(韓氏)·위씨(魏氏)의 세 집안이 화목하지 못하고 있으니, 그들을 한 가문씩 치면, 다 이길 수가 있습니다. 그들을 이긴다면, 군주는 누구와 같은 편이 되겠습니까? 그러나 님들이 만일에 먼저 군주를 친다는 것은, 삼씨(三氏)로 하여금 화목케 하는 짓입니다."라고 했다. 그러나 그들은 듣지 않고 마침내 군주를 쳤다. 그러자 나라 사람들이 군주를 도와 두 사람이 패배하자, 사람들은 그들을 몰아쳤다. 정미날에 순인과 사길석(士吉射 : 범길석)은 조가(朝歌)로 달아났다. 한불신과 위만다가 조씨를 위하여 군주에게 청원을 드려, 12월 신미날에, 조앙이 도읍 강(絳)으로 들어가, 공궁에서 충성 바칠 것을 맹서했다.

전에, 위나라의 공숙문자(公叔文子)가 조정으로 들어가, 군주 영공을 자기 집으로 모셔서 향연을 베풀겠다고 청원을 드리고, 물러나 사추(史鰌)에게 그 일을 말했다. 사추가 말하기를, "님의 집은 반드시 화를 당할 것입니다. 님은 부유하시고, 군주는 탐욕을 부리시니, 그 죄가 님의 집에 미칠 것입니다."라고 했다. 공숙문자가, "아아, 그렇군. 내 먼저 자네에게 말하지 않았으니, 그것은 내 허물일세. 군주께서 이미 허락을 하셨네. 이 일을 어찌할까?"라고 말하니 사추는 말하였다. "무방(無妨)합니다. 님이 신하의 도리를 잘 지키면 화를 면할 수가 있습니다. 부유하면서도 신하 노릇을 잘할 수 있으면 반드시 환난을 면하게 되는데, 그것은 지위의 상하를 막론하고 그렇습니다. 그런데 댁의 아들 수(戍)는 교만하니, 그는 망하게 될 것입니다. 부유하면서도 교만하지 않은 사람은 적은데, 저는 님만은 부유하면서도 교만하지 않은 것으로 보고 있습니다. 교만하고서 망하지 않는 사람은 이제까지 있지를 않았는데, 댁의 아들 수는 반드시 그 망하는 자 안에 낄 것입니다." 공숙문자가 세상을 떠나자, 위나라 군주는 공숙수(公叔戍)를 미워하기 시작했는데, 그것은 그가 부유하기 때문이었다. 군주한테 미움을 받게 된 공숙수는 군주의 부인을 끼고 있는 무리를

제거하려 하니, 부인이 군주에게 호소하기를, "공숙수가 난리를 일으
키려 하옵니다."라고 했다.

주해 o三臣(삼신)-조앙·순인·범길석을 두고 말했다.

　o公叔文子(공숙문자)-위나라 헌공(獻公)의 손자로, 이름은 발(拔) 또는
　발(發)이었다.

　o靈公(영공)-영공도 헌공의 손자로, 이름은 원(元)이었다.

　o戍(수)-공숙문자의 아들.

　o夫人之黨(부인지당)-위나라 영공의 부인은 남자(南子)였다. 그를 낀
　무리

는 부인의 친정나라인 송나라 사람들로 송의 공자 조(朝) 등이었다.

經 o十有四年春,에 衛公叔戍來奔.이라
（십유사년춘）　（위공숙수래분）

　o衛趙陽出奔宋.이라
　（위조양출분송）

　o二月辛巳,에 楚公子結·陳公孫佗人帥師,하여 滅頓,하고 以頓
　（이월신사）　　（초공자결）　（진공손타인솔사）　　（멸돈）　　（이돈）

　子牂歸.라
　（자장귀）

　o夏,에 衛北宮結來奔.이라
　（하）　（위북궁결래분）

　o五月,에 於越敗吳于檇李.라
　（오월）　（어월패오우취리）

　o吳子光卒.이라
　（오자광졸）

　o公會齊侯·衛侯于牽.이라
　（공회제후）　（위후우견）

　o公至自會.라
　（공지자회）

　o秋,에 齊侯·宋公會于洮.라
　（추）　（제후）　（송공회우조）

○天王使石尚來歸脤.이라

○衛世子蒯聵出奔宋.이라

○衛公孟彄出奔鄭.이라

○宋公之弟辰,이 自蕭來奔.이라

○大蒐于比蒲.라

○邾子來會公.이라

○城莒父及霄.라

14년 봄에, 위나라의 공숙수가 우리 노나라로 도망왔다.

위나라의 조양(趙陽)이 송나라로 달아났다.

2월 신사날에, 초나라 공자 결(結)과 진(陳)나라 공손타(公孫佗)의 사람이 군사를 이끌고 돈(頓)나라를 멸망시키고, 돈나라 군주인 자작 장(牂)을 데리고 돌아갔다.

여름에, 위나라 북궁결(北宮結)이 우리 노나라로 도망왔다.

5월에, 월나라가 오나라 군사를 취리(橋李)에서 패배시켰다.

오나라 군주인 자작 광(光)이 세상을 떠났다.

공이 제나라 군주인 후작 및 위나라 군주인 후작과 견(牽)에서 회합을 가졌다.

공이 회합에서 돌아왔다.

가을에, 제나라 군주인 후작이 송나라 군주인 공작과 조(洮)에서 만났다.

천자이신 주(周)나라 왕께서 석상(石尚)을 시켜 사제(社祭)를 지낸 고기를 보내주셨다.

위나라의 세자 괴외(蒯聵)가 송나라로 달아났다.

위나라의 공맹구가 정나라로 달아났다.

송나라 군주인 공작의 동생 진이 소(蕭)로부터 우리 노나라로 도망
왔다.

우리 노나라가 비포(比蒲)에서 군사 연습을 크게 행했다.

주(邾)나라 군주인 자작이 우리 노나라에 와 공을 만났다.

우리 노나라가 거보(莒父)와 소(霄)에 성을 쌓았다.

주해 | ㅇ橋李(취리)—지금의 절강성(浙江省) 가흥현(嘉興縣) 땅.

ㅇ洮(조)—조(曹)나라 땅으로, 지금의 산동성 복현(濮縣) 서남 땅.

ㅇ脤(신)—사제(社祭)에 제물로 올린 고기.

傳 | 十四年春,에 衛侯逐公叔戌與其黨.이라 故로 趙陽奔宋,하고
戌來奔.이라

梁嬰父惡董安于,하여 謂知文子曰, 不殺安于,하고 使終爲政
於趙氏,면 趙氏必得晉國.이리라 盡以其先發難也討於趙氏.오
文子使告於趙孟曰, 范·中行氏雖信爲亂,이나 安于則發之.라
是安于與謀亂也.라 晉國有命,하되 始禍者死.라 二子旣伏其罪
矣,에 敢以告.라 趙孟患之,하니 安于曰, 我死,하여 而晉國寧,하
고 趙氏定,이면 將焉用生.이리오 人誰不死.오 吾死莫矣.라 乃縊
而死.라 趙孟尸諸市,하여 而告於知氏曰, 主命戮罪人安于,에 旣
伏其罪矣.라 敢以告.라 知伯從趙孟盟.이라 而後,에 趙氏定,하고
祀安于於廟.라

^{돈 자 장 욕 사 진} ^{배 초 이 절 진 호} ^{이 월} ^{초 멸 돈}
頓子牂欲事晉,하여 背楚而絶陳好.라 二月,에 楚滅頓.이라

14년 봄에, 위나라 군주가 공숙수와 그의 무리를 내쫓았다. 그러므로 조양은 송나라로 달아났고, 공숙수는 우리 노나라로 도망왔다.

진나라의 양영보가 동안우를 미워하여, 지문자(知文子 : 荀躒)에게 말하기를, "동안우를 죽이지 않고, 끝내 조씨에게 정사를 맡게 한다면, 조씨는 반드시 진나라를 차지하게 될 것입니다. 그런데 조씨가 먼저 나라의 환난을 일으킨 일로 어찌 추궁하지 않으십니까?"라고 했다. 그러자 지문자는 사람을 시켜 조맹에게 말하게 했다. "범씨와 중행씨가 비록 실로 난리를 일으키기는 했으나, 동안우야말로 일을 시작한 것입니다. 즉 동안우는 난리 일으킬 일을 같이 도모했던 것입니다. 우리 진나라에는 군명(君命)이 있으되, '화를 시작한 자는 죽는다.'고 했습니다. 범씨·중행씨는 이미 벌을 받고 있으니, 내 이에 감히 말씀드립니다." 이 말을 들은 조맹이 걱정하니 동안우가 말하기를, "제가 죽어 진나라가 태평하고, 조씨 가문이 안정된다면, 제가 어찌 더 살려 하겠습니까? 인간이 그 누구라 죽지 않겠습니까? 제가 죽는 것이 늦게 되었습니다."라 하고, 곧 목을 매어 죽었다. 조맹은 동안우의 시체를 시장에 내다놓고서, 지문자에게 말하기를, "님께서는 죄인 동안우를 죽이라 명하셨는데, 그는 이미 그의 죄에 대한 벌을 받았습니다. 그래서 이에 감히 알려드립니다."라 했다. 그러자 지백(知伯 : 지문자)은 조맹을 따라 맹서를 맺었다. 그뒤 조씨는 처지가 안정되었고, 조맹은 동안우를 자기 가문의 사당에 모셔 제사를 지내기로 했다.

돈나라 군주인 장(牂)은 진(晉)나라를 섬기고자 하여 초나라를 배반하고, 진(陳)나라와의 우호관계를 끊었다. 그러자 2월에 초나라가 돈나라를 멸망시켰다.

▌주해▏ ○趙陽(조양)―조염(趙黶)의 손자.

ㅇ而後(이후), 趙氏定(조씨정)－동안우가 죽고 난 뒤, 그의 죽음 덕택으로 조씨의 입장이 안정되었다.

하　　　위북궁결래분　　　　공숙수지고야
夏,에 衛北宮結來奔,하니 公叔戍之故也.라

오벌월　　　월자구천어지　　　진우취리　　　구천환오지정야
吳伐越,에 越子勾踐禦之,하여 陳于檇李.라 勾踐患吳之整也,

사사사재금언　　　　부동　　　　사죄인삼행속검어경이사왈
하여 使死士再禽焉,이나 不動.이라 使罪人三行屬劍於頸而辭曰,

이군유치　　　신간기고　　　　불민어군지행전　　　불감도형
二君有治,에 臣奸旗鼓,하여 不敏於君之行前.이라 不敢逃刑,하고

감귀사　　　수자경야　　　사속지목　　　월자인이벌지　　　대패
敢歸死.라 遂自剄也.라 師屬之目,에 越子因而伐之,하여 大敗

지　　　영고부이과격합려　　　합려상장지　　　취기일구　　　환졸
之.라 靈姑浮以戈擊闔廬,에 闔廬傷將指,하니 取其一屨.라 還卒

어형　　　거취리칠리　　　부차사인립어정　　　구출입　　　필위
於陘,하니 去檇李七里.라 夫差使人立於庭,하여 苟出入,에 必謂

기왈　　　부차　　　이망월왕지살이부호　　　즉대왈　　유　　　불감망
己曰, 夫差,야 而忘越王之殺而父乎.아 則對曰, 唯.라 不敢忘.

　　삼년내보월
이라 三年乃報越.이라

진인위조가　　　공회제후　　　위후우비　　　상량지간　　　모구범
晉人圍朝歌.라 公會齊侯·衛侯于脾·上梁之間,은 謀救范·

중행씨　　　석성부　　　소왕도갑솔적사　　　이습진　　　전우강
中行氏.라 析成鮒·小王桃甲率狄師,하여 以襲晉,하여 戰于絳

중　　　불극이환　　　사부분주　　　소왕도갑입우조가
中,이나 不克而還.이라 士鮒奔周,하고 小王桃甲入于朝歌.라

추　　　제후　　송공회우조　　　범씨고야
秋,에 齊侯·宋公會于洮,는 范氏故也.라

위후위부인남자　　　소송조　　　회우조　　　태자괴외헌우우
衛侯爲夫人南子,하여 召宋朝.라 會于洮,에 太子蒯聵獻盂于

제　　　과송야　　　야인가지왈　　　기정이루저　　　합귀오애가
齊,할새 過宋野.라 野人歌之曰, 旣定爾婁豬,어늘 盍歸吾艾豭.오

태자수지　　　위희양속왈　　　종아이조소군　　　소군견아　　　아
太子羞之,하여 謂戲陽速曰, 從我而朝少君,하여 少君見我,에 我

顧,면 乃殺之.하라 速曰諾.이라 乃朝夫人.이라 夫人見太子,에 太
子三顧,나 速不進.이라 夫人見其色,하고 啼而走曰, 蒯聵將殺
余.라 公執其手以登臺.라 太子奔宋.이라 盡逐其黨.이라 故로 公
孟彄出奔鄭,하고 自鄭奔齊.라 太子告人曰, 戲陽速禍余.라 戲陽
速告人曰, 太子則禍余.라 太子無道,하여 使余殺其母.라 余不
許,면 將戕於余,요 若殺夫人,이면 將以余說.이었으리라 余是故許
而弗爲,하여 以紓余死.라 諺曰, 民保於信.이라 吾以信義也.라
冬十二月,에 晉人敗范·中行氏之師於潞,하여 獲籍秦·高彊,
하고 又敗鄭師及范氏之師于百泉.이라

여름에, 위나라 북궁결이 우리 노나라로 도망왔으니, 그것은 공숙수
때문이었다.

오나라가 월나라를 치니 월나라 군주인 자작 구천(句踐)이 오나라
군사를 방어하려 취리(檇李)에 진을 쳤다. 구천은 오나라 군사의 대
열이 잘 정비되어 있음이 걱정되어, 결사대를 두 차례나 출동케 하여
포로가 되게 했건만, 오나라 군열은 조금도 동요되지 않았다. 그래서
세 번째로는 죄인들을 세 줄로 하여, 각기 목에 칼을 차게 하고, 그들
에게 앞으로 나가, "두 나라 군주가 군사를 내고 있는 마당에, 신들은
군령(軍令)을 어겨, 군주가 앞으로 나가시는 일을 둔하게 했습니다.
우리는 감히 처형되기를 피하지 않고, 우리들 스스로가 죽겠습니다."
라고 말하게 했다. 그리고 그들은 바로 찬 칼로 자결(自決)하였다. 오
나라 군사가 그 모습을 보려고 할 때 군주는 그 틈을 타 오군을 쳐
대패시켰다. 그때 월나라의 영고부(靈姑浮)가 창으로 오나라의 합려

왕을 치니, 합려왕이 엄지발가락에 부상을 입자, 영고부는 합려왕의
한쪽 신을 빼앗았다. 오나라 군주는 퇴군하여 형(陘)에서 세상을 떠
났는데, 형은 취리에서 7리 떨어진 곳이다. 오나라 합려왕의 아들 부
차(夫差)는 사람을 궁정(宮庭)에다 세워 두고, 그가 출입할 때면 꼭
자신에게, "부차야, 너는 월나라 왕이 아버지를 죽인 것을 잊었느냐?"
라고 말하게 했다. 그리고 그때마다 그는 대답하여 말하기를, "예! 잊
을 수 없습니다."라고 했다. 그렇게 한 지 3년에는 월나라에 대해서
보복했다.

  진나라 사람이 조가(朝歌)를 포위했다. 공이 제나라 군주·위나라
군주와 비(脾)와 상량(上梁) 사이의 땅에서 회합을 가진 것은, 진나라
의 범씨와 중행씨를 구출하자고 상의함이었다. 진나라 대부인 석성부
(析成鮒)와 소왕도갑(小王桃甲)이 적(狄) 오랑캐군을 이끌고 진나라
를 습격하여 강중(絳中)에서 싸웠으나, 승리하지 못하고 돌아갔다. 석
성부는 주(周)나라로 도망가고, 소왕도갑은 조가로 들어갔다.

  가을에, 제나라 군주와 송나라 군주가 조(洮)에서 만난 것은, 진나
라 범씨 일 때문이었다.

  위나라 군주는 부인 남자(南子)를 위하여 송나라 공자 조(朝)를 불
러오게 했다. 제나라 군주와 송나라 군주가 조에서 회합을 가졌을 때,
위나라 태자 괴외가 제나라에게 우읍(盂邑)을 넘겨주는 일로 송나라
의 시골을 지났다. 그때 송나라 시골사람이 노래부르되, "이미 그대의
암퇘지 자리잡혔는데, 어찌 우리의 고운 수퇘지 돌려주지 않는가?"란
내용이었다. 이 노래를 들은 태자는 부끄럽게 여겨, 희양속(戲陽速)에
게 말하기를, "귀국한 뒤 나를 따라 어머니를 찾아뵈어, 어머니가 나
를 만나는 때에, 내가 뒤를 돌아다보거든, 너는 어머니를 죽여라."라
고 했다. 이 말에 희양속은, "그렇게 하겠습니다."라고 말했다. 귀국해
서 군주의 부인을 방문했다. 부인이 태자를 접견함에 있어, 태자가 세
차례나 뒤를 돌아다보았건만, 희양속은 죽이려 나서지 않았다. 부인은

태자의 안색이 이상함을 보고는, 울면서 달려가며 말하기를, "괴외가 나를 죽이려 한다."라고 했다. 그러자 군주는 부인의 손을 잡고 누대 (樓臺)로 올라갔다. 태자는 송나라로 도망갔다. 위나라 군주는 태자의 무리를 모조리 몰아냈다. 그래서 공맹구(公孟彄)는 정나라로 도망갔고, 정나라에서 다시 제나라로 도망갔다. 위나라 태자는 어느 사람에게 말하기를, "희양속이 나에게 화를 당하게 했다."라고 했다. 그러나 희양속은 어느 사람에게 말했다. "태자야말로 내게 화를 당하게 했다. 태자는 무도하여, 나로 하여금 그의 어머니를 죽이라고 했다. 내가 그의 말에 응낙하지 않았더라면, 그는 나를 없애려 했을 것이고, 내가 만일 군주의 부인을 죽였더라면, 그는 내가 죽였다는 것으로 변명의 구실을 삼으려 했을 것이다. 나는 그래서 일단 응낙해놓고 그대로 실행하지 않아, 내 생명을 연장시킨 것이다. 속담에 이르기를, '백성은 신의로 몸을 지킨다.'고 한다. 나야말로 신의를 지켰다."

겨울 12월에, 진나라 사람이 범씨와 중행씨의 군대를 노(潞)에서 쳐부수어, 적진(籍秦)과 고강(高彊)을 잡고, 또 정나라 군사 및 범씨의 군대를 백천(百泉)에서 쳐부셨다.

▌주해▐ ㅇ脾·上梁之間(비·상량지간)－견(牽)을 말했다. 견은 지금의 하남성 내황현(內黃縣) 서남쪽 땅.

ㅇ絳中(강중)－진나라 땅으로, 지금의 산서성 둔류(屯留) 부근 강수(絳水) 유역.

ㅇ盂(우)－위나라의 읍.

ㅇ歌之曰(가지왈)－이 노래의 내용은, 남자와 송나라 공자 조와는 전에 간통한 사이였다는 것을 말한 것이다. 누저(婁豬)는 암퇘지로, 남자에 비유했다.

ㅇ艾豭(애가)－애는 예쁘다의 뜻. 예쁜 돼지는 송나라 공자 조를 비유한 것이다. 암퇘지, 즉 남자는 군주의 부인으로 안정되어 있는데, 수퇘지 (예쁜 돼지), 즉 공자 조는 어찌 돌려주지 않는가의 뜻이다.

○潞(노)—진나라 땅으로, 지금의 산서성 노성현(潞城縣) 땅.

○百泉(백천)—위나라 땅으로 지금의 하남성 휘현(輝縣) 땅.

經 │ ○十有五年春王正月,에 邾子來朝.라

○鼪鼠食郊牛,하여 牛死.라 改卜牛.라

○二月辛丑,에 楚子滅胡,하여 以胡子豹歸.라

○夏五月辛亥,에 郊.라

○壬申,에 公薨于高寢.이라

○鄭罕達帥師,하여 伐宋.이라

○齊侯·衛侯次于渠蒢.라

○邾子來奔喪.이라

○秋七月壬申,에 姒氏卒.이라

○八月庚辰朔,에 日有食之.라

○九月,에 滕子來會葬.이라

○丁巳,에 葬我君定公,이어늘 雨,하여 不克葬.이라 戊午日下昃,에

乃克葬.이라

○辛巳,에 葬定姒.라

○冬,에 城漆.이라

15년 봄 천자가 쓰는 역으로 정월에, 주(邾)나라 군주인 자작이 우

리 노나라를 찾아왔다.

새앙쥐가 교제(郊祭)에 희생으로 바칠 소를 물어 소가 죽었다. 그래서 희생으로 쓸 소를 점쳐 다시 정했다.

2월 신축날에, 초나라 군주인 자작이 호(胡)나라를 멸망시켜, 호나라 군주인 자작 표(豹)를 데리고 돌아갔다.

여름 5월 신해날에, 교제를 지냈다.

임신날에, 우리 노나라 군주가 고침(高寢)이라는 궁전에서 훙거(薨去)했다.

정나라의 한달(罕達)이 군사를 이끌고 송나라를 쳤다.

제나라 군주인 후작과 위나라 군주인 후작이 거제(渠蒢)에서 머물렀다.

주나라 군주인 자작이 우리나라 장사 지내는 일에 참석하러 왔다.

가을 7월 임신날에, 정공(定公)의 부인 사씨(姒氏)가 세상을 떠났다.

8월 경진날 초하루에, 일식이 있었다.

9월에, 등나라 군주인 자작이 우리 노나라의 장사 지내는 일에 참석하러 왔다.

정사날에 우리 노나라 군주 정공을 장사 지내기로 하였는데, 비가 와서 장사를 지내지 못했다. 무오날 저녁때 장사를 지냈다.

신사날에, 정공의 부인 사씨를 장사 지냈다.

겨울에, 칠(漆)에 성을 쌓았다.

傳| 十五年春,에 邾隱公來朝.라 子貢觀焉,에 邾子執玉高,하여 其容仰,하고 公受玉卑,하여 其容俯.라 子貢曰, 以禮觀之,면 二君者皆有死亡焉.하리라 夫禮死生存亡之體也.라 將左右·周

旋·進退·俯仰於是乎取之,하고 朝祀·喪戎於是乎觀之.라 今

正月相朝,하여 而皆不度,하니 心已亡矣.라 嘉事不體,어늘 何以

能久.아 高仰驕也,요 卑俯替也.라 驕近亂,하고 替近疾.이라 君

爲主,에 其先亡乎.인저

吳之入楚也,에 胡子盡俘楚邑之近胡者.라 楚既定,에 胡子豹

又不事楚曰, 存亡有命.이라 事楚何爲.리오 多取費焉.이라 二月,

에 楚滅胡.라

夏五月壬申,에 公薨.이라 仲尼曰, 賜不幸言而中.이라 是使賜

多言者也.라

鄭罕達敗宋師于老丘.라

齊侯·衛侯次于蘧挐,는 謀救宋也.라

秋七月壬申,에 姒氏卒.이라 不稱夫人,은 不赴,하고 且不祔

也.라

葬定公,에 雨,하여 不克襄事,는 禮也.라 葬定姒,에 不稱小君,

은 不成喪也.라

冬,에 城漆,은 書不時告也.라

15년 봄에 주나라 은공이 우리 노나라를 찾아왔다. 자공(子貢)이
두 나라 군주가 취하는 거동을 살펴보았는데, 주나라 군주가 옥을 우

리 노나라 군주에게 선물로 드리는데, 옥을 너무 높이 들어 그의 몸이 위로 올라가고, 우리 노나라의 정공이 옥을 받는 자세가 너무 낮아, 몸이 아래로 구부러졌다. 자공이 말했다. "예의를 차리는 거동을 보아서는, 두 군주는 다 곧 돌아가실 것이다. 예의는 사람이 죽고 살고, 나라가 보존되고 망하는 기본이다. 손발을 좌우로 내고, 몸을 돌리며, 앞으로 나가고 뒤로 물러서고, 위를 쳐다보고 아래를 굽어보는 것으로, 곧 죽을 것인가 오래 살 것인가를 알아보고, 조정에서의 거동·제사 지내는 태도·복상(服喪)하는 자세·군사(軍事)에서의 행동으로 나라를 지킬 것인가 망칠 것인가를 알아보는 것이다. 그런데 이제 정월에 서로 우호를 위하여 만나, 두 군주가 다 법도를 지키지 못했으니, 그분들의 마음은 이미 잃고 있는 것이다. 좋은 일에 근본을 지키지 못했는데 어찌 오래 살 수가 있으랴? 물건을 높이 들어 온몸이 위로 올라가는 것은 교만함을 나타냄이고, 몸을 낮추어 아래로 굽힘은 기운이 빠졌음을 나타냄이다. 교만을 부림은 난리를 일으키기 쉽고, 기운이 빠졌음은 병들기 쉬운 것이다. 우리 군주께서 주인이 되시니, 우리 군주께서 먼저 돌아가실 것이다."

오나라가 초나라로 쳐들어갔을 때, 호(胡)나라 군주는 호나라에 가까운 초나라 읍의 사람들을 다 잡았다. 그리고 초나라가 안정되고 난 뒤에도, 호나라 자표(子豹)는 역시 초나라를 섬기지 않고 말하기를, "나라가 보존되고 망하는 것은 천명(天命)에 달려 있는 것이다. 그런데 초나라를 섬겨 무엇하랴? 초나라를 섬긴다는 것은, 비용만 많이 드는 일이다."라고 했다. 2월에, 초나라가 호나라를 멸망시켰다.

여름 5월 임신날에, 우리나라 군주 정공이 훙거했다. 중니(仲尼 : 孔子)께서 말씀하셨다. "사(賜 : 자공)는 불행하게도 그가 한 말이 맞았구나. 이런 일이 사로 하여금 말 많은 사람으로 만드는구나."

정나라의 한달(罕達)이 송나라 군사를 노구(老丘)에서 패배시켰다.

제나라 군주와 위나라 군주가 거녀(遽挐)에 머무른 것은, 송나라를 구원할 것을 상의함이었다.

가을 7월 임신날에, 정공의 부인 사씨(姒氏)가 세상을 떠났다. 경문에 부인이라 칭하지 않은 것은, 세상을 떠난 것을 각국에 알리지 않았고, 또 선대 군주의 부인들을 모신 사당에 모시지도 않았기 때문이었다.

정공을 장사 지낼 때, 비가 와서 장사를 지내지 않은 것은 예의에 맞는 일이었다. 정공의 부인 사씨를 장사 지낸 일에 대해서 소군(小君 : 군주 부인)이라 경문에 칭하지 않은 것은, 상례(喪禮)를 제대로 지키지 않아서였다.

겨울에 칠(漆)에 성을 쌓았다는 것은, (성 쌓는 일은 이미 다 끝내고) 제때에 종묘에다 고하지 않았음을 경문에 밝혀 쓴 것이다.

┃주해┃　o子貢(자공)－공자(孔子)의 제자로 이름을 사(賜)라 했다.

o替(체)－기운이 빠짐.

o胡(호)－지금의 안휘성 부양현(阜陽縣)에 위치했었다.

o老丘(노구)－송나라 땅으로, 지금의 하남성 진류현(陳留縣) 땅.

o蘧挐(거녀)－경문에는 거제(渠蒢)로 되어 있다. 당시 송나라 땅이었다고 여겨진다. 지금의 하북성 장원(長垣) 부근.

o漆(칠)－주(邾)나라의 읍으로, 지금의 추현(鄒縣) 북쪽 땅.

o書不時告也(서불시고야)－실은 가을에 성을 쌓고도 겨울에야 종묘에 고한 것은, 제때에 고한 것이 못되어, 그것을 경문에 밝혀, 그 잘못을 지적한 것이다.

◑ 정공 시대 연표(定公時代年表)

기원전	周	燕	鄭	曹	蔡	陳	衛	宋	楚	秦	晉	齊	魯	중요 사항
509	敬王 11	平公 15	獻公 5	隱公 1	昭公 10	惠公 20	露公 26	景公 8	昭王 7	哀公 28	定公 3	景公 39	定公 1	진나라가 송나라 중기(仲幾)를 체포하다
508	12	16	6	2	11	21	27	9	8	29	4	40	2	오나라와 초나라가 싸우다
507	13	17	7	3	12	22	28	10	9	30	5	41	3	초나라 영윤이 뇌물을 탐내다
506	14	18	8	4	13	23	29	11	10	31	6	42	4	오나라가 초나라 도읍을 점령하다 초나라의 신포서가 진(秦)에 가 구원을 요청하다
505	15	19	9	5	14	懷公 1	30	12	11	32	7	43	5	노나라 계손의여 죽다 초나라가 진나라의 구원으로 회복되다
504	16	簡公 1	10	靖公 1	15	2	31	13	12	33	8	44	6	초나라 천도(遷都)하다 진나라가 송나라의 악기(樂祁)를 체포하다
503	17	2	11	2	16	3	32	14	13	34	9	45	7	주(周)나라에 내란이 났다가 진정되다 제나라가 노나라를 침공하다
502	18	3	12	3	17	4	33	15	14	35	10	46	8	진나라 사람이 위나라 군주를 욕보이다 노나라의 양호가 내란을 일으키다
501	19	4	13	伯陽 1	18	閔公 1	34	16	15	36	11	47	9	노나라가 양호가 있는 양관을 치다 제나라와 위나라가 진나라와 싸우다
500	20	5	哀公 1	2	19	2	35	17	16	惠公 1	12	48	10	공자(孔子)가 노나라 군주를 따라 도와 제나라 군주를 만나다
499	21	6	2	3	20	3	36	18	17	2	13	49	11	노나라가 정나라와 화평을 맺고 진나라를 배반하다 소나라에 내란이 나다
498	22	7	3	4	21	4	37	19	18	3	14	50	12	위나라가 조나라를 치다 노나라가 후와 비의 성을 헐다

기원전	周	燕	鄭	曹	蔡	陳	衛	宋	楚	秦	晉	齊	魯	중 요 사 항
497	23	8	4	5	22	5	38	20	19	4	15	51	13	진(晉)나라에 사건이 연발하다
496	24	9	5	6	23	6	39	21	20	5	16	52	14	월나라 군주 구천(勾踐)이 오나라를 패배시키다 위나라 태자 괴외가 어머니를 죽이려다가 실패하다
495	25	10	6	7	24	7	40	22	21	6	17	53	15	초나라가 호나라를 멸망시키다 정나라군이 송나라군을 패배시키다

제21

....

애공 상
哀公 上

이름은 장(蔣). 정공(定公)의 아들.
어머니는 정사(定姒). 재위 기원전 494~468

經│ ○元年春王正月,에 公卽位.라

○楚子 · 陳侯 · 隨侯 · 許男圍蔡.라

○鼷鼠食郊牛,하여 改卜牛.라

○夏四月辛巳,에 郊.라

○秋,에 齊侯 · 衛侯伐晉.이라

○冬,에 仲孫何忌帥師,하여 伐邾.라

원년 봄 천자가 쓰는 역으로 정월에, 애공(哀公)이 즉위했다.

초나라 군주인 자작 · 진(陳)나라 군주인 후작 · 수(隨)나라 군주인 후작 · 허나라 군주인 남작 등이 채나라 도읍을 포위했다.

생쥐가 교제(郊祭) 희생으로 쓸 소를 물어, 다른 소를 점쳐 바꾸어 정했다.

여름 4월 신사날에 교제를 지냈다.

가을에, 제나라 군주인 후작과 위나라 군주인 후작이 진(晉)나라를 쳤다.

　겨울에, 우리 노나라의 중손하기가 군사를 이끌고, 주(邾)나라를
쳤다.

傳｜ 元年春,에 楚子圍蔡,하니 報柏擧也.라 里而栽,하니 廣丈高
倍.라 夫屯晝夜九日,하여 如子西之素.라 蔡人男女以辨,에 使疆
于江汝之間而還.이라 蔡於是乎請遷于吳.라

　吳王夫差敗越于夫椒,하니 報檇李也.라 遂入越.이라 越子以
甲楯五千保于會稽,하고 使大夫種因吳大宰嚭以行成.이라 吳子
將許之,하니 伍員曰, 不可.라소이다 臣聞之,하되 樹德莫如滋,요
去疾莫如盡.이라하오니다 昔,에 有過澆殺斟灌,하고 以伐斟尋,하며
滅夏后相,에 后緡方娠,하여 逃出自竇,하여 歸于有仍,하여 生少
康焉,이었나이다 爲仍牧正,하여 惎澆能戒之,어늘 澆使椒求之,하
니 逃奔有虞,하여 爲之庖正,하여 以除其害.였나이다 虞思於是妻
之以二姚,하고 而邑諸綸.이었나이다 有田一成,하고 有衆一旅,에
能布其德,하여 而兆其謀,하여 以收夏衆,하고 撫其官職,하여 使
女艾諜澆,하고 使季杼誘豷,하여 遂滅過·戈,하여 復禹之績,하고
祀夏配天,하여 不失舊物.이었나이다 今, 吳不如過,나 而越大於
少康.이오니다 或將豊之,면 不亦難乎.인가 勾踐能親而務施.하여

施不失人,하고 親不棄勞.이오니다 與我同壤,하여 而世爲仇讐.이오니다 於是乎克而弗取,하시고 將又存之,는 違天而長寇讐.라 後雖悔之,라도 不可食已,요 姬之衰也,는 日可俟也.리이다 介在蠻夷,에 而長寇讐,하여 以是求伯,이라면 必不行矣.리이다 弗聽.이라

退而告人曰, 越十年生聚,하고 而十年敎訓,이면 二十年之外,에 吳其爲沼乎.인저

三月,에 越及吳平.이라 吳入越,이어늘 不書,는 吳不告慶,하고 越不告敗也.라

원년 봄에, 초나라 군주가 채나라 도읍을 포위했으니, 그것은 백거(柏擧)에서 있었던 싸움에 대한 보복이었다. 그 포위전에서 초나라는 채나라 성에서 1리쯤 되는 거리에 보루를 쌓아 둘렀는데, 그것의 넓이는 1장(丈)이고 높이는 그 배가 되었다. 그 공사를 함에 있어, 인부들을 9일 밤낮을 부려, 영윤(令尹)인 자서(子西)의 뜻대로 쌓았다. 그러고 나자 채나라 사람들이 남녀별로 나와 항복하였는데, 초나라는 채나라를 양자강과 여수(汝水) 사이의 땅으로 옮기기로 하고 돌아갔다. 그러나 채나라는 초군이 돌아가자 오나라 영역으로 옮겨가겠다고 나섰다.

오나라 왕 부차가 월나라군을 부초(夫椒)에서 쳐부셨는데, 그것은 추리에서 있었던 싸움에 대한 보복 때문이었다. 월군을 패배시킨 오군은 바로 월나라로 들어갔다. 그러자 월나라 군주인 자작은 무장병 5천을 이끌고 회계산(會稽山)으로 가 지키고, 대부 종(種)을 오나라 태재(太宰)로 있는 비(嚭)를 통하여 화평을 맺게 했다. 오나라 군주인 자

작이 월나라의 요구를 들어주려 하자, 오원(伍員)이 말했다. "그것은 아니되옵니다. 신은 들었사옵건대, '덕을 베풂에는 크게 베풂이 좋고, 해독(害毒)을 제거함에는 그 근원을 다 제거해야 한다'고 하옵니다. 옛날에 과(過)나라의 요(澆)가 짐관(斟灌)을 죽이고, 짐심(斟鄩)을 치며, 하나라 왕 상(相)을 멸망시켰는데, 그때 상의 왕비 민(緡)이 임신하고 있어, 하수구를 통해 도망하여, 친정 나라인 잉(仍)으로 돌아가, 소강(少康)을 낳았사옵니다. 소강은 후에 잉나라의 목관(牧官)의 장(長)이 되어, 요가 두려워 경계하였사온데, 요가 초(椒)를 시켜 소강을 찾아 잡게 하자 우(虞)나라로 도망가, 요리를 담당하는 사람들의 장이 되어 해 당할 것을 피했나이다. 그뒤 우나라 군주인 사(思)가 그에게 두 딸을 아내로 맞이하게 하고, 윤(綸)이라는 읍을 차지하게 했나이다. 그 윤읍은 면적이 사방 10리이고, 인구는 5백명이었는데, 소강은 덕을 잘 베풀어 하나라를 부흥시킬 일을 시작하여, 하나라 사람들을 불러들이고, 관직을 안배하고, 여애(女艾)에게 요의 상황을 탐지케 하고, 계저(季杼)에게 요의 동생인 희(豷)를 꼬여내게 하여, 드디어는 요의 나라인 과(過)와 희의 나라인 과(戈)를 멸망시켜, 하나라 시조인 우(禹)임금의 업적을 다시 빛나게 하고, 하나라 역대 왕을 종묘에 제사 지내어, 천명(天命)으로 왕이 되었다는 것을 밝혀, 조상이 남긴 모든 것을 다 되찾았나이다. 지금 우리 오나라는 옛날의 과(過)나라만도 못하오나, 월나라의 형세는 옛날의 소강의 처지보다도 강하옵니다. 혹시라도 월나라가 더 커지게 된다면 곤란한 일이 아니겠나이까? 월나라 군주 구천은 사람들을 친하게 할 수 있고 은혜 베풀기를 힘써, 혜택을 베풀어 사람들을 얻고, 사람들을 친하게 함에는 수고함을 아끼지 않나이다. 월나라는 우리나라와 접해 있어, 대대로 원수지간이었나이

발굴된 전국시대의
병거(兵車)

다. 이 마당에 쳐 이기고서도 그 땅을 차지하지 않으시고 그대로 존속케 하심은, 하늘의 뜻을 어기고 원수를 크게 해주는 일이옵니다. 뒷날에 비록 후회하신들 어찌 할 수가 없고, 희성(姬姓) 나라인 우리 오나라의 쇠퇴는, 그날이 헤아려지며 기다려질 것이옵니다. 오랑캐 나라들 사이에 끼어 있는 처지에, 원수의 나라가 커지게 하면서 패자(覇者) 되기를 원한대서야, 반드시 그렇게 되지는 못할 것이옵니다." 그러나 오왕은 듣지 않았다. 그래서 오원은 오왕 앞에서 물러나가 어느 사람에게 말하기를, "월나라가 10년 간 백성을 모아 잘살게 하고, 재력(財力)을 부하게 하고, 10년 간 백성을 잘 지도한다면, 20년 뒤엔 우리 오나라 땅은 못[沼]이 될 것이다."라고 했다.

3월에 월나라는 오나라와 화평을 맺었다. 오나라군이 월나라로 들어갔는데 경문에 그 사실을 쓰지 않은 것은, 오나라가 그 경사(慶事)를 우리 노나라에 알리지 않았고, 월나라가 패했다는 것을 알리지 않았기 때문이었다.

주해 | ㅇ江汝之間(강여지간) — 양자강과 여수의 중간 지대.

ㅇ夫椒(부초) — 지금의 강소성 태호(太湖) 중의 부초산(夫椒山)을 말한 것이라 하기도 하고, 지금의 절강성 음현(陰縣) 땅이라고도 한다.

ㅇ有仍(유잉) — 다만 잉(仍)이라고도 한다. 고대의 나라 이름으로, 지금의 산동성 제녕현(濟寧縣)에 있었다고 한다.

ㅇ虞(우) — 지금의 하남성 우현(虞縣)에 있었던 고대의 나라 이름이라 한다.

ㅇ會稽(회계) — 산 이름으로, 지금의 산음현(山陰縣) 서남쪽에 있음.

ㅇ同壤(동양) — 국토가 서로 접해 있음.

ㅇ吳其爲沼(오기위소) — 오나라는 멸망하여 국토는 못이 됨.

하 사 월　　제 후　 위 후 구 한 단　　위 오 록
夏四月,에 齊侯·衛侯救邯鄲,하여 圍五鹿.이라

오 지 입 초 야　　사 소 진 회 공　　회 공 조 국 인　　이 문 언 왈
吳之入楚也,에 使召陳懷公,하니 懷公朝國人,하여 而問焉曰,

欲與楚者右,하고 欲與吳者左.하라 陳人從田,하고 無田從黨.이라

逢滑當公而進曰, 臣聞,하되 國之興也以福,하고 其亡也以禍.라

하나이다 今, 吳未有福,하고 楚未有禍,이오니 楚未可棄,이오 吳未

可從.이라소이다 而晉盟主也,이오니 若以晉辭吳,면 若何.리오 公

曰, 國勝君亡,이어늘 非禍而何.오 對曰, 國之有是多矣.이오니다

何必不復.이리오 小國猶復,이은 況大國乎.인가 臣聞,하되 國之興

也,에 視民如傷,이어늘 是其福也,요 其亡也,에 以民爲土芥,이어

늘 是其禍也.라하오니다 楚雖無德,이나 亦不艾殺其民.이오니다 吳

日敝於兵,하고 暴骨如莽,하며 而未見德焉,이오니 天其或者正訓

楚也,요 禍之適吳,는 其何日之有.리이다 陳侯從之.라

及夫差克越,하여 乃脩先君之怨.이라 秋八月,에 吳侵陳,하여

脩舊怨也.라

齊侯·衛侯會于乾侯,하니 救范氏也.라 師及齊師·衛孔圉·

鮮虞人伐晉,하여 取棘蒲.라

吳師在陳,에 楚大夫皆懼曰, 闔廬唯能用其民,하여 以敗我於

柏擧.라 今聞其嗣又甚焉,이니 將若之何.오 子西曰, 二三子恤不

相睦,하고 無患吳矣.하라 昔,에 闔廬食不二味,하고 居不重席,하

며 室不崇壇,하고 器不彤鏤,하여 宮室不觀,하고 舟車不飾,하며

衣服財用,은 擇不取費,하고 在國,에 天有菑癘,면 親巡孤寡,하여

而共其乏困,하며 在軍,에 熟食者分而後敢食,하고 其所嘗者卒乘

與焉,하며 勤恤其民,하여 而與之勞逸.이라 是以로 民不罷勞,하고

死知不曠.이라 吾先大夫子常易之,하여 所以敗我也.라 今聞하니

夫差次有臺榭陂池焉,하고 宿有妃嬙嬪御焉,하며 一日之行,이라

도 所欲必成,하고 玩好必從,하며 珍異是聚,하고 觀樂是務,나 視

民如讐,하고 而用之日新.이라 夫先自敗也已.라 安能敗我.리오

冬十有一月,에 晉趙鞅伐朝歌.라

여름 4월에, 제나라 군주와 위나라 군주가 한단(邯鄲)을 구원하여, 오록(五鹿)을 포위했다.

오나라군이 초나라로 쳐들어갔을 때, 오나라에서 진(陳)나라 회공을 부르니, 회공은 나라의 중요 인물들을 조정에 모아, 그들의 의사를 물어 말하기를, "초나라에 가담하고자 하는 사람은 오른쪽에 서고, 오나라에 가담하고자 하는 사람은 왼쪽에 서오."라고 했다. 그러자 그 사람들 중 자신이 영유하고 있는 토지가 초나라에 가까운 데 있는 이들은 오른쪽에 서고, 오나라에 가까운 데에 있는 이들은 왼쪽에 섰으며, 토지를 소유하지 않고 있는 자라면, 자신이 사는 향리(鄕里)가 초·오 두 나라의 어느 쪽에 가까운가에 의하여 좌우로 나누어 섰다. 그런데 그때 봉활(逢滑)이 군주 앞으로 똑바로 나가 말하기를, "신이 들었사옵건대, '나라는 복으로 흥성해지고, 화로 망해지는 것이다'라 하옵니다. 지금 오나라는 아직 흥할 복을 받지 못하고 있삽고, 초나라는 망할 화를 당하지 않고 있사오니, 초나라는 버릴 수 없삽고, 오나

라는 따를 수 없나이다. 현재 진(晉)나라가 제후국을 통솔하는 맹주국(盟主國)으로 군림하고 있사오니, 진(晉)나라를 따르고 있어 독단적인 행동을 취할 수 없다는 핑계를 대어 오나라에 대해서 사절하시면 어떠하오리까?"라고 했다. 이 말을 들은 군주가, "초나라는 싸움에 지고 군주가 도망가고 있는 형편인데, 화를 당하고 있는 것이 아니고 무엇이란 말인고?"라고 말하였다. 그러자 봉활은 대답했다. "제후국들에는 이런 경우가 많이 있사옵니다. 어찌 꼭 회복되지 못하오리까? 작은 나라도 회복되었사온데, 하물며 초나라같이 큰 나라야 다시 말할 나위가 있으오리까? 신이 들었사옵건대, '나라가 흥함에 있어서는 백성 대하기를 상처 돌보듯이 하는데, 이것이 곧 복이고, 나라가 망함에 있어서는 백성을 흙덩이나 풀과 같이 여기는데, 이것이 화(禍)인 것이다.'라 하옵니다. 초나라에는 비록 덕(德)이 베풀어져 있지 않다 하더라도, 백성을 함부로 마구 죽이지는 않사옵니다. 그러나 오나라는 날로 전쟁으로 피폐되옵고, 죽은 사람의 뼈가 야원(野原)에 흩어져 있기가 마치 우거진 풀이 야원에 수북한 상태와 같사오며, 군주의 덕이 조금도 나타나 있지 않사오니, 하늘이 정녕 초나라를 올바르게 가르치고 있는 것이옵고, 화가 오나라에 닥칠 것은 그 가까운 어느 날의 일일 것이옵니다." 진(陳)나라 군주는 그의 의견을 따랐다.

오나라 군주 부차가 월나라를 이겨, 죽은 선대 군주의 원한을 풀었다. 가을 8월에, 오나라가 진(陳)나라를 쳐, 전의 원한을 풀었다.

제나라 군주와 위나라 군주가 건후(乾侯)에서 회동(會同)했으니, 그것은 진(晉)나라 범씨(范氏)를 구하기 위해서였다. 우리 노나라 군사는 제나라 군사·위나라의 공어(孔圉)·선우(鮮虞) 사람들과 진(晉)나라를 쳐, 극포(棘蒲)를 빼앗았다.

오나라 군사가 진(陳)나라로 들어가자, 초나라 대부들이 다 두려워하면서 말하기를, "오나라의 전왕(前王)인 합려왕(闔廬王)은 다만 국민을 적절하게 잘 쓰는 것만으로도 우리 군사를 백거(柏擧)에서 패배시켰습니다. 그런데 이제 들으니 그의 아들은 합려왕보다도 수완이 아주 더 많다 하니, 장차 어찌 하면 좋을까요?"라고 하였다. 그러자 자서(子西)가 말했다. "여러분은 서로 화목하지 못하지 않나 하고 걱정하고, 오나라를 걱정하지는 마시오. 옛날에 오나라 합려왕은 식사에 맛있는 반찬 두가지를 취하지 않았고, 잠잘 때에는 겹으로 까는 잠자리를 하지 않았으며, 처소를 높게 하지 않았고, 기물은 아름답게 색칠하지 않았으며, 궁실은 높이 짓지 않았고, 타는 배나 수레는 곱게 꾸미지 않았으며, 의복이나 쓰는 용구는 비용이 많이 들지 않는 것을 택했고, 나라 안에 있을 때에는 천재(天災)나 질병이 있게 되면, 그가 친히 외로운 사람들과 과부들을 찾아다니어, 그들에게 없는 것들을 제공하며, 군중(軍中)에 있을 때에는 아침저녁 먹을 것을 사람들에게 나누어 준 뒤에야 자신도 먹고, 진미(珍味)의 것도 병졸들에게까지 나누어 주며 성심껏 백성을 도와, 수고로움과 안일(安逸)을 백성과 같이 취했었소이다. 그랬기에 백성들이 괴롭다 하지 않았고, 죽어도 헛되이 죽지 않는다고 알았던 것이오. 그러나 전에 우리나라의 정권을 쥐고 있던 대부 자상(子常)은 그와 반대의 처사를 취하여, 그것은 곧 우리를 패하게 한 것이었소. 이제 들으니, 오왕 부차는 며칠 간 머무름에도 높은 집채와 연못을 갖추고, 하루 저녁을 지내는 데도 귀한 여자와 천한 여자들이 모시며, 하루의 여행이라 할지라도 그가 마음 먹은 것을 다 갖추고, 놀잇감이나 좋은 물건을 신변에 반드시 준비하며, 진기한 먹을 것을 되는 대로 가져오게 하고, 기분을 즐겁게 하는 것을 보기에 힘쓰나, 백성을 원수같이 대하고 쓰는 물건들을 날마다 새것으로 바꾼다고 하오. 그러니 그가 먼저 자신을 망칠 따름이오. 그가 어떻게 우리를 패배시키겠소?"

거울 11월에, 진나라의 조앙이 조가(朝歌)를 쳤다.

∎주해∣ ㅇ五鹿(오록)—진나라의 읍으로, 지금의 하북성 대명(大名) 부근.

○棘蒲(극포)−진나라 땅으로, 지금의 하북성 조현(趙縣) 땅.

○敗我於柏擧(패아어백거)−정공 4년의 일.

○熟食者(숙식자)−익은 음식을 먹는 것. 아침저녁의 먹을 것을 말한다.

○卒乘(졸승)−보병(步兵)과 전차병, 즉 일반 병사.

○冬十有一月(동십유일월)−10월·12월로 된 원본도 있다.

經 ○二年春王二月,에 季孫斯·叔孫州仇·仲孫何忌帥師,하

여 伐邾,하여 取漷東田及沂西田.이라

○癸巳,에 叔孫州仇·仲孫何忌及邾子盟于句繹.이라

○夏四月丙子,에 衛侯元卒.이라

○滕子來朝.라

○晉趙鞅帥師,하여 納衛世子蒯聵于戚.이라

○秋八月甲戌,에 晉趙鞅帥師及鄭罕達帥師戰于鐵,하여 鄭師敗

績.이라

○冬十月,에 葬衛靈公.이라

○十有一月,에 蔡遷于州來.라

○蔡殺其大夫公子駟.라

2년 봄 천자가 쓰는 역으로 2월에, 우리 노나라의 계손사·숙손주구·중손하기가 군사를 이끌고, 주(邾)나라를 쳐, 곽수(漷水) 동쪽 땅과 기수(沂水) 서쪽 땅을 빼앗았다.

계사날에, 숙손주구·중손하기가 주나라 군주인 자작과 구역(句繹)

에서 맹약을 맺었다.

여름 4월 병자날에, 위나라 군주인 후작 원(元)이 세상을 떠났다.

등나라 군주인 자작이 우리 노나라를 찾아왔다.

진나라의 조앙이 군사를 이끌고, 위나라의 세자 괴외(蒯聵)를 척(戚)으로 들여보냈다.

가을 8월 갑술날에, 진나라 조앙이 이끄는 군사가, 정나라 한달이 이끄는 군사와 철(鐵)에서 싸워, 정나라 군사가 대패했다.

겨울 10월에, 위나라 영공을 장사 지냈다.

11월에, 채나라가 주래(州來)로 옮겨갔다.

채나라가 그 나라의 대부인 공자 사(駟)를 죽였다.

傳| 二年春,에 伐邾,하여 將伐絞.라 邾人愛其土.라 故로 賂以漷沂之田,하여 而受盟.이라

初,에 衛侯遊于郊,할새 子南僕.이라 公曰, 余無子,하니 將立女.리라 不對.라 他日又謂之,하니 對曰, 郢也不足以辱社稷.이오니다 君其改圖.하소서 君夫人在堂,하시고 三揖在下,에 君命祇辱.이리다 夏,에 衛靈公卒.이라 夫人曰, 命公子郢爲太子.하노라 君命也.니라 對曰, 郢異於他子,옵고 且君歿於吾手.였나이다 若有之,면 郢必聞之.이었으리라 且亡人之子輒在.이오니라 乃立輒.이라

六月乙酉,에 晉趙鞅納衛太子于戚,에 宵迷.라 陽虎曰, 右河而南,이면 必至焉.이라 使太子絻,하고 八人衰絰,하여 僞自衛逆者,하여 告於門,하고 哭而入,하여 遂居之.라

2년 봄에 우리 노나라가 주나라를 쳐, 주나라의 교읍(絞邑)을 치려 했다. 주나라 사람은 교 땅을 아끼고 있었다. 그러므로 곽수(漷水)와 기수(沂水) 유역의 땅을 바치고서, 노나라의 요구를 듣는 맹약을 맺었다.

전에, 위나라 영공이 교외로 놀러나갔는데, 자남(子南)이 수레를 조종했다. 그때 군주가 말하기를, "나는 태자가 없으니 장차 너를 후계자로 하겠노라."라고 하였다. 이 말에 대하여 자남은 아무 말을 하지 못했다. 후일에 다시 그 말을 하니 자남은 대답하기를, "영(郢) 저는 사직을 맡기에 부족하옵니다. 군주께서는 달리 헤아리소서. 군주의 부인이 내전(內殿)에 계시옵고, 국가의 일을 맡고 있는 삼읍(三揖)이 군주의 밑에 있사오니, 두루 상의하시지 않고 말씀하시오면, 그 말씀이 오직 부끄러움을 당하게 될 것이옵니다."라고 했다. 그런데 여름에 영공이 세상을 떠났다. 그러자 군주의 부인이 말하기를, "공자 영(郢)을 태자가 되라고 명하노라. 이는 군주께서 남기신 명령이니라."라고 하였다. 자남은, "영 저는 다른 아들들보다 못하옵고, 군주께서는 저의 손에서 세상을 떠나셨나이다. 군주께서 돌아가시기 전에 만일 그런 말씀을 하셨다면, 영 저는 반드시 그 말씀을 들었을 것이옵니다. 게다가 국외로 나가 있는 태자의 아들 첩(輒)이 있사옵니다."라고 대답했다. 그래서 첩을 후계자로 삼았다.

6월 을유날에, 진나라 조앙이 위나라 태자를 위나라의 척(戚)으로 들여보냈는데, 저녁에 길을 잃었다. 그때 양호(陽虎)가 말하기를, "황하(黃河)를 오른쪽으로 보면서 남쪽으로 가면, 반드시 척에 닿게 됩니다."라고 했다. 조앙은 태자에게 상주의 관(冠)을 쓰게 하고, 여덟 사람에게 상복을 입혀, 위나라에서 맞이하고 있는 것처럼 위장하여, 척읍(戚邑)의 출입문을 지키는 사람에게 그렇게 말하고, 곡례(哭禮)를 올리고 들어가, 그곳에 거처하였다.

주해 ○絞(교)－주나라 읍으로, 지금의 등현(滕縣).

ㅇ漷(곽)-강 이름으로, 등현의 남쪽을 흐름.

ㅇ沂(기)-강 이름으로, 비현(費縣)의 동남쪽을 흐름.

ㅇ三揖(삼읍)-경(卿)·대부(大夫)·사(士)를 3읍이라 했다. 군주는 이들에게 인사할 때에 읍을 하는 것이기에 이렇게 말한 것이다.

ㅇ亡人(망인)-태자 괴외(蒯聵)를 말한다. 괴외는 정공 14년에 송나라로 달아났었다. 첩(輒)은 괴외의 아들.

ㅇ戚(척)-위나라의 읍으로, 복양현(濮陽縣) 북쪽.

秋八月,에 齊人輸范氏粟,에 鄭子姚·子般送之,하고 士吉射逆之.라 趙鞅禦之,에 遇於戚.이라 陽虎曰, 吾車少.라 以兵車之斾,로 與罕·駟兵車先陳,이면 罕·駟自後隨而從之,하여 彼見吾貌,하여 必有懼心.이리라 於是乎會之,면 必大敗之.리라 從之.라 卜戰,에 龜焦.라 樂丁曰, 詩曰, 爰始爰謀,하여 爰契我龜.라 謀協.이라 以故兆詢可也.라 簡子誓曰, 范氏·中行氏反易天明,하여 斬艾百姓,하고 欲擅晉國而滅其君.이라 寡君恃鄭而保焉,이어늘 今, 鄭爲不道,하여 棄君助臣.이라 二三子順天明,하고 從君命,하여 經德義,하여 除詬恥.하라 在此行也,에 克敵者,는 上大夫受縣,하고 下大夫受郡,하며 士田十萬,하고 庶人工商遂,하며 人臣隷圉免.하리라 志父無罪,면 君實圖之,하시고 若其有罪,면 絞縊以戮,하여 桐棺三寸,에 不設屬辟,하고 素車樸馬,에 無入于兆.리라 下卿之罰也.니라

가을 8월에, 제나라 사람이 진(晉)나라의 범씨(范氏)에게 조쌀〔粟〕을 보냄에 있어, 정나라의 자요(子姚 : 罕達)와 자반(子般 : 駟弘)이 수송(輸送)을 담당했고, 진나라의 사길석(士吉射)이 받기 위하여 나갔다. 그때 진나라의 조앙은 조쌀 운수(運輸)를 막으려 나가, 두 편이 척에서 만났다. 양호(陽虎)가 말하기를, "우리는 전차가 적습니다. 그러니 전차의 깃발을 많이 준비하여 세워, 정나라의 한달(罕達 : 자요)과 사홍(駟弘)이 이끄는 전차부대가 오기 전에 먼저 진을 쳐, 우리쪽의 전차가 많이 있는 것같이 보이게 한다면 한달과 사홍의 군이 뒤에서 따라와 대치하여, 그들이 상대편의 상황을 보고는 반드시 두려운 마음을 가질 것입니다. 그때 결전을 한다면 우리는 반드시 적을 크게 패배시킬 것입니다."라고 하니, 그의 말대로 하기로 했다. 그리고는 싸움에서 있을 길흉을 거북등을 구워 점을 치니, 거북등이 타서 점을 칠 수가 없었다. 그러자 악정(樂丁)이 말하기를, "시에 이르기를, '일을 시작하고 꾀하고서, 거북등 구워 점치노라'라고 하였습니다. 싸움에 대한 계획이 섰습니다. 그러니 출군할 때에 쳤던 점의 징조를 가지고 생각하면 됩니다."라고 하였다. 이에 조간자(趙簡子 : 조앙)는 사람들에게 서약(誓約)의 말을 했다. "범씨(范氏)와 중행씨(中行氏)는 하늘의 밝은 도(道)를 어겨 군주를 배반하고, 백성을 잔악하게 죽게 하고, 진나라를 자기들 마음대로 하고, 군주를 망치려 하고 있소. 우리 군주께서는 정나라의 협조를 믿어 그들의 난리를 진압하여 국가를 보존하셨던 것인데, 이제 정나라는 무도한 자들을 위하여 정나라를 믿고 계시는 우리 군주를 버리고, 무도한 신하들을 돕고 있소. 이 마당에 여러분은 하늘의 밝은 도를 따르고, 군주의 명에 복종하며, 덕과 정의(正義)를 내세워 근본삼아 비방하는 수치를 받지 않게 하시오. 이번 싸움에서 적을 이긴 사람은 상대부(上大夫)는 현(縣)을 상으로 받고, 하대부(下大夫)는 군(郡)을 상으로 받으며, 사(士)는 10만무(畝)의 땅을 받고, 일반인·공인(工人)·상인(商人)은 조정에 나가

벼슬하게 되며, 다른 사람에게 매여진 사람이나 노예 신분에 있는 자는 해방되어 자유를 얻을 것이오. 지보(志父) 내가 이 싸움에서 죄짓는 일이 없게 되면, 군주께서는 실로 내 말대로 상주토록 도모하실 것이고, 만일 내가 싸움에 져 죄가 있게 되면 목을 매어 죽이시어, 세치[三寸] 두께밖에 안되는 오동나무로 만든 관에 넣되, 내관(內棺)도 쓰지 않고, 화려하지 못한 우스꽝스런 수레에 얹어, 추하게 생긴 더벅머리의 말로 끌어내어 선영의 묘지에도 묻지 못하게 할 것이오. 이것은 하경(下卿)에 대한 벌인 것이오."

▌주해▐　ㅇ詩曰(시왈)－《시경》 대아에 있는 면편(綿篇)의 구절.

　ㅇ順天明(순천명)－하늘의 밝은 도를 따름.

　ㅇ桐棺三寸(동관삼촌)－세치[三寸]밖에 안되는 오동나무 관에 넣음. 당시 대부의 관은 여섯치에서 여덟치의 두께로 짜는 것이었는데, 벌로 세치의 두께로 짜고, 그나마 망가지기 쉽게 약한 오동나무로 짠 관에 시체를 넣는다는 것.

　ㅇ不設屬辟(불설속벽)－내관(內棺)을 쓰지 않음.

　ㅇ下卿之罰也(하경지벌야)－조앙은 자기의 지위를 하경이라 말하고, 이상에 든 것이 곧 하경에 대해서 주는 벌이라고 말했다.

甲戌將戰,에 郵無恤御簡子,하고 衛太子爲右.라 登鐵上,하여 望見鄭師衆,에 太子懼,하여 自投于車下.라 子良授太子綏而乘之曰, 婦人也.라 簡子巡列曰, 畢萬匹夫也,로되 七戰皆獲.하여 有馬百乘,하고 死於牖下.라 群子勉之.하라 死不在寇.라 繁羽御趙羅,하고 宋勇爲右,에 羅無勇,하여 麾之.라 吏詰之,하니 御對曰, 痁作而伏.이라 衛太子禱曰, 曾孫蒯聵敢昭告皇祖文王·烈

祖康叔·文祖襄公.이오니다 鄭勝亂從,에 晋午在難,하고 不能治

亂,하여 使鞅討之.라소이다 蒯瞶不敢自佚,하여 備持矛焉.이오니다

敢告,하오니 無絶筋,하고 無折骨,하며 無面傷,하여 以集大事,하여

無作三祖羞.하소서 大命不敢請,이오 佩玉不敢愛.라소이다

鄭人擊簡子,에 中肩,하여 斃于車中,하고 獲其蠭旗.라 太子救

之以戈.라 鄭師北,나 獲溫大夫趙羅.라 太子復伐之,에 鄭師大

敗,하고 獲齊粟千車.라 趙孟喜曰, 可矣.라 傅傁曰, 雖克鄭,이나

猶有知在,하니 憂未艾也.라

初,에 周人與范氏田.이라 公孫尨稅焉,에 趙氏得而獻之.라 吏

請殺之,하니 趙孟曰, 爲其主也,어늘 何罪.아 止而與之田.이라

及鐵之戰,에 以徒五百人宵攻鄭師,하여 取蠭旗於子姚之幕下,하

여 獻曰, 請報主德.이라

追鄭師,에 姚·般·公孫林殿而射,하여 前列多死.라 趙孟曰,

國無小.로다 旣戰,에 簡子曰, 吾伏弢嘔血,이나 鼓音不衰.라 今

日我上也.라 太子曰, 吾救主於車,하고 退敵於下.라 我右之上

也.라 郵良曰, 我兩靷將絶,에 吾能止之.라 我御之上也.라 駕而

乘材,에 兩靷皆絶.이라

吳洩庸如蔡納聘,하여 而稍納師.라 師畢入,에 衆知之.라 蔡侯

告大夫,하여 殺公子馹以說,하고 哭而遷墓.라 冬,에 蔡遷于州

來.라

갑술날에 싸우려 하여, 우무휼(郵無恤)이 조간자의 전차를 조종하고, 위나라 태자가 그의 오른쪽 전사가 되었다. 철구(鐵丘)라는 높은 언덕으로 올라가 정나라 군사가 많음을 바라보았을 때, 위나라 태자는 겁이 나 전차 아래로 굴러떨어졌다. 그러자 자량(子良 : 우무휼)이 그에게 밧줄을 던져 그것을 잡고 오르게 하고서 말하기를, "여자 같구려!"라고 했다. 조간자는 군진의 대열을 두루 순시하며 말하기를, "전의 필만(畢萬)은 일개 남자에 불과했거니와, 그는 일곱번 싸움에 나가 번번이 적을 쳐죽여, 전차 백대를 끄는 말을 소유하는 신분이 되고, 수명대로 살아 집의 창문 밑에서 편히 죽었다. 여러분은 이번 싸움에서 힘을 내라. 사람의 죽음이란 천명(天命)에 있는 것이지, 적(敵) 앞에 있는 것이 아니다."라고 했다. 이 싸움에서 번우(繁羽)는 조라(趙羅)가 탄 전차를 조종했고, 송용(宋勇)이 그의 오른쪽 전사가 되었는데, 조라가 용기가 없어서, 그들 두 사람은 조라를 움직이지 못하게 자리에 묶어 앉혔다. 군대의 규율을 장악하고 있는 관리가 그 모습을 보고 문책하니, 전차의 조종자인 번우는 대답하기를, "학질로 인해 저렇게 엎드려 있는 게요."라고 했다. 그때 위나라 태자는 기도를 올렸다. "후손 괴외(蒯聵)는 감히 태조 문왕(文王)과 우리 위나라의 조상 강숙(康叔)과 문덕(文德)이 높으셨던 할아버지 양공(襄公)의 영혼께 삼가 고하옵니다. 정나라 군주인 승(勝)이 난동자를 따라 도우니, 진나라 군주 오(午)가 어려운 지경에 처해 있삽고, 난리를 평정할 수가 없어서, 이제 조앙(趙鞅 : 조간자)에게 적을 치게 하고 있나이다. 괴외 저는 감히 편히 있을 수가 없사와 그를 위하여 창을 들고 나섰나이다. 감히 고하옵건대, 그들의 살이 찢어지지 않게 하시고, 뼈가 부러지지 않게 하시며, 얼굴에 상처가 나지 않게 하시어, 이 큰 일이 성공하여, 세 어른께 수치가 돌아가지 않게 하옵소서. 저의 생명에 대해서야 감히 소원드리지 않사옵고, 제가 차고 있는 옥이야 감히 아끼지 않겠나이다.”

싸움이 벌어져 정나라 사람이 조간자에게 덤벼들어 치니, 어깨에 맞아 전차 안에 쓰러지고, 벌이 그려져 있는 조간자의 깃발을 빼앗겼다. 그때 위나라 태자는 창을 가지고 조간자를 위기에서 구해냈다. 싸우다가 정나라 군사는 도망쳤으나, 정나라는 진나라 온(溫)을 영유하고 있는 대부인 조라를 잡아갔다. 위나라 태자가 다시 정나라 군사를 치니, 정나라 군사가 대패했고, 제나라가 보낸 천대 수레의 조쌀을 빼앗았다. 그러자 조맹(趙孟 : 조앙, 조간자)이 좋아하고 말하기를, “이제 되었다!”라고 했다. 그러자 부수(傅傁)가 말하기를, “우리가 비록 정나라 군사를 쳐 이기기는 했으나, 지씨(知氏)가 아직 건재하니, 우리의 걱정은 아직 없어지지 않았습니다.”라고 하였다.

전에, 주(周)나라 사람이 진나라의 범씨(范氏)에게 땅을 주었다. 범씨의 가신인 공손방(公孫尨)이 그 땅의 세금을 바치러 갔을 때, 조씨(趙氏) 사람이 공손방을 잡아다 조앙에게 넘겼다. 조앙이 거느리는 가신이 공손방을 죽이기를 원하니 조맹은, “그는 자신의 주인을 위했는데, 무슨 죄가 있단 말이냐?”라고 말했다. 그리고는 공손방을 자기 밑에 있게 하여 토지를 나누어 주었다. 그랬는데 철구(鐵丘)에서 정나라 군사와 싸우게 되었을 때, 공손방은 보병(步兵) 5백명을 이끌고 저녁에 정나라 군사를 공격하여, 조맹이 빼앗긴 벌을 그린 깃발을 정나라 자요의 군진에서 빼앗아 조맹에게 주면서 말하기를, “이것으로 주인이 베푸신 덕에 보답하고자 합니다.”라고 하였다.

진나라 군사가 정나라 군사를 추격하여, 정나라의 자요와 자반, 그리고 공손림(公孫林)이 정나라 군사의 맨 뒤를 따라 지키면서 활을 쏘아, 진나라 군사 전열(前列)의 사람이 많이 죽었다. 그때 조맹은,

"나라가 작다고 말할 것이 아니로구나."라고 말했다. 싸움이 다 끝나자 조간자(조맹)는 말하기를, "나는 활을 넣는 전대 위에 쓰러져 피를 토했지만, 전투를 재촉하는 북치기를 조금도 멈추지 않았다. 오늘 싸움의 공은, 나의 공이 으뜸이다."라고 했다. 그러자 위나라 태자는, "나는 전차 위에서 장군을 구했고, 지상의 적군을 물리쳤습니다. 그랬으므로 나는 오른쪽 전사들 중에서 으뜸으로 공을 세운 사람입니다."라고 말하였다. 그리고 우량(郵良 : 우무휼)은 말하기를, "나는 전차를 끄는 양쪽 부마(副馬)의 배띠가 거의 끊어지고 있었는데도, 끊어지지 않도록 하며 말을 잘 부렸습니다. 그랬으므로 나는 전차 조종자 중에서 으뜸가는 공을 세운 사람입니다."라고 했다. 그리고는 전차를 타고 나무 위로 오르게 조종하자, 양쪽 부마의 배띠가 다 끊어지고 말았다.

오나라의 설용(洩庸)이 채나라로 선물을 가지고 가 드리는 것처럼 위장하여, 군대를 조금씩 채나라 안으로 들여보냈다. 그리하여 오나라가 예정한 군사가 다 채나라 안으로 들어간 뒤에야, 채나라 사람들이 다 알게 되었다. 그러자 채나라 군주는 대부들에게 그 일을 가지고 상의하여, 공자 사(駟)를 죽여 초나라에 대하여 자사가 그렇게 하게 했다고 변명하고, 묘지에 가 울고, 선대 군주들의 묘를 옮겼다. 겨울에, 채나라는 초나라 읍인 주래(州來)로 옮겨갔다.

▌주해┃　o鐵上(철상)－철구 위. 철구는 척(戚) 남쪽에 있는 언덕.

　o畢萬(필만)－진나라 헌공(獻公) 때의 용사였다.

　o死於牖下(사어유하)－명대로 살고 집의 창문 밑에서 편히 죽음. 전사의 죽음은 반드시 전쟁터에서만 당하는 것이 아니라는 뜻으로 이 말을 했다.

　o烈祖康叔(열조강숙)－열조는 훌륭한 조상. 강숙은 위나라 군주의 조상이었다.

　o文祖襄公(문조양공)－위나라의 양공은 문덕(文德)을 지닌 군주였다. 그래서 이렇게 말한 것이다. 태자 괴외는 양공의 손자였다.

○集大事(집대사)−큰 일을 이룸.

○駕而乘材(가이승재), 兩靷皆絶(양인개절)−우무휼은 양쪽 부마의 배띠가 거의 끊어지게 되었던 사실을 증명하기 위하여 고의로 전차를 나무 위로 조종했던 것이다.

○州來(주래)−초나라 읍으로 하채(下蔡)라고도 했다. 지금의 안휘성 봉태(鳳台) 부근.

經 ○三年春(삼년춘),에 齊國夏(제국하)·衛石曼姑師師(위석만고솔사),하여 圍戚(위척).이라

○夏四月甲午(하사월갑오),에 地震(지진).이라

○五月辛卯(오월신묘),에 桓宮(환궁)·僖宮災(희궁재).라

○季孫斯(계손사)·叔孫州仇師師(숙손주구솔사),하여 城啓陽(성계양).이라

○宋樂髡師師(송악곤솔사),하여 伐曹(벌조).라

○秋七月丙子(추칠월병자),에 季孫斯卒(계손사졸).이라

○蔡人放其大夫公孫獵于吳(채인방기대부공손렵우오).라

○冬十月癸卯(동시월계묘),에 秦伯卒(진백졸).이라

○叔孫州仇(숙손주구)·仲孫何忌師師(중손하기솔사),하여 圍邾(위주).라

3년 봄에, 제나라의 국하(國夏)와 위나라의 석만고(石曼姑)가 군사를 이끌고, 진나라 읍인 척을 포위했다.

여름 4월 갑오날에 지진이 있었다.

5월 신묘날에, 우리 노나라의 환공(桓公)의 사당과 희공(僖公)의 사당에 화재가 있었다.

우리 노나라의 계손사와 숙손주구가 군사를 이끌고, 계양(啓陽)에

성을 쌓았다.

　송나라의 악곤(樂髡)이 군사를 이끌고, 조나라를 쳤다.

　가을 7월 병자날에, 계손사가 세상을 떠났다.

　채나라 사람이 그 나라의 대부인 공손렵(公孫獵)을 오나라로 내쫓았다.

　겨울 10월 계묘날에, 진(秦)나라의 군주인 백작이 세상을 떠났다.

　숙손주구와 중손하기가 군사를 이끌고, 주(邾)나라의 도읍을 포위했다.

■주해|　○戚(척)―앞에서 나왔다. 진나라의 읍.

　　○啓陽(계양)―지금의 임기현(臨沂縣) 북쪽.

■傳|　三年春,에 齊·衛圍戚,하고 救援于中山.이라

　夏五月辛卯,에 司鐸火,어늘 火踰公宮,하여 桓·僖災.라 救火

者皆曰, 顧府.하라 南宮敬叔至,하여 命周人出御書俟於宮曰, 庀

女而不在,면 死.리라 子服景伯至,하여 命宰人出禮書以待命,하고

命,하되 不共,이면 有常刑.이리라 校人乘馬,하여 巾車脂轄,하고 百

官官備,하며 府庫愼守,하고 官人肅給,하며 濟濡帷幕,하고 鬱攸從

之,하며 蒙葺公屋.이라 自大廟始外內以悛,하여 助所不給,하고

有不用命,이면 則有常刑,하여 無救.하리라하다 公父文伯至,하여

命校人駕乘車.라 季桓子至,하여 御公立于象魏之外,하고 命救火

者,하되 傷人則止.하라 財可爲也.이라 命藏象魏曰, 舊章不可亡

<ruby>也<rt>야</rt></ruby>.라 <ruby>富父槐至曰<rt>부보괴지왈</rt></ruby>, <ruby>無備而官辦者<rt>무비이관판자</rt></ruby>,는 <ruby>猶拾瀋也<rt>유습심야</rt></ruby>.라 <ruby>於是乎去表<rt>어시호거표</rt></ruby>
<ruby>之槀<rt>지고</rt></ruby>,하여 <ruby>道還公宮<rt>도환공궁</rt></ruby>.이라 <ruby>孔子在陳聞火曰<rt>공자재진문화왈</rt></ruby>, <ruby>其桓<rt>기환</rt></ruby>·<ruby>僖乎<rt>희호</rt></ruby>.인저
<ruby>劉氏<rt>유씨</rt></ruby>·<ruby>范氏世爲昏姻<rt>범씨세위혼인</rt></ruby>,하고 <ruby>萇弘事劉文公<rt>장홍사류문공</rt></ruby>.이라 <ruby>故<rt>고</rt></ruby>로 <ruby>周與范氏<rt>주여범씨</rt></ruby>.
라 <ruby>趙鞅以爲討<rt>조앙이위토</rt></ruby>.라 <ruby>六月癸卯<rt>유월계묘</rt></ruby>,에 <ruby>周人殺萇弘<rt>주인살장홍</rt></ruby>.이라

3년 봄에, 제나라와 위나라가 진나라의 척읍(戚邑)을 포위하고, 중산(中山 : 鮮虞)에게 응원을 요청했다.

여름 5월 신묘날에, 사탁(司鐸)의 관사(官司)에서 불이 났는데, 그 불이 공궁(公宮)을 넘어 환공의 사당과 희공의 사당에 화재를 일으켰다. 그때 불을 끄는 사람들이 다들 말하기를, "재화(財貨)가 들어 있는 창고를 잘 살펴라."고 하였다. 마침 남궁경숙이 와서, 주(周)나라의 법도에 관한 것을 담당하고 있는 관원에게 명하여 군주가 보는 책을 끌어내어 궁 안에서 기다리게 명하고 이르기를, "네가 완전히 가지고 있어, 후일 분실되어 없어진 것이 있으면 죽게 되리라."라고 했다. 그리고 자복경백이 와서, 의례(儀禮) 식전(式典)에 관한 일을 맡고 있는 사람에게 예의에 관한 문서를 꺼내게 하여 군주가 쓰시게 가져오라 함에 대비하라 명하고 다시 명하되, "명령을 제대로 지키지 않는다면 정해진 법에 의해서 형을 받을 것이니라."라고 했다. 이에 말을 관리하는 관원은 수레에 맬 네마리씩의 말을 준비하여, 수레를 닦고 바퀴에 기름을 치고, 백관(百官)이 자기 할 일에 착수하며, 재화를 넣은 창고를 단단히 지키고, 관리들이 차근차근 일에 대비하며 휘장 등을 물에 적셔 불이 붙지 않게 하고, 화기(火氣)가 있는 곳은 다 없애며, 공궁(公宮)을 불붙지 않게 덮었다. 그리고 태묘(太廟)로부터 차례차례 돌아, 불을 막기에 불충분한 점을 보완하고, 명령을 지키지 않는 자가 있으면 정해진 법대로 벌을 주어 용서하지 않으리

라고 했다. 그리고 공보문백이 와서, 군주가 탈 수레에 말을 채우라고 말을 관리하는 관원에게 명했다. 그 뒤에는 계환자가 와서, 군주가 탈 수레의 끈을 쥐고 상위루(象魏樓) 옆에 서서, 불을 끄고 있는 사람들에게 명하기를, "사람이 상하게 될 것 같으면 불 끄는 일을 중지하라. 재물이 타더라도 후일 다시 구비할 수가 있는 것이다."라고 했다. 그리고 상위(象魏)를 잘 보관하라고 명하기를, "중요한 법의 문서는 없애서는 안된다."라고 했다. 그때 부보괴(富父槐)가 와서 말하기를, "불을 잡을 대비는 하지 않고서 각기의 관무(官務)만을 보는 것은 땅에 흘린 국물을 모아 담자는 것과 같소!"라고 했다. 그래서 불길이 닿을 곳의 마른 것들을 다 제거하여 공궁 주위가 텅 비게 했다. 공자(孔子)께서 진(陳)나라에 계시며 우리 노나라에 불이 났다는 것을 들으시고는, "그 불은 환공의 사당과 희공의 사당 때문일 것이다."라고 하셨다.

주(周)나라 경사(卿士)인 유(劉)나라 군주의 씨족과 진(晉)나라의 범씨(范氏)는 대대로 혼인을 하였고, 장홍(萇弘)이 유나라 문공을 섬겼다. 그런 관계로 주나라가 범씨 편을 들고 있었다. 그래서 진나라의 조앙이 주나라에 대해서 추궁했다. 그러자 6월 계묘날에 주나라 사람이 장홍을 죽였다.

 ○周人(주인)─주나라의 법도나 책 등을 관장한 관원을 말했다.

○象魏(상위)─공궁(公宮) 치문(雉門) 옆에 높은 다락을 세우고, 그 다락에 나라의 중요한 법규(法規)를 써 내걸었다. 그 다락을 상위라 하고, 한편 상위에 내건 법규를 또한 상위라 했다.

○其桓·僖乎(기환·희호)─공자가 이렇게 말한 것은, 당시에 환공의 사당과 희공의 사당이 별도로 있었는데, 군주의 맨 위 조상이 아닌 환공과 희공의 사당만을 별도로 둘 필요가 없어, 하늘의 뜻으로 불이 나게 하여, 불태워 없애기 위해서였을 것이다로 풀이된다.

秋,에 季孫有疾,에 命正常曰, 無死,하고 南孺子之子男也,어든 則以告而立之,하고 女也,어든 則肥也可.이라 季孫卒,에 康子卽位.라 旣葬,에 康子在朝,어늘 南氏生男.이라 正常載以如朝,하여 告曰, 夫子有遺言,이옵거늘 命其圉臣曰, 南氏生男,이면 則以告於君與大夫,하여 而立之.하라하였나이다 今生矣,이옵거늘 男也.라 敢告.하나이다 遂奔衛.라 康子請退,에 公使共劉視之,하니 則或殺之矣.라 乃討之,하고 召正常,이나 正常不反.이라

冬十月,에 晉趙鞅圍朝歌,하여 師于其南.이라 荀寅伐其郛,하여 使其徒自北門入,하고 己犯師而出,하여 癸丑,에 奔邯鄲.이라

十一月,에 趙鞅殺士皐夷,하니 惡范氏也.라

　가을에, 계손씨(季孫氏:季孫斯)가 병이 나자, 가신 정상(正常)에게 명하기를, "나를 따라 죽는 일이 없게 하고, 남유자(南孺子)가 낳는 아기가 남자거든, 군주에게 고하여 그를 나의 후계자로 세우고, 여자거든 비(肥)를 후계자로 세우는 것이 좋다."라고 했다. 계손씨가 세상을 떠나자, 강자(康子:季孫肥)가 가문의 후계자 자리를 차지했다. 계손사(季孫斯)의 장사도 지나고 나서, 계강자가 조정에 나가 일을 보고 있는데 남씨(南氏)가 아들을 낳았다. 그러자 정상은 그 아기를 수레에 싣고 조정으로 가서 군주에게 말하기를, "돌아가신 분이 남긴 말이 있사온대, 가신인 저에게 명하기를, '남씨가 아들을 낳거든 군주와 나라의 대부들에게 고하고서, 그 아들을 후계자로 세우라.'고 하였나이다. 그런데 이제 아기를 낳았사온데 아들이옵니다. 그래서 감히 고하옵니

다."라고 했다. 그리고는 바로 위나라로 도망갔다. 계강자가 자리에서 물러나겠다고 청하니, 공은 공류(共劉)를 시켜 가보게 했더니, 어느 악한(惡漢)이 그 아기를 죽였다. 그래서 아기를 죽인 악한을 찾아 처형하고, 정상에게 돌아오라고 불렀으나, 정상은 돌아오지 않았다.

겨울 10월에, 진나라의 조앙(趙鞅)이 조가(朝歌)를 포위하여, 조가 남쪽에다 진을 치고 있었다. 그러자 조가 성안에 있었던 순인(荀寅)이 조앙이 진치고 있는 방향의 외곽 성을 공격하고, 그가 이끌던 군졸들을 성 북문으로부터 들어가게 하고, 자신은 조앙의 군중을 뚫고 나가, 계축날에 한단(邯鄲)으로 도망갔다.

11월에 조앙이 고이(皋夷)를 죽이니 범씨(范氏)가 미워하였다.

▌주해┃ ㅇ季孫(계손) ─ 계손사를 말한다.

ㅇ無死(무사) ─ 계손사가 가신 정상에게 내가 죽으면, 나를 따라 순사(殉死)하지 말라고 한 말이다.

ㅇ南孺子(남유자) ─ 계손사의 정처(正妻)였다.

ㅇ肥(비) ─ 계손사의 서자였다.

ㅇ康子(강자) ─ 계강자(季康子), 즉 계손비(季孫肥).

ㅇ圉臣(어신) ─ 말을 먹이는 신하. 가신을 겸손하게 한 말이다.

▌經┃ ㅇ四年春王二月庚戌,에 盜殺蔡侯申,하고 蔡公孫辰出奔吳.라

ㅇ葬秦惠公.이라

ㅇ宋人執小邾子.라

ㅇ夏,에 蔡殺其大夫公孫姓 · 公孫霍.이라

ㅇ晉人執戎蠻子赤歸于楚.라

o 城西郛.라

o 六月辛丑,에 亳社災.라

o 秋八月甲寅,에 滕子結卒.이라

o 冬十有二月,에 葬蔡昭公.이라

o 葬滕頃公.이라

　4년 봄 천자가 쓰는 역으로 2월 경술날에, 악한이 채나라 군주인 후작 신(申)을 죽였고, 채나라의 공손진(公孫辰)이 오나라로 달아났다.
　진(秦)나라 혜공을 장사 지냈다.
　송나라 사람이 소주나라 군주인 자작을 잡았다.
　여름에 채나라가 그 나라의 대부인 공손성(公孫姓)과 공손곽(公孫霍)을 죽였다.
　진(晉)나라 사람이 만족(蠻族)나라 군주인 자작 적(赤)을 잡아 초나라에 넘겼다.
　우리 노나라가 서쪽 외곽에 성을 쌓았다.
　6월 신축날에, 은(殷)나라의 사직신(社稷神)을 모신 박사(亳社)가 화재를 당했다.
　가을 8월 갑인날에, 등나라 군주인 자작 결(結)이 세상을 떠났다.
　겨울 12월에, 채나라의 소공을 장사 지냈다.
　등나라의 경공을 장사 지냈다.

傳| 四年春,에 蔡昭侯將如吳.라 諸大夫恐其又遷也,에 承公孫

翩.하여 逐而射之,하니 入於人家而卒.이라 以兩矢門之,에 衆莫

敢進.이라 文之鍇後至曰, 如牆而進,이면 多而殺二人.이라 鍇執

弓而先.이라 翩射之,하여 中肘,나 鍇遂殺之.라 故로 逐公孫辰,하

고 而殺公孫姓·公孫盯.라

　夏,에 楚人旣克夷虎,하고 乃謀北方.이라 左司馬販·申公壽

餘·葉公諸梁,이 致蔡於負函,하고 致方城之外於繒關曰, 吳將

泝江入郢,에 將奔命焉.이라 爲一昔之期,하여 襲梁及霍,하고 單

浮餘圍蠻氏,에 蠻氏潰,하고 蠻子赤奔晉陰地.라 司馬起豐·析

與狄·戎,하여 以臨上雒.이라 左師軍于菟和,하며 右師軍于倉

野,하여 使謂陰地之命大夫士蔑曰, 晉·楚有盟,하되 好惡同之.

라 若將不廢,면 寡君之願也.라 不然,이면 將通於少習以聽命.이

라 士蔑請諸趙孟,하니 趙孟曰, 晉國未寧,에 安能惡於楚.리오 必

速與之.하라 士蔑乃致九州之戎,하여 將裂田以與蠻子而城之,하

고 且將爲之卜.이라 蠻子聽卜,에 遂執之與其五大夫,하여 以畀

楚師于三戶.라 司馬致邑,하고 立宗焉,하여 以誘其遺民,하여 而

盡俘以歸.라

　4년 봄에, 채나라 소공이 오나라에 가려 했다. 그러자 여러 대부들
이 또 나라를 다른 곳으로 옮길 것을 두려워하여, 공손편(公孫翩)을
옹립하여 소공의 뒤를 쫓아 쏘니, 소공은 민가(民家)로 들어가 세상
을 떠났다. 그때 공손편이 두손에 화살을 쥐고 그 민가의 문을 지키

고 있으니, 사람들이 감히 덤벼 앞으로 나가지 못하였다. 그때 문지개(文之鍇)가 뒤늦게 당도하여 말하기를, "여럿이 담 모양으로 서로 옆으로 끼고 앞으로 나간다면, 저들이 많이 죽인다 한들 두 사람만을 죽이게 된다."하고는, 자신이 활을 손에 잡고 앞에 섰다. 공손편이 그를 쏘아 팔뚝을 맞혔지만, 문지개가 결국은 공손편을 죽였다. 그래서 공손진을 내쫓았고, 공손성과 공손우를 죽였다.

여름에, 초나라 사람이 이호(夷虎)를 쳐 이기고, 북방의 따르지 않는 족속들을 칠 일을 상의했다. 그리하여 좌사마(左司馬)인 판(販)·신(申) 고을을 영유하고 있는 수여(壽餘)·섭(葉) 고을을 차지하고 있는 제량(諸梁)이, 채나라 사람들을 부함(負函)에 소집하고, 방성(方城) 밖의 사람들을 증관(繪關)에다 소집하여 말하기를, "오나라가 양자강을 거슬러 올라와 초나라의 영(郢)으로 쳐들어오려고 하니, 우리는 초왕의 명에 따라 오군을 막으러 나가려는 것이오."라고 했다. 그리고는 하루 저녁에 서로 기약하여, 양(梁)과 곽(霍)을 습격하고, 선부여(單浮餘)가 만족(蠻族)을 포위하여 만족 사회가 무너지고, 만족의 군주인 자작 적(赤)은 진(晉)나라의 음지(陰地)로 달아났다. 이에 초나라의 사마인 판은, 풍(豊)·석(析) 두 읍 사람들과 적(狄) 오랑캐·융(戎) 오랑캐들을 출동시켜 상락(上雒)으로 육박했다. 그리고 초나라의 좌사(左師)는 도화(菟和)에 진군시키고, 우사(右師)는 창야(倉野)로 진군시켜 사람을 시켜 음지를 지키고 있는 대부 사멸(士蔑)에게 다음과 같이 말하게 했다. "진나라와 초나라는 서로 맹약 맺은 것이 있되, '좋은 일이나 나쁜 일이나 간에, 고락을 같이한다'고 했습니다. 진나라가 이 맹약을 폐기하지 않는다면, 그거야말로 우리 초나라 군주의 평소 바라던 일입니다. 만일 우리가 바라는 대로 해주지 않으신다면, 우리는 앞으로 소습산(少習山) 밑으로 통해 들어가 있어, 진나라의 지시를 받기로 하겠습니다." 이 제안을 받은 사멸은 조맹(趙孟)에게 지시를 요청하니 조맹은, "진나라는 지금 평온치 못한데,

어찌 초나라에 대해서 나쁘게 할 수가 있겠소? 반드시 빨리 만족의 군주를 넘겨주도록 하오."라고 회답하였다. 그래서 사멸은 음지 내 아홉 집단처(集團處)의 융족(戎族)을 소집하여, 땅을 나누어 만족의 군주에게 주어 그곳에 성을 쌓기로 하고, 그 성 쌓는 공사의 길흉을 거북등을 구워 점치기로 했다. 그러자 만족 군주가 그 점의 결과를 들으러 그 자리에 가니, 사멸은 바로 만족 군주와 그를 따르는 다섯 대부를 잡아, 삼호(三戶)라는 곳에서 초나라 군사에게 넘겨주었다. 그러자 초나라 사마는 만족을 위하여 읍을 신설하고, 만족의 통치자를 정해 세우기로 하여 흩어진 만족을 꾀어 모이게 하고는, 그들을 다 잡아 데리고 돌아갔다.

▌주해▐ ○人家(인가)−'가인(家人)'으로 된 판본도 있다.

○夷虎(이호)−초나라 서남부에 살고 있었던 이민족이었다 한다.

○負函(부함)−지금의 하남성 신양(信陽) 부근.

○繒關(증관)−지금의 하남성 방현(方縣) 근방.

○梁(양)·霍(곽)−양은 지금의 임여(臨汝) 부근이고, 곽은 양의 서남쪽 땅. 이 두 곳 근방에 만족이 많이 살고 있었다.

○陰地(음지)−진나라 땅으로 지금의 하남성 노씨현(盧氏縣) 근방의 땅이었다.

○豊(풍)·析(석)−초나라의 읍으로 풍은 지금의 하남성 석천현(淅川縣)이고, 석은 내향현(內鄕縣).

○上雒(상락)−지금의 섬서성 상현(商縣).

○菟和(도화)·倉野(창야)−상락 부근.

○少習(소습)−상락 근처에 있는 산 이름. 소습산의 밑에는 무관(武關)이라는 관문(關門)이 있었다.

○九州之戎(구주지융)−진나라 음지의 융족(戎族)은 아홉 마을에 나뉘어져 살고 있었다. 소공 22년조 참고.

○三戶(삼호)−초나라 땅으로, 지금의 하남성 단수현(丹水縣) 북쪽.

秋七月,에 齊陳乞·弦施·衛甯跪救范氏,하여 庚午,에 圍五
鹿.이라
九月,에 趙鞅圍邯鄲.이라
冬十一月,에 邯鄲降,하여 荀寅奔鮮虞,하고 趙稷奔臨.이라
十二月,에 弦施逆之,하고 遂墮臨.이라 國夏伐晉,하여 取邢·
任·欒·鄗·逆畤·陰人·盂·壺口,하고 會鮮虞,하여 納荀寅
于柏人.이라

가을 7월에 제나라의 진걸(陳乞)·현시(弦施)와 위나라의 영궤(甯跪)가 진나라의 범씨를 구원하러 나서서, 경오날에 오록(五鹿)을 포위했다.

9월에, 진나라의 조앙이 한단(邯鄲)을 포위했다.

겨울 11월에, 한단이 항복하여 순인(荀寅)은 선우로 도망가고, 조직(趙稷)은 임(臨)으로 도망갔다.

12월에, 현시가 조직을 임으로 가 맞이하고, 곧 임 성을 헐었다. 제나라의 국하(國夏)가 진나라를 쳐, 형(邢)·임(任)·난(欒)·호(鄗)·역치(逆畤)·음인(陰人)·우(盂)·호구(壺口) 등을 빼앗고, 선우 사람과 회동하여, 순인을 백인(柏人)으로 들어가게 했다.

주해┃ ○臨(임)─진나라 읍으로, 지금의 하북성 임성(臨城) 부근.

○邢(형)·任(임)·欒(난)·鄗(호)·逆畤(역치)·陰人(음인)·盂(우)·壺口(호구)─다 진나라 읍으로, 지금의 하북성.

○柏人(백인)─지금의 하북성 요산(堯山) 부근.

經 |　ㅇ五年春,에 城毗.라

ㅇ夏,에 齊侯伐宋.이라

ㅇ晉趙鞅帥師,하여 伐衛.라

ㅇ秋九月癸酉,에 齊侯杵臼卒.이라

ㅇ冬,에 叔還如齊.라

ㅇ閏月,에 葬齊景公.이라

5년 봄에, 우리 노나라가 비(毗)에 성을 쌓았다.

여름에, 제나라 군주인 후작이 송나라를 쳤다.

진나라의 조앙이 군사를 이끌고 위나라를 쳤다.

가을 9월 계유날에, 제나라 군주인 저구(杵臼)가 세상을 떠났다.

겨울에 우리 노나라의 숙선(叔還)이 제나라에 갔다.

윤달에, 제나라 경공을 장사 지냈다.

주해 |　ㅇ毗(비)—노나라 서남쪽 국경에 있었던 읍.

ㅇ閏月(윤월)—어느 달의 윤달이었는지 알 수 없다.

傳 |　五年春,에 晉圍柏人,하고 荀寅·士吉射奔齊.라

初,에 范氏之臣王生惡張柳朔,이어늘 言諸昭子,하여 使爲柏人.

이라 昭子曰, 夫非而讐乎.아 對曰, 私讐不及公.이라 好不廢過,

하고 惡不去善,이 義之經也.라 臣敢違之.리오 及范氏出,에 張柳

朔謂其子,하되 爾從主,하여 勉之.하라 我將止死.리라 王生授我

矣,니 吾不可以僭之.나라 遂死於柏人.이라

夏,에 趙鞅伐衛,는 范氏之故也.라 遂圍中牟.라

齊燕姬生子,나 不成而死.라 諸子鬻姒之子荼嬖.라 諸大夫恐
其爲太子也,에 言於公曰, 君之齒長矣,나 未有太子.이오니다 若
之何.인가 公曰, 二三子,여 閒於憂虞,면 則有疾疢.이라 亦姑謀
樂,에 何憂於無君.가 公疾,에 使國惠子·高昭子立荼,하고 寘群
公子於萊.라

秋,에 齊景公卒.이라 冬十月,에 公子嘉·公子駒·公子黔奔
衛,하고 公子鉏·公子陽生來奔.이라 萊人歌之曰, 景公死乎,에
不與埋.라 三軍之事乎,에 不與謀.라 師乎, 師乎,여 何黨之乎.아
鄭駟秦富而侈.라 嬖大夫也,나 而常陳卿之車服於其庭,하니
鄭人惡而殺之.라 子思曰, 詩曰, 不解于位,에 民之攸塈.라 不守
其位而能久者鮮矣.라 商頌曰, 不僭不濫,하고 不敢怠皇,하여 命
以多福.이라

5년 봄에 진나라군이 백인(柏人)을 포위했고, 순인과 사길석(士吉射)은 제나라로 도망갔다.

전에 범씨 가문의 가신 왕생(王生)이 장유삭(張柳朔)을 미워하였는데, 범소자(范昭子：范吉射, 사길석)에게 말하여 장유삭에게 백인을 다스리게 했다. 그때 범소자가 왕생에게, "장유삭은 너의 원수가 아니

냐?"라고 말하니, 왕생은 대답했다. "개인의 원한이 공적(公的)인 일에 미칠 수는 없습니다. 좋아하면서도 그의 잘못을 보아넘기지 않고, 미워하면서도 그의 좋은 점을 모르는 척하지 않는 것이 의리의 근본입니다. 그런데 가신인 제가 어찌 감히 그 의리를 어기겠습니까?" 범소자가 제나라로 나가게 되자 장유삭이 그의 아들에게 말하되, "너는 주인어른을 따라가 그 어른을 위하여 힘쓰라. 나는 여기에 머물러 죽으리라. 이곳은 왕생이 죽을 자리라고 정해 준 것이니, 나는 그가 나를 생각하는 마음을 어길 수가 없다."라고 했다. 그리고는 결국 백인에서 죽었다.

여름에, 진나라 조앙이 위나라를 친 것은, 위나라가 범씨를 도왔기 때문이었다. 그는 그 기회에 중모(中牟)를 포위했다.

제나라 군주의 부인 연희(燕姬)는 아들을 낳았으나, 성장하지 못하고 죽었다. 서자인 육사(鬻姒)가 낳은 아들 도(荼)가 사랑을 받고 있었다. 여러 대부들은 도가 태자가 되는 것을 두려워하여 군주에게 말하기를, "군주의 나이가 높으시나, 아직 태자가 정해져 있지 않사옵니다. 이를 어찌 하겠나이까?"라고 하니 군주는, "여러분, 나는 근심 걱정에서 한가한가 하면, 병이 나고 했었소. 한가한 데다가 병도 없고 하여, 나는 지금 잠시나마 즐겁게 지내려 하는데, 어찌 태자 없는 것을 걱정하겠소?"라고 말하였다. 군주(경공)가 병이 나자, 군주는 국혜자(國惠子 : 國夏)와 고소자(高昭子 : 高張)에게 도를 태자로 삼게 하고, 여러 공자들은 내(萊)에서 거처하게 했다.

가을에, 제나라 경공이 세상을 떠났다. 겨울 10월에, 제나라의 공자 가(嘉)·공자 구(駒)·공자 금(黔)은 위나라로 도망가고, 공자 서(鉏)·공자 양생(陽生)은 우리 노나라로 도망왔다. 그러자 내 사람들이 그들을 두고 노래를 불렀다. "경공 돌아가시니 장사 지냄에 참여 못하고, 나라의 삼군(三軍)일에 관여도 못하는 신세로세. 아아, 우리들! 그 누구를 따라야 할 건가?"

정나라의 사진(駟秦)은 부유하였는데 거만을 떨었다. 그는 하대부
(下大夫)에 불과한 신분이면서도 언제나 경(卿)의 수레와 관복(官服)
을 자기집 뜰에 진열하니, 정나라 사람이 미워하며 죽였다. 자사(子
思)는 그를 두고 말했다. "시에 이르기를, '자신의 지위 지킴을 게을
리하지 않으니 백성 편하도다.'라 하였다. 자기의 신분을 지키지 않고
서 오래 지탱하는 자는 드문 것이다. 상송(商頌)에 이르기를, '분수를
넘지 않으며, 세력 함부로 쓰지 않고, 감히 게을리하지 않아, 하늘이
많은 복 주셨네.'라고 하였다."

▌주해▐ ㅇ中牟(중모)—지금의 하남성 탕음현(湯陰縣).
　ㅇ萊(내)—지금의 산동성 황현(黃縣).
　ㅇ師乎(사호), 師乎(사호)—내(萊) 사람들이 자기들의 집단(集團)을 호칭
　　한 말이다.
　ㅇ嬖大夫(폐대부)—하대부(下大夫).
　ㅇ詩曰(시왈)—《시경》 대아에 있는 가락편(假樂篇)의 구절.
　ㅇ商頌曰(상송왈)—《시경》 상송에 있는 은무편(殷武篇)의 구절인데, '명
　　이다복(命以多福)'이 현존의 《시경》에는 '명우하국(命于下國)'으로 되
　　어 있다.

▌經▐　ㅇ六年春^{육년춘},에 城邾瑕^{성주하}.라

　ㅇ晉趙鞅帥師^{진조앙솔사},하여 伐鮮虞^{벌선우}.라

　ㅇ吳伐陳^{오벌진}.이라

　ㅇ夏^하,에 齊國夏及高張來奔^{제국하급고장래분}.이라

　ㅇ叔還會吳于柤^{숙선회오우사}.라

　ㅇ秋七月庚寅^{추칠월경인},에 楚子軫卒^{초자진졸}.이라

ㅇ齊陽生入于齊.라

ㅇ齊陳乞弑其君荼.라

ㅇ冬,에 仲孫何忌帥師,하여 伐邾.라

ㅇ宋向巢帥師,하여 伐曹.라

6년 봄에 우리 노나라가 주하(邾瑕)에 성을 쌓았다.

진(晉)나라의 조앙이 군사를 이끌고, 선우(鮮虞)를 쳤다.

오나라가 진(陳)나라를 쳤다.

여름에, 제나라의 국하와 고장이 우리 노나라로 도망왔다.

우리 노나라의 숙선(叔還)이 사(柤)에서 오나라와 회합을 가졌다.

가을 7월 경인날에, 초나라 군주인 자작 진(軫)이 세상을 떠났다.

제나라의 양생이 제나라로 들어갔다.

제나라의 진걸이 그의 군주 도(荼)를 죽였다.

겨울에, 우리 노나라의 중손하기가 군사를 이끌고 주(邾)나라를 쳤다.

송나라의 상소(向巢)가 군사를 이끌고 조나라를 쳤다.

주해 ㅇ邾瑕(주하)―지금의 제녕현(濟寧縣) 동남쪽.

ㅇ柤(사)―소공 6년조에 나온 사(柤)는 정나라 땅이었고, 양공 10년조에 나온 사(柤)는 송나라 땅이었으나, 이 해의 사는 어느 나라 땅이었는지 알 수 없다.

ㅇ陽生(양생)―제나라의 공자(公子).

傳 六年春,에 晉伐鮮虞,는 治范氏之亂也.라

吳伐陳,은 復脩舊怨也.라 楚子曰, 吾先君與陳有盟,이니 不

可以不救.라 乃救陳,하여 師于城父.라

齊陳乞僞事高·國者,하여 每朝必驂乘焉.이라 所從必言諸大

夫曰, 彼皆偃蹇.이라 將棄子之命,하여 皆曰, 高·國得君,에 必

偪我.리라 盡去諸.오 固將謀子.리라 子早圖之.하라 圖之,에는 莫

如盡滅之.라 需事之下也.라 及朝,면 則曰, 彼虎狼也,로 見我在

子之側,이면 殺我無日矣,리니 請就之位.라 又謂諸大夫曰, 二子

者禍矣.라 恃得君而欲謀二三子曰, 國之多難,은 貴寵之由.라

盡去之而後,하여 君定.이라 旣成謀矣,어늘 盍及其未作也先諸.오

作而後悔,라도 亦無及也.리라 大夫從之.라

夏六月戊辰,에 陳乞·鮑牧及諸大夫以甲入于公宮.이라 昭子

聞之,하고 與惠子乘如公,하여 戰于莊,이나 敗.라 國人追之,하니

國夏奔莒,하고 遂及高張·晏圉·弦施來奔.이라

6년 봄에 진(晉)나라가 선우를 친 것은, 범씨의 난리를 다스리기 위해서였다.

오나라가 진(陳)나라를 친 것은, 전의 원한을 거듭 풀기 위해서였다. 그때 초나라 군주가 말하기를, "내 선군(先君)께서 진나라와 동맹을 맺으셨으니, 진나라를 구하지 않을 수가 없다."라고 했다. 그리고는 진나라를 구원하기로 하여, 군사를 성보(城父)로 진군시켰다.

제나라 진걸(陳乞)이 겉으로는 고장(高張)과 국하(國夏)를 섬기는 체하여, 조정으로 들어갈 때마다 그들의 수레에 같이 탔다. 그는 고장

과 국하를 따르고 있을 때에는 반드시 여러 대부들의 흠을 말하기를, "그 사람들은 다 거만합니다. 그들은 앞으로 님의 명을 거절하려 하여 다들 말하기를, '고장과 국하는 군주를 자기들 손아귀에 넣었으니, 반드시 우리들을 핍박할 것이다.'라고 하고 있습니다. 그런데 어찌 그들을 제거하지 않으시는 겁니까? 그들은 장차 실로 님을 없애자고 꾀할 것입니다. 그러니 님은 빨리 계책을 세우십시오. 그들을 도모함에는, 그들을 다 없애는 것이 상책입니다. 주저하는 것은 일을 하는 마당에 있어 가장 좋지 못한 점입니다."라고 했다. 그리고 조정에 도착할 때에는 말하기를, "그 사람들은 범이나 이리와 같은 성질의 사람들이라 제가 님의 옆에 있는 것을 본다면, 금방 저를 죽일 것이니, 제자리로 가겠습니다."라고 하였다. 그리고 여러 대부들에게는 말하기를, "고장·국하 두 사람은 우리나라의 화근입니다. 그들은 군주를 손아귀에 넣은 것을 믿고 여러분을 없애려고 꾀하여 말하기를, '나라의 곤란한 점이 많은 것은, 귀한 자리를 차지하고 군주의 총애를 받고 있는 사람들 때문이다. 그 사람들을 다 제거하고 나서야, 군주의 위치가 확고해진다.'고 말하고 있습니다. 그들은 이미 계획을 다 짜고 있는데, 어찌하여 그들이 계획을 실행하지 않고 있는 때에 선수를 쓰지 않으십니까? 그들이 계획대로 실행하고 난 뒤에 후회한들, 그때는 아무 소용이 닿지 않을 것입니다."라고 하였다. 대부들은 그의 말을 믿고 따르기로 했다.

여름 6월 무진날에, 진걸과 포목(鮑牧)이 여러 대부들과 무장한 병사들을 이끌고 공궁(公宮)으로 침입해 들어갔다. 소자(昭子 : 고장)는 이 사태를 듣고, 혜자(惠子 : 국하)와 같이 수레를 타고 군주에게로 가, 장(莊)에서 싸웠으나 패했다. 나라 사람들이 그들을 추격하니 국하는 거나라로 도망갔고, 곧 고장·안어(晏圉)·현시(弦施)가 우리 노나라로 도망왔다.

▌주해┃ ㅇ城父(성보)—초나라 읍으로, 지금의 안휘성 박현(亳縣).

ㅇ莊(장)－제나라 도읍의 성내(城內) 거리 이름.

秋七月,에 楚子在城父,하여 將救陳.이라 卜戰,에 不吉,하고 卜退,나 不吉.이라 王曰, 然則死也.라 再敗楚師,는 不如死,요 棄盟逃讐,요 亦不如死.라 死一也,니 其死讐乎.인저 命公子申爲王,이나 不可.라 則命公子結,이나 亦不可.라 則命公子啓,에 五辭而後許.라 將戰,에 王有疾.이라 庚寅,에 昭王攻大冥,하고 卒于城父.라 子閭退曰, 君王舍其子而讓.이라 群臣敢忘君乎.아 從君之命,은 順也,요 立君之子亦順也.라 二順不可失也.라 與子西・子期謀,하여 潛師,하여 閉塗,하고 逆越女之子章立之,하여 而後還.이라

是歲也,에 有雲如衆赤鳥夾日以飛三日.이라 楚子使問諸周大史,하니 周大史曰, 其當王身乎.인저 若榮之,면 可移於令尹司馬.리라 王曰, 除腹心之疾,하여 而寘諸股肱,이면 何益.고 不穀不有大過,면 天其夭諸.리오 有罪,면 受罰.하리라 又焉移之.리오 遂弗榮.이라

初,에 昭王有疾.이라 卜曰, 河爲祟.라 王弗祭.라 大夫請祭諸郊,하니 王曰, 三代命祀,에 祭不越望.이라 江・漢・睢・漳,은 楚之望也,요 禍福之至,는 不是過也.라 不穀雖不德,이나 河非所

獲罪也.라 遂弗祭.라 孔子曰, 楚昭王知大道矣.라 其不失國也

宜哉.라 夏書曰, 惟彼陶唐,은 帥彼天常,하여 有此冀方.이라 今

失其行,하고 亂其紀綱,하여 乃滅而亡.이라 又曰, 允出茲在茲.라

由己率常可矣.라

　가을 7월에, 초나라 군주가 성보(城父)에 있어서, 진(陳)나라를 구원하려 했다. 싸우는 일을 거북등을 구워 점을 치니, 불길의 징조가 나타났고, 퇴군함이 어떠한지를 가지고 점을 쳤더니, 역시 불길하다는 징조가 나타났다. 그러자 초왕은 말하기를, "싸우는 것이 불길하고, 퇴군하는 것도 불길하다면 죽는다는 것이로구나. 우리 초나라 군사를 다시 지게 한다는 것은 죽는 일만 같지 못하고, 피차간의 동맹을 어기고 원수로부터 도망친다는 것은, 또한 죽는 일만 같지 못한 것이다. 죽는다는 것은 매한가지이니, 원수와 싸워 죽으리라."라고 했다. 그리고는 공자 신(申)에게 다음의 국왕이 되라고 명했으나, 공자 신은 안된다고 했다. 소왕은 공자 결(結)에게 다음의 왕이 되라고 명했지만 그 역시 안된다고 했다. 그래서 공자 계(啓)에게 다음의 왕이 되라고 명하게 되었는데, 공자 계는 다섯번이나 사양하고 난 뒤에야 마지못해 국왕의 명을 따르기로 했다. 초나라 군사가 적과 싸우려 하는 마당에 국왕이 병에 걸렸다. 경인날에, 초나라 소왕은 진(陳)나라의 대명(大冥)을 공격하고 성보에서 세상을 떠났다. 그러자 소왕의 명을 받았던 자여(子閭 : 공자 계)는 국왕 자리에 오르기를 사퇴하고 말하기를, "돌아가신 국왕께서는 자신의 아들들을 제쳐놓으시고, 우리 형제들에게 자리를 양보하셨소. 신하인 우리들이 어찌 감히 자신들의 분수를 잊을 수가 있겠소? (내 할 수 없이 군주의 명을 받았었소.) 군주의 명을 따름은 도리를 따름이고, 군주의 아들을 후사로 세우는

일 또한 도리를 따르는 일이오. 이 두가지 도리를 따르는 일은 어길 수가 없소이다."라고 했다. 그리고는 자서(子西 : 공자 신)·자기(子期 : 공자 결)와 상의하여 군대를 다른 사람들이 모르게 빼돌려, 길을 막아 국왕이 죽었다는 소문이 퍼져 나가지 않게 하고, 월나라의 공녀(公女)가 낳은 왕자 장(章)을 맞이하여 국왕으로 세우고 돌아갔다.

이 해에 떼를 지은 붉은 새들이 해를 끼고 나는 것 같은 모양의 구름이 사흘 간이나 떠 있었다. 초나라 군주가 그 현상을 주(周)나라의 태사(太史)에게 사람을 시켜 묻게 하니, 주나라 태사는 말하기를, "화가 국왕에게 미칠 것이오. 만일 화를 빌어서 몰아낸다면, 그 화는 초나라의 영윤(令尹)이나 사마(司馬)에게로 옮겨 가게 할 수가 있을 것이오."라고 했다. 국왕은 이 말을 전해 듣고 말하기를, "배와 가슴의 병을 없앤다 하여, 그 병기운을 팔다리로 옮겨놓는다면, 무슨 이익이 있을 건가? 내가 큰 허물이 있지 않다면 하늘이 빨리 죽게 할손가? 죄가 있다면 내 천벌을 받으리라. 내 어찌 내게 당할 화를 다른 사람에게 옮길 것이냐?"하고, 끝내 화를 당하지 않도록 비는 일을 하지 않았다.

전에 초나라 소왕이 병이 났었다. 거북등을 구워 점을 치니, 황하(黃河)의 신이 붙었다는 것이었다. 그러나 소왕은 황하의 신에게 병을 낫게 해달라고 비는 제사를 지내지 않았다. 대부들이 교외에서 황하의 신에게 제사 지낼 것을 청원하니 소왕은 말하기를, "하(夏)·은(殷)·주(周) 3대 동안, 천자가 제후들에게 제사 지낼 범위를 정하여 명하셨는데, 제후는 자기가 영유하는 경내(境內)의 산천에 대해서만 제사를 지내는 것이오. 양자강(揚子江)·한수(漢水)·수수(睢水)·장수(漳水) 등은 우리 초나라가 제사 지낼 대상이고, 우리에게 화나 복이 온다는 것은, 우리의 제사를 받을 이것들에게서 올 따름이오. 나는 비록 부덕하기는 하지만, 황하의 신이 나에게 벌을 줄 것은 아니오."하고 결국 제사를 지내지 않았다. 공자(孔子)께서는 말씀하셨다. "초나라 소왕은 큰 도리를 알고 있다. 그가 나라를 잃지 않고 있는 것은 마땅한 일이다. 하서(夏書)에 이르기를, ‘저 요(堯)임금은, 저 천도(天道)를 따라 중국을 차지했다. 그러나 지금의 임금(하나라 걸왕)은 올바른 행동을 잃고, 기강(紀綱)을 어지럽혀, 결국 나라를 멸망케 했다.’라 했다. 그리고 또 말하기를, ‘화복길흉(禍福吉凶)의 운명은 자신에게서 나오고, 그 근본은 자신에게 있다.’고 했다. 자신을 바르게 유지하여 항상 천도(天道)를 따라야 한다.”

주해 │ ○公子申(공자신)·公子結(공자결)·公子啓(공자계) ─ 모두 소왕의 형.

○大冥(대명) ─ 진(陳)나라 땅으로, 지금의 하남성 항성(項城) 부근.

○股肱(고굉) ─ 팔다리. 중신(重臣)에 비유해서 쓴다.

○夏書(하서) ─ 지금은 전하지 않는 일서(逸書).

○冀方(기방) ─ 옛날에는 중국이라는 뜻으로 쓰였다. 그러나 중국의 판도가 넓어져서는, 북부 중국(中國)을 이르게 되었다.

八月,에 齊邴意茲來奔.이라 陳僖子使召公子陽生.이라 陽生駕而見南郭且于曰, 嘗獻馬於季孫,이나 不入於上乘.이라 故로 又獻此,에 請與子乘之.라 出萊門而告之故.라 闞止知之,하고 先待諸外.라 公子曰, 事未可知,니 反與壬也處.하라 戒之,하고 遂行.이라 逮夜至於齊,에 國人知之.라 僖子使子士之母養之,하고 與饋者皆入.이라

冬十月丁卯,에 立之,하여 將盟,에 鮑子醉而往.이라 其臣差車鮑點曰, 此誰之命也.오 陳子曰, 受命于鮑子.라 遂誣鮑子曰,

子之命也.라 鮑子曰, 女忘君之爲孺子牛,하여 而折其齒乎.아 而
背之也.라 悼公稽首曰, 吾子奉義而行者也.라 若我可,면 不必
亡一大夫,요 若我不可,면 不必亡一公子.라 義則進,하고 否則
退.하리라 敢不唯子是從.가 廢興無以亂,이 則所願也.라 鮑子曰,
誰非君之子.리인가 乃受盟.이라 使胡姬以安孺子如賴,하고 去鬻
姒,하며 殺王甲,하고 拘江說,하며 囚王豹于句竇之丘.라 公使朱
毛告於陳子曰, 微子,면 則不及此.라 然이나 君異於器,니 不可
以二.라 器二,면 不匱,나 君二多難.이라 敢布諸大夫.라 僖子不
對而泣曰, 君擧不信群臣乎.인가 以齊國之困,하고 困又有憂,나
少君不可以訪,하여 是以求長君.있었나이다 庶亦能容群臣乎.인저
不然,이면 夫孺子何罪.리오 毛復命,하니 公悔之.라 毛曰, 君大訪
於陳子,하시고 而圖其小可也.이오니다 使毛遷孺子於駘,나 不至,
에 殺諸野莫之下,하여 葬諸殳冒淳.이라

8월에 제나라의 병의자(邴意茲)가 우리 노나라로 도망왔다. 제나라
의 진희자(陳僖子 : 陳乞)가 사람을 시켜, 우리 노나라로 도망하여 와
있는 제나라 공자 양생(陽生)을 제나라로 돌아오라고 불렀다. 그러자
양생은 수레에 말을 채워 타고 우리 도읍의 남곽(南郭)에 사는 저우
(且于 : 제나라 공자 鉏)를 찾아보고 말하기를, “내 전에 계손씨에게
말을 선사했는데 그 말이 상등(上等)의 말 축에 끼지 못하고 있소이
다. 그래서 나는 또 이 말을 선사하려 하니, 당신과 같이 타고 시험해

보려 하오."라고 했다. 그리고는 같이 말을 타고 내문(萊門)을 나가서
야, 사실을 말해 주었다. 감지(闞止)가 내막을 알고, 같이 귀국하려고
미리 성밖으로 나가 기다리고 있었다. 공자 양생이 감지에게 말하기
를, "일이 어찌 될지 알 수가 없으니, 너는 돌아가 임(王)과 같이 있
게 하라."고 했다. 공자 양생은 감지를 단단히 단속하고, 바로 떠나갔
다. 저녁에 제나라 도읍에 당도하였는데, 제나라 사람들이 알게 되었
다. 그때 진희자는 아들 사(士)의 어머니에게 공자 양생을 돌보게 하
고, 궁중의 음식물을 보급하는 사람과 같이 궁중으로 들여보냈다.

　겨울 10월 정묘날에, 공자 양생이 군주가 되어 나라의 대부들과 맹
서를 맺었는데, 포씨(鮑氏)가 술에 취한 채 맹서 맺는 곳인 조정으로
갔다. 그때 포씨의 가신으로 수레를 관리하는 포점(鮑點)이, "이번의
맹서 맺는 일은 어느 분의 명으로 행하시는 겁니까?"라고 물으니 진
희자가 말하기를, "우리는 포씨의 명을 받고 있는 걸세."라고 했다.
그리고 그는 곧 포씨를 속여 말하기를, "이 맹서 맺는 일은 님의 명으
로 하게 되는 것입니다."라고 하였다. 그러자 포씨는, "너는 전의 군
주께서 어린 도(荼)가 타는 소[牛] 노릇을 하였다가 이를 부러뜨린
일을 잊고 있느냐? 너는 돌아가신 군주를 배반하고 있는 거다."라고
말했다. 이에 도공(悼公 : 공자 양생)은 그 자리에서 머리를 조아리고
말했다. "당신께서는 의리를 신봉(信奉)하여 제대로 행하는 분입니다.
만일 내가 군주가 되어도 좋다면, 대부 한 분을 없앨 필요가 없을 것
이고, 만일 내가 군주로 불가하다면, 한 공자(公子)를 없앨 필요가 없
겠구려. 내가 군주가 되는 것이 옳다면 자리로 나갈 것이고, 그렇지
못하다면 물러나리다. 내 어찌 당신의 말을 따르지 않겠소이까? 군주
자리에서 물러나건, 군주로 되건 간에 난리가 없어야 한다는 것이 나
의 원하는 바요." 이 말에 포씨는, "어느 분인들 군주의 아드님이 아
니옵니까?"라고 말하고, 맹서 맺는 일에 참여했다. 도공은 경공(景公)
의 첩이었던 호희(胡姬)에게 어린 안(安 : 荼)을 데리고 뇌(賴)로 가

게 하고, 도의 어머니인 육사(鬻姒)를 축출하였고, 왕갑(王甲)을 죽이
고, 강열(江說)을 잡아 구속하며, 왕표(王豹)를 구두(句竇)의 언덕에
다 가두었다. 그리고 도공은 주모(朱毛)를 시켜 진희자에게 말하게
하기를, "그대가 없었더라면, 나는 이 자리에 있지를 못했소. 그러나
나라의 군주는 쓰는 기물(器物)과는 다르니, 둘이 있을 수는 없소. 같
은 기물이 둘이면 씀에 부족함이 없게 되나, 군주가 둘이면 환란이
많게 되오. 그래서 내 감히 대부인 그대에게 말해 두는 게요."라고
했다. 이 말을 들은 진희자는 바로 대답을 못하고 울며 말하기를, "군
주께서는 저희들 뭇 신하들을 다 믿지 못하시옵니까? 우리 제나라는
안으로 곤란한 처지이옵고, 곤란한 데다가 밖으로 근심되는 일이 있
사오나, 어린 군주와는 국사를 도모할 수가 없어서, 이 때문에 나이
드신 군주를 요구했던 것이었나이다. 이 점을 생각해 주신다면 아마
도 군신(群臣)을 용납하실 수 있으오리다. 그렇지 않다면, 저 어린 님
에게 무슨 죄가 있으오리까?"라고 했다. 주모가 도공에게 이대로 복
명하니, 도공은 후회하였다. 이때 주모는, "군주는 큰 일은 진희자에
게 물으시고, 작은 일들이야 마음대로 헤아리심이 좋사옵니다."라고
하였다. 도공이 주모에게 어린 도를 태(駘)로 옮기게 했는데, 태에
이르기 전에 주모는 도를 들에 친 막사(幕舍) 안에서 죽여, 수모순
(夕冒淳)에다 묻었다.

▌주해▐ ○壬(임) — 공자 양생의 아들. 양생의 아내는 노나라 계강자(季康
子)의 누이동생이었다.

○士之母(사지모) — 사는 진희자의 아들이고, 사의 어머니는 진희자의 첩
이었다.

○差車(차거) — 수레의 관리인.

○安孺子(안유자) — 안(安)은 어린 상속자였던 도(茶)의 시호였다 한다.

○賴(뇌) — 지금의 장구(章邱) 부근.

○駘(태)·夕冒淳(수모순) — 모두 뇌(賴) 근처의 땅.

■經| ○七年春,에 宋皇瑗帥師,하여 侵鄭.이라

○晉魏曼多帥師,하여 侵衛.라

○夏,에 公會吳于鄫.이라

○秋,에 公伐邾.라

○八月己酉,에 入邾,하여 以邾子益來.라

○宋人圍曹.라

○冬,에 鄭馴弘帥師,하여 救曹.라

7년 봄에, 송나라 황원(皇瑗)이 군사를 이끌고, 정나라를 침공했다.

진(晉)나라의 위만다(魏曼多)가 군사를 이끌고, 위나라를 침공했다.

여름에, 공이 오나라와 증(鄫)에서 만났다.

가을에, 공이 주(邾)나라를 쳤다.

8월 기유날에, 우리 노나라의 군주가 주나라 도읍으로 들어가, 주나라의 군주인 자작 익(益)을 데리고 왔다.

송나라 사람이 조나라의 도읍을 포위했다.

겨울에, 정나라 사홍(駟弘)이 군사를 이끌고, 조나라를 구원했다.

■傳| 七年春,에 宋師侵鄭,은 鄭叛晉故也.라

晉師侵衛,는 衛不服也.라

夏,에 公會吳于鄫.이라 吳來徵百牢.라 子服景伯對曰, 先王未之有也.라 吳人曰, 宋百牢我.라 魯不可以後宋.이라 且魯牢晉

大夫過十,이었으니 吳王百牢,는 不亦可乎.아 景伯曰, 晉范鞅貪

而棄禮,하여 以大國懼敝邑.이라 故로 敝邑十一牢之.라 君若以

禮命於諸侯,면 則有數矣,요 若亦棄禮,면 則有淫者矣.리라 周之

王也,에 制禮,어늘 上物不過十二,하여 以爲天之大數也.라 今棄

周禮,하여 而曰必百牢,면 亦唯執事.라 吳人弗聽.이라 景伯曰,

吳將亡矣.리라 棄天而背本.이라 不與,면 必棄疾於我.리라 乃與

之.라

大宰嚭召季康子,에 康子使子貢辭.라 大宰嚭曰, 國君道長,이

나 而大夫不出門.이라 此何禮也.오 對曰, 豈以爲禮.오 畏大國

也.라 大國不以禮命於諸侯,에 苟不以禮,면 豈可量也.리오 寡君

旣共命焉,이어늘 其老豈敢棄其國,가 大伯端委以治周禮,이었거늘

仲雍嗣之,하여 斷髮文身,하고 嬴以爲飾.이라 豈禮也哉.아 有由

然也.리라

反自鄆,하여 以吳爲無能爲也.라 季康子欲伐邾,하여 乃饗大

夫,하여 以謀之.라 子服景伯曰, 小所以事大,는 信也,요 大所

以保小,는 仁也.라 背大國不信,이요 伐小國不仁.이라 民保於

城,하고 城保於德,이어늘 失二德者危.라 將焉保.리오 孟孫曰,

二三子以爲何如.오 惡賢而逆之.리오 對曰, 禹合諸侯於塗山,

에 執玉帛者萬國,이었거니와 今,에 其存者無數十焉.이라 唯大不

字小,하고 小不事大也.라 知必危,하고 何故不言.가 魯德如邾,

어늘 而以衆加之,면 可乎.아 不樂而出.이라

7년 봄에 송나라 군사가 정나라를 침공한 것은, 정나라가 진(晉)나라를 배반한 일 때문이었다.

진나라가 위나라를 침공한 것은, 위나라가 복종하지 않아서였다.

여름에, 공이 오나라와 증(鄫)에서 만났다. 그때 오나라 사람이 와 백 가지 요리상의 향연을 요구했다. 그래서 우리 노나라의 자복경백이 대답하기를, "옛날의 임금에게도 그런 향연을 베푼 예가 없었습니다."라고 했다. 오나라 사람이 말하기를, "송나라는 우리에게 백 가지 요리의 향연을 베풀었습니다. 노나라가 송나라만큼 못할 수는 없는 것입니다. 그리고 노나라는 진(晉)나라의 대부에게도 열 가지가 넘는 요리의 향연을 베풀었으니, 오나라 왕이 백 가지 요리의 향연을 받는 것은 마땅하지 않습니까?"라고 하였다. 그래서 자복경백은 말했다. "진나라의 범앙(范鞅)은 탐욕하여 예의를 무시하고 큰 나라의 위세로 우리나라를 위협했습니다. 그러므로 우리는 열한 가지 요리의 향연을 베풀었던 것입니다. 귀국의 군주께서 예의를 지키시면서 다른 제후에게 명하실 것 같으면 정해진 수량이 있는 것이고, 만일 귀국의 군주 또한 예의를 무시하신다면, 정해진 수량의 법도를 어지럽히는 향연이 있게 될 것입니다. 주(周)나라 천자의 세상이 되자, 예의의 법도를 제정하였는데, 천자가 받으시는 향연의 상도 열두 가지 요리를 지나지 않는 것이어서, 열둘이 천자께서 받으시는 향연 상의 가장 큰 것으로 되어 있습니다. 이제 주나라의 예의법도를 무시하고, 꼭 백 가지 요리의 향연을 베풀라고 말씀하신다면, 오직 귀국 담당관의 지시대로 하겠습니다.”라고 말했지만, 오나라 사람은 동의하지 않았다. 이에 자복 경백은 말하기를, “오나라는 곧 망할 것이다. 천도(天道)를 버리고 예의의 근본을 배반하고 있다. 그들이 요구하는 대로 응하지 않는다면, 그들은 반드시 우리에게 해를 끼칠 것이다.”라고 했다. 우리 노나라는 오나라의 요구대로 해주었다.

오나라의 태재(太宰)인 비(嚭)가, 우리 노나라의 계강자(季康子)를 초대하니, 계강자는 자공(子貢)에게 인사하게 했다. 태재 비가, “귀국의 군주께서 먼 길 여행을 하고 계시는데, 군주를 모시는 대부는 집의 대문에서 나오지 않고 집에만 있습니다. 이것은 어느 예의입니까?”라고 하자 자공이 대답했다. “집안에만 있는 것을 어찌 예의라 할 수 있겠습니까? 큰 나라를 두려워하고 있을 따름입니다. 큰 나라가 예의를 지키지 않고 다른 제후에게 이것저것 마음 내키는 대로 명하는 터에, 조금이라도 예의에서 벗어났다가는 닥쳐올 일을 어떻게 헤아릴 수 있겠습니까? 저희 나라 군주께서 이미 귀국 군주의 명을 따르고 계시는데, 중신(重臣)이 어찌 감히 나라를 버리고 자유롭게 출입하겠습니까? 귀국 군주의 조상이신 태백(大伯)께서는 현단(玄端)의 복장에 위모관(委貌冠)을 쓰시어 주(周)나라 예복을 갖추고 계셨지만, 그분의 동생이신 중옹(仲雍)께서 후사가 되시어서는 머리를 자르시고 문신(文身)을 하셨고, 옷을 벗은 몸에 장식품을 다셨습니다. 그 일이 어찌 예의에 맞는 일이겠습니까? 그러나 그렇게 해야 할 까닭이 있었을 것입니다.”

오나라와 회합을 갖고 증(鄫)에서 돌아와, 오나라는 무슨 일을 할 수 없다고 여겼다. 계강자가 주(邾)나라를 치려고, 대부들에게 향연을 베풀어, 그 일을 논했다. 그러자 자복경백이, “작은 나라가 큰 나라를 섬기는 것은 신의(信義)이고, 큰 나라가 작은 나라를 보호하는 것은 인(仁 : 어짊)입니다. 그리고 큰 나라를 배반함은 불신(不信 : 신의가 아님)이고, 작은 나라를 침은 불인(不仁 : 어질지 못함)입니다. 백성은 성(城)에 의해서 보호되고, 성은 덕에 의해서 간직되는데, 이 두 가지 덕을 잃는 자는 위험한 것입니다. 그러면 장차 어떻게 백성과 성을 지키겠습니까?"라고 말했다. 그러자 맹손씨(孟孫氏)가 말하기를, "다른 여러분은 어떻게 여기시오? 우리가 어찌 잘난 체하고 여러분의 뜻을 어기겠소."라고 하였다. 이에 다른 대부측이 대답했다. "우(禹)임금이 천하의 제후들을 도산(塗山)에 집합시키니, 옥(玉)과 폐백(幣帛)을 가지고 모인 자가 만(萬) 나라나 되었거니와, 지금 제후국으로서 존재하는 나라는 수십 나라도 되지 않습니다. 왜 그런가 하면, 큰 나라가 작은 나라를 돌보지 않고, 작은 나라가 큰 나라를 잘 섬기지 않았기 때문입니다. 반드시 위험하게 된다는 것을 알고도, 어찌하여 진실한 말을 하지 않겠습니까? 우리 노나라의 덕은 주(邾)나라의 덕과 같아 더 나은 것이 없는데, 대중을 이끌고 가 주나라를 친데서야 되겠습니까?" 이 의견에 계강자와 맹손씨는 불쾌히 여기고 나갔다.

주해│ o鄫(증)―고대의 나라로 거(莒)나라에 의하여 멸망되었다. 지금의 산동성 역현(嶧縣) 동쪽에 그 자취가 있다.

o大伯(태백)―오나라 군주의 조상으로, 주나라 태왕(大王)의 장자였다.

o端委(단위)―단은 현단(玄端)으로 검은색 베옷이었고, 위는 위모관(委貌冠)을 말했다. 예복이었고 예관이었다.

o有由然(유유연)―그 땅의 풍속이나 기후 등의 조건 때문에 그렇게 해야 할 이유가 있었을 것이다.

秋,에 伐邾,하여 及范門,이로되 猶聞鐘聲.이라 大夫諫,이나 不聽.이라 茅成子請告於吳,에 不許曰, 魯擊柝聞於邾,나 吳二千里,로 不三月,이면 不至.라 何及於我.리오 且國內豈不足.가 成子以茅叛.이라 師遂入邾,하여 處其公宮,하고 衆師晝掠.이라 邾

衆保于繹,에 師宵掠,하여 以邾子益來,하여 獻于亳社,하고 囚諸
負瑕.라 負瑕故有繹.이라 邾茅夷鴻以束帛乘韋,하여 自請救於
吳曰, 魯弱晉,하고 而遠吳,하여 馮恃其衆,하여 而背君之盟,하
고 辟君之執事,하여 以陵我小國.이오니다 邾非敢自愛也,요 懼
君威之不立.이라소이다 君威之不立,은 小國之憂也.이오니다 若
夏盟於鄫衍,에 秋而背之,하고 成求而不違,면 四方諸侯,가 其
何以事君.이리오 且魯賦八百乘,은 君之貳也,요 邾賦六百乘,은
君之私也.이오니다 以私奉貳,는 唯君圖之.하소서 吳子從之.라
　宋人圍曹.라 鄭桓子思曰, 宋人有曹,는 鄭之患也,니 不可以
不救.라

　冬,에 鄭師救曹,하여 侵宋.이라 初,에 曹人或夢,하니 衆君子
立于社宮,하여 而謀亡曹,에 曹叔振鐸請待公孫彊,하니 許之.라
旦而求之,나 曹無之.라 戒其子曰, 我死,에 爾聞公孫彊爲政,
이어든 必去之.하라 及曹伯陽卽位,에 好田弋.이라 曹鄙人公孫
彊好弋,하여 獲白鴈,하여 獻之,하고 且言田弋之說,하니 說之,하
고 因訪政事,하여 大說之,하고 有寵.이라 使爲司城,하여 以聽
政.이라 夢者之子乃行.이라 彊言霸說於曹伯,하니 曹伯從之,하
여 乃背晉,하고 而奸宋.이라 宋人伐之,나 晉人不救.라 築五邑

於其郊,하니 曰黍丘·揖丘·大城·鍾·邘.라

가을에 주나라를 쳐, 우리 군사가 주나라의 범문(范門)에 당도하였
는데, 주나라 도읍에서는 악기 종을 치는 소리가 들려왔다. 주나라 대
부들이 군주에게 노나라군을 막으라고 충간했으나, 군주는 듣지 않았
다. 모성자(茅成子)가 오나라에게 사태를 알리자고 청하니, 군주는 허
락하지 않고 말하기를, "노나라가 야경(夜警)의 목탁을 치면 우리 주
나라에 들리나, 오나라는 우리나라에서 2천리로 3개월이 아니면 닿지
못한다. 그런데 어떻게 현재 우리의 처지를 구할 수가 있겠는가? 그
리고 우리나라의 힘이 노나라 군사를 대항하기에 어찌 부족하단 말인
가?"라고 했다. 그러자 성자는 자기 영유읍의 세력으로써 군주에 대
해서 반항하였다. 우리 노나라 군사는 바로 주나라 도읍으로 쳐들어
가, 주나라의 공궁(公宮)을 점거하고, 뭇 군사들은 대낮에 약탈했다.
주나라 사람들이 역산(繹山)에 집결하여 보루를 설치하여 지키고 있
었는데, 우리 군사가 저녁에 습격하여 주나라의 군주 익(益)을 데리고
와, 박사(亳社)에 드려 승전(勝戰)의 표시로 삼고, 부하(負瑕)에다 가
두었다. 부하에는 그 일 때문에 역산이 있는 곳에 있었던 사람들이
지금도 남아 있는 것이다. 주나라의 모이홍(茅夷鴻 : 모성자)은 한 묶
음의 비단과 잘 다룬 넉장의 가죽을 싸들고, 스스로 오나라에 가 구
원을 청했다. "노나라는 진(晉)나라를 약하다 여기고, 오나라가 멀다
하여 군사 많음을 믿고, 군주와의 맹서를 어기고, 군주의 신하를 업신
여겨 저희 작은 나라를 능멸하고 있나이다. 주나라로서는 감히 자국
(自國)만을 생각하는 것이 아니옵고, 군주의 권위가 서지 않음을 걱
정하고 있나이다. 군주의 권위가 서지 않는다는 것은, 군주를 따르는
작은 나라의 근심이옵니다. 여름에 증(鄫)에서 맹약을 맺었사옵는데,
가을에 그 맹약을 배반하고, 화해를 요구하여 와 다시 어기지 않기로
할 것 같사오면 사방의 제후들이 어찌 군주를 섬기오리까? 그리고 노

나라의 전차 8백대는 군주의 적이옵고, 주나라의 전차 6백대는 군주께서 마음대로 부릴 사유물이옵니다. 그 사유물을 가지고 적을 대할 것인가 그렇지 않을 것인가는, 오직 군주께서 헤아리시옵소서." 오나라 군주는 그의 요구를 듣기로 했다.

종(鐘 : 편종의 하나)

송나라 사람이 조나라의 도읍을 포위했다. 정나라의 환자사(桓子思)가 말하기를, "송나라 사람이 조나라를 차지한다는 것은 정나라의 걱정거리니, 조나라를 구하지 않을 수 없는 것이다."라고 했다.

겨울에, 정나라 군사가 조나라를 구원하려 송나라를 침공했다. 전에 조나라 사람이 어느 날 꿈을 꾸니, 많은 귀인(貴人)들이 사(社)의 경내에 있는 집에 모여 서서 조나라 망칠 일을 상의하고 있는데, 조나라 군주의 조상인 숙진탁(叔振鐸)이, 그들에게 공손강(公孫彊)이 나올 때까지만 기다려 달라고 요청하니, 그들은 그 요청을 받아들이는 것이었다. 그는 아침이 되어 꿈속에서 숙진탁이 말한 공손강이라는 사람을 찾았으나 조나라에는 그런 사람이 없었다. 그래서 그는 아들에게 경계하여 말하기를, "내가 죽은 뒤, 네 공손강이라는 사람이 정치를 한다는 소식을 듣게 되거든 반드시 곧 나라를 빠져나가라."라고 했다. 조나라 군주 양(陽)이 즉위하게 되었는데, 군주는 새 사냥을 좋아했다. 그런데 조나라 사람으로 지위가 낮은 공손강이라는 사람이 새 사냥을 즐겨, 흰 기러기를 쏘아 잡아 군주에게 드리고 새 사냥에 대한 얘기를 하니, 군주는 좋아하고 그에게 정치에 관한 일을 물어 그의 말을 듣자, 크게 기뻐하여 그를 총애하게 되었다. 그리하여 군주는 그를 사성(司城)이 되게 하여 정치에 참여시켰다. 그러자 그 소식을 들은, 꿈을 꾸었던 사람의 아들은 곧 나라를 떠났다. 공손강이 조나라 군주에게 패자(覇者)에 대한 설(說)을 말하니, 군주는 그의 말을 좇아 진나라를 배반하고, 송나라를 침범하였다. 그래서 송나라 사람이 조나라를 쳤으나 진나라 사람은 구원하지 않았다. 송나라 사람들은 조나라 도읍의 교외에 있는 다섯 읍에 성을 쌓았는데, 그 다섯 읍은, 서구(黍丘)·읍구(揖丘)·대성(大城)·종(鍾)·우(邘)였다.

주해│ ○范門(범문)─주나라 도읍의 외곽 성의 성문 이름.

○保于繹(보우역)─역은 지금의 추현(鄒縣) 동남쪽에 있는 역산. 즉 역산에 보루를 설치하여 지킴.

○負瑕(부하)─노나라 읍으로, 지금의 자양(滋陽) 부근.

○鄫衍(증연)─증(鄫)과 같다.

○曹叔振鐸(조숙진탁)─조나라는 주(周)나라 무왕(武王)의 친형제인 숙진탁이 본받은 나라였다. 조나라의 도읍은 지금의 산동성 정도(定陶)였다.

○黍丘(서구)·揖丘(읍구)·大城(대성)·鍾(종)·邘(우)─모두 지금의 정도(定陶)와 하택(荷澤) 부근. 송나라 사람들은 조나라 도읍의 교외(郊外)에 있는 이 다섯 읍에 성을 쌓았다.

經│ ○八年春王正月,에 宋公入曹,하여 以曹伯陽歸.라

○吳伐我.라

○夏,에 齊人取讙及闡.이라

○歸邾子益于邾.라

○秋七月.

○冬十有二月癸亥,에 杞伯過卒.이라

○齊人歸讙及闡.이라

8년 봄 천자가 쓰는 역으로 정월에, 송나라 군주인 공작이 조나라 도읍으로 들어가, 조나라 군주인 백작 양(陽)을 데리고 돌아갔다.

오나라가 우리 노나라를 쳤다.

여름에, 제나라 사람이 우리 노나라의 환(讙)과 천(闡)을 빼앗았다.

우리 노나라가 주나라 군주인 자작 익(益)을 주나라로 돌려보냈다.

가을 7월.

겨울 12월 계해날에, 기나라 군주인 백작 과(過)가 세상을 떠났다.

제나라 사람이 환과 천을 우리 노나라에게 돌려주었다.

傳| 八年春,에 宋公伐曹,하고 將還,에 褚師子肥殿.이라 曹人詬之,에 不行,하니 師待之.라 公聞之,하고 怒.라 命反之,하여 遂滅曹,하고 執曹伯及司城彊以歸,하여 殺之.라

吳爲邾故將伐魯,하여 問於叔孫輒.이라 叔孫輒對曰, 魯有名而無情,이오니 伐之,면 必得志焉.이리다 退而告公山不狃,하니 公山不狃曰, 非禮也.라 君子違,라도 不適讎國.이라 未臣而有伐之,면 奔命焉,하여 死之可也,요 所託也則隱.이라 且夫人之行也,에 不以所惡廢鄉.이라 今, 子以小惡而欲覆宗國.이라 不亦難乎.아 若使子率,이면 子必辭.하라 王將使我.하리라 子張病之.라 王問於子泄,하니 對曰, 魯雖無與立,이오나 必有與斃,이옵고 諸侯將救之,리니 未可以得志焉.이리오 晉與齊·楚輔之,면 是四讎也.라소이다 夫魯齊·晉之脣.이오니다 脣亡齒寒,은 君所知也.리이다 不救何爲.리인가

8년 봄에 송나라 군주가 조나라를 치고 돌아가려는데 저사자비(褚師子肥)가 맨 뒤에 섰다. 조나라 사람이 그에게 욕설을 하니, 그가 전진하지 않자 송나라 군사의 본대는 전진을 중지하여 그를 기다렸다. 군주가 그 사유를 듣고는 화를 냈다. 그리하여 군사에게 뒤로 돌아서라고 명하여 결국 조나라를 멸망시키고, 조나라 군주와 조나라의 사성(司城) 강(彊)을 잡아 데리고 돌아가, 그들을 죽였다.

오나라가 주나라 일로 우리 노나라를 치려 하여, 노나라에서 도망온 숙손첩에게 그 일에 대해서 물었다. 숙손첩은, "노나라는 유명무실(有名無實)하오니, 치신다면 반드시 뜻을 이루실 수 있을 것이옵니다."라고 대답했다. 그리고서 오왕의 앞을 물러나가 역시 노나라에서 도망온 공산불뉴(公山不狃)에게 그 말을 하니, 공산불뉴는 대답했다. "당신은 예의가 없는 사람이오. 군자는 자기 나라에서 도망 나가더라도, 자기 나라와 원수인 나라로는 가지 않는 것이오. 그리고 간 나라의 신하가 되지 않고 있는 마당에 그 나라가 자기의 본국을 치는 일이 있게 된다면, 본국으로 달려가 본국에서 죽는 것이 옳은 일이고, 의지하고 있는 곳에서는 자기 나라의 일을 숨기는 것이오. 그리고 사람이 외국으로 나가 있어서는 본국에 대한 원한으로 본국을 해치지 않는 것이오. 그러나 이제, 당신은 자그마한 본국에 대한 증오심으로 본국을 전복시키려 하고 있소. 그럴 수가 있단 말이오? 오왕이 만일 당신에게 군사를 인도하게 하거든 당신은 꼭 사퇴하시오. 그러면 오왕은 나에게 시킬 것이오." 이 말에, 자장(子張 : 숙손첩)은 고민했다. 오왕이 자설(子泄 : 공산불뉴)에게 노나라 치는 일을 물으니, 그는 대답했다. "노나라에는 비록 서로 같이 나라를 흥하게 할 사람은 없다 할지라도, 같이 나라를 위하여 죽을 사람들은 반드시 있을 것이옵고, 다른 제후국들이 노나라를 도울 것이오니 뜻대로 할 수는 없을 것이옵니다. 진나라가 제나라·초나라와 노나라를 돕는다면, 오나라로서는 네 적국(敵國)이 있게 되는 것이옵니다. 노나라는 제나라와 진나라에 있어서 사람의 몸으로 비유한다면 입술에 해당되옵니다. 입술이 없어지면 이가 시리게 된다는 것은, 군주께서 잘 알고 계실 것이옵니다. 그런데 제나라와 진나라가 구하지 않고 어찌하겠나이까?”

주해┃ ㅇ叔孫輒(숙손첩)·公山不狃(공산불뉴)—이들은 노나라 사람으로, 정공 12년에 제나라로 망명했다가, 나중에 오나라로 갔다.
ㅇ脣亡齒寒(순망치한)—입술이 없어지면 이가 시리다. 이 말로 노나라가 망하면, 제나라와 진나라가 위태롭게 된다는 뜻을 나타냈다.

三月,에 吳伐我.라 子泄率,에 故道險,하여 從武城.이라 初,에 武城人或有因於吳境田焉,에 拘鄫人之漚菅者曰, 何故使吾水滋.오 及吳師至,에 拘者道之,하여 以伐武城,하여 克之.라 王犯嘗爲之宰,하고 澹臺子羽之父好焉,에 國人懼.라 懿子謂景伯,하되 若之何.오 對曰, 吳師來,면 斯與之戰.이라 何患焉.가 且召之而至,어늘 又何求焉.가 吳師克東陽而進,하여 舍於五梧,하고 明日舍於蠶室.이라 公賓庚·公甲叔子與戰于夷,에 獲叔子與析朱鉏,하여 獻於王,하니 王曰, 此同車.라 必使能,이니 國未可望也.라 明日,에 舍于庚宗,하고 遂次於泗上.이라

微虎欲宵攻王舍,하고 私屬徒七百人,하여 三踊於幕庭,하니 卒三百人,에 有若與焉.이라 及稷門之内,에 或謂季孫曰, 不足以害吳,하여 而多殺國士,리니 不如已也.라 乃止之.라 吳子聞

之,하고 一夕三遷.이라 吳人行成,하여 將盟.이라 景伯曰, 楚人

圍宋,에 易子而食,하고 析骸而爨,이나 猶無城下之盟.이라 我未

及虧,어늘 而有城下之盟,은 是棄國也.라 吳輕而遠,에 不能久.

라 將歸矣,되니 請少待之.라 弗從.이라 景伯負載,하여 造於萊

門.이라 乃請釋子服何於吳,하니 吳人許之.라 以王子姑曹當之,

하고 而後止.라 吳人盟而還.이라

齊悼公之來也,에 季康子以其妹妻之.라 卽位而逆之,나 季

魴侯通焉,하여 女言其情,하니 弗敢與也.라 齊侯怒.라

夏五月,에 齊鮑牧帥師,하여 伐我,하고 取讙及闡.이라 或譖胡

姬於齊侯曰, 安孺子之黨也.라

六月,에 齊侯殺胡姬.라

齊侯使如吳請師,하니 將以伐我.라 乃歸邾子,러니 邾子又無

道,하니 吳子使大宰子餘討之.라 囚諸樓臺,하여 栫之以棘,하고

使諸大夫奉太子革以爲政.이라

秋,에 及齊平.이라 九月,에 臧賓如如齊,하여 涖盟,하고 齊閭

丘明來,하여 涖盟.이라 且逆季姬以歸.라 嬖.라 鮑牧又謂群公

子曰, 使女有馬千乘乎.아 公子愬之,하니 公謂鮑子,하되 或譖

子.라 子姑居於潞.하라 以察之,하여 若有之,면 則分室以行.하

라 若無之, 면 則反子之所. 하리라 出門, 에 使以三分之一行, 하고
半道使以二乘, 하며 及潞, 엔 麇之以入, 하여 遂殺之. 라
冬十二月, 에 齊人歸讙及闡, 하니 季姬嬖故也. 라

3월에, 오나라가 우리 노나라를 쳤다. 자설(子泄 : 공산불뉴)이 오나라군을 안내하게 되었는데, 그는 고의로 험한 길을 지나 무성(武城)을 경유하게 했다. 전에 무성 사람인 어느 자가 오나라와의 국경을 따라 사냥했는데, 그때 그 사람은 증(鄫) 사람으로 왕골을 물에 담그고 있는 자를 잡아 말하기를, "네 어째서 우리나라 땅의 물을 흐리게 하느냐?"라고 한 일이 있었다. 오나라 군사가 무성에 이르자, 그 잡혔던 자가 길안내를 하여, 무성을 쳐 함락시켰다. 오나라의 대부로 전에 노나라로 도망왔다가 다시 오나라로 돌아간 왕범(王犯)이, 노나라에서 무성읍을 다스린 일이 있었고, 담대자우(澹臺子羽)의 아버지가 그와 친했기에, 노나라 사람들은 왕범이 불리한 짓이나 하지 않을까 두려워했다.   맹의자(孟懿子 : 孟孫何忌)가 자복경백(子服景伯)에게 이르기를, "이 일을 어찌하면 좋소."라고 하니, 자복경백은 대답하기를, "오나라 군사가 쳐들어오면, 우리는 그들과 싸울 따름입니다. 어찌 걱정하십니까? 그리고 우리가 그들을 불러서 오는 것인데 무얼 또 할 것입니까?"라고 했다. 오나라 군사는 동양(東陽)을 함락시키고 전진하여, 오오(五梧)에서 머물고, 다음날에는 잠실(蠶室)에서 머물렀다. 그때 공빈경(公賓庚)과 공갑숙자(公甲叔子)가 같이 이(夷)에서 오군과 싸웠는데, 오군이 공갑숙자와 석주서(析朱鉏)를 잡아, 그들의 목을 쳐 왕에게 바치니 오왕이 말하기를, "이들은 같이 한 전차에 타 싸웠도다. 한 전차에 반드시 이들같이 훌륭한 사람들을 태워 싸우게 하고 있으니, 노나라를 빼앗는다는 것은 바랄 수가 없구나."라고 했다. 오군은 그 다음날에 경종(庚宗)에서 머물고, 곧 사상(泗上)으로 전진

하여 군진을 쳤다.

노나라 대부인 미호(微虎)는 저녁에 오왕의 본진(本陣)을 공격하려 하여, 남몰래 병사 7백명을 모아, 군막(軍幕)을 친 뜰 안에서 세 차례 뛰게 했더니 공격을 감당할 수 있는 자가 3백여명 되었는데, 그 중에는 유약(有若)이 끼어 있었다. 그들이 출발하여 직문(稷門) 안에 당도하였는데, 그때 어느 사람이 계손씨에게 말하기를, "저 사람들은 오나라 군사에게 손해를 줄 수가 없어서, 공연히 나라의 좋은 사람이나 많이 죽이는 일이 될 것이니 그만두게 하는 것이 좋습니다."라고 했다. 그래서 곧 중지시켰다. 오나라 군주가 이 소식을 듣고, 안심이 안 되어 하루 저녁에 세 번이나 자리를 옮겼다. 오나라 사람이 화해를 요청하여 맹약을 맺게 되었다. 그때 자복경백이 말하기를, "초나라 사람들이 송나라 도읍을 포위했을 때, 송나라 사람들은 자기 자식을 먹을 것과 바꾸고, 죽은 사람들의 뼈를 잘라 아궁이에 불을 땠으나, 성하(城下)에서 맹약 맺는 일은 하지 않았습니다. 우리는 아직 기진맥진하지도 않은데, 성하에서 맹약을 맺는다는 것은, 나라를 버리는 짓입니다. 오나라 군사는 경솔하게 나왔고, 또 멀리 왔으니 오래갈 수는 없습니다. 그들은 곧 돌아갈 것이니, 좀더 기다리기를 바랍니다."라고 했다. 그러나 그의 의견에 따르지 않았다. 맹약을 맺는 날이 되자, 자복경백이 맹약문(盟約文)을 등에 지고 내문(萊門)으로 갔다. 그리하여 자복하(子服何 : 자복경백)가 오나라에 인질로 가기로 청하니, 오나라 사람은 응낙했다. 그리고 오나라의 왕자 고조(姑曹)를 노나라에서 인질로 받아들이기로 하고 교섭은 끝났다. 오나라 사람들은 맹약을 맺고 나자 돌아갔다.

제나라의 도공이 우리 노나라로 와 있을 때, 계강자는 그의 여동생을 도공의 아내로 삼았다. 도공이 귀국하여 군주 자리에 올라 계강자의 여동생을 맞이하려 했으나, 계강자의 여동생이 숙부(叔父)되는 계방후(季魴侯)와 밀통하고 있어, 여동생이 그 사정을 말하니 계강자는 제나라로 보내지 않았다. 그러자 사정을 모르는 제나라 군주는 노했다.

여름 5월에, 제나라의 포목(鮑牧)이 군사를 이끌고, 우리 노나라를 치고, 환(讙)과 천(闡)을 빼앗았다. 어느 사람이 제나라 군주에게 호희(胡姬)에 대한 참언을 하기를, "호희는 어린 분, 안(安)의 무리였나이다."라고 했다.

6월에, 제나라 군주는 호희를 죽였다.

제나라 군주가 오나라에 사자(使者)를 보내어 군사를 내줄 것을 요청했으니, 그것은 우리나라를 치자는 것이었다. 그래서 우리나라는 주(邾)나라 군주를 돌려보냈더니 주나라 군주가 돌아가서도 또한 무도한 짓을 하니, 오나라 군주는 태재(大宰) 자여(子餘)에게 주나라를 치게 했다. 자여는 주나라 군주를 높은 다락의 궁전에 가두어, 그 궁전의 둘레에 가시나무를 심고, 여러 대부들에게 태자 혁(革)을 받들고서 정치를 하게 했다.

가을에, 우리 노나라가 제나라와 화해했다. 9월에, 장빈여(臧賓如)가 제나라에 가 맹약 맺는 자리에 입회했고, 제나라의 여구명(閭丘明)이 우리 노나라로 와 맹약 맺는 자리에 입회했다. 그리고 그는, 제나라 군주 도공의 부인이고 계강자의 여동생인 계희(季姬)를 맞이하여 돌아갔다. 계희는 제나라 군주의 사랑을 받았다. 제나라의 포목이 여러 공자들에게 말하기를, "내가 당신으로 하여금 군주가 되게 해줄까요?"라고 했다. 이 말을 들은 공자가 군주에게 말하니, 군주는 포씨에게 말하기를, "누군가 그대를 비방하고 있소. 그러니 그대는 잠시 노(潞)에 가 있도록 하오. 내 내막을 살펴, 만일 죄가 되는 사실이 있으면, 그대의 가산(家産)을 나누어 가지고 외국으로 떠나시오. 만일 아무 일이 없다면, 그대를 복귀시키리다."라고 했다. 포씨가 집의 문을 나갈 때에 군주는 포씨가 이끌고 있는 사람의 3분의 1이 따라가게 했고, 절반 되는 지점에 이르렀을 때에는 다만 두 수레만 따르게 했으며, 노에 당도했을 때에는 포씨를 잡아 묶어서 데리고 들어가 곧 죽이게 했다.

겨울 12월에, 제나라 사람이 환(讙)과 천(闡)을 우리 노나라에게 돌려주었는데, 그것은 계희가 제나라 군주의 사랑을 받고 있어서였다.

주해 ○武城(무성)−노나라의 읍으로, 비(費) 근방.

○澹臺子羽(담대자우)−공자(孔子)의 제자였다. 무성 사람으로, 이름은 멸명(滅明)이었다.

○東陽(동양)·五梧(오오)·蠶室(잠실)·夷(이)·庚宗(경종)·泗上(사상)−모두 노나라 남부의 땅으로, 지금의 산동성 서남부.

○有若(유약)−공자의 제자로 자는 유(有)였다.

○稷門(직문)−노나라 도읍의 성문 이름.

○吳輕而遠(오경이원)−오나라 군사는 경솔히 나와 신중히 준비를 하지 않고 멀리 왔음.

○鮑牧(포목)−제나라 도공의 반대자였다. 애공 6년조에도 나왔다.

○讙(환)−지금의 태안(泰安).

○闡(천)−지금의 영양(寧陽) 부근.

○胡姬(호희)−제나라 경공(景公)의 첩이었다. 앞에서 나왔다.

○季姬(계희)−계강자의 여동생.

○有馬千乘(유마천승)−군주를 가리킨다.

○潞(노)−제나라 도읍의 교외에 있는 읍.

經 ○九年春王二月,에 葬杞僖公.이라
〔구 년 춘 왕 이 월〕 〔장 기 희 공〕

○宋皇瑗帥師,하여 取鄭師于雍丘.라
〔송 황 원 솔 사〕 〔취 정 사 우 옹 구〕

○夏,에 楚人伐陳.이라
〔하〕 〔초 인 벌 진〕

○秋,에 宋公伐鄭.이라
〔추〕 〔송 공 벌 정〕

○冬十月.
〔동 시 월〕

9년 봄 천자가 쓰는 역으로 2월에, 기나라 희공을 장사 지냈다.

송나라 황원(皇瑗)이 군사를 이끌고 정나라 군사를 옹구(雍丘)에서 다 잡았다.

여름에, 초나라 사람이 진(陳)나라를 쳤다.

가을에, 송나라 군주인 공작이 정나라를 쳤다.

겨울 10월.

■傳│ 九年春,에 齊侯使公孟綽辭師于吳.라 吳子曰, 昔歲,에 寡人
聞命,이어늘 今又革之,하니 不知所從.이라 將進受命於君.하리라
鄭武子賸之璧許瑕求邑,이나 無以與之.라 請外取,에 許之.
라 故로 圍宋雍丘.라 宋皇瑗圍鄭師,하여 每日遷舍,하니 壘合,
하니 鄭師哭.이라 子姚救之,나 大敗.라 二月甲戌,에 宋取鄭師
于雍丘,로되 使有能者無死,하여 以邴張與鄭羅歸.라

夏,에 楚人伐陳,하니 陳卽吳故也.라

宋公伐鄭.이라

秋,에 吳城邗,하여 溝通江淮.라

晉趙鞅卜救鄭,하니 遇水適火,에 占諸史趙·史墨·史龜.라
史龜曰, 是謂沈陽.이라 可以興兵,에 利以伐姜,이요 不利子商.
이라 伐齊則可,요 敵宋不吉.이라 史墨曰, 盈水名也,요 子水位
也.라 名位敵,이니 不可干也.라 炎帝爲火師,하고 姜姓其後也.

라 水勝火, 니 伐姜則可. 라 史趙曰, 是謂如川之滿, 하여 不可游

也. 라 鄭方有罪, 하니 不可救也. 라 救鄭則不吉. 이라 不知其他.

라 陽虎以周易筮之, 하니 遇泰☷☰之需☵☰. 라 曰, 宋方吉, 하

니 不可與也. 라 微子啓帝乙之元子也, 요 宋·鄭甥舅也. 라 祉

祿也. 라 若帝乙之元子歸妹, 하여 而有吉祿, 이면 我安得吉焉. 가

乃止. 라

冬, 에 吳子使來徵師伐齊. 라

　9년 봄에, 제나라 군주가 공맹작(公孟綽)을 보내어 오나라에 대해서 군사 내는 일을 그만두게 했다. 그러자 오나라 군주가 말하기를, "지난해에 나는 군사를 빌리라는 청을 받았는데, 이제 와서 다른 말을 하니, 내 어느 쪽을 따라야 할지를 모르겠소. 내 장차 가서 귀국의 군주한테 말을 듣기로 하겠소."라고 하였다.

　정나라의 무자(武子) 잉(賸 : 罕達)이 사랑하는 허하(許瑕)가 읍을 영유하고 싶어했지만 줄 곳이 없었다. 허하가 다른 나라의 읍을 쳐 빼앗아 갖겠다고 청하니, 허락했다. 그래서 허하가 이끄는 군사가 송나라의 옹구(雍丘)를 포위했다. 그런데 송나라의 황원이 정나라 군사를 포위하고, 매일 보루를 정나라 군사의 보루 쪽으로 당겨 구축하여, 결국은 정나라 군사의 보루와 맞닿게 하니 정나라 군사는 잘못되었다며 울었다. 그때 정나라의 자요(子姚 : 무자 잉)가 구원하러 갔으나, 크게 패하였다. 2월 갑술날에, 송나라는 정나라 군사를 옹구에서 다 잡았으나, 유능한 자는 죽이지 말게 하여 겹장(郟張)과 정라(鄭羅)를 데리고 돌아갔다.

여름에, 초나라 사람이 진(陳)나라를 쳤으니, 그것은 진나라가 오나라에 복종해서였다.

송나라 군주가 정나라를 쳤다.

가을에, 오나라가 한(邗)에 성을 쌓아, 성가에 도랑을 파 양자강과 회수(淮水)로 통하게 했다.

진(晉)나라의 조앙이 정나라를 구원하면 좋은가 나쁜가를 거북등을 구워 점치니, 물이 불로 달려드는 격의 징조가 나타나 사조(史趙)·사묵(史墨)·사귀(史龜) 등에게 해석케 했다. 그러자 사귀는 말하기를, "이 징조를 침양(沈陽 : 양기인 불이 물에 잠겨짐)이라 하는 것입니다. 군사를 낼 수 있는 운수인데, 강씨(姜氏)의 나라를 치는 것이 이롭고, 성(姓)이 자(子)인 상(商 : 殷)나라 후손국(後孫國)을 치는 것은 불리합니다. 즉 강씨의 나라인 제나라를 치면 좋고, 자성(子姓)이고 상(은)나라 후손국인 송나라를 대적하는 것은 불길합니다."라고 했다. 그리고 사묵은 말하기를, "님의 성(姓) 영(盈)은 강의 이름이고, 송나라 군주의 성 자(子)는 물의 방위입니다. 강 이름인 영과 물의 방위인 자는 서로 세(勢)가 맞서는 것이니, 범할 수가 없는 것입니다. 염제(炎帝 : 神農氏)는 불로 익혀 먹는 것을 가르쳤고, 강성(姜姓)의 나라는 염제의 후손국입니다. 물은 불을 이기는 것이니, 강성의 나라를 치면 좋습니다."라고 했다. 또 사조는, "이 징조는 강에 물이 가득 차서, 물에서 놀 수 없는 것과 같다고 말할 수 있습니다. 정나라는 바야흐로 죄를 짓고 있으니 구할 수 있는 것이 못됩니다. 정나라를 구원한다는 것은 불길한 일입니다. 다른 것은 알 수 없습니다."라고 했다. 그때 양호(陽虎)가 《주역(周易)》으로 산가지점을 치니, 태괘(泰卦)가 수괘(需卦)로 변하는 괘가 나왔다. 그는 말하였다. "송나라는 바야흐로 길운(吉運)을 맞고 있으니 송나라를 대적할 수는 없습니다. 송나라 군주의 조상인 미자계(微子啓)는 상(商)나라 왕 제을(帝乙)의 큰아들이었고, 송나라와 정나라는 인척(姻戚)입니다. 태괘의 효사(爻

辭)에, '제을의 여동생을 시집보내게 했다, 그래서 지(祉)가 있고……'라 하였는데, 지는 곧 복(福:祿)입니다. 제을의 큰아들이 여동생을 (정나라로) 시집보내어 좋은 복이 있게 된다 할 것 같으면, 우리가 어떻게 길운을 차지할 수 있겠습니까?" 이 말에, 정나라 구원하는 일을 그만두었다.

겨울에, 오나라 군주가 사자(使者)를 우리 노나라로 보내어 우리나라 군사를 정비하여 제나라를 치게 하라 했다.

▌주해▎ ○雍丘(옹구)―지금의 하남성 기현(杞縣).

○武子賸(무자잉)―정나라의 경(卿)이었던 한달(罕達). 무자는 시호였고, 잉은 그의 자(字)였다. 자를 요(姚)라고도 했다.

○邗(한)―지금의 양주(揚州).

○盈(영)―조앙(趙鞅)의 본성(本姓).

○子(자)―송나라 군주의 성.

▌經▎ ○十年春王二月,에 邾子益來奔.이라
《십 년 춘 왕 이 월   주 자 익 래 분》

○公會吳,하고 伐齊.라
《공 회 오   벌 제》

○三月戊戌,에 齊侯陽生卒.이라
《삼 월 무 술   제 후 양 생 졸》

○夏,에 宋人伐鄭.이라
《하   송 인 벌 정》

○晉趙鞅帥師,하여 侵齊.라
《진 조 앙 솔 사   침 제》

○五月,에 公至自伐齊.라
《오 월   공 지 자 벌 제》

○葬齊悼公.이라
《장 제 도 공》

○衛公孟彄自齊歸于衛.라
《위 공 맹 구 자 제 귀 우 위》

○ 薛伯夷卒.이라
설 백 이 졸

○ 秋,에 葬薛惠公.이라
추   장 설 혜 공

○ 冬,에 楚公子結帥師,하여 伐陳.이라
동   초 공 자 결 솔 사   벌 진

○ 吳救陳.이라
오 구 진

10년 봄 천자가 쓰는 역으로 2월에, 주나라 군주인 자작 익(益)이 우리 노나라로 도망왔다.

공이 오나라와 회합을 갖고 제나라를 쳤다.

3월 무술날에, 제나라 군주인 후작 양생(陽生)이 세상을 떠났다.

여름에 송나라 사람이 정나라를 쳤다.

진나라의 조앙이 군사를 이끌고, 제나라를 침공했다.

5월에, 공이 제나라 치는 일에서 돌아왔다.

제나라 도공을 장사 지냈다.

위나라의 공맹구(公孟彄)가 제나라로부터 위나라로 돌아갔다.

설나라 군주인 백작 이(夷)가 세상을 떠났다.

가을에, 설나라 혜공을 장사 지냈다.

겨울에, 초나라 공자 결(結)이 군사를 이끌고 진(陳)나라를 쳤다.

오나라가 진나라를 구원했다.

▌주해▎ ○齊侯陽生卒(제후양생졸)−경문에는 이렇게 되어 있으나, 전문에도 신하가 죽인 것으로 되어 있다. 이것에 대해서 두예는 그의 주에서, 제나라는 도공이 병사(病死)했다고 알려 왔기에, 경문에 졸(卒)했다고 썼다고 했다.

▌傳▎ 十年春,에 邾隱公來奔.이라 齊甥也.라 故로 遂奔齊.라
십 년 춘   주 은 공 래 분   제 생 야   고   수 분 제

公會吳子·邾子·郯子,하고 伐齊南鄙,하여 師于鄎.이라 齊
人弑悼公,하고 赴于師,하니 吳子三日哭于軍門之外.라 徐承帥
舟師,하여 將自海入齊,일세 齊人敗之,하니 吳師乃還.이라

夏,에 趙鞅帥師,하여 伐齊.라 大夫請卜之,하니 趙孟曰, 吾
卜.이라 於此起兵.이라 事不再令,하고 卜不襲吉.이라 行也.라
於是乎取犂及轅,하고 毀高唐之郭,하며 侵及賴而還.이라

秋,에 吳子使來復儆師.라

冬,에 楚子期伐陳,하고 吳延州來季子救陳.이라 謂子期曰,
二君不務德,하여 而力爭諸侯.라 民何罪焉.가 我請退以爲子
名,하리니 務德而安民.하라 乃還.이라

10년 봄에, 주(邾)나라 군주 은공이 우리 노나라로 도망왔다. 주나라 은공은 제나라 군주의 생질이었다. 그러므로 그는 곧 제나라로 달아났다.

공이 오나라 군주인 자작·주나라 군주인 자작(은공의 아들)·담(郯)나라 군주인 자작 등과 회합을 갖고, 제나라의 남쪽 변경을 쳐, 식(鄎)에 군사를 주군(駐軍)시켰다. 그때 제나라 사람이 군주 도공을 죽이고 우리 군사에게 알리니, 오나라 군주는 3일 간 군진(軍陣)의 문밖에서 곡례(哭禮)를 올렸다. 오나라의 서승(徐承)이 별도로 수군(水軍)을 이끌고, 바닷가로부터 제나라 땅으로 들어오게 하려 하니 제나라 사람이 패배시켜, 오나라 군사는 돌아갔다.

여름에, 진나라의 조앙이 군사를 이끌고 제나라를 쳤다. 그때 어느

대부가 출전함이 길한가 불길한가를 거북등을 구워 점칠 것을 청하니, 조맹(趙孟 : 조앙)은 말했다. "내 이미 점을 쳤네. 이제는 출군시킬 일 뿐이네. 한가지 일에 대해서 두번의 명령을 내리지 않는 것이고, 거북등을 구워 점치는 일에 있어서는, 두번 다시 길운을 요구하지 않는 것일세. 가세." 이 출병에서 이(犁)와 원(轅)을 빼앗고, 고당(高唐)의 외곽 성을 헐었으며, 침공하여 뇌(賴)까지 갔다가 돌아갔다.

가을에 오나라 군주가 우리 노나라로 사자를 보내어, 다시 군사를 정비케 했다.

겨울에 초나라의 자기(子期 : 結)가 진(陳)나라를 쳤고, 오나라 연주래(延州來)의 계자(季子)가 진나라를 구원했다. 그때 계씨는 자기에게 말하기를, "두 나라의 군주는 덕 닦기를 힘쓰지 않고 다른 제후와 전쟁하기만을 힘쓰고 있소이다. 백성들이 무슨 죄가 있단 말이오? 내 퇴군하여 당신이 이겼다는 명예를 차지하게 할 것이니, 덕을 닦아 백성을 편안하게 하시오."라고 했다. 그리고는 돌아갔다.

주해ㅣ ㅇ鄎(식)―제나라 땅으로 지금의 몽음현(蒙陰縣) 북쪽 땅.

ㅇ犁(이)―지금의 제양(濟陽) 서남쪽.

ㅇ轅(원)―지금의 제하현(濟河縣) 서북쪽.

ㅇ高唐(고당)―지금의 우성(禹城) 서북쪽.

ㅇ賴(뇌)―지금의 장구(章邱) 부근.

ㅇ季子(계자)―두예는 계찰(季札)이었다고 말했다. 그렇다면 그는 당시 90여세였다. 계찰의 이름은 양공 14년조에 처음으로 나왔다.

經ㅣ ㅇ十有一年春,에 齊國書師師,하여 伐我.라

ㅇ夏,에 陳轅頗出奔鄭.이라

ㅇ五月,에 公會吳,하여 伐齊.라

○ 甲戌,에 齊國書帥師,하여 及吳戰于艾陵.이라 齊師敗績,하고

獲齊國書.라

○ 秋七月辛酉,에 滕子虞母卒.이라

○ 冬十有一月,에 葬滕隱公.이라

○ 衛世叔齊出奔宋.이라

11년 봄에, 제나라의 국서(國書)가 군사를 이끌고, 우리 노나라를 쳤다.

여름에, 진(陳)나라 원파(轅頗)가 정나라로 달아났다.

5월에, 공이 오나라와 회합을 갖고 제나라를 쳤다.

갑술날에, 제나라의 국서가 군사를 이끌고, 오나라와 애릉(艾陵)에서 싸웠다. 제나라 군사가 대패했고, 오나라는 제나라의 국서를 잡았다.

가을 7월 신유날에, 등나라 군주인 자작 우무(虞母)가 세상을 떠났다.

겨울 11월에, 등나라 은공을 장사 지냈다.

위나라의 세숙제(世叔齊)가 송나라로 달아났다.

주해 ○虞母(우무)-'우모(虞母)'로 된 판본도 있다.

傳 十一年春,에 齊爲鄎故,로 國書·高無丕帥師,하여 伐我,하여 及淸.이라 季孫謂其宰冉求曰, 齊師在淸,은 必魯故也.라 若之何. 오 求曰, 一子守,하고 二子從公,하여 禦諸境.하라 季孫曰, 不能.

이라 求曰, 居封疆之間.하라 季孫告二子,하니 二子不可.라 求曰,

若不可,면 則君無出,하고 一子帥師,하여 背城而戰.하라 不屬者非

魯人也.라 魯之群室,은 衆於齊之兵車.라 一室敵車,면 優矣.라

子何患焉.가 二子之不欲戰也宜.라 政在季氏.라 當子之身,하여

齊人伐魯,나 而不能戰,이면 子之恥也大,요 不列於諸侯矣.라

季孫使從於朝,하여 俟於黨氏之溝,일새 武叔呼而問戰焉.이라

對曰, 君子有遠慮.리라 小人何知.오 懿子强問之,에 對曰, 小

人慮材而言,하고 量力而共者也.라 武叔曰, 是謂我不成丈夫

也.라 退而蒐乘.이라 孟孺子泄帥右師,에 顏羽御,하고 邴泄爲

右.라 冉求帥左師,에 管周父御,하고 樊遲爲右.라 季孫曰, 須

也弱.이라 有子曰, 就用命焉.이라 季氏之甲七千.이라 冉有以武

城人三百,으로 爲己徒卒,하여 老幼守宮,하고 次于雩門之外.라

五日,에 右師從之.라 公叔務人見保者而泣曰, 事充,하고 政重,

하며 上不能謀,하고 士不能死,하니 何以治民.가 吾旣言之矣,에

敢不勉乎.아

11년 봄에, 제나라는 식(郞)의 싸움에 대한 보복을 위하여, 국서와 고무비가 군사를 이끌고, 우리 노나라를 치려고 청(淸)으로 진출했다. 그때 계손씨가 가신장(家臣長)인 염구(冉求)에게 말하기를, "제나라

군사가 청에 와 있는 것은 반드시 우리 노나라를 치기 위해서이네. 이 일을 어찌 하면 좋은가."라고 했다. 염구가 말하기를, "한 분은 도읍을 지키시고, 두 분은 군주를 따라가 국경에서 막아내십시오."라고 하니 계손씨는, "그렇게 할 수 없네."라고 하였다. 그래서 염구는, "그러시다면, 국경과 도읍 사이에서 막아내게 하십시오."라고 말했다. 계손씨가 맹손씨와 숙손씨 두 사람에게 그렇게 하자고 말하니, 두 사람은 그렇게 할 수 없다고 하였다. 그래서 염구가 말하기를, "그렇게 할 수 없다면, 군주는 싸우러 나가시지 마시고, 한 분이 군사를 이끌고 도읍의 성을 뒤로 하여 싸우십시오. 그 싸움에 참가하지 않는 자는 노나라 사람이 아닙니다. 이 노나라 도읍의 호수(戶數)는 제나라의 전차수보다 많습니다. 한 집이 적의 전차 한 대를 대하면, 우리가 우세합니다. 그런데 님은 어찌 걱정하십니까? 다른 두 분이 싸우려 하지 않는 것은 마땅한 일입니다. 정권이 계손씨의 손에 있기 때문입니다. 님이 정치를 하고 계시는 마당에, 제나라 사람이 우리 노나라를 치는데도, 싸울 수가 없대서야 님의 수치는 크고, 노나라는 제후국에 끼지 못하게 됩니다."라고 했다.

계손씨가 같이 조정으로 가, 그를 당씨(黨氏)네 집가의 도랑 옆에서 기다리게 했는데, 숙손무숙(叔孫武叔 : 叔孫州仇)이 그를 불러 싸울 일에 대해서 물었다. 염구가, "윗어른께서 깊은 생각을 하고 계실 것입니다. 소인이 어찌 싸울 일을 알겠습니까?"라고 대답했다. 그러자 맹의자(孟懿子 : 仲孫何忌)가 굳이 묻기에 염구는, "소인이야 제 분수를 생각해서 말하고, 능력을 헤아리어 힘을 바칠 따름입니다."라고 대답했다. 숙손무숙이, "이 사람은 내가 장부(丈夫)가 되지 못할 걸로 알고 말하고 있군."하고 말했다. 대신들은 조정에서 물러나 전차를 집합시켰다. 맹유자(孟孺子 : 맹의자의 아들) 설(泄)이 우군장(右軍將)이 되었는데, 안우(顏羽)가 그의 전차를 조정하고, 병설(邴泄)이 오른쪽 전사가 되었다. 그리고 염구가 좌군장이 되었는데, 관주보(管周父)

가 그의 전차를 조정하고, 번지(樊遲)가 오른쪽 전사가 되었다. 계손씨가, "수(須 : 번지)는 오른쪽 전사로는 어리네."라고 하자 유자(有子 : 염구)는, "임무에 당해서 명령하는 대로 잘할 것입니다."라고 했다. 당시 계손씨의 휘하 장병은 7천명이었다. 염유(冉有 : 염구)는 무성읍(武城邑) 사람 3백명을 자기 직속의 병졸로 삼고, 늙고 어린 사람들은 공궁(公宮)을 지키게 하고 우문(雩門) 밖에서 머물렀다. 5일 후에야, 우군(右軍)은 염구의 군사 뒤를 따라나갔다. 그때 공숙무인(公叔務人)은 도읍 성을 지키고 있는 자들을 보고 울면서 말하기를, "부역은 많고 세금은 무겁게 매기며, 윗사람은 나랏일을 도모할 수 없고, 선비들이 나라를 위하여 죽지를 못하니, 이러고서야 어떻게 백성을 다스린단 말인가? 내 이렇게 다른 사람들을 비난하고서, 내 자신이 감히 힘쓰지 않을손가?"라고 하였다.

▌주해▌ ○淸(청)—지금의 장청(長淸) 부근.
○冉求(염구)—공자(孔子)의 제자로, 자를 유(有) 또는 유자(有子)라 했다.
○樊遲(번지)—공자의 제자로 이름이 수(須)였다.
○雩門(우문)—노나라 도읍의 남쪽 성문 이름.

師及齊師戰于郊.라 齊師自稷曲,이어늘 師不踰溝.라 樊遲曰,

非不能也,요 不信子也.라 請三刻而踰之.라 如之,하니 衆從

之.라 師入齊軍,이나 右師奔.이라 齊人從之,하여 陳瓘·陳莊涉

泗.라 孟之側後入以爲殿,에 抽矢策其馬曰, 馬不進也.라 林不

狃之伍曰, 走乎.아 不狃曰, 誰不如.오 曰, 然則止乎.아 不狃

曰, 惡賢.가 徐步而死.라 師獲甲首八十,에 齊人不能師.라 宵,

에 謀曰, 齊人遁.이라 冉有請從之.라 三,이나 季孫弗許.라

孟孺子語人曰, 我不如顏羽,나 而賢於邴洩.이라 子羽銳敏.

이라 我不欲戰,이로되 而能默,이었거늘 洩曰驅之.라 公爲與其嬖

僮汪錡乘,하여 皆死.라 皆殯,에 孔子曰, 能執干戈,하여 以衛

社稷.라 可無殤也.라 冉有用矛於齊師.라 故로 能入其軍.이라

孔子曰, 義也.라

노나라 군사가 제나라 군사와 도읍에서 떨어진 교외에서 싸웠다. 제나라 군사가 직곡(稷曲)으로부터 쳐들어오는데도, 노나라 군사는 도랑을 건너가려 하지 않았다. 그러자 번지(樊遲)가 염구(冉求)에게 말하기를, "건너지 못하는 것이 아니라, 님의 명령을 잘 듣지 않고 있는 것입니다. 그러니 상벌(賞罰)에 대해서 세차례 말하여 도랑을 넘어가게 해주십시오."라고 했다. 그의 말대로 하니, 모두들 그의 명령을 따랐다. 그 싸움에서 염구가 이끄는 노나라 군사는 제나라군을 공격하여 들어갔지만, 우군(右軍)은 도망했다. 그러자 제나라 군사가 우군을 몰아, 제나라의 진관(陳瓘)·진장(陳莊)은 사수(泗水)를 건너 바짝 뒤따랐다. 그때 우군의 맹지측(孟之側)이 늦게 도망해 들어가 맨 뒤가 되었는데, 그는 화살을 빼어 말을 때리며 말하기를, "이놈의 말이 잘 달려주지 않는단 말야!"라고 했다. 그리고 임불뉴(林不狃)의 부하가, "달려 도망할까요?"라고 하니 임불뉴는, "우리가 누구만 못해서 달려 도망간단 말이냐?"라고 말했다. 부하가 다시, "그러면 여기에 머물러 싸울까요?"라고 하니 임불뉴는, "다들 도망하고 있는데 우리만 남아 싸운다고 어찌 훌륭한 사람이 될 것이냐?"라고 말했다. 그들은 결국 천천히 걸어 도읍으로 돌아가다가 죽고 말았다. 염구가 이

끄는 군사는 적을 무찔러 무장병의 목 80
을 치니, 제나라 사람이 군사를 정비하지
못하는 혼란에 빠졌다. 저녁에 간첩이 말
하기를, "제나라 사람들이 도망하고 있습
니다."라고 하였다. 그래서 염유(冉有 : 염
구)가 추격하기를 원했다. 세차례나 추격을
원했으나 계손씨는 허락하지 않았다.

창〔戈〕

맹유자는 어느 사람에게 말하기를, "나는 안우(顔羽)보다는 못하나,
병설(邴泄)보다는 낫다. 자우(子羽 : 안우)는 예민한 사람이다. 나는
싸우려 하지 않았으며, 도망하자고 말하지 않고 묵묵히 있을 수가 있
었지만, 병설은 빨리 말을 몰아 도망하자고 했다."라고 했다. 이 싸움
에서 공위(公爲 : 公叔務人)는 사랑하는 사동(使童) 왕기(汪錡)와 전
차에 같이 타 싸우다가 둘 다 죽었다. 그들의 시체를 우선 입관(入棺)
시켜 아직 정식의 장사를 지내지 않고 있는데, 공자(孔子)께서, "어린
왕기는 창과 방패를 제대로 들고 싸워, 노나라의 사직을 지켰다. 그의
죽음을 소년의 죽음으로 삼지 말고, 성인(成人)과 같이 장사 지내 주
어야 한다."라고 말씀하셨다. 그리고 염유는 창을 들고 제나라 군사와
잘 싸웠다. 그러므로 우리 군사가 제나라 군사 속으로 쳐들어갈 수
있었다. 공자께서는 그에 대해서, "의로운 사람이다."라고 말씀하셨다.

주해 o稷曲(직곡)-노나라 도읍의 교외 지명.
　o孟之側(맹지측)-맹손씨 가문의 사람으로, 자는 반(反)이라 했다. 《논어
　(論語)》에 나온다.
　o可無殤也(가무상야)-만 20세 전에 죽는 것을 상이라 했다. 성인의 죽
　음과 같이 대우해야 한다는 말이었다.

夏_하,에 陳_진轅_원頗_파出_출奔_분鄭_정.이라 初_초,에 轅_원頗_파爲_위司_사徒_도,하여 賦_부封_봉田_전,하

여 以嫁公女,에 有餘,하여 以爲己大器,하니 國人逐之.라 故로
出.이라 道渴,에 其族轅咺進稻醴·粱糗·腶脯焉.이라 喜曰,
何其給也.오 對曰, 器成而具.라 曰, 何不吾諫.가 對曰, 懼先
行.이라

爲郊戰故,로 公會吳子,하여 伐齊.라 五月,에 克博,하고 壬申,
에 至于嬴.이라 中軍從王,하고 胥門巢將上軍,하며 王子姑曹將
下軍,하고 展如將右軍.이라 齊國書將中軍,하고 高無丕將上軍,
하며 宗樓將下軍.이라 陳僖子謂其弟書曰, 爾死,면 我必得志.
리라 宗子陽與閭丘明相屬也,하고 桑掩胥御國子.라 公孫夏曰,
二子必死.리라 將戰,에 公孫夏命其徒歌虞殯,하고 陳子行命其
徒具含玉.이라 公孫揮命其徒曰, 人尋約.하라 吳髮短.이니라 東
郭書曰, 三戰必死,어늘 於此三矣.라 使問弦多以琴曰, 吾不復
見子矣.라 陳書曰, 此行也,에 吾聞鼓而已,요 不聞金矣.리라

甲戌,에 戰于艾陵,일새 展如敗高子,하고 國子敗胥門巢.라
王卒助之,에 大敗齊師,하고 獲國書·公孫夏·閭丘明·陳
書·東郭書·革車八百乘·甲首三千,하여 以獻于公.이라 將
戰,에 吳子呼叔孫曰, 而事何也.오 對曰, 從司馬.이오니다 王賜
之甲·劍·鈹曰, 奉爾君事,하여 敬無廢命.하라 叔孫未能對,에

衛賜進曰, 州仇奉甲從君.하리다 而拜.라 公使大史固歸國子之
元,에 寘之新篋,하고 襲之以玄纁,하며 加組帶焉,하고 寘書于其
上曰, 天若不識不衷,이면 何以使下國.가

　여름에, 진(陳)나라의 원파(轅頗)가 정나라로 달아났다. 전에, 원파
는 사도(司徒)가 되어, 나라의 모든 영역에 세금을 매겨, 공녀(公女)
가 시집갈 차비를 했는데, 그 비용으로 쓰고 남은 것이 있어 그것으
로 자기네의 큰 기물을 만들었는데, 그것을 이유로 나라 사람들이 그
를 축출했다. 그러므로 그는 정나라로 나간 것이다. 정나라로 가는 길
에서 목이 말랐을 때, 그의 씨족인 원훤(轅咺)이 탁주(濁酒)·말린
밥·썰어 말린 고기 등을 내주었다. 원파는 기뻐하며, "어떻게 이런
여러 가지를 준비하였다가 주는 거냐?"라고 말하였다. 원훤이, "가재
기물을 만드셨을 때, 이것들을 준비했습니다."라고 대답하니 원파가,
"이렇게 될 줄 알고 있었다면 네 어찌 그때 나에게 충고하지 않았느
냐?"라고 말하였다. 그러자 원훤은, "그때 충고하면 노하시고 몰아내
이보다도 먼저 외국으로 나가게 될 것을 두려워했던 것입니다."라고
대답하였다.

　우리 노나라의 교외에서 있었던 싸움에 대한 보복을 위하여, 공이
오나라 군주와 만나고 제나라를 쳤다. 5월에 박(博)을 공격하여 함락
시키고, 임신날에는 영(嬴)에 당도했다. 당시 오나라의 중군(中軍)은
오왕을 따랐고, 서문소(胥門巢)가 상군 대장이 되며, 왕자 고조(姑曹)
가 하군 대장이 되고, 전여(展如)가 우군 대장이 되었다. 그리고 제나
라는 국서(國書)가 중군을 이끌고, 고무비(高無㔻)가 상군을 이끌었
으며, 종루(宗樓)가 하군을 이끌었다. 당시 제나라 진희자(陳僖子)가
그의 동생 진서(陳書)에게 말하기를, "네가 죽는다면, 내가 마음먹고
있는 일이 반드시 잘될 것이니라."라고 했다. 종씨(宗氏)네 아들 양

(陽 : 종루)과 여구명(閭丘明)은 서로 격려하여 잘 싸워 죽자고 했고, 상엄서(桑掩胥)는 국서의 전차를 조종했다. 공손하(公孫夏)는 말하기를, "종루와 여구명 두 사람은 반드시 싸워 죽을 것이다."라고 했다. 싸우려 할 때, 공손하는 그의 부하들에게 장례식 때 부르는 노래를 부르게 했고, 진씨(陳氏)네의 아들 행(行 : 陳逆)은 그의 부하에게 죽으면 입에 넣는 옥(玉)을 준비케 했다. 그리고 공손휘(公孫揮)는 부하들에게 명하기를, "각자 8척(尺)의 새끼를 준비하라. 오나라 사람의 머리를 잘라서 들기 어려우니, 자른 목을 새끼로 묶어야 하느니라."라고 했다. 동곽서(東郭書)는, "세차례 싸움에 나가서는 반드시 죽는 것인데, 나는 이번이 세번째 싸움이다."라 하고, 우리 노나라로 도망와 있는 현다(弦多)에게 사람을 시켜 금(琴)을 보내고 말하게 하기를, "나는 이후로 다시는 당신을 만나지 못할 것이오."라고 했다. 그리고 진서는, "이번 싸움에서 나는 진군(進軍)의 북소리만 들을 따름이지, 퇴각하라고 치는 종소리는 듣지 않을 것이다."라고 말했다.

갑술날에 애릉(艾陵)에서 싸웠는데, 오나라의 전여는 제나라의 고무비를 패배시키고, 제나라의 국서는 오나라의 서문소를 패배시켰다. 그러나 오왕이 이끄는 군대가 도와 제나라 군사를 대파하고, 국서·공손하·여구명·진서·동곽서·가죽으로 된 전차 8백대·무장병의 목 3천을 얻어 우리 군주에게 바쳤다. 그 싸움을 시작하려 할 때, 오나라 군주가 숙손주구(叔孫州仇)를 불러 말하기를, "그대가 맡고 있는 일은 무엇인가?"라고 하니 대답하기를, "사마(司馬)에 종사하고 있사옵니다."라고 하니, 오왕은 그에게 갑옷·칼·날선 창을 주면서 말하기를, "그대의 군주 일을 잘 받들어 공손히 명령에 따르라."고 하였다. 숙손주구가 오왕에게 뭐라 대답해야 할지 모르는 마당에, 위나라 출신인 사(賜)가 오왕 앞으로 나가 말하기를, "숙손주구는 그 갑옷을 받고서 군주를 잘 따를 것이옵니다."라고 하였다. 그리고 나자 숙손주구는 오왕이 주는 것들을 절하고 받았다. 그리고 공은 태사(太史)

인 고(固)를 시켜 제나라 국서의 목을 제나라로 돌려보냈는데, 그 목을 새 상자에 담고 검은 명주로 싸 좋은 끈으로 묶고, 그 위에 편지를 써 덧붙였는데 그 글에, '하늘이 당신의 나라가 선(善)하지 않다는 것을 알지 못하고 있을 것 같으면, 어찌 우리 노나라같이 작은 나라와 싸워 이기게 하였겠습니까?'라고 했다.

주해┃ ○博(박)―제나라 읍으로, 지금의 태안현(泰安縣) 동남쪽.

○嬴(영)―제나라 읍으로, 지금의 내무현(萊蕪縣) 서북쪽.

○人尋約(인심약)―심은 8척(尺)의 길이. 약(約)은 새끼줄. 사람마다 8척의 새끼줄을 준비하라.

○艾陵(애릉)―제나라 땅으로, 지금의 내무현 동남쪽 땅.

○衛賜(위사)―사(賜)는 공자의 제자로 자공(子貢). 그는 위나라 출신이었는데, 당시 노나라의 숙손주구를 섬기고 있었다.

오 장 벌 제　　월 자 솔 기 중　　　　이 조 언　　왕 급 렬 사 개 유 궤 뢰
吳將伐齊,에 越子率其衆,하여 以朝焉,에 王及列士皆有饋賂.

　　　오 인 개 희　　유 자 서 구 왈　　시 환 오 야 부　　간 왈　　월 재 아
라 吳人皆喜,나 唯子胥懼曰, 是豢吳也夫.아 諫曰, 越在我,에

심 복 지 질 야　　　　양 지 동 이 유 욕 어 아　　　　부 기 유 복
心腹之疾也.라소이다 壤地同而有欲於我.이오니다 夫其柔服,은

구 제 기 욕 야　　　불 여 조 종 사 언　　　　득 지 어 제　　유 획 석
求濟其欲也,이오니 不如早從事焉.이오니다 得志於齊,는 猶獲石

전 야　　무 소 용 지　　　　월 불 위 소　　오 기 민 의　　사 의
田也,로 無所用之.라소이다 越不爲沼,면 吳其泯矣.리이다 使醫

제 질　　　이 왈 필 유 류 인 자　　미 지 유 야　　반 경 지 고 왈　　기 유
除疾,하여 而曰必遺類焉者,는 未之有也.라 盤庚之誥曰, 其有

전 월 불 공　　　즉 의 진　　　무 유 육　　　무 비 역 종 우 자 읍
顚越不共,이면 則劓殄,하여 無遺育,하여 無俾易種于茲邑.하라

하였나이다　시 상 소 이 흥 야　　　　　　금　군 역 지　　　장 이 구 대
하였나이다. 是商所以興也.였나이다 今, 君易之,하사 將以求大,

불 역 난 호　　　불 청　　사 어 제　　촉 기 자 어 포 씨
하시나 不亦難乎.인가 弗聽.이라 使於齊,하여 屬其子於鮑氏,하니

爲王孫氏.라 反役,에 王聞之,하고 使賜之屬鏤以死.라 將死曰,
樹吾墓檟.하라 檟可材也.라 吳其亡乎.인저 三年其始弱矣.리라
盈,이면 必毀,니 天之道也.라

오나라가 제나라를 치려 하니, 월나라 군주가 많은 사람들을 거느리고 오나라 군주를 찾아갔다. 그러자 오왕과 모든 사(士)들에게까지도 다 선물을 주었다. 오나라 사람들이 다 그 일을 기뻐했으나, 자서(子胥 : 伍員)만은 그 일을 두려워하여 말하기를, "이것은 월나라가 오나라에게 낚싯밥을 주는 일이구나!"라고 했다. 그리고는 오왕에게 충간(忠諫)했다. "월나라는 우리나라에 있어서, 가슴과 배의 병과 같은 존재이옵니다. 국토를 맞대고 있으면서도 우리에 대하여 욕심을 품고 있나이다. 월나라 군주가 저렇게 고분고분하게 복종하는 것은, 그의 속셈을 성취시키려는 짓이오니 빨리 월나라에 대해 도모하시는 것이 좋사옵니다. 우리나라가 제나라에 대한 뜻을 이룸은, 마치 돌밭을 얻는 것과 같은 것으로 아무 소용이 없나이다. 월나라를 쳐 못[沼]으로 만들지 않았다가는 우리 오나라가 멸망할 것이옵니다. 의사에게 질병을 없애게 하고서, 병의 뿌리는 남겨두라고 하는 사람은 없을 것이옵니다. 반경편(盤庚篇)의 가르침에 이르기를, '방종하여 명령을 받들지 않음이 있으면 잘라 없애어 그것이 남아 자라지 못하게 하여, 그 씨가 이 국토에 퍼지지 않게 할지니라.'라고 하였나이다. 이렇게 한 것이 상(商 : 殷)나라가 흥하게 된 연유였나이다. 그런데 이제 군주께서는 그렇게 하시지 않고, 앞으로 큰 결과를 원하고 계시오나 큰 결과 얻기는 어렵지 않으오리까?" 그러나 오왕은 이 말을 듣지 않았다. 그는 제나라에 사자로 가, 그의 아들을 제나라의 포씨에게 부탁했는데, 그의 아들이 곧 왕손씨(王孫氏)가 되었다. 싸움에서 돌아가, 오왕은 그 사실을 듣고 촉루(屬鏤)라는 칼을 내주며 그 칼로 죽으

라 했다. 오원(伍員)은 죽을 때 말했다. "나의 묘 옆에다 가(檟)나무를 심어다오. 가나무는 관재(棺材)로 좋으니라. 오나라는 망할 것이다. 이제로부터 3년이면 약해질 것이다. 가득 차면, 반드시 기우는 것이니 이것이 곧 천도(天道)인 것이다."

■주해┃ ○是豢吳也夫(시환오야부)－'이는 오나라를 먹여 기름이로구나' 이런 뜻인데, '낚싯밥을 주누나'로 해석했다.

○盤庚之誥(반경지고)－반경의 가르침. 《서경(書經)》상서(商書)의 편명(篇名)이나, 현존의 《서경》에는 다만 반경으로만 되어 있다.

○屬鏤(촉루)－칼의 이름이었다 한다.

秋,에 季孫命脩守備曰, 小勝大禍也.라 齊至無日矣.리라

冬,에 衛大叔疾出奔宋.이라 初,에 疾娶于宋子朝,이어늘 其娣嬖.라 子朝出,에 孔文子使疾出其妻,하여 而妻之.라 疾使侍人誘其初妻之娣寘於犂,하여 而爲之一宮,하니 如二妻.라 文子怒,하여 欲攻之,나 仲尼止之.라 遂奪其妻.라 或淫于外州,하니 外州人奪之軒以獻.이라 恥是二者.라 故로 出.이라 衛人立遺,하여 使室孔姞.이라 疾臣向魋,하여 納美珠焉,에 與之城鉏.라 宋公求珠,나 魋弗授.라 由是로 得罪.라 及桓氏出,에 城鉏人攻大叔疾,하니 衛莊公復之,하여 使處巢.라 死焉,에 殯於鄖,하고 葬於少禘.라

初,에 晉悼公子慭,이 亡在衛.라 使其女僕而田,에 大叔懿子,

가 止而飮之酒,하고 遂聘之,하여 生悼子,하고 悼子卽位.라 故로
夏戊爲大夫.라 悼子亡,하니 衛人翦夏戊.라 孔文子之將攻大叔
也,에 訪於仲尼.라 仲尼曰, 胡簋之事,인 則嘗學之矣.나 甲兵
之事,는 未之聞也.라 退命駕而行曰, 鳥則擇木.이라 木豈能擇
鳥.오 文子遽止之曰, 圉豈敢度其私.리오 訪衛國之難也.라 將
止,에 魯人以幣召之.라 乃歸.라

季孫欲以田賦,하여 使冉有訪於仲尼.라 仲尼曰, 丘不識也.
라 三發.이라 卒曰, 子爲國老,에 待子而行,이어늘 若之何.오 子
之不言也.이라 仲尼不對,나 而私於冉有曰, 君子之行也,는 度
於禮.라 施取其厚,하고 事擧其中,하며 斂從其薄.이라 如是,면
則以丘亦足矣.라 若不度於禮,하여 而貪冒無厭,이면 則雖以田
賦,라도 將又不足.이리라 且子季孫若欲行而法,이면 則周公之
典在.라 若欲苟而行,이면 又何訪焉.가 弗聽.이라

가을에, 우리 노나라의 계손씨가 국토 수비를 잘하라고 명해서 말
하기를, "작은 나라가 큰 나라를 이김은 화(禍)의 근원이다. 제나라가
곧 쳐들어올 것이다."라고 했다.

겨울에, 위나라의 대숙질(大叔疾)이 송나라로 달아났다. 전에, 질
(疾)이 송나라 자조(子朝)의 집에서 아내를 맞이했는데, 그 아내의 여
동생이 사랑스러웠다. 자조가 위나라에 있다가 그곳을 떠나니, 위나라
의 공문자(孔文子)는 질에게 아내를 내쫓게 하고, 자기 집의 사람을

그의 아내로 삼았다. 그런데 질은 자기를 모시고 있는 측근자를 시켜 전처(前妻)의 여동생을 꼬여서 이(犁)에 살게 해서 그 여자의 집을 지으니, 질은 두 아내를 거느리고 있는 것과 같았다. 이 일을 안 공문자는 노하여 질을 공격하려 했으나, 중니(仲尼 : 孔子)께서 못하게 하셨다. 그러나 공문자는 결국 질의 아내를 앗아갔다. 그뒤 질이 외주(外州)에서 무도(無道)한 짓을 행하니, 외주 사람이 질의 수레를 탈취하여 군주에게 드렸다. 질은 이같은 두번의 수치를 당했다. 그래서 그는 송나라로 달아난 것이다. 그러자 위나라 사람이 질의 동생인 유(遺)를 그의 가문의 후계자로 세우고서 공길(孔姞)을 아내로 삼게 했다. 송나라로 달아난 질은, 송나라 상퇴(向魋)의 가신(家臣)이 되어 아름다운 구슬을 바치니, 그에게 성서(城鉏)라는 읍을 차지하게 했다. 송나라 군주가 그 구슬을 달라고 했으나 상퇴는 내주지 않았다. 그 일로 상퇴는 벌을 받게 되었다. 환씨(桓氏 : 向氏)가 외국으로 나가게 되어, 성서 사람이 대숙질을 공격하여 축출하니, 위나라 장공은 그를 불러 소(巢)에서 살게 했다. 그가 소에서 죽자, 운(鄆)에 영구(靈柩)를 모시고, 소체(少禘)에 장사 지냈다.

전에, 진(晉)나라 도공의 아들 은(憖)이, 망명하여 위나라에 있었다. 공자 은이 그의 딸에게 수레를 조종케 하여 사냥했을 때, 위나라의 대숙의자(大叔懿子)가 공자 은의 부녀를 머물게 하여 술대접을 하고, 곧 공자의 딸을 맞아 도자(悼子 : 疾)를 낳았고, 도자가 후에 가문의 후계자가 되었다. 그래서 공자 은의 아들 하무(夏戊)는 위나라의 대부가 되었다. 그랬는데 도자가 외국으로 망명하니 위나라 사람은 하무의 봉읍(封邑)을 깎아버렸다. 공문자가 대숙질을 공격하려 하여, 중니(仲尼)를 찾아 그 일을 물었다. 그러자 중니는, "예식의 기물(器物)에 대해서 배운 일이 있으나, 군사일에 대해서는 들어본 것이 없습니다."라고 말씀하시고, 수레에 말을 채워 떠나게 하라고 따르고 있는 사람에게 명하셨다. "새는 앉아 있을 나무를 택하는 것이다. 나무가 어찌 새를 택할 수 있겠느냐?” 그때 공문자가 황급히 공자를 붙들고 말하기를, “어(圉) 내가 어찌 감히 사사로운 일을 가지고 도모하겠습니까? 나는 위나라의 어려운 일을 물었던 것입니다.”라고 했다. 중니께서는 그대로 머무르려고 하셨는데, 노나라 사람이 마침 예물을 드리고 초청했다. 그래서 노나라로 돌아오셨다.

노나라의 계손씨가 서로 토지세(土地稅)를 매기려고 하여, 염유(冉有)로 하여금 중니에게 그 일을 묻게 했다. 그때 중니께서는, “공구(孔丘) 나는 그런 일을 모르네.”라고 하셨다. 세번이나 물었다. 그러나 모른다고만 하셨다. 그러자 끝내는 계손씨가 말하기를, “님이 국가의 고문(顧問)이시니, 님의 말씀이 있기를 기다려 시행하려는데 어찌 하면 좋습니까? 님이 말씀을 안해주시니 !”라고 하였다. 이 말에 대해서 중니께서는 아무 대답을 하시지 않았지만, 염유에게 개인적으로 말씀하셨다. “군자가 일을 행함에는 예의에 맞는 일인가를 헤아리는 것이다. 사람들에게 혜택을 베풂에는 후(厚)하게 하고, 일은 도를 벗어나지 않게 시키며, 징세(徵稅)는 적게 하는 것이다. 이같이 한다면, 종래의 구부법(丘賦法)으로 징수하여도 충분한 것이다. 만약 예의를 헤아리지 않고, 거두어들이기에 탐을 내어 한이 없다면, 새로 토지세를 부과한다 하더라도 장차 역시 부족할 것이다. 그리고 계손씨가 만약 행함이 법에 맞도록 하고자 한다면, 주공(周公)께서 정하신 법이 있다. 만약 마음대로 행하고자 한다면, 또 어찌 나에게 물을 필요가 있느냐?” 그러나 계손씨는 이 말씀을 받아들이지 않았다.

▌**주해** ▌ ○犁(이)·外州(외주)—모두 위나라 읍으로, 지금의 산동성 운성(鄆城) 부근.

○軒(헌)—대부가 타는 수레를 헌이라 했다.

○城鉏(성서)—지금의 하북성 동명(東明) 부근.

○鄆(운)·少禘(소체)—둘 다 지금의 하남성 수현(睢縣) 땅.

○胡簋(호궤)—예기(禮器). 하(夏)나라 때에는 예식기물을 호(胡)라 했고,

주(周)나라 때에는 궤(簋)라 했다.
ㅇ圉(어)−공문자의 이름.
ㅇ國老(국로)−국가의 장로(長老). 고문.
ㅇ田賦(전부)−노나라는 종래 구부법(丘賦法)에 의해서 세를 거두었다.
구(丘)라는 일정한 세대수마다에 일정한 수량의 세를 받았었다. 그랬는
데 이때 그 세법을 고쳐, 백성들이 경작하는 토지의 넓이에 따라 일정
한 세율로 토지세를 받으려 했던 것이다.

經| ㅇ十有二年春,에 用田賦.라

ㅇ夏五月甲辰,에 孟子卒.이라

ㅇ公會吳于橐皐.라

ㅇ秋,에 公會衛侯·宋皇瑗于鄖.이라

ㅇ宋向巢帥師,하여 伐鄭.이라

ㅇ冬十有二月,에 螽.이라

12년 봄에 토지법을 시행했다.

여름 5월 갑진날에, 소공(昭公)의 부인 맹자(孟子)가 세상을 떠났다.

공이 오나라와 탁고(橐皐)에서 만났다.

가을에, 공이 위나라 군주인 후작·송나라의 황원(皇瑗)과 운(鄖)
에서 회합을 가졌다.

송나라의 상소가 군사를 이끌고 정나라를 쳤다.

겨울 12월에, 메뚜기 떼가 일어났다.

傳| 十二年春王正月,에 用田賦.라

夏五月,에 昭夫人孟子卒.이라 昭公娶于吳.라 故로 不書姓.이라 死不赴.라 故로 不稱夫人.이라 不反哭.이라 故로 不言葬小君.이라 孔子與弔,하고 適季氏,하니 季氏不縋.이라 放絰而拜.라 公會吳于槖皐.라 吳子使大宰嚭請尋盟.이라 公不欲,하여 使子貢對曰, 盟所以周信也.라 故로 心以制之,하고 玉帛以奉之,하여 言以結之,하고 明神以要之.라 寡君以爲,하되 苟有盟焉,에 弗可改也已.라 若猶可改也,면 日盟何益,고 今,에 吾子曰, 必尋盟,이나 若可尋也,면 亦可寒也.라 乃不尋盟.이라

12년 봄 천자가 쓰는 역으로 정월에, 우리 노나라가 토지세법을 시행했다.

여름 5월에, 우리 노나라 소공의 부인 맹자가 세상을 떠났다. 소공은 동성(同姓)인 오나라 공녀를 부인으로 맞이했다. 그래서 경문에 부인 맹자의 성이 희(姬)임을 쓰지 않았다. 그리고 맹자가 죽자 제후국들에게 알리지 않았다. 그래서 경문에 부인이라 칭해 쓰지 않은 것이다. 그리고 또 맹자를 장사 지내고, 그의 묘에서 돌아와 지내는 반곡례(反哭禮)를 행하지 않았다. 장례식 절차를 제대로 행하지 않았기 때문에, 경문에 부인을 장사 지낸 일에 대해서 써 말하지 않은 것이다. 공자께서 부인의 죽음에 대한 조상에 참여하시고, 그길로 계씨(季氏)를 찾아가셨더니, 계씨는 관도 쓰지 않고 있었다. 그래서 공자께서는 입으신 상복을 벗으시고 인사를 하셨다.

공이 오나라와 탁고에서 만났다. 그런데 오나라 군주는 태재(太宰)인 비(嚭)에게 전에 지었던 맹약을 굳히기를 요청케 했다. 공은 응하

고 싶지 않아서, 자공(子貢)에게 대답하게 했다. "맹약은 신의(信義)를 단단하게 하는 것입니다. 그러므로 마음으로 지킬 것을 정하고, 옥과 폐백을 드리어 상대국을 받들며, 말로 약속을 맺고, 신에게 밝히어 그 약속 지키기를 맹세하는 것입니다. 저희 나라 군주께서는 '일단 맹약 맺음이 있으니, 그것을 고칠 수는 없다. 또 고쳐 맹약을 맺을 것 같으면, 날마다 맹약을 맺는다 한들 무슨 소용이 있단 말인가?'라고 여기고 계십니다. 이제 님이, '반드시 전의 맹약을 굳게 해야 한다.'고 말씀하시나 전에 맺은 맹약을 다시 굳힐 수가 있다면, 그 맹약을 식게 할 수도 있는 것입니다." 그리하여 맹약을 굳게 하는 행사를 행하지 않았다.

▌주해▐ ○槖皐(탁고)—오나라의 읍으로, 지금의 소현(巢縣) 서북쪽.
  ○周信(주신)—신의를 단단하게 함.

吳徵會于衛.라 初,에 衛人殺吳行人且姚,하여 而懼,하고 謀於行人子羽.라 子羽曰, 吳方無道,이니 無乃辱吾君.인가 不如止也.이오니다 子木曰, 吳方無道.라소이다 國無道,면 必棄疾於人.이오니다 吳雖無道,나 猶足以患衛,이오니 往也.하소서 長木之斃,에 無不摽也,요 國狗之瘈,에 無不噬也,이옵거늘 而況大國乎.리오

秋,에 衛侯會吳于鄖.이라 公及衛侯·宋皇瑗盟,이나 而卒辭吳盟.이라 吳人藩衛侯之舍.라 子服景伯謂子貢曰, 夫諸侯之會,에 事旣畢矣,면 侯伯致禮,하고 地主歸餼,하여 以相辭也.라

今, 吳不行禮於衛, 하여 而藩其君舍以難之. 라 子盍見大宰. 오

乃請束錦以行, 하여 語及衛故. 라 大宰嚭曰, 寡君願事衛君, 에

衛君之來也緩, 하니 寡君懼. 라 故로 將止之. 라 子貢曰, 衛君之

來, 에 必謀於其衆. 이라 其衆或欲或否. 라 是以緩來. 라 其欲來

者, 는 子之黨也, 요 其不欲來者, 는 子之讐也. 라 若執衛君, 이면

是墮黨而崇讐也, 니 夫墮子者得其志矣. 리라 且合諸侯, 하여 而

執衛君, 이면 誰敢不懼. 리오 墮黨崇讐, 하고 而懼諸侯, 면 或者難

以霸乎. 인저 大宰嚭説, 하고 乃舍衛侯. 라 衛侯歸, 하여 效夷言,

하니 子之尚幼曰, 君必不免. 하리라 其死於夷乎. 인저 執焉而又

説其言, 하니 從之固矣. 라

冬十二月, 에 螽. 이라 季孫問諸仲尼, 하니 仲尼曰, 丘聞之, 하

되 火伏而後蟄者畢. 이라 今, 火猶西流, 하니 司歷過也. 라

宋·鄭之間有隙地焉, 하여 曰彌作·頃丘·玉暢·嵒·戈·

錫. 이라 子産與宋人爲成, 하여 曰, 勿有是. 라 及宋平·元之族

自蕭奔鄭, 에 鄭人爲之城嵒·戈·錫. 이라 九月, 에 宋向巢伐鄭,

하여 取錫, 하고 殺元公之孫, 하여 遂圍嵒. 이라 十二月, 에 鄭罕達

救嵒, 하여 丙申, 에 圍宋師. 라

오나라가 위나라에게 회합을 요구했다. 전에, 위나라 사람이 오나라

의 외교 담당관인 행인(行人) 저요(且姚)를 죽였기에 두려워하고, 외교 담당관인 자우(子羽)에게 어찌 하면 좋은가를 상의했다. 그러자 자우는 말하기를, "오나라는 지금 막 무도한 짓을 한창 하고 있사오니, 군주를 욕되게 하지 않겠사옵니까? 그만두시는 것이 좋사옵니다."라고 했다. 그러자 자목(木子)이 말하였다. "오나라는 지금 한창 무도한 짓을 하고 있사옵니다. 나라가 무도하오면, 반드시 다른 나라에 대해서 난폭한 짓을 하게 되옵니다. 오나라가 비록 무도하다 할지라도 가시지 않는다면, 우리 위나라에 대해서 환란을 끼치고 남을 것이오니 가옵소서. 큰 나무가 넘어지면, 근처의 땅을 후려치지 않는 일이 없삽고, 나라에 다시 없는 큰 개가 미쳐서 사람들을 물지 않음이 없는 것이온데, 하물며 큰 나라가 무도한데서야 다시 말할 것이 있사오리까?"

가을에, 위나라 군주가 오나라와 운(鄖)에서 회합을 가졌다. 공은 위나라 군주 및 송나라의 황원(皇瑗)과 맹약을 맺었으나, 오나라와의 맹약 맺는 것은 끝내 사절했다. 오나라 사람이 위나라 군주가 묵고 있는 집 주위에 울타리를 쳐 임의로 출입하지 못하게 했다. 그러자 자복경백(子服景伯)이 자공(子貢)에게 말하기를, "제후들이 회합하여, 그 일이 끝나면 맹주(盟主)가 예의에 맞는 인사를 차리고, 회합을 한 장소를 영유하고 있는 나라의 군주는 그 회합에 참가한 나라 사람들에게 생육(生肉)을 보내 작별 인사의 예를 차리는 것일세. 그런데도 오나라는 위나라에 대해서 예의를 지키지 않고, 위나라 군주가 묵고 있는 집 둘레에 울타리를 치고 곤란하게 하고 있네. 그런데 자네는 어찌 오나라의 태재 비(嚭)를 만나지 않을 텐가?"라고 했다. 이에 한 묶음의 비단을 달라고 청해서 오나라 태재를 찾아가, 그들 두 사람 사이의 말이 위나라의 일에 미치게 되었다. 오나라의 태재 비가 말하기를, "우리나라 군주께서 위나라 군주를 모시려고 원하셨는데, 위나라 군주가 오는 것이 늦으니, 우리나라 군주는 위나라 군주가 배반이

나 하지 않을까 두려워하고 계십니다. 그러므로 돌아가지 못하게 하려는 것입니다."라고 하였다. 그래서 자공이 말했다. "위나라 군주께서 이곳에 오실 때에는 반드시 여러 사람들과 상의하셨을 것입니다. 그때 여러 사람들 중의 어느 사람은 가라고 했고, 어느 사람은 가기를 반대했을 것입니다. 그래서 오시는 것이 늦었을 것입니다. 오기를 원했던 사람들은 님과 한패이고, 올 것을 원하지 않은 사람들은 님과 원수인 것입니다. 귀국을 원하는 쪽이 만일 위나라 군주를 잡아두시면, 그것은 한패 사람들의 세력을 떨어뜨리고 원수의 세력을 높이는 것이니, 님의 측을 비방하는 사람들이 뜻을 펼 수가 있을 것입니다. 그리고 제후들을 모이게 하고서 위나라 군주를 잡으면, 누가 감히 두려워하지 않겠습니까? 자기편 세력을 떨어뜨리고 원수들의 세력을 높이고서, 제후들을 두렵게 한데서야 아마도 패자(覇者)가 되기는 어려울 것입니다." 이 말을 들은 오나라의 태재 비는 감동하고, 곧 위나라 군주를 풀어주도록 했다. 위나라 군주는 본국으로 돌아가 오나라의 방언(方言)을 흉내내어 말하니 자지(子之)는 아직 어렸지만 말하기를, "군주께서는 반드시 화를 면하지 못하실 것이다. 군주께서는 오랑캐 땅에서 죽으실 것이다. 오나라한테 잡혔건만 그 나라 말을 좋아하시니, 오나라를 따르는 마음이 굳으신 것이다."라고 했다.

겨울 12월에, 메뚜기 떼가 일어났다. 계손씨가 중니(仲尼 : 孔子)에게 그 일에 대해서 물으니 중니께서는, "공구(孔丘) 나는 들었습니다만, '화성(火星)이 자취를 감춘 뒤에는 충류(蟲類)는 다 땅 위에서 움직이지 않게 된다.'고 합니다. 그런데 지금 화성이 아직 서방 하늘에 나타나 있으니, 지금이 12월이라는 것은 역(曆)을 담당하고 있는 관원(官員)의 잘못입니다."라고 대답하셨다.

송나라와 정나라 경계에는 어느 나라에 확실히 속하지 않는 땅이 있었는데, 그것은 미작(彌作)·경구(頃丘)·옥창(玉暢)·암(喦)·과(戈)·석(錫)이었다. 전에, 정나라의 자산(子産)이 송나라 사람과 두

나라간의 화평(和平)을 맺고 약속하여 말하기를, "우리 두 나라는 서로 이 땅들을 소유하지 말자."라 했다. 그런데 송나라 평공(平公)과 원공(元公)의 자손들이, 소(蕭)에서 정나라로 달아났을 때에 정나라 사람이 그들을 위하여 암·과·석에 성을 쌓았다. 9월에, 송나라의 상 소(向巢)가 정나라를 쳐서 석을 차지하고, 원공의 자손들을 죽이고, 곧이어 암을 포위했다. 12월에, 정나라의 한달(罕達)이 암을 구원하러 가, 병신날에 송나라 군사를 포위했다.

주해 | ㅇ國狗(국구)─나라에서 제일 큰 개.

ㅇ子之(자지)─공손미모(公孫彌牟)로 미모문자(彌牟文子)라고도 했다. 위 나라 영공(靈公)의 손자로, 소자(昭子) 영(郢)의 아들이었다.

ㅇ彌作(미작)·頃丘(경구)·玉暢(옥창)·嵒(암)·戈(과)·錫(석)─이들 여섯 읍은, 지금의 하남성 진류현(陳留縣)·기현(杞縣)·태강현(太康 縣)에 속하는 곳이었다.

ㅇ宋平·元之族(송평·원지족)─이들에 대한 일은 정공 15년조에 나왔다.

經 | ㅇ十有三年春,에 鄭罕達帥師,하여 取宋師于嵒.이라

ㅇ夏,에 許男成卒.이라

ㅇ公會晉侯及吳子于黃池.라

ㅇ楚公子申帥師,하여 伐陳.이라

ㅇ於越入吳.라

ㅇ秋,에 公至自會.라

ㅇ晉魏曼多帥師,하여 侵衛.라

ㅇ葬許元公.이라

○九月_{구월},에 螽_종.이라

○冬十有一月_{동십유일월},에 有星孛于東方_{유성패우동방}.이라

○盜殺陳夏區夫_{도살진하구부}.라

○十有二月_{십유이월},에 螽_종.이라

13년 봄에, 정나라의 한달이 군사를 이끌고, 송나라의 군사를 암(嵒)에서 쳐부셨다.

여름에, 허나라 군주인 남작 성(成)이 세상을 떠났다.

공이 진(晉)나라 군주인 후작 및 오나라 군주인 자작을 황지(黃池)에서 만나 회합을 가졌다.

초나라 공자 신(申)이 군사를 이끌고, 진(陳)나라를 쳤다.

월나라가 오나라를 쳐들어갔다.

가을에, 공이 회합으로부터 돌아왔다.

진(晉)나라의 위만다가 군사를 이끌고, 위나라를 침공했다.

허나라의 원공을 장사 지냈다.

9월에, 메뚜기 떼가 일어났다.

겨울 11월에, 혜성(慧星)이 동방에 나타났다.

나쁜 사람이 진(陳)나라의 하구부(夏區夫)를 죽였다.

12월에, 메뚜기 떼가 일어났다.

주해 ○黃池(황지)—정나라와 위나라, 어느 나라의 땅이었는지는 알 수 없다. 지금의 하남성 봉구(封邱) 부근.

○有星孛于東方(유성패우동방)—날이 밝아 다른 별들이 보이지 않을 때에, 동방 하늘에 혜성이 보였다는 것.

傳 十三年春_{십삼년춘},에 宋向魋救其師_{송상퇴구기사}.라 鄭子賸使徇曰_{정자잉사순왈}, 得桓魋者有_{득환퇴자유}

賞.이리라 魋也逃歸.라 遂取宋師于嵒,하여 獲成讙・郜延,하여 以

六邑爲虛.라

夏,에 公會單平公・晉定公・吳夫差于黃池.라

六月丙子,에 越子伐吳.라 爲二隧,하여 疇無餘・謳陽自南方

先及郊.라 吳太子友・王子地・王孫彌庸・壽於姚自泓上觀之.

라 彌庸見姑蔑之旗曰, 吾父之旗也.라 不可以見讐而不殺也.라

太子曰, 戰而不克,이면 將亡國,이리니 請待之.라 彌庸不可.라 屬

徒五千,에 王子地助之.라 乙酉,에 戰,하여 彌庸獲疇無餘,하고

地獲謳陽.이라 越子至,에 王子地守.라 丙戌,에 復戰,하여 大敗吳

師,하고 獲太子友・王孫彌庸・壽於姚.라 丁亥,에 入吳.라 吳人

告敗于王,하니 王惡其聞也,하고 自剄七人於幕下.라

13년 봄에, 송나라의 상퇴(向魋 : 桓魋)가 자기 나라 군사를 구원하러 갔다. 그러자 정나라의 자잉(子滕 : 罕達)이 군중(軍中)을 돌아다니며 말하기를, "송나라의 상퇴를 잡는 자는 상을 주리라."라 했다. 그러자 상퇴는 도망하여 돌아갔다. 그래서 곧 송나라 군사를 암(嵒)에서 쳐부수고 성환(成讙)과 고연(郜延)을 잡고, 미작・경구・옥창・암・과・석 등의 여섯 읍을 전과 같이 영유자(領有者) 없는 곳으로 삼았다.

여름에, 공이 선(單)나라 평공・진(晉)나라 정공・오나라 왕 부차 등과 황지에서 회합을 가졌다.

6월 병자날에, 월나라 군주가 오나라를 쳤다. 월나라는 오나라로

통하는 두 좁은 길목을 파고, 주무여·구양이 남쪽으로부터 먼저 오나라 도읍의 교외에 이르렀다. 그때 오나라의 태자 우(友)·왕자 지(地)·왕손 미용(彌庸)·수어요(壽於姚) 등이 홍수(泓水) 가에서 월나라군을 바라보고 있었다. 미용이 고멸(姑蔑) 사람이 만들었던 깃발을 보고는, "저것은 나의 아버지가 가지고 계셨던 깃발이다. 원수를 보고서, 죽이지 않을 수가 없다."라고 말했다. 태자가, "싸워서 이기지 못하면 나라가 망하게 될 것이니 기다리게."라고 했다. 그러나 미용은 안된다고 했다. 그리고는 그가 이끌고 있는 군병 5천 명을 모으니, 왕자 지가 그를 돕기로 했다. 그들은 을유날에 월나라군과 싸워, 미용은 월나라의 주무여를 잡고, 왕자 지는 구양을 잡았다. 월나라 군주가 당도하니 오나라의 왕자가 진지를 지키고 있었다. 양군은 병술날에 다시 싸워 월나라는 오군을 대파하고, 태자 우·왕손 미용·수어요를 잡았다. 그리고 정해날에는 오나라의 도읍으로 들어갔다. 그때 오나라 사람들이 국왕에게 패전했음을 고하니, 왕은 소문나는 것을 싫어하여, 고하러 갔던 일곱 사람을 자신이 군막(軍幕) 안에서 쳐 죽였다.

주해 ㅇ泓上(홍상)—홍수 가.

ㅇ姑蔑之旗(고멸지기)—고멸은 월나라 지명으로, 지금의 절강성 용유현(龍游縣) 땅. 이 깃발은 원래 고멸 사람이 만든 것이었다고 본다.

ㅇ自剄七人(자경칠인)—당시 오왕은 황지에서 다른 제후들과 회합을 갖고 있었다. 패전을 고하러 가자, 그는 패전의 소문이 다른 나라 제후에게 전해지는 것을 막기 위하여, 고하러 갔던 사람들을 자신이 목을 쳐 죽였다.

秋七月辛丑,에 盟.이라 吳·晉爭先,하여 吳人曰, 於周室,에 我爲長.이라 晉人曰, 於姬姓,에 我爲伯.이라 趙鞅呼司馬寅曰, 日旰矣.라 大事未成,은 二臣之罪也.라 建鼓整列,하고 二臣死

之,면 長幼必可知也.라 對曰, 請姑視之.라 反曰, 肉食者無墨,

이어늘 今, 吳王有墨.이라 國勝乎.아 太子死乎.아 且夷德輕,하여

不忍久,이리니 請少待之.하라 乃先晉人.이라

吳人將以公見晉侯,일세 子服景伯對使者曰, 王合諸侯,면 則

伯帥侯牧,하여 以見於王,이오 伯合諸侯,면 則侯帥子男,하여 以

見於伯,하여 自王以下, 朝聘玉帛不同.이라 故로 敝邑之職貢於

吳,는 有豊於晉,이오 無不及焉,하니 以爲伯也.라 今, 諸侯會,하여

而君將以寡君見晉君,이면 則晉成爲伯矣,니 敝邑將改職貢.이라

魯賦於吳八百乘,이어늘 若爲子男,이면 則將半邾以屬於吳,하고

而如邾以事晉.하리라 且執事以伯召諸侯,어늘 而以侯終之,면 何

利之有焉.가 吳人乃止.라 旣而悔之,하고 將囚景伯,에 景伯曰,

何也立後於魯矣.라 將以二乘與六人從.하리라 遲速唯命.이라 遂

囚以還.이라 及戶牖,에 謂大宰曰, 魯將以十月上辛有事於上帝

先王,하여 季辛而畢.이라 何也世有職焉,하여 自襄以來未之改也.

라 若不會,면 祝宗將曰吳實然.이리라 且謂魯不共,하여 而執其賤

者七人,이면 何損焉.가 大宰嚭言於王曰, 無損於魯,하고 而祇爲

名,이오니 不如歸之.라소이다 乃歸景伯.이라

吳申叔儀乞糧於公孫有山氏曰, 佩玉繠兮,나 余無所繫之,요

旨酒一盛兮,나 余與褐之父睨之.라 對曰, 梁則無矣,요 麤則有之.라 若登首山以呼曰庚癸乎,면 則諾.하리라

王欲伐宋殺其丈夫而囚其婦人,하니 大宰嚭曰, 可勝也,나 而弗能居也.라소이다 乃歸.라

冬,에 吳及越平.이라

가을 7월 신축날에 맹약을 맺기로 했다. 그런데 오나라와 진나라가 서로 맹주(盟主)되기를 다투어 오나라 사람이 말하기를, "주(周)왕실의 항렬에서 우리나라 군주가 위입니다."라고 하자 진나라 사람은, "희성(姬姓)의 나라 중에서, 진나라가 패자(覇者)가 되었었습니다."라고 하였다. 그리고 진나라의 조앙이 사마인(司馬寅)을 불러 말하기를, "해가 저물어 가는데 큰 일이 아직 이루어지지 않고 있는 것은, 우리들 두 신하의 죄요. 독전(督戰)할 때 쓰는 북을 대(臺)에 세우고 군대 대열을 정비하고서, 우리 두 사람이 힘을 다하여 싸워 죽는다면, 누가 어른이 되고 누가 아랫사람이 될 것인가가 결판나 알게 될 것이오."라고 했다. 그러자 사마인이 대답하기를, "잠깐 내가 저편의 상황을 보고 오겠습니다."라 하고 갔다. 그는 돌아가 말하기를, "귀한 위치에 있는 이의 안색에는 어두운 빛이 없는 법인데, 지금 오왕의 안색에는 어두운 빛이 나타나 있습니다. 나라가 싸워 졌을까요? 또는 태자가 죽었을까요? 오랑캐 땅 사람의 성격은 경솔하여, 오래 참지 못할 것이니 조금 기다리십시오."라고 했다. 결국은 진나라가 맹주가 되게 했다.

오나라 사람이 우리 노나라 군주를 자기 나라 속국의 군주로 취급하여 진나라 군주와 만나려 하자, 자복경백이 오나라 사자(使者)에게 말했다. "천자(天子)께서 제후들을 집합시키면 패자(覇者)가 다른 제후들을 이끌고 천자 앞으로 나가 뵙고, 패자가 제후들을 집합시키면

큰 나라의 제후가 그 나라를 따르는 작은 나라의 제후를 이끌고 가 패자를 뵈니, 천자 이하 상대편의 지위에 따라 찾아보는 의식(儀式)이나 드리는 옥 또는 폐백의 수량이 다른 것입니다. 그러므로 우리 노나라가 오나라에 드리는 공물(貢物)이 진나라에 대하여 드리는 것보다 많으면 많지 적지 않으니, 그것은 우리가 오나라를 패자로 여겨서입니다. 그런데 이제 제후들이 회합을 갖고 있는 마당에 귀국의 군주께서 우리 군주와 함께 진나라 군주를 찾아뵙는 예를 취하신다면, 곧 진나라가 패자가 되는 것이니 그렇다면 우리나라는 바치는 공물의 내용을 바꾸어야겠습니다. 노나라는 오나라에게 8백대의 전차를 공물로 바치고 있는데, 우리나라를 만일 속국인 작은 나라로 삼는다면, 우리는 주(邾)나라에 바치고 있는 수량의 절반을 내어 오나라에 예속되는 형식을 취하고, 주나라와 같은 수량을 바쳐 진나라를 섬기겠습니다. 그리고 귀국의 담당관은 패자의 입장으로 제후들을 부르고서, 결국 패자 밑의 큰 나라의 입장이 되어 일을 마친데서야 무슨 이익이 있겠습니까?" 이 말에, 오나라 사람은 그렇게 할 것을 그만두었다. 그 뒤 오나라 사람은 그렇게 하지 않은 것을 후회하고 자복경백을 잡으려 하자 경백은, "하(何) 나는 노나라에 후사를 정하고 왔습니다. 내가 끌고 온 수레 둘과 이끌고 온 여섯 사람과 같이 따르기로 하겠습니다. 늦게 잡든가 빨리 잡는 것은 오직 귀국의 명에 달려 있을 따름입니다."라고 말했다. 오나라는 결국 그를 잡아서 데리고 돌아갔다. 호유(戶牖)라는 곳에 이르러서였다. 자복경백이 오나라의 태재에게 말하기를, "노나라에서는 10월 맨 앞의 신일(辛日)에 하늘과 선왕에 대한 제사를 지내기 시작하여, 마지막 신일에 그 제사를 마칩니다. 하 저는 노나라의 그 제사에서 담당하는 일이 있어, 그 직책은 양공시대 이래 지키어, 다른 사람과 바꾼 일이 없었습니다. 올해의 그 제사에 만일 참여하지 않게 된다면, 축관(祝官)은 축문에 써서 신(神)에게 고하기를, '노나라가 실로 참여하지 못하게 했습니다.'라고 할 것입니다.

그리고 노나라가 귀국에 대해서 공경스럽지 못하다 하고서, 그 벌로 우리 같은 지위 낮은 일곱 사람을 잡아간다면, 노나라로서야 무슨 손해가 있게 된단 말입니까?"라고 했다. 그러자 태재 비는 오왕에게 말하기를, "저 사람들을 잡아간다는 것은, 노나라에 아무런 손해가 되지 않고, 다만 오명(汚名)만 차지하게 되오니 돌려보내는 것이 좋사옵니다."라고 했다. 그래서 경백을 돌려보냈다.

오나라의 신숙의(申叔儀)가 노나라의 공손(公孫)인 유산씨(有山氏)에게 양식을 부탁하면서 말하기를, "장식하여 차는 옥이 많으나, 나 같은 사람은 하나도 차지 못하고, 좋은 술이 매우 많으나, 나나 낮은 지위에 있는 나의 아버지 같은 사람은 한잔도 먹지 못하고 다만 눈으로 바라볼 따름이오."라고 하였다. 그래서 유산씨는 대답했다. "좋은 양식은 없고, 좋지 못한 것이 있습니다. 당신이 수산(首山)으로 올라가 큰 소리로 '음식물아!'라고 외친다면, 내 '여기 있소!'하고 응답하고 가지고 가리다."

오왕이 송나라를 쳐 군주를 죽이고 그의 부인을 잡아 차지하려고 하니 태재 비가, "송나라를 쳐 이길 수는 있사오나, 송나라에 살 수는 없사옵니다."라고 하여 그냥 돌아갔다.

겨울에 오나라는 월나라와 화해했다.

│주해│ ○夷德(이덕)―오랑캐 나라 사람의 성격.

○以公見晉侯(이공견진후)―오왕이 노나라 군주를 속국의 군주로 삼아 데리고 진나라 군주를 만나보려 했음.

○戶牖(호유)―송나라 지명으로, 지금의 하남성 난봉현(蘭封縣) 땅.

○上辛(상신)―한 달에 신일(辛日)이 세번 있는 중 첫번째 신일.

○首山(수산)―산 이름이나 소재는 불명.

○庚癸(경계)―경이나 계는 다 10간(干)의 하나. 무슨 뜻의 신호로 삼아 말한 것인지 분명하지 않다. 방위를 말할 때, 경은 서방(西方)을 이르고, 계는 북방을 이르는데, 서방의 신(神)은 곡물을 장악하고, 북방의 신은 물을 장악한다는 옛 설에 의해서, '음식'이라고 해석했다.

제22

애공 하
哀公 下

이름은 장(蔣). 정공(定公)의 아들.
어머니는 정사(定姒). 재위 기원전 494~468

經| ○十有四年春,에 西狩,하여 獲麟.이라

○小邾射以句繹來奔.이라

○夏四月,에 齊陳恒執其君,하여 寘于舒州.라

○庚戌,에 叔還卒.이라

○五月庚申朔,에 日有食之.라

○陳宗豎出奔楚.라

○宋向魋入于曹,하여 以叛.이라

○莒子狂卒.이라

○六月,에 宋向魋自曹出奔衛.라

○宋向巢來奔.이라

○齊人弒其君壬于舒州.라

○秋,에 晉趙鞅帥師,하여 伐衛.라

○八月辛丑,에 仲孫何忌卒.이라

○冬,에 陳宗豎自楚復入于陳,이나 陳人殺之.라

○陳轅買出奔楚.라

○有星孛.라

○飢.라

14년 봄에, 서쪽 땅에서 사냥하여 기린을 잡았다.

소주나라의 대부인 역(射)이 구역(句繹) 땅을 소유한 채 우리 노나라로 도망왔다.

여름 4월에, 제나라의 진항(陳恒)이 그의 군주를 잡아 서주(舒州)에다 유폐(幽閉)했다.

경술날에, 우리 노나라의 숙선(叔還)이 세상을 떠났다.

5월 경신날인 초하루에 일식이 있었다.

진(陳)나라의 종수(宗豎)가 초나라로 달아났다.

송나라의 상퇴가 조(曹) 땅으로 들어가 반란을 일으켰다.

거나라의 군수인 자작 광(狂)이 세상을 떠났다.

6월에, 송나라의 상퇴가 조 땅으로부터 위나라로 달아났다.

송나라의 상소가 우리 노나라로 도망왔다.

제나라 사람이 그의 군주 임(壬)을 서주에서 죽였다.

가을에 진(晉)나라의 조앙이 군사를 이끌고 위나라를 쳤다.

8월 신축날에, 우리 노나라의 중손하기가 세상을 떠났다.

겨울에, 진(陳)나라 종수가 초나라로부터 진나라로 다시 들어갔으나 진나라 사람이 그를 죽였다.

진(陳)나라의 원매(轅買)가 초나라로 달아났다.

혜성이 나타났다.

기근(饑饉)이 났다.

주해 | ○舒州(서주)—《사기(史記)》에는 ‘서주(徐州)’라고 썼다.

　○曹(조)—애공 8년에 송나라가 조(曹)나라를 멸망시켜, 송나라의 읍으로
　삼았다. 지금의 정도현(定陶縣) 땅.

　※《춘추공양전(春秋公羊傳)》과 《춘추곡량전(春秋穀梁傳)》의 경문(經文)
　과 전문(傳文)은 이해의 첫 기사인 ‘서수(西狩), 획린(獲麟)’의 사건을 끝
　으로 삼고 있다.

傳 | 十四年春,에 西狩於大野.라 叔孫氏之車子鉏商獲麟,하어 以
爲不祥,하여 以賜虞人.이라 仲尼觀之曰, 麟也.라 然後取之.라
小邾射以句繹來奔曰, 使季路要我,면 吾無盟矣.라 使子路,하
니 子路辭.라 季康子使冉有謂之曰, 千乘之國,이나 不信其盟,하
여 而信子之言,이어늘 子何辱焉.가 對曰, 魯有事于小邾,면 不敢
問故,하여 死其城下可也.라 彼不臣,이어늘 而濟其言,이면 是義
之也.라 由弗能.이라

14년 봄에, 서방(西方)의 대야(大野)에서 사냥했다. 그때 숙손씨의
수레를 간수하는 사람의 아들인 서상(鉏商)이 기린을 잡아 무엇인지
몰라 불길하다 여겨, 그것을 사냥터를 지키는 사람에게 넘겨주었다.
중니(仲尼 : 孔子)께서 그것을 자세히 보시고, “이것은 기린이다.”라고
말씀하셨다. 이 말씀이 있은 뒤에야 비로소 가치있는 수확물로 인정

기린〔麟〕

하게 되었다.

소주(小邾)나라의 역(射)이라는 대부가 자기 소유인 땅 구역(句繹)을 차지한 채 우리 노나라로 도망와 말하기를, "계로(季路)님께서 나를 보증하게 해주신다면, 서로 맹약 맺는 일을 하지 않겠습니다."라고 했다. 그래서 자로(子路)에게 보증하라고 했더니, 자로는 사절하였다. 계강자(季庚子)가 염유(冉有)로 하여금 자로에게 말하게 하기를, "우리 노나라는 천대의 전차를 보유하는 제후국이나 소주나라에서 온 역은 노나라의 맹약을 믿지 않고 자네의 말을 믿겠다고 하는데, 자네는 어찌 그 일을 수치라 하는가?"라고 했다. 그러자 자로는 대답했다. "우리 노나라가 소주나라와 싸우는 일이 있다면, 나는 감히 그 싸움의 이유를 묻지 않고서, 싸우러 나가 그 나라 도읍의 성 밑에서 죽어도 좋습니다. 역 그 사람은 불충한 신하인데 그가 말하는 대로 해준다면, 그것은 그를 의로운 사람으로 인정하는 것이 됩니다. 유(由) 나는 그렇게 할 수가 없습니다."

주해 | ㅇ大野(대야)―거야(鉅野)라 쓴 책도 있다. 지금의 산동성 거야현(鉅野縣) 동쪽 땅에 기린대(麒麟臺)가 있다.

ㅇ車子(거자)―수레를 관리하는 사람의 아들.

ㅇ以爲不祥(이위불상)―무엇인지 몰라 불길하다고 여김.

ㅇ取之(취지)―가치있는 수확물로 인정함.

ㅇ季路(계로)―공자의 제자로 성은 중(仲)이고, 자는 계로(季路) 또는 자로(子路)이고 이름은 유(由)였다.

제 간 공 지 재 로 야　　감 지 유 총 언　　　급 즉 위　　　사 위 정
齊簡公之在魯也,에　闞止有寵焉.이라　及卽位,에　使爲政.이라

진 성 자 탄 지　　　취 고 제 조　　　저 어 앙 언 어 공 왈　　진　　감 불 가 병
陳成子憚之,하여　驟顧諸朝.라　諸御鞅言於公曰, 陳·闞不可竝

也,이오니 君其擇焉.하소서 弗聽.이라 子我夕,에 陳逆殺人.이라

逢之,하여 遂執以入.이라 陳氏方睦,에 使疾而遺之潘沐,하고 備

酒肉焉,하여 饗守囚者,하고 醉而殺之而逃.라 子我盟諸陳於陳

宗.이라

初,에 陳豹欲爲子我臣,하여 使公孫言己,나 已有喪而止.라 旣

而言之曰, 有陳豹者,하여 長而上僂,하고 望視.라 事君子,면 必

得志.리라 欲爲子臣,이나 吾憚其爲人也.라 故로 緩以告.라 子我

曰, 何害.오 是其在我也.라 使爲臣.이라 他日與之言政,하여 說,

하고 遂有寵.이라 謂之曰, 我盡逐陳氏,하고 而立女,면 若何.오

對曰, 我遠於陳氏矣,요 且其違者不過數人,이어늘 何盡逐焉.가

遂告陳氏.라 子行曰, 彼得君,이니 弗先,이면 必禍子.리라 子行舍

於公宮.이라

夏五月壬申,에 成子兄弟四乘,하여 如公.이라 子我在幄,이라가

出逆之.라 遂入,하여 閉門.이라 侍人禦之,에 子行殺侍人.이라 公

與婦人飲酒于檀臺,어늘 成子遷諸寢.이라 公執戈,하여 將擊之,할

새 大史子餘曰, 非不利也,이옵고 將除害也.이오니다 成子出,하여

舍于庫.라 聞公猶怒,하고 將出曰, 何所無君.가 子行抽劍曰, 需

事之賊也.라 誰非陳宗.가 所不殺子者,면 有如陳宗.이라 乃止.라

子我歸,하여 屬徒,하여 攻闈與大門,이나 皆不勝.이라 乃出.이라
陳氏追之,에 失道於弇中,하여 適豊丘,어늘 豊丘人執之以告,하니
殺諸郭關.이라 成子將殺大陸子方,에 陳逆請而免之.라 以公命
取車於道,하여 及耏,에 衆知而東之.라 出雍門,하니 陳豹與之車,
로되 弗受曰, 逆爲余請,이어늘 豹與余車,면 余有私焉.이라 事子
我而有私於其讐,면 何以見魯衛之士.오

東郭賈奔衛.라 庚辰,에 陳恒執公于舒州.라 公曰, 吾早從鞅
之言,이면 不及此.라

제나라 간공이 우리 노나라에 있을 때, 감지(闞止)가 그의 총애를
받았다. 간공이 본국으로 돌아가 군주가 되자, 간공은 감지를 정치에
참여시켰다. 제나라 정치를 하는 진성자(陳成子 : 陳恒)는 감지를 꺼
려하여 조정에서 일하다가 자주 감지의 동태를 살폈다. 어느 날, 군주
의 측근인 앙(鞅)이 간공에게 의견을 내어 말하기를, "진성자와 감지
는 조정에서 어깨를 나란히 하여 일을 할 수가 없사오니 군주께서는
한 사람만 택해서 쓰시옵소서."라고 했다. 그러나 간공은 그의 말을
듣지 않았다. 어느 날, 자아(子我 : 감지)가 저녁에 군주를 뵈려고 가
는데, 진역(陳逆)이 사람을 죽였다. 감지는 그 장면을 보고는 곧 진역
을 잡아 조정으로 들어갔다. 당시 진씨 일족이 한창 화목하고 있어,
잡힌 진역을 병이 난 것처럼 시키고서 병난 사람의 머리를 씻을 뜨물
을 보내고, 그 편에 술과 고기를 갖추어 들여보내어 갇힌 진역을 감
시하는 간수를 대접하고, 그 사람이 취하자 죽이고 진역을 도망치게
했다. 그러자 자아는 두려워 진씨 일족과 진씨의 종가(宗家)에서 맹

약을 맺었다.

전에, 진표(陳豹)는 자아의 가신(家臣)이 되고 싶어서 공손(公孫)에게 자기를 감지에게 잘 말해 달라고 부탁했으나, 집에 상(喪)이 나 말하기를 그만두었다. 한참 뒤에 공손이 감지에게 말하기를, "진표라는 자가 있어 키는 크나 등이 구부러졌고, 눈은 흘겨보는 버릇이 있습니다. 그가 윗분을 섬긴다면, 그는 반드시 그의 뜻을 펼 수가 있을 것입니다. 그는 님의 가신 되기를 원하고 있지만 저는 그의 사람됨을 싫어합니다. 그래서 이제까지 말씀드리지 않았다가 이제야 말씀드립니다."라고 했다. 그러자 감지는, "그게 무슨 상관이 있소? 그 사람 쓰는 거야 내게 달린 거지요."라 말하고, 진표를 가신으로 삼았다. 후일 감지는 진표와 정치에 대하여 말하여 진표의 말에 기뻐하고, 드디어는 총애하게 되었다. 어느 날 감지가 진표에게 말하기를, "내 진씨 일족을 다 축출하고, 그대를 진씨 가문의 후계자로 삼으면 어떻겠는가?"라고 하니 진표는 대답하기를, "저는 나라의 정치를 담당하고 있는 진씨 가문과 혈연(血緣)이 멀고, 또 그 가문의 사람들 중에서 비뚤어진 자는 몇 사람에 불과한데 어찌 다 축출하신단 말씀입니까?"라고 했다. 그리고는 바로 진씨네로 가 그 일을 말했다. 그러자 자행(子行 : 진역)이 진항(陳恒 : 陳成子)에게 말하기를, "감지 그 사람은 군주를 끼고 있으니 이쪽이 선수치지 않으면, 님에게 반드시 화가 닥칠 것입니다."라고 했다. 이렇게 말한 자행은 공궁(公宮)으로 가 머물렀다.

여름 5월 임신날에 진성자의 형제들이 4대의 수레에 나누어 타고 공궁으로 갔다. 그때 감지가 정무(政務)를 보는 방에 있다가 나가 그들을 맞이했다. 그들은 바로 안으로 들어가 문을 닫아 감지가 들어가지 못하게 했다. 감지의 시종자가 못하게 하자, 공궁 안에 있었던 자행이 그 시종자를 죽였다. 그때 군주는 여인들과 단대(檀臺)에서 술을 마시고 있었는데 진성자가 군주를 본전(本殿)으로 옮겨가게 했다.

군주는 창을 들어 진성자를 치려 하니, 태사(太史)인 자여(子餘)가 말하기를, "군주께 불리하게 함이 아니라, 국가의 해(害)를 제거하려는 것이옵니다."라고 했다. 진성자는 공궁 안에서 나가 창고 안에 몸을 의지하고 기다리고 있었으나, 군주가 역시 노하고 있다는 소식을 듣고 외국으로 나가려고 말하기를, "어느 나라에 간들 섬길 군주가 없겠는가?"라고 했다. 그러자 자행이 칼을 빼들고 말하기를, "주저한다는 것은 하는 일의 적(敵)이오. 누군들 진씨 가문의 종가(宗家) 사람이 못된단 말이오? 내 당신을 죽이지 않는다면, 우리 진씨 가문의 조종(祖宗)이 내게 벌을 줄 것이오."라고 했다. 그래서 진성자는 외국으로 나갈 것을 중지했다. 자아가 자기 집으로 돌아가 그의 무리들을 모아, 공궁의 작은 문과 큰 문을 공격했으나 다 실패했다. 그래서 도망쳐 나갔다. 진씨 사람들이 쫓으니, 감지는 좁은 산길에서 길을 잃어 풍구(豊丘)로 빠져나가 당도했는데 풍구 사람이 그를 잡아 진씨에게 알리니 진씨는 곽관(郭關)에서 그를 죽였다. 진성자는 대륙(大陸)의 자방(子方)을 죽이려 했는데, 진역이 요청해서 죽음을 면하게 되었다. 잡히기 전에 자방은 군주의 명령이라 하여 길거리에서 수레를 빼앗아 타고 달려 이(彤)라는 곳에 이르렀는데 군중이 그 사실을 알고는 도읍이 있는 동쪽으로 도로 가게 했다. 죽음을 면한 그는 외국으로 나가려고 도읍의 성문인 옹문(雍門)을 나섰는데, 진표가 그에게 가 수레를 주었으나 자방은 받지 않고 말하기를, "진역이 나를 위하여 용서를 청하였는데, 이제 진표가 나에게 수레를 준다면, 나는 진씨의 일족과 사통(私通)한 것이 된다. 내 자아를 섬겼는데, 그의 원수들과 사통한 것이 된다면, 내가 가려는 노나라나 위나라 사람들을 어떻게 만나겠는가?"라고 했다.

동곽가(東郭賈 : 자방)가 위나라로 달아났다. 경진날에 진항이 군주를 잡아 서주에 유폐했다. 그러자 간공은 말하기를, "내 일찍이 앙(鞅)의 말을 따랐더라면 이런 꼴을 당하지 않았을 것이다."라고 했다.

주해│ ㅇ齊簡公(제간공)─간공은 도공(悼公)의 아들로, 이름은 임(壬)이
었다. 도공은 군주가 되기 전에 노나라에 있었는데 그도 같이 노나라에
있었다.

ㅇ闞止(감지)─간공이 노나라에 있을 때부터 간공을 모셨다. 감(闞)은 그
의 채읍(采邑) 이름이었는데, 그 읍 이름을 가지고 씨(氏)로 삼았다. 그
의 자는 자아(子我)였다. 애공 6년조 참고.

ㅇ陳宗(진종)─진씨의 종가.

ㅇ豊丘(풍구)─진씨네의 소유 읍이었다 하는데, 소재는 불명.

ㅇ彭(이)─제나라 도읍에서 서남쪽 땅.

宋桓魋之寵害於公.이라 公使夫人驟請享焉,하여 而將討之.라

未及,에 魋先謀公,하여 請以鞍易薄.이라 公曰, 不可.라 薄宗邑

也.라 乃益鞍七邑.이라 而請享公焉,에 以日中爲期,하여 家備盡

往.이라 公知之,하고 告皇野曰, 余長魋也,어늘 今將禍余.라 請

郞救.라 司馬子仲曰, 有臣不順,은 神之所惡也.이옵거늘 而況人

乎.인가 敢不承命,이리오마는 不得左師,면 不可,이오니 請以君命

召之.이오니다 左師每食擊鐘.이라 聞鐘聲,하고 公曰, 夫子將食.

이라 旣食,에 又奏,하니 公曰, 可矣.라 以乘車往曰, 迹人來告曰,

逢澤有介麋焉.이라 公曰, 雖魋未來,나 得左師,하여 吾與之田.이

라 若何.오 君憚告子,에 野曰嘗私焉.이라 君欲速.이라 故로 以乘

車逆子.라 與之乘至.라 公告之故,하니 拜不能起.라 司馬曰, 君

與之言.하소서 公曰, 所難子者,면 上有天,하고 下有先君.이라 對

曰, 魋之不共,은 宋之禍也.이오니다 敢不唯命是聽.이리오 司馬

請瑞焉,하고 以命其徒攻桓氏,에 其父兄故臣曰, 不可,하고 其新

臣曰, 從吾君之命.이라 遂攻之.라

子頎騁而告桓司馬,하니 司馬欲入.이라 子車止之曰, 不能事

君,하고 而又伐國,이면 民不與也,니 祗取死焉.하라 向魋遂入于

曹,하여 以叛.이라

六月,에 使左師巢伐之,에 欲質大夫以入焉,이나 不能,하니 亦

入于曹,하여 取質.이라 魋曰, 不可.라 旣不能事君,에 又得罪于

民,이면 將若之何.오 乃舍之.라 民遂叛之,에 向魋奔衛,하고 向

巢來奔.이라 宋公使止之曰, 寡人與子有言矣,니 不可以絶向氏

之祀.라 辭曰, 臣之罪大,하오니 盡滅桓氏可也,라소이다 若以先

臣之故而使有後,이오면 君之惠也,로되 若臣則不可以入矣.이오니

다 司馬牛致其邑與珪焉,하고 而適齊.라

向魋出於衛地,에 公文氏攻之,하여 求夏后氏之璜焉,하니 與

之他玉,하고 而奔齊.라 陳成子使爲次卿.이라 司馬牛又致其邑

焉,하고 而適吳,나 吳人惡之,하여 而反.이라 趙簡子召之,하고 陳

成子亦召之,나 卒於魯郭門之外.라 阮氏葬諸丘輿.라

甲午,에 齊陳恒弑其君壬于舒州.라 孔丘三日齋,하여 而請伐

齊.라 三.이라 公曰, 魯爲齊弱久矣,어늘 子之伐之,는 將若之何.

오 對曰, 陳恒弑其君,하니 民之不與者半.이리다 以魯之衆加齊

之半,이면 可克也.라소이다 公曰, 子告季孫.하라 孔子辭,하고 退

而告人曰, 吾以從大夫之後也故,로 不敢不言.이라

初,에 孟孺子洩將圉馬於成,이어늘 成宰公孫宿不受曰, 孟孫

爲成之病,이니 不圉馬焉.이라 孺子怒,하여 襲成,이나 從者不得

入,하여 乃反.이라 成有司使,에 孺子鞭之.라 秋八月辛丑,에 孟

懿子卒.이라 成人奔喪,이나 弗内.이라 袒免哭于衢,하고 聽共,이나

弗許,에 懼不歸.라

송나라의 환퇴(桓魋 : 向魋)가 받은 군주의 총애는 결국 군주에게
해가 되었다. 군주 경공(景公)은 어머니를 자주 연회에 초청케 하여,
그를 쳐 없애려 했다. 아직 일을 시작하지 못하고 있는데 환퇴가 먼
저 경공을 해치려고 도모하여, 자기의 영유지인 안(鞍)을 군주의 직할
지인 박(薄)과 바꾸어 달라고 요청했다. 그러자 군주는, "안된다. 박
은 대대의 군주가 소유해 온 읍이다."라고 했다. 그리고는 안에다 다
른 일곱 읍을 더 붙여주었다. 퇴는 사례한다는 구실로 군주를 향연에
초청하여, 어느 날 정오(正午)를 그 시간으로 정하고서, 자기가 이끌
고 있는 병사를 다 데리고 향연을 열 안으로 데리고 갔다. 군주는 그
사실을 알고 황야(皇野)에게 말하기를, "내 퇴를 길러주었는데, 이제
는 내게 화를 끼치려 하고 있소. 나를 구해 주오."라고 했다. 이 말을
들은 사마(司馬)인 자중(子仲 : 황야)이 말하기를, "신하가 군명(君命)
에 순종하지 않는 것은 신(神)이 미워하는데, 하물며 사람이 미워하지

않으오리까? 제가 어찌 감히 군명을 받들지 않으오리까마는, 퇴의 형인 좌사(左師)를 우리편에 넣을 수가 없사오면 잘 되지 못하오니 군주의 명으로 불러내게 하시옵기를 원하옵니다.”라고 했다. 좌사는 식사할 때마다 으레 악기인 종을 쳤다. 마침 그 종소리가 나는 것을 듣고 군주는, “그 사람은 식사를 들려 하고 있소.”라고 했다. 식사를 끝내고 또 종을 치니 군주는, “이제는 가도 좋소.”라고 했다. 그래서 황야는 군주의 수레를 타고 가 좌사에게 말하기를, “사냥할 짐승을 조사하는 사람이 와 말하기를, ‘봉택(逢澤)에 큰 사슴이 나타나 있사옵니다.’라고 했습니다. 그러자 군주께서 말씀하시기를, ‘퇴가 비록 어디에 가 돌아오지 않고 있으나 좌사를 참가하게 하여, 내 그와 같이 사냥을 하겠다. 어떨꼬?’라고 하셨습니다. 그러나 군주께서는 님에게 직접 말씀하시기를 꺼려하시기에 야(野) 제가, ‘제가 가서 말해 보겠나이다.’라고 했습니다. 군주께서는 빨리 가시고자 하십니다. 그래서 군주의 수레로 님을 맞이하러 왔습니다.”라고 했다. 그리고는 좌사와 같이 수레를 타고 군주에게로 갔다. 군주가 부른 까닭을 말하니, 좌사는 절하여 엎드려서 일어나지 못하였다. 사마인 황야가, “군주께서는 약속의 말씀을 하옵소서.”라 하니 군주는 말하기를, “내 앞으로 그대를 곤란하게 한다면 위로는 하늘이 있고 아래로는 선대 군주들의 신이 있어 내가 벌을 받을 것이오.”라고 했다. 그러자 좌사가 대답하기를, “퇴가 군주에게 공손하지 못하옵는 것은 우리 송나라의 화(禍)이옵니다. 제가 어찌 감히 명대로 듣지 않으오리까?”라고 하였다. 이에 사마 황야는 군대지휘권을 상징하는 부절(符節)을 내주기를 요청하여 그가 이끌고 있는 사람들에게 환퇴의 집을 공략하라고 명하니, 그의 집안 어른들과 오래된 가신(家臣)들은 그래서는 안된다 하고, 새로 들어온 가신들은, “주인의 명을 따르겠습니다.”라고 하였다. 그래서 그는 곧 환퇴의 집을 공격했다.

　퇴의 동생인 자기(子頎)가 말을 타고 달려 환사마(桓司馬 : 환퇴,

向魋)에게 그 사태를 알리니, 사마인 퇴는 도읍으로 쳐들어가려 했다.
그러자 그의 동생인 자거(子車)가 못하게 하여 말하기를, "군주를 제
대로 섬기지 못하고 이제 다시 나라의 도읍을 공격한다면, 백성이 돕
지 않을 것이니 다만 죽음을 취할 따름입니다."라고 했다. 그러자 상
퇴는 곧 조읍(曹邑)으로 들어가 반항했다.

6월에 군주가 좌사인 상소(向巢)에게 상퇴를 치게 하니, 군주편의
어느 대부를 인질로 잡아 데리고 동생 퇴가 있는 곳으로 들어가려 했
으나 할 수 없자, 그 자신만 조읍으로 들어가 조읍 사람들이 잘 따르
지 않을까 염려하여 조읍 사람을 인질로 삼았다. 그러자 퇴가 말하기
를, "그래서는 안됩니다. 우리는 이미 군주를 섬길 수 없는 처지에 다
시 민중들에게 죄를 짓는다면 앞으로 어찌 되겠습니까?"라고 했다.
그래서 인질을 놓아주었다. 그뒤 조읍 사람들이 그들을 배반하여 상
퇴는 위나라로 도망가고, 그의 형 상소는 우리 노나라로 도망왔다. 송
나라 군주가 상소를 외국으로 나가지 않게 하기 위하여 사람을 시켜
이르기를, "내 그대와 약속한 말이 있으니, 그대가 도망가 상씨(向氏)
가문의 제사를 끊기게 할 수가 없도다."라고 했다. 그러자 상소는 군
주의 말에 사절하여 말하기를, "신의 죄가 크오니, 저희 환씨(桓氏)를
다 멸망시킴이 옳은 일이옵니다. 만일 저희 선대(先代)의 공을 참작
하시어 후계자가 있게 해주신다면 그야말로 군주의 은혜가 되옵지만,
신 같은 것이야 도읍으로 들어갈 수가 없나이다."라고 했다. 그의 동
생인 사마 우(牛) 또한 그의 영유읍과 영주(領主)의 표적인 옥을 반
납하고 제나라로 갔다.

상퇴가 위나라 땅으로 도망가자 위나라의 공문씨(公文氏)가 그를
공격하고서 그가 지니고 있는 옛 하(夏)나라 왕실의 보물이었던 패옥
(佩玉)을 요구하니, 그는 다른 옥을 주어 속이고, 제나라로 도망갔다.
그러자 제나라의 진성자가 그를 정경(正卿) 다음가는 경으로 삼았다.
제나라로 갔던 송나라 사마 우 역시 제나라에서 자기가 차지했던 땅

을 다시 반납하고 오나라로 갔으나 오나라 사람이 미워하여 되돌아섰다. 그때 진나라의 조간자가 그를 부르고, 제나라의 진성자도 불렀으나, 그는 응하지 않고, 결국은 우리 노나라로 와 도읍의 곽문(郭門) 밖에서 죽었다. 그러자 갱씨(阬氏)가 구여(丘輿)에다 장사 지냈다.

갑오날에, 제나라의 진항(陳恒)이 그의 군주 임(壬)를 서주에서 죽였다. 공구(孔丘 : 孔子)께서 사흘간 목욕재계하시고서, 제나라를 칠 것을 우리 노나라 군주에게 요청하셨다. 세차례나 요청하셨다. 그러자 애공(哀公)은 말하기를, "우리 노나라는 제나라 때문에 시달려 약해진 지가 오래인데 그대가 제나라를 치자는 것은 장차 어찌 하자는 것이오?"라고 했다. 이에 공자께서 말씀하시기를, "진항이 그의 군주를 시해(弑害)했사오니, 제나라 국민으로서 그를 따르지 않는 자가 반은 될 것이옵니다. 우리 노나라의 백성을 제나라 백성의 반에다 가세(加勢)시킨다면 이길 수가 있사옵니다."라고 하셨다. 애공이, "그렇다면 계손(季孫)에게 말하시오."라고 하자, 공자께서는 그만두겠다고 사절하시고 물러나 어느 사람에게 말씀하시기를, "내 이 나라 대부의 끝자리나마 차지하고 있는 처지라서 할 말을 하지 않을 수가 없었다."라고 하셨다.

전에, 맹유자(孟孺子) 설(泄)이 성읍(成邑)에서 말을 기르려 했는데, 성읍을 다스리는 공손숙(公孫宿)이 기를 말을 받아들이지 않고 말하기를, "아버지 되시는 어른께서는 성읍의 빈곤함을 걱정하시어 말 기르는 일을 하시지 않았습니다."라고 했다. 맹유자가 노하여 성읍을 습격했지만, 그를 따르고 있었던 사람들은 힘이 모자라 읍 안으로 쳐들어가지 못하고 그냥 돌아갔다. 그뒤 성읍의 일을 맡고 있는 사람이 심부름 갔더니, 맹유자는 그에게 매질을 하였다. 가을 8월 신축날에, 맹의자(孟懿子 : 仲孫何忌)가 세상을 떠났다. 그래서 성읍 사람들이 조상을 갔으나, 집 안으로 들어가지 못했다. 조상간 사람이 윗옷을 벗고 관을 쓰지 않고서 거리에서 곡하고, 명하는 대로 듣겠다고 했으나 허락하지 않으니, 그들은 두려워하여 돌아가지도 못했다.

주해 ○鞍(안)—지금의 상구현(商邱縣) 땅.
　○薄(박)—박(亳)이라고도 썼다. 지금의 상구현 땅.
　○皇野(황야)—사마(司馬) 자중(子仲).
　○左師(좌사)—상소(向巢)가 좌사였고, 소는 퇴의 형이었다.
　○迹人(적인)—사냥터의 짐승을 조사하는 일의 담당자.
　○逢澤(봉택)—지금의 상구현 땅.
　○丘輿(구여)—불명이나, 지금의 비현(費縣) 서쪽에 있는 남성산(南城山)
　에 사마(司馬) 우(牛)의 묘가 있다 한다.
　○孟孫(맹손)—맹유자 설의 아버지 맹의자, 즉 중손하기를 지칭한 말이다.
　○聽共(청공)—명대로 복종함.

經|　○十有五年春王正月,에 成叛.이라
　○夏五月,에 齊高無丕出奔北燕.이라
　○鄭伯伐宋.이라
　○秋八月,에 大雩.라
　○晉趙鞅帥師,하여 伐衛.라
　○冬,에 晉侯伐鄭.이라
　○及齊平.이라
　○衛公孟彄出奔齊.라

15년 봄 천자가 쓰는 정월에, 성읍(成邑)에서 반란이 일어났다.
여름 5월에, 제나라의 고무비(高無丕)가 북연나라로 달아났다.

정나라 군주인 백작이 송나라를 쳤다.

가을 8월에 큰 기우제를 지냈다.

진나라의 조앙이 군사를 이끌고 위나라를 쳤다.

겨울에, 진나라 군주인 후작이 정나라를 쳤다.

우리 노나라가 제나라와 화평을 맺었다.

위나라의 공맹구가 제나라로 달아났다.

傳| 十五年春,에 成叛于齊.라 武伯伐成,이나 不克,하고 遂城輸.라

夏,에 楚子西·子期伐吳,하여 及桐汭.라 陳侯使公孫貞子弔

焉,에 及良而卒.이라 將以尸入,에 吳子使大宰嚭勞.라 且辭曰,

以水潦之不時,로 無乃廩然隕大夫之尸以重寡君之憂.아 寡君敢

辭.라 上介芊尹蓋對曰, 寡君聞楚爲不道,하여 荐伐吳國,하여 滅

厥民人,하고 寡君使蓋備使,하여 弔君之下吏,어늘 無祿使人,이

逢天之慼,하여 大命隕隊,하여 絕世于良.이라 廢日共積,하여 一

日遷次.라 今, 君命逆使人曰, 無以尸造于門.이라 是我寡君之

命委于草莽也.라 且臣聞之,하되 曰, 事死如事生,이 禮也.라 於

是乎有朝聘而終,이면 以尸將事之禮.라 又有朝聘而遭喪之禮.라

若不以尸將命,이면 是遭喪而還也,니 無乃不可乎.아 以禮防民,

이라도 猶或踰之.라 今, 大夫曰, 死而棄之.라 是棄禮也.라 其何

以爲諸侯主.아 先民有言,하되 曰, 無穢虐士.하라 備使奉尸將命,

하여 **苟我寡君之命**,이 **達于君所**,면 **雖隕于深淵**,이라도 **則天命**
也,요 **非君與涉人之過也**.라 **吳人內之**.라

　15년 봄에, 성읍(成邑)이 노나라를 배반하고 제나라에 복종했다. 무백(武伯：孟孺子)이 성읍을 쳤으나 승리하지 못하고, 수(輸)에 성을 쌓았다.

　여름에, 초나라의 자서(子西)와 자기(子期)가 오나라를 쳐 동수(桐水) 가에 이르렀다. 당시 진(陳)나라 군주가 공손정자(公孫貞子)를 사자(使者)로 삼아 오나라를 위문케 했는데, 양(良)이라는 곳에 당도하여 세상을 떠났다. 그러자 일행의 다른 사람들이 정자의 시체를 모시고 오나라 도읍으로 들어가려 했는데, 오나라 군주는 태재 비(嚭)를 시켜 그 일행을 위로케 했다. 태자 비는 위로하고 사자 일행이 도읍으로 드는 일을 사절하여 말하기를, "때아닌 큰비나 만나는 일로, 자칫하다가 대부 정자의 시체를 물에 잃어 우리 군주의 걱정이 이중(二重)이 되게 합니까? 우리 군주께서는 사자 일행이 도읍으로 들지 않도록 하라는 말씀이었습니다."라고 하였다. 그래서 상석(上席)의 부사(副使)인 우(芋) 고을 장관인 개(蓋)가 대답했다. "우리 군주께서는 초나라가 무도하여 자주 오나라를 쳐, 죄 없는 백성들을 죽인다는 것을 들으시고는 개(蓋) 저를 사절단의 일원이 되게 하시어 귀국 군주의 아래 관리에게 위문의 말씀을 드리게 하셨는데 복 없는 정사(正使)가 하늘이 내리는 슬픈 일을 당하여 목숨을 잃어, 양에서 세상을 떠났습니다. 그래서 저희들은 하루를 소비하여 여행용품으로 시체를 꾸려서 예정보다 하루 늦게 머물 곳의 순서대로 거쳐왔습니다. 이제 귀국의 군주께서는 귀하에게 명하시어 우리 사절단을 맞이하게 하여 말씀하시기를, '시체를 가지고 도읍의 성문에 이르지 말라.'고 하십니다. 그것은 우리 군주의 명이 초원(草原)에 버려지는 일입니다. 그리

고 신하인 나는 들었습니다만, '죽은 사람 모시기를 산사람같이 하는 것이 예의에 맞는다.'고 합니다. 그러기에 어느 나라를 예방하는 사자가 도중에 죽으면 그 일행의 다른 사람들이 그 시체를 모시고 예방의 예의를 지키도록 하는 것입니다. 또 예방중에 상대국에 국상(國喪)이 있게 됨을 만나 조문의 예의를 지키게 되는 일도 있는 것입니다. 만약 사자의 시체를 모시고 군주의 명하신 대로 하지 않는다면, 사자의 죽음을 당하여 돌아가는 일이 되니 안되지 않겠습니까? 예의를 지키어 국민의 불의를 막는다 하더라도, 경우에 따라서는 딛고 넘는 것입니다. 이제 대부께서 말씀하시기를, '사자가 죽었으니, 예방하는 일은 그만두어라.'라고 하셨습니다. 그러나 그 말씀은 예의를 버리는 말씀이 됩니다. 그러고서야 오나라가 어떻게 다른 제후국의 영도국이 되겠습니까? 옛사람이 말하기를, '죽은 사람을 가벼이 취급하지 말라.'고 했습니다. 사절단의 일원으로 정사의 시체를 모시고 사명(使命)을 행하여 우리 군주께서 명하신 것이, 귀국 군주가 계시는 곳에 이르게 한다면, 비록 깊은 물속에 떨어진다 하더라도, 그것은 천명(天命)일 따름이지 귀국 군주나 물을 건네주는 사람의 잘못은 아닌 것입니다." 이 말에 오나라 사람은 진나라의 사절을 도읍 안으로 들어가게 했다.

▌주해▏ ○輸(수)—성(成) 근처의 읍으로 지금의 영양(寧陽) 부근.

○桐汭(동예)—오나라 땅을 흐른 동수 가.

○良(양)—오나라 땅으로, 지금의 안휘성 비현(邳縣).

○廢日共積(폐일공적)—하루를 소비하여, 여행용 물품으로 정자(貞子)의 시체를 꾸림.

○一日遷次(일일천차)—예정보다 하루 늦게 머물 곳으로 순서대로 나아감.

秋,에 齊陳瓘如楚,하여 過衛.라 仲由見之曰, 天或者以陳氏爲

斧斤.이라 旣斬喪公室,이나 而他人有之,도 不可知也.요 其使終

饗之,도 亦不可知也.라 若善魯以待時,면 不亦可乎.아 何必惡

焉.가 子玉曰, 然.이라 吾受命矣,니 子使告我弟.하라

冬,에 及齊平.이라 子服景伯如齊,에 子贛爲介.라 見公孫成曰,

人皆臣人,이나 而有背人之心,이어늘 況齊人雖爲子役,이나 其有

不貳乎.아 子周公之孫也,로 多饗大利,어늘 猶思不義.라 利不可

得,이나 而喪宗國.이라 將焉用之.리오 成曰, 善哉.라 吾不早聞

命.이라

陳成子館客曰, 寡君使恒告曰, 寡人願事君如事衛君.이라 景

伯揖子贛而進之.라 對曰, 寡君之願也.라 昔,에 晉人伐衛,하니

齊爲衛故,로 伐晉冠氏,하여 喪車五百,하고 因與衛地,하되 自濟

以西禚·媚·杏以南書社五百.이라 吳人加敝邑以亂,에 齊因其

病,하여 取讙與闡,하니 寡君是以寒心.이라 若得視衛君之事君也,

면 則固所願也.라 成子病之,하여 乃歸成,하니 公孫宿以其兵甲

入于嬴.이라

가을에, 제나라 진항(陳恒 : 陳成子)의 형인 진관(陳瓘)이 초나라에
가는데 위나라를 지났다. 그때 중유(仲由)가 그를 만나 말하기를, "하
늘이 어쩌면 진씨(陳氏)에게 도끼를 쥐는 운수를 줄런지 모릅니다.
그 도끼는 이미 제나라 공실을 찍어 상하게 했거나, 다른 사람이 그
도끼를 차지할지도 알 수 없고, 그 도끼를 진씨가 끝까지 차지하게

주(周)나라 시대의
도끼〔鉞〕

할는지도 또한 알 수가 없습니다. 그러니 노나라와 사이좋게 지내며 때를 기다리면 좋지 않겠습니까? 그런데 어찌 노나라를 미워해야겠습니까?"라고 했다. 그러자 자옥(子玉 : 진관)이 말하기를, "그렇습니다. 나는 지금 명령을 받고 가는 길이니, 님이 사람을 시켜 내 동생(진성자)에게 말하게 해주십시오."라고 하였다.

겨울에, 우리 노나라가 제나라와 화평을 맺었다. 자복경백이 그 일로 제나라에 갔는데, 자공(子贛 : 子貢)이 부사(副使)가 되었다. 그 기회에 공은 성읍(成邑)을 다스리고 있는 공손성(公孫成)을 만나 말했다. "사람들은 다 자기 나라 누군가의 신하가 되지만 때로는 섬기는 사람의 마음을 거역하게 되는데, 하물며 제나라 사람이 비록 지금 당장에야 당신을 위하여 잘해 준다 하더라도 배신하지 않을 것이오? 당신은 주공(周公)의 자손으로 큰 은혜를 많이 받았는데도 불의한 일을 생각하고 있구려. 아무런 이익을 얻을 수 없는데도, 자기의 본국을 망치려 하고 있소이다. 장차 어찌 하자는 것이오?" 이 말을 들은 공손성은, "옳은 말이오. 내 일찍이 그런 말을 들었으면 좋았을 텐데!"라고 말하였다.

제나라의 진성자가 우리나라에서 간 사절단을 숙소로 안내하고 말하기를, "우리 군주께서는 진항(陳恒) 나로 하여금 님들에게 말하게 하시기를, '나는 노나라 군주를 위나라 군주와 같이 친하게 대하기를 원한다.'고 하셨습니다."라고 하였다. 그래서 자복경백은 자공에게 읍(揖)하고 앞으로 나서서 대답하게 했다. 그러자 자공은 대답하였다. "그렇게 해주시는 것이, 우리 군주의 소원입니다. 지난날 진(晉)나라 사람이 위나라를 치니, 귀국은 위나라를 위하는 일로 진나라의 관씨(冠氏)를 공격하여, 전차 5백대를 잃었고, 그때 일로 위나라에게 제수(濟水)에서 서쪽 작(禚)·미(媚)·행(杏)에서 남쪽의 5백호 백성이 살고 있는 땅을 나누어 주었습니다. 그랬는데 오나라 사람이 우리나라에 대해서 난폭한 짓을 가하여, 제나라는 그 환란을 틈타 환(讙)과 천(闡)을 점령하니 우리나라 군주께서는 그 때문에 제나라를 두려워한 것입니다. 만일 우리나라 군주께서 위나라 군주가 귀국의 군주를 모시듯이 대하게 해주신다면, 그것은 우리가 원하고 있는 바입니다.” 이 말을 듣고 난 진성자는 걱정이 되어, 곧 성읍을 우리 노나라에게 돌려주니, 공손숙은 성읍의 군병(軍兵)을 데리고 제나라의 영(嬴)으로 들어갔다.

주해 ○晉人伐衞(진인벌위)―정공 8년의 일.
○齊爲衞故(제위위고), 伐晉冠氏(벌진관씨)―정공 9년의 일.

衛孔圉取太子蒯聵之姊,하여 生悝.라 孔氏之竪渾良夫長而美.라 孔文子卒,에 通於内.라 太子在戚,에 孔姬使之焉.이라 太子與之言曰, 苟使我入獲國,이면 服冕乘軒,에 三死無與.리라 與之盟,하고 爲請於伯姬.라 閏月,에 良夫與太子入,하여 舍於孔氏之外圃,하고 昏二人蒙衣而乘,하고 寺人羅御如孔氏.라 孔氏之老欒寧問之,하니 稱姻妾以告,하고 遂入適伯姬氏.라 旣食,에 孔伯姬杖戈而先,하고 太子與五人介,하여 輿豭從之,하여 迫孔悝於廁,하여 强盟之,하여 遂劫以登臺.라 欒寧將飮酒,에 炙未熟,이어늘 聞亂.이라 使告季子,하고 召獲駕乘車.라 行爵食炙,하여 奉衛侯輒來奔.이라

季子將入,에 遇子羔將出.이라 曰, 門已閉矣.라 季子曰, 吾姑
至焉.이리라 子羔曰, 弗及,이니 不踐其難.하라 季子曰, 食焉,에
不辟其難.이라 子羔遂出.이라 子路入及門,하니 公孫敢門焉.이라
曰, 無入爲也.하라 季子曰, 是公孫也.로다 求利焉而逃其難,이나
由不然.이다 利其祿,이니 必救其患.하리라 有使者出,에 乃入.이
라 曰, 太子焉用孔悝.오 雖殺之,라도 必或繼之.하리라 且曰, 太
子無勇,하니 若燔臺半,이면 必舍孔叔.하리라 太子聞之,하여 懼,하
고 下石乞 · 盂黶敵子路.라 以戈擊之,하여 斷纓.이라 子路曰, 君
子死,라도 冠不免.이라 結纓而死.라 孔子聞衛亂曰, 柴也其來,
로되 由也死矣.리라 孔悝立莊公.이라 莊公害故政,하여 欲盡去
之.라 先謂司徒瞞成曰, 寡人離病於外久矣.라 子請亦嘗之.하라
歸告褚師比,하여 欲與之伐公,이나 不果.라

위나라의 공어(孔圉)는 태자 괴외(蒯聵)의 누나를 아내로 맞아 회
(悝)를 낳았다. 그런데 공씨 집의 일꾼 혼양부(渾良夫)는 키가 크고
얼굴이 아름다웠다. 공문자(孔文子 : 공어)가 죽자, 혼양부가 공문자의
처와 밀통하게 되었다. 태자 괴외가 척(戚)에 있을 때, 공희(孔姬 : 공
문자의 아내)가 혼양부에게 심부름을 시켰다. 그러자 태자가 혼양부
와 더불어 말하기를, "만일 내가 나라 안으로 들어가 나라를 차지하
게 해주기만 한다면, 대부의 옷을 입고 대부의 수레를 타게 해주고,
세번 죽을 죄를 용서해 주리라."라고 했다. 그래서 혼양부는 힘쓰겠다

고 맹서하고, 태자를 위하는 일을 백희(伯姬 : 공희)에게 잘 살펴달라
고 요청했다. 윤달에 혼양부는 태자와 같이 도읍으로 들어가 공씨 집
의 별장(別莊)에서 머물고, 저녁때 그들 두 사람은 부인의 옷차림으
로 수레를 타고, 공씨 집의 안채에서 일하는 나(羅)라는 사람이 그 수
레를 조종하여 공씨 집으로 갔다. 공씨 집에서 오래된 가신 난영(欒
寧)이 수레에 탄 사람이 누구냐고 묻자 인척(姻戚)의 첩(妾)이라 꾸
며 대고, 곧장 백희가 있는 곳으로 들어갔다. 식사를 하고 난 뒤에,
공어의 처인 백희가 창을 지팡이삼아 짚고 앞서고, 태자는 다섯 사람
과 같이 무장하고서, 맹약 맺을 때에 쓰기 위한 수퇘지를 밀게 하고
그 뒤를 따라 공회를 변소에서 협박하여 억지로 맹약을 맺게 하여 바
로 위협하여 같이 높은 대(臺) 위로 올라갔다. 당시 난영은 술을 마시
려고 했는데 술안주로 굽는 고기가 아직 익지 않았는데 일이 일어났
다는 것을 들었다. 그래서 그는 사람을 시켜 계로(季路 : 仲由)에게
그 일을 알리고, 공씨 가문의 가신인 소획(召獲)에게 탈 수레를 준비
케 했다. 그리고는 사람들을 모아 술잔을 돌려 마시고 구운 고기를
먹고서, 위나라의 군주 첩(輒)을 받들고 우리 노나라로 도망왔다.
　계로가 달려가 도읍으로 들어가려는 때에, 자고(子羔)가 다른 곳으
로 가려고 나가다 만났다. 자고가, “성문이 이미 닫혔소.”라고 했다.
계로가, “그래도 내 가보겠습니다.”라고 하니 자고가, “이미 때가 늦
었으니 공연히 곤란을 겪지 마오.”라고 말하였다. 그래서 계로는, “내
공씨(孔氏)의 녹(祿)을 받아먹어 온 사람이니 곤란을 피할 수 없습니
다.”라고 말했다. 자고는 그길로 떠나갔다. 자로(子路 : 계로)가 도읍
으로 들어가려고 성문에 이르렀더니, 공손감(公孫敢)이 성문을 지키
고 있었다. 공손감이, “들어오려 하지 마오.”라고 하자 계로는, “당신
은 공손(公孫)이시구려. 이익을 구했다가 상대편 사람이 곤란을 겪고
있음을 모르는 척하고 피해 도망하지만 유(由) 나는 그렇게 하지 않
소. 공씨의 녹을 받아왔으니, 나는 꼭 그의 환란을 구하겠소이다.”라

고 말했다. 성안에서 어느 사명(使命)을 띤 사람이 밖으로 나가니, 계로는 그틈에 안으로 들어갔다. 그는 공씨 집에 당도하여 소리쳐 말하기를, "태자께서는 공회를 어찌 이용하시려 합니까? 비록 그를 죽이시더라도 반드시 다른 사람이 그 뒤를 이어 공자와 싸울 것입니다." 라고 하고 또, "태자께서는 용기가 없으시니 올라가 계시는 대(臺)를 반절쯤 불에 태우면, 반드시 공숙(孔叔 : 공회)을 놓아주실 것입니다." 라고 말했다. 태자는 이 말을 듣고 두려워하고, 석걸(石乞)과 우염(盂黶)을 아래로 내려가게 하여 자로를 대적하게 했다. 석걸과 우염이 창으로 자로를 쳐 갓끈을 잘랐다. 자로는, "군자는 죽더라도 관(冠)을 벗지 않는 법이다."라 말하고, 갓끈을 잘 매고 죽었다. 공자(孔子)께서 위나라에 난리가 났다는 소식을 들으시고는, "고시(高柴 : 子羔)는 피해 올 것이나, 중유(仲由)는 죽을 게다."라고 말씀하셨다. 공회는 새 군주 장공을 즉위케 했다. 장공은 그 전의 정치 방법을 좋지 않다 하여, 전의 정치 참여자들을 다 제거하려 했다. 그래서 먼저 사도(司徒)인 만성(瞞成)에게 말하기를, "나는 나라 밖에서 오랫동안 고생을 했소. 그대 또한 그 고생을 맛보시오."라고 했다. 만성은 조정에서 나와 저사비(褚師比)에게 그 일을 말하여, 같이 군주를 치려 했으나 뜻대로 하지 못했다.

▌주해▐ ○孔悝(공어)−공문자(孔文子). 애공 11년조에 나왔다.
　　○子羔(자고)−위나라 대부로 공자의 제자였다. 씨(氏)는 고(高)였고, 이름은 시(柴)였으며, 자는 자고(子羔)였다.

▌經▐ ○十有六年春王正月己卯,에 衛世子蒯聵自戚入于衛.라
　　（십유륙년춘왕정월기묘）　（위세자괴외자척입우위）

○衛侯輒來奔.이라
（위후첩래분）

○二月,에 衛子還成出奔宋.이라
（이월）（위자환성출분송）

○ 夏四月己丑,에 孔丘卒.이라

16년 봄 천자가 쓰는 역으로 정월 기묘날에, 위나라 세자 괴외(蒯瞶)가 척(戚)으로부터 위나라로 들어갔다.

위나라 군주인 후작 첩(輒)이 우리 노나라로 도망왔다.

2월에, 위나라의 공자 환성(還成)이 송나라로 달아났다.

여름 4월 기축날에, 공자께서 세상을 떠나셨다.

※《좌씨전》의 경문은 애공 16년조까지 있고, 공자(孔子)가 세상을 떠났다는 기사로 끝을 맺고 있다. 그래서 전문(傳文)은 애공 27년조까지 있으나, 17년에서 끝까지는 경문이 없다. 그런데 이해 경문 중에서, 괴외가 도읍으로 들어오고, 위나라 군주가 도망나간 기사는 전년의 전문과 중복되고 있다.

傳 十六年春,에 瞞成・褚師比出奔宋.이라 衛侯使鄐武子告于周曰, 蒯瞶得罪于君父君母,하여 逋竄于晉,이었거늘 晉以王室之故,로 不棄兄弟,하고 寘諸河上.이었나이다 天誘其衷,하여 獲嗣守封焉,에 使下臣肸敢告執事.이오니다 王使單平公對曰, 肸以嘉命來告余一人.이라 往謂叔父,하되 余嘉乃成世,하여 復爾祿次,하노니 敬之哉.라 方天之休.리라 弗敬弗休,엔 悔其可追.랴

16년 봄에, 위나라의 만성과 저사비가 송나라로 달아났다. 위나라 군주가 언무자(鄐武子)를 주(周)나라로 보내 다음과 같이 말하게 했다. "괴외 저는 부모님께 죄를 지어 진(晉)나라로 도망하여 숨어 있었

사온데 진나라에서는 왕실과 같은 혈족인 것 때문에 형제간의 사이를 버리지 않고, 저를 황하(黃河) 가에 있게 했사옵니다. 그런데 하늘이 저의 마음을 인도하여, 위나라의 군주 자리를 이어받게 하여 아래 신하 힐(肹)에게, 이 사정을 천자를 돕는 담당관에게 고하게 하옵니다." 이 보고를 받은 주나라 천자께서는, 선(單)나라의 평공에게 대답의 말씀을 전하게 하셨다. "힐은 좋은 소식을 내게 알려주었도다. 나라로 돌아가 나의 일가인 위나라 군주에게 이르되 '나는 그대가 군주 자리에 오른 것을 기뻐하여, 위나라 군주가 차지했던 작위(爵位)를 그대로 차지하게 하노니 앞으로 삼갈지어다. 그러면 천복이 있으리라. 삼가지 않고 잘못했다가는 후회를 한들 소용없으리라'라고 해라."

▌주해▐ ㅇ逋竄(포찬)－국외로 도망가 숨어 있음.
  ㅇ河上(하상)－황하 가. 척읍(戚邑)을 말한다.

夏四月己丑,에 孔丘卒.이라 公誄之曰, 旻天不弔.로다 不憖遺
一老,하여 俾屏余一人以在位.라 煢煢余在疚.라 嗚呼,라 哀哉尼
父,여 無所自律.이로다 子贛曰, 君其不沒於魯乎.인저 夫子之言
曰, 禮失,면 則昏,하고 名失,이면 則愆.이라 失志爲昏,이요 失所
爲愆.이라 生不能用,하고 死而誄之,는 非禮也,요 稱一人,은 非
名也.라 君兩失之.라

六月,에 衛侯飲孔悝酒於平陽,하여 重酬之,하고 大夫皆有納
焉.이라 醉而送之,하나 夜半而遣之,하니 載伯姬於平陽而行.이라
及西門,하여 使貳車反祏於西圃.라 子伯季子初爲孔氏臣,이나 新

登于公.이라 請追之,하여 遇載祐者,하여 殺而乘其車.라 許公爲

反祐,하여 遇之曰, 與不仁人爭,이면 明無不勝.이라 必使先射.하

리라 射三發,이나 皆遠許爲.라 許爲射之,하니 殪.라 或以其車從,

하여 得祐於槖中.이라 孔悝出奔宋.이라

　여름 4월 기축날에, 공구(孔丘 : 孔子)께서 세상을 떠났다. 우리의 군주 애공이 조사(弔辭)를 내렸다. '하늘은 나를 불쌍히 여기지 않고 있도다. 잠시 더 나라의 장로(長老)를 더 이 세상에 있게 하여 여일인(余一人 : 나)을 도와 군주 자리에 있게 하지 않았도다. 외로운 나는 병중에 있는 듯하도다. 아아, 슬프다 공구여! 나는 어찌 할 줄을 모르고 있소이다!' 자공(子贛 : 子貢)은 이 조사를 가지고 말했다. "군주께서는 노나라에서 세상을 떠나시지 못할 것이다. 돌아가신 공자 선생께서 하신 말씀에, '예의를 잃으면 혼란에 빠지고, 명분(名分)을 잃으면 과실을 범한다.'고 하셨다. 살아계실 때, 그 어른을 중용(重用)하지 못하고, 세상을 떠나서야 아깝다고 조사를 지어 말하는 것은 예의에 맞지 않는다. 그리고 '나'라는 말을 천자가 쓰는 여일인(余一人)이라는 말로 표현한 것은, 명분에 맞지 않는 것이다. 군주는 두가지를 잃었다."

　6월에, 위나라 군주는 평양(平陽)에서 공회(孔悝)에게 술을 대접하여 많은 선물을 주었고, 대부들이 다 선물을 주었다. 군주는 공회가 술에 취하자 집으로 돌려보냈는데 야반(夜半)이 되자 그를 외국으로 축출하니, 공회는 가는 도중 평양에서 어머니 백희(伯姬)를 수레에 태우고 떠났다. 그리하여 평양읍 성의 서문(西門)에 이르러, 여분의 수레로 가문의 사당이 있는 도읍 내의 서포(西圃)로 돌아가 선조들의 신주(神主)를 모셔 나오게 했다. 자백(子伯) 계자(季子)는 애당초 공

씨 집의 가신이었으나, 새 군주에 의해서 새로 대부 자리에 올랐다. 자백은 군주에게 공회를 추격하게 해달라고 청해서 나가 길에서 신주를 싣고 가는 자를 만나, 그를 죽이고 그 수레를 타고 갔다. 허공위(許公爲)가 신주를 맞이하러 돌아 들어가다가 자백을 만나 말하기를, “어질지 못한 자와 싸우면 이기지 못함이 없음이 뻔하다. 내 저놈이 먼저 활을 쏘게 하리라.”고 했다. 자백이 세번을 쏘았으나 그 화살은 다 허공위에서 멀리 벗어 날았다. 다음에 허공위가 쏘니 자백은 맞아 쓰러졌다. 어느 사람이 자백이 타고 갔던 수레를 몰아 허공위를 따라서 전대 속에서 신주를 입수했다. 공회는 송나라로 달아났다.

주해│ ○平陽(평양)−읍 이름으로, 지금의 하남성 활현(滑縣).
　　○西圃(서포)−위나라 도읍의 거리 이름.
　　○祏(석)−사당에 안치하는 돌상자로, 그 안에 신주를 모신다.

楚太子建之遇讒也,에 自城父奔宋,이라가 又辟華氏之亂於鄭.

이라 鄭人甚善之,나 又適晉,하여 與晉人謀襲鄭,하고 乃求復焉,

하니 鄭人復之,하여 如初.라 晉人使諜於子木,하여 請行而期焉.

이라 子木暴虐於其私邑,하니 邑人訴之.라 鄭人省之,하여 得晉

諜焉,하고 遂殺子木.이라

其子曰勝,하여 在吳.라 子西欲召之,하니 葉公曰, 吾聞,하되 勝

也詐而亂.이라 無乃害乎.아 子西曰, 吾聞,하되 勝也信而勇.이라

不爲不利.리라 舍諸邊竟,하여 使衛藩焉.하리라 葉公曰, 周仁之

謂信,이요 率義之謂勇.이라 吾聞,하되 勝也好復言,하고 而求死

士.라 殆有私乎.인저 復言非信也,요 期死非勇也.라 子必悔之.리
라 弗從.이라 召之,하여 使處吳竟,하고 爲白公.이라

　초나라의 태자 건(建)이 참언을 당하게 되어, 성보(城父)로부터 송나라로 도망했다가 다시 송나라의 화씨란(華氏亂)을 피하여 정나라로 갔다. 정나라 사람이 그를 아주 잘 대했으나 그는 다시 진(晉)나라로 가 진나라 사람과 정나라 습격을 공모(共謀)하고, 곧 정나라로 돌아가겠다고 하니 정나라 사람이 다시 들어오게 하여 처음과 같이 대했다. 진나라 사람이 자목(子木：建)에게 간첩을 보내, 공모한 일의 실행과 그 기일 정할 것을 청했다. 그런데 자목이 그가 소유한 읍에서 포학한 짓을 하니 읍 사람들이 고발했다. 그래서 정나라 조정의 사람이 그의 신변을 조사하다가, 진나라와 내통한 증거를 입수하여 바로 자목을 죽였다.
　자목의 아들은 승(勝)이라 하여 오나라에 가 있었다. 초나라의 영윤 자서(子西)가 승을 소환하려 하니 섭(葉) 고을의 영유자인 섭공이 말하기를, "제가 듣기에는 승은 사기꾼이고 난폭하다 합니다. 불러들였다가는 해가 있지 않을까요?"라고 했다. 그러자 자서는 말하기를, "내 듣기에는 승은 신의가 있고 용감하다 하오. 그는 나라에 불리한 짓을 하지 않을 것이오. 나는 그를 변경에 두어 변방을 지키게 하겠소."라고 했다. 이 말에 섭공이 말했다. "인도에서 벗어나지 않고 두루 어진 것을 신의라 하고, 정의(正義)를 따르는 것을 용감이라 합니다. 내 듣기에는 승은 약속 지킴을 좋아하고, 무슨 일을 함에 있어 죽어가는 사람을 요구한다 합니다. 그렇다면 그 사람은 사사로운 야심을 지니고 있을 것입니다. 약속을 지키기만 하는 것은 신의가 아니고, 죽기만 기(期)하는 것이 용감이 아닙니다. 님은 반드시 후회할 것입니다." 그러나 그의 말을 따르지 않았다. 자서는 승을 소환하여 오나

라와의 국경에 살게 하고, 백(白) 고을의 영주(領主)로 삼았다.

주해| ○太子建(태자건)—소공 19년조 참조.

○城父(성보)—초나라 땅으로, 지금의 하남성 겹현(郟縣) 서쪽.

○華氏之亂(화씨지란)—소공 20년조 참조.

○白公(백공)—백 고을의 장관. 백은 지금의 하남성 식현(息縣).

請伐鄭.이라 子西曰, 楚未節也.라 不然,이면 吾不忘也.라 他

日又請,에 許之,나 未起師,에 晉人伐鄭,하니 楚救之,하고 與之

盟.이라 勝怒曰, 鄭人在此,요 讐不遠矣.라 勝自厲劍.이라 子期

之子平見之曰, 王孫何自厲也.오 曰, 勝以直聞,에 不告女,면 庸

爲直乎.아 將以殺爾父.라 平以告子西,하니 子西曰, 勝如卵.이라

余翼而長之.라 楚國第,는 我死,면 令尹司馬非勝而誰.아 勝聞

之曰, 令尹之狂也,여 得死,면 乃非我.라 子西不悛.이라

勝謂石乞曰, 王與二卿士,는 皆以五百人當之,면 則可矣.라

乞曰, 不可得也.라 曰, 市南有熊宜僚者.라 若得之,면 可以當五

百人矣.리라 乃從白公而見之.라 與之言,하여 說,하고 告之故,하

니 辭.라 承之以劍,이나 不動.이라 勝曰, 不爲利諂,하고 不爲威

惕,하며 不洩人言以求媚者.라 去之.라

吳人伐愼,에 白公敗之.라 請以戰備獻,에 許之,하니 遂作亂.

이라 秋七月,에 殺子西·子期于朝,하여 而劫惠王.이라 子西以袂

掩面而死,하고 子期曰, 昔者,에 吾以力事君.이라 不可以弗終.이

라하고 抉豫章以殺人,하고 而後死.라 石乞曰, 焚庫弑王.하라 不

然,이면 不濟.리라 白公曰, 不可.라 弑王不祥,이요 焚庫,면 無聚.

라 將何以守矣.아 乞曰, 有楚國,하여 而治其民,하고 以敬事神,이

면 可以得祥,하고 且有聚矣.라 何患.가 弗從.이라 葉公在蔡.라

方城之外皆曰, 可以入矣.라 子高曰, 吾聞之,하되 以險徼幸者,

는 其求無厭.이라 偏重,이면 必離.리라 聞其殺齊管脩也而後入.

이라 白公欲以子閭爲王,하니 子閭不可.라 遂劫以兵,하니 子閭

曰, 王孫若安靖楚國,하고 匡正王室而後庇焉,이면 啓之願也,니

敢不聽從.가 若將專利以傾王室,하고 不顧楚國,이면 有死,라도

不能.이라 遂殺之,하고 而以王如高府.라

백공(白公) 승(勝)이 정나라를 칠 것을 요청했다. 그러자 영윤 자
서가 말하기를, "우리 초나라는 통제력이 완고하지 못하오. 그렇지 않
다면 내가 정나라 치는 것을 잊고 있겠소?"라고 했다. 후일 다시 요
청하니 그때는 허락했으나, 군사를 출동시키지 않고 있었는데 마침
진(晉)나라 사람이 정나라를 치니, 초나라는 정나라를 구원하고, 정나
라와 화평의 맹약을 맺었다. 그러자 승이 노해서 말하기를, "정나라
사람이 여기에 있고, 원수는 먼 곳에 있지 않다."라고 했다. 그리고는
스스로 칼을 갈았다. 자기(子期)의 아들 평(平)이 그가 칼을 가는 것
을 보고, "왕손(王孫)께서는 어찌 손수 칼을 갈고 계십니까?"라고 물
었다. 그러자 승은, "승 나는 정직한 걸로 이름이 났는데, 네게 사실

대로 말하지 않는데서야 어찌 정직하다고 하겠느냐? 장차 이 칼로 너의 아비를 죽이련다."라고 말했다. 평이 그 말을 자서에게 말하니 자서는 말하기를, "승은 새알과 같은 존재다. 나는 날개로 보호하여 기르고 있는 것이다. 우리 초나라의 서열(序列)로는, 내가 죽으면, 영윤의 사마 자리는 승이 맡지 않고 누가 맡겠느냐?"라고 했다. 그러자 승은 이 말을 전해 듣고 말하기를, "영윤은 미쳤구나! 그가 제멋대로 죽게 내버려두면, 나는 내가 아니라고!"라 하였다. 그러나 자서는 승에 대한 마음을 고치지 않았다.

승이 석걸(石乞)에게 말하기를, "국왕과 두 경(卿)은, 5백명으로 공격하면 해치울 수가 있다."라고 하니 석걸이, "그 5백명의 용사를 얻을 수가 없습니다."라고 했다. 그러자 승은, "시장 남쪽에 웅의료(熊宜僚)라는 자가 있다. 만약 그를 우리편으로 만든다면, 그는 5백명분의 일을 할 수 있을 게다."라고 말하였다. 그래서 석걸은 백공 승을 따라가 웅의료를 만났다. 웅의료와 같이 말하여 기뻐하고 심중(心中)을 말하니 웅의료는 가담하기를 거절하였다. 그래서 칼로 위협했지만 그의 뜻은 확고하였다. 그러자 승은, "이 자는 이익을 위하여 아첨하지 않고, 위협 때문에 두려워하지 않으며, 타인의 비밀을 누설하여 아양을 떨 사람이 아니다."라고 말하고 떠나갔다.

오나라 사람이 초나라 땅 신(愼)을 치니, 백공 승이 패배시켰다. 그리고는 자신의 군대를 이끌고 국왕 앞으로 가 전리품(戰利品) 바치기를 원하여 허락하니, 그는 바로 난리를 일으켰다. 가을 7월에, 그는 자서와 자기를 조정에서 죽이고 혜왕을 협박했다. 그때 자서는 옷소매로 자기 얼굴을 가리고 죽었고, 자기는 말하기를, "지난날 나는 힘으로 군주를 섬겼다. 그러므로 마지막 힘을 내지 않을 수 없다."라 하고는, 녹나무를 뽑아 적을 죽인 뒤에야 죽었다. 당시 석걸이 승에게 말하기를, "창고를 불태우고 국왕을 죽이십시오. 그렇게 하지 않으면 일이 제대로 되지 않을 것입니다."라고 했다. 이 말에 승은, "그래서

는 안된다. 국왕을 죽이는 것은 불길한 일이고, 창고를 불태우면 물자
가 없게 된다. 그래서야 장차 어떻게 우리의 위치를 지키겠느냐?"라
고 말했다. 이에 석걸은 말했다. "초나라를 차지하여 국민을 다스리고,
공경스럽게 신(神)을 섬기면 복을 받을 수 있고, 또 물자가 있게 됩니
다. 그런데 어찌 걱정하십니까?" 그러나 승은 듣지 않았다. 그때, 섭
공(葉公)은 채(蔡)에 있었다. 방성(方城) 밖의 사람들은 승을 치러 들
어가야 한다고 했다. 그러나 자고(子高)는 말하기를, "내 들었거니와,
'위험한 짓으로 요행을 바라는 자는 욕심부림이 한이 없다.'고 한다.
승 그가 나쁜 짓을 거듭하면, 그의 편이 반드시 그한테서 떨어져나갈
것이다."라고 했다. 기다리던 자고는, 승이 제나라 출신으로 초나라
대부인 관수(管修)를 죽이고 나자 도읍으로 들어갔다. 백공 승이 자
여(子閭)로 국왕을 삼으려 하니 자여는 안된다고 했다. 그래서 무기
를 가지고 위협하니 자여는 말했다. "왕손(王孫)이 이 초나라를 안정
시키고 왕실의 질서를 바르게 하고 나서 비호(庇護)해 줄 것 같으면,
그야말로 계(啓) 나의 소원이니 어찌 감히 요구를 듣지 않겠소? 그러
나 만약에 이익만을 생각하여 왕실을 기울게 하고, 초나라의 운명을
불고할 것 같으면, 죽는 일이 있다 하더라도 요구에 따를 수는 없소
이다."라고 말하자 승은 곧 자여를 죽이고, 국왕을 데리고 고부(高府)
라는 별궁(別宮)으로 갔다.

┃주해┃ ㅇ子西(자서)·子期(자기) ─ 자서는 형이고, 자기는 동생이다.

ㅇ乃非我(내비아) ─ 즉, 내가 아니다. 용기있는 나의 존재는 아무것도 아
  니다.

ㅇ二卿士(이경사) ─ 자서와 자기를 두고 말한다.

ㅇ愼(신) ─ 초나라 땅으로, 지금의 안휘성 영상(潁上) 부근.

ㅇ掩面而死(엄면이사) ─ 섭공의 충고를 듣지 않은 것을 부끄러워했다는
  뜻이다.

ㅇ葉公(섭공) ─ 섭 고을의 영유자의 자(字)는 자고(子高)였고, 이름은 심

제량(沈諸梁)이라 했다.

ㅇ蔡(채)—채나라가 아니라 하채(下蔡)를 말한다. 하채는 지금의 안휘성
　수현(壽縣).

ㅇ子閭(자여)—자여는 초나라 평왕(平王)의 아들로 이름은 계(啓)였다.

ㅇ高府(고부)—별궁의 이름.

石乞尹門.이라 圍公陽穴宮,하여 負王以如昭夫人之宮.이라 葉
公亦至.라 及北門,에 或遇之曰, 君胡不胄.오 國人望君,은 如望
慈父母焉.이라 盜賊之矢若傷君,이면 是絶民望也.라 若之何不
胄.오 乃胄而進.이라 又遇一人,하니 曰, 君胡胄.오 國人望君,이
如望歲焉.이라 日日以幾.라 若見君面,이면 是得艾.라 民知不死,
면 其亦夫有奮心,하여 猶將旌君以徇於國,이어늘 而又掩面,하여
以絶民望,은 不亦甚乎.아 乃免胄而進.이라 遇箴尹固帥其屬將
與白公.이라 子高曰, 微二子者,면 楚不國矣,이었거늘 棄德從賊,
이면 其可保乎.아 乃從葉公.이어늘 使與國人以攻白公,에 白公奔
山而縊.이라 其徒微之.라 生拘石乞,하여 而問白公之死焉,하니
對曰, 余知其死所,나 而長者使余勿言.이라 曰, 不言,이면 將烹.
하리라 乞曰, 此事克,이면 則爲卿,이나 不克,이니 則烹固其所也.
라 何害.오 乃烹石乞.이라 王孫燕奔頯黃氏.라 沈諸梁兼二事,하
고 國寧,에 乃使寧爲令尹,하고 使寬爲司馬,하여 而老於葉.이라

석걸이 고부(高府)의 궁문(宮門)을 주관하여 지키고 있었다. 어공양(圉公陽)이 궁밖에서 구멍을 뚫어 안으로 들어가 국왕을 업고, 국왕의 어머니인 소(昭)부인이 있는 궁으로 갔다. 그때 섭공(葉公)도 도읍으로 왔다. 그가 도읍 성의 북문에 이르렀을 때 어느 사람이 그를 만나자 말하기를, "님은 어째서 투구를 쓰시지 않았습니까? 나라 사람들이 님 바라보는 것이, 마치 자애로운 부모를 바라보듯 하고 있습니다. 도적이 쏘는 화살이 만일 님을 상하게나 할 것 같으면, 그것은 국민의 소망을 단절시키는 일입니다. 그런데 어째서 투구를 쓰시지 않습니까?"라고 하였다. 그래서 그는 투구를 쓰고 전진했다. 그러다가 또 한 사람을 만나니 그 사람은 말하기를, "님은 어째서 투구를 쓰고 계십니까? 나라 사람들이 님을 바라봄은, 마치 농작물의 결실을 바라보는 것과 같습니다. 날마다 사람들이 님이 오시기를 원했던 것입니다. 사람들이 만일 님의 얼굴을 본다면 안심하게 됩니다. 백성들이 이제는 죽지 않게 된다는 것을 알면, 사람마다 다 분발하는 마음을 가져, 님의 이름을 내걸고 나라에서 의용(義勇)을 권하고 다닐 텐데, 님의 얼굴을 투구로 가려 국민이 보지 못하게 한다는 것은 심한 일이 아닙니까?"라고 하였다. 그래서 그는 투구를 벗고 전진했다. 전진하는 도중 그는 잠(箴) 고을 장관인 고(固)가 자기의 휘하 군병을 이끌고 백공 승에게 복종하러 가는 것을 만났다. 그래서 자고는 말하기를, "자서와 자기 두 분이 없었더라면, 초나라는 나라꼴이 못되었을 것이오. 은혜를 버리고 두 분을 죽인 도적을 따른다면 몸을 보존할 수 있겠소?"라고 했다. 그러자 고는 섭공을 따랐다. 섭공이 고에게 나라 사람들과 같이 백공 승을 공격하게 하니, 백공은 산으로 달아나 목을 매어 죽었다. 그의 부하들은 그 시체를 감추었다. 석걸을 사로잡아 백공의 시체가 어디에 있느냐고 물으니 석걸은 대답하기를, "나는 그분이 죽은 곳을 알고 있으나 그 어른은 나에게 시체 있는 곳을 말하지 말라고 하셨소."라고 하였다. 그에게 다시 말하기를, "네가 말하지 않으면, 너를 삶아 죽이리라."라고 했다. 그러자 석걸이 말했다. "이번 일이 성공했으면, 나는 경이 되었겠지만 성공하지 못했으니 삶아 죽는 것이 마땅한 일이오. 내 어찌 하겠소?" 곧 석걸을 삶아 죽였다. 그때 왕손(王孫)인 연(燕 : 승의 동생)은 규황씨(䲔黃氏)로 도망갔다. 섭공 심제량은 영윤과 사마의 두 관직을 겸했고, 나라 사정이 안정되자 자서의 아들 영(寧)을 영윤이 되게 하고, 자기의 아들 관(寬)을 사마가 되게 하여, 자신은 섭(葉)으로 은퇴했다.

주해 | ○昭夫人(소부인) — 혜왕의 어머니로 월나라 공녀였다.

○得艾(득애) — 안심함.

○䲔黃氏(규황씨) — 오나라 지명으로 안휘성 영국(寧國) 부근이었다 한다.

衛侯占夢.이라 嬖人求酒於大叔僖子,라가 不得,하니 與卜人比而告公曰, 君有大臣在西南隅,이옵거늘 弗去,면 懼害.이오니다 乃逐大叔遺,하니 遺奔晉.이라 衛侯謂渾良夫曰, 吾繼先君,이나 而不得其器.라 若之何.오 良夫代執火者而言曰, 疾與亡君,은 皆君之子也.라소이다 召之,하여 而擇材焉,이면 可也.이오니다 若不材,라도 器可得也.리이다 豎告太子,하니 太子使五人輿豭從己,하여 劫公而强盟之,하고 且請殺良夫.라 公曰, 其盟免三死.라 曰, 請三之後有罪殺之.이오니다 公曰, 諾哉.라

위나라 군주는 꿈을 가지고 점치기를 좋아했다. 군주의 총애를 받는 자가 대숙희자(大叔僖子)에게 술을 요구했다가 사절당하자, 점치는 자와 짜고 군주에게 말하기를, "요즈음의 꿈으로는, 군주의 대신으로

공궁(公宮) 서남쪽에 사는 자가 있사온데 제거하지 않으면, 해가 있을 것으로 여겨지옵니다."라고 했다. 그러자 곧 대숙유(大叔遺)를 축출하니 대숙유는 진나라로 도망갔다. 그리고 위나라 군주가 혼양부에게 말하기를, "나는 선대 군주의 자리를 계승하고 있건만 선대부터 정해진 기구는 손에 넣지 못하고 있다. 이 일을 어찌 하면 좋은가?"라고 했다. 그러자 혼양부는 방안의 사람을 나가게 하여 자신이 대신 등불을 잡고 말하기를, "태자이신 질(疾)이나 망명한 분인 첩(輒)은 모두 군주의 아드님입니다. 첩을 소환하셔서, 두 분 중에서 재능이 나은 분을 가리어 후계자로 삼으시면 좋사옵니다. 첩이 후계자감이 못된다 하더라도, 그분이 가지고 들어오는 기물은 차지하실 수가 있사옵니다."라고 했다. 그런데 이 말을 심부름꾼이 듣고 태자 질에게 말하니, 태자 질은 다섯 사람에게 맹서 맺을 때 쓸 수퇘지를 떠메고 자기를 따르게 하여, 군주 앞으로 가 군주를 협박하여 억지로 자기를 태자 자리에서 밀어내지 않는다는 맹서를 하게 하고, 혼양부를 죽일 것을 요청했다. 그러자 군주는, "그 사람은 내가 세번 죽을 죄를 면해 주겠다고 맹서했느니라."라고 하였다. 태자가, "그러면 세번 죽을 죄를 면해 준 뒤에 죄가 있으면 죽이도록 해주옵소서."라고 하니 군주는 허락했다.

傳┃ 十七年春,에 衛侯爲虎幄於藉圃.라 成,에 求令名者,하여 而
與之始食焉,에 太子請使良夫.라 良夫乘衷甸兩牡,하고 紫衣狐
裘至,하여 袒裘,하고 不釋劍而食.이라 太子使牽以退,하고 數之
以三罪,하여 而殺之.라

　　三月,에 越子伐吳.라 吳子禦之笠澤,할세 夾水而陳.이라 越子
爲左右句卒,하여 使夜或左或右鼓譟而進.이라 吳師分以御之,에

越子以三軍潛涉,하여 當吳中軍,하여 而鼓之.라 吳師大亂,하여
遂敗之.라

晉趙鞅使告于衛曰, 君之在晉也,에 志父爲主.였나이다 請君
若太子來,하사 以免志父.하소서 不然,이면 寡君其曰, 志父之爲
也.라 하리다 衛侯辭以難.이라 太子又使椓之.라

夏六月,에 趙鞅圍衛.라 齊國觀·陳瓘救衛,하여 得晉人之致
師者.라 子玉使服而見之曰, 國子實執齊柄,하여 而命瓘曰, 無
辟晉師.라 豈敢廢命.이리오 子又何辱.가 簡子曰, 我卜伐衛,나
未卜與齊戰.이라 乃還.이라

17년 봄에, 위나라 군주는 공실(公室)의 밭에다 호랑이를 조각하여
장식한 작은 집을 지었다. 낙성(落成)이 되자, 유명한 자를 골라 초청
해서 그곳에서 처음으로 식사를 들기로 하니, 태자 질(疾)이 혼양부를
청하도록 했다. 혼양부는 두 필의 말이 끄는 경(卿)이 타는 수레를 타
고, 군주의 옷 색깔인 자줏빛 가죽옷을 입고 가, 윗옷의 가죽옷을 벗고
칼을 풀어놓지 않은 채 식사를 하였다. 그러자 태자는 사람을 시켜 혼
양부를 끌어내고, 그의 죄목 세가지를 들어 죽였다.

3월에, 월나라 군주인 자작이 오나라를 쳤다. 오나라 군주인 자작이
월나라군을 입택(笠澤)에서 방어함에 있어, 강물을 사이에 두고 대진
(對陣)했다. 월나라 군주는 좌우의 작은 부대를 편성하여 저녁에 때
로는 왼쪽에서, 때로는 오른쪽에서 북을 쳐 요란한 소리를 내며 전진
하게 했다. 그러자 오나라 군사는 좌우로 나뉘어져 막아냈는데, 그 기

회에 월나라 군주는 삼군(三軍)을 이끌고 가만히 강을 건너 오나라의
중군을 정면에서 무찔러 진격했다. 이에 오나라 군사는 크게 혼란해
져 결국 패배시켰다.

　진나라의 조앙이 사람을 시켜 위나라에 말하기를, "군주께서 이 진
나라에 계셨을 때, 지보(志父) 제가 돌보는 일을 맡았었나이다. 원하
옵건대 군주 또는 태자께서는 일차 저희 나라에 왕림하셔서, 지보 제
가 당할 벌을 면하게 해주옵소서. 그렇게 하지 않으시면 저희 군주께
서 말씀하시기를, '위나라 군주가 찾아보는 예를 지키지 않는 것은 지
보가 그렇게 시킨 일이다.'라고 하실 것이옵니다."라고 했다. 그러나
위나라 군주는 나라에 어려운 사정이 있다고 핑계 대어 사절했다. 그
러자 태자는 사람을 시켜 진나라에 아버지를 모함케 했다.

　여름 6월에, 조앙이 위나라의 도읍을 포위했다. 그러자 제나라의 국
관(國觀)과 진관(陳瓘)이 위나라를 구원하러 가 진나라 사람으로서
도전해 오는 자를 잡았다. 자옥(子玉 : 진관)은 그 포로가 입은 옷을
벗기고, 그가 원래 입었던 옷을 입히고서 말하기를, "국씨(國氏)가 우
리 제나라의 정치를 하고 계시는데, 그분은 진관 나에게 명하시기를,
'진나라 군사를 피하지 말라.'고 하셨다. 내 어찌 그 명령을 이행하지
않겠는가? 내 자신 진나라 군사를 치러 나설 텐데 그대는 무엇하러
덤볐는가?"라고 했다. 그때 조간자(趙簡子 : 조앙)는 말하기를, "나는
위나라 치는 일을 거북등으로 점쳤지만, 제나라군과 싸울 일은 점치
지 않았다."라고 했다. 그리고는 돌아갔다.

▌주해▐　　○藉圃(적포)―도읍 근처에 있는 공실의 밭.

　○數之以三罪(수지이삼죄)―군주가 입는 옷색깔의 옷을 입은 것이 하나
　　의 죄요, 식사하는 자리에서 무례하게 윗옷을 벗은 것이 또 하나의 죄
　　며, 군주의 앞에서 칼을 차고 있은 일이 또 하나의 죄라고 죄목 세가지
　　를 들었다.

　○志父(지보)―조앙의 이름.

楚白公之亂,에 陳人恃其聚,하여 而侵楚.라 楚旣寧,에 將取陳麥.이라 楚子問帥於大師子穀與葉公諸梁.이라 子穀曰, 右領差車與左史老,는 皆相令尹司馬,하여 以伐陳.이었나이다 其可使也.이오니다 子高曰, 率賤,이면 民慢之,하오니 懼不用命焉.이리다 子穀曰, 觀丁父都俘也,에 武王以爲軍率.이었나이다 是以克州蓼,하고 服隨唐,하며 大啓群蠻.하였나이다 彭仲爽申俘也.에 文王以爲令尹,하사 實縣申息,하고 朝陳蔡,하며 封畛於汝.였나이다 唯其任也,어늘 何賤之有.이리오 子高曰, 天命不諂.이오니다 令尹有憾於陳,이리니 天若亡之,엔 其必令尹之子是與.리다 君盍舍焉.인가 臣懼右領與左史有二俘之賤,이오 而無其令德也.이오니다 王卜之,하니 武城尹吉.이라 使帥師取陳麥.이라 陳人御之,라 敗.라 遂圍陳.이라

秋七月己卯,에 楚公孫朝帥師,하여 滅陳.이라 王與葉公枚卜子良,하여 以爲令尹.이라 沈尹朱曰, 吉.이오니다 過於其志.이오니다 葉公曰, 王子而相國,하여 過,면 將何爲.인가 他日改卜子國,하여 而使爲令尹.이라

초나라 백공의 난리 때, 진(陳)나라는 축적한 국력을 믿고 초나라를 침공했다. 초나라는 나라 사정이 안정되자, 진나라의 보리밭을 점

령하여 거두어들이기로 했다. 그래서 초나라 군주는 태사(太師)인 자곡(子穀) 및 섭공 심제량과 장수감을 논의했다. 자곡이 먼저 말하기를, "우령(右領) 관직에 있는 차거(差車)와 좌사(左史)인 노(老)는 둘 다 전에 영윤과 사마를 도와 진나라를 친 일이 있었사옵니다. 그러니 그들을 장수로 삼는 것이 좋사옵니다."라고 했다. 이에 대하여 섭공인 자고는, "인솔자가 신분이 낮으면, 사람들이 무시하오니 명령을 잘 듣지 않을 것이 두려워지옵니다."라고 말했다. 그러자 자곡이 다시 말했다. "관정보(觀丁父)는 약(鄀) 사람으로 포로였는데, 우리 초나라의 무왕께서 그를 군대의 장수로 삼으셨나이다. 그래서 주(州)나라와 요(蓼)나라와 싸워 이겼고, 수(隨)나라와 당(唐)나라를 복종시켰사오며, 여러 오랑캐 민족의 땅으로 국토를 넓히었나이다. 그리고 팽중상(彭仲爽)은 신(申)나라 사람으로 포로가 되었는데 우리나라의 문왕(文王)께서는 그를 영윤으로 삼으셔, 실로 신(申)나라와 식(息)나라를 쳐 우리의 현(縣)으로 삼았고, 진(陳)나라·채나라가 우리나라를 섬기게 되었사오며, 국토를 여수(汝水) 가까지 넓혔던 것입니다. 다만 맡으면 되는 것이옵는데 신분의 낮음이 무슨 상관이 있사오리까?" 이 말이 끝나자, 자고는 말했다. "천명(天命)은 속이지 못하옵니다. 죽은 영윤의 혼백이 진나라에 대해서 유감을 품고 있을 것이오니 하늘이 진나라를 망치려 할 것 같으면, 하늘은 반드시 영윤의 아들편이 될 것이옵니다. 군주께서는 어찌 영윤의 아들을 버리시겠사옵니까? 신은 우령과 좌사가 전의 두 포로와 같이 지위가 낮고도 그 포로들과 같이 덕을 지니지 못하고 있음을 걱정하옵니다." 왕이 거북등을 구워 점치니, 무성(武城) 고을의 장관이 좋다는 것이었다. 그래서 무성 고을의 장관이요, 자서의 아들이 군사를 이끌고 진나라의 보리를 거두기로 했다. 진나라 사람이 초군을 막았으나 패하고 말았다. 초군은 곧이어 진나라 도읍을 포위했다.

가을 7월 기묘날에, 초나라의 공손조(公孫朝 : 무성의 장관이고, 자서의 아들)가 군사를 이끌고 진나라를 멸망시켰다. 초왕은 섭공과 같이 동생인 자량(子良)을 익명(匿名)으로 거북등을 구워 점쳐 영윤으로 삼으려 했다. 심(沈) 고을 장관인 주(朱)가 점치고 결과를 말하기를, “길하옵니다. 운(運)이 평소 바라고 있는 것보다도 더하옵니다.”라고 하였다. 그러자 섭공이, “왕자로서 재상(宰相)이 되어, 그보다도 더한 것이라면 장차 무엇이 되겠나이까?”라고 말했다. 후일 다시 자서의 아들인 자국(子國)을 두고, 거북등으로 점을 쳐 그를 영윤으로 삼았다.

▌주해┃ ㅇ州(주)―나라 이름으로, 지금의 호북성 감리현(監理縣)에 위치했다.

ㅇ蓼(요)―나라 이름으로, 지금의 호북성 당현(唐縣)에 위치했다.

ㅇ隨(수)―나라 이름으로, 지금의 호북성 수현(隨縣)에 위치했다.

ㅇ申(신)·息(식)―모두 나라 이름으로, 신은 지금의 남양(南陽)에 위치했고, 식은 지금의 식현(息縣)에 위치했다.

ㅇ枚卜(매복)―이름을 감추고 거북등으로 점침.

ㅇ王子而相國(왕자이상국), 過(과), 將何爲(장하위)―왕자인데다가 재상이 되고, 그보다 더한 것이라면 왕이 될 것이 아니냐란 말.

衛侯夢,에 于北宮見人,한데 登昆吾之觀,하여 被髮北面而譟日, 登此昆吾之虛,하니 緜緜生之瓜.라 余爲渾良夫.라 叫天無辜.라 公親筮之,하고 胥彌赦占之曰, 不害.이오니다 與之邑,이어늘 寘之而逃奔宋.이라 衛侯貞卜.이라 其繇曰, 如魚竀尾,하여 衡流而方羊裔焉.이라 大國滅之,니 將亡.하리라 闔門塞竇,하여 乃自後踰.하리라

冬十月,에 晉復伐衛,하여 入其郭,하고 將入城.이라 簡子曰,
止.하라 叔向有言,하되 曰, 怙亂滅國者,는 無後.라 衛人出莊公,
하여 而與晉平.이라 晉立襄公之孫般師而還.이라

위나라 군주가 꿈을 꾸니, 북궁(北宮)에서 어느 사람을 보았는데 그는 곤오(昆吾)의 누대에 올라 머리를 풀어내리고 북쪽을 향하여 큰 소리로 떠들어대며 말하기를, '이 곤오의 누대 터에 오르니 외가 줄줄이 맺어 있다. 나는 혼양부다. 나는 하늘에게 내가 죄가 없음을 외치고 있노라.'라고 하였다. 군주는 자신이 산가지점을 치고, 서미사(胥彌赦)가 그 점을 풀이하여 말하기를, "해로운 점괘가 아니옵니다."라고 했다. 그러자 군주는 그에게 읍을 주었는데, 그는 준 읍을 버리고 송나라로 도망갔다. 위나라 군주가 다시 그 꿈을 가지고 거북등을 구워 점을 쳤다. 그 점의 해설에는, '물고기 고생스러워 그 꼬리 붉어져 옆으로 흘러내려가 방황하는 격과 같도다. 큰 나라가 멸망시키니 곧 망하리라. 문을 닫고 구멍을 틀어막고서, 뒤로부터 뛰어넘어 도망하리라.'라고 하였다.

겨울 10월에, 진나라가 다시 위나라를 쳐, 도읍의 외성을 쳐들어갔고, 성안으로 들어가려 했다. 그때 조간자가 말하였다. "중지해라. 숙향(叔向)이 한 말이 있으니 그는 말하기를, 상대편 나라의 혼란을 틈타 그 나라를 멸망시키는 자는 후사가 없게 된다고 했다." 위나라 사람이 장공을 축출하여서는 진나라와 화평을 맺었다. 진(晉)나라는 위나라 양공(襄公)의 손자 반사(般師)를 군주로 세우고 돌아갔다.

주해 ○昆吾之觀(곤오지관)—지금의 복양현(濮陽縣) 서남쪽에 그 터가 있다 한다. 그곳은 전욱씨(顓頊氏)의 도읍지였고, 하(夏)나라 시대에는 곤오씨(昆吾氏)가 차지했는데, 곤오씨는 높은 누대를 지었다 한다.

ㅇ縣縣生之瓜(면면생지과)-'혼양부 내가 군주로 세워주었는데, 그 위세 당당하구나'의 뜻이 있다.

ㅇ襄公之孫(양공지손)-그의 윗대는 누구인지 알 수 없다. 그 계보는 다음과 같다.

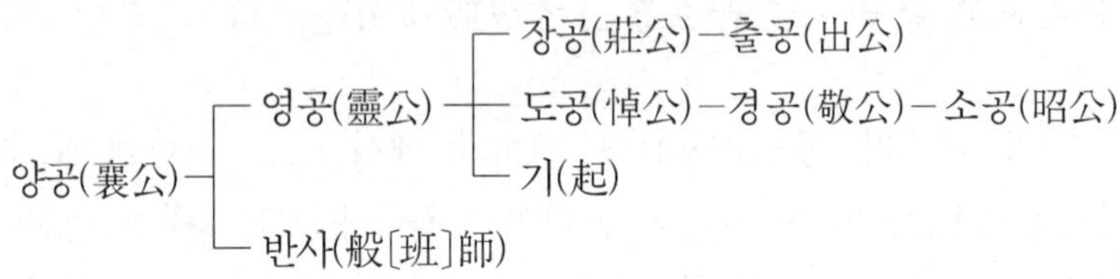

^{십일월} ^{위후자견입} ^{반사출} ^초 ^{공등성이망}
十一月,에 衛侯自鄄入,하니 般師出.이라 初,에 公登城以望,이

^{견융주} ^{문지} ^{이고} ^{공왈} ^{아희성야} ^{하융지유}
라가 見戎州.라 問之,에 以告,하니 公曰, 我姬姓也.라 何戎之有

^언 ^{전지} ^{공사장구} ^{공욕축석포} ^{미급이난작} ^신
焉.가 翦之.라 公使匠久.라 公欲逐石圃,이나 未及而難作.이라 辛

^사 ^{석포인장씨공공} ^{공폐문이청} ^{불허} ^{유우북방이}
巳,에 石圃因匠氏攻公,에 公閉門而請,이나 弗許.라 踰于北方而

^추 ^{절고} ^{융주인공지} ^{태자질} ^{공자청유} ^{종공}
隊,하여 折股.라 戎州人攻之,하고 太子疾·公子靑踰,하여 從公,

^{융주인살지} ^{공입우융주기씨} ^초 ^{공자성상견기씨지}
에 戎州人殺之.라 公入于戎州己氏.라 初,에 公自城上見己氏之

^{처발미} ^{사곤지} ^{이위려강체} ^{기입언} ^{이시지벽}
妻髮美,하고 使髡之,하여 以爲呂姜髢.라 旣入焉,하여 而示之璧

^왈 ^{활아} ^{오여여벽} ^{기씨왈} ^{살여} ^{벽기언왕} ^{수살}
曰, 活我,면 吾與女璧.하리라 己氏曰, 殺女,면 璧其焉往.고 遂殺

^지 ^{이취기벽} ^{위인복공손반사} ^{이립지}
之,하여 而取其璧.이라 衛人復公孫般師,하여 而立之.라

^{십이월} ^{제인벌위} ^{위인청평} ^{입공자기} ^{집반사이}
十二月,에 齊人伐衛.라 衛人請平,에 立公子起,하고 執般師以

^귀 ^{사저로}
歸,하여 舍諸路.라

^{공회제후} ^{맹우몽} ^{맹무백상} ^{제후계수} ^{공배}
公會齊侯,하여 盟于蒙,에 孟武伯相.이라 齊侯稽首,어늘 公拜,

하니 齊人怒.라 武伯曰, 非天子,면 寡君無所稽首.라 武伯問於
高柴曰, 諸侯盟,에 誰執牛耳.오 季羔曰, 鄫衍之役,에는 吳公子
姑曹,요 發陽之役,에는 衛石魋.라 武伯曰, 然則彘也.라

宋皇瑗之子麇,은 有友曰田丙,하여 而奪其兄鄭般邑以與之.라
鄭般慍而行,하여 告桓司馬之臣子儀克.이라 子儀克適宋,하여 告
夫人曰, 麇將納桓氏,라 하니 公問諸子仲.이라 初,에 子仲將以杞
姒之子非我爲子,하니 麇曰, 必立伯也.하라 是良材.라 子仲怒,하
고 弗從.이러라 故로 對曰, 右師則老矣,나 不識麇也.이오니다 公
執之.라 皇瑗奔晉,이나 宋公召之.라

11월에, 위나라 군주 장공이 견(鄄)으로부터 도읍으로 들어가니, 군주 자리를 차지하고 있었던 반사(般師)가 도망갔다. 전에, 장공이 성(城)에 올라 사방을 바라보다가 융주(戎州)를 보았다. 그리고는 측근자에게 물으니 사실대로 대답하니 장공은, "우리는 주왕실과 같이 희성(姬姓)의 나라다. 그런데 내 나라 안에 융족이 있단 말인가?"라고 말하고, 그 마을을 파괴하였다. 그리고 장공은 공인(工人)들을 오랫동안 부려 쉬게 하지 않았다. 장공은 석포(石圃)를 몰아내려고 했으나 뜻대로 하지 못하고 있는 중에 난리가 일어났다. 신사날에, 석포는 공인들의 힘을 빌어 장공을 공격하니, 군주는 공궁(公宮)의 문들을 다 닫고, 화해를 청했으나 석포는 거절했다. 그래서 군주는 북쪽 담을 넘다가 떨어져 다리를 삐었다. 그때 융주 사람들이 공격하고, 태자 질(疾)과 공자 청(靑)이 담을 넘어 군주를 따랐는데, 융주 사람이 그들을 죽였다. 군주는 홀로 융주의 기씨(己氏)네 집으로 돌아갔다. 전에,

장공이 성 위에서 기씨 아내의 머리가 아름다운 것을 보고, 사람을 시켜 그녀의 머리카락을 잘라, 부인 여강(呂姜)의 가발로 삼게 했다. 장공이 기씨네 집으로 들어가 구슬을 보이고 말하기를, "나를 살려주면, 내 네게 이 구슬을 주리라."라고 했다. 그러자 기씨는, "내 너를 죽이면, 그 구슬이 어디로 가겠는가?"라고 말하고는 곧 장공을 죽이고 그 구슬을 차지했다. 위나라 사람들은 공손반사를 다시 불러들여 군주로 세웠다.

12월에, 제나라 사람이 위나라를 쳤다. 위나라 사람이 화해를 청하여, 제나라 사람은 영공(靈公)의 아들인 공자 기(起)를 군주로 세우고 반사를 잡아 데리고 돌아가, 노(潞)에 살게 했다.

우리 노나라의 애공이 제나라 군주와 회합을 갖고, 몽(蒙)에서 맹약을 맺음에, 맹무백이 따라 도왔다. 그때 제나라 군주가 머리를 땅위에 조아리고 인사를 했는데, 애공은 보통의 절만 하니 제나라 사람이 노하였다. 그래서 맹무백이 말하기를, "천자가 아니고서는 우리 군주께서는 머리를 땅위에 조아리지 않습니다."라고 했다. 맹무백이 고시(高柴)에게 묻기를, "제후의 맹약에서, 누가 소의 귀를 잡는 것이오?"라고 하니 고시(高柴 : 季羔)가 말하기를, "증연(鄫衍)에서의 회합에서는 오나라 공자 고조(姑曹)가 잡았고, 발양(發陽)의 회합에서는 위나라의 석퇴(石魋)가 잡았습니다."라고 했다. 그러자 맹무백은, "그렇다면 이번에는 체(彘) 나의 차례로구려."라고 말했다.

송나라 황원(皇瑗)의 아들 균(麇)은, 전병(田丙)이라는 친구가 있어, 형인 참반(鄭般)이 소유하고 있는 읍을 빼앗아 전병에게 주었다. 그러자 참반이 화를 내어 도읍을 나가, 환퇴(桓魋 : 桓司馬)의 신하인 자의극(子儀克)에게 그 사정을 말했다. 그러자 자의극은 송나라 도읍으로 가 군주의 부인에게 말하기를, "균이 위나라로 도망가 있는 환씨를 들어오도록 하려 하옵니다."라고 하니, 군주는 자중(子仲)에게 그 내막을 물었다. 전에 자중이 기사(杞姒)라는 아내가 낳은 비아(非

我)를 후계자로 삼으려 하니 균이, "반드시 큰아들을 사자로 삼게. 그가 좋은 인재일세."라고 했다. 그러나 자중은 노하고, 그의 말을 따르지 않았다. 이런 일이 있었기 때문에 자중은 대답하기를, "우사(右師)는 늙어서 난리를 일으키지 못할 것이오나 아들인 균은 잘 알 수가 없나이다."라고 했다. 그러자 군주는 균을 체포했다. 황원은 진나라로 도망했으나, 송나라 군주는 그를 소환했다.

■주해│ ○鄄(견) ─ 위나라 땅으로, 지금의 산동성 복현(濮縣) 땅.

○戎州(융주) ─ 융족 마을.

○呂姜(여강) ─ 장공의 부인.

○十二月(십이월) ─ '십(十)' 앞에 '동(冬)'자가 있는 판본도 있다.

○潞(노) ─ 제나라 도읍의 교외 땅.

○蒙(몽) ─ 노나라 땅으로, 지금의 산동성 몽음현(蒙陰縣) 남쪽 땅.

○鄫衍之役(증연지역) ─ 애공 7년의 일.

○發陽之役(발양지역) ─ 발양은 운(鄆)과 같다. 애공 12년의 일.

○彘(체) ─ 맹무백의 이름.

○桓司馬(환사마) ─ 환퇴. 그는 애공 14년에 위나라로 도망갔다.

○宋公召之(송공소지) ─ '송공(宋公)' 두 자가 없는 판본도 있다.

■傳│ 十八年春,에 宋殺皇瑗.이라 公聞其情,하여 復皇氏之族,하고 使皇緩爲右師.라

巴人伐楚,하여 圍鄾.라 初,에 右司馬子國之卜也,에 觀瞻曰, 如志.이오니다 故로 命之.라 及巴師至,에 將卜帥,하니 王曰, 寧如志,라 하였거늘 何卜焉.가 使帥師而行.이라 請承,에 王曰, 寢尹·工尹勤先君者也.라 三月,에 楚公孫寧·吳由于·薳固敗巴師于

鄤.라 故로 封子國於析.이라 君子曰, 惠王知志.라 夏書曰, 官占

唯能蔽志,하고 昆命于元龜.라 其是之謂乎.아 志曰, 聖人不煩

卜筮.라 惠王其有焉.이라

夏,에 衛石圃逐其君起,하니 起奔齊.라 衛侯輒自齊復歸,하여

逐石圃,하고 而復石魋與大叔遺.라

18년 봄에, 송나라는 황원(皇瑗)을 죽였다. 그러자 송나라 군주는 사정을 듣고서 황씨 일족을 복귀시키고, 황완(皇緩)을 우사가 되게 했다.

파(巴)나라 사람이 초나라를 쳐 우읍(鄾邑)을 포위했다. 전에 우사마 관직에 있는 자국(子國)을 (영윤으로 삼기 위하여) 거북등을 구워 점을 치니, 관첨(觀瞻)이 거북등에 나타난 징조를 풀이하여 말하기를, "뜻대로 좋사옵니다."라고 했다. 그래서 임명하려는 관직(영윤)에 임명했다. 파나라 군주가 쳐들어가니, 군사를 이끌 사람을 점치려 하자 초왕이 말하기를, "영(寧)이 뜻대로 좋은 사람이라고 했는데, 또 어찌 어느 사람이 좋은가를 점친단 말인가?"라고 했다. 그래서 영(寧 : 자국)에게 군사를 이끌고 떠나게 했다. 영이 누군가를 보좌역으로 삼을 것을 요청하자 국왕은, "침윤(寢尹) 오유우(吳由于)와 공윤(工尹) 위고(薳固)는 선대 군주 때부터 나라를 위해 힘써 온 자다."라고 했다. 3월에, 초나라 공손(公孫)인 영·오유우·위고가 파나라 군사를 우에서 패배시켰다. 그러므로 자국(子國 : 寧)을 석(析) 땅의 영주(領主)로 봉했다. 군자는 평하여 말했다. "초나라 혜왕은 사람의 뜻을 잘 알았다. 하서(夏書)에 이르기를, '관직에 적당한 자를 점침에는 미리 잘 생각하여 정하고, 그리고 나서 거북등에 묻는 것이다.'라고 했다.

이 말은 혜왕과 같은 경우를 두고 말한 것일까? 그리고 전하는 책에 이르기를, '어진 사람은 자주 거북등으로 점친다든가 산가지점을 친다든가를 하지 않는다.'라고 했다. 혜왕이야말로 그런 분이었다."

　여름에, 위나라의 석포가 그의 군주 기(起)를 축출하니, 기는 제나라로 도망했다. 그리고 위나라 군주였던 첩(輒)이 제나라로부터 복귀하여 석포를 몰아내고 석퇴와 대숙유를 복귀시켰다.

▌주해┃　ㅇ巴(파)─지금의 중경(重慶) 지방에 위치했던 나라.
　ㅇ酈(우)─초나라 읍으로, 지금의 호북성 양양현(襄陽縣) 땅.
　ㅇ析(석)─지금의 하남성 남향현(南鄕縣) 땅.
　ㅇ夏書(하서)─현존하는 《서경》 대우모편(大禹謨篇)에 있다.

▌傳┃　十九年春,에 越人侵楚,하여 以誤吳也.라
　夏,에 楚公子慶·公孫寬追越師,하여 至冥,이나 不及,하고 乃
還.이라
　秋,에 楚沈諸梁伐東夷,에 三夷男女,가 及楚師盟于敖.라
　冬,에 叔靑如京師,하니 敬王崩故也.라

　19년 봄에, 월나라 사람이 초나라를 침공하여, 오나라로 하여금 방비를 소홀히 하게 했다.

　여름에, 초나라 공자 경(慶)·공손관(公孫寬)이 월나라 군사를 추격하여 명(冥)에까지 갔으나 월나라 군사를 잡지 못하고 귀환했다.

　가을에, 초나라의 심제량(沈諸梁 : 葉公)이 동방(東方)의 이족(夷族)을 치니, 세 이족의 남녀가 초나라 군사와 오(敖)에서 맹약을 맺었다.

겨울에, 우리 노나라의 숙청(叔靑)이 주나라의 서울에 갔는데, 경왕이 붕거(崩去)한 때문이었다.

주해 | ㅇ冥(명)—지금의 강서성(江西省) 신강(信江) 유역 땅.

　ㅇ三夷(삼이)—월나라에 복종하고 있던 오랑캐. 온대(溫臺)·영파(寧波)·삼부(三府)에 거주하던 이민족.

　ㅇ男女(남녀)—여자가 맹약에 참가한 것은 오랑캐의 풍속을 나타낸다.

　ㅇ沈諸梁(심제량)—섭공(葉公).

傳 | 二十年春,에 齊人來徵會.라

夏,에 會于廩丘,하여 爲鄭故謀伐晉,이나 鄭人辭諸侯,하여 秋,에 師還.이라

吳公子慶忌驟諫吳子曰, 不改,면 必亡.이리다 弗聽.이라 出居于艾,라가 遂適楚.라 聞越將伐吳,하고 冬,에 請歸平越,하여 遂歸,하여 欲除不忠者以説于越,에 吳人殺之.라

20년 봄에, 제나라 사람이 와 회합 갖기를 요청했다.

여름에, 늠구(廩丘)에서 회합을 가져 정나라를 위하여 진(晉)나라를 칠 것을 상의했으나, 정나라 사람이 제후들에게 사양하여 가을에 군사가 귀환했다.

오나라 공자 경기(慶忌)가 오나라 군주인 자작에게 자주 충간(忠諫)하기를, "나라의 영도법(領道法)을 고치지 않으시면, 반드시 망할 것이옵니다."라고 했다. 그러나 듣지 않았다. 경기는 도읍에서 나가 애(艾)에서 거처하다가 곧 초나라로 갔다. 초나라에 있으면서 월나라가 오나라를 칠 것이라는 소문을 듣고, 겨울에 초나라 사람에게 본국

으로 돌아가 월나라와 화해를 시키겠다고 소원을 말하여, 바로 돌아
가 불충한 자들을 제거하여, 월나라와 화해할 구실로 삼으려 했는데
오나라 사람이 그를 죽였다.

주해 ｜ ○廩丘(늠구)―제나라 땅으로, 지금의 범현(范縣) 동남쪽 땅.
○艾(애)―오나라 읍으로, 지금의 강서성 수수현(修水縣) 서쪽 땅.

十一月,에 越圍吳.라 趙孟降於喪食.이라 楚隆曰, 三年之喪,은
親暱之極也.라 主又降之,는 無乃有故乎.아 趙孟曰, 黃池之役,
에 先主與吳王有質,하니 曰, 好惡同之.라 今, 越圍吳,에 嗣子不
廢舊業,하여 而敵之,나 非晉之所能及也.라 吾是以爲降.이라 楚
隆曰, 若使吳王知之,면 若何.오 趙孟曰, 可乎.인저 隆曰, 請嘗
之.라 乃往.이라 先造于越軍曰, 吳犯間上國多矣,에 聞君親討
焉,하고 諸夏之人,이 莫不欣喜,나 唯恐君志之不從.이오이다 請
入視之.리다 許之.라 告于吳王曰, 寡君之老無恤,이 使陪臣隆
敢展謝其不共.이오니다 黃池之役,에 君之先臣志父得承齊盟曰,
好惡同之.였나이다 今, 君在難,에 無恤不敢憚勞,나 非晉國之所
能及也.라소이다 使陪臣敢展布之.이오니다 王拜稽首曰, 寡人不
佞,하여 不能事越,하여 以爲大夫憂.라 拜命之辱.이라 與之一簞
珠,하여 使問趙孟曰, 勾踐將生憂寡人,에 寡人死之,나 不得矣.

라 王曰, 溺人必笑.라 吾將有問也.라 史黯何以得爲君子.오 對
日, 黯也進不見惡,하고 退無謗言.이오니다 王曰, 宜哉.라

11월에, 월나라가 오나라의 도읍을 포위했다. 진나라의 조맹(趙
孟 : 趙無恤)은, 아버지 조앙(趙鞅 : 趙志父, 趙簡子)의 상을 당하여
간소한 음식을 들고 있었는데 이 소식을 듣자 더욱 간소한 음식을 취
하였다. 그러자 가신인 초륭(楚隆)이 말하기를, "3년상을 지키는 것은
돌아가신 분에 대해서 지극한 정성을 드리는 일입니다. 주인 어르신
께서는 복상(服喪)중에 간소한 음식을 취하고 계시는데, 한층 더 간
소하게 하시는 것은 무슨 까닭이 있습니까?"라고 했다. 조맹이, "황지
(黃池)에서 회합을 가졌을 때, 돌아가신 아버지와 오나라 왕이 서로
맹약을 맺었는데 그 맹약에는 '좋은 일이나 나쁜 일이나 그 고락을
같이한다.'라 했네. 이제 월나라가 오나라 도읍을 포위하고 있으니 돌
아가신 아버지의 후계자로서 아버지가 맺은 맹약을 저버리지 못하고,
월나라를 적(敵)으로 여기고 있으나 우리 진나라로서는 힘이 부족하
여 어찌 할 수가 없네. 나는 이 때문에 먹는 것을 한층 더 간소하게
하는 걸세."라고 말하자 초륭이 말하기를, "그렇다면, 오나라 왕에게
주인의 마음을 알린다면 어떻겠습니까?"라고 했다. 조맹이, "그러면
좋겠지!"라고 하자 초륭은, "제가 가 그렇게 해보겠습니다."라 말했
다. 그리하여 초륭은 곧 갔다. 초륭은 우선 월나라군에게 가 말하기를,
"오나라가 중원(中原)의 나라들을 범하는 일이 많았기에, 군주께서
친히 오나라를 치신다는 것을 듣고 중원 여러 나라 사람들이 기뻐하
지 않음이 없사오나, 군주의 뜻대로 되지 못할까만은 걱정하고 있나
이다. 제가 오나라 안으로 들어가, 그 사정을 알아보고자 하옵니다."
라 했다. 그러자 월나라는 허락하였다. 오나라로 들어간 초륭은 오왕
에게 말했다. "저희 나라 군주의 대신인 조무휼(趙無恤)이 가신인 저

초릉에게 군주를 받들지 못함을 사죄케 했나이다. '황지에서 회합을 가졌을 때, 군주를 받들었다가 죽은 아버지 조지보(趙志父)는 군주와 성스러운 맹약을 맺을 수가 있어, 좋은 일이나 나쁜 일이나 고락을 같이한다 하였나이다. 이제 군주께서 환란 속에 계셔, 무휼 저는 수고를 감히 꺼리지 않는 바이오나 진나라의 힘이 부족하여 어찌 할 수가 없나이다. 그래서 이에 가신으로 하여금 감히 저의 뜻을 펴 올리게 하옵니다.'" 이 말을 들은 오왕은 절하고 머리를 땅위에 조아리고 말하기를, "내 못나 월나라와 잘 지낼 수가 없어 대부로 하여금 근심하게 하고 있소이다. 전해 준 말 감사히 받았소이다."라 했다. 그리고 초릉에게 한 상자의 주옥을 주어, 조맹에게 가져다 주라 하고 말하기를, "월나라 군주 구천이 나를 산채로 고생케 하고 있어, 나는 죽으려 해도 마음대로 죽을 수가 없다."고 했다. 그리고 오왕은 다시 말하기를, "물에 빠져 죽는 사람은 반드시 웃는 얼굴을 한다고 한다. 지금 나는 그런 형편이나 내가 물어보려는 것이 있다. 진나라의 사암(史黯)은 어찌하여 군주라고 부르게 되었는가?"라고 하였다. 초릉이, "사암은 나가 말을 하더라도 사람들한테 미움받지 않고, 물러나더라도 그를 비방하는 말이 없었나이다."라고 대답하니 왕은, "그러니 군주라고 한 것은 마땅하구나!"라고 말하였다.

▎주해▎ ㅇ趙孟(조맹)—조양자(趙襄子). 조앙의 아들로, 이름을 무휼(無恤)이라 했다.

ㅇ黃池之役(황지지역)—애공 13년의 일.

ㅇ溺人必笑(익인필소)—물에 빠져 죽게 된 사람이 어찌 할 줄을 모르고는 반드시 웃어 보인다. 이 말은 자신이 물에 빠져 죽게 된 형편에, 쓸데없는 것을 묻는다는 뜻으로 말한 것이다.

▎傳▎ 二十一年夏五月,에 越人始來.라

秋八月,에 公及齊侯·邾子盟于顧.라 齊人責稽首,하고 因歌
之曰, 魯人之皐,어늘 數年不覺,하고 使我高蹈.는 唯其儒書,하여
以爲二國憂.라 是行也,에 公先至于陽穀.이라 齊閭丘息曰, 君
辱擧玉趾,하사 以在寡君之軍.이오니다 群臣將傳遽,하여 以告寡
君,이로되 比其復也,에 君無乃勤.이리오 爲僕人之未次也,로되 請
除館於舟道.이오니다 辭曰, 敢勤僕人.가

21년 여름 5월에, 월나라 사람이 처음으로 우리 노나라에 왔다.

가을 8월에, 우리 노나라 애공이 제나라 군주인 후작·주(邾)나라 군주인 자작과 고(顧)에서 맹약을 맺었다. 제나라 사람들은 전의 제나라 군주가 땅에 머리를 조아리면서 인사를 한 데 대해서, 우리의 군주가 다만 절만 했던 일을 가지고 노래를 지어 불렀는데 그 노래는, "노나라 사람 죄가 있건만 몇해가 되어도 깨닫지 못하고, 우리를 화나게 하고 있네. 노나라 유가(儒家)의 글만 존중하여 두 나라 분쟁을 일으켰네."라고 하는 것이었다. 이번 일에서, 우리의 애공은 먼저 양곡(陽穀)으로 갔다. 그러자 제나라의 여구식(閭丘息)이 말했다. "군주께서는 일부러 걸으시어서 전의 군주의 군대를 위문하시고 계시옵니다. 저희들은 곧 전령(傳令)을 저희들의 군주께 알리겠사오나, 그 전령이 돌아올 때까지 군주께서 불편이 없겠사오리까? 군주를 모실 사람들이 아직 충당되어 있지 않사오나 주도(舟道)에다 머무실 집을 차리도록 하겠사옵니다." 이 말을 들은 우리나라는 그 말에 대하여 사양해서 말하기를, "우리가 어찌 제나라의 일꾼을 괴롭힐 수 있겠습니까?"라고 했다.

주해 ｜ ○顧(고)―지금의 산동성 범현(范縣) 동남쪽 땅.

ㅇ唯其儒書(유기유서)-유가의 글에 있는 예법(禮法)만을 존중한다는 말.
ㅇ陽穀(양곡)·舟道(주도)-모두 제나라 땅.
ㅇ公先至于陽穀(공선지우양곡)-노나라 애공이 먼저 양곡으로 간 것은
　제나라의 환심을 사기 위해서였다.

傳｜ 二十二年夏四月,에 邾隱公自齊奔越曰, 吳爲無道,하여 執
父立子.라 越人歸之,하니 太子革奔越.이라

冬十一月丁卯,에 越滅吳.라 請使吳王居甬東,하니 辭曰, 孤老
矣,에 焉能事君.가 乃縊.이라 越人以歸.라

　22년 여름 4월에, 주(邾)나라 은공이 제나라로부터 월나라로 가서
말하기를, "오나라가 무도한 짓을 하여, 아비인 나를 잡아가두었고,
자식을 군주로 세웠소."라고 했다. 월나라 사람이 그를 주나라로 들
여보내니 태자인 혁(革)이 월나라로 도망갔다.
　겨울 11월 정묘날에, 월나라가 오나라를 멸망시켰다. 월나라가 오
나라 왕에게 용동(甬東)에서 거처하게 하라고 청하니 오왕은 사절하
여 말하기를, "내 늙었는데, 어떻게 월왕을 섬길 수가 있겠는가?"라고
했다. 그리고 목을 매어 죽었다. 그러자 월나라 사람이 오왕의 시체를
가지고 돌아갔다.

주해｜　ㅇ邾隱公(주은공)-애공 8년에 오나라에 잡혔고, 애공 10년에는
　제나라로 달아났다.
　ㅇ甬東(용동)-지금의 절강성 정해현(定海縣) 동쪽에 있는 주산열도(舟
　山列島)의 땅.

傳｜ 二十三年春,에 宋景曹卒.이라 季康子使冉有吊且送葬曰,

敝邑有社稷之事,에 使肥與有職競焉.이라 是以,로 不得助執紼.
이오니다 使求從輿人曰, 以肥之得備彌甥也,로 有不腆先人之產
馬,하여 使求薦諸夫人之宰,이오나 其可以稱旌繁乎.인가

23년 봄에, 송나라 원공(元公)의 부인인 경조(景曹)가 세상을 떠났다. 그래서 우리 노나라의 계강자(季康子)는 가신인 염유(冉有)에게 가 조문하고 장례식에 참석하게 하고 다음과 같이 말하게 했다. "저희 나라에 중대한 일이 있어, 비(肥) 저에게 그 일을 치르게 하였기에 바쁘옵니다. 그러므로 장례식에 참석하여 상여의 끈을 잡지 못하게 되었나이다. 그래서 염구(冉求)에게 가 상여 메는 사람 중에 끼게 하고, 말씀드리게 하렵니다. '비(肥)는 송나라 공실의 외손(外孫)이 되옵기로 선대부터 소유했던 하찮은 목장에서 난 말이 있어, 염구에게 부인의 장례식을 주관하는 분에게 드리게 했사오나, 그 말을 꾸민 것은 잘 되지 못했사옵니다.'"

주해│ ○景曹(경조)─송나라 원공의 부인 칭호였다.
○肥(비)─계강자의 이름. 계강자의 아버지 계환자(季桓子)는 경조(景曹)의 외손자였다. 그래서 계강자는 송나라 공실의 외손이 된다고 말한 것이다.

夏六月,에 晉荀瑤伐齊,하니 高無丕帥師,하여 御之.라 知伯視
齊師,에 馬駭,어늘 遂驅之曰, 齊人知余旗.라 其謂余畏而反也.
리라 及壘而還.이라 將戰,에 長武子請卜,하니 知伯曰, 君告于天
子,하여 而卜之以守龜於宗祧,하시니 吉矣.라 吾又何卜焉.고 且

齊人取我英丘,에 君命瑤.라 非敢燿武也,요 治英丘也.라 以辭

伐罪,면 足矣.라 何必卜.가 壬辰,에 戰于犂丘,하여 齊師敗績.이

라 知伯親禽顏庚.이라

秋八月,에 叔青如越,하니 始使越也.라 越諸鞅來聘,하니 報叔

青也.라

여름 6월에, 진나라의 순요(荀瑤)가 제나라를 치니 제나라의 고무
비가 군사를 이끌고 방어했다. 지백(知伯 : 순요)이 제나라 군사의 상
황을 알아보려고 나섰을 때, 그를 태운 말이 놀라 머뭇거렸으나 그는
끝내 말을 몰며 말하기를, "제나라 사람들이 나의 깃발을 알고 있다.
여기서 돌아가면, 그들은 내가 겁이 나서 돌아갔다고 말할 것이다."라
고 했다. 그리고는 적군의 보루(堡壘) 앞까지 갔다가 돌아갔다. 싸우
려 할 때에 장무자(長武子)라는 대부가 거북등으로 점을 쳐보자 하니
지백은 말하였다. "군주께서 주(周)나라 천자에게 제나라를 치는 일
을 고하시고서, 종묘에서 나라의 거북등을 구워 점을 치시니 길(吉)하
다는 징조가 나왔소. 그랬는데 우리가 또 어찌 거북등으로 점을 친단
말이오? 그리고 제나라 사람이 우리의 영구(英丘)를 뺏었음에 군주는
요(瑤) 나에게 싸워 영구를 되찾으라 명하셨소. 내 감히 나의 무공
(武功)을 빛내자는 것이 아니고, 영구를 되찾겠다는 것이오. 적당한
구실로 죄 있는 제나라를 치기만 하면 되오. 그런데 어찌 꼭 거북등
으로 점을 쳐야 한단 말이오?" 임진날에, 이구(犂丘)에서 싸워 제나
라 군사가 대패했다. 그 싸움에서 지백은 제나라의 대부인 안경(顏庚)
을 생포했다.

가을 8월에, 우리 노나라의 숙청(叔青)이 월나라에 갔는데 노나라

로서는 처음으로 월나라에 사자를 보낸 일이었다. 월나라의 제앙(諸鞅)이 우리 노나라를 예방했는데, 그것은 우리의 숙청이 예방했던 일에 대한 보답이었다.

주해│ ○英丘(영구)―지금의 산동성 제양현(濟陽縣) 땅.
　○犁丘(이구)―영구 근처의 땅.

傳│ 二十四年夏四月,에 晉侯將伐齊,할새 使來乞師曰, 昔,에 臧文仲以楚師伐齊,하여 取穀,하고 宣叔以晉師伐齊,하여 取汶陽.이었나이다 寡君欲徼福於周公,하고 願乞靈於臧氏.이오니다 臧石帥師,하여 會之,하여 取廩丘.라 軍吏令,하되 繕,하여 將進.하리라 萊章曰, 君卑,하고 政暴,이나 往歲克敵,하고 今又勝都.라 天奉多矣,나 又焉能進.가 是躛言也.라 役將班矣.리라 晉師乃還.이라 饋臧石牛,하고 大史謝之曰, 以寡君之在行,에 牢禮不度.라 敢展謝之.라

邾子又無道,하니 越人執之,하여 以歸,하고 而立公子何.라 何亦無道.라

公子荊之母嬖.라 將以爲夫人,하여 使宗人釁夏獻其禮,하니 對曰, 無之.이오니다 公怒曰, 女爲宗司.라 立夫人,은 國之大禮也.라 何故無之.아 對曰, 周公及武公娶於薛,하시고 孝惠娶於商,

하시며 自桓以下娶於齊.였나이다 此禮也則有,로되 若以妾爲夫人,

엔 則固無其禮也.이오니다 公卒立之,하고 而以荊爲太子,하니 國

人始惡之.라

閏月,에 公如越,하여 得太子適郢.이라 將妻公而多與之地,할새

公孫有山使告于季孫.이라 季孫懼,하여 使因大宰嚭而納賂焉.이

라 乃止.라

24년 여름 4월에, 진나라 군주는 제나라를 치려고 함에 있어 사자가 우리 노나라에 와 응원군을 요청하여 말하기를, "옛날에 노나라의 장문중이 초나라 군사를 이끌고 제나라를 쳐 곡(穀)을 빼앗았고, 장선숙(臧宣叔)이 진나라 군사를 이끌고서 제나라를 쳐 문양(汶陽)을 빼앗았나이다. 저희 군주께서는 노나라의 주공한테서 복받기를 원하옵고, 대대로 전승(戰勝)의 공을 세운 장씨(臧氏)의 도움받기를 원하고 있사옵니다."라고 했다. 이에, 우리의 장석(臧石)이 군사를 이끌고 가, 진나라군과 합류하여 늠구(廩丘)를 쳐 빼앗았다. 그러고 나자 진나라 군사의 일을 맡고 있는 관리가 군령을 하달하되, "군비를 정돈하여 다시 진격하려 한다."고 하였다. 이 말을 전해 들은 제나라의 내장(萊章)이 말하기를, "군주의 권위가 낮아졌고, 정치가 혼란했어도 지난해에 싸워 이겼고, 이제 또 늠구를 빼앗는 싸움에서 이겼다. 이것으로 보면, 진나라는 하늘한테 받는 복이 많거니와, 또다시 진격해 올 수야 있으랴? 군비를 정돈하여 다시 진격하려 한다는 이

구리 그릇에
그려진 그림

말은 진나라가 허세부리는 말이다. 진나라군은 돌아가려는 것이다."라고 했다. 진나라 군사는 과연 곧 돌아갔다. 진나라군은 우리의 장석에게 산 소[牛]를 보내주고, 태사(太史)가 장석에게 빌어 말하기를, "우리 군주가 군중(軍中)에 계시기에, 드리는 음식이 예법대로 충분하지 못했습니다. 그래서, 제가 감히 사죄드립니다."라고 하였다.

주(邾)나라 군주 은공(隱公)이 또 무도한 짓을 하니 월나라 사람이 그를 잡아 데리고 돌아가고, 공자 하(何)를 군주로 세웠다. 그러나 하 또한 무도했다.

우리 노나라의 공자 형(荊)의 어머니가 군주의 총애를 받았다. 애공이 그녀를 정부인으로 삼으려 하여, 예관장(禮官長)인 흔하(釁夏)에게 부인으로 책봉(冊封)하는 예를 올리게 하라고 명하니 흔하가 대답하기를, "그런 예법은 없사옵니다."라고 했다. 애공이 노하여 말하기를, "너는 예관장이다. 군주의 부인을 책립(冊立)하는 일은 국가의 큰 예절이다. 그런데 어찌하여 그런 예법이 없다고 하는 게냐?"라고 했다. 흔하가 대답했다. "주공(周公)과 무공은 설나라에서 부인을 맞이하셨고, 효공과 혜공은 상(商)나라 후손국인 송나라에서 부인을 맞이하셨으며, 환공 이후로는 제나라에서 부인을 맞이하셨나이다. 이런 경우에 부인 책립의 예절은 있으되, 만약 첩을 정부인으로 삼는다면 실로 책립의 예절을 차리지 않는 것이옵니다." 그러나 애공은 마침내 그녀를 부인으로 책립하고, 형을 태자로 삼으니 나라 사람들이 비로소 애공을 미워하게 되었다.

윤달에 애공이 월나라에 가, 월나라의 태자인 적영(適郢)과 친하게 되었다. 월나라 태자가 애공에게 공녀를 아내로 주고 많은 땅을 주려 하자, 공손유산(公孫有山)이 본국으로 사람을 보내어 그 사정을 계손씨에게 알렸다. 그 소식을 들은 계손씨는, (애공이 월나라의 힘을 빌어 자기를 칠까) 두려워서, 태재 비(嚭)에게 못하게 부탁하고 뇌물을 주었다. 그래서 그 일은 중지되었다.

주해│ ○穀(곡)－제나라 읍으로 지금의 산동성 동아현(東阿縣) 동쪽 땅. 노나라가 제나라한테 곡을 빼앗은 일은, 희공 26년의 일.

○汶陽(문양)－지금의 영양(寧陽) 동쪽의 땅. 문양을 빼앗은 것은 성공 2년의 일.

○勝都(승도)－도는 늠구를 말한다.

傳│ 二十五年夏五月庚辰,에 衛侯出奔宋.이라 衛侯爲靈臺于藉圃,하여 與諸大夫飮酒焉,에 褚師聲子襪而登席.이라 公怒,하니 辭曰, 臣有疾,하여 異於人.이오니다 若見之,면 君將殼之.리이다 是以不敢.이오니다 公愈怒.라 大夫辭之,나 不可.라 褚師出,에 公戟其手曰, 必斷而足.하리라 聞之,하고 褚師與司寇亥乘曰, 今日幸而後亡.하리라 公之入也,에 奪南氏邑,하고 而奪司寇亥政,하며 公使侍人納公文懿子之車于池.라

初,에 衛人翦夏丁氏,하여 以其帑賜彭封彌子.라 彌子飮公酒,하고 納夏戊之女,러니 嬖,하여 以爲夫人.이다 其弟期大叔疾之從孫甥也,로 少畜於公宮,하여 以爲司徒.라 夫人寵衰,하니 期得罪.라 公使三匠久.라 公使優狡盟拳彌,하고 而甚近信之.라 故로 褚師比·公孫彌牟·公文要·司寇亥·司徒期·因三匠與拳彌以作亂.이라 皆執利兵,하고 無者執斤,하여 使拳彌入于公宮,하고 而自太子疾之宮譟以攻公.이라

鄭子士請禦之,하니 彌援其手曰, 子則勇矣.라 將若君何.오 不
見先君乎.아 君何所不逞欲.가 且君嘗在外矣.라 豈必不反.이리
오 當今不可.라 衆怒難犯,이나 休而易間也.라 乃出.이라 將適蒲,
하니 彌曰, 晉無信,이니 不可.이오니다 將適鄟,하니 彌曰, 齊晉爭
我,니 不可.이오니다 將適泠,하니 彌曰, 魯不足與.라소이다 請適城
鉏,하사 以鈞越.하소서 越有君.이오니다 乃適城鉏.라 彌曰, 衛盜
不可知也,이오니 請速.하소서 自我始.하리이다 乃載寶以歸.라 公
爲支離之卒,하여 因祝史揮以侵衛,하니 衛人病之.라 懿子知之,
하고 見子之,하여 請逐揮.라 文子曰, 無罪.라 懿子曰, 彼好專利,
하여 而妄.이라 夫見君之入也,엔 將先道焉.이리라 若逐之,면 必
出於南門,하여 而適君所.리라 夫越新得諸侯,이니 將必請師焉.이
리라 揮在朝,어늘 使吏遣諸其室.이라 揮出,하여 信弗内,하고 五日
乃館諸外里.라 遂有寵,하여 使如越請師.라

25년 여름 5월 경진날에, 위나라 군주가 송나라로 달아났다. 그전
에 위나라 군주는 공실의 밭에다 영대(靈臺)라는 대를 지어 여러 대
부들과 그곳에서 술을 마셨는데, 저사성자(褚師聲子)가 발을 싸매고
그 자리로 올라갔다. 군주가 그 모양을 보고 노하니 그는 변명하여
말하기를, "신의 발에는 병이 있어, 특별나옵니다. 군주께서 만일 보
신다면, 구역질이 날 것이옵니다. 그래서 감히 벗지 못하옵니다."라고
했다. 군주는 더욱 노했다. 대부들이 변명해주었으나 안된다 했다. 그

래서 저사성자는 그 자리에서 나갔는데 군주는 손을 창에 대고, "내 반드시 너의 발을 끊으리라."라고 말하였다. 군주의 이 말을 들으면서 나간 저사성자는 사구(司寇)인 해(亥)와 같이 수레를 타고 가며 말하기를, "뒤에 죽을망정 오늘은 화를 피해야지!"라고 했다. 군주가 외국으로부터 돌아오자 남씨(南氏)가 소유하고 있는 읍을 빼앗고, 사구인 해의 권력을 빼앗았으며, 옆에서 시종하는 사람을 시켜 공문의자(公文懿子)의 수레를 못속에다 처박아넣게 했다.

전에 위나라 사람이 하정씨(夏丁氏)의 소유권을 삭제하고, 그의 가산을 팽봉미자(彭封彌子)에게 주었다. 팽봉미자가 군주에게 술을 대접하고, 하무(夏戊)의 딸을 바치니 총애하여 뒤에 부인으로 삼았다. 부인의 동생 기(期)는 대숙질(大叔疾)의 누나의 손자로, 어려서부터 공궁(公宮)에서 길러지고, 후에 사도(司徒)가 되었다. 부인이 군주의 사랑을 잃게 되자, 부인의 동생 기도 벌을 받게 되었다. 그리고 군주는 모든 공인(工人)들을 오랫동안 부려먹기만 했다. 또 군주는 광대 교(狡)를 대부인 권미(拳彌)와 맹서를 맺게 하여 수모(受侮)를 받게 하고서도 권미를 아주 가까이하고 신임했다. 그러므로 저사비(褚師比 : 저사성자)·공손미모·공문요(公文要 : 공문의자)·사구 해(亥)·사도 기(期)·모든 공인들이 권미를 이용하여 반란을 일으켰다. 그들은 다 예리한 무기를 들었고, 예리한 무기가 없는 이는 공장인의 도끼를 들고서 권미에게는 공궁으로 들어가 있게 하고, 그 외의 사람들은 태자 질(疾)이 있는 궁전으로부터 큰 소리로 떠들면서 공이 있는 곳으로 쳐들어갔다.

견읍(鄄邑)을 소유하고 있는 공자 사(士)가 그들을 막겠다고 원하고 나서니, 권미가 그의 손을 잡고 말하기를, "님은 용맹한 분입니다. 군주를 장차 어찌 하시렵니까? 선대 군주 괴외(蒯聵)가 빨리 도망하지 않았다가 피살된 것을 보지 않았습니까? 군주께서는 어디를 가신들 하고 싶으신 대로 못하시겠습니까? 그리고 군주는 일찍이 외국으로 나가 계시기도 했습니다. 이번에 도읍 밖으로 나가신다 하여 어찌 반드시 돌아오시지 못한다고 말하겠습니까? 지금 당장은 어찌 할 수가 없습니다. 여러 사람들의 노여움은 당해낼 수가 어렵겠지만 그 노기(怒氣)가 풀어지면, 서로 떨어지기가 쉽습니다.”라고 했다. 그래서 군주는 도읍을 떠나기로 했다. 군주가 진(晉)나라와 가까운 포(蒲)로 가려 하자 권미가 말하기를, “진나라는 신의가 없사오니, 진나라와 가까운 포로 가시는 것은 좋지 못하옵니다.”라고 했다. 그래서 제나라와 진나라의 접경지대에 있는 견(鄄)으로 가려 하자 권미가 말하기를, “제나라와 진나라는 서로 우리나라를 노리고 있사오니 견으로 가시면 좋지 못하옵니다.”라고 했다. 그래서 이번에는 노나라와 가까운 영(泠)으로 가려 하자 권미는, “노나라는 군주의 편이 될 능력이 부족하옵니다. 그러하오니 성서(城鉏)로 가셔서 월나라를 끌어들이소서. 월나라에는 어진 군주가 있사옵니다.”라고 말했다. 이에 성서로 가기로 했다. 그때 권미는 다시 말하기를, “이 위나라 도적들이 무슨 짓을 할는지 알 수 없사오니 속히 출발해서, 제가 먼저 출발하겠나이다.”라 하고, 수레에다 보물을 싣고서 자기 집으로 돌아갔다. 군주는 성서로 가, 군대를 소수인원의 분대로 나누어서 적을 괴롭히는 전술에 의한 군병을 편성하여, 도읍에 있는 축사관(祝史官) 휘(揮)에게 도읍을 침범케 하니, 위나라 사람들이 괴로워했다. 공문의자는 그 내막을 알아차리고, 자지(子之 : 공손미모)를 만나서 휘를 몰아내라고 요청했다. 그러자 문자(文子 : 공손미모)는, “그 사람은 죄가 없소.”라고 말하였다. 그래서 공문의자는 말했다. “그 사람은 오직 이익을 좋아하여, 법을 불고하는 자입니다. 그는 군주가 다시 도읍으로 들어옴을 본다면 누구보다도 먼저 나서서 인도할 것입니다. 그리고 그를 몰아낼 것 같으면, 그는 반드시 남문(南門)으로부터 나가 군주가 있는 곳으로 갈 것입니다. 그리하여 월나라가 새로 제후국을 손아귀에 넣어 득세하고 있으니, 그는 장차 월나라에 가 군주를 청할 것입니다.” 그래서 휘를 내쫓기로 했다. 휘가 조정에 있어 차마 그를 직접 내쫓을 수가 없어서 관리를 시켜 그의 가족을 몰아냈다. 휘가 조정에서 나가 이틀을 집에 들어가지 못했다가, 닷새만에 군주가 있는 곳으로 가 몸을 의지하게 되었다. 그리하여 그는 군주의 총애를 받아 월나라에 사자(使者)로 가 군사를 청했다.

▌주해┃ ○靈臺(영대)―주나라 문왕(文王)이 국민의 도움으로 궁대(宮臺)를 짓고 영대라 했는데, 위나라 군주도 지은 대를 영대라 했던 것이다.

○太子疾之宮(태자질지궁)―장공(莊公)의 태자 질이 살았던 궁전. 이때 질은 죽어 없었다. 이때의 군주는 이름이 첩(輒)이었다.

○蒲(포)―위나라 읍으로 진나라와 가까웠다. 지금의 하북성 장원(長垣) 부근.

○泠(영)―노나라에 가까운 위나라의 읍.

○城鉏(성서)―송나라와 가까운 위나라 읍. 애공 11년조 참조.

○外里(외리)―도읍 밖의 마을. 곧 군주가 있는 곳.

六月,에 公至自越,에 季康子·孟武伯逆於五梧.라 郭重僕,에 見二子曰, 惡言多矣,이오니 君請盡之.하소서 公宴於五梧,에 武伯爲祝,하고 惡郭重曰, 何肥也.오 季孫曰, 請飮彘也.이오니다 以魯國之密邇仇讐,로 臣是以不獲從君,이오나 克免於大行,이어늘 又謂重也肥.인가 公曰, 是食言多矣,에 能無肥乎.아 飮酒不樂,하고 公與大夫始有惡.라

6월에, 애공이 월나라로부터 돌아오니 계강자와 맹무백이 오오(五梧)로 나가 맞이했다. 그때, 곽중(郭重)이 군주 애공이 탄 수레를 조

종하였는데, 먼저 계강자와 맹무백을 만나고는 군주에게 말하기를, "그들은 군주를 나쁘게 말한 것이 많았으니, 군주께서는 이번 기회에 하실 말씀을 다 하옵소서."라고 했다. 애공이 오오에서 주연을 베푸니, 맹무백이 장수(長壽)를 비는 술을 공에게 올리고, 곽중에게 미운 말을 하되, "어찌 그리 살이 쪘는가?"라고 했다. 그러자 계손씨(계강자)가 말하기를, "체(彘 : 맹무백)에게 벌주(罰酒)를 마시게 하소서. 우리 노나라가 적국(敵國)과 아주 가까이 붙어 있어 신들은 나라를 지키느라고 군주를 따라가지 못했사오나, 길고 먼 여행을 끝내고 왔는데도, 곽중에게 살이 쪘다고 말할 수 있습니까?"라고 했다. 이 말에 애공은 말하기를, "그거야 여러 사람들의 식언(食言)을 많이 얻어먹었는데, 살이 찌지 않을 수가 있겠소?"라고 했다. 그래서 술 마시는 자리가 즐겁지 못했고, 애공과 대부들 사이에 나쁜 감정이 있게 되었다.

▌**주해┃** ○五梧(오오)―노나라 남쪽 변방으로, 지금의 비현(費縣) 서남쪽 땅.
　○大行(대행)―길고 먼 여행.
　○食言(식언)―한 말에 대해서 책임지지 않음. 즉 거짓말. 여기에서는 맹손씨・중손씨・계손씨 등이 식언을 많이 했음을 비꼬아 말한 것이다.

▌**傳┃** 二十六年夏五月,에 叔孫舒師師,하여 會越皋如・后庸・宋 樂茷,하여 納衛侯.라 文子欲納之,하니 懿子曰, 君愎而虐,하니 少 待之.하라 必毒於民,에 乃睦於子矣.리라 師侵外州,하여 大獲.이 라 出禦之,나 大敗.라 掘褚師定子之墓,하여 焚之于平莊之上.이 라 文子使王孫齊私於皋如曰, 子將大滅衛乎.아 抑納君而已乎. 아 皋如曰, 寡君之命,은 無他,요 納衛君而已.라 文子致衆,하여

^{이 문 언 왈} ^{군 이 만 이 벌 국} ^{국 기 망 의} ^{청 납 지} ^{중 왈} ^물
而問焉曰, 君以蠻夷伐國,에 國幾亡矣,니 請納之.라 眾曰, 勿

^납 ^왈 ^{미 모 망 이 유 익} ^{청 자 북 문 출} ^{중 왈} ^{물 출}
納.하라 曰, 彌年亡而有益,이면 請自北門出.이라 眾曰, 勿出.하라

^{중 뢰 월 인} ^{신 개 수 비} ^{이 납 공} ^{공 불 감 입} ^{사 환}
重賂越人,하고 申開守陴,하여 而納公.이라 公不敢入,하고 師還.

^{입 도 공} ^{남 씨 상 지} ^{이 성 서 여 월 인} ^{공 왈} ^{기 즉}
이라 立悼公,하여 南氏相之,하고 以城鉏與越人.이라 公曰, 期則

^{위 차} ^{영 구 유 원 어 부 인 자 보 지} ^{사 도 기 빙 어 월} ^{공 공 이}
爲此.라 令苟有怨於夫人者報之,하고 司徒期聘於越,에 公攻而

^{탈 지 폐} ^{기 고 왕} ^{왕 명 취 지} ^{기 이 중 취 지} ^{공 노}
奪之幣.라 期告王,하니 王命取之.라 期以眾取之,하니 公怒,하여

^{살 기 지 생 지 위 태 자 자} ^{수 졸 우 월}
殺期之甥之爲太子者.라 遂卒于越.이라

　26년 여름 5월에, 우리 노나라의 숙손서(叔孫舒 : 숙손문자)가 군사를 이끌고, 월나라의 고여(皐如)·후용(后庸)·송나라의 악패(樂茷) 등과 만나 위나라 군주 출공(出公)을 위나라로 들어가게 하기로 했다. 위나라의 문자(文子 : 공손미모)가 출공을 받아들이고자 하니 의자(懿子 : 공문요)가 말하기를, "군주는 괴팍하고 포학하니 잠시 기다리십시오. 군주는 반드시 국민에게 해독을 끼칠 텐데, 그때는 국민이 다 님을 따르게 될 것입니다."라고 했다. 출공을 돕는 연합군은 외주(外州)를 침공하여 큰 수확을 거두었다. 위나라 사람들이 나가 방어했지만 크게 패했다. 출공은 저사비(褚師比)의 아버지인 저사정자(褚師定子)의 묘를 파, 시체가 들어 있는 관을 평장(平莊) 언덕 위에서 불에 태웠다. 문자가 왕손제(王孫齊)를 비밀리 월나라의 고여에게로 보내, "님은 이 위나라를 아주 멸망시키려는 것입니까? 그렇지 않으면 군주를 들어오게만 하시려는 것입니까?" 이렇게 물어보게 했다. 고여는 말하기를, "우리 군주가 내게 내리신 명령은 다른 것은 없고, 위나라 군주를 본국으로 들어가게 하라는 것뿐이었소."라고 하였다. 그래서

문자는 뭇사람들을 모아놓고 의사를 물었다.

문자─군주가 오랑캐 족속들을 데리고 나라를 치니, 나라가 거의 망하게 되었으니 군주를 받아들이기로 합시다.

뭇사람─받아들이지 마십시오.

문자─공손미모 내가 나라를 떠나서 우리에게 이익이 된다면, 나는 북문으로부터 나가기로 하겠습니다.

뭇사람─나가지 마십시오.

이에, 그는 월나라 사람에게 많은 뇌물을 보내고, 삼중(三重)으로 되어 있는 도읍의 성문을 활짝 열고, 성벽 위의 담에서 단단히 지키면서 출공을 받아들이기로 했다. 그러나 출공은 감히 들어가지 못하고, 연합군은 돌아갔다. 위나라 사람들은 군주로 도공(悼公)을 세워 남씨(南氏 : 文子)가 군주를 보필하기로 하고, 성서(城鉏)를 월나라 사람에게 넘겨주었다. 그러자 출공은, "기(期)가 이런 짓을 한 것이다."라 말하고, 사도(司徒) 기(期)의 누나인 하씨(夏氏) 부인에게 조금이라도 원한이 있는 사람이라면 원풀이를 하게 하고, 사도 기가 월나라를 예방함에 출공은 그를 습격하여, 그가 가지고 가는 예물을 빼앗았다. 기가 월나라 왕에게 그 사실을 말하니, 월왕은 다시 빼앗아 오라고 명했다. 그래서 기는 많은 사람을 이끌고 가 도로 빼앗았더니 출공은 노하여, 기의 생질이며 자신이 태자로 삼았던 사람을 죽였다. 출공은 결국 월나라에서 세상을 떠났다.

▌주해▌ ○外州(외주)─위나라 읍으로, 지금의 산동성 운성(鄆城) 부근.

○王孫齊(왕손제)─왕손가(王孫賈)의 아들로 위나라의 대부였고, 소자(昭子)라고도 일렀다.

○南氏(남씨)─문자(文子). 미모는 그의 이름.

송 경 공 무 자　　　취 공 손 주 지 자 득 여 계　　　축 저 공 궁　　　미 유
宋景公無子,에 取公孫周之子得與啓,하여 畜諸公宮,이나 未有

立焉.이라 於是,에 皇緩爲右師,하고 皇非我爲大司馬,하며 皇懷
爲司徒,하고 靈不緩爲左師,하며 樂茷爲司城,하고 樂朱鉏爲大司
寇.라 六卿三族降聽政,하되 因大尹以達.이라 大尹常不告,나 而
以其欲稱君命,하여 以令,하니 國人惡之.라 司城欲去大尹,하니
左師曰, 縱之,하여 使盈其罪.하라 重而無基,에 能無敝乎.아
　冬十月,에 公游于空澤,할새 辛巳,에 卒于連中.이라 大尹興空
澤之士千甲,하여 奉公,하여 自空桐入,하여 如沃宮.이라 使召六子
曰, 聞下有師, 君請六子畫.이라 六子至,하니 以甲劫之曰, 君有
疾病,이시니 請二三子盟.이라 乃盟于少寢之庭曰, 無爲公室不
利.라 大尹立啓,하고 奉喪殯于大宮.이라 三日而後,라야 國人知
之.라

　송나라 경공에게는 대를 이을 아들이 없어서, 공손주(公孫周)의 아들인 득(得)과 계(啓)를 데려다가 공궁에서 길렀으나 태자를 정하지 않았다. 그 무렵 황완이 우사였고, 황비아가 대사마였으며, 황회가 사도, 영불완이 좌사였으며, 악패가 사성, 악주서가 대사구였다. 이들 삼족(三族)의 육경(六卿)이 서로 마음을 합쳐 정치를 하되, 대윤(大尹)을 통해 군주에게 보고하고 명을 받고 했다. 그런데 대윤은 육경의 보고나 의견은 군주에게 고하지 않으면서, 자기가 하고자 하는 일은 군주의 명이라 하여 명하니 나라 사람들이 그를 미워했다. 그래서 사성이 대윤을 제거하려 하자 좌사가 말하기를, "그가 마음대로 하여, 그의 죄가 넘치게 하시오. 권세를 크게 부리나 기반이 없는 처지에는

넘어지지 않을 수 있겠소?"라고 했다.

겨울 10월에, 송나라 경공이 공택(空澤)에서 유람을 하던 중, 연중(連中)에서 세상을 떠났다. 그러자 대윤은 공택의 군병 천명을 출동시켜 군주의 시체를 모시고, 공동(空桐)으로부터 들어가 옥궁(沃宮)이라는 궁전으로 갔다. 그리고 사람을 시켜 육경에게, "시골에서 군대의 소란이 있다는 것을 들으시사 군주께서는 육경을 청하여 상의하시려 합니다."라고 말하고 부르게 했다. 육경이 가니, 그는 무장병들로 위협하면서 말하기를, "군주가 병이 나 중하시니, 여러분은 맹서를 해주시오."라고 했다. 그리하여 소침(少寢) 뜰에서 맹약을 맺어 말하기를, "공실을 불리하게 하지 말라."고 했다. 그리고 대윤은 계(啓)를 군주로 삼고, 경공의 시체를 종묘에다 모셨다. 경공이 죽은 지 사흘 후에야 나라 사람들은 군주가 죽었다는 것을 알게 되었다.

주해 ○重而無基(중이무기) – 권력이 강하나 기반의 힘이 없음.
○空澤(공택) – 송나라 읍으로, 지금의 하남성 우성현(虞城縣) 남쪽의 땅.
○空桐(공동) – 공택 부근.

司城茷使宣言于國曰, 大尹惑蠱其君,하여 而專其利.라 今,

君無疾而死,하고 死又匿之.라 是無他矣,요 大尹之罪也.라 得

夢,에 啓北首而寢於盧門之外,하고 己爲烏,하여 而集於其上,하고

咮加於南門,하며 尾加於桐門.라 曰, 余夢美.라 必立.하리라 大尹

謀曰, 我不在盟,이니 無乃逐我.아 復盟之乎.인지 使祝爲載書,하

고 六子在唐盂,에 將盟之.라 祝襄以載書告皇非我.라 皇非我因

子潞·門尹得·左師謀曰, 民與我,하니 逐之乎.인저 皆歸,하여

授甲,하고 使徇于國曰, 大尹惑蠱其君,하여 以陵虐公室.이라 與

我者,는 救君者也.라 衆曰, 與之,하리라 大尹徇曰, 戴氏·皇氏

將不利公室.이라 與我者,는 無憂不富.하리라 衆曰, 無別.이라 戴

氏·皇氏欲伐公,하니 樂得曰, 不可.라 彼以陵公有罪,어늘 我伐

公,이면 則甚焉.이라 使國人施于大尹,에 大尹奉啓,하여 以奔楚.

라 乃立得,하고 司城爲上卿,하여 盟曰, 三族共政,하되 無相害

也.라

사성 악패가 사람을 시켜 도읍 사람들에게 널리 말하게 했다. "대윤은 군주를 속여 현혹(眩或)케 하여, 자기의 이익 취하기에만 전념했었다. 이제 군주가 병 없이 돌아가셨고, 군주의 죽음 또한 숨겼다. 그것은 다른 이유가 있는 것이 아니라, 대윤이 군주를 죽이는 죄를 저지른 것이다." 당시 득(得)이 꿈을 꾸었는데 군주인 계(啓)는 도읍성의 동문(東門)인 노문(盧門) 밖에서 머리를 북쪽으로 하여 잠을 자고, 자신은 까마귀가 되어 자고 있는 계의 몸 위에 앉았는데 입은 남문에 닿고, 그 꼬리는 동문(桐門)에 얹혀져 있었다. 그는 이 꿈을 꾸고 나서 말하기를, "나의 꿈은 훌륭한 것이다. 나는 꼭 군주가 될 것이다."라고 했다. 대윤은 측근자들과 상의해서 말하기를, "전번의 맹약 맺는 일에 나는 참가하지 않았으니, 육경들이 나를 몰아내지나 않을까? 다시 맹약을 맺어야겠다."라 하고 축관(祝官)에게 맹약 맺을 때에 희생(犧牲) 위에 올려놓을 맹약서(盟約書)를 짓게 하고, 육경이 당우(唐盂)라는 마을에 살고 있기에 그곳에서 맹약을 맺으려 했다. 축관 양(襄)이 지은 맹약서를 가지고 황비아(皇非我)에게로 가 고했다. 그러자 황비아는 자로(子潞 : 악패)·문윤(門尹)인 득(得 : 악득)·좌사 등과 모여 상의해서 말하기를, "국민이 우리편을 들고 있으니 대윤을 몰아냅시다."라고 했다. 그렇게 결정한 그들은 각기 자기 집으로 돌아가, 가문의 사람들에게 무장(武裝)을 나누어 주고 사람을 시켜 도읍 사람들에게, "대윤은 군주를 속여 현혹케 하여, 공실을 짓밟고 있다. 우리편이 되는 사람은 곧 군주를 구하는 사람이 된다."라고 돌아다니며 외치게 했다. 그러자 군중은, "한편이 되겠소!"라고 하였다. 그때 대윤도 사람들에게 돌아다니며 외치기를, "대씨(戴氏 : 樂氏)와 황씨(皇氏)네 사람들은 공실을 불리하게 하려 하고 있다. 나를 따르는 사람은, 부자가 아닌 것을 걱정할 것이 없을 것이다."라고 했다. 그러자 군중은, "말하는 게 군주와 다름없군!" 이렇게 말하였다. 대씨와 황씨가 군주를 치려고 하자 악득(樂得)이 말하기를, "그래서는 안 됩니다. 대윤 저 사람은 군주를 능멸했다는 것으로 죄가 되고 있는데 우리가 군주를 친다면, 그 죄는 대윤보다도 더한 것이 됩니다."라고 했다. 그래서 나라 사람들로 하여금 대윤에게 벌을 가하게 하기로 했다. 이에, 대윤은 군주 계(啓)를 모시고 초나라로 도망갔다. 송나라 사람들은 득(得)을 군주로 삼고, 사성(司城)인 악패가 상경(上卿)이 되어, 육경이 맹서하여 말하기를, "삼족(三族)이 같이 정치를 하되, 서로 해를 끼침이 없을지어다."라고 했다.

주해 ○盧門(노문)―송나라 도읍 성의 동문(東門).
○桐門(동문)―도읍 성의 북문(北門).
○唐盂(당우)―송나라 도읍 내의 마을 이름.
○無別(무별)―말하는 것이 군주와 다름없다.

衛出公自城鉏使以弓問子贛,하고 且曰, 吾其入乎.아 子贛,
稽首受弓,하고 對曰, 臣不識也.이오니다 私於使者曰, 昔,에 成公

孫於陳,에는 甯武子·孫莊子爲宛濮之盟,하여 而君入,하고 獻公
孫於齊,에는 子鮮·子展爲夷儀之盟,하여 而君入.이라 今君再在
孫矣,어늘 內不聞獻之親,하고 外不聞成之卿,이니 則賜不識所由
入也.라 詩曰, 無競惟人,에 四方其順之.리라 若得其人,이면 四
方以爲主.라 而國於何有.오

위나라의 출공이 성서(城鉏)로 나가 있을 때, 사람을 시켜 활을 자공(子贛 : 子貢)에게 보내주고 또, "내가 도읍 안으로 들어갈 수 있을까?"라고 묻게 했다. 자공은 머리를 땅에 조아리고 그 활을 받고, 출공에게 대답하기를, "신은 알지 못하옵니다."라고 했다. 그리고 심부름간 사람에게 사담(私談)으로 말했다. "옛날에, 성공께서 진(陳)나라로 나가셨을 때에는 영무자와 손장자가 완복(宛濮)에서 맹약을 맺어 군주께서 나라로 들어가셨고, 헌공께서 제나라로 나가셨을 때에는 자선(子鮮)과 자전(子展)이 이의(夷儀)에서 맹약을 맺어, 군주께서 나라로 들어가셨소. 그러나 지금의 군주는 두번이나 나가 계시게 되었지만, 안으로 애를 쓰는 친척이 있다는 것을 듣지 못하고, 밖으로 일이 되게 하는 대신이 있다는 것을 듣지 못하고 있으니, 사(賜) 나는 도읍으로 들어오시게 될 길을 알 수가 없소이다. 시에 이르기를, '사람의 힘보다 강함이 없어, 사방이 다 그분을 따르네.'라고 했소이다. 만일 좋은 사람을 얻을 것 같으면, 사방 천하가 다 그분을 군주로 삼아 받들 것이오. 그런데 작은 한 나라쯤이야 무슨 어려움이 있겠소?"

주해 ○成公孫於陳(성공손어진)―희공 28년의 일.

○獻公孫於齊(헌공손어제)―양공 14년의 일.

○詩曰(시왈)―《시경》송 주송 열문편(烈文篇)의 구절이다.

傳│ 二十七年春,에 越子使后庸來聘,하고 且言邾田,하여 封于駘
上.이다 二月,에 盟于平陽.이라 三子皆從,에 康子病之,하여 言及
子贛.이다 曰, 若在此,면 吾不及此夫.아 武伯曰, 然.이라 何不
召.오 曰, 固將召之.라 文子曰, 他日請念.하라

夏四月己亥,에 季康子卒.이라 公弔焉,에 降禮.라

　27년 봄에, 월나라 군주인 자작이 후용(后庸)에게 우리 노나라를 예방케 하고, 주(邾)나라의 땅에 대해서 말하여, 주나라에게 땅을 반환하고 태상(駘上)을 국경으로 정하기로 했다. 그리하여 2월에, 평양(平陽)에서 맹약을 맺기로 했다. 그때 계강자(季康子)・숙손문자(叔孫文子)・맹무백(孟武伯) 세 대신이 그 맹약 맺는 일에 나갔는데, 계강자가 월나라 사람을 싫어하여 자공(子贛)을 두고 말하였다.

　계강자―그가 여기에 와 있다면, 우리는 이런 꼴을 당하지 않을 건데!

　맹무백―그렇습니다. 어째서 그를 부르지 않았습니까?

　계강자―실은 부르려 했었소.

　숙손문자―이후로도, 지금 그를 생각하고 있는 마음으로 그를 대하십시오.

　여름 4월 기해날에, 계강자가 세상을 떠났다. 군주 애공이 조문을 갔는데 계강자의 신분보다 한 계급 낮은 사람에게 대하는 예식을 취했다.

주해│　ㅇ駘上(태상)―주나라 땅으로, 지금의 등현(滕縣) 땅.
　ㅇ平陽(평양)―지금의 추현(鄒縣) 서쪽 땅.

晉荀瑤帥師,하여 伐鄭,하여 次于桐丘.라 鄭駟弘請救于齊.라 齊師將興,에 陳成子屬孤子,하여 三日朝.라 設乘車兩馬,하고 繫五邑焉,하여 召顔涿聚之子晉曰, 隰之役,에 而父死焉.이라 以國之多難,으로 未女恤也.라 今, 君命女以是邑也.라 服車而朝,하여 毋廢前勞.하라 乃救鄭,하여 及留舒.라 違穀七里,나 穀人不知.라 及濮,에 雨.라 不涉.이라 子思曰, 大國在敝邑之宇下.라 是以로 告急.이라 今, 師不行,이면 恐無及也.라 成子衣製杖戈,하여 立於阪上,하고 馬不出者,는 助之鞭之.라

知伯聞之,하고 乃還.이라 曰, 我卜伐鄭,이요 不卜敵齊.라 使謂成子曰, 大夫陳子,는 陳之自出,이요 陳之不祀,는 鄭之罪也.라 故로 寡君使瑤察陳衷焉.이라 謂大夫其恤陳乎.아 若利本之顚,이면 瑤何有焉.이리오 成子怒曰, 多陵人者,는 皆不在.라 知伯其能久乎.아 中行文子告成子曰, 有自晉師告寅者,하되 將爲輕車千乘,하여 以厭齊師之門,이면 則可盡也.라 成子曰, 寡君命恒曰, 無及寡,하고 無畏衆.이라 雖過千乘,이라도 敢辟之乎.아 將以子之命告寡君.이라 文子曰, 吾乃今知所以亡.이라 君子之謀也,는 始衷終皆擧之,하고 而後入焉.이라 今, 我三不知,하여 而入之.라 不亦難乎.아

진(晉)나라의 순요(荀瑤)가 군사를 이끌고 정나라를 쳐 동구(桐丘)에 주군(駐軍)했다. 그러자 정나라 사홍(駟弘)이 제나라에 가 구원을 요청했다. 제나라가 구원군을 출동시키려 함에 있어, 진성자(陳成子 : 陳恒)가 나라를 위하여 죽은 사람의 아들들을 모아, 사흘에 걸쳐 조정에 오르게 하여 좋은 대우를 해주었다. 그리고 대부가 타는 수레에 다섯 읍을 붙여서, 안탁취(顔涿聚)의 아들 진(晉)을 불러 말하기를, "습(隰)에서의 싸움에서 너의 아버지는 죽었다. 나라에 곤란한 일이 많았기에 이제까지 너를 돌보지 못했다. 이제 군주께서는 너에게 이 읍을 주라고 명하셨다. 이 수레에 말을 매어 타고 조정으로 나가, 인사드리고서, 선인(先人)의 공로가 헛되게 하지 말라."고 했다. 정나라를 구하러 가 유서(留舒)에 이르렀다. 그곳은 곡(穀)에서 7리 떨어진 곳이나, 곡 사람들은 정나라 군주가 진군하고 있는 것을 알지 못하였다. 다시 전진하여 복수(濮水) 가에 이르자 비가 내렸다. 그래서 복수를 건너지 못했다. 그러자 자사(子思 : 정나라 駟弘)가 말하기를, "큰 나라(진나라)가 우리나라 도읍 성의 바로 밑으로 침입하고 있습니다. 그래서 급한 사정을 귀국에게 알려 구원을 요청한 것입니다. 이제 군사가 앞으로 가지 못한다면, 정나라를 구할 수는 없을 것입니다."라고 했다. 진성자는 겉옷을 입고, 창을 짚고서 언덕 위에 서서 지휘하고, 뒤에 처져 전진하지 못하는 말을 돕고 매질하였다.

진나라의 지백(知伯 : 荀瑤)이 제나라 군사가 진군하고 있다는 것을 듣자 돌아갔다. 그때 그는 말하기를, "나는 정나라를 치면 길한가 불길한가를 거북등으로 점을 쳤고, 제나라군을 적대할 것인가에 대해서는 점을 치지 않았다."라고 했다. 그리고 사람을 진성자에게 보내 말을 전했다. "대부 진씨(陳氏)는 원래 진(陳)나라에서 태어났습니다. 진나라 군주의 조상에 대한 제사가 끊어지게 한 것은 정나라의 죄입니다. 그러므로 우리 군주께서 요(瑤) 저에게 진(陳)나라 출신의 마음을 살피게 하셨습니다. 대부께서는 진나라를 불쌍히 여기고 계신다고 말할 것인가요? 만약 근본이 거꾸러지는 것을 좋은 일이라 여기고 계신다면, 요 저는 무슨 할 말이 있겠습니까?” 이 말을 전해 들은 진성자는 노하고 말하기를, “너무나 타인을 무시하는 자는, 누구나 다 그 자리에 있지 못하게 된다. 지백이 오래갈 수 있으랴?”라고 했다. 그때 제나라에 도망가 있던 진(晉)나라의 중행문자(中行文子 : 荀寅)가 진성자에게 말하기를, “진나라 군사 중에서 인(寅) 저에게 사정을 알려준 자가 있는데, 진나라가 앞으로 날쌘 전차 천대를 준비하여 제나라 군사의 진문(陣門)을 위압한다면, 제나라 군사는 다 죽일 수가 있다고 합니다.”라고 했다. 그러자 진성자는, “우리 군주께서 항(恒) 나에게 명하시기를, ‘소수의 적을 무리하게 쳐들어가지 말고, 많은 적이라고 해서 두려워하지 말라.’고 하셨소. 천대의 전차가 더 된다 하더라도 내 어찌 그것을 피하겠소? 장차 님의 말씀을 우리 군주께 고하리다.”라 말했다. 이에 중행문자는 말했다. “저는 이제야 제가 나라에 있지 못하고 외국으로 망명하게 된 까닭을 깨달았습니다. 군자(君子)가 일을 도모함에는, 일의 처음·중간·끝을 잘 살피고, 그리고 나서 하고자 하는 일에 착수하는 것입니다. 그런데 저는 그 세가지를 알지 못하고 일했던 것입니다. 그랬으므로 잘되기가 어렵지 않겠습니까?”

▌주해▐　ㅇ桐丘(동구)―지금의 하남성 부구현(扶溝縣) 서쪽 땅.

　ㅇ隰之役(습지역)―애공 23년의 일.

　ㅇ留舒(유서)―지금의 동평현(東平縣) 서쪽 땅.

　ㅇ榖(곡)―애공 24년조 참조.

　ㅇ濮(복)―강 이름.

　ㅇ陳之不祀(진지불사)―애공 17년에 초나라가 진나라를 멸망시켰다. 정나라와 아무런 상관이 없었던 일이나, 지백은 정나라가 멸망시켰다고 했다. 그래서 진성자는 노했다.

　ㅇ中行文子(중행문자)―진나라 순인(荀寅). 당시 그는 제나라로 가 있었다.

公患三桓之侈也,하여 欲以諸侯去之,하고 三桓亦患公之妄也.
라 故로 君臣多間.이라 公游于陵阪,할새 遇孟武伯於孟氏之衢
曰, 請有問於子.라 余及死乎.아 對曰, 臣無由知之.라소이다 三
問,하되 卒辭,하여 不對.라 公欲以越伐魯而去三桓.이라

秋八月甲戌,에 公如公孫有陘氏,하여 因孫于邾,하고 乃遂如
越.이라 國人施公孫有山氏.라

悼之四年,에 晉荀瑤帥師,하여 圍鄭.이라 未至,에 鄭駟弘曰,
知伯愎而好勝,하니 早下之,면 則可行也.리라 乃先保南里,하여
以待之.라 知伯入南里,하여 門于桔柣之門.이라 鄭人俘酅魁壘,하
여 賂之以知政,하니 閉其口而死.라 將門,에 知伯謂趙孟入之,하
니 對曰, 主在此.라 知伯曰, 惡而無勇,이어늘 何以爲子.오 對曰,
以能忍恥.라 庶無害趙宗乎.인저 知伯不悛.이라 趙襄子由是忝知
伯,하여 遂喪之.라 知伯貪而愎.이라 故로 韓·魏反而喪之.라

우리 노나라 애공이 계손씨·중손씨·숙손씨, 즉 환공에서 갈려진
삼씨(三氏)가 교만함을 싫어하여, 다른 제후의 힘을 빌어 제거하려
했고, 삼환씨 또한 애공의 망령스러운 행동을 싫어했다. 그러므로 군
신간에 많은 틈이 있게 되었다. 애공이 능판(陵阪)으로 나갔는데, 맹
무백을 그의 집 앞 거리에서 만나 말하기를, "내 그대에게 물을 말이
있소. 나는 내 명대로 죽겠소?"라고 했다. 그러자 맹무백은, "신은 알
도리가 없사옵니다."라고 했다. 애공이 세번이나 물었으되, 맹무백은

끝내 사양하고, 제대로 대답하지 않았다. 애공은 월나라를 끌어들여 노나라를 치고 삼환씨를 제거하려 했다.

가을 8월 갑술날에, 애공이 공손(公孫) 유형씨(有陘氏) 집으로 갔다가, 그길로 주(邾)나라로 갔고, 곧 월나라로 갔다. 나라 사람들은 공손 유산씨(有山氏 : 유형씨)에게 벌을 주었다.

우리 노나라 도공(悼公) 4년에, 진나라의 순요가 군사를 이끌고 정나라 도읍을 포위했다. 진나라 군사가 아직 쳐들어가지 않았을 때, 정나라의 사홍(駟弘)이 말하기를, "진나라의 지백(知伯 : 순요)은 성질이 괴팍하고 싸워 이기기를 좋아하며, 빨리 그에게 항복하면 그는 떠나갈 것이다."라고 말했다. 그리고는 재빨리 성밖의 남리(南里)에 보루를 설치하고, 진나라 군사가 당도하기를 기다렸다. 지백이 남리로 들어가 도읍 성의 남문인 길질문(桔柣門)을 공격했다. 그때 정나라 사람이 진나라의 휴괴루(鄶魁壘)를 포로로 하여, 정나라의 정치를 맡게 해주겠다고 약속하고, 양국이 화해하도록 해달라고 부탁했더니, 그는 입을 다문 채 죽었다. 진나라 군사가 성문으로 쳐들어가려 했을 때, 지백이 조맹(趙孟 : 趙襄子)에게 먼저 쳐들어가라 하니, 조맹이 대답하기를, "주장(主將)인 님이 여기에 계시는데, 어찌 제가 먼저 가야 합니까?"라고 했다. 그러자 지백이, "보기 싫게 생긴데다가, 용기도 없는데 어떻게 가문의 후계자가 되었을꼬?"라고 말하였다. 이 말에 조맹이, "저야 치욕(恥辱)를 참을 수 있습니다. 그러니 저희 조씨 종가는 해 받음이 없을 것입니다."라고 말했다. 이렇게 말해도 지백은 자기가 지나친 말을 했다는 것을 깨닫지 못했다. 조양자(趙襄子 : 조맹)는 이때부터 지백을 미워하여 결국은 그를 망하게 했다. 지백은 탐욕했고, 성질이 괴팍스러웠다. 그러므로 한씨(韓氏)와 위씨(魏氏)도 그를 반대하여 조씨와 함께 그를 망하게 했다.

■ 주해 | ㅇ陵阪(능판)－곡부(曲阜) 성안의 지명.

ㅇ南里(남리)—정나라 도읍 성밖의 마을 이름.
ㅇ悼之四年(도지사년)—도공 4년. 도공은 애공 다음의 노나라 군주. 도공
  4년은 기원전 464년.

◑ 애공 시대 연표(哀公時代年表)

기원전	周	燕	鄭	曹	蔡	陳	衛	宋	楚	秦	晉	齊	魯	중 요 사 항
494	敬王 26	簡公 11	聲公 7	伯陽 8	昭公 25	閔公 8	靈公 41	景公 23	昭王 22	惠公 7	定公 18	景公 54	哀公 1	오왕 부차 월나라와 싸워 이기다
493	27	12	8	9	26	9	42	24	23	8	19	55	2	진나라가 정나라와 싸워 이기다 채나라 주래(州來)로 옮기기로 하다
492	28	獻公 1	9	10	27	10	出公 1	25	24	9	20	56	3	노나라에 화재가 일어나다 노나라 계환자 세상을 떠나다
491	29	2	10	11	28	11	2	26	25	10	21	57	4	채나라 군주 시해 당하다 제·위나라가 진나라를 치다
490	30	3	11	12	成公 1	12	3	27	26	悼公 1	22	58	5	진나라 범씨의 가신 장유삭이 백인에서 죽다 제나라 경공 세상을 떠나다
489	31	4	12	13	2	13	4	28	27	2	23	安子 1 需子 1	6	제나라에 내란이 일어나다
488	32	5	13	14	3	14	5	29	惠王 1	3	24	悼公 1	7	송나라가 조나라를 치다
487	33	6	14	15	4	15	6	30	2	4	25	2	8	오나라가 노나라를 치다 제나라가 노나라를 치다
486	34	7	15		5	16	7	31	3	5	26	3	9	송나라군이 정나라군을 대파하다 진나라가 정나라를 구원하였다가 중지하다
485	35	8	16		6	17	8	32	4	6	27	4	10	노·오나라가 제나라를 치다 초나라가 진(陳)나라를 치고, 오나라가 진나라를 구원하다
484	36	9	17		7	18	9	33	5	7	28	簡公 1	11	제나라가 노나라를 치다 노나라가 제나라를 치다
483	37	10	18		8	19	10	34	6	8	29	2	12	오나라가 위나라 군주를 일시 억류하다 정나라 군사가 송나라 군사를 포위하다

기원전	周	燕	鄭	曹	蔡	陳	衛	宋	楚	秦	晉	齊	魯	중요사항
482	38	11	19		9	20	11	35	7	9	30	3	13	월나라가 오나라를 치다 진·오·노나라 등이 황지에서 맹약하다
481	39	12	20		10	21	12	36	8	10	31	4	14	노나라 서방에서 사냥하여 기린을 잡다 송나라에 난리가 나다
480	40	13	21		11	22	莊公 1	37	9	11	32	平公 1	15	위나라의 태자 괴외가 본국으로 들어가 난리를 일으키다
479	41	14	22		12	23	2	38	10	12	33	2	16	공자가 돌아가시다 초나라에 내란이 나다
478	42	15	23		13	24	3	39	11	13	34	3	17	위나라 태자가 혼양부를 죽이다 초나라가 진(陳)나라를 망치다
477	43	16	24		14		起 1	40	12	14	35	4	18	초나라군이 파(巴)나라군을 격파하다
476	44	17	25		15		出公 後1	41	13	15	36	5	19	월나라가 초나라를 침공하다
475	元王 1	18	26		16		2	42	14	16	37	6	20	월나라가 오나라를 치다
474	2	19	27		17		3	43	15	17	出公 1	7	21	노나라·제나라·주(邾)나라가 고(顧)에서 맹약을 맺다
473	3	20	28		18		4	44	16	18	2	8	22	월나라가 오나라를 멸망시키다
472	4	21	29		19		5	45	17	19	3	9	23	진나라와 제나라가 싸워, 제나라가 대패하다
471	5	22	30		聲公 1		6	46	18	20	4	10	24	노나라 애공이 월나라에 가다
470	6	23	31		2		7	47	19	21	5	11	25	위나라 군주 몰려나가다 노나라 애공이 월나라로부터 돌아오다
469	7	24	32		3		8	48	20	22	6	12	26	위나라 군주가 도읍으로 들어가려다가 실패하다
468	定王 1	25	33		4		9	49	21	23	7	13	27	진나라가 정나라를 치다 노나라 애공이 월나라로 가다
467												悼公 1		

어구 색인

※ ⑨－상권 ⑨－중권 ⑨－하권

낙지군자(樂只君子) 방가지기(邦家之基) ㉔257 ㉑579

낙지군자(樂之君子) 복록유동(福祿攸同) ㉑439

낙지군자(樂旨君子) 전천자지방(殿天子之邦) ㉑439

난(欒)·고지난(高之難) ㉑706

난이막의(亂離瘼矣) 원기적귀(爰其適歸) ㉑95

난자취지(亂者取之) 망자모지(亡者侮之) ㉑720

난즉요재생(亂則妖災生) ㉑116

남국축(南國蹙) 사기원왕(射其元王) 중궐목(中厥目) ㉑284

남녀지별(男女之別) 국지대절야(國之大節也) ㉕267

남산유대(南山有臺) ㉑524

납우백규(納于百揆) 백규시서(百揆時序) ㉕704

낭자야심(狼子野心) ㉑34

내대명복(乃大明服) ㉕457

노송왈(魯頌曰) ㉕592

노장지이모(老將知而耄) ㉔25

녹명(鹿鳴) ㉑356

녹명지삼(鹿鳴之三) ㉑355

녹사불택음(鹿死不擇音) ㉕693

녹상지맹(鹿上之盟) ㉕442

녹의지졸장(綠衣之卒章) ㉑222

뇌간지용(賴姦之用) ㉕702

뇌승건왈대장(雷乘乾曰大壯) ㉔494

뇌위화(雷爲火) ㉕414

누구(僂句) ㉔416 417

누림지역(婁林之役) ㉕425

능경(能敬) 무재(無災) ㉔74

능신(能信) 불위인하야(不爲人下也) ㉔10

다행불의(多行不義) 필자폐(必自斃) ㉕49

담편지란(儋翩之亂) ㉔552

당고(唐誥) ㉔521

대갱불치(大羹不致) ㉕130

대국령(大國令) 소국공(小國共) ㉔12

대국외기력(大國畏其力) 소국회기덕(小國懷其德) ㉑750

대극지역(大棘之役) ㉑14

대명지수장(大明之首章) ㉔20

대부불균(大夫不均) 아종사독현(我從事獨賢) ㉑447

대상유립덕(大上有立德) ㉑577

대소이보소(大所以保小) 인야(仁也) ㉔663

대수지외(大隧之外) 기락야설설(其樂也泄泄) ㉕53

대수지중(大隧之中) 기락야융융(其樂也融融) ㉕53

ㅂ

인명 색인

※ ㉠—상권 ㉰—중권 ㉵—하권

585 605 620 628 632 666 674 676
ⓒ590

공손우(公孫友)　ⓐ621 688

공손우(公孫盱)　ⓗ644

공손원(公孫援)　ⓗ328

공손유산(公孫有山)　ⓗ773

공손자(公孫玆)　ⓐ336 346 350 421

공손정(公孫鄭)　ⓐ622

공손정(公孫丁)　ⓒ465 ⓗ328

공손정자(公孫貞子)　ⓗ730

공손조(公孫朝)　ⓗ423 754

공손조(公孫竈)　ⓒ708 ⓗ75

공손종리(公孫鍾離)　ⓐ634

공손주(公孫周)　ⓗ782

공손지(公孫枝)　ⓐ379 405

공손진(公孫辰)　ⓗ642 644

공손채(公孫蠆)　ⓒ402 453 454 486
517 708 725 ⓗ71

공손첩(公孫捷)　ⓗ189

공손첩(公孫輒)　ⓒ402 410 411

공손청(公孫青)　ⓗ332

공손초(公孫楚)　ⓗ27

공손타(公孫佗)　ⓗ603

공손편(公孫翩)　ⓗ643

공손표(公孫票)　ⓒ334 469

공손하(公孫夏)　ⓒ481 543 587
ⓗ692

공손활(公孫滑)　ⓐ55 61

공손회(公孫會)　ⓗ323

공손획(公孫獲)　ⓐ115

공손휘(公孫揮)　ⓒ585 618 721 743
ⓗ692

공손흑(公孫黑)　ⓒ481 708 ⓗ27 33
49 54

공손흑굉(公孫黑肱)　ⓒ547

공숙(孔叔)　ⓐ335 351 362 634
ⓗ736

공숙(共叔)　ⓐ243

공숙단(共叔段)　ⓐ48

공숙무인(公叔務人)　ⓗ687

공숙문자(公叔文子)　ⓗ548 600

공숙발(公叔發)　ⓒ706

공숙수(公叔戍)　ⓗ601 603 605 607

공씨(孔氏)　ⓐ129 365 ⓗ735

공씨(鞏氏)　ⓗ512

공야(公冶)　ⓒ691

공약(公若)　ⓗ406 408 584

공약막(公若藐)　ⓗ584

공어(孔圉)　ⓗ517 623 735

공연(公衍)　ⓗ466 508

공염무인(公冉務人)　ⓐ699

공영(孔嬰)　ⓐ310

공왕(共王)　ⓒ208 288 ⓗ45 143
242

공위(公爲)　ⓗ408 466 508 690

공윤로(工尹路)　ⓗ224

공(孔)・의(儀)　ⓒ165

공자(孔子)　ⓗ509 639 702 725 736

공자(共子)　ⓗ453

공자가(公子嘉)　ⓒ402 509 ⓗ649

기효공(杞孝公)　㉗553 554
기희공(杞僖公)　㉣678
길(吉)　㉗670 695 ㉣28 73 400

ㄴ

나(羅)　㉖178 181 ㉣328 632 735
낙(犖)　㉖292 293
난(難)　㉖578 671
난(蘭)　㉗28
난겸(欒鍼)　㉗253 284 289 460
난경려(欒京廬)　㉗126
난고(欒高)　㉣188 189
난고씨(欒高氏)　㉣188
난공숙(欒共叔)　㉖140
난(欒)·극(郤)　㉗215
난(欒)·극(郤)·호(狐)·선(先)　㉣245
난기(欒祁)　㉗532
난돈(欒盾)　㉖655
난무자(欒武子)　㉗77 203 231 240 267 277 300
난방(欒鲂)　㉗513 559 572
난백(欒伯)　㉗78 169 460
난(欒)·범(范)　㉗285 299 632
난불기(欒弗忌)　㉗270
난빈(欒賓)　㉖135
난서(欒書)　㉗69 146 190 197 203 211 215 220 224 253 277 281 285 311~314 320
난시(欒施)　㉣186 189

난씨(欒氏)　㉗192 463 532 539 540 547 556 558 559 572 ㉣360
난악(欒樂)　㉗559
난염(欒黶)　㉗273 277 323 334 399 402 425 446 447 460 463 487
난영(欒盈)　㉗486 502 527 532 534 535 546 547 553 555 556 559 572
난영(欒寧)　㉣735
난정자(欒貞子)　㉖509 524 607
난지(欒枝)　㉖524 527 562
난표(欒豹)　㉣69
난환자(欒桓子)　㉗532
난회자(欒懷子)　㉗511 535
남계(南季)　㉖102
남곽언(南郭偃)　㉗126 132
남괴(南蒯)　㉣218 220 255 264
남궁경숙(南宮敬叔)　㉣159 201 638
남궁극(南宮極)　㉣380 386
남궁우(南宮牛)　㉖232
남궁은(南宮囂)　㉣390 428
남궁장만(南宮長萬)　㉖231
남사씨(南史氏)　㉗594
남씨(南氏)　㉣231 641 775 781
남약(南籥)　㉗701
남유(南遺)　㉗379 ㉣101 107
남유자(南孺子)　㉣641
남윤미(藍尹亹)　㉣543
남자(南子)　㉣607
남초(南楚)　㉣330
낭거소(狼蘧疏)　㉗561

무(武)　상232　중215　439　600　656
　714　하277　522

무강(武姜)　상48

무공(武公)　상158　255　389　중700
　하272　772

무극(無極)　하272　324　361　448

무기(無忌)　중380

무라(武羅)　중361

무루(務婁)　하35

무맹(武孟)　상427

무(武)·목(穆)　중27

무(武)·문(文)　하387

무백(武伯)　하730　759　779

무숙(武叔)　하566　584　589　687

무신(巫臣)　중165　208

무씨(武氏)　상62　65　83　704　중27

무왕(武王)　상360　하37　522　754

무외(毋畏)　중114

무우(無宇)　중678　하139　140

무인(務人)　하466

무자(武子)　중118　169　203　281　306
　382　392　393　463　469　561　589　735
　하131　260　495

무자잉(武子縢)　하679

무(武)·장(莊)　중602

무종자가보(無終子嘉父)　중360

무중(武仲)　중528

무지(無知)　상215　218　220　221
　중443

무척(無慼)　하328

무해(無駭)　상59　60　97　101

무(武)·헌(獻)　중697

무호(瞀胡)　하35

무휴(無虧)　상430

무휼(無恤)　하765

문강(文姜)　상155　157　196　203　212
　215　257　하494

문공(文公)　상312　313　376　474　536
　564　566　567　623　668　692　693　697
　699　중28　98　240　251　393　602　737
　하80　245　277　299　473

문공자타(文公子他)　상145

문무(文武)　상479　하490　522

문(文)·무(武)　상374　592

문(文)·무(武)·성(成)·강(康)
　하178

문미(文芈)　상453

문백(文伯)　상628　671　중740　하276

문부인(文夫人)　상280　569

문성(文成)　하404

문(文)·양(襄)　하58

문영(文嬴)　상564

문왕(文王)　상247　353　380　436　555
　중60　118　165　355　356　750　하80
　140　632　754

문윤득(門尹得)　하784

문윤반(門尹般)　상518

문자(文子)　상614　664　중127　218
　225　245　281　465　561　589　602　618
　623　645　656　657　677　706　743　하69

병촉(邴歜)　상698
병하(邴夏)　중147 151
보력(輔躒)　중581　하117
보양(步揚)　상404
보의(步毅)　중284
보초(步招)　상624
복(僕)　상702
복(濮)　하357 358
복도보(卜徒父)　상402
복수(復遂)　상643
복숙(僕叔)　중95
복언(卜偃)　상303 332 357 397 457
　491 555
복의(卜齮)　상307
복전(僕展)　중721
복초구(卜楚丘)　상309 698
복초보(卜招父)　상425
봉공(逢公)　하187
봉구(封具)　중590
봉대부(逢大夫)　중90
봉백(逢伯)　상360
봉백릉(逢伯陵)　하345
봉보(封父)　하521
봉손(逢孫)　상546 560
봉시(封豕)　하453
봉조씨(鳳鳥氏)　하296
봉축보(逢丑父)　중147 151
봉활(逢滑)　하623
부(鮒)　하15　하260
부강(婦姜)　상600 601　중5 7

부개왕(夫槩王)　하530 541
부보괴(富父槐)　하639
부보종생(富父終甥)　상648
부수(傅傁)　하633
부신(富辛)　하490
부자(富子)　하283
부줄(不窋)　상592
부지(傅摯)　중561
부진(富辰)　상447 478 483 484
부차(夫差)　하607 619 623 624 709
부초(夫椒)　하619
부추(負芻)　중259
부하(傅瑕)　상236 237
북곽계(北郭啓)　하365
북곽좌(北郭佐)　중683
북궁결(北宮結)　하554 555 603 607
북궁괄(北宮括)　중304 306 402 453
　460
북궁문자(北宮文子)　중743 744 749
　하50
북궁씨(北宮氏)　하334
북궁유(北宮遺)　중623
북궁의자(北宮懿子)　중459
북궁자(北宮子)　하334
북궁정자(北宮貞子)　하445
북궁타(北宮佗)　중725　하198
북궁희(北宮喜)　하193 329 334 396
　438
북연백관(北燕伯款)　하58 75 211
분모(蚡冒)　상684　하387

손장자(孫莊子)　하787

손주(孫周)　중312

손지(孫知)　중259

손환자(孫桓子)　중43 143 145 382

송경공(宋景公)　하782

송공(宋公)　상704

송공고(宋公固)　중265

송공공(宋共公)　중265 267 269

송공성(宋公成)　하186

송공어열(宋公御說)　상372

송공왕신(宋公王臣)　상620

송공자보(宋公玆父)　상455

송공좌(宋公佐)　하396

송공포(宋公鮑)　중140

송공풍(宋公馮)　상204

송공화(宋公和)　상62

송목(宋木)　하543

송목공(宋穆公)　상62 67 68

송무공(宋武公)　상44 648

송문공(宋文公)　중27 162 178

송보(宋父)　하404

송상공(宋殤公)　상74 129 675

송선공(宋宣公)　상68 486 621

송양공(宋襄公)　상380 422 427 430
　439 455 463

송양부인(宋襄夫人)　상634

송옹씨(宋雍氏)　상174

송용(宋勇)　하632

송원공(宋元公)　하328 416 419 420
　422

송장공(宋莊公)　상175 205

송평공(宋平公)　하196 198

송환공(宋桓公)　상313 373

송환부인(宋桓夫人)　상312

수(戍)　하600 601 605

수(脩)　하469

수(須)　상688 704 중27 하687

수(壽)　상190 하439

수계(隨季)　중82 90

수몽(壽夢)　하393

수무모(須務牟)　하234

수무자(隨武子)·　중69

수부(竪栂)　하290

수수씨(須遫氏)　상245

수어요(壽於姚)　하709

수월(壽越)　중370

수인씨(遂因氏)　상245

수회(隨會)　상660 661

숙(宿)　상46 55 74 95 97 444 하50

숙강(叔姜)　상307

숙견(叔堅)　상386

숙궁(叔弓)　중711 719 하5 35 49 53
　58 71 105 121 126 136 165 169
　176 177 186 198 229 231 271 272

숙균(叔麇)　상671

숙금(叔禽)　중234 하117

숙달(叔達)　상703

숙당(叔黨)　중85

숙대(叔帶)　하429

숙대심(叔大心)　상232

숙로(叔老)　중453 485 522 542

숙류(叔劉)　상459

숙무(叔武)　상531 533 534

숙백(叔伯)　상456

숙복(叔服)　상576 578 669　중138

숙비(叔羆)　중534

숙사위(夙沙衛)　중340 492 499 502
　515

숙산염(叔山冉)　중289

숙선(叔還)　하591 648 651 715

숙손(叔孫)　중643 651 681　하12 15
　25 100 101 353 377 390 508 584
　589 692

숙손교여(叔孫僑如)　중140 178 183
　191 197 212 236 260 266 274 300
　569

숙손대백(叔孫戴伯)　상342

숙손득신(叔孫得臣)　상576 578 595
　636 647 648 697　중38

숙손목자(叔孫穆子)　중382 432 459
　681 683 686 699　하12

숙손불감(叔孫不敢)　하539

숙손서(叔孫舒)　하780

숙손선백(叔孫宣伯)　중199 594

숙손성자(叔孫成子)　하508 584

숙손소자(叔孫昭子)　하109 183 194
　218 281 314 323 408 422

숙손씨(叔孫氏)　상293　중432 569
　하97 106 109 218 409 445 565 584
　585 717

숙손장숙(叔孫莊叔)　중714

숙손주구(叔孫州仇)　하578 579 592
　627 637

숙손착(叔孫婼)　하138 186 193 375
　377 386 396 397

숙손첩(叔孫輒)　하565 593 671

숙손표(叔孫豹)　중296 300 338 345
　351 354 368 370 374 453 478 485
　486 509 553 564 575 576 642 648
　725　하5 17 22 78

숙손환(叔孫還)　중531 594 683

숙신(叔申)　중231 234 263

숙씨(叔氏)　하277

숙아(叔牙)　상293

숙앙(叔鞅)　하364 371 375

숙어(叔魚)　하260 268 269

숙예(叔詣)　하396 464

숙예(叔豫)　중531

숙외(叔隗)　상459 474

숙유(叔游)　하452

숙자(叔子)　하673

숙장(叔牂)　중13

숙전(叔展)　중99

숙중(叔仲)　상699

숙중대(叔仲帶)　중733

숙중목자(叔仲穆子)　하218

숙중소(叔仲小)　하218 221

숙중소백(叔仲昭伯)　중379 686

숙중소자(叔仲昭子)　하101

숙중씨(叔仲氏)　상699

악거(樂擧)　중162
악곤(樂髡)　하637
악구(樂懼)　중276
악기(樂祁)　하366 397 399 551 560
　570
악기(樂頎)　하593
악기리(樂祁犁)　하438 547
악대심(樂大心)　하152 355 366 396
　401 570 578 590 591
악득(樂得)　하785
악려(樂呂)　상704 중11
악만(樂輓)　하366
악백(樂伯)　중82
악비(樂轡)　중374
악사(樂舍)　하336
악성(樂成)　중721
악소(樂霄)　하456
악영제(樂嬰齊)　중111
악예(樂豫)　상621 622
악예(樂裔)　중270
악왕부(樂王鮒)　중534 540 556
　하12
악이(樂耳)　상638
악정(樂丁)　하630
악주서(樂朱鉏)　하783
악지래야(惡之來也) 기즉취지(己則
　取之)　중103
악징(樂徵)　하372
악천(樂遄)　중395
악패(樂茷)　하780 783

악환자(樂桓子)　하15
악후(鄂侯)　상89 136
악희(樂喜)　중395 660
안(安)　하659 674
안경(顔庚)　하771
안고(顔高)　하558 559
안리(晏犛)　중561
안명(顔鳴)　하424
안보융(晏父戎)　중561
안식(顔息)　하559
안약(晏弱)　중126 340 375
안어(晏圉)　하653
안영(晏嬰)　중493 500 하61
안우(安于)　하605
안우(顔羽)　하687 690
안의희(顔懿姬)　중515
안자(晏子)　중126 547 590 594 683
　하50 62 63 66 67 75 120 136 189
　338 344 345 433 434
안장숙(顔莊叔)　중697
안탁취(顔涿聚)　하789
안평중(晏平仲)　중546 561 623 676
　705 하188
안환자(晏桓子)　중108 126 443 493
알백(關伯)　중396 하36
알보(關父)　중601
앙(卬)　중491
앙(鞅)　중558 559 하401 445 549
　633 718 720
애강(哀姜)　상267 307 328 329 370

위서(魏舒)　　중558 597 하33 116 117 493 504

위서(蔿滋)　　하386

위석(蔿射)　　하121 122

위선공(衛宣公)　　상180 190 552 579

위설(蔿洩)　　하136

위성공(衛成公)　　하522

위세자장(衛世子臧)　　중130

위수여(魏壽餘)　　상661

위씨(尉氏)　　중481

위씨(蔿氏)　　상121

위씨(蔿氏)　　하201 232

위씨(魏氏)　　중556

위애렵(蔿艾獵)　　중60

위양공(衛襄公)　　하138 157 162 163

위양자(魏襄子)　　하600

위엄(蔿掩)　　중606 607 725

위엄(蔿掩)　　하232

위역(蔿射)　　하417 541

위오(蔿敖)　　중70

위월(蔿越)　　하361 365 382 386

위의공(衛懿公)　　상310 중288

위자(衛子)　　상490 512

위자(蔿子)　　중607

위자(蔿子)　　중584

위자(魏子)　　하457 460 462 493 504

위자빙(蔿子馮)　　중479 506 531 549 601

위장공(衛莊公)　　상70 하697

위장자(魏莊子)　　중360 460 556

위정공(衛定公)　　중209 263 265

위주(魏犫)　　상509 517 하245

위지(尉止)　　중420 421 423

위출공(衛出公)　　하786

위편(尉翩)　　중423 481

위피(蔿罷)　　중665 711 712 하46 126

위헌공(衛獻公)　　중464 601 607 614 688

위헌자(魏獻子)　　중556 706 하456 467 475 491 504

위후간(衛侯衎)　　중611 688

위후삭(衛侯朔)　　상189 211 269

위후속(衛侯速)　　중141

위후악(衛侯惡)　　하138

위후원(衛侯元)　　하627

위후장(衛侯臧)　　중260

위후정(衛侯鄭)　　상512 중49

위후진(衛侯晉)　　상176

위후첩(衛侯輒)　　하735 738 762

위후훼(衛侯燬)　　상490

위희(衛姬)　　하244

위힐(魏頡)　　중323

유(由)　　하717 736

유(柳)　　하132 196

유(柔)　　상171

유(洧)　　중336 하232

유(留)　　하168

유(遺)　　하697

유강공(劉康公)　　중56 119 138 239

249

유격씨(有鬲氏)　중361
유공차(庾公差)　중465
유궁(有窮)　중360 361
유권(劉卷)　하517
유길(游吉)　중670 673 721 하33 46
　58 134 169 177 193 396 475
유난(劉難)　중502
유루(劉累)　하468
유문공(劉文公)　하386 517 519 639
유변(輿騈)　상618 655 656
유분(劉蚡)　하369 372
유산씨(有山氏)　하711 792
유속(游速)　하547 578
유손백(游孫伯)　상478
유씨(游氏)　상267 270 하211
유씨(劉氏)　상661 하639
유약(有若)　하673
유왕(幽王)　하429
유우(由于)　하533 544
유윤연(蒍尹然)　하439 478
유의(劉毅)　중717
유자지(劉子摯)　하368
유정공(劉定公)　중475 하24
유주구(劉州鳩)．하216
유초(游楚)　하28 33
유타(劉佗)　하380
유판(游販)　중550
유피(庾皮)　하216
유하(劉夏)　중478

유헌공(劉獻公)　하216 251 368
유형씨(有陘氏)　하792
유환공(劉桓公)　하555
육권(鬻拳)　상249
육사(鬻姒)　하649 659
윤격(允格)　하37
윤고(尹固)　하465
윤공타(尹公佗)　중465
윤무공(尹武公)　중296 306
윤문공(尹文公)　하414
윤신(尹辛)　하381
윤씨(尹氏)　상83 121 528 670 하
　375 380
윤씨고(尹氏固)　하428 465
윤어(尹圉)　하380
윤언다(尹言多)　중717
윤하(尹何)　중745
율사(矞似)　상642
융자(戎子)　중515
융진(戎津)　상624
은(慭)　하218 697
은(嚚)　하338
은공(隱公)　상44
은태자(隱太子)　하206 259 361
음기(陰忌)　하216 428
음리(陰里)　중443
음불녕(陰不佞)　하393 465
읍강(邑姜)　하37 187
의공(懿公)　상427 671
의료(宜僚)　하354 355

ㅈ

자무선(玆無還)　㉠580

자문(子文)　㉡364 456 506 507
　㉢34 35

자미(子美)　㉢598

자미(子尾)　㉢676 679 683 733
　㉠50 71 75 120 170 196

자미(子亹)　㉡197

자반(子反)　㉢77 114 165 166 190
　208 209 244 267 277 292 293 631
　632

자반(子般)　㉡289 292 293 ㉠630

자방(子方)　㉠720

자방(子駹)　㉢259

자백(子伯)　㉡310 704 ㉢27 465

자백계자(子伯季子)　㉠740

자범(子犯)　㉡460 461 465 469 509
　520 524 546 ㉢78 ㉠245 361

자변(子駢)　㉢601

자변(子邊)　㉡495

자복(子服)　㉢40 95 686

자복경백(子服景伯)　㉠638 662 663
　703 711 733

자복소백(子服昭伯)　㉠290 377

자복씨(子服氏)　㉠290

자복초(子服椒)　㉠71

자복추(子服湫)　㉠257

자복하(子服何)　㉠674

자복혜백(子服惠伯)　㉢597 681 686
　735 ㉠143 220 255 260

자복회(子服回)　㉠290 377

자봉(子封)　㉡49

자사(子思)　㉠649 789

자사(子駟)　㉢231 259 276 280 306
　342 383 386 388 389 407 418 420
　421 543

자사복(子師僕)　㉢421 423

자사씨(子師氏)　㉢421

자사씨(子駟氏)　㉢720

자산(子山)　㉢270

자산(子産)　㉢386 423 481 517 578
　597 601 607 618 621 638 656 669
　673 706 712 717 720 727 728 736
　743 745 746 ㉠6 22 27 28 33 36
　45 46 54 55 75 80 88 89 95 112
　127 134 149 151 153 154 182 187
　189 193 203 211 213 249 256 257
　283～285 290 300 305 309 310
　318 319 348 349 400 704

자상(子上)　㉡527 569 570 580
　㉢721 ㉠306

자상(子商)　㉢231 ㉠189

자상(子常)　㉠386 426 439 442 448
　514 528 530 543 624

자상(子桑)　㉡395 410 597

자서(子西)　㉡502 527 532 642 ㉢
　422 481 506 517 578 579 602 627
　656 709 ㉠426 475 478 541 543
　544 551 619 623 655 730 742 744

자서(子胥)　㉠486 695

자석(子石)　㉢720 ㉠335

채중(蔡仲)　하521

채평공(蔡平公)　하351 353

채환후(蔡桓侯)　상191 193

채후동국(蔡侯東國)　하375

채후려(蔡侯廬)　하230 323

채후반(蔡侯般)　하198 199

채후봉인(蔡侯封人)　상191

채후신(蔡侯申)　중125 하642

채후주(蔡侯朱)　하351 361 448

채후헌무(蔡侯獻舞)　상223 227

채후힐(蔡侯肸)　상396

채희(蔡姬)　상335 427

처보(處父)　상585 590 하565

척(膌)　중468

천(穿)　상656

천봉수(穿封戌)　중620 하173

천손(獻孫)　상231

첨(詹)　중436

첨가(詹嘉)　상660

첨보(詹父)　상169 251

첨환백(詹桓伯)　하178

첩(妾)　상425

첩(捷)　상232 하522

첩(輒)　하628

첩치(捷菑)　상666 668 669

청(青)　하335

청불퇴(清沸魋)　중312

청조씨(青鳥氏)　하296

체(彘)　하759

체계(彘季)　중327

체구(彘裘)　중469

체자(彘子)　중73 74 78 82 85 86

초(招)　하165 168 169

초(椒)　상637 하619

초(楚)　상374 439 465 하28

초강왕(楚康王)　중686 689

초거(椒擧)　중632 하78 88 89 93

초공왕(楚共王)　중285 370 450 하
　93

초령왕(楚靈王)　하46 225

초륭(楚隆)　하765

초무왕(楚武王)　상150 207 247

초문왕(楚文王)　상212 363

초소왕(楚昭王)　하656

초소재(楚少宰)　중82

초이(焦夷)　중336

초자거(楚子居)　하420

초자건(楚子虔)　하198

초자균(楚子麇)　하5

초자려(楚子旅)　중130

초자소(楚子昭)　중666

초자심(楚子審)　중445

초자진(楚子軫)　하651

초장왕(楚莊王)　상670

초평왕(楚平王)　하426

촉(歜)　상698

촉용지월(燭庸之越)　중561

총자(冢子)　상314

최강(崔彊)　중662

최경(崔慶)　중594 600 662

투성연(鬪成然)　㉠267
투소(鬪巢)　㉠543
투신(鬪辛)　㉠267 534 543
투어강(鬪御疆)　㉡280
투오(鬪梧)　㉡280
투위귀(鬪韋龜)　㉠93 232 242
투의신(鬪宜申)　㉡502 643
투장(鬪章)　㉡333 554
투초(鬪椒)　㉢14
투회(鬪懷)　㉠543
특궁(特宮)　㉡386

파희(巴姬)　㉠242
판(販)　㉠644
패(茷)　㉠784
팽(彭)　㉡178
팽명(彭名)　㉢86 171 285 355
팽봉미자(彭封彌子)　㉠775
팽생(彭生)　㉡217 ㉠97
팽중상(彭仲爽)　㉠754
편(翩)　㉠644
평(平)　㉠744
평공(平公)　㉢375 485 493 554 626 638 694 ㉠193 199 213 360 416 453
평국(平國)　㉢53
평왕(平王)　㉡63 64 446 ㉢82 427 ㉠240 242 259 448 533
평(平)·원(元)　㉠704

평자(平子)　㉠192 218 221 231 257 261 290 294 406 409 413 417 423 466
평중(平仲)　㉢676
평하(平夏)　㉠45
평(平)·환(桓)　㉢602
평후(平侯)　㉠361
폐무존(敝無存)　㉠574 575
폐숙(嬖叔)　㉠182
포(圃)　㉢668
포(鮑)　㉢439
포견(鮑牽)　㉢306
포계(鮑癸)　㉢83
포고씨(蒲姑氏)　㉠345
포국(鮑國)　㉢306 307 679 ㉠353
포목(鮑牧)　㉠653 674 675
포문자(鮑文子)　㉠265 405 572
포숙(鮑叔)　㉡222
포숙아(鮑叔牙)　㉡219 221 ㉠244
포씨(鮑氏)　㉢679 ㉠695
포여후(蒲餘侯)　㉠266
포여후자부(蒲餘侯茲夫)　㉠268
포자(鮑子)　㉠658 659 674
포점(鮑點)　㉠658
포후씨(蒲侯氏)　㉢572
표(豹)　㉡395 ㉢559 577 642 714 ㉠720
표(彪)　㉢498
표(剽)　㉢611 614
표혜(彪傒)　㉠493 504

풍간자(馮簡子) 중743
풍건(豊愆) 하355
풍권(豊卷) 중728
풍서(酆舒) 상628 중115 116
풍시(豊施) 하151
풍씨(風氏) 상601
풍점(豊點) 중566
피(披) 상349
필만(畢萬) 상303 하632
핍길(偪姞) 상615

ㅎ

하(何) 하711 772
하가(瑕嘉) 중138
하구부(夏區夫) 하708
하금(瑕禽) 중427
하기(何忌) 하159
하남(夏南) 중165
하려이생(瑕呂飴甥) 상410
하무(夏戊) 하698 775
하보불기(夏父弗忌) 상592
하생(瑕甥) 상472
하설(夏齧) 하375 383
하숙영(瑕叔盈) 상113
하신(瑕辛) 하216
하씨(夏氏) 중56 164
하양열(夏陽說) 중198
하위어룡씨(夏爲御龍氏) 중577
하정씨(夏丁氏) 하775
하지어구(夏之御寇) 중561
하징서(夏徵舒) 중53 59 62
하후고(夏后皐) 상555
하후상(夏后相) 하619
하희(夏姬) 중51 164 165 208 631
한간(韓簡) 상405 414
한간자(韓簡子) 하494 504 505 600
한고(韓固) 하456
한궐(韓厥) 중69 146 151 152 184 215 253 277 288 313 334 335 399
한기(韓起) 중399 402 446 502 610 하49 71 116 117 198 283
한달(罕達) 하611 613 627 704 707
한만(韓萬) 상139
한무기(韓無忌) 중323 380
한복(韓服) 상166
한불신(韓不信) 하489 493 600
한삭(罕朔) 하154
한선자(韓宣子) 중638 647 706 731 하49 62 69 114 131 134 149 151 154 157 163 200 203 204 244 259 260 269 377 456
한수(韓須) 하50 117
한씨(罕氏) 중623 694
한씨(韓氏) 중638
한양(韓襄) 중486 하117
한원(韓原) 상405
한이(罕夷) 상317
한자(韓子) 중731 하50 133 149 285 286
한착(寒浞) 중361

지명 색인

가(柯)　㉠234　235　㉢509　520

가(茄)　㉣417

가(賈)　㉠277　㉢569　683　㉣460

가(駕)　㉢313　346　632

가릉(柯陵)　㉢304　306

가택(柯澤)　㉠453

간성(簡城)　㉣559

감(闞)　㉠171　㉣408　413　489　508

감(甘)　㉣178　181

감록(甘鹿)　㉣299

강(江)　㉠332　352　596　600　602

강(絳)　㉠395　555　692　㉢47　194　199
　　556　714　㉣31　182　467　596

강산(岡山)　㉣206

강여(江汝)　㉣619

강중(絳中)　㉣607

강(江)・한(漢)・수(雎)・장(漳)
　　㉣655

강회(江淮)　㉣679

개획지문(蓋獲之門)　㉣329

거(莒)　㉠59　99　177　219　221　223　252
306　307　620　628　632　634　697　㉣75
189　428

거(渠)　㉣426

거녀(蘧挐)　㉣613

거문(渠門)　㉠184

거보(莒父)　㉣604

거제(渠蒢)　㉣611

건계(乾谿)　㉣136　223　225　229　234

건시(乾時)　㉠220　221

건제(乾祭)　㉣390

건후(乾侯)　㉣404　451　464〜466
　　474　475　481〜483　489　490　503
　　508　623

격(郹)　㉣386

격량(湨梁)　㉢484　486　499　543

격씨(郹氏)　㉣596

격양(郹陽)　㉣315

견(牽)　㉣603

견(鄄)　㉠236　239　240　248　㉢237
　　465　㉣329　758　776

견구(犬丘)　㉠98　㉢336　419

겹(郟)　㉠161　㉢585　610　639　㉣45
　　314

사지량(師之梁)　중402 638 720
　하144
사포(社圃)　상121
산조(酸棗)　중721
삼도(三塗)　하80 299
삼문(三門)　중403
삼호(三戶)　하644
상(桑)　중232 631
상구(商丘)　중396 하36
상극(上棘)　중506
상동문(上東門)　하566
상락(上雒)　하644
상량(上梁)　하607
상림(桑林)　중416
상림지문(桑林之門)　하355
상명(上鄍)　중157
상밀(商密)　상494 495 671
상산(桑山)　하290
상수(桑隧)　중203
상양(上陽)　상357
상엄(商奄)　하178
상의(常儀)　하35
상임(商任)　중527 539
상전(桑田)　상332
상천(桑泉)　상469
상토(相土)　중396 하521
색씨(索氏)　하114
생(笙)　중131 132
생두(生竇)　상222
서관(徐關)　중152 310

서구(黍丘)　하668
서미(胥靡)　중506 하426 548 551
서위(西闈)　하381
서임(鉏任)　중190
서주(舒州)　하715 720 724
서포(西圃)　하740
석(析)　상495 하310 644 762
석(錫)　하704
석계(石溪)　상685
석류(石窌)　중152
석문(石門)　상62 68
석양(昔陽)　하216
석양지문(昔陽之門)　하369
석포(石圃)　하758 762
석혈(錫穴)　상648
선(選)　상684
선도(善道)　중368 370
설(薛)　상111 287 하505
섭(葉)　중266 271 하234 310 748
섭북(聶北)　상325
섭분(涉汾)　상422
성(成)　상149 155 285 580 중41 478
　481 662 663 하147 148 420 423
　566 592 593 725 729 730
성(郕)　상79 84 106 109 138 140 215
　216 478 중485
성고(城郜)　중326
성구(成臼)　하543
성규(郕邦)　상653
성균(城麇)　중620 621

ㅈ

자(訾)　중259　하239 380 417
자(鄑)　상202
자구(訾丘)　하360
자구지북문(子駒之北門)　상648
자량(訾梁)　하234
자루(訾婁)　상430 558 566
자무(訾毋)　중418
자지(訾枝)　상684
작(禚)　상204 207　하575 733
작릉(汋陵)　상276　중276
작안(鵲岸)　하121
작피(汋陂)　중276
잠(潛)　상59 60　하439 486
잠실(蠶室)　하673
장(莊)　상232　하189 653
장(漳)　중35
장(鄣)　하317
장(蔣)　상479
장(牆)　하380
장갈(長葛)　상79 87 88 92
장구(長丘)　상648
장궁(莊宮)　하371 381 428 555
장부(長府)　하408
장안(長岸)　하293 300
장자(長子)　중497
장작(長勺)　상223 225
장저(長樗)　중345 347
장화지궁(章華之宮)　하139

장화지대(章華之臺)　하143
저궁(渚宮)　상642
저씨(褚氏)　하426
저옹(著雍)　중416 510　하259
저우(且于)　중572　하658
저지(且知)　하446
적(翟)　상349
적극(赤棘)　중137 138 245
적력(適歷)　하481 482
적릉(踏陵)　상249
적천(翟泉)　상540 541
적천(狄泉)　하375 493 504
전릉(鄟陵)　하420 426
전문(鄟門)　중402
전성(前城)　하371 372
전연(澶淵)　중521 523 611 623 711
　725
전택(鄟澤)　하562
절(折)　상171
정(楏)　상325
제(制)　상48 84　중425
제(祭)　상174 479
제(諸)　상282 652 656
제(濟)　상68 246 444 549 551　중5
　7 53 55　하733
제구(帝丘)　상550 552　하300
제부(諸浮)　상660
제상(隄上)　하428
제수(濟隧)　중435
제전(制田)　중296

직곡(稷曲)　하689
직문(稷門)　하365 543 673
직원(直轅)　하528
진(津)　상249
진(陳)　상193 232 269 313 455 615
　　하173
진([illegible])　상228 229
진릉(辰陵)　중59 60 63
진양(晉陽)　하595 597 599
진주(秦周)　중502
짐관(斟灌)　중361 하619
짐심(斟尋)　중361 하619

차(差)　상208
차수(次雎)　상433
찬모(欑茅)　상118 491
찬함(欑函)　중59 60
창간(昌間)　하364
창야(倉野)　하644
창연(昌衍)　상541
처구(郪丘)　상682 684
척(戚)　상576 579 580 중209 263
　　265 267 306 336 338 339 342 343
　　368 371 454 464 475 611 614 618
　　623 706 하157 204 627 628 630
　　637 638 738
천(闡)　하670 674 675 733
천구(泉丘)　하200 201
천궁(泉宮)　상684

천대(泉臺)　상682 684
천대(遄臺)　하344
천무(千畝)　상135
천사(千社)　하412 413
천토(踐土)　상512 527 하401 505
철(鐵)　하627
청(淸)　상73 74 중103 208 310
　　하686
청구(淸丘)　중66 99 하201
청발(淸發)　하530
청원(淸原)　상552 중320
체(彘)　하429 779
초구(楚丘)　상93 96 322 329 330
　　391 중416 하110
초구(茗丘)　중274 299
촉(蜀)　중141 171 하143
촉용(燭庸)　하478
추(湫)　상249
축(鄐)　중631 하268
축가(祝柯)　중508
축구(祝丘)　상144 206
축기(祝其)　하579
충(蟲)　하315
충뢰(蟲牢)　중191 194 506 하565
취(聚)　상270
취리(檇李)　하603 607 619
취비(炊鼻)　하423
치(淄)　하423
치(豸)　상186 187
치(締)　상118

풍(馮)　(상)67　(하)551
풍(豊)　(하)644
풍(酆)　(상)479
풍구(豊丘)　(하)720
피려(被廬)　(상)508
필(邲)　(중)66 91 94 103 105 165　(하)116 122
필(畢)　(상)478　(하)178
핍양(偪陽)　(중)410 413 415 416

하(河)　(상)402 469 536 564 597 656 661
하(夏)　(상)290　(중)627　(하)235
하(瑕)　(상)150 656 660　(중)28 253 293 717　(하)392
하곡(河曲)　(상)652 655　(중)252
하양(下陽)　(상)329 331 332
하양(河陽)　(상)513 536
하예(夏汭)　(하)97 121
하음(下陰)　(하)314
하주(夏州)　(중)63
하택(河澤)　(중)465
하한(河漢)　(하)468
하현(河縣)　(중)252
한(邗)　(하)679
한(漢)　(상)208 524 642　(중)670 686　(하)239 514 528 534
한단(邯鄲)　(하)582 597 598 622 641 647
한수(漢水)　(상)340

한씨(寒氏)　(하)582
한회(漢淮)　(상)163
함(鹹)　(상)393 394 647 648　(중)714　(하)554 555
함구(咸丘)　(상)160
함릉(函陵)　(상)545
함씨(函氏)　(중)487
합(合)　(중)626　(하)12 88
해(奚)　(상)191 192
해(解)　(하)372
해량성(解梁城)　(상)402
해형(海陘)　(중)488
행(杏)　(하)392 575 733
허(許)　(상)98 110 112 185 187 359 513 538 540　(하)259
허구(虛丘)　(상)328
허정(虛杼)　(중)319 327
헌우(獻于)　(중)506
현(弦)　(상)346 352　(하)486
협곡(夾谷)　(하)578
형(邢)　(상)77 322 325 327 434 438 439 479　(중)166 631　(하)647
형(陘)　(상)118 336 338　(하)607
형(荊)　(하)259 773
형(滎)　(중)289
형구(邢丘)　(중)41 385 386 389　(하)112
형산(荊山)　(하)80 223
형산(衡山)　(중)346
형습(陘隰)　(상)684
형옹(衡雍)　(상)527 632 634　(중)94

春秋・戰國時代

吳

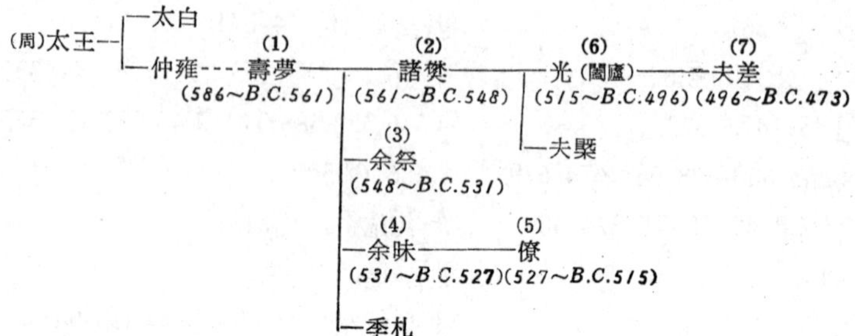

(周)太王
太白
仲雍----壽夢
(586～B.C.561)
(1)
諸樊
(561～B.C.548)
(2)
光(闔廬)
(515～B.C.496)
(6)
夫差
(496～B.C.473)
(7)
夫槩
余祭
(548～B.C.531)
(3)
余昧
(531～B.C.527)
(4)
僚
(527～B.C.515)
(5)
季札

太公望呂尙----丁公伋----哀公不辰
(6)
獻公山
(860～B.C.851)
(7)
武公壽
(851～B.C.825)
(8)
厲公無忌
(825～B.C.816)
(9)
文公赤
(816～B.C.804)
(10)
胡公

成公脫(說)
(804～B.C.795)
(11)
莊公購(贖)
(795～B.C.731)
(12)
釐公祿補
(731～B.C.698)
(13)
襄公諸兒
(698～B.C.686)
(14)
夷仲年
無知
(686～B.C.685)
(15)
糾
桓公小白
(685～B.C.643)
(16)

無詭
(B.C.643)
(17)
惠公元
(609～B.C.599)
(22)
頃公無野
(599～B.C.582)
(23)
靈公環
(582～B.C.554)
(24)
莊公光
(554～B.C.548)
(25)
牙
景公許白
(548～B.C.490)
(26)
孝公昭
(643～B.C.633)
(18)
昭公藩
(633～B.C.613)
(19)
舍
(B.C.613)
(20)
懿公商人
(613～B.C.609)
(21)
雍

齊(呂氏)

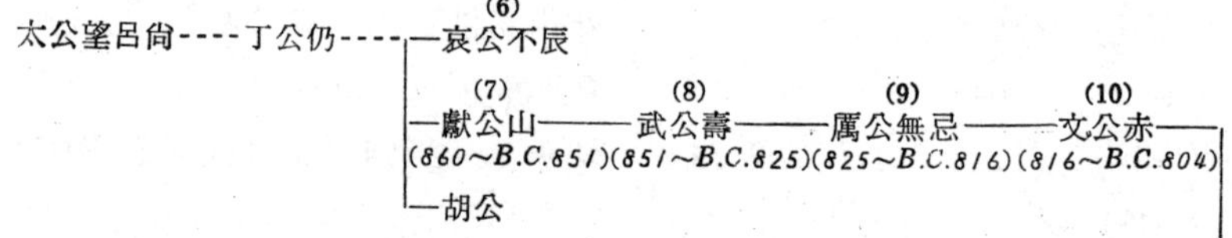

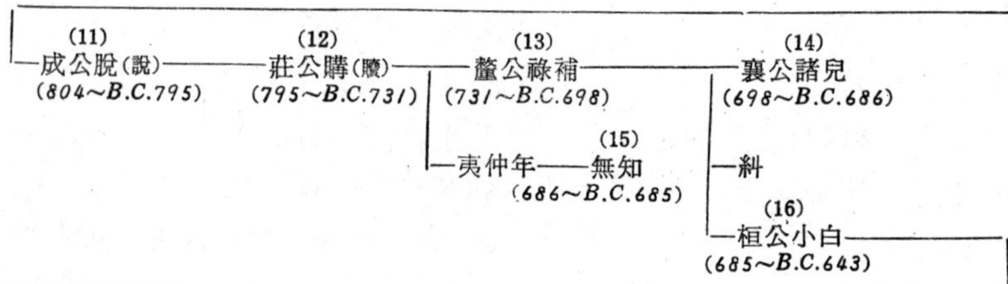

```
        (28)                    (29)
    ─悼公陽生──────簡公壬
    (489～B.C.485)    (485～B.C.481)
        (27)            (30)              (31)            (32)
    ─晏孺子荼          ─平公驁──────宣公積──────康公貸
    (490～B.C.489)    (481～B.C.456)(456～B.C.405)(405～B.C.379)
```

魯

```
    (1)         (2)           (3)
  周公旦──────伯禽──────考公酋
                           (999～B.C.995)
                              (4)           (5)
                          ─煬公熙──────幽公宰
                          (995～B.C.989) (989～B.C.975)
                              (6)           (7)
                          ─魏公濞──────厲公擢
                          (975～B.C.925)(925～B.C.888)
                                              (8)
                                          ─獻公具
                                          (888～B.C.856)

    (9)                      (12)           (13)
  ─眞公濞                ─括──────孝公伯御    惠公弗湟(生)
  (856～B.C.826)                  (807～B.C.769)(769～B.C.723)
    (10)                    (11)
  ─武公敖──────懿公戲
  (826～B.C.816)  (816～B.C.807)

    (14)                     (17)
  ─隱公息                ─湣公開
  (723～B.C.712)          (662～B.C.660)
    (15)         (16)
  ─桓公允──────莊公同──────班
  (712～B.C.694)(694～B.C.662)
                              (18)           (19)          ─惡
                          ─釐公申──────文公興
    ─慶父                (660～B.C.627)(627～B.C.609) ─視
    ─叔牙
    ─季友                                            ─宣公俀(倭)
                                                        (609～B.C.591)
                                                           (20)

    (21)           (22)
  ─成公黑肱──────襄公午──────殷
  (591～B.C.573)(573～B.C.542)
                              (23)
                          ─昭公裯
                          (542～B.C.510)
                              (24)           (25)          (26)           (27)
                          ─定公宋──────哀公將──────悼公寧──────元公嘉
                          (510～B.C.495)(495～B.C.468)(468～B.C.432)(431～B.C.410)

    (28)           (29)           (30)           (31)           (32)           (33)
  ─穆公顯──────共公奮──────康公屯──────景公匽──────平公叔──────文公賈
  (410～B.C.377)(377～B.C.355)(355～B.C.346)(346～B.C.317)(317～B.C.295)(295～B.C.272)
```

  (34)
—傾公雒
(272～B.C.248)

燕

 (1)   (9)   (10)   (11)   (12)   (13)
召公奭------惠侯————釐侯————頃侯————哀侯————鄭侯——
  (865～B.C.827)(827～B.C.791)(791～B.C.767)(767～B.C.765)(765～B.C.729)

 (14)   (15)   (16)   (17)   (18)   (19)
—繆侯————宣侯————桓侯————莊公————襄公————桓公——
(729～B.C.711)(711～B.C.698)(698～B.C.691)(691～B.C.658)(658～B.C.618)(618～B.C.602)

 (20)   (21)   (22)   (23)   (24)   (25)
—宣公————昭公————武公————文公————懿公————惠公——
(602～B.C.587)(587～B.C.574)(574～B.C.555)(555～B.C.549)(549～B.C.545)(545～B.C 535)

 (26)   (27)   (28)   (29)   (30)   (31)
—悼公————共公————平公————簡公————獻公————孝公——
(535～B.C.529)(529～B.C.524)(524～B.C.505)(505～B.C.493)(493～B.C.465)(465～B.C.450)

 (32)   (33)   (34)   (35)   (36)   (37)
—成公————湣公————釐公————桓公————文公————易王——
(450～B.C.434)(434～B.C.403)(403～B.C.373)(373～B.C.362)(362～B.C 333)(333～B.C.321)

 (38)   (39)   (40)   (41)   (42)   (43)
—王噲————昭王————惠王————武成王————孝王————王喜——
(321～B.C.312)(312～B.C.279)(279～B.C.272)(272～B.C.258)(258～B.C.255)(255～B.B.222)

—太子丹

晉

 (1)   (2)   (6)   (7)   (8)   (9)
唐叔虞————晉侯燮----靖侯宜臼————釐侯司徒————獻侯籍—穆侯費生——
   (859～B.C.841) (841～B.C.823) (823～B.C.812) (821～B.C.785)

                   (10)
                  —殤叔
                 (785～B.C.781)

 (11)   (12)   (13)   (14)   (15)   (16)
—文侯仇————昭侯伯————孝侯平————鄂侯郗————哀侯光————小子侯
(781～B.C.746)(746～B.C.739)(739～B.C.724)(724～B.C.718)(718～B.C.709)(709～B.C.706)

                   (17)
                 —晉侯湣
                (706～B.C.679)

            (18)
—成師(桓叔)————鱓(莊伯)————武公稱——
          (679～B.C.677)

 (19)
—獻公詭諸————申生
(677～B.C.651)

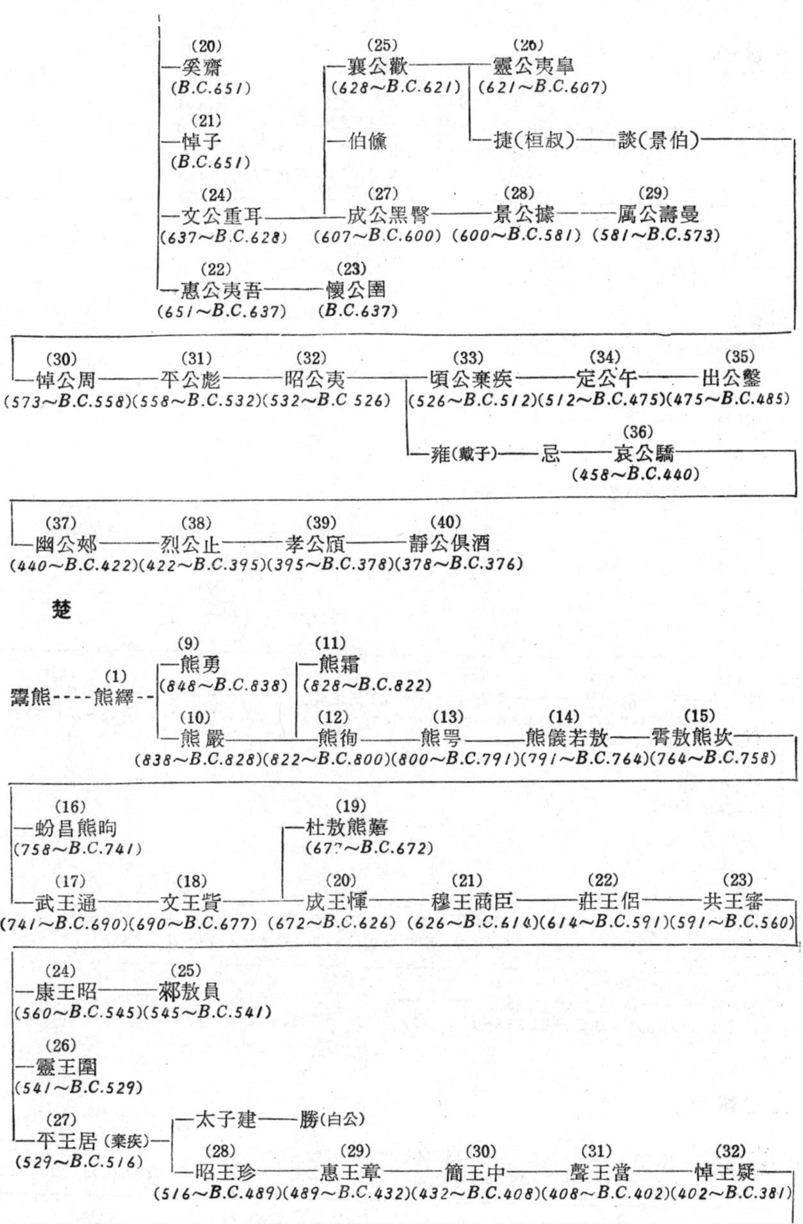

(20)
—奚齊
(B.C.651)

(21)
—悼子
(B.C.651)

(24)
—文公重耳
(637～B.C.628)

(22)
—惠公夷吾
(651～B.C.637)

(23)
懷公圉
(B.C.637)

(25)
襄公歡
(628～B.C.621)

(26)
靈公夷皐
(621～B.C.607)

伯儵

捷(桓叔)

談(景伯)

(27)
成公黑臀
(607～B.C.600)

(28)
景公據
(600～B.C.581)

(29)
厲公壽曼
(581～B.C.573)

(30)
—悼公周
(573～B.C.558)

(31)
平公彪
(558～B.C.532)

(32)
昭公夷
(532～B.C.526)

(33)
頃公棄疾
(526～B.C.512)

(34)
定公午
(512～B.C.475)

(35)
出公鑿
(475～B.C.485)

—雍(戴子)

忌

(36)
哀公驕
(458～B.C.440)

(37)
—幽公郊
(440～B.C.422)

(38)
烈公止
(422～B.C.395)

(39)
孝公頎
(395～B.C.378)

(40)
靜公俱酒
(378～B.C.376)

楚

鬻熊----熊繹

(1)

(9)
—熊勇
(848～B.C.838)

(11)
—熊霜
(828～B.C.822)

(10)
—熊嚴
(838～B.C.828)

(12)
熊徇
(822～B.C.800)

(13)
熊咢
(800～B.C.791)

(14)
熊儀若敖
(791～B.C.764)

(15)
霄敖熊坎
(764～B.C.758)

(16)
—蚡冒熊昫
(758～B.C.741)

(19)
—杜敖熊囏
(677～B.C.672)

(17)
—武王通
(741～B.C.690)

(18)
文王貲
(690～B.C.677)

(20)
成王惲
(672～B.C.626)

(21)
穆王商臣
(626～B.C.614)

(22)
莊王侶
(614～B.C.591)

(23)
共王審
(591～B.C.560)

(24)
—康王昭
(560～B.C.545)

(25)
郟敖員
(545～B.C.541)

(26)
—靈王圍
(541～B.C.529)

(27)
—平王居(棄疾)
(529～B.C.516)

—太子建

勝(白公)

(28)
—昭王珍
(516～B.C.489)

(29)
惠王章
(489～B.C.432)

(30)
簡王中
(432～B.C.408)

(31)
聲王當
(408～B.C.402)

(32)
悼王疑
(402～B.C.381)

(33)
—肅王臧
(381～B.C.370)

(34)　　　　　　　(35)　　　　　　(36)　　　　　　　(37)　　　　　　(38)
—宣王良夫————威王商————懷王槐————頃襄王橫————考烈王元——
(370～B.C.340)(340～B.C.329)(329～B.C.299)　(299～B.C.263)(263～B.C.238)
　　　　　　　　　　　　　　　　　　　　　　└—□□—懷王心(義帝)

(39)
—幽王悍
(238～B.C.228)

(41)
—負芻
(228～B.C.223)

(42)
—哀王猶
(B.C.228)

趙

趙夙----文子----簡子————襄子
　　　　　　　　　　　└—伯魯————代成君————獻侯—┬—列侯籍————敬侯章——
　　　　　　　　　　　　　　　　　　　　　　　　　　　(1)　　　　　　(3)
　　　　　　　　　　　　　　　　　　　　　　　　　　(408～B.C.400)(387～B.C.375)
　　　　　　　　　　　　　　　　　　　　　　　　　　(2)
　　　　　　　　　　　　　　　　　　　　　　　　　└—武公
　　　　　　　　　　　　　　　　　　　　　　　　　　(400～B.C.387)

(4)　　　　　　　(5)　　　　　　(6)　　　　　　　(7)　　　　　　　(8)　　　　　　(9)
—成侯種————肅侯語————武靈雍————惠文王何————孝成王丹————悼襄王偃—
(375～B.C.350)(350～B.C.326)(326～B.C.299)(299～B.C.266)(266～B.C.245)(245～B.C.236)

(10)
—幽愍王遷
(236～B.C.228)

—代王嘉
(228～B.C.222)

魏

畢萬----昭子絳----獻子----桓子----文侯————武　侯————惠　王——
　　　　　　　　　　　　　　　　　(1)　　　　　　(2)　　　　　　(3)
　　　　　　　　　　　　　　　　　(424～B.C.387)(387～B.C.371)(371～B.C.335)

(4)　　　　　　(5)　　　　　(6)　　　　　　　(7)　　　　　　(8)　　　　　(9)
—襄　王————哀　王————昭　王—┬—安釐王————景湣王————王假
(335～B.C.319)(319～B.C.296)(296～B.C.217)(277～B.C.243)(243～B.C.228)(228～B.C.225)
　　　　　　　　　　　　　　　　　└—信陵君

韓

韓武子----獻子----景　侯————列　侯————文　侯————哀　侯————壯　侯——
　　　　　　　　　(1)　　　　　　(2)　　　　　　(3)　　　　　　(4)　　　　　(5)
　　　　　　　　　(408～B.C.400)(400～B.C.387)(387～B.C.376)(376～B.C.371)(371～B.C.359)

(6)　　　　　　(7)　　　　　　(8)　　　　　　(9)　　　　　　(10)　　　　　(11)
—昭　侯————宣惠王————襄　王————釐　王————桓惠王————王　安
(359～B.C.333)(333～B.C.312)(312～B.C.296)(296～.C.273)(273～B.C.239)(239～B.C.230)

齊(田氏)

田敬仲完----釐子乞----太公和———侯剡———桓公午———威王因齊———
　　　　　　　　　　　　　(1)　　　　　　　　　　　(2)　　　　　(3)
　　　　　　　　　　(386～B.C.383)　　　(383～B.C.374)(356～B.C.319)

　　　　　　　(4)　　　　　(5)　　　　　(6)　　　　　(7)
—宣王辟———滑王地———襄王法章———王建
(319～B.C.301)(301～B.C.283)(283～B.C.264)(264～B.C.221)

—嬰——文(孟嘗君)

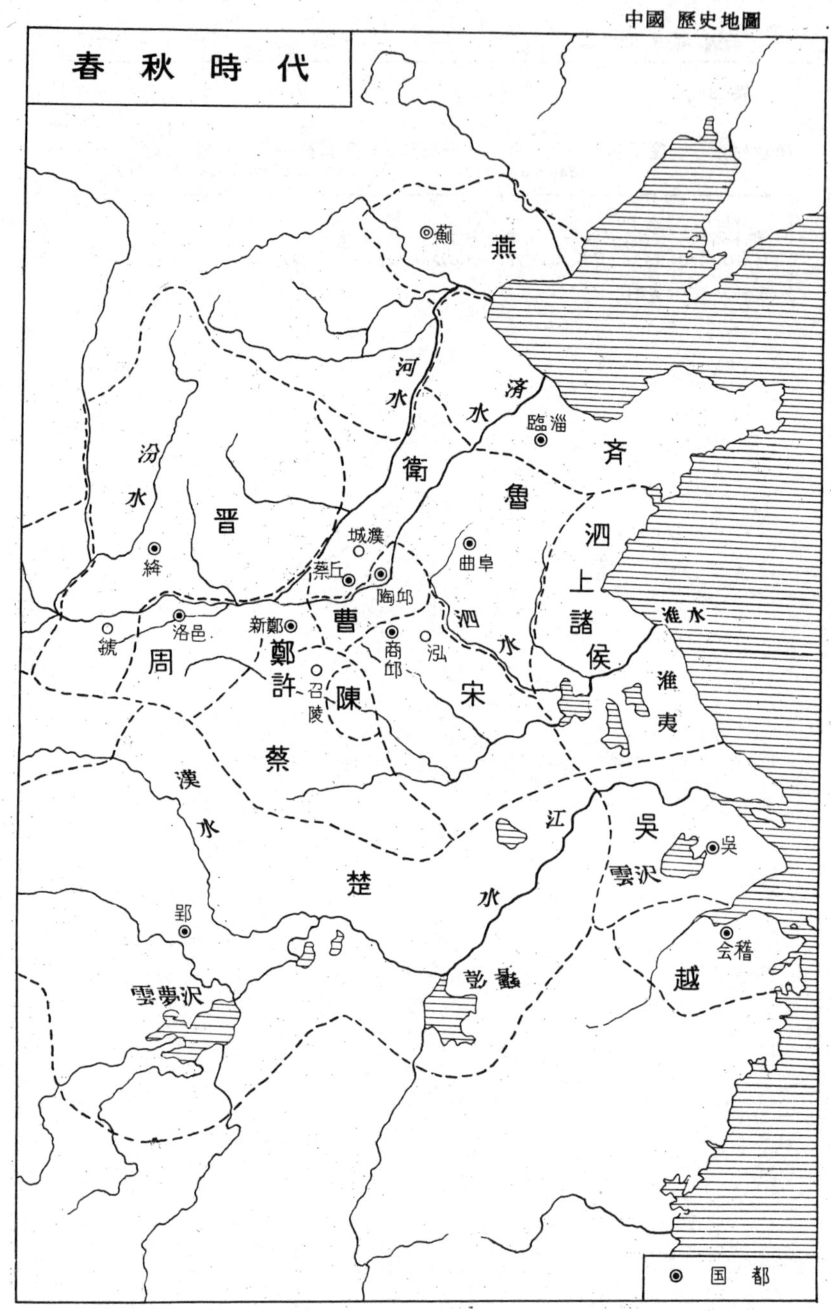
春 秋 時 代
燕
薊
河水
濟水
衛
臨淄
淄
齊
汾水
晉
魯
泗上諸侯
絳
城濮
蔡丘
曲阜
陶邱
泗水
淮水
洛邑
新鄭
商邱
泓
淮夷
虢
周
鄭
許
曹
陳
宋
蔡
漢水
召陵
江
吳
雲沢
吳
楚
郢
水
越
會稽
雲夢沢
彭蠡
◎ 国都

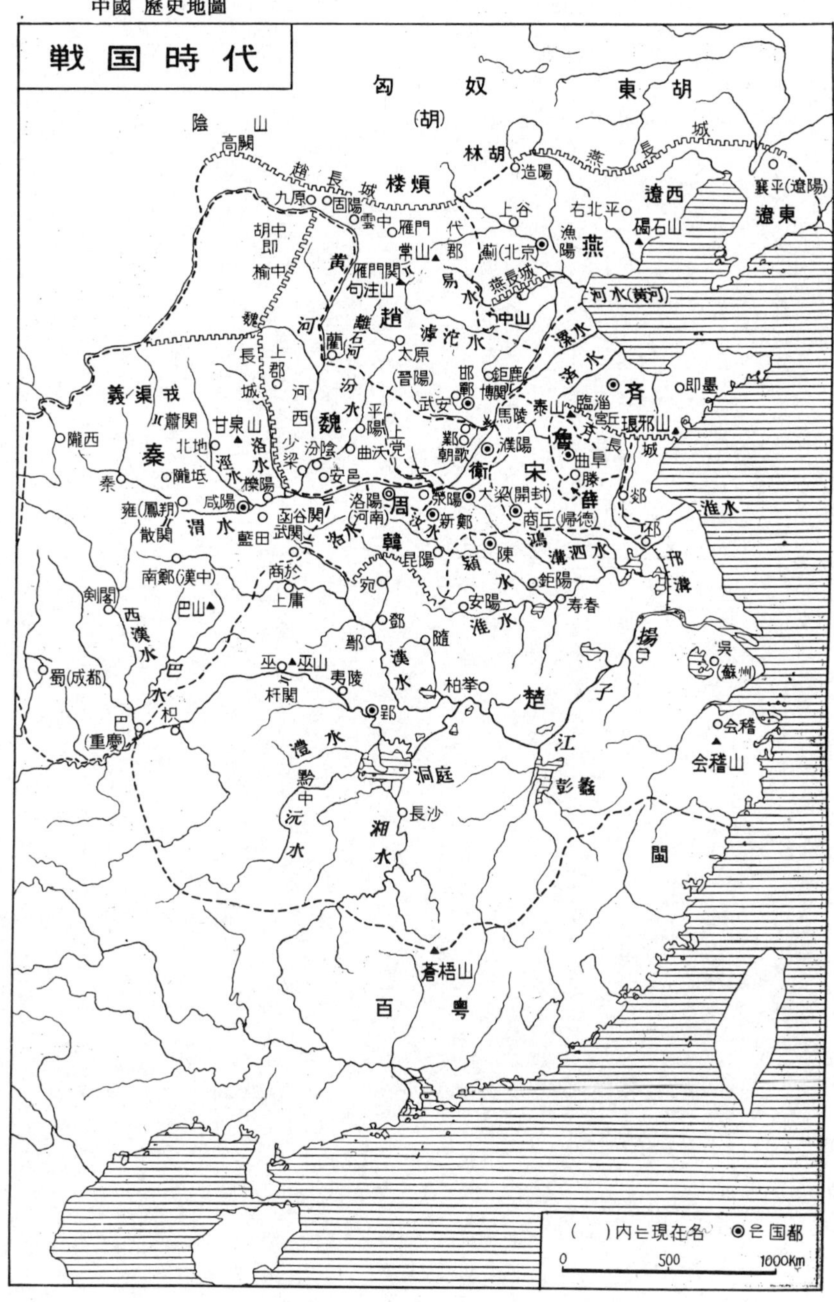
戦国時代
匈　奴
（胡）
東　胡
陰　山
高關
趙　長　城
楼煩
林胡
造陽
燕長城
城
遼西
襄平(遼陽)
遼東
九原
固陽
上谷
右北平
漁陽
碣石山
雲中
雁門
代
薊(北京)
燕
胡中
即
榆中
常山
郡
黄
雁門關
句注山
易水
燕長城
中山
河水(黄河)
魏
長城
上郡
河西
河
蘭石河
趙
太原
(晋陽)
滹沱水
潔水
洧水
斉
即墨
義渠戎
汾水
邯鄲
博關
鉅鹿
臨淄
隴西
蕭關
甘泉山
北地
洛水
少梁
汾陰
平陽
上党
武安
鄴
朝歌
馬陵
泰山
宮丘
魯
長
環邪山
城
秦
隴坻
涇水
櫟陽
曲沃
安邑
濮陽
衛
曲阜
郯
淮水
邢溝
雍(鳳翔)
咸陽
函谷關
洛陽(河南)
洛水
潁水
陽翟
新鄭
大梁(開封)
商丘(帰徳)
薛
滕
宋
散關
渭水
藍田
武關
韓
昆陽
陳
鴻
潁泗水
鉅陽
南鄭(漢中)
商於
上庸
宛
安陽
寿春
揚
剣閣
巴山
鄧
隨
淮水
楚
子
吳(蘇州)
西漢水
巫
巫山
夷陵
漢水
柏挙
江
彭蠡
会稽
蜀(成都)
巴
水
郢
澧水
洞庭
会稽山
巴
水
(重慶)
黔中
沅水
長沙
湘水
閩
蒼梧山
百
粤
(　　)内ニ現在名　◎ハ国都
0　　　500　　　1000Km

新完譯 春秋左氏傳(下)

초판 발행 – 1985년 7월 15일
개정신판 1쇄 발행 – 2009년 4월 15일
2쇄 발행 – 2015년 9월 15일

역저자 – 文 璇 奎
발행인 – 金 東 求
발행처 – 명 문 당(창립 1923년 10월 1일)
서울특별시 종로구 윤보선길 61(안국동)
우체국 010579-01-000682
전 화 (02) 733-3039, 734-4798
FAX (02) 734-9209
Homepage www.myungmundang.net
E-mail mmdbook1@hanmail.net
등록 1977.11.19. 제1-148호

■

* 낙장 및 파본은 교환해 드립니다
* 불허 복제
* 정가 25,000원

ISBN 978-89-7270-885-8
89-7270-052-5(세트)